U0514947

新編諸子集成

# 墨子閒詁

〔清〕孫詒讓 撰

孫啟治 點校

中華書局

**圖書在版編目(CIP)數據**

墨子閒詁/(清)孫詒讓撰;孫啓治點校. —北京:中華書局,2017.6(2024.9 重印)
(新編諸子集成)
ISBN 978-7-101-12495-8

Ⅰ.墨… Ⅱ.①孫…②孫… Ⅲ.①墨家②《墨子》-注釋
Ⅳ.B224.2

中國版本圖書館 CIP 數據核字(2017)第 050373 號

責任編輯:石 玉
責任印製:陳麗娜

新編諸子集成

墨 子 閒 詁

〔清〕孫詒讓 撰

孫啓治 點校

*

中 華 書 局 出 版 發 行

(北京市豐臺區太平橋西里 38 號 100073)

http://www.zhbc.com.cn

E-mail:zhbc@zhbc.com.cn

三河市中晟雅豪印務有限公司印刷

*

920×1250 毫米 1/32 · 24⅞印張 · 2 插頁 · 434 千字

2017 年 6 月第 1 版 2024 年 9 月第 4 次印刷

印數:7501-8500 册 定價:120.00 元

ISBN 978-7-101-12495-8

# 新編諸子集成精裝本出版説明

子書是我國古籍的重要組成部分。最早的一批子書産生在春秋末到戰國時期的百家争鳴中，其中不少是我國古代思想文化的珍貴結晶。秦漢以後，還有不少思想家和學者寫過類似的著作，其中也不乏優秀的作品。

二十世紀五十年代，中華書局修訂重印了由原世界書局出版的諸子集成。這套叢書匯集了清代學者校勘、注釋子書的成果，較爲適合學術研究的需要。但其中未能包括近幾十年特别是一九四九年後一些學者整理子書的新成果，所收的子書種類不够多，斷句、排印尚有不少錯誤，爲此我們從一九八二年開始編輯出版新編諸子集成，至今已出滿四十種。

爲滿足不同讀者的需求，這套書將分批出版精裝本，版面疏朗，裝訂考究，非常適合閱讀與收藏。敬請關注。

中華書局編輯部

二〇一六年三月

# 目録

## 墨子後語二卷

# 前言

墨子是研究先秦墨家學派及其創始人墨子思想學説的重要著作，内容主要記載墨子的言論與活動。還有一部分涉及邏輯學、自然科學的論述，是後期墨家著作。書中也摻入了一些後人僞作，如親士、脩身等篇即是。至於書中談論守城拒敵方法的篇文，容或有漢人文字羡入，但大體保存了一些墨家的守城技術與方法〔一〕。總之，墨子是先秦諸子書中内容最爲豐富的著作之一。

墨子名翟，生卒年於史無載。根據清代及近代學者研究，他是春秋、戰國之際的人，時代略後於孔子。至其籍貫，載記説法不一，一般認爲他是魯國人〔二〕。

墨子思想最具代表性的觀點是「兼愛」，即一視同仁地愛一切人〔三〕。由於主張兼愛，必然導致他的「非攻」思想，反對一切侵伐別國的戰爭，不僅口頭反對，而且付諸行動，積極講究守城禦敵的方法。他又反對貴族生活的奢侈化，提倡節省財力，減輕下層勞作者的負擔，於是導致他的「節用」、「節葬」、「非樂」等主張。而儒家的繁文縟禮、厚葬久喪正是耗費財物人力的因素之一，於是導致他的「非儒」思想。他還提出「尚賢」、「尚同」的政治學説，主張用人唯賢是舉，不偏黨父兄親貴。他的「爲賢之道」是什麽呢？就是「有力者疾以助人，有財者勉以分人，有道者勸以教人」（見本書兼愛下篇），换句話説也就是實行「兼愛」。他提出，自百姓、里長、鄉長、國君直至最高統治者天子，由下而上層層服從，都要遵守同一個最高準則，即他所謂的「天志」，而這個上天的意志不是别的，正是他自己「兼相愛、交相利」思想的神格化。最後，不論是他宣揚鬼神能賞善罰暴的「明鬼」思想，還是認爲國家的治亂興亡、個人的貧富榮辱都非命裏所定的「非命」思想，目的都在告誡統治者勤政行善。

墨家學派與先秦其他學派一樣，是在一定歷史環境下産生的。春秋至戰國以來，周天子的獨尊地位日益衰落，漸至有名無實。隨着代表王權的禮樂制度大壞，王權的觀念早已淡化。當其時，諸侯割據爲政，羣龍無首，弱肉强食。歷史正向割據者提出問題：怎樣才能生存自强？於是在這個舊秩序已壞、新秩序未立的權威空白時代，社會各階層都想説出自己的話。於是反映不同階層利益和思想情緒的各種政治與人生觀的學説，便隨同其代表人物應運而生，形成「百家争鳴」的思想活躍局面。墨子的思想反映了社會下層的願望，因之受到佔社會大多數的人羣的歡迎。所以墨學能够與儒學一起，成爲戰國時期最有聲望的兩大學派〔四〕。

然而秦漢以後，王權重新建立，儒學因能適應中央集權的新秩序而空前發展，墨學則完全不能適應。本來，歷史上任何時代，愈是能反映社會下層利益的學説，其空想成分就愈多。「兼愛」自然是空想，簡單地説是社會制度不容，根本上説是社會生産力還達不到實行「兼愛」的要求。墨學在權威空白時代可以少干擾地主要流行於下層，一旦王權建立並鞏固，在一個從制度上、觀念上把人分成等級的統一社會中，「兼愛」的空想性質就更明顯，而宣傳這個空想是統治者不能接受的。墨子提出的不分等級地用人、節儉省用等主張，也是統治者做不到的。所以秦漢以後，墨學畢竟不適合封建統治需要，終於衰落下去。

墨學是先秦諸子學中唯一反映下層利益、反貴族化最鮮明的學説。墨學雖有空想成分，但其書的説理過程有很强邏輯性，尤其在經、説、大取、小取等六篇中已歸納成理論。墨學又是最重實踐的學説，在上述六篇中可以看到有關力學、光學、幾何學等論述，而在論城守諸篇中可以看出這些學科的應用。這些，在古代尤其先秦著作中並不多見。所以要了解、研究中國古代思想史、自然科學史、軍事工程學及邏輯學，都要涉及到墨子這部書。

由於歷代統治者不提倡墨學，自秦漢直至清代中葉，二千多年來研究墨子的人很少。先秦各大學派的代表性著作大多有唐宋以上人作的舊注，唯獨墨子無舊注〔五〕。據漢書藝文志，漢代墨子尚存七十一篇，今本則爲五十三篇。且不僅篇文有亡佚，該書因少有人研究，所以在鈔、刻流傳中產生的譌誤就難得到糾正，尤其經、說、大取、小取及論城守諸篇錯譌嚴重，幾至不能句讀者。

畢沅是清代首先整理墨子全書的人〔六〕。他以明道藏本爲底本，參校了幾種明刻本及傳注、類書的引文，校正一些錯字，並作簡要注釋，刊布於乾隆四十八年。畢氏的工作雖疏漏不少，但此書經他一番整理並加刊布，爲後人進一步研讀、整理打下了基礎。自畢刻通行，清儒始注意研讀墨子，樸學名家如王念孫、引之父子及俞樾諸人均就畢刻進行研究，頗多成績。然而他們做的都是札記工作，並未通治全書。最後，晚清著名學者孫詒讓以其覃思十年之功，考校文字，徵引文獻，訓詁名物，兼採王俞等十餘家之說，撰墨子閒詁十卷及目録、附録、後語凡四卷，初以活字印行，至宣統二年刊布定本。梁啓超評孫氏此書說：「蓋自此書出，然後墨子人人可讀。現代墨學復活，全由此書導之。古今注墨子者固莫能過此書，而仲容一生著述，亦以此書爲第一也。」（中國近三百年學術史）這一高度評價，大致公允。墨子閒詁不僅是清代墨學研究的總結，更是推動近代以來墨學研究空前發展的先導。孫詒讓著作中對後世影響最大的，當推此書。

孫詒讓（一八四八——一九〇八）字仲容，號籀高（廎），浙江瑞安人。他精於考據之學，在文字學、訓詁學方面功底深厚，爲晚清著名學者。一生著述宏富，已刊定的即有二十多種，其中以墨子閒詁、周禮正義、札迻最爲稱著。此外，他研治金文、甲骨文亦有成就，所著名原，爲後來古文字研究習用的「偏旁分析法」之開派性著作。所著契文舉例，則是我國最早的一部甲骨文研究專著。

在孫詒讓之前，學者已就畢刻本做了不少校釋工作，因而墨子閒詁得以在踏實的基礎上進行。孫氏本就精通校勘訓詁，又諳熟古文獻，所以他能歸納衆家校説，取長補短，融會貫通到全書的注釋中去，正如黃紹箕跋中所説，「集畢氏及近代諸儒之説，從善匡違，增補牖略」。孫氏以其深厚的經學、小學、古文字學功底，校正了本書不少訛誤，往往發人所未發，多爲後人視爲定論。例如兼愛下「且不惟誓命與湯説爲然」，湯説已見上文，而誓命並不見上文，此處從何提起？校釋者多不能明。孫氏謂「誓命」當依上文作「禹誓」，因「禹」字古文作「[illegible]」，與「命」字形似而訛，後人不悟，臆乙「命誓」爲「誓命」。按孫説甚是。三體石經（品字式）書益稷之「禹」字古體作「[illegible]」，隸變作「[illegible]」（漢書藝文志）、「[illegible]」（敦煌唐寫本尚書釋文），均與「命」或其六朝別體「[illegible]」（北齊成世猷造像）相似。又如尚同中「是以先王之書術令之道曰」云云，以往校釋者都放過「術令」二字不置一辭。而孫氏指出術令即尚書逸篇説命，「術」與「説」、「命」與「令」皆音近相通，引禮記緇衣「術令」作「兑命」爲證。按孫説是。古文「命」、「令」本爲一字。「術」從「朮」得聲，「説」從「兑」得聲，皆舌音字，一聲之轉。

史記南越列傳「不可以説好語入見」，索隱「説」作「悦」，云「漢書作『怵』」，亦足證孫説。他如兼愛中之「召之邸」即周禮夏官職方氏之「昭餘祁」，非攻中之「不著何」即逸周書王會篇之「不屠何」，非攻下「有神人面鳥身，若瑾以侍」之「若瑾」乃「奉珪」之誤，耕柱篇「⿱人林蕲雉已」今本訛作「翁難乙」等等，皆言之有據。大抵溯其籀篆變遷之源以還舊觀，循其聲音通轉之理以揭本字，發滯解疑，類此者所在多多。

墨子閒詁主要不足之處，是孫氏寫書時能看到的墨子版本很少，除以畢刻爲底本外，僅據明吴寬殘鈔本、道藏本、日本寶曆本殘袟等參校。而道藏本尚未見原書，僅據顧廣圻等人寫的校記。孫氏所見異本既很有限，以至畢刻的文字訛誤往往爲閒詁所承襲而未糾正。例如七患篇「爲者疾，食者衆，則歲無豐」，俞樾説「疾」字當作「寡」。孫謂俞説未確，當作「爲者疾，食者寡，則歲無凶。爲者緩，食者衆，則歲無豐」，憑空增出「食者寡」至「爲者緩」十字。不知作「疾」者乃畢刻誤字，墨子各本均作「寡」。孫因限於版本缺乏，判斷失誤。以他的才識，倘當時能多見異本，其書成就可更大。近代以來，墨學研究經歷了空前發展時期，尤其對經、説、大取、小取六篇的研究，已有多種專著問世，超過了孫書的成就。至於通治全書，近人吴毓江的墨子校注完全可以同孫書媲美，在蒐集版本異文、考訂文字方面比孫氏更進一步。但作爲一部集清代墨學大成的彙解性質的書，孫書保存了豐富的資料，近代著作無一不是在孫書的基礎上完成的。所以孫書仍然是注釋墨子的代表著作，爲研究者所必需參考。

墨子閒詁的定本刊刻於清宣統二年，以後出版的影印、排印本均據宣統本。一九八六年中華書局出版了新的標點本。我在整理吴毓江墨子校注時，發現新版墨子閒詁中標點訛誤及文字失校處頗多，遂匯爲一編，寄交中華書局。於是中華書局約我重新點校此書，這裏有兩點要向讀者交待：

一、本書以上海商務印書館涵芬樓影印清宣統二年刊定本墨子閒詁爲底本，畢沅校刻墨子爲主校本，道藏等本爲參校本。宣統本刻錯的字，凡有版本依據的，則改正並出校記；無版本依據的，除個别明顯版刻錯字外，一仍其舊，但出校記説明。對於孫氏引用各書或他人之説者，均取原書對勘，若有訛誤之處則據以訂正，亦出校記説明。

二、正文各篇多有以「子墨子言曰」起首，有的篇中還連續出現「子墨子言曰」，基本上是墨家弟子記載或轉述墨子的思想言論。這次標點，「子墨子言曰」下祇加冒號，不加引號。文中自設問答、或與假設的對立面問答之辭，凡起訖易明的，也不加引號。但文中明確引書及他人言論，則加引號。這樣做是爲了避免正文中單、雙引號出現太頻繁，徒然亂人眼目而實無必要。至於「子墨子言曰」下的文字哪些可認作是墨子的言論，哪些是後人滲入的議論，是學術觀點問題。本書施加標點，僅有助於文意顯豁，屬技術問題而已。

古籍點校頭緒紛挐，整理工作的失誤在所難免，讀者指正是荷。

一九九八年四月　孫啟治

〔一〕墨子各篇時代及真僞，參看本書有關各篇的題注及孫詒讓自序。又吳毓江墨子校注附墨子各篇真僞考，彙集清代及近代學者的研究，大體已有結論，可以參看。

〔二〕參看本書後語上墨子傳略、墨子年表。又吳毓江墨子校注附墨子姓氏生地考，彙集資料較多，也可參看。

〔三〕孟子滕文公上、告子下及吕氏春秋不二談到墨子，均説他「兼愛」、「貴兼」。孟子批評墨子最爲激烈，斥之爲「禽獸」，所指的也是「兼愛」，可見都把「兼愛」看作墨子的最具代表性觀點。

〔四〕韓非子顯學説：「世之顯學，儒墨也。」「顯」即顯赫的意思。孟子滕文公下也説「墨翟之言盈天下」。

〔五〕西晉時，魯勝曾注墨辯（即經説四篇），見晉書卷九十四。又通志藝文略載樂臺注墨子三卷。二人均非通注全書，其注今亦不傳。

〔六〕清汪中也有墨子校本（見述學墨子序），早於畢氏，但此書未流傳，大概未刊行。

# 俞序

孟子以楊墨並言，辭而闢之，然楊非墨匹也。楊子之書不傳，略見於列子之書，自適其適而已。墨子則達於天人之理，熟於事物之情，又深察春秋、戰國百餘年閒時勢之變，欲補弊扶偏，以復之於古。鄭重其意，反復其言，以冀世主之一聽。雖若有稍詭於正者，而實千古之有心人也。尸佼謂孔子貴公，墨子貴兼，其實則一。韓非以儒墨並爲世之顯學，至漢世猶以孔墨並稱，尼山而外，其莫尚於此老乎！墨子死而墨分爲三，有相里氏之墨，有相夫氏之墨，有鄧陵氏之墨。今觀尚賢、尚同、兼愛、非攻、節用、節葬、天志、明鬼、非樂、非命，皆分上、中、下三篇，字句小異，而大旨無殊。意者此乃相里、相夫、鄧陵三家相傳之本不同，後人合以成書，故一篇而有三乎？墨氏弟子網羅放失，參攷異同，具有條理，較之儒分爲八，至今遂無可考者，轉似過之。乃唐以來，韓昌黎外無一人能知墨子者，傳誦既少，注釋亦稀。樂臺舊本，久絶流傳，闕文錯簡，無可校正，古言古字更不可曉，而墨學塵薶終古矣。

國朝鎮洋畢氏始爲之注，嗣是以來，諸儒益加讎校。涂徑既闢，奥窔粗窺，墨子之書稍稍可讀。於是瑞安孫詒讓仲容乃集諸説之大成，著墨子閒詁。凡諸家之説，是者從之，非者正之，闕略者補之。至經説及備城門以下諸篇尤不易讀，整紛剔蠹，衇摘無遺，旁行之文，盡還舊觀，訛奪之處，咸秩無紊，蓋自有墨子以來未有此書也。以余亦嘗從事於此，問序於余，余何足序此書哉。竊嘗推而論之，墨子惟兼愛是以尚同，惟尚同是以非攻，惟非攻是以講求備禦之法。近世西學中光學、重學，或言皆出於墨子，然則其備梯、備突、備穴諸法，或即泰西機器之權輿乎？嗟乎！今天下一大戰國也，以孟子反本一言爲主，而以墨子之書輔之，儻足以安内而攘外乎。勿謂仲容之爲此書，窮年兀兀，徒敝精神於無用也。光緒二十一年夏，德清俞樾。

# 自序

漢志墨子書七十一篇，今存者五十三篇。魯問篇墨子之語魏越云：「國家昏亂，則語之尚賢、尚同；國家貧，則語之節用、節葬；國家憙音湛湎，則語之非樂、非命；國家淫僻無禮，則語之尊天、事鬼；國家務奪侵凌，則語之兼愛、非攻。」今書雖殘缺，然自尚賢至非命三十篇，所論略備，足以盡其恉要矣。經説上下篇，與莊周書所述惠施之論及公孫龍書相出入，似原出墨子，而諸鉅子以其説綴益之。備城門以下十餘篇，則又禽滑釐所受兵家之遺法，於墨學爲別傳。惟脩身、親士諸篇，誼正而文靡，校之它篇殊不類。當染篇又頗涉晚周之事，非墨子所得聞，疑皆後人以儒言緣飾之，非其本書也。墨子之生蓋稍後於七十子，不得見孔子，然亦甚老壽，故前得與魯陽文子、公輸般相問答，而晚及見田齊太公和，又逮聞齊康公興樂及楚吴起之亂。身丁戰國之初，感悕於獷暴淫侈之政，故其言諄復深切，務陳古以剴今。亦喜稱道詩、書及孔子所不修百國春秋。惟於禮則右夏左周，欲變文而反之質，樂則竟屏絶之，此其與儒家四術六藝必不合者耳。至其接世，務爲和同，而自處絶艱苦，持之太過，或流於偏激，而非儒尤爲乖盭。然周季道術分裂，諸子舛馳。荀卿爲齊、魯大師，而其書非十二子篇於游、夏、孟子諸大賢，皆深相排笮。洙、泗齗齗，儒家已然，墨儒異方，跬武千里，其相非甯足異乎？綜覽厥書，釋其紕駮，甄其純實，可取者蓋十六七。其用心篤厚，勇於振世救敝，殆非韓、吕諸子之倫比也。莊周天下篇之論墨氏曰：「不侈於後世，不靡於萬物，不暉於數度，以繩墨自矯而備世之急。」又曰：「墨子真天下之好也，將求之不得也，雖枯槁不舍也，才士也夫！」斯殆持平之論與！墨子既不合於儒術，孟、荀、董無心、孔子魚之倫咸排詰之。漢、晉以降，其學幾絶，而書僅存，然治之者殊尟，故脱誤尤不可校。而古字古言，轉多沿襲未改，非精究形聲通叚之原，無由通其讀也。舊有孟勝、樂臺注，今久不傳。近代鎮洋畢尚書沅始爲之注，藤縣蘇孝廉時學復刊其誤，刓通涂徑，多所諟正。余昔事讎覽，旁摭衆家，擇善而從，於畢本外又獲見明吴寬寫本，黄丕烈所景鈔者，今臧杭州丁氏，缺前五卷，大致與道臧本同。顧千里校道臧本，臧本，明正統十年刊，畢本亦據彼校定，而不無舛譌。顧校又有季本，傳録或作李本，未知孰是。明槧諸本大氐皆祖臧本，畢注略具，今並不復詳校。又嘗得倭寶歷閒放刻明茅坤本，并爲六卷，而篇數尚完具，册耑附校異文，閒有可采，惜所見本殘缺，僅存後數卷。用相勘覈，别爲寫定。復以王觀察念孫、尚書引之父子，洪州倅頤煊，及年丈俞編修樾，亡友戴茂才望所校，參綜考讀。竊謂非儒以前諸篇，誼恉詳焯，畢王諸家校訓略備，然亦不無遺失。經、說、兵法諸篇，文尤奥衍淩襍，檢攬舊校，疑滯殊衆，覃覈有年，用思略盡，謹依經誼字例，爲之詮釋。至於訂補經説上下篇旁行句讀，正兵法諸篇之譌文錯簡，尤私心所竊自喜，以爲不繆者，輒就畢本更爲增定，用遺來學。昔許叔重注淮南王書，題曰鴻烈閒詁。據宋槧本淮南子及晁公武讀書志。閒者，發其疑牾；詁者，正其訓釋。今於字誼多遵許學，故遂用題署，亦以兩漢經儒本説經家法箋釋諸子，固後學所晞慕而不能逮者也。光緒十有九年，歲在癸巳十月，瑞安孫詒讓序。

墨子書舊多古字，許君説文舉其「羛綳」二文，今本並改易不見。則其爲後人所竄定者，殆不知凡幾。蓋先秦諸子之譌舛不可讀，未有甚於此書者。今謹依爾雅、説文正其訓故，古文篆隸校其文字。若尚同篇引術令，即書説命之佚文。魏晉人作僞古文尚書，不知「術」爲「説」之叚字，遂摭其文，竄入大禹謨矣。兼愛篇「注召之邸虖池之瀆」，「召之邸」即孫炎本爾雅釋地之「昭餘底」，亦即周禮職方氏之「昭餘祁」。今本「召」譌爲「后」，其義不可解，畢氏遂失其句讀矣。非攻篇之「不著何」，即周書王會之「不屠何」，畢氏不憭，依俗本改爲「中山」，遂與墨子舊文不合矣。明鬼篇「迓無罪人乎道路術徑」，「迓」即孟子「禦人於國門之外」之「禦」。非樂篇「折壤坦」，「折」即周禮哲蔟氏之「晢」。今本「迓」譌爲「退」，「折」譌爲「拆」，畢蘇諸家各以意校改，遂重惟貤繆，不可究詰矣。耕柱〔二〕篇「夏后啓使森蔪雉已，卜於白若之龜」，「蔪」即「嗌」之籒文，亦即伯益，與漢書述尚書古文伯益字正合。今本「森蔪雉已」譌作「翁難雉乙」，又脱「雉」字，遂以「翁難乙」爲人姓名矣。非攻下篇説禹攻有苗，「有神人面鳥身，奉珪以侍」，此與秦穆公所見句芒同。奉珪者東方之玉，與禮經祀方明東方以珪之義合。而今本「奉珪」誤作「若瑾」，其義遂不可通矣。若此之類，輒罄蠡管，證厥違迕。它若經説篇之「蠙」爲「蚼」，「虎」爲「霍」，兵法諸篇之「幎」爲「順」，又爲「類」，「芒」爲「芸」，「桴」爲「杯」，其歧互尤不易理董。覃思十年，略通其誼，凡所發正，咸具於注。凡譌脱之文，舊校精塙者，徑據補正，以資省覽。其以愚意訂定者，則箸其説於注，不敢專輒增改，以昭詳慎。世有成學治古文者，儻更宣究其恉，俾二千年古子釐然復其舊觀，斯亦達士之所樂聞與？校寫既竟，復記於後。詒讓。

此書寫定於壬辰、癸巳閒，還甲午夏，屬吳門梓人毛翼庭以聚珍版印成三百部，質

〔二〕「耕柱」，原誤「公孟」，據本書改。

之通學，頗以爲不謬，然多苦其奥衍，瀏覽率不能終卷。惟吾友黄中弢學士爲詳校一過，舉正十餘事，多精塙，亦今之張伯松矣。余亦自續勘得賸義逾百事，有前誤讀誤釋，覆勘始覺之者，咸隨時迻録別册存之。此書最難讀者莫如經、經説四篇。余前以未見臯文先生經説解爲憾，一日得如臯冒鶴亭孝廉廣生書，云武進金湝生運判武祥臧有先生手稿本，急屬鶴亭馳書求叚録。金君得書，則自校寫一本寄贈，得之驚喜絫日。余前補定經下篇句讀，頗自矜爲剏獲，不意張先生已先我得之。其解善談名理，雖校讎未宷，不無望文生義之失，然固有精論，足補正余書之闕誤者。金、冒兩君惠我爲不淺矣。既又從姻戚張文伯孝廉之綱許，叚得陽湖楊君葆彝經説校注，亦閒有可取，因與張解并删簡補録入册。凡余舊説與兩家有闇合者，皆改從之。蓋深喜一得之愚與前賢冥符遥契，固不敢攘善也。竊謂先秦古子誼恉深遠，如登岳觀海，莫能窮其涯涘。畢王張蘇諸家於此書孯校亦良勤矣，然其偶有不照，爲後人所匡正者，不可僂指數。余幸生諸賢之後，得據彼成説，以推其未竟之緒。然此書甫成，已有旋覺其誤者，則其不自覺而待補正於後人，殆必有倍蓰於是者，其敢侈然以自足邪！甲辰春，取舊寫別册，散入各卷，增定爲此本，并識之，以見疏陋之咎，無可自掩，且以睎望於後之能校讀是書者。光緒丁未四月，籀廎居士書。

# 墨子閒詁卷一

## 親士第一

畢沅云：「衆經音義云：『倉頡篇曰：親，愛也，近也。』說文解字云：『士，從一，從十。孔子曰：推十合一爲士。』玉篇云：『傳曰：通古今，辯然不，謂之士。』此與脩身篇無稱『子墨子云』，疑翟所著也。」案：畢說未塙。此書文多闕失，或稱「子墨子曰」，或否，疑多非古本之舊，未可據以定爲墨子所自著之書也。又此篇所論，大抵尚賢篇之餘義，亦似不當爲第一篇。後人因其持論尚正，與儒言相近，遂舉以冠首耳。以馬總意林所引校之，則唐以前本已如是矣。

入國而不存其士，則亡國矣。說文子部云：「存，恤問也。」見賢而不急，則緩其君矣。非賢無急，非士無與慮國。說文思部云：「慮，謀思也。」緩賢忘士，而能以其國存者，未曾有也。

昔者文公出走而正天下，畢云：「正，讀如征。」王念孫云：「畢讀非也。爾雅曰：『正，長也。』晉文爲諸侯盟主，故曰『正天下』，與下『霸諸侯』對文。又廣雅：『正，君也。』尚賢篇曰『堯舜禹湯文武之所以王天下正諸侯者』，凡墨子書言『正天下』、『正諸侯』者，非訓爲長，即訓爲君，皆非征伐之謂。」案：王說是也。呂氏春秋順民篇云「湯克夏而正天下」，高誘注云「正，治也」，亦非。桓公去國而霸諸侯，越王句踐遇吳王之醜，蘇時學云：「醜猶恥也。」詒讓案：呂氏春秋不侵篇「欲醜之以辭」，高注云：「醜，或作恥。」而尚攝中國之賢君。畢云：「尚與上通。攝，合也，謂合諸侯。郭璞注爾雅云：『聶，合。』攝同聶。」案：畢説未允。攝當與懾通，左襄十一年傳云「武震以攝威之」，韓詩外傳云「上攝萬乘，下不敢敖乎匹夫」。此義與彼同，謂越王之威足以懾中國賢君也。三子之能達名成功於天下也，皆於其國抑而大醜也。畢云：「猶曰安其大醜。廣雅云：『抑，安也。』」俞樾云：「抑之言屈抑也。『抑而大醜』與『達名成功』相對，言於其國則抑而大醜，於天下則達名成功，正見其由屈抑而達，下文所謂『敗而有以成』也。畢注於文義未得。」案：俞説是也。太上無敗，畢云：「李善文選注云：『河上公注老子云：太上，謂太古無名之君也。』」案：「太上」對「其次」爲文，謂等之最居上者，不論時代今古也。畢引老子注，義與此不相當。其次敗而有以成，此之謂用民。言以親士，故能用其民也。

吾聞之曰：「非無安居也，我無安心也；非無足財也，我無足心也。」畢云：「言不肯苟安，如好利之不知足。」是故君子自難而易彼，畢云：「言自處於難，即躬自厚而薄責人之義。」衆人自易而難彼。君子進不敗其志，內究其情，「內」下畢增「不」字，云：「舊脱此字，據上文增。疚、究同，猶云內省不疚。」俞云：「『內』當作『衲』，即『退』字也。『進不敗其志，退究其情』正相對成文，所謂大行不加，窮居不損也。因『退』從或體作『衲』，又闕壞而作『內』，畢氏遂據上句增入『不』字，殊失其旨。」案：俞説近是。雖雜庸民，終無怨心，畢云：「言遺佚不怨。」彼有自信者也。是故爲其所難者，必得其所欲焉；未聞爲其所欲，而免其所惡者也。是故偪臣傷君，國語周語韋昭注云：「偪，迫也。」偪臣，謂貴臣權重迫君。然此與「諂下」同舉，而對「弗弗之臣」爲文，則不當云「偪臣」，「偪」疑「佞」之譌。諂下傷上。畢云：「言佞人病國與偪臣同。」君必有弗弗之臣，弗讀爲咈，說文口部云：「咈，違也。」上必有詻詻之下。廣雅釋訓云：「詻詻，語也。」周禮保氏鄭康成注云：「軍旅之容，暨暨詻詻。」莊子人閒世篇釋文引崔譔云：「逆擊曰詻。」案：詻，洪頤煊謂與「諤」同，近是，詳後。畢云：「禮記云『言容詻詻』，鄭君注云：『教令嚴也。』說文云『論訟也』，玉篇云『魚格切』。」分議者延延，而支苟者詻詻，畢云：「『支苟』二字疑誤。」洪頤煊云：「延延，長也。『支苟』當是『致敬』之譌。詻詻與諤諤同。言分議者皆延延以念久長，而致敬者又諤諤以盡其誠，即上文所謂『上必有詻詻之下』也。」蘇云：「『支苟』二字，疑『敬』字之訛。」俞云：「『支苟』乃『積𥟖』二字之叚音，說文禾部：『𥟖，積𥟖也。』徐鍇曰：『積𥟖，不伸之意。』然則積𥟖者詻詻，殆謂在下位者，或爲上所淩壓而不得申，亦必詻詻然自伸其意而後已，上文所謂『上必有詻詻之下』是也。」案：洪謂「苟」爲「敬」字之譌，是也。而以「支」爲「致」，則未塙。俞説尤誤。以文義推之，「支」疑當爲「交」，形近而譌。經説上篇「圜，規寫交也」，今本「交」亦誤「支」，是其證。敬讀爲儆。交儆，謂交相儆戒也。「苟」即「敬」之壞字。國語楚語「左史倚相見申公子亹曰：唯子老耄，故欲見以交儆子」，韋注云：「交，夾也。」焉可以長生保國。王云：「『焉』字下屬爲句，焉猶乃也。言如是乃可以長生保國也。」臣下重其爵位而不言，近臣則喑，畢云：「當爲『瘖』，說文云：『瘖，不能言也。』『喑，宋齊謂兒泣不止曰喑』，非此義。玉篇云『瘖，於深切，不能言』，『喑，於金、於甘二切，啼極無聲也』。則作『喑』亦是。」詒讓案：喑、瘖字同，尚賢下篇有「瘖」字。晏子諫下篇云「近臣嘿，遠臣瘖」，又云「朝居嚴，則下無言，下無言，則上無聞矣。下無言，則吾謂之瘖，上無聞，則吾謂之聾」。說苑正諫篇「晏子云：下無言則謂之喑」，「喑」即「瘖」也。又穀梁文六年傳云「下闇則上聾」，闇與喑、瘖字亦通。**遠臣則唫**，范望太玄經注云：「唫猶噏也。」亦與吟同，文選蘇子卿古詩李善注引倉頡篇云：「吟，歎也。」漢書息夫躬傳顏師古注云：「唫，古吟字。」畢云：「與『噤』音義同。」史記『蒯通曰：吟而不言』，索隱云：『吟，音户蔭反，又音琴。』」**怨結於民心**，蘇云：「喑、唫、心爲韻。」**諂諛在側，善議障塞**，蘇云：「側、塞亦爲韻。」**則國危矣。桀紂不以其無天下之士邪？殺其身而喪天下！故曰：「歸國寶**，畢云：「歸，讀如『齊人歸女樂』之『歸』。」**不若獻賢而進士。」**

**今有五錐**，說文金部云：「錐，銳也。」釋名釋用器云：「錐，利也。」**此其銛**，畢云：「史記集解云：『徐廣曰：思廉反。駰案漢書音義曰：銛，謂利。』」**銛者必先挫；有五刀，此其錯**，廣雅釋詁云：「錯，磨也。」畢云：「言磨錯之利。」**錯者必先靡。**「礳」之叚字，今省作「磨」，謂銷磨也。畢云：「挫、靡爲韻，靡字麻聲。」**是以甘井近竭，招木近伐**，畢云：「招與喬音相近。竭、伐爲韻。」案：畢說是也。經說下篇「橋衡」之「橋」亦作「招」，可證。**靈龜近灼，神蛇近暴。**畢云：「灼、暴爲韻。」俞云：「四『近』字皆『先』字之誤。上文曰：『今有五錐，此其銛，銛者必先挫；有五刀，此其錯，錯者必先靡。』然則『甘井』四喻正承上文而言，亦必是『先』字明矣。『先』篆書作『[illegible]』，『近』字古文作『岓』，篆書作『[illegible]』，兩形相似而誤。」案：俞說是也。意林引此二句，「近」正作「先」。莊子山木篇亦云：「直木先伐，甘井先竭。」暴蛇者，蓋以求雨。淮南子齊俗訓云「犧牛粹毛，宜於廟牲，其於以致雨，不若黑蜧」，許慎注云：「黑蜧，神蛇也，潛於神淵，能興雲雨。」春秋繁露求雨篇云：「春旱求雨，暴巫聚蛇。」**是故比干之殪，其抗也；**抗、亢聲類同。莊子刻意篇云「刻意尚行，離世異俗，高論怨誹，爲亢而已矣」，釋文：「李頤云：『窮高曰亢。』」蘇云：「抗猶抗直。」孟賁之殺，其勇也；孟子公孫丑篇僞孫奭疏引皇甫謐帝王世紀云：「秦武王好多力之人，齊孟賁之徒並歸焉。孟賁生拔牛角。」史記范睢傳集解引許慎，漢書東方朔傳顔師古注，並云孟賁衛人。案：依世紀説，則賁在墨子後。此文蓋後人所增竄。西施之沈，其美也；蘇云：「案吴越春秋逸篇云：『吴亡後，越浮西施於江，令隨鴟夷以終。』其言與此合，是吴亡西施亦死也。墨子書記當時事必有據，後世乃有五湖隨范蠡之説，誣矣。」詒讓案：吴越春秋逸文，見楊慎丹鉛録引修文殿御覽。吴起之裂，其事也。淮南子繆稱訓云「吴起刻削而車裂」，亦見氾論訓及韓詩外傳一、吕氏春秋執一篇高注。史記本傳不云車裂，蓋文不具。畢云：「謂事功。」蘇云：「墨子嘗見楚惠王，而吴起之死當悼王二十一年，上距惠王之卒已五十一年，疑墨子不及見此事，此蓋門弟子之詞也。」汪中説同。案：魯問篇墨子及見田齊大公和，和受命爲諸侯，當楚悼王十六年，距起之死僅五年耳。況非樂上篇説「齊康公興樂萬」，康公之薨復在起死後二年。然則此書雖多後人增益，而吴起之死非墨子所不及見，明矣。蘇説攷之未審。故彼人者，寡不死其所長，故曰「太盛難守」也。

故雖有賢君，不愛無功之臣；雖有慈父，不愛無益之子。是故不勝其任而處其位，非此位之人也；不勝其爵而處其禄，非此禄之主也。良弓難張，然可以及高入深；良馬難乘，然可以任重致遠；良才難令，然可以致君見尊。是故江河不惡小谷之滿己也，説文谷部云：「泉出通川爲谷。」爾雅釋水云：「水注川曰谿，注谿曰谷。」故能大。聖人者，事無辭也，物無違也，故能爲天下器。是故江河之水，非一源之水也；畢本作「非一水之源也」，云：「舊云『非一源也』，據初學記江引此增二字，裘引此與舊同。藝文類聚引作『非一水之源』，北堂書鈔引作『非一源之水』。古無『源』字，本書脩身云『原濁者流不清』，只作『原』，此類俗寫亂之，非舊文也。」王云：「此本作『江河之水，非一源之水也』，今本脱『之水』二字，而『一源』二字則不誤。北堂書鈔衣冠部三、初學記器物部引此竝作『非一源之水』。初學記地部中引作『非一源之流』，『流』字雖誤，而『一源』二字仍與今本同。畢謂初學記作『一水之源』，誤也。太平御覽服章部十一引作『江河之水非一源，千鎰之裘非一狐』，皆節去下二字，而『一源』二字亦與今本同。其藝文類聚衣冠部引作『非一水之源』者，傳寫誤耳。」案：王説是也，今據補正。**千鎰之裘，**畢云：「鎰，從金，俗寫。本書貴義云『待女以千益』，只作『益』。文選注云：『賈逵國語注曰：一溢，二十四兩。』漢書食貨志云『黄金以溢爲名』，孟康曰：『二十兩爲溢也。』」案：貴義篇本作「千盆」，非「益」字，畢誤。**非一狐之白也。**玉藻云：「君衣狐白裘。」淮南子説山訓云：「天下無粹白之狐，而有粹白之裘，掇之衆白也。」晏子春秋外篇云：「景公賜晏子狐白之裘，玄豹之茈，其貲千金。」漢書匡衡傳顔注云：「狐白，謂狐腋下之皮，其毛純白，集以爲裘，輕柔難得，故貴也。」**夫惡有同方取不取同而已者乎？**畢云：「惡讀如烏，言聖人之與士同方相合，猶江河同源相得，烏有不取諸此而自止者。」俞云：「『取不』二字傳寫誤倒，『而』字當在『取同』二字之上，『已』當爲人己之『己』。此文本云『夫惡有同方不取，而取同己者乎』。同方，謂同道也；同己，謂與己意同也。聖人但取其與道同，而不必其與己意同，故曰『夫惡有同方不取，而取同己者乎』。傳寫錯誤，遂不可讀，畢曲爲之説，非是。」案：俞説近是。**蓋非兼王之道也。是故天地不昭昭，**説文日部云：「昭，日明也。」中庸鄭注云：「昭昭猶耿耿，小明也。」**大水不潦潦，**畢云：「説文云：『潦，雨大皃。』然此義與明瞭同。老子云『水至清則無魚也』。」**大火**

**不燎燎，王德不堯堯者，**畢云：「説文云：『堯，高也。從垚在兀上，高遠也。』白虎通云：『堯猶嶢嶢，至高之貌。』」**乃千人之長也。**此與上云「王德」不相冢，疑上句「者」字當爲「若」，「若乃」連讀，爲更端之詞，下三語即承此言之。**其直如矢，其平如砥，不足以覆萬物。是故谿陜者速涸，**説文谷部云：「谿，山瀆無所通者。」𨸏部云：「陜，隘也。」俗作「陿」、「狹」，非。畢云：「説文云：『涸，渴也。讀若狐貈之貈。』」**逝淺者速竭，**王引之云：「『逝淺』二字義不相屬，『逝』當爲『遊』。俗書『游』字作『遊』，與『逝』相似而誤。『遊』即『流』字也。曲禮注『士視得旁遊目五步之中』，釋文『遊』作『游』，云『徐音流』。『流淺』與『谿陜』對文。」俞云：「『逝』當讀爲澨，古字通也。詩有杕之杜篇『噬肯適我』，釋文曰：『噬，韓詩作逝。』然則『逝』之通作『澨』，猶『逝』之通作『噬』也。成十五年左傳『則決睢澨』，楚辭湘夫人篇『夕濟兮三澨』，杜預、王逸注竝曰：『澨，水涯。』『澨淺』與『谿陜』對文，因叚『逝』爲『澨』，其義遂晦。」案：王説近是。**墝埆者**畢云：「『墝埆』當爲『磽确』，礊石也，見説文。俗寫從土。何休公羊學曰：『墝埆不生五穀。』」**其地不育。王者淳澤不出宮中，**淮南子齊俗訓高注云：「淳，厚也。」**則不能流國矣。**

## 脩身第二

畢云：「脩治之字從彡。從肉者，脩脯字，經典假借多用此。」

**君子戰雖有陳，而勇爲本焉；喪雖有禮，而哀爲本焉；士雖有學，而行爲本焉。**俞云：

「『君子』二字衍文也。此蓋以『戰雖有陳』、『喪雖有禮』二句，起『士雖有學』一句，若冠以『君子』二字，則既言『君子』不必又言『士』矣。馬總意林作『君子雖有學，行爲本焉；戰雖有陳，勇爲本焉；喪雖有禮，哀爲本焉』，與今本不同。然有『君子』字，即無『士』字，亦可知今本既言『君子』又言『士』之誤矣。『士雖有學』與『君子雖有學』，文異而義同。」案：説苑建本篇載孔子語與此略同，「君子」似非衍文，亦見家語六本篇。**是故置本不安者，無務豐末；**置與植通，詩商頌那「置我鞉鼓」，鄭箋云：「置讀曰植。」方言云：「植，立也。」俞云：「『者』衍字也。下文『近者不親，無務來遠；親戚不附，無務外交；事無終始，無務多業；舉物而闇，無務博聞』，上句竝無『者』字，是其證。」**近者不親，無務來遠；親戚不附，**曲禮云「兄弟、親戚，稱其慈也」，孔穎達疏云：「親指族内，戚言族外。」案：古多稱父母爲親戚，詳兼愛下篇。此則似通内外族姻言之，與孔義同。**無務外交；事無終始，無務多業；**爾雅釋詁云：「業，事也。」**舉物而闇，無務博聞。是故先王之治天下也，必察邇來遠。君子察邇而邇脩者也。見不脩行，**畢讀句。**見毁，**畢讀句。**而反之身者也，此以怨省而行脩矣。譖慝之言，無入之耳；**「之」，畢本譌「于」，今據道藏本正，王校同。畢云：「玉篇云：『慝，他得切，惡也。』經典多此字，古只作『匿』。」王云：「譖慝即讒慝，僖二十八年左傳『閒執讒慝之口』是也。讒與譖古字通，故小雅巷伯篇『取彼譖人』，緇衣注及後漢書馬援傳竝引作『取彼讒人』。無入之耳，言不聽讒慝之言也。故下文曰『雖有詆訐之民，無所依矣』。」**批扞之聲，**廣雅釋詁云：「批，擊也。」易林睽之賁云「批捍之言，我心不快」，批扞即批捍也。畢云：「説文云：『扞，忮也。』玉篇云：『忓，古安切，又胡旦切，擾也。』」**無出之口；殺傷人之孩，**畢云：「當讀如根荄。」**無存之心，雖有詆訐之民，**畢云：「説文云：『詆，訶也。』『訐，面相斥罪也。』玉篇云：『詆，都禮切；訐，居謁切，攻人之陰私也。』」**無所依矣。故君子力事日彊，願欲日逾，**逾當讀爲偷，同聲叚借字，此與「力事日彊」文相對。禮記表記云「君子莊敬日强，安肆日偷」，鄭注云：「偷，苟且也。」此義與彼正同。**設壯日盛。**畢云：「『設壯』疑作『飾莊』。」**君子之道也，貧則見廉，富則見義，**畢云：「字當爲『羛』，說文云『墨翟書「義」從弗』，則漢時本如此。今書『義』字皆俗改也。」王引之云：「『弗』於聲義均有未協，『弗』當作『𢦐』。『𢦐』，古文『我』字，與『弗』相似，故譌作『弗』耳。周晉姜鼎銘『我』字作『𢦐』，是其明證。⿱羊𢦐之從𢦐聲，與義之從我聲，一也。說文『我』字下，重文未載古文作『𢦐』，故於此亦不知爲『𢦐』字之譌。蓋鍾鼎古篆，漢人亦不能徧識也。」**生則見愛，死則見哀，四行者不可虛假，反之身者也。藏於心者無以竭愛，動於身者無以竭恭，出於口**[二]**者無以竭馴，**馴猶雅馴。史記五帝本紀云「不雅馴」，張守節正義云：「馴，訓也。」案：馴、訓字通。周禮地官敘官鄭衆注云：「訓讀爲馴。」訓與爾雅釋訓義同，謂出口者皆典雅之言。**暢之四支，**說文肉部云：「胑，體四胑也。或作肢。」支即肢之省。易坤文言云「美在其中，而暢於四支」，孔穎達疏云：「四支，猶言手足。」**接之肌膚，**小爾雅廣詁云：「接，達也。」亦與挾通，儀禮鄉射禮鄭注云：「古文『挾』皆作『接』。」俗作「浹」，義並同。呂氏春秋論威篇云「其藏於民心，捷於肌膚也，深痛疾固」，高注云：「捷，養也。」案：捷、接字亦通，高失其義。**華髮隳顛**道藏本「顛」作「巔」，非。後漢書邊讓傳李賢注云：「華髮，白首也。」畢云：「『隳』字當爲『墮』。」詒讓

[二]「口」，原誤「日」，據畢沅刻本改。

案：說文髟部云：「鬌，髮墮也。」頁部云：「顚，頂也。」墮與鬌通，墮顚即禿頂。新序襍事篇云：「齊宣王謂閭丘卬曰：士亦華髮墮顚而後可用耳。」而猶弗舍者，其唯聖人乎！

志不彊者智不達，言不信者行不果。畢云：「文選注云：『許君注淮南子云：果，成也。』」據財不能以分人者，不足與友；守道不篤、偏物不博、俞云：「偏亦辯也。儀禮鄉飲酒禮『衆賓辯有脯醢』，燕禮『大夫辯受酬』，少牢饋食禮『辯擩于三豆』，今文『辯』皆作『偏』，是『辯』與『偏』通用。物言偏，是非言辯，文異而義同。」辯是非不察者，不足與游。本不固者末必幾，畢云：「廣雅云：『幾，微也。』或『禾』字之假音，說文云：『禾，木之曲頭，止不能上也。』」王云：「爾雅：『幾，危也。』言木本不固者，其末必危也。畢引廣雅『幾，微也』，已非塙詁，又引說文以『幾』爲『禾』，則失之愈遠矣。」雄而不脩者畢云：「雄猶勇。」其後必惰，原濁者流不清，行不信者名必秏。畢云：「舊從『耒』，非。玉篇云：『秏，可到切，減也，敗也。詩云：秏斁下士。』又云：『耗，正作秏。』」名不徒生，而譽不自長，功成名遂，名譽不可虛假，反之身者也。務言而緩行，雖辯必不聽；多力而伐功，雖勞必不圖。蘇云：「圖，謀也。春秋傳曰：『勞之不圖，報於何有。』」慧者心辯而不繁說，多力而不伐功，此以名譽揚天下。言無務爲多而務爲智，無務爲文而務爲察。故彼智無察，畢云：「『彼』當爲『非』。」在身而情，當爲「惰」，形近而誤。上云：「雄而不脩者，其後必惰。」反其路者也。「路」當爲「務」，即冢上「務爲智」、「務爲察」而言，謂違反其所當務之事。明鬼下篇云「今執無鬼者曰『鬼神者固無有』，則此反聖王之務」，此義與彼同。畢讀「在身而情反其路者也」九字句，云：「言非智無察，則所欲反其道。説文云：『情，人之陰氣有欲者。』」失之。**善無主於心者不留，行莫辯於身者不立。名不可簡而成也，譽不可巧而立也，君子以身戴行者也。**戴、載古通，春秋隱十年經「伐戴」，穀梁作「伐載」。釋名釋姿容云：「戴，載也。」**思利尋焉，**儀禮有司徹賈公彥疏引服虔左傳注云：「尋之言重也，温也。」畢云：「尋，習。」**忘名忽焉，可以爲士於天下者，未嘗有也。**

## 所染第三

畢云：「吕氏春秋有當染篇，文略同。」蘇云：「篇中言中山尚、宋康，皆墨子後事，而禽子爲墨子弟子，至與傳説並稱，此必非墨子之言，蓋亦出於門弟子。」汪中云：「宋康之滅在楚惠王卒後一百五十七年，墨子蓋嘗見染絲者而歎之，爲墨之學者增成其説耳。」案：此篇固不出墨子，但中山尚疑即桓公，時代正與墨子相及，蘇説未審。

**子墨子言見染絲者而歎，曰：**「言」字疑衍。公羊隱十一年何休注云：「稱子冠氏上者，著其爲師也，其不冠子者他師。」列子天瑞篇張注云：「載子於姓上者，首章是弟子之所記故也。」**染於蒼則蒼，**廣雅釋器云：「蒼，青也。」**染於黄則黄，**韓詩外傳云：「藍有青，而絲假之，青於藍；地有黄，而絲假之，黄於地。」淮南子説林訓云：「墨子見練絲而泣之，爲其可以黄，可以黑。」**所入者變，其色亦變，五入必，**考工記鍾氏「染羽，三入爲纁，五入爲緅，七入爲緇」，鄭注云：「玄，其六入者與？」爾雅釋器云：「一染謂之縓，再染謂之赬，三染謂之纁。」必讀爲畢，左隱元年傳「同軌畢至」，白虎通義崩薨篇引「畢」作「必」，是其證。言五入畢，而爲五色也。高誘云：「一入一色。」畢云：「一本無『必』字。」而已則爲五色矣。畢云：「呂氏春秋無『則』字，後漢書注引作『五入之則爲五色』，太平御覽引作『五入則爲五色』。」故染不可不慎也！治要作「可不慎耶」。

非獨染絲然也，國亦有染。畢云：「太平御覽、吴淑事類賦俱作『治國亦然』，有節文。」舜染於許由、高誘云：「許由，陽城人，堯聘之，不至。」伯陽，畢云：「高誘注呂氏春秋云：『伯陽蓋老子也，舜時師之者也。』楊倞注荀子云：『老子姓李，字伯陽，號聃，著書五千言。』案：此云『舜染』，則非聃也。」詒讓案：呂氏春秋本味篇云「堯、舜得伯陽、續耳然後成」，注云：「伯陽、續耳皆賢人，堯用之以成功也。」御覽八十一引尸子云：「舜事親養老爲天下法，其遊也，得六人，曰雒陶、方回、續耳、伯陽、東不識、秦不空，皆一國之賢者也。」陶潛聖賢羣輔録引皇甫謐逸士傳「舜友七子」，亦有伯陽。韓非子説疑篇作「晉伯陽」，漢書古今人表作「柏陽」，北堂書鈔四十九引尸子作「柏楊」。此伯陽自是舜時賢人，高以爲老子，繆。禹染於皋陶、伯益，湯染於伊尹、仲虺，高誘云：「仲虺居薛，爲湯之左相。」武王染於太公、周公。此四王者所染當，高誘云：「所從染得其人，故曰當。」故王天下，立爲天子，功名蔽天地。高誘云：「蔽猶極也。」舉天下之仁義顯人，必稱此四王者。高誘云：「稱美其德，以爲喻也。」夏桀染於干辛、畢云：「呂氏春秋云『夏桀染於羊辛』，又慎大云『桀爲無道，干辛任威，陵轢諸侯，以及兆民』，高誘曰：『干辛，桀之諛臣。』説苑云『桀用干莘』，班固古今人表云『干辛、崇侯與之爲惡則行』。表又作『干莘』，同説苑。」詒讓案：呂氏春秋知度篇云：「桀用羊辛。」漢書顔注云：「干莘，桀之勇人也。」抱朴子良規篇亦作「干辛」。**推哆，**畢云：「本書明鬼云『王手禽推哆、大戲』，下又云『推哆、大戲，主别兕虎，指畫殺人』，古今人表作『雅侈』。」詒讓案：「推哆」，晏子春秋諫上篇、賈子新書連語篇作「推侈」，韓子説疑篇又作「侯侈」，淮南子主術訓又作「推移」。惟抱朴子良規篇作「推哆」，與此同。**殷紂染於崇侯、惡來，**高誘云：「崇，國；侯，爵；名虎。惡來，嬴姓，飛廉之子，紂之諛臣。」史記秦本紀云：「蜚廉生惡來，惡來有力，蜚廉善走，父子俱以材力事殷紂。周武王之伐紂，並殺惡來。」**厲王染於厲公長父、**治要作「文」，誤。畢云：「吕氏春秋『厲』作『虢』，注云：『虢、榮，二卿士。』」洪云：「案荀子成相篇楊倞注引墨子作『⿰虎厲公長父』，吕氏春秋當染篇『厲王染於虢公長父』，『⿰虎厲』即『虢』字之譌。今本作『厲』字，又後人所改。」蘇云：「厲公，虢君謚。」詒讓案：荀子成相篇云「孰公長父之難，厲王流於彘」，楊注引此云：「⿰虎厲公與孰公不同，不知孰是。或曰孰公長父即詩云『皇父』也，『孰』或作『郭』。」案：荀子别本作「郭」，與吕覽合，是也。虢、郭古通。洪以「⿰虎厲」爲「虢」之譌，亦近是。蘇以「厲」爲虢公謚，未塙。竹書紀年「厲王三年，淮夷侵洛，王命虢公長父伐之，不克」，後漢書東夷傳作「虢仲」，今本紀年出於摭拾，未知足據否？**榮夷終，**吕氏春秋當染同。國語周語「厲王説榮夷公，爲卿士」，韋注云：「榮，國名；夷，謚也。」書叙有榮伯。史記周本紀集解引馬融云：「榮伯，周同姓，畿内諸侯爲卿大夫也。」夷公蓋榮伯之後。畢云：「『終』一本作『公』。史記『厲王好利，近榮夷公』。」蘇云：「終，或榮夷公名。」**幽王染於傅公夷、**治要作「幾」。蘇云：「傅公夷無攷。國語惠王時有傅氏，注曰：『傅氏，貍姓也，在周爲傅氏。』」**蔡公穀。**畢云：「『蔡』一本作『祭』。吕氏春秋作『虢公鼓』、『祭公敦』。」詒讓案：高誘謂虢公鼓即虢石父，見國語晉語、鄭語，未知是否。蘇云：「蔡公穀，吕覽作『祭公敦』，竊謂當從呂覽作『祭公』爲是。祭爲周畿内國，周公少子所封，自文公謀父〔二〕以下，世爲卿士於周，隱元年所書『祭伯來』者，即其後也。若蔡，當幽王時唯有釐侯所事，不聞更有名穀者。」案：蘇説是也。**此四王者，所染不當，故國殘身死，爲天下僇。**高誘云：「不當者，不得其人。僇，辱也。」「僇」，治要作「戮」。畢云：「此戮字假音。」**舉天下不義辱人，必稱此四王者。**舊本「稱」下脱「此」字，今據道藏本補，與上文及治要合，呂氏春秋當染亦同。高誘云：「稱其惡以爲戒也。」**齊桓染於管仲、鮑叔，晉文染於舅犯、高偃，**「齊桓」、「晉文」下治要並有「公」字。畢云：「未詳。呂氏春秋『高』作『郤』，疑當爲『郤』。晉有郤氏。」王云：「『高』當爲『𩫏』，『𩫏』即城郭之『郭』，形與『高』相近，因譌爲『高』。賈子過秦篇『據億丈之𩫏』，今本『𩫏』譌作『高』。墨子多古字，後人不識，故傳寫多誤耳。左傳晉大夫卜偃，晉語作『郭偃』，韋注曰：『郭偃，晉大夫卜偃也。』商子更法篇、韓子南面篇並與晉語同。呂氏春秋作『郤偃』，『郤』即『郭』之譌，非郤氏之『郤』也。太平御覽治道部一引呂氏春秋正作『郭偃』。梁玉繩云：『高與郭，聲之轉也。』」俞云：「高亦可讀如郭，詩緜篇毛傳曰『王之郭門曰皋門』，郭偃之爲高偃，猶『郭門』之爲『皋門』也。」**楚莊染於孫叔、**左宣十一年傳「楚令尹蔿艾獵城沂」，孔穎達疏引服虔云：「艾獵，蔿賈之子孫叔敖也。」洪適隸釋漢孫叔敖碑云「楚相孫君，諱饒，字叔敖」，不知何據。**沈尹，**畢云：「呂氏春秋作『沈尹蒸』，又贊能有沈尹莖，楚莊王欲以爲令尹，沈尹莖辭曰：『期思之鄙

---

〔二〕按：「文公謀父」，蘇時學墨子刊誤卷一原文如此。然作「文公」與上下文意全不合，且史書亦無「文公謀父」其人。今按「文」應是「祭」之誤，祭公謀父見國語周語上，爲周穆王卿士。

人有孫叔敖者，聖人也。』又尊師云『楚莊王〔二〕師孫叔敖、沈申巫』，高誘曰：『沈縣大夫。』新序作『沈尹竺』。案申、尹，莖、巫、竺，皆字之誤。」李惇云：「宣十二年左傳邲之戰，孫叔敖令尹也，而將中軍者爲沈尹，注云：『沈或作寢，寢縣也。』韓詩外傳所載楚樊姬事，與淮南子、新序正同，但淮南、新序並曰『虞邱子』，惟外傳則曰『沈令尹』，乃知沈尹即虞邱子。令尹者其官，沈者其氏或食邑也。」案：李説是也。沈尹莖，呂氏春秋察傳篇又作「沈尹筮」，字形並相近，未知孰爲正也。至余知古渚宫舊事作「沈尹華」，以呂氏春秋去宥篇攷之，乃楚威王臣，蓋誤并爲一也。**吴闔閭染於伍員、**閭，呂氏春秋當染篇作「廬」，左昭二十七年傳、史記吴世家同。此及後非攻中篇並作「閭」，與史記十二諸侯年表、淮南子泰族訓、吴越春秋同。**文義，**當染作「文之儀」。畢云：「呂氏春秋尊師云『吴王闔閭師伍子胥、文之儀』，高誘曰：『文，氏；之儀，名。』案：彼有『之』字者，如庚公差，孟子云『之斯』；專諸，史記云『設諸』，音之緩急。」**越句踐染於范蠡、**高誘云：「范蠡，楚三户人也，字少伯。」**大夫種。**畢云：「高誘注呂氏春秋云：『大夫種，文氏，字子禽，楚之鄒人。』」詒讓案：文選豪士賦序李注引吴越春秋云「文種者，楚南郢人也，姓文，字少禽」，太平寰宇記説同。呂覽注「鄒」即「郢」之譌。**此五君者所染當，**舊脱「者」字，今據治要增，與呂氏春秋合。**故霸諸侯，功名傳於後世。**治要無「功」字。**范吉射染於長柳朔、王勝，**治要「長」作「張」。畢云：「呂氏春秋『長』作『張』，『勝』作『生』字。高誘注云：『吉射，晉范獻子鞅之子昭子也。張柳朔、王生二人者，吉射家臣也。』」詒讓案：左哀五年傳「初，范氏之臣王生惡張柳

---

〔二〕「王」字原脱，據呂氏春秋尊師補。

朔，言諸昭子，使爲柏人」，此長柳朔、王勝，即張柳朔、王生，吕覽與左傳同。長柳，古複姓，漢書藝文志有長柳占夢。但據左傳，則朔、生乃范氏之賢臣，朔并死范氏之難，與此書異，或所聞不同。**中行寅染於籍秦、高彊，**畢云：「吕氏春秋作『黄藉秦』，非。高誘注云：『寅，晉大夫中行穆子之子荀子也。黄藉秦、高彊，其家臣。』高彊，齊子尾之子，奔晉，爲中行氏之臣。」史記索隱云：「『系本：籍秦，晉大夫籍游之孫，籍談之子。』」詒讓案：吕覽注「荀子」當作「荀文子」，即寅謚也，見定八年左傳。**吴夫差染於王孫雒、**雒，畢校改「雄」，云：「舊誤作『雒』。」盧文弨云：「今外傳吴語『王孫雄』，舊宋本作『王孫雒』，墨子所染篇同。吴越春秋夫差内傳、句踐伐吴外傳、越絶請糴内傳皆作『王孫駱』。説苑雜言篇作『公孫雒』，唯吕氏春秋當染篇作『王孫雄』。史記越世家作『公孫雄』，宋公序作國語補音，定作『雄』字，且爲之説曰：『漢改「洛」爲「雒」，疑「雒」字非吴人所名。』今按宋説殊誤，周禮職方氏『豫州其川熒雒』，春秋文八年經書『公子遂會雒戎』，傳作『伊雒之戎』，宣三年傳『楚子伐陸渾之戎，遂至于雒』，是漢以前本有『雒』字，豈東京創製此字乎？以『駱』字證之，則『雒』字是矣。」顧廣圻校同。王云：「盧説是也。隸書『雄』字或作『䧺』，與『雒』相似，故『雒』譌爲『雄』。困學紀聞左氏類引國語、吕氏春秋並作『雒』。韓子説疑篇有吴王孫額，『額』即『雒』之譌，則其字之本作『雒』益明矣。」**太宰嚭，**定四年左傳云：「伯州犂之孫嚭爲吴太宰。」畢云：「高誘注吕氏春秋云：『嚭，晉伯宗之孫，楚州犂之子。』」詒讓案：嚭爲伯州犂孫，史記吴世家、越絶書、吴越春秋、杜預春秋釋例説並同，唯高誘吕氏春秋當染、重言兩篇注以爲州犂之子，誤也。國語吴語韋注誤與高同。**知伯摇染於智國、張武，**畢云：「摇，一本作『瑶』。」詒讓案：吕氏春秋當染亦作「瑶」，高誘注云：「智瑶，宣子申之子襄子也。國、武二人，其家臣。」國語晉語云：「三卿宴於藍臺，知襄子戲韓康子而侮段規，知伯國聞之，諫曰：主不備，難必至矣！」韋注云：「伯國，晉大夫知氏之族。」左哀二十三年傳「晉荀瑤伐齊，將戰，長武子請卜」，杜注云：「武子，晉大夫。」案：知國、張武，蓋即知伯國、長武子也。長、張字通。淮南子人閒訓云：「張武教智伯奪韓、魏之地，而擒於晉陽。」

**中山尚染於魏義、偃長，**畢云：「偃，呂氏春秋作『榎』，高誘注云：『尚，魏公子牟之後，魏得中山以邑之。義、長，其二臣。』」蘇云：「中山爲魏之別封，非春秋時之鮮虞也。魏文侯滅中山而封其少子摯，至赧王二十年，爲趙武靈王所滅，其君有武公、桓公，見世本。此名尚者，當爲最後之君。」案：中山即春秋之鮮虞，左傳定四年始見於傳。其初亡於魏，文侯十七年使樂羊圍中山，三年滅之，以其地封子擊，後擊立爲太子，改封次子摯，後中山復國，又亡於趙，則惠文王四年滅之，並見史記魏、趙世家及樂毅傳。據水經滱水酈道元注及太平御覽百六十一引十三州志，並謂中山桓公爲魏所滅，則尚或即桓公，墨子猶及見之。高、蘇以爲魏別封，非也。至列子仲尼篇、莊子讓王篇、呂氏春秋審爲篇、淮南子道應訓並云魏中山公子牟，高誘、張湛皆謂魏伐中山，以邑子牟，然魏牟與趙平原君、秦魏冄、范睢同時，其時中山入趙已久，安得尚屬魏？則牟所封必非鮮虞之中山，而尚亦必非牟後，殆無疑義。張湛又以子牟爲魏文侯子，蓋掍牟與摯爲一人，其說尤謬，則楊倞已疑之矣。畢引高說，而不審校其時代，亦其疏也。

**宋康染於唐鞅、佃不禮。**「佃」，道藏本作「伷」，非。畢云：「呂氏春秋『佃』作『田』，是；『禮』作『禋』，誤。」詒讓案：宋王偃爲齊湣王所滅，謚康，見國策宋策。呂氏春秋作宋康王，荀子王霸篇又作宋獻。佃不禮，荀子解蔽篇楊注引亦作田不禋。漢書古今人表有田不禮，則似據趙世家也。呂氏春秋淫辭篇云：「宋王謂其相唐鞅曰：『寡人所殺戮者衆矣，而羣臣愈不畏，其故何也？』唐鞅對曰：『王之所罪，盡不善者也，罪不善，善者故爲不畏。王欲羣臣之畏也，不若無辨其善與不善，而時罪之，若此則羣臣畏矣。』居無幾何，宋君殺唐鞅。」荀子解蔽篇亦云「唐鞅蔽於欲權而逐戴子」，又云「唐鞅戮於宋」，皆其事也。史記趙世家載趙主父使田不禮相太子章，後爲李兌所殺事，當宋康之末年，或即一人先仕宋而後仕趙與？蘇云：「宋康之亡，當楚頃襄王十一年，上去楚惠王之卒一百四十三年，此不獨與墨子時世不值，且與中山之亡相距止數年，而皆在孟子之後。孟子言方千里者九，則中山未亡；言宋王行仁政，則宋亦未亡。若此書爲墨子自著，則墨子時世更在孟子之後，不知孟子之闢墨子，正在墨學方盛之時，其必不然也審矣。」此六君者所染不當，故國家殘亡，畢云：「家，呂氏春秋作『皆』。」身爲刑戮，宗廟破滅，絶無後類，荀子禮論篇云「先祖者，類之本也」，楊注云：「類，種也。」逸周書嘗麥篇云：「殷無類於冀州。」君臣離散，民人流亡，舉天下之貪暴苛擾者，畢云：「擾，『擾』字之誤，經典通用此。」必稱此六君也。凡君之所以安者，何也？以其行理也。廣雅釋詁云：「理，道也。」行理性於染當。畢云：「『性』當爲『生』，一本作『在』，誤。」詒讓案：治要及呂氏春秋並作「生」。故善爲君者，勞於論人，高誘云：「論猶擇也。」而佚於治官。「佚」，治要作「逸」。不能爲君者，傷形費神，愁心勞意，然國逾危，身逾辱。逾，治要並作「愈」。呂氏春秋當染同，高誘云：「愈，益也。」此六君者，非不重其國、愛其身也，以不知要故也。高誘云：「不知所行之要約也。」不知要者，所染不當也。高誘云：「所從染不得其人也。」

非獨國有染也，士亦有染。以後至篇末，與呂氏春秋當染篇文絶異。其友皆好仁義，淳謹畏令，則家日益，身日安，名日榮，處官得其理矣，畢云：「理猶治。」詒讓案：理亦道也。則段干木、畢云：「呂氏春秋云：『田子方學于子貢，段干木學于子夏。』」詒讓案：呂覽尊師篇又云：「段干木，晉國之大駔也，學于子夏。」史記老子傳集解云：「『段干』是魏邑名也，魏世家有『段干木〔二〕』，蓋因邑爲姓。」風俗通氏姓注云「姓段名干木〔三〕」，恐或失之矣。禽子、詳公輸篇。畢云：「呂氏春秋云：『禽滑釐學于墨子，許犯學于禽滑釐。』此稱禽子，則墨子門人小子之文矣。」傳説之徒傳説，見尚賢中篇。此與段干木、禽子並舉，似不類，疑後人所增竄也。是也。其友皆好矜奮，荀子正名篇云「有兼聽之明，而無奮矜之容」，又子道篇楊注云：「奮，振矜也。」創作比周，左文十八年傳云「頑嚚不友，是與比周」，杜注云：「比，近也。周，密也。」則家日損，身日危，名日辱，處官失其理矣，則子西、易牙、豎刀之徒是也。蘇云：「春秋時子西有三：一爲鄭公孫夏，一爲楚鬭宜申，一爲楚公子申。茲所舉，蓋鬭宜申也。」畢云：「經傳或作『豎貂』，此作『刀』者，『貂』省文。舊作『刁』，非。玉篇云：『刀，丁幺切，亦姓，俗作刁。』」案：論語憲問篇「或問子西，曰：彼哉彼哉」，集解：「馬融云：子西，鄭大夫，或曰楚令尹子西。」此子西或亦斥楚公子申，蘇説未塙。易牙、豎刀竝見公羊僖十八年傳。左僖二年傳作「寺人貂」，杜注云：「寺人，奄官豎貂也。」貂、刀字通。詩曰「必擇所堪，畢云：「『堪』當爲『媅』字假音。」王云：「媅訓爲樂，與染義無涉。『堪』當讀爲湛，湛與漸漬

---

〔二〕「段干木」下原衍「本」字，據史記老子傳集解删。

〔三〕按今本風俗通已佚氏姓篇，此注當本齊東野語卷一所引。

之漸同。說文作『瀸』，云：『漬也。』月令『湛熾必絜』，鄭注曰：『湛，漬也。』內則說八珍之漬云『湛諸美酒』，注曰：『湛，亦漬也。』考工記鍾氏『以朱湛丹秫』，注曰：『鄭司農云：湛，漬也。玄謂湛讀如漸車帷裳之漸。』是湛與漸同。湛、漬皆染也。楚辭七諫『日漸染而不自知兮』，王注曰：『稍漬爲漸，汙變爲染。』考工記鍾氏注曰『漬』，亦染也。必擇所湛，猶云必擇所染耳。荀子勸學篇曰：『蘭槐之根是爲芷，其漸之滫中，君子不近，庶人不服，其質非不美也，所漸者然也。』晏子春秋襍篇曰：『今夫蘭本三年而成，湛之苦酒，則君子不近，庶人不佩，湛之糜醢，而賈匹馬矣。非蘭本美也，所湛然也。願子之必求所湛。』說苑襍言篇曰：『今夫蘭本三年，湛之以鹿醢，既成，則易以匹馬，非蘭本美也。願子詳其所湛，既得所湛，亦求所湛。』義並與墨子同。」案：王說是也。蘇云：「此蓋逸詩。」**必謹所堪」者，此之謂也。**

## 法儀第四

畢云：「法，說文云：『灋，刑也，平之如水，從水。廌，所以觸不直者去之。法，今文省。』此借爲法度之義。儀，義如渾天儀之儀。說文云：『檥，榦也。』儀與檥音相近。又說文云：『儀，度也。』亦通。」詒讓案：爾雅釋詁云：「儀，榦也。」與說文「檥」說解同。管子形勢解篇云：「法度者萬民之儀表也。」此篇所論，蓋天志之餘義。

**子墨子曰：天下從事者不可以無法儀，無法儀而其事能成者，無有也。**舊本脫，今據羣書治要增。**雖至士之爲將相者皆有法，雖至百工從事者亦皆有法。百工爲方以矩，爲圓以**

規，直以繩，正以縣。畢云：「此縣挂正字。」詒讓案：考工記輿人云「圜者中規，方者中矩，立者中縣，衡者中水」，莊子馬蹄篇云「匠人曰：我善治木，曲者中鉤，直者應繩」，即此義。無巧工不巧工，皆以此五者爲法。俞云：「『五』當作『四』，上文『百工爲方以矩，爲圓以規，直以繩，正以縣』，並無五者。」詒讓案：以考工記校之，疑上文或當有「平以水」三字，蓋本有五者，而脱其一與？巧者能中之，畢云：「史記索隱云：『倉頡篇云：中，得也。』」不巧者雖不能中，放依以從事，畢云：「説文云：『仿，相似也。』放與仿同。」猶逾已〔二〕。畢云：「猶勝于已。」故百工從事，皆有法所度。治要無「所」字，下同。今大者治天下，其次治大國，而無法所度，此不若百工辯也。畢云：「説文云：『辯，治也。』」

然則奚以爲治法而可？當皆法其父母奚若？當與嘗通。嘗，試也。詳天志下篇。王引之云：「『當』並與『儻』同。」畢云：「奚若與何如同。」天下之爲父母者衆，而仁者寡，若皆法其父母，此法不仁

〔二〕按：「已」，墨子明刻諸本及畢刻、本書均同。畢氏注文亦作「已」。民國時，四部備要等本誤解畢注，改正文及注文「已」字作「己」，嗣後各翻印本及今流行各本多有從之作「己」者，實誤。「已」字訓止，在此意指無作爲。「猶逾已」，謂猶勝過止而不爲也。用現在的話説，即「總比不做强」。論語陽貨：「不有博弈者乎，爲之，猶賢乎已。」賢、逾均勝過之意，「猶賢乎已」與「猶逾已」意同。孟子盡心上：「爲期之喪，猶逾於已。」「猶逾於已」亦即本文之「猶逾已」。是此爲古人成語，凡今通行本或作「己」者，均誤。

也。法不仁，不可以爲法。當皆法其學奚若？學謂師也。天下之爲學者衆，而仁者寡，若皆法其學，此法不仁也。法不仁，不可以爲法。當皆法其君奚若？天下之爲君者衆，而仁者寡，若皆法其君，此法不仁也。法不仁，不可以爲法。故父母、學、君三者，莫可以爲治法。下舊有「而可」二字。王云：「既言莫可以爲治法，則不當更有『而可』二字，此涉下句而衍。」案：王說是也，今據删。

然則奚以爲治法而可？故曰莫若法天。天之行廣而無私，其施厚而不德，治要作「息」。其明久而不衰，故聖王法之。既以天爲法，動作有爲必度於天，天之所欲則爲之，天所不欲則止。然而天何欲何惡者也？天必欲人之相愛相利，而不欲人之相惡相賊也。奚以知天之欲人之相愛相利，而不欲人之相惡相賊也？以其兼而愛之、兼而利之也。奚以知天兼而愛之、兼而利之也？治要「知天」下有「之」字。以其兼而有之、兼而食之也。今天下無大小國，「大小」，治要作「小大」。皆天之邑也。人無幼長貴賤，皆天之臣也。此以莫不犓羊、畢云：「當云『牛羊』。」豢犬豬，畢云：「説文云：『犓，以芻莖養牛也。』『豢，以穀圈養豕也。』玉篇云：『犓，則俱切，今作芻。』陸德明莊子音義云：『司馬云：牛羊曰芻，犬豕曰豢。』」蘇云：「案『犓』乃『芻』、『牛』兩字而誤合爲一者，文當云『芻牛羊』。」絜爲酒醴粢盛，畢云：「『潔』字正作『絜』。説文云：『粢，稷也。』『粢，稻餅也。』然則『粢盛』之字作『齍』。」以敬事天，此不爲兼而有之、兼而食之邪？天苟兼而有食之，夫奚説以不欲人之相愛相利也！故曰愛人利人者，天必福之；惡人賊人者，天必禍之。曰殺不辜者，得不祥焉。夫奚説人爲其相殺而天與禍乎？是以知天欲人相愛相利，舊本無「知」字，治要同。王云：「『是以』下有『知』字，而今本脱之，則文義不明。上文曰『奚以知天之欲人之相愛相利，而不欲人之相惡相賊也』，『奚以知』正與『是以知』相應。」案：王説是也，今據增。而不欲人相惡相賊也。

昔之聖王禹湯文武，兼愛天下之百姓，畢云：「舊脱『愛』字，以意增。」率以尊天事鬼，其利人多，故天福之，使立爲天子，天下諸侯皆賓事之。廣雅釋詁云：「賓，敬也。」暴王桀紂幽厲，兼惡天下之百姓，率以詬天侮鬼，廣雅釋詁云：「詬，駡也。」左昭十三年傳「楚靈王投龜詬天而呼」，釋文云：「詬，詈辱也。」其賊人多，「其賊」，舊本作「賊其」。俞云：「按當作『其賊人多』，與上文『其利人多，故天福之』相對。」案：俞校是也，今據乙。故天禍之，使遂失其國家，遂與隊通。易震「遂泥」，釋文云：「『遂』，荀本作『隊』。」俗作「墜」，義同。淮南子天文訓高注云：「隊，隕也。」身死爲僇於天下，「僇」，治要作「戮」。大學「辟則爲天下僇矣」，孔穎達疏云：「僇謂刑僇也。」荀子非相篇云「爲天下大僇」，楊注云：「僇與戮同。」後世子孫毁之，至今不息。故爲不善以得禍者，桀紂幽厲是也；愛人利人以得福者，禹湯文武是也。愛人利人以得福者有矣，惡人賊人以得禍者亦有矣。

## 七患第五　以下二篇所論皆節用之餘義。

子墨子曰：國有七患。七患者何？城郭溝池不可守，而治宫室，一患也；邊國至境，畢云：「當爲『竟』。本書耕柱云『楚四竟之田』，只作『竟』。」洪云：「『邊』當是『適』字之譌，古『敵』字多作『適』。言敵國至境，而四鄰莫救，故可患也。」**四鄰莫救，二患也；先盡民力無用之功，賞賜無能之人，民力盡於無用，財寶虛於待客，三患也；仕者持禄，游者愛佼，**舊本「持」譌「待」，「愛佼」譌「憂反」。羣書治要引「待」作「持」，「反」作「佼」。王云：「『待』當爲『持』，『憂反』當爲『愛交』。呂氏春秋慎大篇注：『持猶守也。』言仕者守其禄，游者愛其交，皆爲己而不爲國家也。管子明法篇曰『小臣持禄養交，不以官爲事』，晏子春秋問篇曰『士者持禄，游者養交』，『養交』與『愛交』同意。今本『持』作『待』，『愛交』作『憂反』，則義不可通。逸周書大開篇『禱無愛玉』，今本『愛』譌作『憂』。隸書『交』字或作『文』，與『反』相似而譌。」俞云：「王說是矣，然以『憂』爲『愛』字之誤，恐未必然。古書多言持禄養交，尟言持禄愛交者。且持、養二字同義，荀子勸學篇『除其害者以持養之』，榮辱篇『以相羣居，以相持養』，議兵篇『高爵豐禄以持養之』，呂氏春秋長見篇『申侯伯善持養吾意』，並以『持養』連文。墨子天志篇亦云『持養其萬民』。然則此文既云『持禄』，必云『養交』，不當云『愛交』也。墨子原文蓋本作『恙交』，『恙』即『養』之叚字，古同聲通用，後人不達叚借之旨，改其字作『憂』，而墨子原文不可復見矣。」案：王校是也，今據正。「佼」即「交」，字通，今從治要正。管子七臣七主篇云「好佼友而行私請」，又明法篇云「以黨舉官，則民務佼而不求用」，明法解云「羣臣相推以美名，相假以功伐，務多其佼，而不爲主用」，並以「佼」爲「交」。此云「愛佼」，猶管子云「好佼」、「務佼」也。韓非子三守篇云「羣臣持禄養交」，荀子臣道篇云「偷合苟容，以之持禄養交而已耳」，諸書並云「持禄」，與此書同，而「養交」之文，則與此書微異。俞校必欲改

「憂」爲「恙」，以傅合之，則又求之太深，恐未塙。**君脩法討臣，臣懾而不敢拂，**舊本「臣」字不重，今據羣書治要補。拂，治要作「咈」。案：「咈」正字，「拂」叚字。說文手部云：「拂，過擊也。」口部云：「咈，違也。」荀子臣道篇云「事暴君者，有補削無撟拂」，楊注云：「拂，違也。」賈子保傅篇云：「絜廉而切直，匡過而諫邪者謂之拂。拂者，拂天子之過者也。」書堯典「咈哉」，僞孔傳云：「咈，戾也。」**四患也；君自以爲聖智而不問事，自以爲安彊而無守備，四鄰謀之不知戒，五患也；所信者不忠，所忠者不信，**上句「信」字舊本譌「言」，又無兩「者」字，今據羣書治要補正。**六患也；畜種菽粟不足以食之，大臣不足以事之，**畢云：「舊脱『以』字，一本有。」詒讓案：羣書治要亦有「以」字。荀子正名篇楊注云：「事，任使也。」**賞賜不能喜，誅罰不能威，七患也。以七患居國，必無社稷；**「無」疑當爲「亡」。畢云：「國、稷爲韻。」**以七患守城，敵至國傾。**畢云：「城、傾爲韻。」**七患之所當，國必有殃。**畢云：「當、殃爲韻。」

**凡五穀者，民之所仰也，君之所以爲養也。故民無仰則君無養，**畢云：「仰、養爲韻。」**民無食則不可事。**畢云：「食、事爲韻。」**故食不可不務也，地不可不力也，用不可不節也。**力，畢本作「立」，云：「立、節爲韻。」案：畢本譌，今據道藏本及明刻本正。王云：「畢說非也。古音『立』在緝部，『節』在質部，則立、節非韻。原本『立』作『力』，『力』在職部，力、節亦非韻。」**五穀盡收，則五味盡御於主，**獨斷云：「御者，進也。凡飲食入於口曰御。」**不盡收，則不盡御。**白虎通義諫諍篇云：「陰陽不調，五穀不熟，故王者爲不盡味而食之。」畢云：「主、御爲韻。」王云：「古音『主』在厚部，『御』在御部，則主、御非韻。」**一穀不收謂之饉，二穀不收**

謂之旱，俞云：「按旱者不雨也，不得爲二穀不收之名。疑『旱』乃『罕』字之誤。一穀不收謂之饉，二穀不收謂之罕。饉也，罕也，皆稀少之謂。饉猶僅也，故襄二十四年穀梁傳作『一穀不升謂之嗛』。嗛猶歉也。然則二穀不收謂之罕，其義正一律矣。」三穀不收謂之凶，四穀不收謂之餽，畢云：「漢書食貨志云『負擔餽饟』，師古曰：『餽亦饋字。』言須饋餉。」邵晉涵云：「餽與匱通。鄭注月令曰：『匱，乏也。』」王云：「『須餽餉』不得謂之餽，畢說非，邵說是也。」五穀不收謂之饑。畢云：「太平御覽引作『飢』，誤。此飢餓字。」又畢本此下增「五穀不孰謂之大侵」八字，云：「八字舊脱，據藝文類聚增。穀梁傳云：『一穀不升謂之嗛，二穀不升謂之饑，三穀不升謂之饉，四穀不升謂之康，五穀不升謂之大侵。』爾雅云：『穀不孰爲饑，蔬不孰爲饉，果不孰爲荒。』與此異。」王云：「既言五穀不收謂之饑，則不得又言五穀不孰謂之大侵。藝文類聚百穀部引墨子『五穀不孰謂之大侵』者，乃涉上文引穀梁傳『五穀不升謂之大侵』而衍，故太平御覽時序部二十、百穀部一引墨子皆無此八字。墨子所記本與穀梁傳不同，不可强合也。下文『饑則盡無禄』，畢依類聚於『饑』下增『大侵』二字，亦御覽所無。」案：王說是也。釋慧苑華嚴經音義二引「饑」亦作「飢」，下無「五穀不孰謂之大侵」八字。歲饉，則仕者大夫以下皆損禄五分之一。旱，則損五分之二。凶，則損五分之三。餽，則損五分之四。饑，畢據藝文類聚增「大侵」二字，誤，今不從。則盡無禄，稟食而已矣。稟食，謂有稍食而無禄也。說文㐭部云：「稟，賜穀也。」周禮司士鄭注云：「食，稍食也。」又宮正注云：「稍食，禄稟。」故凶饑存乎國，人君徹鼎食五分之五，曲禮鄭注云：「徹，去也。」「五分之五」義不可通，疑當作「五分之三」。玉藻云：「諸侯日食特牲，朔月少牢。」此五鼎則少牢也。以禮經攷之，蓋羊一、豕二、倫膚三、魚四、腊五，五者各一鼎。徹其三者，去其牢肉，則唯食魚腊，不特殺也。白虎通義諫諍篇云：「禮曰：一穀不升徹鶉鷃，二穀不升徹鳧雁，三穀不升徹雉兔，四穀不升損囿獸，五穀不升不備三牲。」白虎通蓋據天子而言，故云三牲。大荒不特殺，則不止不備而已。**大夫徹縣，**周禮小胥云「卿大夫判縣」，鄭注謂左右縣。曲禮云「大夫無故不徹縣」，孔疏云：「徹亦去也。」**士不入學，**周書糴匡篇云：「成年，餘子務藝；年儉，餘子務穡。」是不入學也。**君朝之衣不革制，**君朝之衣，天子皮弁服，諸侯則冠弁服也。周禮司服云「眡朝則皮弁服」，鄭注云：「視朝，視内外朝之事。皮弁之服，十五升白布衣，積素以爲裳。」又「凡甸冠弁服」，注云：「冠弁委貌，其服緇布衣，亦積素以爲裳，諸侯以爲視朝之服。」是也。周書大匡篇云：「大荒，祭服漱不制。」朝服輕於祭服，不制明矣。蘇云：「革，改也。」**諸侯之客，四鄰之使，雍食而不盛，**畢云：「『雍食』疑『饔』字。説文云：『饔，孰食也。』」王云：「『雍食』當爲『雍飧』。周官外饔『凡賓客之飧饔饗食之事』，鄭注曰：『飧，客始至之禮。饔，既將幣之禮。』飧饔即饔飧也。饔、雍古字通。」案：王説是也。糴匡篇云：「年儉，賓祭以中盛；年饑，則勤而不賓；大荒，賓旅設位有賜。」與此略同。**徹驂騑，**畢云：「高誘注吕氏春秋云：『在中曰服，在邊曰騑。』」**塗不芸，**穀梁襄二十四年傳云「大侵之禮，廷道不除」，范甯注云：「廷内道路不修除也。」畢云：「『塗』俗寫從土，本書非攻中云『涂道之脩遠』，只作『涂』。芸，蕓省文。」**馬不食粟，婢妾不衣帛，此告不足之至也。**

**今有負其子而汲者，隊其子於井中，**畢云：「此『墜』正字。説文云：『隊，從高隊也。』井讀如阱。」案：阱不當云汲，畢誤。**其母必從而道之。**蘇云：「道與導同，謂引也。」**今歲凶、民饑、道餓，重其子此疢**

**於隊，**畢云：「言重于其子。」王引之云：「『重其子此疚於隊』當作『此疚重於隊其子』。疚，病也。言此病較之隊其子者爲尤重也。今本顛倒，不成文義。」案：王說是也，蘇說同。**其可無察邪？故時年歲善，**畢云：「說文云：『秊，穀孰也。』故曰時年。」案：年歲連讀，年即歲也，畢非。**則民仁且良；時年歲凶，則民吝且惡。夫民何常此之有？**句。**爲者疾，食者衆，則歲無豐。**俞云：「『疾』當爲『寡』。爲之者寡，食之者衆，則雖有豐年不足以供之，故歲無豐也。今作『爲者疾』，則不可通矣，蓋後人據大學以改之，而不知其非也。」案：俞說未塙，此疑當作「爲者疾，食者寡，則歲無凶。爲者緩，食者衆，則歲無豐」。此上文咸以「歲善」與「歲凶」對舉，是其證。今本脫「食者寡」至「爲者緩」十字，文義遂舛牾不合矣。**故曰：「財不足則反之時，食不足則反之用。」故先民以時生財，**禮記坊記鄭注云：「先民，謂上古之君也。」書伊訓孔疏引賈逵國語注云：「先民，古賢人也。」**固本而用財，則財足。故雖上世之聖王，豈能使五穀常收，而旱水不至哉？然而無凍餓之民者，何也？其力時急，而自養儉也。故夏書曰「禹七年水」，殷書曰「湯五年旱」，**畢云：「管子權數云『管子曰：湯七年旱，禹五年水』，與此文互異。莊子秋水云『湯之時八年七旱』，荀子王霸云『禹十年水，湯七年旱』，賈誼新書憂民云『禹有十年之蓄，故免九年之水。湯有十年之積，故勝七年之旱』，淮南子主術云『湯之時七年旱』，又異。」詒讓案：呂氏春秋順民篇云：「昔者湯克夏而正天下，天大旱，五年不收，湯乃以身禱於桑林。」與此書所言正合。王充論衡感虛篇亦云：「書傳言湯遭七年旱，或言五年。」是古書本有二說也。**此其離凶餓甚矣，**畢云：「離讀如羅。」

詒讓案：「凶餓」當作「凶饑」，即冢上三穀四穀不收而言。下云「不可以待凶饑」，又云「民見凶饑則亡」，皆其證也。此涉下「凍餓」而誤。然而民不凍餓者，何也？其生財密，其用之節也。

故倉無備粟，不可以待凶饑。倉，舊本譌「食」，俞云：「『食』乃『倉』字之誤，『倉無備粟』與下句『庫無備兵』文正相對，若作『食』字，失其旨矣。下文云『食者國之寶也，兵者國之爪也』，『食』字即此文『粟』字，不得據彼而疑此文當作『食』也。」案：俞校是也，今據正。庫無備兵，雖有義不能征無義。城郭不備全，不可以自守。心無備慮，不可以應卒。是若慶忌無去之心，不能輕出。要離殺吳王子慶忌，見呂氏春秋忠廉篇，高注云：「慶忌者，吳王僚之子也，有力捷疾，而人皆畏之，無能殺之者。」案：淮南子說山訓高注及吳越春秋闔閭內傳並以慶忌爲王僚子，惟淮南詮言訓許注以爲僚之弟子，未知孰是。畢云：「言慶忌雖勇，猶輕出致死。昔吳王患慶忌之在鄰國，恐合諸侯來伐，要離詐以負罪出奔，戮妻子，斷右手，如衞，求見慶忌，與東之吳，渡江中流，順風而刺慶忌。事見吳越春秋闔閭內傳。」蘇云：「『去』下據上文當脫『備』字。」夫桀無待湯之備，故放；紂無待武之備，故殺。王引之云：「禦敵謂之待。魯語『帥大讎以憚小國，其誰云待之』，楚語『其獨何力以待之』，韋注並云：『待，禦也。』」桀紂貴爲天子，富有天下，然而皆滅亡於百里之君者，何也？孟子公孫丑篇云：「湯以七十里，文王以百里。」有富貴而不爲備也。故備者國之重也，食者國之寶也，兵者國之爪也，城者所以自守也，畢云：「寶、爪、守爲韻。」此三者國之具也。故曰以其極賞周書命訓篇云：「極賞則民賈其上，賈其上則民無讓，無讓則不順。」以賜無功，虛其府庫以備車馬衣裘奇怪，苦其役徒以治宮室觀樂，死又厚爲棺椁，畢云：「舊作『槨』，俗寫。」多爲衣裘，生時治臺榭，畢云：「當爲『謝』。」荀子王霸云『臺謝甚高』，楊倞曰：『謝，榭同。』陸德明左氏音義云：『榭，本亦作謝。』知古無榭字。」死又脩墳墓，故民苦於外，府庫單於内，畢云：「史記云『王之威亦單矣』，集解云：『徐廣曰：單亦作殫。』索隱云：『按單音丹。單，盡也。』」上不厭其樂，下不堪其苦。故國離寇敵則傷，畢云：「離讀如羅。」民見凶饑則亡，此皆備不具之罪也。且夫食者，聖人之所寶也。故周書曰：「國無三年之食者，國非其國也；家無三年之食者，子非其子也。」此之謂國備。畢云：「周書云：『夏箴曰：小人無兼年之食，遇天饑，妻子非其有也；大夫無兼年之食，遇天饑，臣妾輿馬非其有也；國無兼年之食，遇天饑，百姓非其有也。』墨蓋夏教，故義略同。」案：畢據周書文傳篇文，此文亦本夏箴而與文傳小異。攷穀梁莊二十八年傳云「國無三年之畜，曰國非其國也」，與此文略同。疑先秦所傳夏箴文本如是也。又御覽五百八十八引胡廣百官箴敍云「墨子著書稱夏箴之辭」，蓋即指此。若然，此書當亦稱夏箴，與周書同，而今本脱之。

## 辭過第六

畢云：「辭受之字從受，經典假借用此。過，謂『宮室』、『衣服』、『飲食』、『舟車』、『蓄私』五者之過也。」詒讓案：此篇與節用篇文意略同，羣書治要引并入七患篇，此疑後人妄分，非古本也。

子墨子曰：古之民畢云：「太平御覽引作『上古之民』。」未知爲宮室時，畢云：「舊脱『室』字，據太平御覽增。」詒讓案：趙蕤長短經適變篇引亦有「室」字。禮運云：「昔者先王未有宮室，冬則居營窟，夏則居橧巢。」就陵阜而居，穴而處，「穴」上疑脱一字。下潤濕傷民，故聖王作爲宮室。畢云：「王，太平御覽引作

『人』。」爲宮室之法，畢云：「太平御覽引作『制』。」曰：「室高足以辟潤濕，謂堂基之高。舊本脱「室」字，今據羣書治要補。辟，治要、長短經並作「避」。「濕」字治要無。畢云：「辟，避字假音。」邊足以圉風寒，畢云：「邊，太平御覽引作『中』，非。圉，李善注左思賦引作『御』，太平御覽引作『禦』。玉篇云：『圉，禁也。』」上足以待雪霜雨露，王引之云：「待，禦也。節用篇『待』作『圉』，圉即禦字也。」宮牆之高禮記儒行鄭注云：「宮謂牆垣也。」畢云：「太平御覽引作『牆高』二字。」足以別男女之禮。」謹此則止，畢云：「謹，廑字假音。」凡費財勞力，不加利者，不爲也。舊本脱「凡」字，今據治要補。畢云：「此下舊接『是故聖王作爲宮室』云云，今移。」役，畢云：「當云『以其常役』，上脱三字。」脩其城郭，則民勞而不傷；以其常正，蘇云：「正同征。」收其租稅，則民費而不病。道藏本「則民」作「民則」。民所苦者非此也，苦於厚作斂於百姓。舊本此三十九字在「作誨婦人治」之下，盧文弨校云：「當在此。」畢據移正。王云：「『作斂』與『籍斂』同。籍，古讀若昨。節用上篇：『其籍斂厚。』」是故聖王作爲宮室，便於生，治要作「使上」二字，誤。畢云：「太平御覽引作『以便生』。」不以爲觀樂也；作爲衣服帶履，便於身，治要作「使身」，誤。不以爲辟怪也。畢云：「辟，僻字假音。」故節於身，誨於民，是以天下之民可得而治，長短經作「故天下之人」，無「可得而治」四字。財用可得而足。長短經有「也」字。當今之主，長短經作「王」。其爲宮室則與此異矣。必厚作斂於百姓，治要、長短經並無「作」字。暴奪民衣食之財，以爲宮室臺榭曲直之望、青黃刻鏤之飾。畢云：「已上六句，太平御覽節。」爲宮室若此，故左右皆法象之。長短經「法」下有「而」字。是以其財不足以待凶饑，振孤寡，「振」，舊本作「賑」，俗字，今據治要正。故國貧而民難治也。長短經「治」作「理」，蓋避唐諱改。君實欲天下之治而惡其亂也，實，治要作「誠」。當爲宮室不可不節。王引之云：「當猶則也。」

古之民未知爲衣服時，衣皮帶茭，畢云：「『衣皮』，藝文類聚引作『衣皮毛』，非。說文云：『茭，乾芻。』」王云：「乾芻非可帶之物，畢說非也。說文：『筊，竹索也。』其草索則謂之茭。尚賢篇曰『傅說被褐帶索』，謂草索也。此言帶茭，猶彼言帶索矣。」詒讓案：禮運說上古云：「未有麻絲，衣其羽皮。」帶茭，疑即喪服之「絞〔一〕帶」，傳云：「絞帶者，繩帶也。」冬則不輕而温，長短經作「煖」。案：下文「輕」、「煖」常見，似是。夏則不輕而清。曲禮「冬温而夏清」，釋文云：「清，七性反，字從冫，秋冷也。本或作水旁，非也。」說文仌部云：「清，寒也。」聖王以爲不中人之情，情，治要作「温清」二字，誤。故作誨婦人長短經「作」上有「聖人」二字，與下文同。但上已云「聖王」，則此不當重復，恐不足據。治絲麻，畢云：「『治』下舊有『役脩其城郭』云云四十八字，今移前。」梱布絹，畢云：「『梱』字當爲『稛』，說文云：『絭束也。』」詒讓案：非樂上作「綑布縿」，非命下作「捆布縿」，此「梱」或當爲「捆」，亦「稛」之叚字。「絹」當爲「綃」，綃與繰通，故彼二篇又誤「縿」，詳非樂篇。以爲民衣。爲衣服之法：「冬則練帛之中，說

〔一〕「絞」，原誤「茭」，據儀禮喪服改。

文糸部云：「練，湅繒也。」「繒，帛也。」畢云：「中讀去聲。」案：畢説非也。中即中衣，凡上服以内之衣，通稱中衣。深衣鄭目録云「大夫以上，祭服中衣用素」，練帛即素也。詩唐風揚之水孔穎達疏云：「中衣者，朝服〔二〕、祭服之裏衣也，其制如深衣。」儀禮聘禮賈疏云：「凡服四時不同，假令冬有裘，襯身有禪衫，又有襦袴，襦袴之上有裘，裘上有裼衣，裼衣之上有上服，皮弁祭服之等。若夏以絺綌，絺綌之上則有中衣，中衣之上加以上服也。」案：裼衣亦通謂之中衣。冬或服裘，或服袍襺，皆有中衣。中，經典亦作「衷」。説文衣部云：「衷，裏褻衣。」穀梁宣九年傳云「或衣其衣，或衷其襦」，范注云：「衷者，襦在裏也。」是對文衷爲裏衣，散文則通言衣，故節用中篇云：「冬服紺緅之衣，足以爲輕且暖。」**足以爲輕且煖；**畢云：「文選注引作『煗』。」詒讓案：後文「煗」字兩見。説文火部煖、煗並訓温也。長短經仍作「煖」。**夏則絺綌之中，**説文糸部云：「絺，細葛也。」「綌，粗葛也。」禮家説以絺綌上加中衣，此即以絺綌爲中衣，則内衣通得謂之中也。**足以爲輕且清。**舊本脱「煖」至「且」十二字，畢本據北堂書鈔增「煖夏則絺綌輕且」七字。王云：「『夏則絺綌輕且清』，本作『夏則絺綌之中，足以爲輕且清』，與『冬則練帛之中，足以爲輕且煖』對文。北堂書鈔衣冠部三引作『冬則練帛輕且煖，夏則絺綌輕且清』，省文也。若下二句内獨少『之中足以爲』五字，則與上二句不對矣。羣書治要所引上下皆有此五字，當據補。」案：王校是也。長短經引云「夏則絺綌，足以爲輕清」，亦有「足以爲」三字。**謹此則止。故聖人之爲衣服，**舊本脱「之」字，今據治要補。**適身體、和肌膚**畢云：「北堂書鈔引云『以適身體，以

〔二〕「服」字原脱，據詩唐風揚之水孔疏補。

和肌膚』。」而足矣，非榮耳目而觀愚民也。長短經「非」下有「以」字。當是之時，堅車良馬不知貴也，刻鏤文采不知喜也。何則？其所道之然。故民衣食之財，家足以待旱水凶饑者，何也？得其所以自養之情，而不感於外也。感，治要同。案：當爲「惑」之誤。「也」字治要無。是以其民儉而易治，長短經引「儉」上有「用」字。其君用財節而易贍也。畢云：「呂氏春秋適音云『不充則不詹』，高誘曰：『詹，足也。詹讀如澹然無爲之澹。』文選注云：『許君注淮南子云：澹，足也。』古無從貝字，此俗寫。」府庫實滿，足以待不然，不然，謂非常之變也。漢書司馬相如傳「發巴蜀之士各五百人以奉幣，衛使者不然」，顔注引張揖云：「不然之變也。」治要作「不極」，蘇云「『不然』疑當作『不時』」，並誤。兵革不頓，襄四年左傳「甲兵不頓」，杜注云：「頓，壞也。」士民不勞，足以征不服，故霸王之業可行於天下矣。當今之主，舊本作「王」，長短經同，今據治要正，與上下文合。其爲衣服，則與此異矣。冬則輕煗，治要作「煖」，下同。夏則輕清，皆已具矣。必厚作斂於百姓，長短經無「作」字。暴奪民衣食之財，以爲錦繡文采靡曼之衣，舊本倒作「衣之」。俞云：「『衣之』當作『之衣』，此十字一句讀。」詒讓案：長短經正作「以爲文彩靡曼之衣」，今據乙。小爾雅廣言云：「靡，細也。」漢書韓信傳「靡衣媮食」，顔注云：「靡，輕麗也。」文選七發李注云：「曼，輕細也。」鑄金以爲鉤，珠玉以爲珮，大戴禮記保傅篇云：「玉佩上有蔥衡，下有雙璜，衝牙蚍珠以納其間，琚瑀以雜之。」珮，治要作「佩」，長短經同。畢云：「當爲『佩』，古無此字。」女工作文采，男工作刻鏤，以爲身服。治要作「以身服之」。此非云益煗之情也，俞云：「情猶實也。煗之情，猶言煗之實。云益者，有益也。廣雅釋詁曰：『云，有也。』『此非云益煗之情』，猶曰『此非有益煖之實』。上文曰：『冬則輕煗，夏則輕清』，而此獨言煗者，衣固以煗爲主耳。」單財勞力，單亦盡也，詳上篇。畢歸之於無用也。舊本脱，今據治要增。以此觀之，以，長短經作「由」。其爲衣服，非爲身體，皆爲觀好。長短經下有「也」字。是以其民淫僻而難治，其君奢侈而難諫也。夫以奢侈之君御好淫僻之民，治要、長短經並無「好」字。欲國無亂，不可得也。君實欲天下之治而惡其亂，實，治要作「誠」。當爲衣服不可不節。

古之民未知爲飲食時，治要無「時」字。素食而分處，素食，謂食草木。管子禁藏〔一〕篇云：「果蓏素食當十石。」素，疏之叚字。淮南子主術訓云：「夏取果蓏，秋畜疏食。」「疏」俗作「蔬」，月令「取蔬食」，鄭注云：「草木之實爲蔬食。」禮運説上古云「未有火化，食草木之實」，即此素食也。故聖人作誨男耕稼樹藝，畢云：「古只作『埶』，説文云：『埶，種也，從坴。丮，持而種之。』」以爲民食。其爲食也，足以增氣充虚、彊體適腹而已矣。呂氏春秋重己篇云：「昔先聖王之爲飲食酏醴也，足以適味充虚而已矣。」故其用財節，其自養儉，民富國治。治要「故」字在「民富」上。今則不然，厚作斂於百姓，治要無「作」字。以爲美食芻豢，蒸炙魚鼈，蒸與烝通，毛詩小雅瓠葉傳云：「炕火曰炙。」禮記禮運鄭注云：「炙，貫之火上。」治要無「魚鼈」二字。畢云：

〔一〕「禁藏」，原引誤作「七臣七主」，據管子改。

「太平御覽引此『炙』作『庖』，『鱉』作『鰲』。」**大國累百器，小國累十器，前方丈，**畢本作「美食方丈」，云：「舊作『前方丈』三字，今據文選注兩引改『美食方丈』。太平御覽作『前則方丈』。」案：畢據文選七命及應璩與從弟君苗君胄書注所引校也。王云：「『美食』二字與上文相複，畢改非也。羣書治要引作『前方丈』，則魏徵所見本正與今本同。文選注引作『美食方丈』者，此以上文之『美食』與下文之『方丈』連引，而節去『芻豢』以下十七字，乃是約舉其詞，不得據彼以改此也。太平御覽治道部八引作『前則方丈』，句法較爲完足。」詒讓案：孟子盡心篇云「食前方丈」，趙岐注云：「極五味之饌食，列於前方一丈。」**目不能徧視，手不能徧操，口不能徧味，冬則凍冰，夏則飾饐。**畢云：「飾，若覆食之冪是也。饐，説文云：『飯傷濕也。』」洪云：「案『飾饐』與『凍冰』對文，皆言其食味之壞。『飾饐』當作『餲饐』。爾雅釋器『食饐謂之餲』，郭璞注：『飯穢臭。』論語鄉黨『食饐而餲』，孔注：『饐、餲，臭味變也。』『飾』本作『飭』，『餲』、『飭』字形相近。」俞説同。張文虎云：「覆食之冪，義不當爲飾。飾饐，羣書治要引作『餕饐』，是也。玉藻『日中而餕』，注云：『餕，食朝之餘也。』論語鄭注云：『食餘曰餕。』餕饐者，謂食餘而致壞也。」案：洪説近是。飾，治要作「餕」，則疑「酸」之借字。荀子正名篇云「香臭、芬鬱、腥臊、灑〔二〕酸、奇臭以鼻異」，楊注云：「酸，暑浥之酸氣也。」於此義亦得通。張望文生訓，不足據。**人君爲飲食如此，故左右象之，是以富貴者奢侈，孤寡者凍餒，**畢云：「當爲『餧』，説文云：

〔二〕「灑」，原誤「酒」，據荀子正名改。按：「灑」應爲「漏」（見荀子楊倞注），謂馬羶氣。又按：下「酸」字王念孫謂當是「庮」之誤，牛羶氣（見王先謙荀子集解），與孫引楊（倞）注説不同。

『餒，饑也。』」雖欲無亂，畢云：「舊脱『雖』字，據太平御覽增。」不可得也。君實欲天下治而惡其亂，實，治要作「誠」。「治」上王校增「之」字。當爲食飲當作「飲食」。不可不節。

古之民未知爲舟車時，重任不移，遠道不至，故聖王作爲舟車，以便民之事。其爲舟車也，全固輕利，畢云：「全，太平御覽引作『完』。」詒讓案：治要引亦作「完」，意林同。可以任重致遠。其爲用財少，而爲利多，是以民樂而利之。法令不急而行，令，治要作「禁」。「法」上舊本有「故」字。王云：「上『故』字涉下『故』字而衍，羣書治要無。」民不勞而上足用，畢云：「『上』舊作『止』，一本如此。」詒讓案：治要亦作「上」。「足」下治要有「以」字。故民歸之。當今之主，其爲舟車與此異矣。全固輕利皆已具，全，治要亦作「完」。「具」下有「矣」字。必厚作斂於百姓，以飾舟車，治要作「以爲舟車飾」。飾車以文采，飾舟以刻鏤。女子廢其紡織而脩文采，故民寒；男子離其耕稼而脩刻鏤，故民饑。治要作「飢」，下同。人君爲舟車若此，故左右象之，是以其民饑寒並至，故爲姦衺。治要作「邪」。姦衺多則刑罰深，此句首舊本無「姦衺」二字。王云：「舊本兩『姦衺』脱其一，則義不可通。今據羣書治要補。」刑罰深則國亂。治要「國」上衍「固」字。畢云：「太平御覽引云『而國亂矣』。」君實欲天下之治而惡其亂，實，治要作「誠」。當爲舟車不可不節。

凡回於天地之間，「回」字譌，蘇云「當作『同』」，亦未塙。包於四海之內，天壤之情，陰陽之和，莫不有也，雖至聖不能更也。何以知其然？聖人有傳：天地也，則曰上下；四時也，則曰陰陽；人情也，則曰男女；禽獸也，則曰牡牝雄雌也。真天壤之情，雖有先王不能更也。雖上世至聖，必蓄私不以傷行，私，謂妾媵私人。顧云：「晏子春秋内篇諫下『古聖王畜私不傷行』。」故民無怨。宮無拘女，故天下無寡夫。小爾雅廣議云：「凡無妻無夫，通謂之寡，寡夫曰煢〔一〕。」左襄二十七年傳云「齊崔杼生成及彊而寡」，杜注云：「偏喪曰寡。寡，特也。」内無拘女，外無寡夫，故天下之民衆。當今之君，畢云：「上俱作『主』。」其蓄私也，大國拘女累千，小國累百，是以天下之男多寡無妻，女多拘無夫，男女失時，畢云：「『女』，舊作『子』，一本如此。」故民少。君實欲民之衆而惡其寡，當蓄私不可不節。凡此五者，聖人之所儉節也，小人之所淫佚也。儉節則昌，淫佚則亡，此五者不可不節。夫婦節而天地和，風雨節而五穀孰，衣服節而肌膚和。

## 三辯第七

畢云：「此辯聖王雖用樂，而治不在此。三者，謂堯舜及湯及武王也。」詒讓案：此篇所論蓋非樂之餘義。

程繁畢云：「太平御覽引作『程子』。」詒讓案：公孟篇亦作「程子」，蓋兼治儒墨之學者。問於子墨子曰：

〔一〕「煢」，原誤「索」，據小爾雅廣義（在孔叢子中）改。

「夫子曰：舊本無此三字，王云：「『聖王』上當有『夫子曰』三字，而今本脱之，則文義不明。下文『今夫子曰：聖王不爲樂』，是其證。」案：王説是也，今據增。『聖王不爲樂。』昔諸侯倦於聽治，息於鐘鼓之樂；「鐘鼓」謂金奏。士大夫倦於聽治，息於竽瑟之樂；周禮小胥云：「卿大夫判縣，士特縣。」曲禮云「大夫無故不徹縣，士無故不徹琴瑟」，孔穎達疏以爲不命之士，若命士，則特縣。若然，士大夫之樂亦有鐘鼓。攷賈子新書審微篇云「大夫直縣，士有琴瑟」，公羊隱五年何注引魯詩傳云「大夫士曰琴瑟」，白虎通義禮樂篇云「詩傳曰：大夫士琴瑟御〔一〕。大夫士北面之臣，非專事子民，故但琴瑟而已」，曲禮疏引春秋説題辭亦謂「樂無大夫士制」。此書義蓋與魯詩、春秋緯略同。農夫春耕夏耘，畢云：「説文云：『耡，除苗間穢也。耘，或字。』此省文。」秋斂冬藏，畢云：「古只作『臧』。」息於聆缶之樂。畢云：「『聆』當爲『瓴』。『聆缶』，太平御覽引作『吟謠』，是也。『缶』是『䍃』字之壞。」王云：「今本墨子作『聆缶』者，『聆』乃『⿰瓦令』字之譌，『⿰瓦令』即『瓴』字也，但移瓦於左，移令於右耳。北堂書鈔樂部七缶下、鈔本太平御覽樂部三及二十二缶下引墨子並作『吟缶』。『吟』亦『⿰瓦令』之譌。蓋墨子書『瓴』字本作『⿰瓦令』，故今本譌作『聆』，諸類書譌作『吟』，而『缶』字則皆不譌也。其刻本御覽作『吟謠』者，後人不知『吟』爲『⿰瓦令』之譌，遂改『吟缶』爲『吟謠』耳。上文云『諸侯息於鐘鼓，士大夫息於竽瑟』，此云『農夫息於⿰瓦令缶』，鐘鼓、竽瑟、⿰瓦令缶皆樂器也。淮南精神篇『叩盆拊瓴，相和而歌』，盆即缶也。若吟謠則非樂器，不得言吟謠之樂矣。」案：王説是也。説文瓦部云：「瓴，罋也，似

〔一〕「御」，原誤「也」，據白虎通義禮樂改。

缾者。」又缶部云：「缶，瓦器，所以盛酒漿，秦人鼓之以節歌。」詩陳風宛丘篇「坎其擊缶」，毛傳云：「盎謂之缶。」爾雅釋器同，郭注云：「盆也。」史記李斯傳云：「擊甕叩缻，真秦之聲也。」瓴、甕同物，缻即缶之俗。**今夫子曰『聖王不爲樂』，此譬之猶馬駕而不稅，**方言云：「稅，舍車也。趙、宋、陳、魏之閒謂之稅。」郭璞注云：「稅猶脫也。」畢云：「太平御覽作『脫』，同。」**弓張而不弛，無乃非有血氣者之所不能至邪？」**俞云：「『非』字衍文。」

**子墨子曰：「昔者堯舜有茅茨者，**畢云：「『茅茨』舊作『第期』，今據太平御覽改。」俞云：「茅茨土階，是言古明堂之儉，不得云『且以爲禮，且以爲樂』也。下文曰：『周成王之治天下也，不若武王；武王之治天下也，不若成湯；成湯之治天下也，不若堯舜。故其樂逾繁者，其治逾寡。』然則其說堯舜亦當以樂言，不當以宮室言也。疑後人不達『第期』之義而臆改之，未可爲據，仍當從原文而闕其疑。」案：俞說非也。若『第期』專以樂言，則下文不當云『且以爲禮』。畢校不誤。詩小雅甫田鄭箋云：「茨，屋蓋也。」孔疏云：「墨子稱茅茨不翦，謂以茅覆屋。」**且以爲禮，且以爲樂；湯放桀於大水，**蘇云：「案列女傳云『流於海，死於南巢之山』，尚書大傳云『國，君之國也，吾聞海外有人。與其屬五百人去〔二〕』，與此言合。」**環天下自立以爲王，事成功立，無大後患，因先王之樂，又自作樂，命曰護，又脩九招；**畢云：「『脩』舊作『循』，今以意改。已上十六字舊脫，今據太平御覽增。呂氏春秋云：

---

〔二〕按：陳壽祺輯本尚書大傳卷二下云：「桀曰：『國，君之有也，吾聞海外有人。』與五百人俱去。」蘇引文句首當缺「桀曰」二字。

『湯命伊尹作爲大護，歌晨露，脩九招、六列。』」案：道藏本雖亦有脱文，然尚有「自作樂命曰九招」七字，則未全脱也，畢説未審。風俗通義聲音篇云「湯作護，護言救民也」，藝文類聚帝王部引春秋元命苞云：「湯之時，民大樂其救於患害，故護者救也」，白虎通義禮樂篇云「湯曰大護者，言湯承衰能護民之急也」，公羊隱五年何注云「殷曰大護，殷時民樂，大其護己也」，並與此同。周禮大司樂「護」作「濩」，漢書禮樂志同。「護」、「濩」字亦通。九招即書皋陶謨「簫韶九成」，舜樂也。史記夏本紀云「禹興九招之樂」，呂氏春秋古樂篇云「嚳作九招，舜令質修之」，山海經大荒西經云「啓始歌九招」，周禮大司樂作「九磬」。招、韶、磬字並通。**武王勝殷殺紂，環天下自立以爲王，事成功立，無大後患，因先王之樂，又自作樂，命曰象；**畢云：「呂氏春秋云『周公爲三象』，乃成王之樂。此云象又是武王作，未詳。」案：毛詩周頌序云「維清，奏象舞也」，鄭箋云：「象，用兵時刺伐之舞，武王制焉。」禮記文王世子「下管象」，鄭注云：「象，周武王伐紂之樂。」春秋繁露三代改制質文篇云：「文王作武樂，武王作象樂，周公作汋樂。」淮南子氾論訓云「周武象」，高注云：「武王樂也。」白虎通義禮樂篇云：「周公曰酌，武王曰象者，象太平而作樂，示已太平也，合曰大武。」此皆以象爲武王所作。畢專據呂覽古樂篇以疑此書，殊爲失攷。周禮大司樂六樂有大武而無象，則大武自爲周之正樂，象蓋舞之小者。周頌孔疏謂象舞象文王之事，大武象武王之事，大武之樂亦爲象，傅合武、象爲一，非也。左襄二十九年傳云「見舞象箾、南籥者」，杜注云：「象箾，舞所執，文王之樂。」杜又以象爲文王樂。史記吴世家集解引賈逵、詩周頌疏引服虔説並同，蓋皆傳聞之異。**周成王因先王之樂，又自作樂，命曰騶虞。**王云：「御覽引作『周成王因先王之樂，又自作樂，命曰騶吾』，是也。上文云『湯因先王之樂，又自作樂，命曰護。武王因先王之樂，又自作樂，命曰象』，即其證。今本脱去『又自作樂』四字，則義不可通，困學紀聞所引已同今本。書傳中『騶虞』字多作『騶吾』，故困學紀聞詩類引墨子尚作『騶吾』。今作『騶虞』者，後人依經典改之。」案：王説是也，今據增。鈔本御覽樂部三引此書「騶虞」又作「鄒吾」，字並通。詩召南有騶虞篇，蓋作於成王時，故墨子以爲成王之樂，凡詩皆可入樂也。周禮大司樂「大射令奏騶虞」，鄭注云：「騶虞，樂章名。」周成王之治天下也，不若武王，武王之治天下也，不若成湯，成湯之治天下也，不若堯舜。故其樂逾繁者，其治逾寡。自此觀之，樂非所以治天下也。」

程繁曰：「子曰『聖王無樂』，此亦樂已，若之何其謂聖王無樂也？」

子墨子曰：「聖王之命也，命與令義同。蘇云：「此下有闕文、誤字。」多寡之。此疑當作「多者寡之」。言凡物病其多者，則務寡之。食之利也，以知饑而食之者智也，因爲無智矣。今聖有樂而少，此亦無也。」畢云：「言人所以生者，食之利，但必以知饑而食之，否則非智。今聖人雖用樂而少，此亦無違于聖人。『無』下疑有脱字。」案：畢説非也。「因」當作「固」，「今聖」下當有「王」字。此言食爲人之利，然人饑知食，不足爲智，若因饑知食而謂之爲智，則所知甚淺，固爲無智矣，以喻聖王雖作樂而少，猶之無樂也。末句「無」下似無脱字。

# 墨子閒詁卷二

## 尚賢上第八

經典釋文叙録引鄭康成書贊云：「尚者，上也。」淮南子氾論訓云：「兼愛、上賢、右鬼、非命，墨子之所立也，而楊子非之。」漢書藝文志亦作「上賢」。畢云：「説文云：『賢，多才也。』玉篇云：『有善行也。』尚與上同。」

子墨子言曰：今者王公大人爲政於國家者，今者，舊本作「古者」。王云：「此謂今之王公大人，非謂古也。『古者』當依羣書治要作『今者』，義見下文。」案：王説是也，今據正。禮運云「大人世及以爲禮〔一〕」，鄭注云：「大人，諸侯也。」孔疏云：「易革卦『大人虎變』對『君子豹變』，故大人爲天子。相見禮云『與大人言，言事君』，對士又云事君，故以大人爲卿大夫。」皆欲國家之富，人民之衆，刑政之治。然而不得富而得貧，不得衆而得寡，不得治而得亂，則是本失其所欲，得其所惡，是其故何也？

〔一〕「禮」，原誤「國」，據禮記禮運改。

子墨子言曰：是在王公大人爲政於國家者，不能以尚賢事能爲政也。蘇云：「『事』當作『使』，二字形近而訛。」案：事、使義同。漢書高帝紀如淳注云：「事謂役使也。」非訛字。是故國有賢良之士衆，則國家之治厚，賢良之士寡，則國家之治薄。故大人之務，將在於衆賢而已。

曰：然則衆賢之術將柰何哉？

子墨子言曰：譬若欲衆其國之善射御之士者，必將富之貴之，敬之譽之，然后國之善射御之士「后」，羣書治要作「後」，下同。將可得而衆也。王引之云：「此『將』字猶乃也，與上『將』字異義。」況又有賢良之士厚乎德行，辯乎言談，博乎道術者乎，此固國家之珍，而社稷之佐也。畢云：「『佐』當爲『左』。」鈕樹玉云：「佐字見漢刻石門頌。」亦必且富之貴之，敬之譽之，然后國之良士亦將可得而衆也。后，道藏本作「後」。

是故古者聖王之爲政也，舊本脱「也」字，今據治要補。言曰：「不義不富，不義不貴，不義不親，不義不近。」治要「不富」、「不貴」、「不親」、「不近」並在「不義」上。是以國之富貴人聞之，皆退而謀曰：「始我所恃者，富貴也，今上舉義不辟貧賤，治要作「避」，下並同。蘇云：「辟，讀如避，下同。」然則我不可不爲義。」親者聞之，亦退而謀曰：「始我所恃者親也，今上舉義不辟疏，「疏」上舊本有「親」字，治要同。王云：「『親』字涉上文而衍，『不避疏』義見上下文。」案：王説是也，今據删。然則我不可不爲義。」近者聞之，亦退而謀曰：「始我所恃者近也，今上舉義不辟〔二〕遠，舊本作「近」，治要作「遠近」。王云：「『近』字涉上文而誤，『近』當爲『遠』。『不辟遠』，見下文。」案：王説是也，今據正。蓋故書本衍一「近」字，後人誤删「遠」存「近」，遂不可通。然則我不可不爲義。」遠者聞之，亦退而謀曰：「我始以遠爲無恃，今上舉義不辟遠，然則我不可不爲義。」逮至遠鄙郊外之臣、「遠鄙」即下「四鄙」，謂都鄙，縣鄙也。書文侯之命孔疏引鄭注云：「鄙，邊邑也。」周禮載師杜子春注云：「五十里爲近郊，百里爲遠郊。」又引司馬法云：「王國百里爲郊。」門庭庶子、説文广部云：「庭，宫中也。」周禮宫伯「掌王宫之士庶子凡在版者」，鄭衆注云：「庶子，宿衛之官。」鄭康成云：「王宫之士，謂王宫中諸吏之適子也。庶子，其支庶也。」案：士庶子，即公族及卿大夫之子宿衛宫中者也。新序襍事二〔三〕云：「楚莊王中庶子曰：臣尚衣冠御郎十三年矣。」蓋凡宿衛位署，皆在路寢内外朝門庭之閒，故此書謂之「門庭庶子」。新序云「御郎」，郎謂郎門，即路寢門也。凡宿衛子弟，已命者謂之士，未命者謂之庶子，説詳周禮正義。國中之衆、周禮鄉大夫鄭注云：「國中，城郭中也。」四鄙之萌人，漢書劉向傳顔注云：「萌與甿同，無知之貌。」管子山國軌篇尹注云：「萌，田民也。」一切經音義云：「萌，古文氓同。」史記三王世家「姦巧邊萌」，索隱云：「『萌』一作『甿』。」説文民部云：「氓，民也，讀若盲。」又：「甿，田民也。」畢云：「萌，『氓』字之假音。」聞

〔二〕「辟」，原作「避」，據活字本改，與墨子原文合。

〔三〕「襍事二」，原誤作「襍事一」，據新序改。

之皆競爲義。是其故何也？曰：上之所以使下者，一物也；下之所以事上者，一術也。譬之富者，畢云：「富，舊作『異』，一本如此。」有高牆深宮，牆立既，「牆立既」疑當作「宮牆既立」。「宮」字涉上而脱，「既立」又誤作「立既」，遂不可通。謹上爲鑿一門，「謹上」疑當爲「謹止」，辭過篇云「謹此則止」。謹止爲鑿一門，謹與僅通。言於牆閒纔開一門，不敢多爲門户也。有盜人入，闔其自入而求之，畢云：「自入，言所從入之門。」盜其無自出。是其故何也？則上得要也。

故古者聖王之爲政，列德而尚賢，小爾雅廣詁云：「列，次也。」國語周語韋注云：「列，位次也。」雖在農與工肆之人，論語子張篇云：「百工居肆，以成其事。」有能則舉之，高予之爵，重予之禄，任之以事，斷予之令，禮記樂記鄭注云：「斷，決也。」謂其令必行。曰：「爵位不高則民弗敬，蓄禄不厚則民不信，政令不斷則民不畏。」舉三者授之賢者，非爲賢賜也，欲其事之成。故當是時，治要無此二字。以德就列，論語季氏篇云「陳力就列」，集解引馬融云：「當陳其才力，度己所任，以就其位。」亦釋列爲位。以官服事，周禮大司徒鄭衆注云：「服事，謂爲公家服事者。」以勞殿賞，殿，治要作「受」。畢云：「殿，讀如『奔而殿』。」俞云：「畢讀非也。論功行賞，勞者當在前，安得反云殿乎？殿者，定也。殿與定一聲之轉，文選江賦注曰：『澱與淀古字通。』殿之與定，猶澱之與淀也。詩采菽篇『殿天下之邦』，毛傳曰：『殿，鎮也。』鎮即有定義。小爾雅廣言：『殿，填也。』填與奠通。禮記檀弓篇『主人既祖填池』，鄭注：『填池當爲奠徹。』是也。奠亦定也。周官司士職曰『以久奠食』，此云『以勞殿賞』，句法一律，殿、奠文異而義同。」量功而分禄。故官無常貴，而民無終賤，終，治要作「恒」。

**有能則舉之，無能則下之，舉公義，辟私怨，**辟，治要亦作「避」。畢云：「辟，讀如辟舉之辟。」俞云：「畢說非也。豈有私怨者，不問其賢否而概辟舉之乎？小爾雅廣言：『辟，除也。』辟私怨，謂惟公義是舉，而私怨在所不問，故除去之也。又禮記郊特牲篇『有由辟焉』，鄭注曰：『辟，讀爲弭。』此辟字或從鄭讀，亦通。」**此若言之謂也。**王云：「若亦此也。古人自有複語。管子山國軌篇曰『此若言何謂也』，地數篇曰『此若言可得聞乎』，輕重丁篇曰『此若言曷謂也』，此書節葬篇曰『以此若三聖王者觀之』，又曰『以此若三國者觀之』，皆並用『此若』二字。」**故古者堯舉舜於服澤之陽，**畢云：「未詳其地。服與蒲，音之緩急，或即蒲澤，今蒲州府。」詒讓案：文選曲水詩序李注引帝王世紀云：「堯求賢而四嶽薦舜，堯乃命于順澤之陽。」疑即本此書。史記五帝本紀「就時於負夏」，集解引鄭玄云：「負夏，衛地。」孟子離婁篇「舜生於諸馮，遷於負夏」，趙注云：「諸馮、負夏皆地名，負海也。」案：服澤疑即負夏。趙岐云「負海」，必有所本。**授之政，天下平；禹舉益於陰方之中，**畢云：「未詳其地。」**授之政，九州成；**蘇云：「成與平爲韻。」**湯舉伊尹於庖廚之中，**史記殷本紀：「阿衡欲奸湯而無由，乃爲有莘氏媵臣，負鼎俎，以滋味說湯。」畢云：「韓非子云：『上古有湯，至聖也。伊尹，至智也，然且七十說而不受，身執鼎俎爲庖宰，昵近習親，湯乃僅知其賢而舉之。』文選注云：『魯連子曰：伊尹負鼎佩刀以干湯得意，故尊爲宰舍。』又云：『文子曰：伊尹負鼎而干湯。』」**授之政，其謀得；文王舉閎夭泰顛於罝罔之中，**書君奭云：「惟文王尚克修和我有夏。亦惟有若虢叔，有若閎夭，有若散宜生，有若泰顛，有若南宮括。」僞孔傳云：「閎、泰，氏；夭、顛，名。」詩周南兔罝敍云：「兔罝，后妃之化也。關雎之化行，則莫不好德，賢人衆多也。」毛傳云：「兔罝，兔罟也。」畢云：「事未詳。或以詩兔罝有『公侯腹心』之語〔二〕而爲説，恐此詩即賦閎夭泰顛事。古者書傳未湮，翟必有據。」蘇云：「罝，即詩所謂『兔罝』，當爲閎夭而作。泰顛，當即太公望也。罝屬夭，則罔屬顛，與太公釣渭遇文王事亦合。迨馬融注『十亂』，以泰顛與太公望並舉，後世以爲二人。然文王諸臣，自以太公爲稱首。書君奭篇唯以泰顛與諸臣並舉，而不及太公，逸周書克殷篇亦然。若使果爲二人，豈容都不道及？是顛即望無疑也。」案：罝、罔通稱，蘇分屬二人，非也。太顛即太公，乃宋吴仁傑之謬説。攷詩大雅緜孔疏引鄭君奭注云：「不及吕望，太師也。教文王以大德，謙不以自比焉。」是馬、鄭並以泰顛與太公非一人。周書克殷篇有泰顛，又有尚父，尤其塙證。吴説不足據，蘇從之，傎矣。**授之政，西土服。**蘇云：「服與得爲韻。」**故當是時，雖在於厚禄尊位之臣，莫不敬懼而施，**畢云：「下疑脱一字。」俞云：「畢非也。施當讀爲惕，尚書盤庚篇『不惕予一人』，白虎通號篇引作『不施予一人』是也。『敬懼而施』即敬懼而惕，文義已足，非有闕文。」**雖在農與工肆之人，莫不競勸而尚意。**「意」疑當爲「悳」，形近而譌。「悳」正字，「德」叚借字。**故士者，所以爲輔相承嗣也。**大戴禮記曾子立事篇云「使子猶使臣也，使弟猶使承嗣也」，盧辯注云：「承嗣，謂冢子也。」孔廣森云：「承，丞也，左傳曰『請承』。嗣讀爲司。丞司者，官之偏貳，故弟視之。臣則私臣，自所謁除也，可以子視之。」案：孔説是也。此云「輔相承嗣」，中篇云「承嗣輔佐」，承嗣亦皆非嗣子。承當與文王世子「師保疑丞」之丞同。大戴禮記保傅篇以道、充、弼、承爲四聖，云：「博聞强記，接給而善對者謂之承，承者，承天子之遺忘者也。」書益稷「欽四鄰」，孔疏引鄭康成云：「四近，謂左輔右弼，前疑後

〔二〕「語」，原誤「詩」，據活字本改，與畢刻合。

承。」文王世子孔疏引尚書大傳「承」作「丞」。此承義並與彼同。故得士則謀不困，體不勞，名立而功成，美章而惡不生，舊本作「名立而功，業彰而惡不生」。王云：「羣書治要引作『名立而功成，美章而惡不生』，是也。『功成』與『名立』對文，『惡不生』與『美彰』對文，今本脱『成』字，『美』字又譌作『業』，則文不對，而句亦不協矣。『美』、『業』字形相似，故譌。漢書賈誼傳『一動而五美附』，今本『美』譌作『業』。」案：王説是也，今據補正。則由得士也。

是故子墨子言曰：得意賢士不可不舉，不得意賢士不可不舉，尚欲祖述堯舜禹湯之道，王引之云：「尚與儻同。」案：王説未塙。「尚」疑與「上」同，下篇云「上欲中聖人之道」。將不可以不尚賢。夫尚賢者，政之本也。

## 尚賢中第九

子墨子言曰：今王公大人之君人民、主社稷、治國家，欲脩保而勿失，故不察尚賢爲政之本也？畢云：「故，一本作『胡』。」蘇云：「『胡』是也，下同。」詒讓案：下文兩見，一作「胡」，一作「故」。盧云：「當云『尚賢之爲政本』。」王云：「盧説非也。下文曰『胡不察尚賢爲政之本也？且以尚賢爲政之本者，亦豈獨子墨子之言哉』，與此文同一例。則不得倒『之』字於『爲政』上矣。故與胡同，故下文又曰『故不察尚賢爲政之本也』。管子侈靡篇『公將有行，故不送公』，亦以『故』爲『胡』。」何以知尚賢之爲政本也？曰：自貴且智者爲政乎愚且賤者則治，自愚賤者爲政乎貴且智者則亂，「愚」下依上文亦當有「且」字。是以知尚賢之爲政本也。

故古者聖王甚尊尚賢而任使能，不黨父兄，不偏貴富，不嬖顔色，賢者舉而上之，富而貴之，以爲官長；不肖者抑而廢之，貧而賤之，以爲徒役。是以民皆勸其賞，畏其罰，相率而爲賢，者以賢者衆而不肖者寡，俞云：「『相率而爲賢』絶句，『者』字乃『是』字之誤，屬下讀。惟其相率而爲賢，是以賢者衆而不肖者寡也。兩句皆用『是以』字，古人行文不避重複。今誤作『相率而爲賢者』，則是民之相率爲賢，以賢者衆而不肖者寡之故，於義不可通矣。」此謂進賢。畢云：「謂，一本作『爲』。」詒讓案：「進賢」依上文當作「尚賢」。然後聖人聽其言，迹其行，察其所能，而慎予官，此謂事能。事與使同，詳上篇，上文作「使能」。故可使治國者，使治國；可使長官者，使長官；可使治邑者，使治邑。凡所使治國家、官府、邑里，此皆國之賢者也。

賢者之治國也，畢云：「『國』下一本有『家』字。」詒讓案：道藏本「國」下有「者」字。蚤朝晏退，畢云：「『蚤』字同『早』。」聽獄治政，是以國家治而刑法正。賢者之長官也，夜寢夙興，收斂關市、山林、澤梁之利，以實官府，是以官府實而財不散。賢者之治邑也，蚤出莫入，耕稼樹藝，聚菽粟，是以菽粟多而民足乎食。故國家治則刑法正，官府實則萬民富。上有以絜爲酒醴粢盛，以祭祀天鬼；外有以爲皮幣，與四鄰諸侯交接；內有以食飢息勞，飢，舊本作「饑」，今依道藏本正。將養其萬民，俞云：「『將』當作『持』。持養乃古人恒言，詳見七患篇。此作『將養』，形似而誤。天志中篇正作『内有以食飢息勞，持養其萬民』，可據以訂正。非命上篇『將養老弱』，亦持養之誤。」外有以懷天下之賢人。王云：「『外有以』三字，涉上文『外有以爲皮幣』而衍。下文曰『内者萬民親之，賢人歸之』，是養民與懷賢皆内事，非外事也。」是故上者天鬼富之，外者諸侯與之，内者萬民親之，賢人歸之，以此謀事則得，舉事則成，入守則固，出誅則彊。故唯昔三代聖王堯舜禹湯文武之所以王天下、正諸侯者，正，長也，義詳親士篇。此亦其法已。

既曰若法，未知所以行之術，則事猶若未成，畢云：「若猶順。」王云：「『曰』者，『有』之壞字也。若法，此法也。言既有此法，而無術以行之，則事猶然未成也。畢以若法爲順法，失之，若與此同義。猶若即猶然。」俞云：「王非也。『曰』字乃『云』字之誤。云者，有也，説見辭過篇。『既云若法』即既有此法。淺人不達『云』字之義，謂是『云曰』之『云』，疑本書皆用『曰』字，此不當用『云』字，故改『云』作『曰』耳。」是以必爲置三本。何謂三本？曰：爵位不高則民不敬也，蓄禄不厚則民不信也，政令不斷則民不畏也。故古聖王高予之爵，重予之禄，任之以事，斷予之令，夫豈爲其臣賜哉，欲其事之成也。詩曰：「告女憂䘏，誨女予爵，舊本「爵」誤「鬱」，盧以意改爲「序爵」，畢從之。王云：「『鬱』爲『爵』之譌，『予』則非譌字也。上文言『古聖王高予之爵，重予之禄』，下文言『今王公大人之用賢，高予之爵，而禄不從』，此引詩『誨女予爵』，正與上下文『予』字同義，則不得改『予』爲『序』矣。毛詩作『告爾憂恤，誨爾序爵，誰能執熱，逝不以濯』，今墨子兩『爾』字皆作『女』，『序』作『予』，『誰』作『孰』，『逝』作『鮮』，『以』作『用』，是墨子所見詩固有異文也。」案：王説是也。王應麟詩攷引亦作「序爵」，盧蓋兼據彼文。然王攷多以意改，未必宋本「予」果作「序」也，今不據改。毛詩大雅桑柔傳云：「濯所以救熱也，禮亦所以救亂也。」鄭箋云：「恤亦憂也，逝猶去也。我語女以憂天下之憂，教女以次序賢能之爵，其爲之當如手持熱物之用濯。謂治國之道，當用賢者。」**孰能執熱，鮮不用濯。」**詩攷引「孰」作「誰」，蓋亦王氏所改。蘇云：「案詩大雅桑柔篇『孰』作『誰』，『鮮』作『逝』，『用』作『以』。」**則此語古者國君、諸侯之不可以不執善承嗣輔佐也，**王云：「善，謂善待此承嗣輔佐之人，即上文所云『高予之爵，重予之祿，任之以事，斷予之令』也。蓋『善』上不當有『執』字，涉上下文『執熱』而衍。」案：王說非也。執猶親密也。曲禮云「執友稱其仁也」，鄭注云：「執友，志同者。」呂氏春秋遇合篇云「故嫫母執乎黃帝」，列女傳辯通篇齊鍾離春傳云「衒嫁不售，流弃莫執」，執並與親義相近。此執善亦言親善也。**譬之猶執熱之有濯也，將休其手焉。**爾雅釋詁云：「休，息也。」**古者聖王唯毋得賢人而使之，**唯，舊本作「惟」，今據王校改。毋，畢本改「毌」，云：「毌讀如貫習之貫。」王云：「畢改非也。毋，語詞耳，本無意義。『唯毋得賢人而使之』者，唯得賢人而使之也。若讀毋爲貫習之貫，則文不成義矣。下篇曰：『今唯毋以尚賢爲政其國家百姓，使國之爲善者勸，爲暴者沮。』又曰：『然昔吾所以貴堯舜禹湯文武之道者，何故以哉？以其唯毋臨衆發政而治民，使天下之爲善者可而勸也，爲暴者可而沮也。』尚同中篇曰：『上唯毋立而爲政乎國家，爲民正長，曰人可賞吾將賞之。若苟上下不同義，上之所賞，則衆之所非。上唯毋立而爲政乎國家，爲民正長，曰人可罰吾將罰之。若苟上下不同義，上之所罰，則衆之所譽。』下篇曰：『故唯毋以聖王爲聰耳明目與〔一〕？豈能一視而通見千里之外哉，一聽而通聞千里之外哉。』非攻中篇曰：『今師徒唯毋興起，冬行恐寒，夏行恐暑，此不可以冬夏爲者也。春則廢民耕稼樹藝，秋則廢民穫斂。今唯毋廢

〔一〕「與」，原誤「爲」，據尚同下篇改。

一時，則百姓飢寒凍餒而死者，不可勝數。』節用上篇曰：『且大人唯毋興師以攻〔一〕伐鄰國，久者終年，速者數月，男女久不相見，此所以寡人之道也。』節葬下篇曰：『今雖毋法執厚葬久喪者言，以爲事乎國家。』又曰：『今唯無以厚葬久喪者爲政。』天志中篇曰：『故唯毋明乎順天之意，奉而光施之天下，則刑政治，萬民和，國家富，財用足，百姓皆得煖衣飽食，便寧無憂。』非樂上篇曰：『今王公大人雖無造爲樂器，以爲事乎國家。』又曰：『今王公大人唯毋處高臺厚榭之上而視之。』又曰：『今王公大人唯毋爲樂，虧奪民衣食之財，以拊樂如此多也。』又曰：『今唯毋在乎王公大人説樂而聽之，即必不能蚤朝晏退，聽獄治政。』『今唯毋在乎士君子説樂而聽之，即必不能竭股肱之力，亶其思慮之智，内治官府，外收斂關市、山林、澤梁之利，以實倉廩府庫。』『今唯毋在乎農夫説樂而聽之，即必不能蚤出暮入，耕稼樹藝，多聚菽粟。』『今唯毋在乎婦人説樂而聽之，即必不能夙興夜寐，紡績織紝，多治麻絲葛緒，綑布縿。』以上諸篇其字或作『毋』，或作『無』，皆是語詞，非有實義也。孟康注漢書貨殖傳曰：『無，發聲助也。』管子立政九敗解篇曰：『人君唯毋聽寢兵，則羣臣賓客莫敢言兵』；『人君唯毋聽兼愛之説，則視天下之民如其民，視國如吾國』；『人君唯無好全生，則羣生皆全其生，而生又養』；『人君唯無聽私議自貴，則民退静隱伏，窟穴就山，非世閒上，輕爵禄而賤有司』；『人君唯無好金玉貨財，必欲得其所好，則必易之以大官尊位，尊爵重禄』；『人君唯毋聽羣徒比周，則羣臣朋黨，蔽美揚惡』；『人君唯毋聽觀樂玩好，則敗』；『人君唯毋聽請謁任譽，則羣臣皆相爲請』；『人君唯無聽諂諛飾過之言，則敗。』以上諸條其字或作『毋』，或作『無』，並與墨子同義。」案：王説是也，洪説同。蘇疑「毋」爲「務」字之假借，非。**般爵以貴之，**畢云：「般，讀如頒賜之頒。」**裂地以封之，終身不厭。賢人唯毋得明君而事之，竭四肢之力以任君之事，終身不倦。若有美善則**

〔一〕「攻」，原誤「及」，據節用上篇改。

歸之上，是以美善在上而所怨謗在下，寧樂在君，畢云：「當爲『寍』，經典通用此。」憂慼在臣。故古者聖王之爲政若此。

今王公大人亦欲效人以尚賢使能爲政，效人，謂效古人之爲政也。高予之爵，而禄不從也。夫高爵而無禄，民不信也，曰：「此非中實愛我也，假藉而用我也。」漢書薛宣朱博傳贊「假借用權」，宋祁校云：「借，蕭該謂本作『藉』字。」大戴禮記衛將軍文子篇云：「使其臣如藉。」畢云：「古無『借』字，只用『藉』。說文序有假借字，從人，俗寫亂之。」夫假藉之民，將豈能親其上哉！故先王言曰：「貪於政者畢云：「『貪』，舊作『食』，一本如此。」不能分人以事，厚於貨者不能分人以禄。」事則不與，禄則不分，請問天下之賢人將何自至乎王公大人之側哉？若苟賢者不至乎王公大人之側，則此不肖者在左右也。不肖者在左右，則其所譽不當賢，而所罰不當暴。王公大人尊此以爲政乎國家，則賞亦必不當賢，而罰亦必不當暴。若苟賞不當賢而罰不當暴，則是爲賢者不勸而爲暴者不沮矣。是以入則不慈孝父母，國語齊語云：「不慈孝於父母，不長弟於鄉里。」王引之云：「賈子道術篇云：『親愛利子謂之慈，子愛利親謂之孝。』孝與慈不同，而同取愛利之義，故孝於父母亦可謂之孝慈。莊子漁父篇曰：『事親則慈孝。』」出則不長弟鄉里，居處無節，出入無度，節、度義同。非命上篇云：「坐處不度，出入無節。」男女無別。使治官府則盜竊，守城則倍畔，君有難則不死，出亡則不從。使斷獄則不中，分財則不均。與謀事不得，舉事不成，入守不固，出誅不彊。故雖昔者三代暴王上文云

「故唯昔三代聖王堯舜湯文武之所以王天下、正諸侯者」。王引之云：「雖即唯也，古字通。」桀紂幽厲之所以失措其國家，傾覆其社稷者，王云：「『措』字義不可通，當是『損』字之誤，大戴記曾子立事篇曰『諸侯日旦思其四封之內，戰戰恐惟失損之』。損讀爲抎，故非命篇作『失抎』。說文：『抎，有所失也。』」已此故也。畢云：「古字『以』、『已』通，一本作『以』，非。」何則？皆以明小物而不明大物也。周禮大司徒鄭注云：「物猶事也。」

今王公大人有一衣裳不能制也，必藉良工；有一牛羊不能殺也，必藉良宰。呂氏春秋不苟篇「與良宰遺之」，高注云：「宰謂膳宰。」故當若之二物者，王公大人未知以尚賢使能爲政也。王云：「『未知』當作『未嘗不知』，義見上下文。」蘇云：「『未知』當作『未有不知』。」詒讓案：「未」疑「本」之誤。逮至其國家之亂，社稷之危，則不知使能以治之。蘇云：「『使能』上當脱『尚賢』二字。」親戚則使之，無故富貴、面目佼好則使之。詩陳風月出篇「佼人僚兮」，釋文云：「『佼』字又作『姣』，好也。」畢云：「佼，姣字假音。說文云：『姣，好也。』玉篇云：『姣音狡，妖媚也。』」俞云：「『無故富貴』義不可通，『無』乃衍字。『故富貴』，謂本來富貴者也。不問其賢否，而惟故富貴者是使，則非尚賢之謂矣。上文曰『故古者聖王甚尊尚賢而任使能，不黨父兄，不偏富貴，不嬖顏色』，此云『親戚則使之』，是黨父兄矣；『故富貴、面目佼好則使之』，是偏富貴而嬖顏色矣。後人不達『故富貴』之義，而妄加『無』字，殊失其旨。下篇同。」案：「無故富貴」，中下兩篇屢見，羣書治要引同。「無」似非衍文，俞說未塙。竊疑「故」當爲「攻」，即「功」之借字。下篇云「其所賞者，已無故矣」，「故」亦「攻」之譌，可以互證。夫無故富貴、面目佼好則使之，豈必智且有慧哉。說文心部云：「慧，儇也。」王云：「『智且慧』與前『貴且智」、『愚且賤』文同一例。『慧』上不當有『有』字，蓋後人所加。」若使之治國家，則此使不智慧者治國家也，國家之亂既可得而知已。且夫王公大人有所愛其色而使，據下文，下當有「之」字。其心不察其知而與其愛，是故不能治百人者，使處乎千人之官，不能治千人者，使處乎萬人之官。此其故何也？曰：「處若官者爵高而祿厚，故愛其色而使之焉。」「處若」舊本倒。王云：「『若』與『故』義不相屬，『若處官者』當爲『處若官者』。若官，此官也。言以處此官者，爵高而祿厚，故特用其所愛也。下文曰『雖日夜相接以治若官』，是其證。若與此同義，說見上文。」夫不能治千人者，使處乎萬人之官，則此官什倍也。夫治之法將日至者也，日以治之，日不什脩，小爾雅廣言云：「脩，長也。」什脩，謂十倍其長。知以治之，知不什益，而予官什倍，則此治一而棄其九矣。雖日夜相接以治若官，官猶若不治。此其故何也？則王公大人不明乎以尚賢使能爲政也。故以尚賢使能爲政而治者，夫若言之謂也，王云：「夫亦此也。」詒讓案：此「夫」對「吾」爲文，疑當訓彼。漢書賈誼傳顏注云：「夫猶彼人耳。」以下賢爲政而亂者，「下賢」下當有「不使能」之語，而今脱之。若吾言之謂也。「若吾言」疑亦當作「吾若言」。

今王公大人中實將欲治其國家，欲脩保而勿失，胡不察尚賢爲政之本也？且以尚賢爲政之本者，亦豈獨子墨子之言哉！此聖王之道，先王之書距年之言也，畢云：「距年，下篇作『豎年』，猶云遠年。」案：畢說未塙。傳曰：「求聖君哲人，以裨輔而身。」國語晉語云「裨輔先君」，韋注云：「裨，補也。」此下篇云「晞夫聖武知人，以屏輔爾身」，文義較詳備，此約述之。裨輔不當有聖君，「君」蓋亦「武」之譌。蘇云：「伊訓云『敷求哲人，俾輔于爾後嗣』，與此略同。」詒讓案：伊訓僞孔傳云：「布求賢智，使師輔於爾嗣王，言仁及後世。」**湯誓曰：**書敍云：「伊尹相湯伐桀，升自陑，遂與桀戰于鳴條之野，作湯誓。」今湯誓無此文，僞古文摭此爲湯誥，謬。**「聿求元聖，與之戮力同心，**湯誥僞孔傳云：「聿，遂也。大聖陳力，謂伊尹。」孔疏云：「戮力猶勉力也。」案：説文力部云：「勠，并力也。」戮，勠之借字。**以治天下。」**蘇云：「今書湯誥篇無『同心』以下六字。」**則此言聖之不失以尚賢使能爲政也。**「聖」下當有「王」字。**故古者聖王唯能審以尚賢使能爲政，無異物雜焉，天下皆得其利。**道藏本作「列」。案：上篇云「列德而尚賢」，又云「以德就列」，則此云「皆得其列」或謂尊卑賢否皆得其等列，無僭越也。此義亦得通，而不及作「利」之長，故今不據改。**古者舜耕歷山，**史記五帝本紀同。畢云：「史記集解云：『鄭玄曰：在河東。』水經注云：『河東郡南有歷山，謂之歷觀，舜所耕處也。有舜井，嬀、汭二水出焉。』二説在今山西永濟縣。高誘注淮南子云：『歷山在沛陰成陽也。一曰濟南歷城山也。』水經注又云：『周處風土記曰：記云：耕於歷山，而始寧、剡二縣界上，舜所耕田，於山下多柞樹，吴越之閒名柞爲櫪，故曰歷山。』與鄭説異。括地志云：『蒲州河東縣歷山南有舜井。』又云：『越州餘姚縣有歷山舜井，濮州雷澤縣有歷山舜井，二所又有姚墟，云生舜處也。及嬀州歷山舜井，皆云舜所耕處，未詳也。』案：説各不同。」**陶河瀕，**吕氏春秋慎人篇云「陶於河濱」，高注云：「陶，作瓦器。」史記五帝本紀「瀕」亦作「濱」。畢云：「此古『濱』字，見説文。史記集解云：『皇甫謐曰：濟陰定陶西南陶丘亭是也。』正義曰：『按於曹州濱河作瓦器也。括地志云：陶城在蒲州河東縣北三十里，即舜所都也，南去歷山不遠，或耕或陶，所在則可，何必定陶方得爲陶也？舜之陶也，斯或一焉。』按：守節説本水經注，是也。雷澤則亦以山西永濟説爲强也。」詒讓案：水經濟水注云：「陶丘，墨子以爲釜丘也。」今檢勘全書，無釜丘之文，疑古本此文或作「陶釜丘」矣。**漁雷澤，**史記五帝本紀同。畢云：「太平御覽、玉海引作『濩澤』。地理志：河東郡有濩澤，應劭曰：『澤在西北。』通典云：『澤州陽城縣有濩澤水。』史記集解云：『鄭玄曰：雷夏，兗州澤，今屬濟陰。』案：今山西永濟縣南四十里雷首山下有澤，亦云舜所漁也。」王云：「雷澤本作濩澤，此後人習聞舜漁雷澤之事，而以其所知改其所不知也。漢書地理志：河東郡濩澤縣，應劭曰：『有濩澤在西北。』穆天子傳『天子四日休于濩澤』，郭璞曰：『今平陽濩澤縣是也。濩音穫。』水經沁水注曰：『濩澤水出濩澤城西白澗渠，東逕濩澤，墨子曰舜漁濩澤，又東逕濩澤縣故城南，蓋以澤氏縣也。』初學記州郡部正文出『舜澤』二字，注曰：『墨子曰舜漁于濩澤，在濩澤縣西。』今本初學記作『雷澤』，與注不合，明是後人所改。又元和郡縣志河東道下、太平寰宇記河東道下、太平御覽州郡部九、路史疏仡紀引墨子竝作『濩澤』。是墨子自作『濩澤』，與他書作『雷澤』者不同。濩澤在今澤州府陽城縣西，嶕嶢山下。下篇『漁於雷澤』，亦後人所改。」**堯得之服澤之陽，**服澤，詳上篇。**舉以爲天子，與接天下之政，治天下之民。伊摯，有莘氏女之私臣，**詩商頌長發孔疏引鄭康成書注云：「伊尹名摯，湯以爲阿衡，以尹天下，故曰伊尹。」史記殷本紀云：「伊尹名阿衡，欲奸湯而無由，乃爲有莘氏媵臣，負鼎俎，以滋味説湯。」索隱云：「孫子兵書：伊尹名摯。孔安國亦曰『伊摯』。然解者以阿衡爲官名，非名也。」案：孫子用閒篇云「殷之興也，伊摯在夏」，即小司馬所本也。伊摯亦見楚辭離騷、天問二篇。畢云：「『莘』，漢書作『㜪』。玉篇：『㜪、嫀二同，色臻切，有㜪國。』説文云：『吕不韋曰：有侁氏以伊尹㑞女。』案：吕氏春秋本味云：『有侁氏女子採桑，得嬰兒於空桑之中，獻之其君，其君令烰人養之，長而賢。湯聞伊尹，使人請之有侁氏，有侁氏不可。伊尹亦欲歸湯。於是請取婦爲婚，有侁氏喜，以伊尹爲媵送女。』高誘曰：『侁，讀曰莘。』有莘在今河南陳留縣。括地志云：『古莘國，在汴州陳留縣東五里，故莘城是也。陳留風俗傳云：陳留外黄有莘昌亭，本宋地，莘氏邑也。』或云在陝西郃陽，非。」**親爲庖人，**周禮天官庖人鄭注云：「庖之言苞也，裹肉曰苞苴。」説文广部云：「庖，廚也。」莊子庚桑楚篇云「伊尹以胞人籠湯」，呂氏春秋本味篇作「烰人」，「胞」、「烰」並「庖」之借字。**湯得之，舉以爲己相，與接天下之政，治天下之民。傅説被褐帶索，庸築乎傅巖，**畢云：「庸，史記索隱引作『傭』。孔安國書傳云：『傅巖在虞、虢之界。』史記索隱云：『在河東太陽縣。又夏靖書云：倚氏六十里黄河〔二〕西岸吴阪下，便得隱穴，是説所潛身處也。』案：今在山西平陸縣東二十五里。」詒讓案：賈誼傳索隱引「被」作「衣」，「乎」作「於」，義並通。書敍云「高宗夢得説，使百工營求諸野，得諸傅巖」，孔疏引馬融云：「高宗始命爲傅氏。」又鄭康成云：「得諸傅巖，高宗因以傅命説爲氏。」説文𡕒部引書敍釋之云：「傅巖，巖穴也。」僞古文説命云：「説築傅巖之野。」僞孔傳云：「傅氏之巖，在虞、虢之界。通道所經，有澗水壞道，常使胥靡刑人築護此道。説賢而隱，代胥靡築之以供食。」孔疏引皇甫謐云：「高宗夢天賜賢人，胥靡之衣，蒙之而來，且曰我徒也，姓傅名説。明以夢示百官，百官皆非也。乃使百工寫其形象，求諸天下，果見築者胥靡衣褐帶索，執役於虞、虢之閒、傅巖之野，名説。以其得之傅巖，謂之傅説。」水經河水注云：「沙澗水出虞山，東南逕傅巖，歷傅説隱室前，俗謂之聖人窟。」史記殷本紀「傅巖」作「傅險」，音近字通。**武丁得之，舉以爲三公，**國語楚語云「武丁使以象夢求四方之賢聖，得傅説以來，升以爲公」，韋注云：「公，上〔三〕公也。」史記殷本紀云：「武丁得而與之語，果聖人。舉以爲相，殷國大治。」**與接天下之政，治天下之民。此何故始賤卒而貴，始貧卒而富？則王公大人明乎以尚賢使能爲政。是以民無飢而不得食，寒而不**

〔二〕「黄」字原脱，據史記屈原賈生列傳索隱補。

〔三〕「上」，原誤「三」，據國語楚語上改。

得衣，勞而不得息，亂而不得治者。故古聖王以審以尚賢使能爲政，而取法於天。雖天亦不辯貧富貴賤、遠邇親疏，賢者舉而尚之，不肖者抑而廢之。

然則富貴爲賢以得其賞者，誰也？曰：若昔者三代聖王堯舜禹湯文武者是也。所以得其賞何也？曰：其爲政乎天下也，兼而愛之，從而利之，又率天下之萬民以尚尊天事鬼，愛利萬民，是故天鬼賞之，立爲天子，以爲民父母，萬民從而譽之曰「聖王」，至今不已。則此富貴爲賢以得其賞者也。

然則富貴爲暴以得其罰者，誰也？曰：若昔者三代暴王桀紂幽厲者是也。何以知其然也？曰：其爲政乎天下也，兼而憎之，從而賊之，賊，舊本譌「賤」。王云：「『賤』當爲『賊』，字之誤也。尚同篇『則是上下相賊也』，天志篇『上詬天，中詬鬼，下賊人』，非儒篇『是賊天下之人者也』，今本『賊』字竝誤作『賤』。此言桀紂幽厲之爲政乎天下，兼萬民而憎惡之，又從而賊害之，非謂賤其民也。上文云『堯舜禹湯文武之爲政乎天下也，兼而愛之，從而利之』，愛利與憎賊正相反。天志篇曰：『堯舜禹湯文武之兼愛天下也，從而利之；桀紂幽厲之兼惡天下也，從而賊之。』故知『賤』爲『賊』之誤。」案：王説是也，今據正。又率天下之民以詬天侮鬼，賊傲萬民，賊，舊本亦譌「賤」。王云：「『賤』亦當爲『賊』，『傲』當爲『殺』。説文『敖』字本作『𢾕』，『殺』字古文作『𢿥』，二形相似。『𢿥〔二〕』誤爲『敖』，又誤爲『傲』耳。墨子多古字，後人不識，故傳寫多誤。此説桀紂幽厲之暴虐，故曰『詬

〔二〕「𢿥」，原誤「敖」，據王念孫讀書雜誌改。

天侮鬼，賊殺萬民』，非謂其賤傲萬民也。上文言堯舜禹湯文武『尊天事鬼，愛利萬民』，愛利與賊殺亦相反。法儀篇曰：『禹湯文武兼愛天下之百姓，率以尊天事鬼，其利人多；桀紂幽厲兼惡天下之百姓，率以詬天侮鬼，其賊人多。』故知『賤傲』爲『賊殺』之誤。魯問篇『賊敖百姓』，太平御覽兵部七十七引『賊敖』作『賊殺』，是其明證也。」案：王說是也，今並據正。是故天鬼罰之，使身死而爲刑戮，子孫離散，室家喪滅，絕無後嗣，萬民從而非之曰「暴王」，至今不已。則此富貴爲暴而以得其罰者也。

然則親而不善以得其罰者，誰也？曰：若昔者伯鯀，帝之元子，大戴禮記五帝德篇云：「禹，高陽之孫，鯀之子也。」帝繫篇云：「顓頊產鯀。」史記夏本紀云「鯀之父曰帝顓頊」，三代世表亦云「顓頊生鯀」，索隱云：「皇甫謐云：『鯀，帝顓頊之子，字熙。』系本亦以鯀爲顓頊子。漢書律曆志則云：『顓頊五代而生鯀。』按鯀既仕堯，與舜代系殊懸，舜即顓頊六代孫，則鯀非是顓頊之子。蓋班氏之言近得其實。」案：小司馬說於理近是。漢志亦引帝繫，而與今本大戴禮舛異。楚辭離騷王注引帝繫及淮南子原道訓高注，說並與漢志同。吴越春秋越王無余外傳亦以鯀爲顓頊之後。山海經則云：「黄帝生駱明，駱明生白馬，白馬是爲鯀。」則又以鯀爲黄帝之孫，諸文錯互。此書云帝之元子，疑墨子於鯀之世繫亦同世本說，未能審校其年代也。廢帝之德庸，既乃刑之于羽之郊，左傳襄二十五年杜注云：「庸，用也。」書堯典、孟子萬章篇、史記五帝本紀並云：「殛鯀於羽山。」晉語韋注云：「殛，放而殺也。」楚辭天問云：「永遏在羽山，夫何三年不施？」王注云：「言堯長放鯀於羽山，絕在不毛之地，三年不舍其罪也。」案：此「刑」亦謂放，故下云「乃熱照無有及也」。山海經云「殺鯀於羽郊」，亦謂鯀放而死也。畢云：「郭璞注山海經云：『今東海祝其縣西南有羽山。』案：在今山東蓬萊縣。」詒讓案：史記正義引括地志云：「羽山在沂州臨沂縣。」乃熱照無有及也，畢云：「言其罪績用弗成，亦正見有所不及耳。」案：此似言幽囚之，日月所不照，畢說殊繆。帝亦不愛。則此親而不善以得其罰者也。

然則天之所使能者，誰也？曰：若昔者禹稷皋陶是也。何以知其然也？先王之書呂刑道之書敍云：「呂命，穆王訓夏贖刑，作呂刑。」曰：「皇帝清問下民，有辭有苗。書釋文引馬融云：「清問，清訊也。」僞孔安國傳云：「帝堯詳問民患，皆有辭怨於苗民。」孔疏引鄭康成說，亦以此皇帝爲堯。畢云：「孔書作『鰥寡有辭于苗』。」曰：『羣后之肆在下，畢云：「肆，孔書作『逮』。」孫星衍云：「說文云：『肆，極陳也』。」詒讓案：肆，正字作「隸」，與逮聲類同，古通用。此「肆」即「逮」之叚字。僞孔傳云：「羣后諸侯之逮在下國。」明明不常，畢云：「孔書『不』作『棐』，傳云『輔』，據此當作『匪』。」孫星衍云：「不常，言非常明察。」案：明明，謂明顯有明德之人。不常，猶言立賢無方也。書作「棐」者，「匪」之叚字，匪、不義同。畢說得之。譌孔傳云「皆以明明大道輔行常法」，非經義，孫說亦非。鰥寡不蓋，今書「羣后」以下十四字在「皇帝清問下民」上。僞孔傳云：「使鰥寡得所，無有掩蓋。」德威維威，畢云：「孔書作『畏』。」詒讓案：維，孔書作「惟」，下同。禮記表記引甫刑二「畏」字亦並作「威」，與此同。德明維明。』僞孔傳云：「言堯監苗民之見怨，則又增修其德。行威則民畏服，明賢則德明，人所以無能名焉。」表記鄭注云：「德所威則人皆畏之，言服罪也；德所明則人皆尊寵之，言得人也。」乃名三后，名、命通。說文口部云：「名，自命也。」畢云：「孔書『名』作『命』。」恤功於民。僞孔傳云：「堯命三君，憂功於民。」伯夷降典，哲民維刑。書釋文引馬融云：「折，智也。」王引之云：「折之言制也，『折』正字，『哲』借字。」畢云：「孔書『哲』作『折』。」詒讓案：僞孔傳云：「伯夷下典禮教民，而斷以法。」漢書刑法志引「折」作「悊」，「悊」、「哲」字同，與此書合。禹平水

**土，主名山川。**僞孔傳云：「禹治洪水，山川無名者主名之。」**稷隆播種，**隆，畢本依呂刑改爲「降」。王云：「古者『降』與『隆』通，不煩改字。非攻篇『天命融隆火于夏之城』，亦以『隆』爲『降』。喪服小記注『以不貳降』，釋文：『降，一本作隆。』荀子賦篇『皇天隆物，以示下民』，『隆』即『降』字。魏策『休祲降於天』，曾、劉本作『休烈隆於天』。說文：『隆，從生，降聲。』書大傳『隆谷』，鄭注：『隆，讀如厖降之降。』是隆、降古同聲，故『隆』字亦通作『降』。荀子天論篇『隆禮尊賢而王』，韓詩外傳『隆』作『降』。史記司馬相如傳『業隆於繦褓』，漢書『隆』作『降』。淮南泰族篇『攻不待衝降而拔』，『衝降』即『衝隆』。」案：王說是也，今不據改。**農殖嘉穀。**僞孔傳云：「后稷下教〔二〕民播種農畝，生善穀。」孫星衍云：「農者，廣雅釋詁云『勉也』；殖者，文選藉田賦注引蒼頡篇云『種也』。」案：孫說是也，王念孫、劉逢禄說同。**三后成功，維假於民。**畢云：「假，一本作『殷』。孔書亦作『殷』。」王鳴盛云：「疑隸變相似而誤。」詒讓案：僞孔傳云：「各成其功，惟所以殷盛於民。言禮教備，衣食足。」此作「假」，蓋與「嘏」通。士冠禮釋文云：「嘏，本或作『假』。」爾雅釋詁云：「嘏，大也。」禮記郊特牲云：「嘏，長也。」說文古部云：「嘏，大遠也。」「維嘏於民」，言其功施於民者大且遠，下文所謂「萬民被其利」也。王應麟漢書藝文志攷證引墨子亦作「假」，則宋本固如是。今本或作「殷」，乃據孔書改，非其舊也。**則此言三聖人者，謹其言，慎其行，精其思慮，索天下之隱事遺利以上事天，則天鄉其德，**畢云：「鄉讀如向。」案：鄉當讀爲享，明鬼下篇云「帝享女明德」。畢讀非。**下施之萬民，萬民被其利，終身無已。故先王之言曰：「此道也，大用之天下則不窕，**舊本誤「究」。畢云：「一本作

〔二〕「教」，原誤「降」，據尚書呂刑孔傳改。

『窕』，非。」王云：「作『窕』者是也。」詒讓案：尚同中篇亦云：「大用之治天下不窕」，今據正。管子宙合篇「其處大也不窕」，今本亦誤「究」，與此正同，説詳尚同中篇。**小用之則不困，脩用之則萬民被其利，終身無已。」周頌道之曰：「聖人之德，若天之高，若地之普，其有昭於天下也。若地之固，若山之承，**承與丞通。説文収部云：「丞，翊也。從卪，從収，從山，山高奉承之義。」「若山之承」，亦言如山之高也。**不坼不崩。若日之光，若月之明，與天地同常。」**常，猶言保守也。詩魯頌閟宫篇「魯邦是常」，鄭箋云：「常，守也。」俞云：「此文疑有錯誤，當云：『聖人之德，昭於天下，若天之高，若地之普，若山之承，不坼不崩，若日之光，若月之明，與天地同常。』蓋首四句下、普隔句爲韻，中二句承、崩，末三句光、明、常，皆每句協韻。『昭於天下』句傳寫脱去，而誤補於『若地之普』下，則首二句無韻矣。又增『其有也』三虚字，則非頌體矣。既云『若地之普』，又云『若地之固』，重複無義，故知其錯誤也。」**則此言聖人之德章明博大，埴固以脩久也。**淮南子泰族訓云：「勇者可令埴固。」畢云：「埴訓黏土，堅牢之意。」**故聖人之德蓋總乎天地者也。**

**今王公大人欲王天下、正諸侯，**正，長也，詳親士篇。**夫無德義，將何以哉？其説將必挾震威彊。今王公大人將焉取挾震威彊哉？傾者民之死也？**此冡上「將焉取挾震威彊〔二〕」爲問辭。傾者，「者」當爲「諸」之省，也古與邪通。漢書田蚡傳「欲以傾諸將相」，顔注云：「傾，謂踰越而勝之也。」此云「傾諸民之死」，亦言驅民使必死以相傾也。**民，生爲甚欲，死爲甚憎，所欲不得而所憎屢至，**畢云：「『屢』

---

〔二〕「彊」，原誤「疆」，據正文改。

即『屨』字省文。史記或作『屨』，漢書或作『婁』，皆訓數。」自古及今，未有嘗能有以此王天下、正諸侯者也。蘇云：「上『有』衍字。」今大人欲王天下，正諸侯，將欲使意得乎天下，名成乎後世，故不察尚賢爲政之本也？「政」上舊本脱「爲」字，王據上文補。故亦與胡同。畢云「當云『不可不察』」，非。此聖人之厚行也。

## 尚賢下第十

子墨子言曰：天下之王公大人皆欲其國家之富也，人民之衆也，刑法之治也，然而不識以尚賢爲政其國家百姓，王公大人本失尚賢爲政之本也。若苟王公大人本失尚賢爲政之本也，則不能毋舉物示之乎？今若有一諸侯於此，爲政其國家也，曰：「凡我國能射御之士，我將賞貴之，不能射御之士，我將罪賤之。」問於若國之士，孰喜孰懼？我以爲必能射御之士喜，不能射御之士懼。我賞因而誘之矣，「賞」當爲「嘗」。嘗，試也。此句爲下文發端。書中「嘗」字多譌爲「賞」，詳尚同下篇。曰：「凡我國之忠信之士，我將賞貴之，不忠信之士，我將罪賤之。」問於若國之士，孰喜孰懼？我以爲必忠信之士喜，不忠信之士懼。今惟毋以尚賢爲政其國家百姓，畢本「毋」改「毌」，云：「『毌』同『慣』，下同。」案：畢校非也。毋，語詞，説詳中篇。使國爲善者勸，爲暴者沮，大以爲政於天下，畢云：「大，一本作『夫』。」使天下之爲善者勸，爲暴者沮。

然昔吾所以貴堯舜禹湯文武之道者，何故以哉？以其唯毋臨衆發政而治民，使天下之爲善者可而勸也，畢云：「高誘注淮南子云：『而，能也，古通』。」陳壽祺説同。王云：「可而猶可以也。下文曰『上可而利天，中可而利鬼，下可而利民』，與此文同一例。」案：王説是也。尚同下篇云：「尚用之天子，可以治天下矣；中用之諸侯，可而治其國矣；下用之家君，可而治其家矣。」上句作「可以」，下二句並作「可而」，可證。爲暴者可而沮也。然則此尚賢者也，與堯舜禹湯文武之道同矣。

而今天下之士君子，居處言語皆尚賢，逮至其臨衆發政而治民，莫知尚賢而使能，我以此知天下之士君子明於小而不明於大也。上「於」字舊本脱，今據羣書治要增，與下文合。何以知其然乎？治要作「也」。今王公大人有一牛羊之財畢云：「同『材』。」不能殺，必索良宰；有一衣裳之財不能制，必索良工。當王公大人之於此也，雖有骨肉之親、無故富貴、「無」疑當爲「毋」，下同。詳中篇〔二〕。面目美好者，實知其不能也，不使之也。是何故？恐其敗財也。當王公大人之於此也，則不失尚賢而使能。王公大人有一罷馬不能治，罷，治要作「疲」，下同。案：罷、疲字

〔二〕按：孫注疑有筆誤。中篇云「無故富貴、面目佼好則使之」，孫注云：「竊疑『故』當爲『攻』，即『功』之借字。」是孫以「無故富貴」即無功富貴之意。此注云：「『無』疑當爲『毋』，下同。詳中篇。」然與中篇之注全不相符，故知係孫偶有筆誤，本當云：「『故』疑當爲『攻』，下同。詳中篇。」

同。國語齊語云「天下諸侯罷馬以爲幣」，韋注云：「罷，不任用也。」管子小匡篇作「疲馬」，尹知章注云：「疲，謂瘦也。」必索良醫；有一危弓不能張，考工記弓人云「豐肉而短，寬緩以荼，若是者爲之危弓」，鄭注云：「危猶疾也。」必索良工。當王公大人之於此也，雖有骨肉之親、無故富貴、面目美好者，實知其不能也，實，治要作「誠」。必不使。是何故？恐其敗財也。當王公大人之於此也，則不失尚賢而使能。逮至其國家則不然，逮至，治要作「至建」。王公大人骨肉之親、無故富貴、面目美好者，則舉之，則王公大人之親其國家也，親，疑並當作「視」。不若親其一危弓、罷馬、衣裳、牛羊之財與？下句「其」字治要無。我以此知天下之士君子皆明於小而不明於大也。畢云：「舊脱『明』字，一本有。」案：道藏本、季本並有。此譬猶瘖者而使爲行人，説文疒部云：「瘖，不能言也。」聾者而使爲樂師。

是故古之聖王之治天下也，其所富，其所貴，未必王公大人骨肉之親、無故富貴、面目美好者也。是故昔者舜耕於歷山，陶於河瀕，漁於雷澤，當作「濩澤」，説詳上篇。灰於常陽，畢云：「疑即恒山之陽。」洪云：「『灰』當是『販』字之譌，尚書大傳『販於頓丘』。史記五帝本紀『就時於負夏』，索隱：『就時猶逐時，若言乘時射利也。』義亦與販相近。」俞云：「『灰』疑『反』字之誤。『反』者『販』之叚字，販從反聲，古文以聲爲主，故止作『反』也。」堯得之服澤之陽，立爲天子，使接天下之政，而治天下之民。昔伊尹爲莘氏女師僕，畢云：「僕，佚也。女師，見詩云『言告師氏』。」王云：「『僕』即『佚』之譌。此謂有莘氏以伊尹媵女，非以爲僕也。説文：『佚，送也。』呂不韋曰：有侁氏㠯伊尹佚女。』侁、莘同。今本呂氏春秋本味篇『佚』作『媵』。經傳皆作『媵』，而『佚』字罕見。唯墨子書有之，而字形與『僕』相似，因譌而爲『僕』。淮南時則篇『其曲梾筥筐』，今本『梾』作『撲』，誤與此同。」俞云：「『師』當爲『私』，聲之誤。僕猶臣也。禮記禮運篇『仕於公曰臣，仕於家曰僕』，是臣、僕一也。私僕猶曰私臣。中篇曰『伊摯，有莘氏女之私臣』。」案：王説近是。**使爲庖人，湯得而舉之，立爲三公，使接天下之政，治天下之民。昔者傅説居北海之洲，**畢云：「書正義云：『尸子云：傅巖在北海之洲。』孔傳云：『傅巖在虞、虢之界。』『洲』當爲『州』。」詒讓案：虞、虢界近南河，距北海絕遠，墨子、尸子説蓋與漢晉以後地理家異。**圜土之上，**畢云：「史記殷本紀云『説爲胥靡，築於傅巖』，孔傳云『説賢而隱，代胥靡築之以供食』，故此云圜土也。」詒讓案：呂氏春秋求人篇亦云：「傅説，殷之胥靡也。」周禮大司徒鄭注云：「圜土，謂獄也。獄城圜。」又比長注云：「圜土者，獄城也。獄必圜者，規主仁，以仁心求其情。古之治獄者，閔於出之。」釋名釋宮室云：「獄又謂之圜土，言築土表牆，其形圜也。」月令孔疏引鄭記崇精問〔二〕曰：「獄，周曰圜土，殷曰羑里，夏曰均臺。」案：周以圜土爲繫治罷民之獄。據此書，則殷時已有圜土之名，不自周始矣。**衣褐帶索，庸築於傅巖之城，武丁得而舉之，立爲三公，使之接天下之政，而治天下之民。是故昔者堯之舉舜也，湯之舉伊尹也，武丁之舉傅説也，豈以爲骨肉之親、無故富貴、面目美好者哉？惟法其言，**惟，治要作「唯」。**用其謀，行其**

---

〔二〕按禮記月令孔疏引僅稱篇名崇精問。據隋書經籍志，有鄭記六卷，鄭玄弟子撰。又有鄭志十一卷，魏侍中鄭小同（玄孫）撰。二書今均佚，此引崇精問實鄭志篇名，孫補「鄭記」二字，蓋偶誤。

道，上可而利天，而猶以也。畢云「『而』同『能』」，非。中可而利鬼，下可而利人，是故推而上之。

古者聖王既審尚賢，欲以爲政，故書之竹帛，琢之槃盂，爾雅釋器云：「雕謂之琢。」韓非子大體篇云：「至安之世，不著名於圖書，不録功於盤盂。」傳以遺後世子孫。於先王之書呂刑之書然，王曰：「於！畢云：「孔書作『吁』。」詒讓案：僞孔傳云：「吁，歎也。」釋文引馬融本作「于」，云：「于，於也。」來，有國有土〔一〕，孔傳云：「有國土諸侯。」畢云：「孔書『國』作『邦』。」詒讓案：史記周本紀亦作「國」。告女訟刑，段玉裁云：「訟刑，公刑也，古訟、公通用。」畢云：「孔書『女』作『爾』，『訟』作『詳』。」王鳴盛云：「墨子作『訟』，從『詳』而傳寫誤。」案：王説是也。今書又改作「祥」。孔傳云：「告汝以善用刑之道。」周禮大宰大司寇鄭注引並作「詳」。後漢書劉愷傳李注引鄭書注云：「詳，審察之也。」此「訟」疑即「詳」之誤。在今而安百姓，畢云：「孔書『而』作『爾』，是。」女何擇言人？畢云：「孔書無『女』字，作『何擇非人』。」王引之云：「『言』當爲『否』，篆書『否』字作『[illegible]』，『言』字作『[illegible]』，二形相似。隸書『否』字或作『音』，『言』字或作『音』，亦相似，故『否』誤爲『言』。否與不古字通，故下二句云『何敬不刑，何度不及』也。今書作『何擇非人，何敬非刑，何度非及』，非、否、不並同義。」段玉裁云：「『言人』當是『吉人』之譌，謂何擇非吉人乎？冢上苗民罔擇吉人言之。」案：王説是也。何敬不刑？何度不及？」孔傳云：「在今爾安百姓兆民之道，當何所擇，非惟吉人乎？當何所敬，非惟五刑乎？當何所度，非惟及世輕重所宜乎？」釋文引馬融云：「度，造謀也。」案：以此下文推之，則墨子訓「不及」爲不及堯舜禹湯文武之道，猶言何慮其不能逮也，與孔説異。

---

〔一〕「土」，原誤「士」，據畢沅刻本改。

畢云：「孔書兩『不』字作『非』。」能擇人而敬爲刑，堯舜禹湯文武之道可及也。是何也？則以尚賢及之。於先王之書豎年之言然，曰：畢云：「豎，距字假音。」「晞夫聖武知人，畢云：「晞，疑當從目。」蘇云：「晞，當從口作『唏』。唏夫，嘆詞，猶嗚呼也。」案：畢說是也。說文目部云：「睎，望也。」聖武，謂聖人與武人也。知與智通。逸周書皇門篇云：「乃方求論擇元聖武夫，羞于王所。」以屏輔而身。」此言先王之治天下也，必選擇賢者以爲其羣屬輔佐。曰：今也天下之士君子，皆欲富貴而惡貧賤。之，舊本譌「言」。王云：「『言』當爲『之』，『今天下之士君子，皆欲富貴而惡貧賤』，又見下文。草書『言』與『之』相似，故『之』譌爲『言』。」案：王說是也，今據正。曰：然女何爲而得富貴而辟貧賤？畢云：「辟同避。」莫若爲賢。爲賢之道將柰何？曰：有力者疾以助人，有財者勉以分人，有道者勸以教人。若此，則飢者得食，寒者得衣，亂者得治。若飢則得食，寒則得衣，亂則得治，此安生生。王引之云：「安猶乃也。言如此乃得生生也。」

今王公大人其所富，其所貴，皆王公大人骨肉之親、無故富貴、面目美好者也。今王公大人骨肉之親、無故富貴、面目美好者，焉故必知哉。論語子路皇侃義疏云：「焉猶何也。」顏子推家訓音辭篇引葛洪字苑云：「焉字訓何，訓安，音於愆反。」若不知，使治其國家，則其國家之亂可得而知也。今天下之士君子皆欲富貴而惡貧賤，然女何爲而得富貴而辟貧賤哉？曰：莫若爲王公大人骨肉之親、無故富貴、面目美好者。舊本脫此八字，王據上下文補，今從之。王公大人骨肉之親、無故富貴、面目美好者，此非可學能者也。王校「能」上增「而」字。使不知辯，舊本脫「知」字，今據道藏本補。德行之厚若禹湯文武不加得也，王公大人骨肉之親、躄瘖聾暴爲桀紂，不加失也。説文止部云：「躄，人不能行也。」吕氏春秋盡數篇高注云：「躄，不能行也。」「躄」即「𣦢」之或體。「躄、瘖、聾」皆廢疾，不宜與「暴」並舉。且荀子非相篇稱桀、紂長巨姣美，則必無此諸疾，疑「聾」下脱一字，下「暴爲桀、紂」自爲句。「爲」又「如」之誤，二字艸書相近。「躄、瘖、聾」，言其有惡疾。「暴如桀、紂」，言其有惡行也。又案：「聾」下或脱「瞽」字，耕柱篇亦云「聾瞽」。是故以賞不當賢，罰不當暴，其所賞者已無故矣，王云：「『故』乃『攻』字之誤，『攻』、『故』字相似，又涉上文『無故富貴』而誤。攻即功字也，『無功』與『無罪』對文。」其所罰者亦無罪。是以使百姓皆攸心解體，畢云：「攸，一本作『放』。」詒讓案：攸與悠通，言悠忽也。淮南子脩務訓高注云：「悠忽，游蕩輕物也。」沮以爲善，垂其股肱之力，「垂」義不可通，字當作「舍」，艸書二字形近而誤。尚同中篇云「至乎舍餘力不以相勞，隱匿良道不以相教，腐朽餘財不以相分」，與此文意正同。節葬下篇亦云「無敢舍餘力，隱謀遺利，而不爲親爲之者矣」。此以下六句，即舍力、遺利、隱謀之事。而不相勞來也；爾雅釋詁云：「勞來，勤也。」孟子滕文公篇云：「勞之來之。」史記周本紀云：「武王曰：日夜勞來，定我西土。」説文力部云：「勑，勞勑也。」「勞來」即勞勑。腐臭餘財，畢云：「臭，殠省文。」而不相分資也；戰國策齊策高誘注云：「資，與也。」莊子大宗師篇郭象注云：「資者，給濟之謂。」隱慝良道，尚同上、中並作「隱匿良道」。畢云：「『慝』即『匿』字異文。」隱匿之字，亦寫從心，知經典慝惡字即匿也。」而不相教誨也。若此，則飢者不得食，寒者不得衣，亂者不得治。舊本脱此十二字，王據上文補，今從之。推而上之以。王云：「此五字與上下文義不相屬，蓋涉上文『推而上之』而衍。」

是故昔者堯有舜，舜有禹，禹有皋陶，湯有小臣，此即上文所謂伊尹爲有莘氏女師僕也。楚辭天問云「成湯東巡，有莘爰極，何乞彼小臣，而吉妃是得」，王注云：「小臣，謂伊尹也。」呂氏春秋尊師篇云：「湯師小臣」，高注云：「小臣謂伊尹。」武王有閎夭、泰顛、南宫括、散宜生，閎夭、泰顛、南宫括、散宜生，並見書君奭篇。散宜生亦見孟子盡心篇，趙注云：「散宜生，文王四臣之一也。散宜生有文德而爲相。」大戴禮記帝繫篇云：「堯娶於散宜氏之女。」散宜蓋以國爲氏也。畢云：「紂拘文王於羑里，於是散宜生乃以千金求天下之珍怪，得騶虞雞斯之乘，玄玉百工，大貝百朋，玄豹黄羆，青豻白虎，文皮千合，以獻于紂。以費仲而通，紂見而悦之，乃免其身，殺牛而賜之。見淮南子道應訓。」而天下和，庶民阜。是以近者安之，遠者歸之。日月之所照，舟車之所及，雨露之所漸，廣雅釋詁云：「漸，漬也。」粒食之所養，王云：「自『而天下和』至此，凡三十七字，舊本誤入下文『國家百姓之利』之下，今移置於此。」案：王校是也，今依乙正。粒食，謂食穀之人。小爾雅廣物云：「穀謂之粒。」書益稷云「烝民乃粒」，僞孔傳云：「米食曰粒。」天志上篇云：「四海之内，粒食之民。」王制云：「西方曰戎，被髮衣皮，有不粒食者矣。北方曰狄，衣羽毛穴居，有不粒食者矣。」得此莫不勸譽。且今天下之王公大人士君子，中實將欲爲仁義，求爲上士，上欲中聖王之道，下欲中國家百姓之利，王云：「自『得此莫不勸譽』至此，凡四十五字，舊本誤入上文『而天下和』之上，今移置於此。『得此莫不勸譽』，舊本脱『莫』字，今補。『求爲上士』，舊本脱『上』字，今據各篇補。」案：王校是也，今依乙補。故尚賢之爲説，而不可不察此者也。治要作「是故尚賢之爲説，不可不察也。」尚賢者，天鬼百姓之利，而政事之本也。

# 墨子閒詁卷三

## 尚同上第十一

「尚」亦與「上」通，漢書藝文志作「上同」，注：「如淳云：言皆同，可以治也。」趙岐孟子章指云「墨子玄同質而違中」，亦指此。畢云：「楊倞注荀子『尚』作『上』。」

子墨子言曰：古者民始生未有刑政之時，道藏本「刑」作「形」，字通。蓋其語「人異義」。俞云：「此本作『古者民始生，未有政長之時，蓋其語曰：天下之人異義』，中篇文同，可據訂。」是以一人則一義，二人則二義，十人則十義，其人茲衆，其所謂義者亦茲衆。蘇云：「茲、滋古通用，是書皆作『茲』。」詒讓案：說文艸部云：「茲，艸木多益。」水部云：「滋，益也。」古正作「茲」，今相承作「滋」。是以人是其義，以非人之義，故交相非也。是以內者父子兄弟作怨惡，畢云：「『非也是』，舊作『非是也』，字倒，今以意改。」離散不能相和合。天下之百姓皆以水火毒藥相虧害，小爾雅廣言云：「虧，損也。」至有餘力不能以相勞，爾雅釋詁云：「勞，勤也。」孟子滕文公篇趙注云「共井之家，各相營勞也」，即此「相勞」之義。腐㱙餘財不以相分，尚賢下作「腐臭餘財」，「臭」、「㱙」亦聲近。畢云：「舊本『㱙』俱作『列』，非。說文云：『㱙，腐也。』」隱匿良道不以相教，天下之亂，若禽獸然。

夫明虖天下之所以亂者，說文虍部云：「虖，哮虖也。」此借爲「乎」字。生於無政長。畢云：「『政』當爲『正』。」是故選天下之賢可者，王云：「『選』下有『擇』字，而今本脱之，下文及中下二篇皆作『選擇』。太平御覽皇王部二引此同。」立以爲天子。天子立，以其力爲未足，又選擇天下之賢可者，置立之以爲三公。天子三公既以立，以、已通。以天下爲博大，遠國異土之民、是非利害之辯，不可一二而明知，故畫分萬國，畢云：「説文云：『畫，界也。』」立諸侯國君。諸侯國君既已立，以其力爲未足，又選擇其國之賢可者，置立之以爲正長。爾雅釋詁云：「正，長也。」書立政云「立民長伯，立政」，「政」與「正」同。此「正長」，即中篇所云左右將軍大夫及鄉里之長，與上文「正長」通天子諸侯言者異。淮南子脩務訓云：「且古之立帝王者，非以奉養其欲也；聖人踐位者，非以逸樂其身也。爲天下强掩弱、衆暴寡、詐欺愚、勇侵怯、懷知而不以相教、積財而不以相分，故立天子以齊一之。爲一人聰明而不足以偏燭海内，故立三公九卿以輔翼之。絶國殊俗，僻遠幽閒之處，不能被德承澤，故立諸侯以教誨之。是以地無不任，時無不應，官無隱事，國無遺利。」蓋本此書。正長既已具，天子發政於天下之百姓，言曰：「聞善而不善，畢云：「而與如同。」王引之云：「而猶與也，言善與不善也。而、與聲之轉。故莊子外物篇『與其譽堯而非桀』，大宗師篇『與』作『而』。」皆以告其上。上之所是必皆是之，所非必皆非之。上有過則規諫之，下有善則傍薦之。畢云：「則，一本作『必』。」案：傍與訪通，王訓爲偏，非也。義詳中篇。上同而不下比者，樂記鄭注云：「比猶同也。」此上之所賞而下之所譽也。意若聞善而不善，不以告其上。上之所是弗能是，上之所非弗能非。上有過弗規諫，下有善弗傍薦。下比不能上同者，此上之所罰而百姓所毁也。」韓非子難三篇云：「明君求善而賞之，求姦而誅之，其得之一也。故以善聞之者，以説善同於上者也；以姦聞之者，以惡姦同於上者也；此宜賞譽之所及也。不以姦聞，是異於上而下比周於姦者也，此宜毁罰之所及也。」與此説略同。上以此爲賞罰，甚明察以審信。甚，舊本譌「其」。王云：「『其』當爲『甚』，『甚明察以審信』見中篇。」案：王校是也，今據正。是故里長者，里之仁人也。此「里」爲鄉之屬别，與周禮地官六遂所屬里異。里長發政里之百姓，言曰：「聞善而不善，必以告其鄉長。鄉長之所是必皆是之，鄉長之所非必皆非之。去若不善言，學鄉長之善言；去若不善行，學鄉長之善行。」則鄉何説以亂哉？察鄉之所治者，何也？「所」下據下文當有「以」字。鄉長唯能壹同鄉之義，壹，中下篇並作「一」，字通。是以鄉治也。鄉長者，鄉之仁人也。鄉長發政鄉之百姓，言曰：「聞善而不善者，必以告國君。國君之所是必皆是之，國君之所非必皆非之。去若不善言，學國君之善言；去若不善行，學國君之善行。」則國何説以亂哉？察國之所以治者，何也？國君唯能壹同國之義，是以國治也。國君者，國之仁人也。國君發政國之百姓，言曰：「聞善而不善，必以告天子。天子之所是皆是之，天子之所非皆非之。去若不善言，學天子之善言；去若不善行，學天子之善行。」則天下何説以亂哉？察天下之所以治者，何也？天子唯能壹同天下之義，是以天下治也。

**天下之百姓皆上同於天子，而不上同於天，**子，舊本作「一」。蘇云：「『一』當作『子』。」俞云：「『而』字乃『夫』字之誤，『夫』字篆書作『[illegible]』，與『而』相似，故誤。『一夫不上同於天』，謂有一夫不與天同也。尚同下篇『使天下之民，若使一夫』，以『一夫』對『天下之民』言，與此一律，可證。」戴云：「依中篇『夫既上同乎天子』云云，當如蘇説。」案：蘇、戴校是也，今據正。**則菑猶未去也。**「菑」上依中篇當有「天」字。畢云：「菑，『𡿧』字之假音。菑，不耕田也，見説文。」**今若天飄風苦雨，**王云：「『今若天』，『天』當爲『夫』。『夫』與『天』字相似，篇内又多『天』字，故『夫』誤爲『天』。今若夫猶言今夫。兼愛篇曰『今若夫攻城野戰，殺身而爲名，此天下百姓之所皆難也』，又曰『今若夫兼相愛、交相利，此自先聖六王者親行之』，又曰『今若夫兼相愛、交相利，此其有利且易爲也，不可勝計也』，鴻烈覽冥篇曰『今若夫申、韓、商鞅之爲治也』，皆其證矣。」案：王説亦通。但中篇云「故當若天降寒熱不節，雪霜雨露不時，五穀不孰，六畜不遂，疾菑戾疫，飄風苦雨，薦臻而至者，此天之降罰也」，則此「天」字似非譌文。爾雅釋言云：「迴風爲飄。」詩大雅何人斯毛傳云：「飄風，暴起之風。」釋文云：「疾風也。」左莊四年傳云「春無凄風，秋無苦雨」，杜注云：「霖雨爲人所患苦。」禮記月令云：「苦雨數至，五穀不滋。」**溱溱而至者，**畢云：「『溱』同『臻』。太平御覽作『臻』。史記三王世家云『西溱月氏』，正義云：『溱音臻。』」詒讓案：溱溱，言風雨之盛也。詩小雅無羊云「室家溱溱」，毛傳云：「溱溱，衆也。」廣雅釋言云：「蓁蓁，盛也。」「溱」、「蓁」聲同字通，中篇作「薦臻」。**此天之所以罰百姓之不上同於天者也。**

**是故子墨子言曰：古者聖王爲五刑，請以治其民。**俞云：「『請』字衍文。『古者聖王爲五刑以治其民』十一字爲一句。中篇曰『昔者聖王制爲五刑以治天下』，是其證也。」案：「請」與「誠」通，此書「誠」多作「請」，詳下篇。俞以爲衍文，非。譬若絲縷之有紀，畢云：「説文云：『紀，絲别也。』」詒讓案：紀，本義爲絲别，引申之，絲之統總亦爲紀。説文糸部云：「統，紀也。」禮記樂記鄭注云：「紀，總要之名也。」禮器云「紀散而衆亂」，注云：「絲縷之數有紀。」罔罟之有綱，畢云：「説文云：『綱，維紘繩也。』」所連收天下之百姓不尚同其上者也。俞云：「『所』下奪『以』字。『所以連收天下之百姓不尚同其上者也』，若無『以』字，則不成義，中篇曰『將以運役天下淫暴而一同其義也』，彼云『將以』，此云『所以』，文法雖異而實同。」

## 尚同中第十二

子墨子曰：方今之時，復古之民始生未有正長之時，易雜卦傳云：「復，反也。」謂反而考之古之民始生之時。蓋其語曰「天下之人異義」。是以一人一義，十人十義，百人百義，其人數兹衆，其所謂義者亦兹衆。是以人是其義，而非人之義，故相交非也。戴云：「當從上篇作『交相非也』。」内之父子兄弟作怨讐，皆有離散之心，不能相和合。至乎舍餘力不以相勞，隱匿良道不以相教，腐㱙餘財不以相分，畢云：「㱙，舊作『列』，見上。」天下之亂也，至如禽獸然。無君臣上下長幼之節、父子兄弟之禮，是以天下亂焉。

明乎民之無正長以一同天下之義而天下亂也，是故選擇天下賢良聖知辯慧之人，立以爲天子，使從事乎一同天下之義。天子既以立矣，以爲唯其耳目之請，畢云：「『請』當爲『情』」，下同。」顧云：「史記樂書『情文俱盡』，徐廣曰：『古情字或假作請，諸子中多有此比。』」洪云：「列子說符篇『發於此而應於外者唯請』，張湛注：『請當作情。』荀子成相篇〔一〕『聽之經，明其請』，楊倞注：『請當爲情。』『言』古文『□』，與『心』字篆文『□』，字形近，故『情』字多爲『請』。」**不能獨一同天下之義，是故選擇天下贊閱賢良聖知辯慧之人，**漢書東方朔傳顔注云：「贊，進也。」太玄經范望注云：「閱，簡也。」**置以爲三公，與從事乎一同天下之義。天子三公既已立矣，以爲天下博大，山林遠土之民不可得而一也，是故靡分天下，**俞云：「『靡』當爲『歷』，字之誤也。大戴記五帝德篇『歷離日月星辰』，是歷與離同義。此云『歷分天下』，與彼云『歷離日月星辰』，文義正同。若作『靡』字則無義矣。非攻下篇『禹既已克有三苗焉，磨爲山川，別物上下』，天志中篇『磨爲日月星辰，以昭道之』，兩『磨』字皆『磿』字之誤，『磿』即『歷』之叚字也。」**設以爲萬諸侯國君，使從事乎一同其國之義。國君既已立矣，又以爲唯其耳目之請，不能一同其國之義，是故擇其國之賢者，置以爲左右將軍大夫，**將軍，謂卿也。周禮夏官「軍將皆命卿」。春秋戰國時，侯國亦皆以卿爲將，通謂之將軍。非攻中篇云「晉有六將軍」，即六卿也。管子立政篇云「將軍大夫以朝」，水經河水酈注引竹書紀年云「邯鄲命將軍大夫、適子、戍〔二〕吏皆貂服」，並稱卿大夫爲將軍大夫。**以遠至乎鄉里之長，**「遠」當爲「逮」，形近而誤。後文

〔一〕「成相篇」，原誤「成用篇」，據荀子改。
〔二〕「戍」，原誤「代」，據酈注引竹書紀年改。

云「逮至有苗之制五刑，以亂天下」，尚賢上篇云「逮至遠鄙郊外之臣、門庭庶子、國中之衆、四鄙之萌人，聞之皆競爲義」，與此文例正同。與從事乎一同其國之義。天子諸侯之君，天子，「子」疑當作「下」。民之正長，既已定矣。天子爲發政施教曰：「凡聞見善者必以告其上，聞見不善者亦必以告其上。上之所是必亦是之，上之所非必亦非之。己有善傍薦之，祭義云「卿大夫有善，薦於諸侯」，鄭注云：「薦，進也。」謂在位之人，己有善，則告進之於上也。「傍」當爲「訪」之借字，二字皆從方得聲，古多通用。魯問篇云：「所謂忠臣者，上有過則微之以諫，己有善，則訪之上，而無敢以告外。匡其邪而入其善，尚同而無下比。」與此上下文義並略同，可證。「傍薦」之義，上篇亦同。王云：「『己』字義不可通。『己』當爲『民』，字之誤也。傍者，溥也，偏也。說文：『旁，溥也。』旁與傍通。言民有善則衆共薦之，若堯典所云『師錫』也。上篇曰『上有過則規諫之，下有善則傍薦之』，下亦民也。」案：此「己」字可通，不必與上篇同義，王失檢魯問篇文，故不得其解。上有過規諫之。尚同義其上，「義」當作「乎」，下文云「尚同乎鄉長，尚同乎國君」，可證。而毋有下比之心，管子小匡篇云：「公又問焉曰：『於子之鄉有不慈孝於父母，不長弟於鄉里，驕躁淫暴，不用上令者，有則以告，有而不以告，謂之下比。』」尹注云：「下與有衆者比，而掩蓋之。」上得則賞之，萬民聞則譽之。意若聞見善不以告其上，聞見不善亦不以告其上。上之所是不能是，上之所非不能非。己有善不能傍薦之，王云「『己』亦『民』之誤」，非。上有過不能規諫之。下比而非其上者，上得則誅罰之，萬民聞則非毀之。」故古者聖王之爲刑政賞譽也，甚明察以審信。是以舉天下之人，皆欲得上之賞譽，而畏上之毀罰。

是故里長順天子政，而一同其里之義。里長既同其里之義，率其里之萬民以尚同乎鄉長，曰：「凡里之萬民，皆尚同乎鄉長，而不敢下比。鄉長之所是必亦是之，鄉長之所非必亦非之。去而不善言，學鄉長之善言；去而不善行，學鄉長之善行。」鄉長固鄉之賢者也，舉鄉人以法鄉長，夫鄉何説而不治哉？察鄉長之所以治鄉者，何故之以也？曰：唯以其能一同其鄉之義，是以鄉治。

鄉長治其鄉，而鄉既已治矣。王云：「舊本脱『鄉長治』三字，下文曰『國君治其國，而國既已治矣』，今據補」。案：王校是也，蘇説同。有率其鄉萬民，有讀爲又，下並同。以尚同乎國君，曰：「凡鄉之萬民，皆上同乎國君，而不敢下比。國君之所是必亦是之，國君之所非必亦非之。去而不善言，學國君之善言；去而不善行，學國君之善行。」國君固國之賢者也，舉國人以法國君，夫國何説而不治哉？察國君之所以治國而國治者，何故之以也？曰：唯以其能一同其國之義，是以國治。

國君治其國，而國既已治矣。舊本「而」下脱「國」字，今據王校補。有率其國之萬民，以尚同乎天子，曰：「凡國之萬民，上同乎天子，而不敢下比。天子之所是必亦是之，天子之所非必亦非之。去而不善言，學天子之善言；去而不善行，學天子之善行。」天子者，固天下之仁人也，舉天下之萬民以法天子，夫天下何説而不治哉？畢云：「下，舊作『子』，一本如此。」察天子之所以治天下者，何故之以也？曰：唯以其能一同天下之義，是以天下治。

夫既尚同乎天子，而未上同乎天者，則天菑將猶未止也。故當若天降寒熱不節，王云：「『天』亦『夫』字之誤。『降』字則因下文『降罰』而衍。」案：「天降」二字，蓋通貫下文言之，王說未塙。雪霜雨露不時，五穀不孰，道藏本作「熟」，非。六畜不遂，國語齊語云「犧牲不略，則牛羊遂」，韋注云：「遂，長也」。疾菑戾疫，漢書食貨志顏注云：「戾，惡氣也。」案：「戾疫」即兼愛下篇之「癘疫」，戾、癘一聲之轉。畢云「戾，沴字之假音」，亦通。飄風苦雨，荐臻而至者，荐、薦同。毛詩大雅節南山傳云：「薦，重也。」爾雅釋詁云：「臻、仍，乃也。」仍與重義亦同。易坎象「水荐至」，釋文引京房「荐」作「臻」。此天之降罰也，將以罰下人之不尚同乎天者也。故古者聖王，明天鬼之所欲，而避天鬼之所憎，而，舊本誤「不」，今據道藏本正，天志中篇同。以求興天下之利，除天下之〔二〕害。是以率天下之萬民，齊戒沐浴，齊，道藏本作「齋」。潔爲酒醴粢盛，畢云：「本書多作『絜』，俗從水。」以祭祀天鬼。其事鬼神也，酒醴粢盛不敢不蠲潔，周禮宮人鄭注云：「蠲猶絜也。」呂氏春秋尊師篇云：「臨飲食，必蠲絜。」犧牲不敢不腯肥，曲禮云「豚曰腯肥」，鄭注云：「腯亦肥也。腯，充貌也。」左桓六年傳云「吾牲牷肥腯」，又云「奉牲以告曰：博碩肥腯」。珪璧幣帛不敢不中度量，珪璧有度，若考工記玉人云「四圭尺有二寸以祀天，兩圭五寸有邸以祀地」之屬是也。幣帛有度，若漢書食貨志云

---

〔二〕以上「利除天下之」五字原誤脫，據畢沅刻本補。

「周法，布帛廣二尺二寸爲幅」、周禮內宰鄭注引天子巡守禮云「制幣丈八尺純四只」是也。王制云：「布帛幅廣狹不中度量，不粥於市。」春秋祭祀不敢失時幾，聽獄不敢不中，畢云：「幾，讀如『關市譏』。」俞云：「畢以『幾』字屬下『聽獄不敢不中』讀，然關市與獄訟不當并爲一事，殆失之矣。『幾』字仍當屬上讀。幾者，期也。詩楚茨篇『如幾如式』，毛傳訓幾爲期，是也。不敢失時幾者，不敢失時期也。國語周語注曰：『期，將事之日也。』是期以日言。不敢失時，并不敢失日，故曰不敢失時幾。」分財不敢不均，居處不敢怠慢。曰：其爲正長若此，是故上者天鬼有厚乎其爲政長也，下云「天鬼之所深厚」，則此「厚」上疑脱「深」字。下者萬民有便利乎其爲政長也。天鬼之所深厚，而能彊從事焉，則王云：「自『上者天鬼』以下至此，凡三十八字，舊本誤入下文『入守固』之下，今移置於此。『而能彊從事焉』，舊本脱『能』字，今據下文補。」案：王校是也，蘇説同，今從乙補。天鬼之福可得也。萬民之所便利，而能彊從事焉，則萬民之親可得也。其爲政若此，是以謀事得，畢云：「舊脱此字，據後文增。」舉事成，入守固，出誅勝者，何故之以也？曰：唯以尚同爲政者也。故古者聖王之爲政若此。

今天下之人曰：方今之時，王云：「自『出誅勝』以下至此，凡三十八字，舊本誤入上文『上者天鬼』之上，今移置於此。」案：王校是也，蘇説同，今從乙正。天下之正長猶未廢乎天下也，而天下之所以亂者，何故之以也？子墨子曰：方今之時之以正長，則本與古者異矣，譬之若有苗之以五刑然。畢云：「苗，舊作『量』，據下改。」昔者聖王制爲五刑，書舜典僞孔傳云：「五刑：墨、劓、剕、宮、大辟。」以治天下，畢云：「文選注引此云『畫衣冠，異章服，而民不犯』，疑此閒脱文。」**逮至有苗之制五刑，**此即下五殺之刑。**以亂天下。**俞云：「『之』衍字。」**則此豈刑不善哉？用刑則不善也。是以先王之書呂刑之道**畢云：「當云『道之』。」案：下文兩云「之道」，此疑不倒。**曰：「苗民否用練，折則刑，**畢云：「孔書作『弗用靈，制以刑』，『靈』『練』、『否』『弗』、『折』『制』音同。」錢大昕云：「古書弗與不同，否即不字。靈、練聲相近。緇衣引作『匪用命』，『命』當是『令』之譌，令與靈古文多通用。令、靈皆有善義。鄭康成注禮解爲政令，似遠。」王鳴盛云：「古音靈讀若連，故轉爲練也。折爲制，古字亦通。古文論語云『片言可以折獄』，魯論『折』作『制』是也。」段玉裁云：「靈作練者，雙聲也。依墨子上下文觀之，練亦訓善，與孔正同。」詒讓案：僞孔傳云：「三苗之君〔二〕，習蚩尤之惡，不用善化民，而制以重刑。三苗，帝堯所誅。」呂刑及緇衣孔疏引書鄭注云：「苗民，謂九黎之君也。九黎之君於少昊氏衰而棄善道，上效蚩尤重刑。必變九黎言苗民者，有苗，九黎之後，顓頊代少昊誅九黎，分流其子孫，爲居於西裔者三國。至高辛之衰，又復九黎之君，惡。堯興，又誅之。堯末又在朝，舜時又竄之。後禹攝位，又在洞庭逆命，禹又誅之。後王深惡此族三生凶惡，故著其氏而謂之民。民者，冥也，言未見仁道。」又鄭緇衣注云：「命，謂政令也。高辛氏之末，諸侯有三苗者作亂，其治民不用政令，專制御之以嚴刑，乃作五虐蚩尤之刑，以是爲法。」案：鄭書、禮二注不同，書注與此合，於義爲長。戰國策魏策：「吳起云：昔者三苗之居，左彭蠡之波，右洞庭之水，文山在其南，而衡山在其北，恃此險也，爲政不善，而禹

---

〔二〕按此引僞孔傳，見尚書呂刑「苗民弗用靈，制以刑」云云一段之下。傳文首「三苗之君」四字，原作「三苗之主頑凶，若民」八字，乃呂刑下段僞孔傳之首八字而誤置於此，今據僞孔傳原文改正。

放逐之。」史記吳越傳作「左洞庭，右彭蠡」。五帝本紀張守節正義據彼云：「今江州、鄂州、岳州，三苗之地也。」案古三苗國當在今湖南、湖北境。**唯作五殺之刑，曰法。」**僞孔傳云：「惟爲五虐之刑，自謂得法。」畢云：「孔書『殺』作『虐』。」孫星衍云：「虐、殺義相同。」詒讓案：吕刑下文云「殺戮無辜，爰始淫爲刵、劓、椓、黥」，則止四刑。書堯典孔疏引今文夏侯等書作「臏、宫割、劓、頭鹿剠」，臏一，宫割二，劓三，頭鹿剠四，亦無五刑。以吕刑五刑之「辟」校之，惟少大辟，蓋即以殺戮晐大辟矣。**則此言善用刑者以治民，不善用刑者以爲五殺。則此豈刑不善哉？用刑則不善，故遂以爲五殺。是以先王之書術令之道曰：「唯口出好興戎。」**蘇云：「出書大禹謨。」詒讓案：「術令」當是「説命」之叚字。禮記緇衣云「兑命曰：惟口起羞，惟甲胄起兵，惟衣裳在笥，惟干戈省厥躬」，鄭注云：「『兑』當爲『説』，謂殷高宗之臣傅説也。作書以命高宗，尚書篇名也。羞猶辱也。惟口起辱，當慎言語也。」案此文與彼引兑命辭義相類，「術」「説」、「令」「命」音並相近，必一書也。晉人作僞古文書不悟，乃以竄入大禹謨，疏繆殊甚。近儒辯古文書者，亦皆不知其爲説命佚文，故爲表出之。僞孔傳云：「好謂賞善，戎謂伐惡。言口榮辱之主。」**則此言善用口者出好，不善用口者以爲讒賊寇戎。則此豈口不善哉？用口則不善也，故遂以爲讒賊寇戎。**

**故古者之置正長也，將以治民也。譬之若絲縷之有紀，而罔罟之有綱也，將以運役天下淫暴而一同其義也。**王云：「『運役』二字義不可通，當依上篇作『連收』，字之誤也。『連收』二字，正承絲縷罔罟而言。」**是以先王之書相年之道曰：**畢云：「『相年』當爲『拒年』。」**「夫建國設都，乃作后王君公，否用泰也，**論語子罕皇疏云：「泰，驕泰也。」王引之云：「否，非也。」**輕大夫師長，**畢云：「『輕』當爲

『卿』。」盧云：「下篇作『奉以卿』，字誤也。」否用佚也，維辯使治天均。」辯、辨字通。周易集解引易鄭注云：「辯，分也。」謂分授以職，使治天均。王念孫釋辯爲徧，未塙，詳下篇。詩大雅節南山「秉國之均」，毛傳云：「均，平也。」莊子寓言篇云「天均者，天倪也」，非此義。下篇作「治天明」。又案：王引之尚書述聞據廣雅釋詁訓此辯爲使，則辭義重複，亦不可從。則此語古者上帝鬼神之建設國都立正長也，非高其爵、厚其禄、富貴佚而錯之也，王云：「『佚』上有『游』字，而今本脱之，則語意不完。下篇曰『非特富貴游佚而擇之也』，是其證。游佚即淫佚，語之轉耳。」畢云：「錯，讀如舉措。」將以爲萬民興利除害、富貴貧寡、此與上下文例不合，疑當作「富貧衆寡」。安危治亂也。故古者聖王之爲若此。戴云：「『爲』下疑脱『政』字。」

今王公大人之爲刑政，則反此。戴云：「『刑』字衍。」政以爲便譬，政與正同。畢云：「譬讀如僻。」洪云：「論語『季氏友便辟』，馬、鄭皆讀辟爲譬，謂巧爲譬諭，以求容媚。義即本此。」宗於父兄故舊，「宗於」疑「宗族」之誤。以爲左右，置以爲正長。戴云：「『政以爲便譬』三句，當作『宗於便譬父兄故舊，立以爲左右，置以爲正長』。『便譬』誤寫在『宗』字上，『以爲左右』上之『立』字又誤作『政』，『政以爲』三字又誤在句首，故不可通。『便譬』謂巧爲譬喻，見公羊定四年疏引論語鄭注。或當爲『便嬖』，亦通。宗讀爲是崇。『立』字與『正』相似，故誤爲『正』，又誤沾支旁耳。」案：戴説未塙。民知上置正長之非正以治民也，戴云：「『非』下『正』字衍。」是以皆比周隱匿，比周，詳前篇。而莫肯尚同其上，是故上下不同義。若苟上下不同義，賞譽不足以勸善，而刑罰不足以沮暴。何以知其然也？曰：上唯毋立而爲政乎國家，爲民正長，王云：「唯與雖同。」詒讓案：毋，語詞，詳尚賢中篇。曰：「人可賞，吾將賞之。」若苟上下不同義，上之所賞，則衆之所非，曰人衆與處，於衆得非。則是雖使得上之賞，未足以勸乎！上唯毋立而爲政乎國家，爲民正長，曰：「人可罰，吾將罰之。」若苟上下不同義，上之所罰，則衆之所譽，曰人衆與處，於衆得譽。則是雖使得上之罰，未足以沮乎！若立而爲政乎國家，爲民正長，賞譽不足以勸善，而刑罰不沮暴，「沮暴」上亦當有「足以」二字。則是不與鄉吾本言民始生未有正長之時同乎？若有正長與無正長之時同，則此非所以治民一衆之道。

故古者聖王唯而審以尚同畢云：「而讀與能同。舊脱『審』字，文選注引作『能審以尚同』，今據增。」以爲正長，是故上下情請爲通。畢云：「『文選注引作『是故上下通情』，舊脱『故』字，今據增。」王云：「此本作『是故上下請通』，『請』即『情』字也。墨子書多以『請』爲『情』，今作『情請爲通』者，後人旁記『情』字，而寫者遂誤入正文，又涉上文『以爲正長』而衍『爲』字耳。文選東京賦注引『情通』作『通情』者，乃涉賦文『上下通情』而誤。」顧校同。俞云：「『惟』『以爲正長』句亦有衍字，下文曰：『故古者聖王之所以濟事成功，垂名於後世者，無它故異物焉，曰唯能以尚同爲政者也。』然則此文當云：『唯而審以尚同爲政』，上下文義始相應。因涉上文屢言『正長』，遂誤作『以爲正長』，上下不應矣。且既云『審以尚同』，又云『以爲正長』，一句中兩用『以』字，義亦未安。上文曰『其爲正長若此，是故出誅勝者，何故之以也？曰唯以尚同爲政者也』，然則『爲正長』以人言，『爲政』以事言，明爲正長者當以尚同爲政也，若作『尚同以爲正長』，即失其義矣。下篇云『聖王皆以尚同爲政，故天下治』，亦其證也。」案：俞校未塙。上有隱事遺利，隱事遺利，與節葬篇「隱謀遺利」義同。下得而利之；下有蓄怨積害，上得而除之。是以數千萬里之外有爲善者，其室人未徧知，鄉里未徧聞，天子得而賞之。數千萬里之外有爲不善者，其室人未徧知，鄉里未徧聞，天子得而罰之。是以舉天下之人皆恐懼振動惕慄，不敢爲淫暴，曰：「天子之視聽也神。」畢云：「子，舊作『下』，一本如此。」先王之言曰：「非神也，夫唯能使人之耳目助己視聽，使人之吻助己言談，說文口部云：「吻，口邊也。」以上句文例校之，「吻」上疑有「脣」字。非命下篇云：「今天下之士君子之爲文學出言談也，非將勤勞其喉舌，而利其脣呡也。」呡與吻字同。使人之心助己思慮，使人之股肱助己動作。」助之視聽者衆，則其所聞見者遠矣；助之言談者衆，則其德音之所撫循者博矣；荀子富國篇云「拊揗之」，楊注云：「拊與撫同。撫循，慰悅之也。」助之思慮者衆，則其談謀度速得矣；王云：「『謀度』上不當有『談』字，蓋涉上文『言談』而衍。」案：王說是也，蘇說同。助之動作者衆，即其舉事速成矣。舊本「其」在「舉」下。蘇云：「當作『則其舉事速成矣』」。俞云：「此本作『即其舉事速成矣』。上文三言『則其』，此言『即其』，即、則古通用也。今作『即舉其事』，誤。」案：俞說是也，今據乙。

故古者聖人之所以濟事成功，垂名於後世者，無他故異物焉，異物，猶言異事。韓非子右儲說上篇云：「晉文公一舉而八有功，所以然者，無他故異物，從狐偃之謀，假顛頡之脊也。」曰：唯能以尚同爲政者也。是以先王之書周頌之道之曰：古書詩、書多互偁。「載來見彼王，詩載見敍云：「諸侯始見乎武王廟也。」毛傳云：「載，始也。」鄭箋云：「諸侯始見君子，謂見成王也。」畢云：「一本作『載見辟王』，同詩。」聿求厥章。」道藏本「聿」字缺。蘇云：「聿，詩作『曰』。」詒讓案：聿、曰古通用。鄭箋云：「求車服禮儀之文章制度也。」則此語古者國君諸侯之以春秋來朝聘天子之廷，受天子之嚴教。退而治國，政之所加，莫敢不賓。爾雅釋詁云：「賓，服也。」當此之時，本無有敢紛天子之教者。廣雅釋詁云：「紛，亂也。」謂不敢變亂天子之教令。詩曰：「我馬維駱，爾雅釋畜云：「白馬黑鬣，駱。」六轡沃若。毛詩衛風氓傳云：「沃若，猶沃沃然。」載馳載驅，周爰咨度。」毛詩小雅皇皇者華傳云：「咨禮義所宜爲度。」又曰：「我馬維騏，毛詩魯頌駉傳云：「蒼綦曰〔一〕騏。」六轡若絲。毛傳云：「言調忍也。」蘇云：「若，詩作『如』。」載馳載驅，周爰咨謀。」毛傳云：「咨事之難易爲謀。」即此語也。王云：「即與則同，語猶言也。『則此語』三字文義直貫至『以告天子』而止。則語下不當有『也』字。凡墨子書用『則此語』三字者，『語』下皆無『也』字，此蓋後人不曉文義而妄加之。」古者國君諸侯之聞見善與不善也，皆馳驅以告天子，是以賞當賢，罰當暴，不殺不辜，不失有罪，則此尚同之功也。

是故子墨子曰：「今天下之王公大人士君子，請將欲富其國家，王云：「請即誠字。」案：説詳節葬下篇。俞云：「『請』上奪『中』字。墨子書多以『請』爲『情』，中請即中情也。下篇曰『今天下王公大人士君子，中情將欲爲仁義』，是其證也。後人不知請之當讀爲情，故誤删『中』字耳。尚賢篇曰『且今天下之王公大人士君子，中

〔一〕「曰」，原誤「日」，據魯頌駉毛傳改。

實將欲爲仁義』，中實亦即中情也。」衆其人民，治其刑政，定其社稷，當若尚同之不可不察，此之本也。」畢云：「當云『此爲政之本也』。」俞云：「『若』字衍文，『不可不察』上奪『説』字，『此』下奪『爲政』二字，當據下篇補。」案：畢、俞校是也。惟「若」字實非衍文，當若猶言當如。尚賢中篇云「古當若之二物者，王公大人未知以尚賢使能爲政也」，兼愛下篇云「當若兼之不可不行也，此聖王之道而萬民之大利也」，非攻下篇云「當若繁爲攻伐，此實天下之巨害也」，又云「故當若非攻之爲説，而將不可不察者此也」，節葬下篇云「故當若節喪之爲政，而不可不察此者也」，明鬼下篇云「當若鬼神之有也，將不可不尊明也」，非命下篇云「當若有命者之言，不可不强非也」，皆其證。俞以「若」爲衍文，失之。

## 尚同下第十三

畢云：「中興書目云『一本自親士至上同凡十三篇』者，即此已上諸篇，非有異本。」

子墨子言曰：知者之事，必計國家百姓所以治者而爲之，必計國家百姓之所以亂者而辟之。畢云：「辟同避。」然計國家百姓之所以治者，何也？上之爲政，得下之情則治，不得下之情則亂。何以知其然也？上之爲政得下之情，則是明於民之善非也。若苟明於民之善非也，畢云：「『若苟』二字舊倒，據下文改。」則得善人而賞之，得暴人而罰之也。善人賞而暴人罰，則國必治。上之爲政也，不得下之情，則是不明於民之善非也。若苟不明於民之善非，則是不得善人而賞之，不得暴人而罰之。善人不賞而暴人不罰，爲政若此，國衆必亂。故賞不得下之情，蘇云：「『賞』下當脱『罰』字。」俞校同。而不可不察者也。俞云：「『而不可』當作『不可而』，猶言不可以也。」

然計得下之情將柰何可？故子墨子曰：唯能以尚同一義爲政，然後可矣。何以知尚同一義之可而爲政於天下也？而，陳壽祺讀爲能。今案而亦猶以也，説詳尚賢下篇。下文「諸侯可而治其國」、「家君可而治其家」，同。然胡不審稽古之治爲政之説乎？王云：「然猶則也。『然胡不』，則胡不也。」俞云：「『治』字乃『始』字之誤。下文曰『古者天之始生民，未有正長也』云云，是從古之始爲政者説，故此云『胡不審稽古之始爲政之説乎』。」古者天之始生民，未有正長也，百姓爲人。戴云：「此人字，讀如『人偶』之人。」若苟百姓爲人，是一人一義，十人十義，百人百義，千人千義，逮至人之衆不可勝計也，則其所謂義者亦不可勝計。此皆是其義而非人之義，是以厚者有鬬而薄者有爭。畢云：「薄，舊作『蕩』，一本如此。」是故天下之欲同一天下之義也，上「天下」二字，疑當作「天」。畢云：「文選注引作『古者同天之義』。」是故選擇賢者立爲天子。文選王元長三月三日曲水詩序注引此作「上聖立爲天子」，蓋李善所改易。又袁彥伯三國名臣序贊注引則竝與此同。天子以其知力爲未足獨治天下，是以選擇其次立爲三公。三公又以其知力爲未足獨左右天子也，是以分國建諸侯。諸侯又以其知力爲未足獨治其四境之內也，是以選擇其次立爲卿之宰。之猶與也。卿之宰又以其知力爲未足獨左右其君也，是以選擇其次立而爲鄉長家君。是故古者天子之立三公、諸侯、卿之宰、鄉長家君，非特富貴游佚而擇之也，擇，當依中篇讀爲「措」。將使助治亂刑政也。「治」下「亂」字疑衍。故古者建國設都，乃立后王君公，奉以卿士師長，此非欲用說也，王云：「『說』字義不可通。『說』當爲『逸』，字之誤也。中篇曰『夫建國設都，乃作后王君公，否用泰也。卿大夫師長，否用佚也』，否用佚即非用逸，是其證。否猶非也，說見尚賢下。僞古文説命『建邦設都，樹后王君公，承以大夫師長，不惟逸豫』，即用墨子而小變其文。」案：王說是也。僞孔傳云：「言立國設都，立君臣上下，不使有位者逸豫民上，言立之主使治民。」唯辯而使助治天明也。舊本「助治天」下有「助」字。王云：「下『助』字衍。『唯辯而使助治天明』者，辯讀爲徧，古『徧』字多作『辯』。天明，天之明道也，哀二年左傳曰『二三子順天明』。言所以設此卿士師長者，唯徧使助治天道也。中篇作『維辯使治天均』。」案：王謂下「助」字衍，是也，今據刪。辯當訓爲分，王讀爲徧，尚未得其義。左傳哀二年孔疏釋「天明」爲天之明道，即王說所本。大戴禮記虞戴德篇云「法于天明，開施教于民」，左昭二十五年傳云「則天之明」，義並略同。僞古文書説命作「惟以亂民」，疑僞孔讀「天明」爲「天民」。

今此何爲人上而不能治其下，爲人下而不能事其上？則是上下相賊也。賊，舊本譌「賤」，今依王校正，說詳尚賢中篇。蘇云：「『賤』當作『殘』，或『殘賊』二字各脱其偏傍。」非。何故以然？則義不同也。若苟義不同者有黨，上以若人爲善，將賞之，畢云：「賞，舊作『毀』，一本如此。」若人唯使得上之賞，唯、雖字通。而辟百姓之毀，辟、避字亦同，後文辟、避錯出。是以爲善者必未可使勸，見有賞也。上以若人爲暴，將罰之，若人唯使得上之罰，而懷百姓之譽，是以爲暴者必未可使沮，見有罰也。故計上之賞譽，不足以勸善，計其毀罰，不足以沮暴。此何故以然？則義不同也。

然舊本脱此六字。王云：「『此何故以然』是問詞，『則義不同也』是答詞，『然則欲同一天下之義，將柰何可』又是問詞，舊脱中六字，則上下文皆不可通矣。今據上文補。」案：王校是也，今從之。則欲同一天下之義，將柰何可？故子墨子言曰：然胡不賞使家君試用家君發憲布令其家，王云：「『賞』字義不可通，『賞』當爲『嘗』。『嘗』、『賞』字相似，又涉上下文『賞罰』而誤。『使家君』三字，則涉下文『使家君』而衍。既言『用家君』，則不得又言『使家君』。『胡不嘗試用家君發憲布令其家』作一句讀。」案：王校是矣。然下文説國君發憲布令，則云「故又使家君總其家之義，以尚同於國君」；説天子發憲布令，則云「故又使國君選其國之義，以尚同於天子」，則此文疑亦當云「胡不嘗使家人總其身之義，以尚同於家君，試用家君發憲布令其家」，前後文例乃相應。蓋今本「胡不嘗使家」下脱十一字，「使家君」三字非衍文也。發憲，猶言布憲。憲者，法也。非命上篇云：「先王之書，所以出國家布施百姓者，憲也。」曰：「若見愛利家者必以告，若見惡賊家者亦必以告。若見愛利家以告，亦猶愛利家者也，上得且賞之，衆聞則譽之；若見惡賊家不以告，亦猶惡賊家者也，上得且罰之，衆聞則非之。」是以徧若家之人，畢云：「徧，舊作『禍』，一本如此。下同。」皆欲得其長上之賞譽，辟其毀罰。是以善言之，不善言之，畢云：「舊脱四字，一本有。」家君得善人而賞之，得暴人而罰之。善人之賞，而暴人之罰，則家必治矣。然計若家之所以治者，何也？唯以尚同一義爲政故也。

家既已治，國之道盡此已邪？則未也。國之爲家數也甚多，國之，舊本作「天下」。畢云：「『天下』下當脱『之』字，一本『天下』作『國之』。」詒讓案：「國之」是，下文云「天下之爲國數也甚多」，則此不當作「天下」明矣，今據正。此皆是其家而非人之家，是以厚者有亂，而薄者有爭。故又使家君總其家之義，畢云：「舊脱此字，一本有。」以尚同於國君。國君亦爲發憲布令於國之衆，曰：「若見愛利國者必以告，若見惡賊國者亦必以告。若見愛利國以告者，亦猶愛利國者也，上得且賞之，衆聞則譽之；若見惡賊國不以告者，亦猶惡賊國者也，上得且罰之，衆聞則非之。」是以徧若國之人，皆欲得其長上之賞譽，避其毁罰。是以民見善者言之，見不善者言之，國君得善人而賞之，得暴人而罰之。善人賞而暴人罰，則國必治矣。然計若國之所以治者，何也？唯能以尚同一義爲政故也。

國既已治矣，天下之道盡此已邪？則未也。天下之爲國數也甚多，此皆是其國畢云：「舊脱『其』字，一本有。」而非人之國，是以厚者有戰，而薄者有爭。故又使國君選其國之義，以尚同於天子。舊本「以」下有「義」字，畢云：「一本無此字，是。」俞云：「下『義』字衍文，上文云『故又使家君總其家之義，以尚同于國君』，下文云『天子又總天下之義，以尚同於天』，竝無下『義』字，是其證也。上下文竝言『總』，而此言『選』，選亦總也。詩猗嗟篇『舞則選兮』，毛傳訓選爲齊。『選其國』之義，猶齊其國之義。曰總，曰選，文異而義同也。史記仲尼弟子列傳『任不齊，字選』，是選有齊義。賈子等齊篇曰：『撰然齊等』，撰與選通。」戴説同。案：一本是也，今據删。天子亦爲發憲布令於天下之衆，曰：「若見愛利天下者必以告，若見惡賊天下者亦以告。若見愛利天下以告者，亦猶愛利天下者也，上得則賞之，衆聞則譽之；若見惡賊天下不以告者，亦猶惡賊天下者也，上得且罰之，畢云：「且，一本作『則』。」衆聞則非之。」是以徧天下之人，皆欲得其長上之賞譽，避其毀罰，是以見善、不善者告之。天子得善人而賞之，得暴人而罰之，善人賞而暴人罰，天下必治矣。然計天下之所以治者，何也？唯而以尚同一義爲政故也。畢云：「一本無『而』字，非。而同能。」

天下既已治，畢云：「既，一本作『計』，非。」天子又總天下之義，以尚同於天。舊本「天下」亦作「天子」。俞云：「當作『天子又總天下之義，以尚同於天』，義見上下文。」案：俞校是也，今據正。故當尚同之爲說也，同，舊本作「用」，蓋與下文互譌。蘇云「『用』當作『同』」，是也，今據正。尚用之天子，舊本「用」作「同」，畢云：「一本作『上同』。」王改「尚用」，云：「舊本『用』作『同』，涉上句而誤，今據下文改。」案：王校是也，今從之。蘇云：「當作『上用』。」可以治天下矣；中用之諸侯，可而治其國矣；王引之云：「而與以同義，故二字可以互用。」案：王說是也，詳尚賢下篇。小用之家君，可而治其家矣。王引之云：「『小用之』當作『下用之』，與『尚用之』、『中用之』對文，下文『小用之』則與『大用之』對文。今本『下用』作『小用』者，即涉下文『小用之』而誤。」是故大用之治天下不窕，小用之治一國一家而不橫者，畢云：「爾雅云：『窕，閒也。』猶云無閒。」王云：「畢說非也。窕，不滿也；橫，充塞也。孔子閒居『以橫於天下』，鄭注：『橫，充也。』祭義曰：『置之而塞乎天地，溥之而橫乎四海。』以小居大則窕，以大入小則塞。唯此尚同之道，則大用之治天下而不窕，小用之治一國一家而不塞也。大戴記王言篇曰：『布諸天下而不窕，內諸尋常之室而不塞。』」又云：「廣雅曰：『窕，寬也。』昭二十一年左傳『鍾小者不窕』，杜注曰：『窕，細不滿也。』呂氏春秋適音篇『不詹則窕』，高注云：『窕，不滿密也。』」若道之謂也。故曰：

治天下之國若治一家，使天下之民若使一夫。意獨子墨子有此，而先王無此其有邪？疑當作「無有此邪」，「其」字衍。則亦然也。聖王皆以尚同爲政，故天下治。何以知其然也？於先王之書也大誓之言然，書敍云：「惟十有一年，武王伐殷。一月戊午，師渡孟津，作泰誓。」古書「泰」皆作「大」，僞孔傳云「大會以誓衆」，則作「大」是。曰：「小人見姦巧乃聞，不言也，發罪鈞。」畢云：「孔書無此文。」蘇云：「『發』當作『厥』，今泰誓云：『厥罪惟鈞』。」江聲云：「發，謂發覺也。鈞，同也。言知姦巧之情而匿不以告，比事發覺，則其罪與彼姦巧者同。」此言見淫辟不以告者，其罪亦猶淫辟者也。

故古之聖王治天下也，其所差論以自左右羽翼者皆良，王云：「差、論皆擇也。爾雅〔一〕曰：『既差我馬。差，擇也。』所染篇曰『故善爲君者，勞於論人，而佚於治官』，呂氏春秋當染篇同，高注：『論猶擇也。』非攻篇『差論其爪牙之士，比列其舟車之衆』，義與此同。」外爲之人「外爲」二字疑誤。助之視聽者衆。故與人謀事，先人得之；與人舉事，先人成之；光譽令聞，先人發之。光，舊本作「先之」。畢云：「二字一本作『光』，是，今據改。」俞云：「光、廣古通用，光譽即廣譽。孟子曰『令聞廣譽施於身』。」案：俞校是也。非命下篇作「光譽令問」，問與聞字通。禮記孔子閒居鄭注云：「令，善也，言以名德善聞。」唯信身而從事，故利若此。古者有語焉，曰：「一目之視也，畢云：「舊脱『之』字，一本有。」不若二目之視也。一耳之聽也，不若

〔一〕按：此引爾雅，見釋畜篇。

二耳之聽也。以下二句文例校之，疑「二目之視」，「視」當作「覩」；「二耳之聽」，「聽」當作「聰」，今本皆傳寫捝之。一手之操也，不若二手之彊也。畢云：「舊脱『之』字，一本有。」夫唯能信身而從事，故利若此。是故古之聖王之治天下也，千里之外有賢人焉，其鄉里之人皆未之均聞見也，說文土部云：「均，平徧也。」此與中篇云「室人未徧知，鄉里未徧聞」義同。聖王得而賞之。千里之內有暴人焉，其鄉里畢云：「據上文，當有『之人』二字。」未之均聞見也，聖王得而罰之。故唯毋以聖王爲聰耳明目與？王云：「唯亦與雖同。」案：毋，語詞，詳尚賢中篇。豈能一視而通見千里之外哉，一聽而通聞千里之外哉。聖王不往而視也，不就而聽也。然而使天下之爲寇亂盜賊者，周流天下無所重足者，詩無將大車鄭箋云：「重猶累也。」何也？其以尚同爲政善也。

是故子墨子曰：凡使民尚同者，愛民不疾，以下文校之，「不疾」疑當作「必疾」，或當云：「不可不疾。」呂氏春秋尊師篇高注云：「疾，力也。」民無可使，曰必疾愛而使之，致信而持之，致，舊本譌「畋」，今據道藏本正。蘇云「『畋』當作『敬』」，非。國語越語韋注云：「持，守也。」富貴以道其前，明罰以率其後。爲政若此，唯欲毋與我同，唯，畢本作「雖」，云：「舊作『唯』，以意改。」王云：「古者雖與唯通，不煩改字。」王引之云：「禮記少儀『雖有君賜』，鄭注曰：『雖，或爲唯。』說文『雖』字以『唯』爲聲，故雖可通作唯，唯亦可通作雖。」將不可得也。是以子墨子曰：今天下王公大人士君子，中情將欲爲仁義，王云：「情即誠字。」言誠將欲爲仁義，則尚同之說不可不察也。尚賢篇曰『且今天下之王公大人士君子，中實將欲爲仁義』，實亦誠也。非攻篇曰

『情不知其不義也，故書其言以遺後世。若知其不義也，夫奚説書其不義以遺後世哉』，『情不知』即誠不知。凡墨子書中『誠』、『情』通用者不可枚舉。又齊策『臣知誠不如徐公美』，劉本『誠』作『情』。呂氏春秋具備篇『三月嬰兒，慈母之愛諭焉，誠也』，淮南繆稱篇『誠』作『情』。漢書禮樂志『正人足以副其誠』，漢紀『誠』作『情』。此皆古書誠、情通用之證。」洪云：「『中情欲』三字書中屢見，或作『中請欲』，請即情字；或作『中實欲』，情，實也，其義並同。」**求爲上士，**「士」上舊本無「上」字，王據各篇補。**上欲中聖王之道，下欲中國家百姓之利，故當尚同之説而不可不察。**舊本作「而不察」，畢云：「當云『不可不察』。」王亦據補。**尚同爲政之本，而治要也。**畢云：「當云『治之要也』。」

# 墨子閒詁卷四

## 兼愛上第十四

邢昺爾雅疏引尸子廣澤篇云：「墨子貴兼。」畢云：「㤅好之字作㤅。從夊者行皃，經典通用此。」

聖人以治天下爲事者也，必知亂之所自起，句。焉能治之；王引之云：「言知亂之所自起，乃能治之也。」顧云：「三『焉』字皆下屬。」案：王、顧讀是也。焉訓乃，說詳親士篇。不知亂之所自起，則不能治。譬之如醫之攻人之疾者然，小爾雅廣詁云：「攻，治也。」必知疾之所自起，句。焉能攻之；不知疾之所自起，則弗能攻。治亂者何獨不然？必知亂之所自起，句。焉能治之；不知亂之所自起，則弗能治。

聖人以治天下爲事者也，不可不察亂之所自起。當察亂何自起？當讀爲嘗，同聲叚借字。荀子君子篇「先祖當賢」，楊注云：「當，或爲嘗。」孟子萬章篇「是時孔子當阸」，說苑至公篇引「當阸」作「嘗阸」，是其證。嘗，試也。下篇云「姑嘗本原若衆害之所自生」，語意與此同。起不相愛。臣子之不孝君父，所謂亂也。子自愛不愛父，故虧父而自利；故，意林引作「欲」，下同。弟自愛不愛兄，故虧兄而自利；

臣自愛不愛君，「不」下舊衍「自」字，今依道藏本删。上下文凡言「不愛」者，「不」下皆無「自」字。故虧君而自利，此所謂亂也。雖父之不慈子，兄之不慈弟，君之不慈臣，此亦天下之所謂亂也。父自愛也不愛子，故虧子而自利；兄自愛也不愛弟，故虧弟而自利；君自愛也不愛臣，故虧臣而自利。是何也？皆起不相愛。雖至天下之爲盜賊者亦然，盜愛其室，不愛其異室，王云：「下句不當有『其』字，蓋涉上下文而衍。下文『不愛異家』、『不愛異國』，皆無『其』字，是其證。意林引無『其』字。」故竊異室以利其室；賊愛其身，不愛人，故賊人以利其身。俞云：「兩『人』字下並奪『身』字，本作『賊愛其身，不愛人身，故賊人身以利其身』，方與上句一律。下文云『視人身若其身，誰賊』，亦以『人身』、『其身』對言。中篇云『今人獨知愛其身，不愛人之身，是以不憚舉其身以賊人之身』，竝可證『人』下當有『身』字也。」此何也？皆起不相愛。雖至大夫之相亂家、諸侯之相攻國者，亦然。大夫各愛其家，舊本無「其」字。畢云：「一本云『愛其家』。」詒讓案：以下文校之，有者是也，今據增。不愛異家，故亂異家以利其家；舊本無「其」字。畢云：「一本云『利其家』。」詒讓案：以下文校之，亦當有「其」字，今據增。諸侯各愛其國，不愛異國，故攻異國以利其國，天下之亂物具此而已矣。物亦事也，言天下之亂事畢盡於此。察此何自起？皆起不相愛。

若使天下兼相愛，愛人若愛其身，句首「愛」字舊本脱，今依盧校補。猶有不孝者乎？視父兄與君若其身，舊本脱「猶有」以下十四字，王據下文校補「猶有不孝者乎？視父若其身」十一字。今案當於「父」下更補「兄與君」三字，蓋墨子此文以「無不孝」晐「無不忠不弟」，猶下文以「無不慈」晐「無不惠不和」也。上文亦云「臣子之不孝君父，所謂亂也」，可證。王因下云「不孝」，故但補「父」而不及「兄與君」，則與下「無不慈」之兼子弟臣言者，不相對矣。惡施不孝？猶有不慈者乎？視弟子與臣若其身，惡施不慈？故不孝不慈亡有。王云：「舊本脱『故』、『不』、『慈』、『有』四字，畢據下文補『有』字。今以上下文考之，當作『故不孝不慈亾有』。『不孝不慈亾有』，總承上文而言。下文曰『故盜賊亾有』、『故大夫之相亂家、諸侯之相攻國者亡有』，與此文同一例，今補。」猶有盜賊乎？故視人之室若其室，「故」字疑衍。誰竊？視人身若其身，誰賊？故盜賊亾有。畢云：「二字舊倒，非，下同。」猶有大夫之相亂家、諸侯之相攻國者乎？視人家若其家，誰亂？視人國若其國，誰攻？故大夫之相亂家、諸侯之相攻國者亡有。若使天下兼相愛，國與國不相攻，家與家不相亂，盜賊無有，君臣父子皆能孝慈，若此則天下治。故聖人以治天下爲事者，惡得不禁惡而勸愛？故天下兼相愛則治，交相惡則亂。舊本脱「交」字，王據下二篇補。故子墨子曰：不可以不勸愛人者，此也。

## 兼愛中第十五

子墨子言曰：仁人之所以爲事者，必興天下之利，除去天下之害，以此爲事者也。然則天下之利何也？天下之害何也？子墨子言曰：今若國之與國之相攻，家之與家之相篡，説文厶部云：「屰而奪取曰篡。」人之與人之相賊，君臣不惠忠，父子不慈孝，兄弟不和調，此則天下之害也。然則崇此害亦何用生哉？俞云：「『崇』字無義，乃『察』字之誤。何用生者，何以生也。一切經音義卷七引蒼頡篇曰：『用，以也。』詩桑柔篇『逝不以濯』，尚賢篇引作『鮮不用濯』，即其證也。言國與國相攻，家與家相篡，人與人相賊，以及君臣父子兄弟之不惠忠，不慈孝，不和調，當察其害之何以生，故曰『然則察此害亦何用生哉』。上篇曰『當察亂何自起』，與此同義。」案：俞說是也。蘇云「『用』疑當作『由』」，非。以不相愛生邪？俞云：「『以不相愛生邪』當作『以相愛生邪』，乃反言以問之，起子墨子之正對也。下篇云『姑嘗本原若衆害之所自，此胡自生？此自愛人利人生與？即必曰非然也，必曰從惡人賊人生』，又云『姑嘗本原若衆利之所自生，此胡自生？此自惡人賊人生與？即必曰非然也，必曰從愛人利人生』，皆以反言發問而起正對，正與此同。若如今本，則文義複沓矣。」子墨子言：以不相愛生。今諸侯獨知愛其國，不愛人之國，是以不憚舉其國以攻人之國。今家主獨知愛其家，家主，謂卿大夫也。周禮春官敘官鄭注云：「家，謂大夫所食采地。」又大宰鄭衆注云：「主，謂公卿大夫世世食采不絕者。」而不愛人之家，是以不憚舉其家以篡人之家。今人獨知愛其身，不愛人之身，是以不憚舉其身以賊人之身。是故諸侯不相愛則必野戰，家主不相愛則必相篡，人與人不相愛則必相賊，君臣不相愛則不惠忠，父子不相愛則不慈孝，兄弟不相愛則不和調。天下之人皆不相愛，强必執弱，以下文校之，此下疑脱「衆必劫寡」四字。富必侮貧，貴必敖賤，畢云：「敖，一本作『傲』，此傲字假音。」詐必欺愚。凡天下禍篡怨恨，其所以起者，以不相愛生也，是以仁者非之。

**既以非之，何以易之？子墨子言曰：以兼相愛、交相利之法易之。然則兼相愛、交相利之法將柰何哉？子墨子言：視人之國若視其國，視人之家若視其家，視人之身若視其身。是故諸侯相愛則不野戰，家主相愛則不相篡，人與人相愛則不相賊，君臣相愛則惠忠，父子相愛則慈孝，兄弟相愛則和調。天下之人皆相愛，强不執弱，衆不劫寡，富不侮貧，**自「君臣相愛」以下至此，凡四十字，舊本誤入下文「今天下之士」之下，王置移於此，是也，今從之。**貴不敖賤，詐不欺愚。凡天下禍篡怨恨可使毋起者，以相愛生也，是以仁者譽之。**

**然而今天下之士**自「貴不敖賤」以下至此，凡三十八字，舊本誤入上文「君臣相愛」之上，王移置於此。又「凡天下禍篡怨恨可使毋起者，以相愛生也，是以仁者譽之」，舊本脱去「以相愛生也是」六字，王據上文云「凡天下禍篡怨恨，其所以起者，以不相愛生也，是以仁者非之」補六字，是也，今並從之。**君子曰：**王云：「『然而今天下之士君子曰』爲一句，舊本『君子曰』作『子墨子曰』，此因與下文『子墨子言曰』相涉而誤。下文云『然而今天下之士君子曰』，今據改。」案：王校是也。畢本作「子墨子言曰」，尤誤。道藏本無「言」字。**然，**句。**乃若兼則善矣。**王引之云：「乃若，轉語詞也。」**雖然，天下之難物于故也。**于，舊本作「於」，今據道藏本正。俞云：「『於故』二字當爲衍文。下文云『然而今天下之士君子曰：然，乃若兼則善矣。雖然，不可行之物也』，正與此文一律。惟其爲難物，故爲不可行之物也，今衍『於故』二字，則無義矣。」案：「于故」雖難通，然非衍文也。竊疑「于」即「迂」之借字，文王世子云「況于其身以善其君乎」，鄭注：「于讀爲迂。」是其證。故者，事也。迂故，言迂遠難行之事。尚同中篇云「故古者聖人之所以濟事成功，垂名於後世者，無他故異物焉」，此云「難物迂故」，與「他故異物」文例正同。子墨子言曰：天下之士君子，特不識其利、辯其故也。俞云：「『辯其』下脱『害』字。下文：『愛人者人必從而愛之，利人者人必從而利之；惡人者人必從而惡之，害人者人必從而害之，是其害也。』」案：「害」字似不必增。今若夫攻城野戰，殺身爲名，此天下百姓之所皆難也。苟君説之，則士衆能爲之。況於兼相愛、交相利，則與此異。夫愛人者，人必從而愛之；利人者，人必從而利之；惡人者，人必從而惡之；害人者，人必從而害之。此何難之有？特上弗以爲政，士不以爲行故也。

昔者晉文公好士之惡衣，畢云：「太平御覽引作『服』。」故文公之臣畢云：「太平御覽引作『大夫』二字。」皆牂羊之裘，詩小雅苕之華云「牂羊墳首」，毛傳云：「牂羊，牝羊也。」畢云：「爾雅云：『羊：牝，牂。』」韋以帶劍，畢云：「舊作『錢』，據太平御覽改。」詒讓案：公孟篇正作「劍」。漢書東方朔傳云「孝文皇帝以韋帶劍」，顏注云：「但空用韋，不加飾。」練帛之冠，練帛，詳辭過篇。畢云：「太平御覽引此『練』作『大』。」詒讓案：練帛蓋即大帛，左閔二年傳「衛文公大帛之冠」，杜注云：「大帛，厚繒。」後漢書馬皇后傳李注云：「大練，大帛也。」入以見於君，出以踐於朝。舊本「踐」下脱「於」字，王據上句補。畢云：「淮南子齊俗訓云：『晉文君大布之衣，牂羊之裘，韋以帶劍，威立于海内。』」王云：「『練帛之冠』下當有『大布之衣，且苴之屨』八字，而今本脱之。上文曰『晉文公好士之惡衣』，此但言冠而不言衣，則與上文不合。『入以見於君』是總承上文而言，『出以踐於朝』則專指且苴之屨而言，今本脱『且苴之屨』四字，則『踐』字義不可通。下篇曰『大布之衣，牂羊之裘，練帛之冠，且苴之屨，入見文公，出以踐之朝』，是其證。」**是其故何也？君説之，故臣爲之也。**王云：「『爲』上脱『能』字。下文『君説之，故臣能之也』，『能』下脱『爲』字。前文曰『苟君説之，則士衆能爲之』，後文曰『若苟君説之，則衆能爲之』，皆其證。」**昔者楚靈王好士細要，**畢云：「舊作『腰』，俗寫。後漢書注引此云：『楚靈王好細腰，而國多餓人。』」詒讓案：晏子春秋外篇云：「楚靈王好細腰，其朝多餓死人。」韓非子二柄篇云：「楚靈王好細腰，而國中多餓人。」後漢書注疑涉彼二書而誤。**故靈王之臣**「故」字畢本脱，今據道藏本補。**皆以一飯爲節，**畢云：「太平御覽引此『一』作『三』。」詒讓案：戰國策楚策「莫敖子華曰：昔者先君靈王好小腰，楚士約食，馮而後能立，式而後能起」，吴師道校注引此云「楚靈王好士細腰，故其臣皆三飯爲節」，與御覽同。**脇息然後帶，**畢云：「脇，舊作『肱』，據太平御覽改。」案：戰國策校注引亦不誤。**扶墻然後起，**兩「然」字戰國策校注引並作「而」。**比期年，朝有黧黑之色。**畢云：「『黧』非古字，當爲『黎』。呂氏春秋行論云『禹官爲司空，以通水潦，顔色黎黑』，只作『黎』。玉篇云：『黧，亦作黎。』」色，舊本作「危」，王引之云：「『危』與『黧黑』二字義不相屬，『危』當爲『色』。人瘦則面色黧黑，義見上文。」案：王校是也，蘇説同，今據正。**是其故何也？**何，舊本譌「是」，蘇云「當作『何』」，今據正。**君説之，故臣能之也。**「能」下王校補「爲」字，説詳上。**昔越王句踐好士之勇，教馴其臣，**馴讀爲訓，詳脩身篇。**和合之**此三字無義，疑當作「私令人」，屬下讀。**焚舟失火，**舟非藏寶之所，御覽宮室部引墨子作「自焚其室」。疑「舟」當爲「内」，内謂寢室。呂氏春秋用民篇云「句踐試其民於寢宮，民争入水火，死者千餘矣，遽擊金而卻之」，劉子新論閲武篇同。韓非子内儲説上篇亦云「焚宮室」，並與此事同。「内」、「舟」形近而譌。非攻中篇「徙大舟」，「舟」譌作「内」，與此可互證。下篇亦同。黄紹箕云：「御覽引作『焚其室』，竊疑本當作『焚舟室』。越絶外傳記越地傳云：『舟室者，句踐船宫也。』蓋即教舟師之地。故下篇云『伏水火而死者，不可勝數也』，言或赴火或蹈水，死者甚衆也。後人不喻舟室之義，則誤删『舟』字，校本書者又删『室』字，遂致歧互矣。」案：黄説亦通。試其士曰：「越國之寶盡在此！」越王親自鼓其士畢本「鼓」改「鼔」，云：「鼔擊之字從攴，鐘鼓之字從支。」案：周禮小師鄭注云：「出音曰鼓。」此與六鼓之鼓字同，而義小異，經典凡鍾鼓〔一〕與鼓擊字通如此作。説文支部雖别有「鼔」字，而音義殊異，畢從宋毛晃説，强爲分别，非也。而進之。畢云：「舊此下有『曰』字，衍文。」士聞鼓音，破碎亂行，碎，疑「萃」之借字，萃亦行列之謂。穆天子傳「七萃之士」，郭璞注云：「萃，集也，聚也。」蓋凡卒徒聚集部隊，謂之萃。破萃亂行，皆謂凌躐其曹伍，爭先赴火也。蹈火而死者左右百人有餘。畢云：「太平御覽引云：『越王好士勇，自焚其室，曰：越國之寶悉在此中，王自鼓，蹈火而死者百餘人。』」越王擊金而退之。

是故子墨子言曰：乃若夫少食惡衣，殺身而爲名，王引之云：「乃若，發語詞也。」此天下百姓之所皆難也。若苟君説之，則衆能爲之。況兼相愛、交相利與此異矣。夫愛人者，人亦從而愛之；利人者，人亦從而利之；惡人者，人亦從而惡之；害人者，人亦從而害之。此何難之有焉？特上〔二〕不以爲政，而士不以爲行故也。

---

〔一〕以上二「鼓」字，原均誤「鼔」，據孫注文義改。

〔二〕「上」，原誤「士」，據畢沅刻本改。

然而今天下之士君子曰：然，乃若兼則善矣。雖然，不可行之物也，譬若挈太山越河濟也。淮南子俶真訓高注云：「挈，舉也。」孟子梁惠王篇云「挾泰山以超北海，語人曰我不能，是誠不能也」，與此語意相類。畢云：「此『濟』字當爲『泲』，即出山西垣曲縣王屋山之沇水也。從『齊』者，石濟水，出直隸贊皇縣也。」子墨子言：是非其譬也。夫挈太山而越河濟，可謂畢劫有力矣，淮南子覽冥訓云「體便輕畢」，高注云：「畢，疾也。」「劫」於義無取，疑當爲「劼」之誤。廣韻十八黠云：「劼，用力也。」或當爲「勁」，下篇及非樂上篇並有「股肱畢强」之文，勁與强義亦同。自古及今未有能行之者也。況乎兼相愛、交相利則與此異，古者聖王行之。何以知其然？古者禹治天下，西爲西河、漁竇，書禹貢「黑水、西河惟雍州」，又云「浮于積石，至於龍門西河，會於渭汭」，僞孔傳云：「龍門之河在冀州西。」孔疏云：「在冀州西界，故謂之西河。」王制云：『自東河而東，至於西河，千里而近。』是河相對而爲東西也。」畢云：「西河在今山西陝西之界。漁竇，疑即龍門。」詒讓案：「漁」疑即「渭」之譌。以泄渠孫皇之水，畢云：「未詳其水。」詒讓案：此章所舉江、河、淮、漢、嘑池、孟諸、五湖，皆周禮職方氏九州川浸澤藪之名，此渠孫皇亦必雍州大川澤之一。以職方攷之，疑當作蒲弦澤，即雍州澤藪之弦蒲也。鄭注云：「弦蒲在汧。」鄭衆云：「弦或爲汧，蒲或爲浦。」漢書地理志云：「右扶風汧北有蒲谷鄉弦中谷，雍州弦蒲藪。汧水出西北，入渭。」蒲、渠字竝從水旁，因而致誤。「弦」正字作「弥」，亦類「孫」字。「澤」作「皇」者，澤從睪聲，古書「睪」或掍作「皋」，史記天官書「澤」字作「滜」，封禪書「澤山」，集解引徐廣云「澤，一作『皋』」，左襄十七年傳「澤門」，釋文云「澤或作皋」，皆其證也。顏元孫干禄字書云「皋俗作睾，通作臯」，漢孔彪碑又作「皐」，與「皇」字竝絶相似，故傳寫譌互矣。據漢志，弦即汧水，入渭，渭復入河，故西河、渭瀆可泄此澤之水。而蒲谷鄉與弦中谷合而名澤，故弦蒲亦可倒稱蒲弦。參互審校，似無疑義。弦蒲藪在今陝西隴州西四十里。**北爲防原泒，**說文𠂤部云：「防，隄也。」周禮稻人云：「以防止水。」原，亦水名，無考。畢云：「泒，疑即雁門泒水也。」詒讓案：說文水部云：「泒水，起鴈門葰人戍夫山，東北入海。」即嘑池之原。此舉其原，下又詳其委也。**注后之邸、**畢讀「注」屬上句，非，此與下「注五湖之處」文例正同。后之邸，疑即職方氏并州澤藪之昭余祁也。爾雅釋地十藪，燕有昭餘祁，釋文引孫炎本「祁」作「底」。祁、底、邸並音近相通。「昭」作「后」者，疑省「昭」爲「召」，又誤作「后」。之、余音亦相轉。漢書地理志：「太原郡鄔，九澤在北，是爲昭余祁，并州藪。」在今山西太原府祁縣東七里。**嘑池之竇，**職方氏「并州，其川虖池」，鄭注云：「虖池出鹵城。」案：漢書地理志亦作「虖池」。禮記禮器作「惡池」，注云：「惡當爲呼，聲之誤也。」「嘑」、「呼」字同。戰國策秦、韓、中山策並作「呼池」。畢云：「即虖沱河，出今山西繁時縣。古無『池』字，即『沱』異文，故此亦以池爲沱也。」顧云：「『竇』即『瀆』字，周禮大宗伯注『四竇』，釋文：『本亦作瀆。』」**洒爲底柱，**「洒」與下文「灑」同，當讀所宜反。「底」當作「厎」，禹貢「東至于厎柱」，僞孔傳云：「厎柱，山名。河水分流，包山而過，山見水中，若柱然，在西虢之界。」洒即謂分流也。畢云：「說文云：『灑，汛也。』灑，假音字。水經云：『砥柱山在河東大陽縣東河中。』括地志云：『底柱山俗名三門山，硤石縣東北五十里黃河之中。』案：在今山西平陸縣東五十里，三門山東。」**鑿爲龍門，**畢云：「水經云：『龍門山在河東皮氏縣西。』括地志云：『龍門山在同州韓城縣北五十里。』山在今河津、韓城二縣界。」**以利燕、代、胡、貉與西河之民；**畢云：「貉，非攻中作『貊』，是。疑左傳云『狄之廣莫，于晉爲都』，廣即少廣，莫即貊也。」案：畢說非也。

貊，貉之俗，説文豸部云：「貉，北方豸穜也。」職方氏有九貉〔二〕，漢書高帝紀顔注云：「貉在東北方，三韓之屬皆貉類也。」考工記鄭注云：「胡，今匈奴。」**東方漏之陸，**以上下文例校之，東方，「方」當作「爲」，與「西爲」、「北爲」、「南爲」文正同。「漏之陸」疑當作「漏大陸」。淮南子本經訓説禹治水云「鴻水漏，九州乾」，言大陸之水漏而乾也。畢讀「漏之陸防」句，云「陸防疑即大陸，在今山東鉅鹿縣。」案：畢説不誤，而讀則非。**防孟諸之澤，**禹貢「豫州：導菏澤，被孟豬」，史記夏本紀作「明都」，漢書溝洫志作「盟諸」。職方氏云「青州，其澤藪曰望諸」，爾雅釋地云「宋有孟諸」，此與爾雅字同。漢書地理志云：「孟豬在梁國睢陽縣東北。」畢云：「澤在今山東虞城縣西北十里，有孟諸臺，接商邱縣界。水經云：『明都澤在梁郡睢陽縣東北。』明、孟，諸、都音相近。」**灑爲九澮，**畢云：「此『巜』字之假音。爾雅云：『水注溝曰澮。』説文以澮爲水名。案：九巜即九河也。」詒讓案：灑、釃字通。漢書溝洫志云「禹迺釃二渠，以引其河」，注「孟康云：釃，分也。分其流，泄其怒也。」史記河渠書「釃」作「廝」，索隱云：「廝，漢書作『灑』。史記舊本亦作『灑』，字從水。韋昭云：疏決爲灑。」此與史、漢舊本字正同。漢書司馬相如傳「決江疏河，灑沈澹災」，顔注云：「灑，分也，所宜反。」淮南子要略云：「禹剔河而道九岐。」**以楗東土之水，**畢云：「説文云：『楗，門限。』則此蓋言限也。玉篇：『渠偃切。』」詒讓案：吕氏春秋愛類篇云：「禹於是疏河決江，爲彭蠡之障，乾東土，所活者千八百國。」**以利冀州之民；**爾雅釋地云：「兩河間曰冀州。」説文北部云：「冀，北方州也。」案：古通以中土爲冀州。穀梁桓五年傳云：「鄭，同姓之國也，在乎冀州」，楊士勛疏云：「冀州者，天下之中州，唐、虞、夏、殷皆都焉。」逸周書嘗麥篇云：「在大國有殷，

〔二〕「貉」，原誤「貊」，據周禮夏官職方氏改。

是威厥邑，無類於冀州。」晏子春秋問上篇云：「桓公撫存冀州。」淮南子墬形訓云「正中冀州曰中土」，高注云：「冀，大也。四州之主，故曰中土。」又覽冥訓注云：「冀，九州中，謂今四海之內。」山海經大荒北經郭注云：「冀州，中土也。」

**南爲江、漢、淮、汝，東流之，注五湖之處，**玉海地理門引作「東流注之五湖」，范成大吴郡志同。淮南子要略云：「禹鑿江而通九路，辟五湖而定東海。」職方氏「揚州，其浸五湖」，鄭注云：「五湖在吴南。」國語越語韋注云：「五湖，今太湖。」此云「注五湖」，蓋專據江漢言之。水經沔水酈注云：「南江東注於具區，謂之五湖口。五湖，謂長蕩湖、太湖、射湖、貴湖、滆湖也。」又引虞翻説太湖云：「是湖有五道，故曰五湖。」案：晉、唐人釋五湖名多差異，要不出太湖之枝別，今不具論。畢云：「文選注云：『張勃吴録曰：五湖者，太湖之別名也，周行五百餘里。』今案：江南吴、吴江、宜興、武進、無錫，浙江烏程、長興七縣，皆瀕此湖也。」**以利荆、楚、干、越**干，畢本作「于」，云：「四字舊作『楚荆越與』，據文選注改。」王云：「畢改非也，文選江賦注本作『荆楚干越之民』，干，古寒反。今本墨子作『楚荆越與南夷之民』，但〔二〕誤倒『荆楚』二字，又脱『干』字耳。若『與南夷』之『與』，則不誤也。上文云『燕代胡貉與西河之民』，此文云『荆楚干越與南夷之民』，『與』非誤字明矣。南夷，謂荆楚干越以南之夷，故曰『荆楚干越與南夷』，文選注無『與南夷』三字，省文耳。畢誤以『楚荆越與』連讀，故删去『與』字耳。干越即吴越，非春秋所謂『於越』也。畢改『干越』爲『于越』，亦非。」又云：「莊子刻意篇曰『夫有干越之劍者』，釋文：『司馬彪云：干，吴也。吴越出善劍也。』案：吴有谿名干谿。荀子勸學篇曰『干越夷貉之子』，楊倞曰：『干越猶言吴越。』淮南原道篇曰『干越生葛絺』，高注曰：『干，吴也。』是干越

〔二〕「但」，原誤「也」，據活字本改。

即吴越也。干越爲二國，若春秋之『於越』即是越而以『於』爲發聲，與干越不同。」劉台拱云：「『干』與哀九年左傳『吴城邗溝通江淮之『邗』同。」案：王、劉説是也。干，邗之借字。説文邑部云：「邗，國也，今屬臨淮，一曰邗本屬吴。」管子内業篇云「昔者吴、干戰」，據管子説，則吴干本二國，後干爲吴所滅，遂通稱吴爲干，故此云干越矣。**與南夷之民。**畢云：「江、淮、汝在荆，五湖在越也。」**此言禹之事，吾今行兼矣。昔者文王之治西土，若日若月，乍光于四方，于西土，**下篇引作泰誓。蘇云：「此與泰誓略同，疑有脱誤。」詒讓案：今僞古文即采此書。僞孔傳云：「言其明德充塞四方，明著岐周。」義互詳下篇。**不爲大國侮小國，不爲衆庶侮鰥寡，不爲暴勢奪穡人黍稷狗彘。**畢云：「説文云：『嗇，㤅濇也。從來，從㐭。來者，㐭而臧之，故田夫謂之嗇夫。』穡與嗇通。」**天屑臨文王慈，**以上疑並出古泰誓，今僞古文止采下篇，故無之。後漢書馬廖傳李注云：「屑，顧也。」畢云：「漢書武帝紀云：『屑然如有聞。』」**是以老而無子者，有所得終其壽；連獨無兄弟者，**畢云：「連同鰥，音相近，字之異也。經典或作『矜』，或作『惸』，皆假音。」王引之云：「無兄弟不得謂之鰥。鰥、矜、惸三字聲與連皆不相近，畢説非。連與獨文義不倫，『連』疑當作『逴』，與『連』相似而誤。逴猶獨也，故以『逴獨』連文。莊子大宗師篇『彼特以天爲父，而身猶愛之，而況其卓乎』，郭注曰：『卓者，獨化之謂也。』秋水篇『吾以一足趻卓而行』。玉篇：『逴，敕角切，蹇也。』蹇者，獨任一足，故謂之逴。逴與卓通，漢書河間獻王傳『卓爾不羣』，説苑君道篇『踔然獨立』。説文『稦，特止』，徐鍇曰：『特止，卓立也。』卓、踔、稦並與逴同聲，皆獨貌也。」洪云：「爾雅釋畜『未成雞，僆』，郭璞注：『江東呼雞少者曰僆。』連與僆同，連獨猶言幼獨也。」俞云：「連當讀爲離。連與離一聲之轉，淮南子原道篇『終身運枯形于連嶁列埒之門』，高注曰：『連嶁，猶離嶁也。』是其證也。又本經篇：『愚夫惷婦皆有流連之心』，注曰：『流連猶爛漫，失其職業也。』然則流連即流離也，亦其證也。」詒讓案：連疑當讀爲矜，一聲之轉，猶史記龜策傳以苓葉爲蓮葉。爾雅釋言〔二〕云：「矜，苦也。」詩小雅鴻鴈云「爰及矜人」，毛傳云：「矜，憐也。」又何草不黄云：「何人不矜。」連獨，猶言窮苦煢獨耳。矜從令聲，今經典並從今，誤。**有所雜於生人之閒；**雜，讀爲集。廣雅釋詁云：「集，成也，就也。」言連獨之人得以成就其生業。**少失其父母者，有所放依而長。**放、依義同。檀弓：「子貢曰：哲人其萎，則吾將安放？」**此文王之事，**以上下文校之，「此」字下亦當有「言」字。**則吾今行兼矣。昔者武王將事泰山隧，**廣雅釋詁云：「將，行也。」周禮小宗伯云：「將事于四望。」畢云：「『隧』或爲『隊』。穆天子傳云『鈃山之隊』。玉篇云：『隊，以醉切，掘地通路也，或作𨽌。』案：『隊』、『隧』字皆説文『𨽌』字之省。」閻若璩云：「玩其文義，乃是武王既定天下後，望祀山川，或初巡守岱宗禱神之辭，非伐紂時事也。」**傳曰：「泰山！有道曾孫周王有事，**僞古文書武成襲此文云「告于皇天后土、所過名山大川，曰：惟有道曾孫周王發」，孔疏云：「自稱『有道』者，聖人至公，爲民除害，以紂無道，言己有道，所以告神求助，不得飾以謙辭也。稱『曾孫』者，曲禮説諸侯自稱之辭云：『臨祭祀外事，曰曾孫某侯某』。哀二〔三〕年左傳，蒯聵禱祖亦自稱曾孫，皆是己承籍上祖奠享之意。」**大事既獲，**小爾雅廣言云：「獲，得也。」**仁人尚**

〔二〕「言」，原誤「詁」，據爾雅改。
〔三〕「二」，原誤「六」，據武成疏及左傳改。

**作，**說文人部云：「作，起也。」**以祇商夏蠻夷醜貉。**僞武成云「予小子既獲仁人，敢祇承上帝，以遏亂略，華夏、蠻貊罔不率俾」，僞孔傳云：「仁人，謂太公、周、召之徒。言誅紂敬承天意，以絶亂路。」案：祇當讀爲振。內則「祇見孺子」，鄭注云：「『祇』或作『振』。」國語周語云「以振救民」，韋注云：「振，拯也。」此謂得仁人，以拯救中國及四夷之民。僞書改爲「祇承上帝」，失其恉矣。醜貉者，九貉類衆多，爾雅釋詁云：「醜，衆也。」**雖有周親，不若仁人。萬方有罪，維予一人。」**蘇云：「書泰誓篇『若』作『如』，『萬方有罪』作『百姓有過』，『維』作『在』。」詒讓案：僞古文泰誓即誤采此文。僞孔傳云：「周，至也。言紂至親雖多，不如周家之少仁人。民之有過，在我教不至。」又論語堯曰篇云「雖有周親，不如仁人，百姓有過，在予一人」，集解：「孔安國云：親而不賢不忠，則誅之，管、蔡是也。仁人，謂箕子、微子，來則用之。」又說苑貴德篇云：「武王克殷，問周公曰：『將柰其士衆何？』周公曰：『使各宅其宅，田其田，無變舊新，惟仁是親，百姓有過，在予一人。』」尚書大傳、韓詩外傳、淮南子主術訓文並略同。羣書治要引尸子綽子篇云「文王曰：苟有仁人，何必周親」，則以爲文王語，與墨子、韓詩、說苑並異。**此言武王之事，吾今行兼矣。**

**是故子墨子言曰：今天下之君子，忠實欲天下之富**畢云：「忠，一本作『中』。舊云『士富』，『士』字衍。」詒讓案：忠、中通。**而惡其貧，欲天下之治而惡其亂，當兼相愛，交相利。此聖王之法，天下之治道也，不可不務爲也。**

# 兼愛下第十六

子墨子言曰：仁人之事者，必務求興天下之利，除天下之害。然當今之時，天下之害孰爲大？曰：若大國之攻小國也，大家之亂小家也，强之劫弱，衆之暴寡，詐之謀愚，貴之敖賤，畢云：「敖，一本作『傲』。」此天下之害也。呂氏春秋侈樂篇云「故彊者劫弱，衆者暴寡，勇者凌怯，壯者慠幼，從此生矣」，語意與此同。又與爲人君者之不惠也，又與，舊本作「人與」。王云：「『人與』當依下文作『又與』，廣雅：『與，如也。』上文『若大國之攻小國也』云云，若，如也。此文兩言『又與』，亦謂又如也。畢反欲改下『又與』爲『人與』，傎矣。」案：王校是也，蘇説同。臣者之不忠也，父者之不慈也，子者之不孝也，此又天下之害也。又與今人之賤人，王云：「『今』下衍『人』字。」執其兵刃毒藥水火，以交相虧賊，此又天下之害也。姑嘗本原若衆害之所自生，舊脱此字，今依下文「衆利」章補。此胡自生？此自愛人利人生與？即必曰非然也，必曰從惡人賊人生。分名乎天下惡人而賊人者，兼與？別與？即必曰畢云：「舊脱此字，據上文增。」別也。然即之交別者，即、則同。交別，猶言交相別。果生天下之大害者與？是故別非也。

子墨子曰：俞云：「此本作『是故子墨子曰：別非也』，下文『是故子墨子曰：兼是也』，與〔一〕此爲對文，可證。」非人者，必有以易之。若非人而無以易之，譬之猶以水救火也，畢云：「一本作『火救水』。」顧校季本同。蘇云：「『火救水』是也，當據改。」俞云：「『以水救火』何不可之有？畢校云『一本作火救水』，然墨子此譬，本明無以易之之不可。若水火是相反之物，無論以水救火，以火救水，皆是有以易之，與設喻之旨不合。疑墨子原文本作『猶以水救水，以火救火也』，故曰『其説將必無可』。今本作『水救火』，別本作『火救水』，皆有脱文。」案：俞説近是。其説將必無可焉。是故子墨子曰：兼以易別。然即兼之可以易別之故何也？曰：藉爲人之國若爲其國，夫誰獨舉其國以攻人之國者哉？爲彼者由爲己也。畢云：「由同猶。」爲人之都若爲其都，夫誰獨舉其都以伐人之都者哉？爲彼猶爲己也。爲人之家若爲其家，夫誰獨舉其家以亂人之家者哉？爲彼猶爲己也。然即國都不相攻伐，人家不相亂賊，此天下之害與？天下之利與？即必曰天下之利也。姑嘗本原若衆利之所自生，此胡自生？此自惡人賊人生與？即必曰非然也，必曰從愛人利人生。分名乎天下愛人而利人者，別與？兼與？即必曰兼也。然即之交兼者，果生天下之大利者與？是故子墨子曰兼是也。且鄉吾本言

〔一〕「與」，原誤「爲」，據俞樾諸子平議卷九改。

曰：畢云：「鄉，𨟻字省文。說文云：『𨟻，不久也。』鄭君注儀禮云：『𨟻，曩也。』」仁人之事者，舊本「事」譌「是」，今據道藏本正。必務求興天下之利，除天下之害。今吾本原兼之所生天下之大利者也，舊本脫，今據道藏本補。吾本原別之所生天下之大害者也。是故子墨子曰別非而兼是者，出乎若方也。樂記鄭注云：「方猶道也。」畢云：「乎，舊作『平』，以意改。」

今吾將正求與天下之利而取之，蘇云：「『與』當作『興』。」以兼爲正。是以聰耳明目相爲〔一〕視聽乎，舊本「是」下衍「故」字，今據道藏本删，與下句文例正同。是以股肱畢强畢，與中篇云「畢劫有力」義同。相爲動宰乎，畢云：「舊『動』下有『爲』字，一本無。」詒讓案：「宰」疑當作「舉」，尚同中篇云「使人之股肱助己動作」，動舉與動作義同。而有道肆相教誨。爾雅釋言云：「肆，力也。」文選東京賦「厥庸孔肆」，薛綜注云：「肆，勤也。」言勤力相教誨。是以老而無妻子者，有所侍養以終其壽；俞云：「『侍』當爲『持』。古書多言持養，淺人不達而改爲『侍』，非是。」案：俞校是也，詳七患及非命下篇，下並同。幼弱孤童之無父母者，有所放依以長其身。今唯毋以兼爲正，舊本「今」譌「令」。蘇云：「『令』當作『今』。」戴云：「毋，語詞。」案：道藏本作「今」，今據正。即若其利也。戴云：「若，此也。」不識天下之士畢云：「舊作『事』，一本如此。」所以皆聞兼而非者，「非」下當有「之」字。其故何也？

〔一〕「爲」，原誤「與」，據畢沅刻本改。

然而天下之士非兼者之言猶未止也，曰：即善矣。雖然，豈可用哉？子墨子曰：用而不可，雖我亦將非之。雖我，舊本作「難哉」。王云：「『難哉』二字與下文義不相屬，『難哉』當爲『雖我』，字之誤也。言兼愛之道，如其用而不可，則雖我亦將非之也。下文曰『我以爲當其於此也，天下無愚夫愚婦，雖非兼者，必從兼君是也』，是其證。」案：王說是也，蘇校同，今據正。且焉有善而不可用者？姑嘗兩而進之。誰以爲二士，王引之云：「『誰』字義不可通，『誰』當爲『設』，言設爲二士於此，而使之各執一說也。隸書『設』字作『𧦝』，『誰』字作『誰』，二形畧相似，故『設』誤爲『誰』。」使其一士者執別，使其一士者執兼。是故別士之言曰：「吾豈能爲吾友之身若爲吾身，爲吾友之親若爲吾親。」是故退睹其友，飢即不食，寒即不衣，陳澧云：「此謂友飢而不餽以食，友寒而不贈以衣也。」疾病不侍養，死喪不葬埋。畢云：「當爲『薶』。說文云：『薶，瘞也。』玉篇云：『埋與薶同。』本書或作『貍』。」別士之言若此，行若此。兼士之言不然，行亦不然，曰：「吾聞爲高士於天下者，必爲其友之身若爲其身，爲其友之親若爲其親，然後可以爲高士於天下。」舊脱「於」字，畢云：「一本有。」案：有者是也，今據增。是故退睹其友，飢則食之，寒則衣之，疾病侍養之，死喪葬埋之。兼士之言若此，行若此。若之二士者，言相非而行相反與？舊本無「士」字，畢云：「一本有『士』字，是。」今據增。當使若二士者，王引之云：「當與儻同。若，此也。言儻使此二士之言行相合，則無言而不行也。」詒讓案：「當」疑當爲「嘗」之借字，詳上篇。戴云「依下文『當』宜作『常』」，非。言必信，行必果，使言行之合猶合符節也，無言而不行也。然即敢問，今有平原廣野於此，被甲嬰冑，漢書賈誼傳顏注云：「嬰，加也。」畢云：「說文云：『嬰，頸飾也。』」將往戰，死生之權權，疑當作「機」。未可識也；又有君大夫之遠使於巴、越、齊、荆，左傳桓九年杜注云：「巴國在巴郡江州縣。」常璩華陽國志云：「巴，黄帝、高陽之支庶，世爲侯伯。周武王克商，封其宗姬於巴，爵之以子。七國稱王，巴亦稱王。周慎王五年，秦遣張儀、司馬錯伐蜀，滅之。因取巴，執王以歸，置巴郡。」往來及否未可識也，舊本重「及否未」三字，王云：「此當作『往來及否未可識也』。」案：王校是也，今據刪。然即敢問不識將惡也？俞云：「『惡』下脱『從』字。將惡從也，猶云將何從也。下文曰『不識將擇之二君者，將何從也』，是其證。」蘇云：「句有脱誤，『也』字疑當作『託』。」戴云：「『也』字乃『宅』之誤，二形相似。宅，居也。或云『侂』字誤，侂即託。」案：俞校近是，據此則下文「家室」上當有脱文。下云「寄託」，則此不當云託。蘇、戴說非。家室，奉承親戚，錢大昕云：「古人稱父母爲親戚，大戴禮記曾子疾病篇：『親戚既没，雖欲孝，誰爲孝？』孟子盡心篇：『人莫大焉亡親戚君臣上下。』」案：錢説是也，亦見節葬下、非命上、中篇。提挈妻子，而寄託之，不識於兼之有是乎？於別之有是乎？戴云：「『有』字皆『友』之聲誤。」我以爲當其於此也，我，舊本譌「哉」。王云：「『哉』亦當爲『我』。」蘇校同，今據正。天下無愚夫愚婦，雖非兼之人，必寄託之於兼之有是也。此言而非兼，擇即取兼，即此言行費也。畢本「費」改「拂」，云：「舊作『兼費』，一本如此。」王云：「古者拂與費通，不煩改字。大雅皇矣篇『四方以無拂』，鄭箋曰：『拂猶佹也。』中庸『君子之道費而隱』，注曰：『費猶佹也。』釋文：『費，本又作拂，同，扶弗反。』是其證。」顧説同。不識天下之士所以皆聞兼而非之者，其故何也？

然而天下之士非兼者之言猶未止也，曰：「意可以擇士，而不可以擇君乎？」舊本作

「子」，王云：「『子』當爲『乎』，字之誤也。『乎』與『意』文義相承。下文曰『意不忠親之利而害爲孝乎』，是其證。」案：王校是也，今據正。姑嘗兩而進之，誰以爲二君，誰，亦當依上文王校作「設」。使其一君者執兼，使其一君者執別。「其」字舊本脱，道藏本有，與上句同，今據補。是故別君之言曰：舊本脱，今據道藏本補。「吾惡能爲吾萬民之身若爲吾身，舊本脱「若」字，今據道藏本補。此泰非天下之情也。畢云：「泰，一本作『大』。」人之生乎地上之無幾何也，譬之猶駟馳而過隙也。」三年問云「若駟之過隙」，鄭注云：「喻疾也。」莊子知北遊篇云「人生天地之間，若白駒之過郤，忽然而已」，釋文云：「郤，本亦作『隙』。隙，孔也。」又盜跖篇云：「天與地無窮，人死者有時，操有時之具，而託於無窮之間，忽然無異騏驥之馳過隙也。」畢本「隙」改「郤」，云：「郤，舊作『隙』。據文選注引作『郄』，云『古隙字』，郄即郤也。說文云：『隙，壁際孔也。』『郤，節郤也。』節郤，言節之會，亦際縫之意，皆通。」詒讓案：隙、郤通，不必改。是故退睹其萬民，飢即不食，寒即不衣，疾病不侍養，死喪不葬埋。別君之言若此，行若此。兼君之言不然，行亦不然，曰：「吾聞爲明君於天下者，必先萬民之身，畢云：「先，舊作『萬』，一本如此。」後爲其身，然後可以爲明君於天下。」是故退睹其萬民，畢云：「舊脱『其』字，以意增。」飢即食之，寒即衣之，疾病侍養之，死喪葬埋之。兼君之言若此，行若此。然即交若之二君者，戴云：「『然即交』三字無義，當是衍文。」案：以上文校之，疑當作「然即交兼交別，若之二君者」，今本交下脱三字耳，戴校未塙。言相非而行相反與？常使若二君者，蘇云：「據上文，『常』宜作『當』。」案：常，王亦讀爲儻，疑當讀爲嘗，詳前。言必信，行必果，使言行之合猶合符節也，無言而不行也。然即敢問，今歲有癘疫，萬民多有勤苦凍餒，畢云：「當作『餧』。」轉死溝壑中者，孟子公孫丑篇云「凶年饑歲，子之民，老羸轉於溝壑」，趙注云：「轉，轉尸於溝壑也。」國語吴語云「子之父母將轉於溝壑」，韋注云：「轉，入也。」逸周書大聚篇云「死無傳尸」，淮南子主術訓作「轉尸」，高注云：「轉，棄也。」案：高説爲允。既已衆矣。不識將擇之二君者，將何從也？我以爲當其於此也，天下無愚夫愚婦，雖非兼者，「者」，舊本作「君」，王校改「者」，云：「涉上下文兼君而誤。」案：王校是也，今據正。必從兼君是也。言而非兼，擇即取兼，畢云：「二字〔一〕舊脱，據上文增。」案：畢校是也，然以上文校之，下句首仍當有「即」字，因兩「即」相涉而誤脱耳。此言行拂也。不識天下所以皆聞兼而非之者，其故何也？

然而天下之士非兼者之言也，猶未止也，畢云：「猶，舊作『獨』，一本如此。」曰：兼即仁矣，義矣。雖然，豈可爲哉？吾譬兼之不可爲也，猶挈泰山以超江河也。畢云：「泰，一本作『太』。」詒讓案：中篇作「譬若挈太〔二〕山越河濟也」，「泰」亦作「太」。非攻中篇、備梯篇又並作「大山」。故兼者，直願之也，夫豈可爲之物哉？子墨子曰：夫挈泰山以超江河，自古之及今，戴云：「『之』字衍。」生民而來未嘗有也。今若夫兼相愛、交相利，此自先聖六王者親行之。下文止有四王，此「六」疑「四」篆文之

---

〔一〕「二字」，原誤「舊字」，據畢沅刻本改。按：「二字」指正文「取兼」二字。

〔二〕「太」，原作「泰」，據本書兼愛中篇改。

誤，下同。何知先聖六王之親行之也？畢云：「『何』下太平御覽引有『以』字。」子墨子曰：吾非與之並世同時，親聞其聲，見其色也。以其所書於竹帛，鏤於金石，琢於槃盂，文選廣絶交論李注引云「琢之盤盂，銘於鍾鼎，傳於後世」，疑兼用魯問篇文。吕氏春秋求人篇云「功績銘乎金石，著於盤盂」，高注云：「金，鍾鼎也；石，豐碑也。盤盂之器，皆銘其功。」傳遺後世子孫者知之。畢云：「遺，劉逵注左思賦引作『于』。」詒讓案：天志中、非命下及貴義、魯問四篇皆作「遺」，劉引非。泰誓曰：尚同下篇、天志中篇、非命上中下篇並作「大誓」，此作「泰」，與今僞孔本同，疑後人所改。「文王若日若月乍照，光于四方，于西土。」于，舊本並作「於」，今據道藏本改。畢云：「孔書云：『唯我文考，若日月之照臨，光於四方，顯於西土。』」孫星衍云：「『乍』古與『作』通。」即此言文王之兼愛天下之博大也，譬之日月兼照天下之無有私也，即此文王兼也。

雖子墨子之所謂兼者，雖與唯通，下並同。於文王取法焉。

且不唯泰誓爲然，唯，舊本作「惟」，今據道藏本改。雖禹誓畢云：「大禹謨文。云禹誓者，禹之所誓也。」詒讓案：今大禹謨出僞古文，即采此書爲之。惠棟云：「皋陶謨言『苗頑勿即功』，則舜陟後，禹當復有征苗誓師之事。」即亦猶是也。禹曰：「濟濟有衆，孔安國云：「濟濟，衆盛之貌。」咸聽朕言，畢云：「孔書作『命』。」非惟小子敢行稱亂，孔安國云：「稱，舉也。」畢云：「孔書無此八字。」蘇云：「二語今見湯誓，『惟』作『台』。」蠢兹有苗，爾雅釋訓云：「蠢，不遜也。」孔安國云：「蠢，動也。」用天之罰，畢云：「孔書無此四字。」若予既率爾羣對諸羣以征有苗。」畢云：「孔書作『肆予以爾衆士奉辭伐罪』。羣猶衆。」惠棟云：「羣猶君也。周書：『大子晉云：

侯能成羣謂之君。』堯典言『羣后』。」蘇云：「『羣』字疑誤，或爲『辟』。辟，君也。」案：惠説近是。此「羣對諸羣」，當讀爲羣封諸君。封與邦古音近通用，「封」、「對」形近而誤。羣封諸君，言衆邦國諸君也。**禹之征有苗也，非以求以重富貴、**戴云：「下『以』字衍。」**干福禄、**詩小雅假樂篇「干禄百福」，鄭箋云：「干，求也。」**樂耳目也，以求興天下之利，除天下之害，即此禹兼也。雖子墨子之所謂兼者，於禹求焉。**求，以上下文校之，當作「取法」。

**且不唯禹誓爲然，**唯，舊本亦作「惟」，今據道藏本改。**雖湯説即亦猶是也。**周禮大祝六祈，六曰「説」，鄭注云：「説，以辭責之，用幣而已。」此下文亦云「以祠説於上帝鬼神」。若然，則説禮殷時已有之。論語堯曰篇集解「孔安國云墨子引湯誓」、國語周語内史過引湯誓，與此下文畧同。韋注云：「湯誓，商書伐桀之誓也。」今湯誓無此言，則已散亾矣。」案：孔安國引此作湯誓，或兼據國語文。尚賢中篇引湯誓，今書亦無之。**湯曰：**畢云：「今湯誥文。」**「惟予小子履，**論語堯曰篇無「惟」字，孔注云：「履，殷湯名。」此伐桀告天之文。」案：孔以此爲伐桀時事，白虎通義三正篇及周語韋注説同。然據此後文，則是湯禱旱之辭，孔説蓋誤。大戴禮記少閒篇云「乃有商履代興」，白虎通義姓名篇云：「湯王後更名，爲子孫法，本名履也。」畢云：「孔書作『肆台小子』。」**敢用玄牡，告於上天后，**論語作「敢昭告于皇皇后帝」，孔注云「殷家尚白，未變夏禮，故用玄牡。皇，大；后，君也。大大君帝，謂天帝也。」白虎通義三正篇云：「論語曰『予小子履』云云，此湯伐桀，告天以夏之牲也。」與論語孔注説同。書湯誥孔疏云：「鄭玄解論語云『用玄牡者，爲舜命禹事，於時總告五方之帝，莫適用，用皇天大帝之牲』，其意與孔異。」國語周語「皇天嘉禹，胙以天下」，韋注亦引論語「帝臣不蔽」二語。又詩閟宮孔疏云：「論語曰：皇皇后帝。論語説帝受終文祖，宜總祭五帝也。」並從鄭以此爲禹事，與墨子、尸子説異。御覽八十三引帝王世紀載此文作「告于上天后土」，疑此「后」下亦脱「土」字。畢云：「孔書作『上天神后』。」**曰：今天大旱，即當朕身履，**帝王世紀云：「湯自伐桀後，大旱七年，禱于桑林之社，其辭如此。」畢云：「詳此文，是湯禱旱文，孔書亦無此十字。」**未知得罪于上下。**畢云：「孔書作『未知獲戾於上下』。」**有善不敢蔽，有罪不敢赦，簡在帝心。**論語集解：「包咸云：『順天奉法，有罪者不敢擅赦。』何晏云：『言桀居帝臣之位，罪過不可隱蔽，以其簡在天心故。』」案：論語作「帝臣不蔽」，何氏以爲指桀，與此義不合，非也。僞湯誥云「爾有善，朕弗敢蔽。罪當朕躬，弗敢自赦。惟簡在上帝之心」，孔傳云：「所以不蔽善人，不赦己罪，以其簡在天心故也。」孔疏云：「鄭玄注論語云：『簡閲在天心，言天簡閲其善惡也。』」畢云：「皆與孔書微異。」**萬方有罪，即當朕身，朕身有罪，無及萬方。**孔安國云：「無以萬方，萬方不與也。萬方有罪，我身之過。」羣書治要引尸子綽子篇云「湯曰：朕身有罪，無及萬方，萬方有罪，朕身受之」，帝王世紀云「萬方有罪，罪在朕躬，朕躬有罪，無及萬方。無以一人之不敏，使上帝鬼神傷民之命」，並與此文小異。畢云：「俱與孔書微異。孔安國注論語『有罪不敢赦，帝臣不蔽，簡在帝心，朕躬有罪，無以萬方，萬方有罪，罪有朕躬』云：『墨子引湯誓，其辭若此。』國語周語内史過引湯誓云：『余一人有辠，無以萬夫，萬夫有辠，在余一人。』」詒讓案：僞湯誥云「其爾萬方有罪，在予一人，予一人有罪，無以爾萬方」，孔傳云：「在予一人，自責化不至；無用爾萬方，言非所及。」**即此言湯貴爲天子，富有天下，然且不憚以身爲犧牲，以祠説于上帝鬼神，**呂氏春秋順民篇云：「昔者湯克夏而正天下，天大旱，五年不收，湯乃以身禱於桑林，曰：『余一人有罪，無及萬夫，萬夫有罪，在余一人。無以一人之不敏，使上帝鬼神傷民之命。』於是翦其髮，鄽其手，以身爲犧牲，用祈福於上帝。」與此文合。則湯説即禱桑林之辭也。御覽八十三引尸子及帝王世紀説，與呂畧同。

即此湯兼也。雖子墨子之所謂兼者，於湯取法焉。

且不惟誓命與湯説爲然，誓命，依上文當作「禹誓」。漢書藝文志「禹」作「禼」，顔注云：「古『禹』字。」此書多古字，蓋亦作「禼」，與「命」相似而譌，校者不悟，又移著「誓」下，遂與上文不合矣。周詩即亦猶是也。周詩曰：「王道蕩蕩，不偏不黨，王道平平，不黨不偏。蘇云：「見書洪範篇，四『不』字作『無』。茲稱『周詩』，或有據。」詒讓案：洪範云「無偏無黨，王道蕩蕩，無黨無偏，王道平平」，僞孔傳云：「蕩蕩，言開闢；平平，言辯治。」呂氏春秋貴公篇高注云：「蕩蕩，平易也。」史記張釋之馮唐傳、説苑至公篇引書「無」並作「不」，與此同。古詩、書亦多互稱，戰國策秦策引詩云「大武遠宅不涉」，即逸周書大武篇所云「遠宅不薄」，可以互證。其直若矢，其易若厎，君子之所履，小人之所視。」蘇云：「詩大東篇作『周道如砥，其直如矢』，下無兩『之』字。」詒讓案：親士篇云「其直如矢，其平如砥」，「厎」仍作「砥」，與毛詩同。小雅大東毛傳云：「如砥，貢賦平均也。如矢，賞罰不偏也。」鄭箋云：「此言古者天子之恩厚也，君子皆法傚而履行之，其如砥矢之平。小人又皆視之、共之無怨。」孟子萬章篇引詩「砥」亦作「厎」，字通。趙注云：「厎，平。矢，直。視，比也。周道平直，君子履直道，小人比而則之。」案：厎，道藏本作「底」，譌。説文厂部云：「厎，柔石也。」重文作「砥」。又广部云：「底，山居也，下也。」二字迥別，今經典多互譌。若吾言非語道之謂也？古者文武爲正，正與政同。均分賞賢罰暴，勿有親戚弟兄之所阿，呂氏春秋高義篇高注云：「阿，私也。」即此文武兼也。雖子墨子之所謂兼者，於文武取法焉。不識天下之人所以皆聞兼而非之者，其故何也？

然而天下之非兼者之言猶未止，曰：意不忠親之利，而害爲孝乎？蘇云：「『忠』當作『中』」，讀去聲。」戴云：「中當訓爲得。」子墨子曰：姑嘗本原之孝子之爲親度者。吾不識孝子之爲親度者，亦欲人愛利其親與？意欲人之惡賊其親與？蘇云：「意讀如抑，下文亦然。」以說觀之，即欲人之愛利其親也。然即吾惡先從事即得此？若我先從事乎愛利人之親，然後人報我愛利吾親乎？「愛利」上當有「以」字。意我先從事乎惡人之親，俞云：「『惡』下脫『賊』字，當據上文補。」然後人報我以愛利吾親乎？即必吾先從事乎愛利人之親，然後人報我以愛利吾親也。然即之交孝子者，之交孝子，猶上云交兼、交別。果不得已乎毋先從事愛利人之親者與？意以天下之孝子爲遇，「遇」當爲「愚」，同聲叚借字。畢云：「一本作『偶』。」而不足以爲正乎？姑嘗本原之舊本脫此字，今據道藏本補。先王之所書「所」字疑衍，尚同中篇云「是以先王之書周頌之道之曰」，是其證。大雅之所道曰：「無言而不讎，無德而不報。」大雅抑毛傳云：「讎，用也。」鄭箋云：「教令之出如賣物，物善則其售賈貴，物惡則其售賈賤。」蘇云：「大雅抑篇無兩『而』字。」投我以桃，報之以李。」鄭箋云：「此言善往則善來，人無行而不得其報也。」投猶擲也。即此言愛人者必見愛也，而惡人者必見惡也。不識天下之士所以皆聞兼而非之者，其故何也？舊本「兼」作「愛」，誤，今據道藏本正。意以爲難而不可爲邪？嘗有難此而可爲者。昔荊靈王好小要，畢云：「舊作『腰』，非。」當靈王之身，荊國之士飯不踰乎一，固據而後興，畢云：「固，一本作『握』。」詒讓案：「固據」屬下讀。說文手部云：「據，杖持也。」別本蓋讀「一握」句，非。扶垣而後行。故約食爲其難爲也，俞云：「『其』當作『甚』，下二句竝同。甚難爲，即至難爲也。下文曰『是故約食、焚舟、苴服，此天下之至難爲也』，是其證。」然後爲而靈王説之，「後」疑當作「衆」。中篇云「若苟君説之，則衆能爲之」，是其證，下並同。未踰於世而民可移也，「踰」當作「渝」，下並同。爾雅釋言云：「渝，變也。」言世未變而民俗已爲之移也。非命上篇云「此世未易，民未渝，在於桀紂則天下亂，在於湯武則天下治」，又中篇云「此世不渝而民不改，上變政而民易教」，又下篇云「此世不渝而民不易，上變政而民改俗」，此云「未渝於世」，猶彼云「世不渝」也。即求以鄉其上也。鄉與向字通。昔者越王句踐好勇，教其士臣三年，以其知爲未足以知之也，蘇云：「上『知』字當讀如智。」焚舟失火，「舟」疑當作「内」，詳上篇。鼓而進之，其士偃前列，廣雅釋詁云：「偃，僵也。」儀禮鄉射禮鄭注云：「偃猶仆也。」伏水火而死有不可勝數也。王云：「『有』字文義不順，『有』當爲『者』，字之誤也。中篇曰『士聞鼓音，破碎亂行，蹈火而死者左右百人有餘』，是其證。」案：王説是也，蘇校同。當此之時，不鼓而退也，「退」上疑脱「不」字。謂士爭進前赴火，雖止不鼓，而仍不肯退也。越國之士可謂顫矣。顫，當讀爲憚。非攻下篇云「以譂其衆」。「顫」、「譂」並與「憚」同。畢云：「玉篇云：『顫，動也。』言其驚畏。」故焚身爲其難爲也，「其」亦當作「甚」。然後爲之越王説之，畢云：「上『之』字據前後文當爲『而』。」未踰於世而民可移也，即求以鄉上也。昔者晉文公好苴服，苴、粗字通，猶中篇云「惡衣」。當文公之時，晉國之士，大布之衣，左閔二年傳「衛文公大布之衣」，杜注云：「大布，麤布。」淮南子齊俗訓許注義同。牂羊之裘，練帛之冠，二句中篇同。且苴之屨，畢云：「『且』，當爲『粗』。」王云：「『且苴』即麤粗。麤，倉胡反。粗，才户反。廣雅釋詁：『粗、麤，大也。』」案：王説是也。春秋繁露俞序篇云「始於麤粗，終於精微」，晏子春秋諫下篇云「縵密不能麤苴」，論衡量知篇云：「夫竹木，麤苴之物也。」説文角部云：「觕，角長貌。讀若麤。」「觕」與「且」、「苴」

並聲近字通。入見文公，出以踐之朝。故苴服爲其難爲也，「其」亦當作「甚」。然後爲而文公説之，未踰於世而民可移也，即求以鄉其上也。是故約食、焚舟、苴服，焚舟，依上文當作「焚身」。此天下之至難爲也，然後爲而上説之，未踰於世而民可移也。何故也？即求以鄉其上也。今若夫兼相愛、交相利，舊本脱「愛交相」三字，今依王校補。此其有利且易爲也，不可勝計也。我以爲則無有上説之者而已矣，苟有上説之者，勸之以賞譽，威之以刑罰，我以爲人之於就兼相愛、交相利也，蘇云：「『於就』當作『就於』。」案：「於就」不誤，蘇校非。譬之猶火之就上、水之就下也，不可防止於天下。

故兼者聖王之道也，王公大人之所以安也，萬民衣食之所以足也。故君子莫若審兼而務行之，爲人君必惠，爲人臣必忠，爲人父必慈，爲人子必孝，爲人兄必友，爲人弟必悌。畢云：「當爲『弟』，此俗寫。」故君子莫若欲爲惠君、忠臣、慈父、孝子、友兄、悌弟，王云：「『若〔一〕欲爲惠君、忠臣』云云，『若』上不當有『莫』字，蓋涉上文『莫若』而衍。」當若兼之不可不行也，當若，猶言當如，詳尚同中篇。戴云「『若』字疑『知』字誤」，非。此聖王之道而萬民之大利也。

〔一〕「若」，原誤「皆」，據活字本改。

# 墨子閒詁卷五

## 非攻上第十七 淮南子氾論訓高注云：「非猶譏也。」

今有一人，入人園圃，畢云：「說文云：『園所以樹果。』『種菜曰圃。』」竊其桃李，衆聞則非之，上爲政者得則罰之。此何也？以虧人自利也。至攘人犬豕雞豚者，穀梁成五年范甯注云：「攘，盜也。」其不義又甚入人園圃竊桃李。是何故也？以虧人愈多，依下文當有「苟虧人愈多」五字。其不仁兹甚，兹、滋古今字，詳尚同上篇。罪益厚。至入人欄廄，欄，即闌之借字。說文門部云：「闌，門遮也。」廣雅釋室云：「欄，牢也。」畢云：「說文無『欄』字。玉篇云：『木欄也。』」取人馬牛者，其不仁義又甚攘人犬豕雞豚。依上下文，此句疑不當有「仁」字。此何故也？以其虧人愈多。苟虧人愈多，其不仁兹甚，罪益厚。至殺不辜人也，扡其衣裘，畢云：「『扡』讀如『終朝三拕』之『拕』。陸德明易音義云：『褫，鄭本作「拕」，徒可反。』『扡』即『拕』異文。」王云：「『也』即『扡』字之誤而衍者。」詒讓案：說文手部云：「拕，曳也。」淮南子人閒訓云「秦牛缺徑於山中而遇盜，拖其衣被」，許注云：「拖，奪也。」「拖」即「拕」之俗。取戈劍者，其不義又甚入人欄廄、取人馬牛。此何故也？以其虧人愈多。苟虧人愈多，其不仁茲甚矣，罪益厚。當此，天下之君子畢云：「舊脱此字，據後文增。」皆知而非之，謂之不義。今至大爲攻國，畢云：「據後文云『大爲不義攻國。』」則弗知非，畢云：「知，一本作『之』。舊脱『非』字，據後文增。」案：道藏本、季本並不脱。從而譽之，謂之義。此可謂知義與不義之別乎？可，舊本作「何」。畢云：「一本作『可』，是。」今據正。

殺一人謂之不義，必有一死罪矣。荀子正論篇云：「殺人者死，傷人者刑，是百王之所同也。」若以此説往，殺十人十重不義，必有十死罪矣；殺百人百重不義，必有百死罪矣。當此，天下之君子皆知而非之，謂之不義。今至大爲不義攻國，則弗知非，舊本「知」作「之」，下又衍「而」字。畢云：「一本無『而』字，是。」王云：「『之』當爲『知』，俗音『知』、『之』相亂，故『知』誤爲『之』。上文『皆知而非之』，正與『弗知非』相對。且上下文皆作『弗知非』，則『之』爲『知』之誤明矣。」案：王校是也，今據正。從而譽之，謂之義。情不知其不義也，王云：「情、誠通用。」故書其言以遺後世。若知其不義也，夫奚説書其不義以遺後世哉？奚説，言何辭以解説也。畢云「奚説猶言何樂」，失之。今有人於此，少見黑曰黑，多見黑曰白，則以此人不知白黑之辯矣；依下文「則」下當有「必」字，「人」下當有「爲」字。少嘗苦曰苦，多嘗苦曰甘，則必以此人爲不知甘苦之辯矣。今小爲非，則知而非之。大爲非攻國，則不知非，舊本「不知」下衍「而」字，今據王、蘇校刪。從而譽之，謂之義。畢云：「舊『之謂』二字倒，一本如此。」此可謂知義與不義之辯乎？舊本「可」上脱「此」字，又「謂」誤「爲」。畢云：「一本作『謂』，是。」案：道藏本「可」上有「此」字，

「爲」正作「謂」，今據補正。季本「謂」亦不誤。是以知天下之君子也，「也」字疑衍。辯義與不義之亂也。

# 非攻中第十八

子墨子言曰：古者王公大人爲政於國家者，情欲譽之審，賞罰之當，刑政之不過失。情亦與誠通，下並同。王云：「『古者』當爲『今者』，說見尚賢篇。『譽』上有『毀』字，而今本脫之，則文義不明。尚同篇『舉天下之人，皆欲得上之賞譽，而畏上之毀罰』，是其證。『過失』下有脫文，下文曰：『今者王公大人情欲得而惡失，欲安而惡危，故當攻戰而不可不非。』」

是故子墨子曰：古者有語：「謀而不得，則以往知來，論語學而篇云：「告諸往而知來者。」以見知隱。」謀若此，可得而知矣。今師徒唯毋興起，徒，舊本誤「徙」，今據道藏本正。唯毋，毋，語詞，詳尚賢中篇。冬行恐寒，夏行恐暑，此不可以冬夏爲者也。春則廢民耕稼樹藝，秋則廢民穫斂。此下依上文，或當有「此不可以春秋爲者也」句。今唯毋廢一時，則百姓飢寒凍餒而死者，不可勝數。今嘗計軍上，嘗猶試也，下同。「上」字誤，疑當作「出」。國策齊策云：「軍之所出，矛戟折，鐶弦絶，傷弩、破車、罷馬，亡矢〔一〕之大半。」竹箭、羽旄、幄幕、畢云：「說文云：『楃，木帳也。』『幄』當從木。」詒讓案：幄，節葬下篇作

〔一〕「矢」，原誤「失」，據戰國策齊策五改。

「屋」，此俗作。周禮幕人鄭注云：「在旁曰帷，在上曰幕，四合象宮室曰幄。」**甲盾、撥劫，**史記孔子世家索隱云：「撥音伐，謂大盾也。」「劫」未詳，疑當作「釰」，古書從缶、從去之字多互譌。備蛾傳篇「法」譌作「浛」，此「釰」譌作「劫」，可以互證。說文刀部云：「釰，刀把也。」即禮記少儀之拊也。刀把或以木爲之，故有靡敝腐爛之患。**往而靡弊腑冷不反者，**畢云：「往，舊作『住』，一本如此。『腑』即『腐』字異文。『冷』、『爛』音相近，當爲『爛』。」詒讓案：戰國策秦策高注云：「弊，壞也。」此與少儀「國家靡敝」義微異。**不可勝數；又與矛戟戈劍乘車，**「與」下當依下文補「其」字。**其列住碎折靡弊而不反者，**「列住」二字誤。畢以意改「歹往」，蓋以「往」屬下爲句，與上文同。然「其歹」二字仍與上下文並不屬，竊疑當作「往則」，讀「其往則碎折靡弊而不反者」十一字句。今本「往」譌「住」，「則」譌「列」，又倒其文，遂不可通耳。**不可勝數；與其牛馬肥而往、瘠而反，往死亡而不反者，**王云：「下『往』字涉上『往』字而衍。」詒讓案：「往」字似不必刪。**不可勝數；與其涂道之脩遠，糧食輟絶而不繼，**畢云：「粮，俗。玉篇云：『粮同糧。』」詒讓案：周禮廩人「凡邦有師役之事，則治其糧，與其食」，鄭注云：「行道曰糧，謂糒也。止居曰食，謂米也。」孟子梁惠王篇云「師行而糧食，飢者弗食，勞者弗息」，趙注云：「行軍皆遠轉糧食而食之。」**百姓死者，不可勝數也；與其居處之不安，食飯之不時，**王云：「『食飯』當爲『食飲』之誤。食飲不時，見下篇。」**飢飽之不節，百姓之道疾病而死者，不可勝數。喪師多不可勝數，喪師盡不可勝計，則是鬼神之喪其主后，**后與後字通。王制云「天子諸侯，祭因國之在其地而無主後者」，鄭注云「絶無後爲之祭主者」，即此義。洪云：「『后』當作『石』，即『祏』字省文。左氏昭十八年傳『使祝史徙主祏于周廟』，杜預注：『祏，廟主石函。』說文：『祏，宗廟主也，周禮有郊宗石室。一曰：大夫以石爲主。從示，從石，石亦聲。』」案：洪說未塙。**亦不可勝數。**

國家發政，奪民之用，廢民之利，若此甚衆，然而何爲爲之？曰：「我貪伐勝之名，及得之利，故爲之。」子墨子言曰：計其所自勝，無所可用也。計其所得，反不如所喪者之多。今攻三里之城，七里之郭，褌守篇云「率萬家而城方三里」，孟子公孫丑篇亦云「三里之城，七里之郭」。戰國策齊策云「即墨，三里之城，七里之郭」，又作「三里之城，五里之郭」。攻此不用鋭，且無殺而徒得，此然也。殺人多必數於萬，寡必數於千，然後三里之城、七里之郭且可得也。今萬乘之國，虚數於千，畢云：「虚，墟字正文，俗從土。」詒讓案：「虚」下疑脱「城」字，下文云「以爭虚城」。不勝而入；畢云：「舊作『人』，以意改。」廣衍數於萬，畢云：「王逸注楚辭曰：『衍，廣大也。』」不勝而辟。畢云：「此闢字之〔二〕假音，『入』、『辟』爲韻。」然則土地者，所有餘也；王民者，所不足也。王云：「『王民』二字義不可通，當是『士民』之誤。『士民』與『土地』對文，下文『王民』同。」今盡王民之死，嚴下上之患，以爭虚城，則是棄所不足，而重所有餘也。爲政若此，非國之務者也。

飾攻戰者言曰：畢云：「舊作『也言』，一本如此。」南則荆吴之王，「吴」當作「越」，墨子時吴已亡，故下文以夫差亡吴事爲戒，不宜此復舍越而舉吴也。下篇云「今天下好戰之國齊、晉、楚、越」，節葬下篇云「諸侯力征，南有楚、越之王，而北有齊、晉之君」，皆其證也。北則齊晉之君，始封於天下之時，其土地之方，舊脱「地」字，

〔二〕「之」下原重「之」字，據畢沅刻本删。

今據道藏本補。未至有數百里也；人徒之衆，未至有數十萬人也。以攻戰之故，土地之博至有數千里也，人徒之衆至有數百萬人。故當攻戰而不可爲也。俞云：「『不可爲也』當作『不可不爲也』，方與上文語意相屬。此是飾攻戰者之言，非子墨子之言也。今脫『不』字，義不可通。」案：下文云「故當攻戰而不可不非」，則此文當作「故當攻戰而不可非也」，俞校未塙。子墨子言曰：雖四五國則得利焉，猶謂之非行道也。譬若醫之藥人之有病者然。今有醫於此，和合其祝藥之于天下之有病者而藥之，畢云：「『祝』謂祝由，見素問。或云『祝藥』猶言疰藥，非。一本無『祝』字，非也。」案：畢說非也。周禮瘍醫「掌腫瘍、潰瘍、金瘍、折瘍之祝藥」，鄭注云：「『祝』當爲『注』，讀如注病之注，聲之誤也。注謂附著藥。」彼「祝」藥爲劍瘍附著之藥，此下文云「食」，則與彼義異。畢云「祝由」，又與此書及周禮義並不合，不可信也。惠士奇謂「祝藥」猶行藥，亦未知是否。萬人食此，若醫四五人得利焉，猶謂之非行藥也。蘇云：「食者多而利者少，則非常行之藥。」故孝子不以食其親，忠臣不以食其君。古者封國於天下，尚者以耳之所聞，畢云：「尚同上。」近者以目之所見，以攻戰亡者不可勝數。何以知其然也？東方有莒之國者，畢云：「今山東莒州。」其爲國甚小，閒於大國之閒，不敬事於大，大國亦弗之從而愛利。是以東者越人夾削其壤地，國策齊策云「莒恃越而滅」，與此異。西者齊人兼而有之。計莒之所以亡於齊越之閒者，以是攻戰也。杜預春秋釋例云：「莒國嬴姓，少昊之後，周武王封茲輿期於莒。十一世茲平公方見春秋，共公以下微弱，不復見，四世楚滅之。」蘇云：「史記云『楚簡王元年，北伐滅莒』，據此則莒實爲齊滅，故其地在戰國屬齊。」詒讓案：戰國策西周策云「邾莒亡於齊」，亦其證。**雖南者陳蔡，其所以亡於吴越之閒者，**左傳魯哀公十七年楚滅陳，史記管蔡世家「蔡侯齊四年，楚惠王滅蔡」，案在貞定王二十二年。**亦以攻戰。雖北者且不一著何，**道藏本如此，畢本作「中山諸國」，云：「四字舊作『且一不著何』五字，一本如此。史記趙世家云『惠文王三年滅中山，遷其王於膚施』，表作四年。元和郡縣志云：『定州，戰國時爲中山國。中山之地方五百里，城中有山，故曰中山。』今直隸定州是。」蘇云：「中山之亡當魏文侯世，墨子與子夏子門人同時，此事猶當及見之。畢引史記趙惠文王三年滅中山，非是。」詒讓案：中山初滅於魏，後滅於趙，詳所染篇。然此「中山諸國」四字乃後人肊改，實當作「且不著何」四字，舊本作「且一」，道藏本作「且不一」，並衍「一」字。「且」疑「柤」之借字，國語晉語「獻公田，見翟柤之氛」，韋注云：「翟柤，國名。」是也。不著何亦北胡國。周書王會篇云「不屠何青熊」，孔晁注云：「不屠何亦東北夷也。」管子小匡篇「敗胡貉，破屠何」，尹注云：「屠何，東胡之先也。」劉恕通鑑外紀：「周惠王三十三年，齊桓公救燕，破屠何。」「屠」、「著」聲類同，不著何即不屠何也。又王會伊尹獻令，正北有且略、豹胡。且略即此且及左傳〔二〕「翟柤」，豹胡亦即不屠何。「豹」、「不」，「胡」、「何」，並一聲之轉。不屠何，漢爲徒河縣，屬遼西郡，故城在今奉天錦州府錦縣西北。柤，據國語爲晉獻公所滅，所在無考。**其所以亡於燕代胡貊之閒者，**貊，貉之俗，詳兼愛中篇。**亦以攻戰也。是故子墨子言曰：古者王公大人，情欲得而惡失，**古者，亦當從王校作「今者」，説見前。情與誠通，詳非攻下篇。**欲安**

〔二〕按：上文孫引「翟柤」系據國語晉語，此云左傳，偶誤。「翟柤」見晉語一。

**而惡危，**畢云：「欲，舊作『故』，以意改。」**故當攻戰而不可不非。**

**飾攻戰者之言曰：彼不能收用彼衆，是故亡。我能收用我衆，以此攻戰於天下，誰敢不賓服哉？子墨子言曰：子雖能收用子之衆，子豈若古者吳闔閭哉？**閭，左傳昭二十七年作「廬」，字通，詳所染篇。**古者吳闔閭教七年，**畢云：「案史記『闔閭九年入郢』，吳越春秋云『九年十月，楚二師陳於柏舉』，即此是也。」俞云：「『教』下疑脱『士』字。」**奉甲執兵，奔三百里而舍焉，**呂氏春秋簡選篇云「吳闔廬選多力者五百人，利趾者三千人，以爲前陳」，此云「奉甲執兵，奔三百里而舍」，即多力利趾者也。俞云：「『奉甲執兵奔三百里而舍』，即教士之法，乃古所謂武卒者。荀子議兵篇：『魏氏之武卒，以度取之，衣三屬之甲，操十二石之弩，負矢五十箇，置戈其上，冠軸帶劍，贏三日之糧，日中而趨百里，中試則復其户，利其田宅。』今據墨子之言，則闔閭先有此法矣。」**次注林，出於冥隘之徑，**左傳定四年「吳伐楚，舍舟於淮汭，自豫章與楚夾漢。左司馬戌謂子常曰：我悉方城外以毁其舟，還塞大隧、直轅、冥阨」，釋文云：「阨，本或作『隘』。」杜注云：「三者漢東之隘道。」案：此「冥隘」即左傳之「冥阨」。史記蘇秦傳云「塞鄳阨」，亦即此，集解引徐廣云：「鄳，江夏鄳縣。」注林地無考，以左傳校之，疑當作淮汭。「淮」、「注」形近，「汭」篆文作「汭」，與「林」亦相近，因而致誤。畢云：「淮南子地形訓作『澠阸』，高誘曰：『澠阸，今宏農澠池是也。』則在今河南永寧縣。史記魏世家云『秦攻冥阸之塞』，集解云：『徐廣曰：或以爲江夏鄳縣。』又杜預注左傳云：『漢東之隘道。』括地志云：『石城山在申州鍾山縣東南二十一里。魏攻冥阸，即此山。』呂氏春秋、淮南子『九塞』，此其一也。玉海：『在信陽軍東南五十里。』今在河南信陽州東南九十里。」**戰於柏舉，**事見春秋定四年經。

柏舉」，杜注云：「楚地。」呂氏春秋首時篇高注云：「柏舉，楚南鄙邑。」畢云：「在今湖北麻城縣。元和郡縣志云：『麻城縣黽頭山，在縣東南十八里，舉水之折出也。春秋吳、楚戰於柏舉，即此地也。』」中楚國而朝宋與及魯。蘇云：「『及魯』二字誤倒，『魯』字屬上句，『及』字屬下句也。」案：蘇校近是。左傳闔閭時無宋、魯朝吳事，疑因哀七年夫差會魯於鄫、徵宋魯百牢事傅會之。至夫差之身，北而攻齊，舍於汶上，戰於艾陵，見春秋哀十一年經。畢云：「在今山東泰安縣東南。」史記吳太伯世家云：「『夫差七年，北伐齊，敗齊師於艾陵，至繒。』」大敗齊人而葆之大山；蘇云：「大山即太山，篇中『太』多作『大』。」魯問篇『齊太王』作『大王』是也。」東而攻越，濟三江五湖，畢云：「史記索隱云：『韋昭云：三江，謂松江、錢塘江、浦陽江。』史記正義云：『顧夷吳地記云：松江東北行七十里，得三江口。東北入海爲婁江，東南入海爲東江，并松江爲三江。』」詒讓案：漢書地理志云「會稽郡吳：南江在南，東入海。毗陵：北江在北，東入海。丹陽郡蕪湖：中江西南，東至陽羨入海」，此即書禹貢、周禮職方氏揚州之三江也。國語越語云「吳之與越也，三江環之」，韋昭別據松江、浙江、浦陽江爲釋，即張守節〔二〕所引是也。水經沔水酈注云：「松江自太湖東北流逕七十里，江水奇分，謂之三江口。吳越春秋稱范蠡去越乘舟，出三江之口，入五湖之中者也。」此與顧夷說同，要皆非古之「三江」。竊謂禹貢中江、北江並於吳境入海，南江入海又兼涉越境，則三江下流自足環吳越。水經注又引郭璞云「三江者，岷江、松江、浙江也」，此即據禹蹟下流言之。近代胡渭、金榜並援以說越語之三江，最爲塙當。畢攷之未審。五湖，詳前兼愛中篇。而葆之會稽。左傳哀元年「吳王夫差敗越于夫椒，遂入越。越子以甲楯五千保於

〔二〕張守節所引爲顧夷吳地記，韋昭注乃司馬貞索隱所引。此「張守節」當是「司馬貞」之誤。

會稽」，杜注云：「上會稽山也，在會稽山陰縣南。」葆、保字通。會稽山，詳節葬下篇。畢云：「今浙江山陰會稽山。」**九夷之國莫不賓服。**爾雅釋地云：「九夷、八狄、七戎、六蠻，謂之四海。」王制孔疏云：「九夷，依東夷傳九種，曰：畎夷、于夷、方夷、黄夷、白夷、赤夷、玄夷、風夷、陽夷。」李巡注爾雅云：一曰玄菟，二曰樂浪，三曰高驪，四曰滿飾，五曰鳧臾，六曰索家，七曰東屠，八曰倭人，九曰天鄙〔二〕。」案：王制疏所云，皆海外遠夷之種別，此「九夷」與吴楚相近，蓋即淮夷，非海外東夷也。書敍云：「成王伐淮夷，遂踐奄。」韓非子説林上篇云：「周公旦攻九夷，而商蓋服。」商蓋即商奄，則九夷亦即淮夷。故吕氏春秋古樂篇云：「成王立，殷民反，王命周公踐伐之。商人服象，爲虐於東夷，周公遂以師逐之，至於江南。」又樂成篇云「猶尚有管叔蔡叔之事，與東夷八國不聽之謀」，高注云：「東夷八國附從二叔，不聽王命。周公居攝，三年伐奄，八國之中最大，著在尚書，餘七國小，又先服，故不載於經也。」案：東夷八國，亦即九夷也。春秋以後蓋臣屬楚、吴、越三國，戰國時又專屬楚。説苑君道篇説越王句踐與吴戰，大敗之，兼有九夷。淮南子齊俗訓云「越王句踐霸天下，泗上十二諸侯皆率九夷以朝」，戰國策秦策云「楚苞九夷，方千里」，魏策云「張儀曰：楚破南陽九夷，内沛，許、鄢陵危〔三〕」，文選李斯上秦始皇書説秦伐楚，包九夷，制鄢、郢」，李注云：「九夷，屬楚夷也。」若然，九夷實在淮泗之閒，北與齊、魯接壤，故論語「子欲居九夷」。參互校覈，其疆域固可攷矣。**於是退不能賞孤，**説文子部云：「孤，無

〔二〕王制孔疏原文與孫氏所引出入甚大，孫氏所引乃爾雅釋地邢昺疏，其中「李巡注爾雅云」六字亦邢疏所無。

〔三〕「危」，原誤「死」，據戰國策魏策一改。

父也。」月令「立冬賞死事，恤孤寡」，鄭注云：「死事，謂以國事死者。孤寡，其妻子也。」施舍羣萌，畢云：「此氓字之假音。」詒讓案：尚賢中篇云「四鄙之萌人」。舍、予聲近字通，「施舍」猶賜予也。左昭十三年傳云「施舍寬民」，又云「施舍不倦」，杜注云：「施舍，猶云布恩德。」自恃其力，伐其功，譽其智，怠於教，遂築姑蘇之臺，七年不成。國語吳語說吳王夫差云「高高下下，以罷民於姑蘇」，韋注云：「姑蘇，臺名，在吳西，近湖。」案：國語以築姑蘇爲夫差事，與此書正合。畢云：「史記集解云：『越絕書曰：闔閭起姑蘇之臺，三年聚材，五年乃成，高見三百里。』顔師古注漢書伍被傳云：『吳地記云：因山爲名，西南去國三十五里。』今江南蘇州府治。」詒讓案：越絕以姑蘇爲闔閭所築，疑誤。及若此，則吳有離罷之心。蘇云：「罷讀如疲。」越王句踐視吳上下不相得，收其衆以復其讎，入北郭，徙大內，王云：「『徙大內』三字義不可通，『大內』當爲『大舟』，隸書『舟』字或作『月』，與『內』相似而誤。吳語『越王句踐襲吳，入其郛，焚其姑蘇，徙其大舟』，韋注曰：『大舟，王舟。』吳越春秋夫差內傳亦作『徙其大舟』。」案：王說是也。吳語韋注云：「郛，郭也。徙，取也。」此哀十三年越入吳事，與二十年圍吳事不相涉，此類舉之耳。圍王宮，國語吳語云「越師入吳國，圍王宮」，韋注云：「王宮，姑蘇。」而吳國以亡。左傳哀二十年十一月，越圍吳，二十二年十一月，越滅吳。昔者晉有六將軍，六將軍，即六卿爲軍將者也。春秋時通稱軍將爲將軍，穀梁文六年傳云「晉使狐射姑爲將軍」是也。淮南子道應訓云：「趙文子問於叔向曰：晉六將軍，其孰先亡乎？」又人閒訓云「張武爲智伯謀曰：晉六將軍，中行文子最弱」，許注云：「六將軍：韓、趙、魏、范、中行、智伯也。」而智伯莫爲强焉。計其土地之博，人徒之衆，欲以抗諸侯，以爲英名。攻戰之速，故差論其爪牙之士，皆列其舟車之衆，王云：「『皆』當爲『比』。天志篇『比列其舟車之卒』，是其證。下篇『皆列』同。」案：王說是也，又舊本「列」下脱「其」字，王據上句補，今從之。以攻中行氏而有之。以其謀爲既已足矣，又攻茲范氏而大敗之。「茲」字疑衍。中行氏即荀氏，范氏即士氏。左傳定十三年「晉逐荀寅、士吉射」，乃知伯瑶祖文子躒事。此及魯問篇並通舉，不復析別。淮南子人閒訓亦謂張武爲智伯謀伐范、中行，滅之。并三家以爲一家，而不止，又圍趙襄子於晉陽。事在魯悼公十五年。及若此，則韓魏亦相從而謀曰：「古者有語：『脣亡則齒寒。』戰國策趙策、淮南子人閒訓並以此爲張孟談説韓魏之君語。穀梁僖二年傳「虞宮之奇曰：語曰脣亡則齒寒」，左僖五年傳「語」作「諺」。趙氏朝亡，我夕從之；趙氏夕亡，我朝從之。畢云：「我，舊作『吾』，一本如此。」詩曰：『魚水不務，務，疑當讀爲「鶩」，東魏嵩陽寺碑「朝野傾務」，「務」、「鶩」字通。淮南子主術訓云「魚得水而鶩」，高注云：「鶩，疾也。」又或當作「斿」，即「游」之省。陸將何及乎！』」王云：「『陸將何及乎』，不類詩詞。『乎』字蓋淺人所加。」蘇云：「此蓋逸詩。」是以三主之君一心戮力，畢云：「戮，勠字假音。」辟門除道，蘇云：「辟同闢。」奉甲興士，韓魏自外，趙氏自内，擊智伯大敗之。畢云：「事俱見韓非子。」

是故子墨子言曰：古者有語曰：「君子不鏡於水，而鏡於人。鏡於水見面之容，鏡於人則知吉與凶。」蘇云：「書酒誥篇云『古人有言曰：人無於水監，當於民監』，太公金匱陰謀有武王鏡銘云『以鏡自照見形容，以人自照見吉凶』，二書所云與此合，蓋古語也。」詒讓案：國語吴語云：「申胥曰：王盍亦鑑於人，無鑑於水。」今以攻戰爲利，則蓋嘗鑒之於智伯之事乎？畢云：「蓋同盍。」此其爲不吉而凶，既可得而知矣。

# 非攻下第十九

子墨子言曰：今天下之所譽善者，其説將何哉？舊本脱「哉」字。王云：「天志篇曰『天下之所以亂者，其説將何哉』，今據補。」爲其上中天之利，而中中鬼之利，而下中人之利，故譽之與？舊本作「譽」，王引之據下改「與」，是也，今從之。蘇云：「下『譽』當作『與』，讀平聲。」意亡非爲其上中天之利，而中中鬼之利，而下中人之利，故譽之與？王引之云：「意與抑同，亡與無同，皆詞也。非命篇曰：『不識昔也三代之聖善人與，意亡昔三代之暴不肖人與？』」蘇説同。　雖使下愚之人，畢云：「舊『愚之』二字倒，以意移。」必曰：「將爲其上中天之利，而中中鬼之利，而下中人之利，故譽之。」今天下之所同義者，畢云：「義，舊作『養』，一本如此。」聖王之法也。今天下之諸侯將猶多皆免攻伐并兼，俞云：「『免』字衍文。天志篇云『今天下之諸侯，將猶皆侵凌攻伐兼并』，無『免』字，可證。」則是有譽義之名，而不察其實也。此譬猶盲者之與人同命白黑之名，而不能分其物也，則豈謂有別哉？是故古之知者之爲天下度也，必順慮其義而後爲之行。是以動則不疑，速通成得其所欲，戴云：「『成』下當脱『則』字。」案：戴説未塙，「速通成得其所欲」，疑當作「遠邇咸得其所欲」。　而順天鬼百姓之利，則知者之道也。畢云：「知讀智。」是故古之仁人有天下者，必反大國之説，「反」當作「交」，二字形近，詳七患篇。此謂與大國交相説。下文云「以此效大國，則小國之君説」，交、效字通。　一天下之和，總四海之内，句。焉率天下之百姓，戴云：「焉猶乃也。」以農臣事上帝山川鬼神。洪云：「左氏襄十三年傳『小人農力以事其上』，管子大匡篇『耕者用力不農，有罪無赦』。廣雅釋詁：『農，勉也。』」利人多，功故又大，戴云：「『故』即『功』之衍文，蓋『功』一本作『攻』，因誤爲『故』，而寫者合之耳。」是以天賞之，鬼富之，畢云：「鬼，舊作『愚』，以意改。」人譽之，使貴爲天子，富有天下，名參乎天地，至今不廢。此則知者之道也，先王之所以有天下者也。

今王公大人、天下之諸侯則不然，將必皆差論其爪牙之士，皆列其舟車之卒伍，「皆」亦當作「比」，詳上篇。於此爲堅甲利兵，以往攻伐無罪之國。入其國家邊境，芟刈其禾稼，斬其樹木，墮其城郭，說文𨸏部云：「敗城𨸏曰隓。」篆文作「𡐦」。「墮」即「𡐦」之變體。左傳僖三十二年杜注云：「墮，毀也。」畢云：「『墮』，一本作『墜』。」以湮其溝池，畢云：「『湮塞』之字當爲『垔』。」攘殺其牲牷，周禮牧人「掌牧六牲，而阜蕃其物，以共祭祀之牲牷」，鄭注云：「六牲謂牛、馬、羊、豕、犬、雞。牷，體完具。」鄭衆云：「牷，純色。」燔潰其祖廟，王引之云：「『燔』與『潰』義不相屬，『燔潰』當爲『燔燎』。隸書『尞』字或作『奈』，與『貴』字相似，故字之從尞者或誤從貴。史記仲尼弟子傳索隱引家語有『申繚』，今本家語七十二弟子篇作『申績』；趙策『魏殺呂遼』，下文又作『呂遺』，皆其類也。『尞』與『貴』隸相似，故『燎』誤爲『⿰火貴』，又誤爲『潰』耳。此篇云『攘殺其牲牷，燔燎其祖廟』，天志篇云『焚燒其祖廟，攘殺其犧牷』，文異而義同也。」剄〔二〕殺其萬民，左傳定四年杜注云「剄，取其首。」史記陳涉世家

〔二〕「剄」，原誤「勁」，據畢沅刻本改。

索隱引三蒼郭璞注云：「勁，刺也。」下文云「刺殺天民」，與此義同。畢云：「勁字從刀。」**覆其老弱**，逸周書周祝篇孔注云：「覆，滅也。」**遷其重器。**孟子梁惠王篇文同，趙注云：「寶重之器。」**卒進而柱乎鬬**，戴云：「『柱』乃『極』字誤，草書『極』與『柱』相似。『乎』字衍。極，亟字之借。」**曰：「死命爲上，多殺次之，身傷者爲下，又況失列北橈乎哉，罪死無赦！」**舊本「失」作「先」，「赦」作「殺」。王云：「『先列』二字義不可通，當是『失列』之誤，謂失其行列也。『罪死無殺』義亦不可通，當作『罪死無赦』，此涉上下文『殺』字而誤。」畢本「橈」作「撓」，云：「『北』謂奔北也，北之言背馳。撓之言曲行，謂逗撓。」案：王校是也，今據正。「撓」俗字，據道藏本正。國語吴語韋注云：「軍敗奔走曰北。」左成二年傳「師徒橈敗」，杜注云：「橈，曲也。」**以譂其衆。**畢云：「説文、玉篇無譂字。古字言、心相近，即憚字。」案：畢説是也。國語周語韋注云：「憚，懼也。」國策秦策云「王之威亦憚矣」，賈子新書解縣篇云「陛下威憚大信」。**夫無兼國覆軍**，漢書貨殖傳注：「孟康云：無，發聲助也。」案：無與「唯無」辭意同，蘇云「『無』疑當作『務』」，非。**賊虐萬民，以亂聖人之緒。**廣雅釋詁云：「緒，業也。」**意將以爲利天乎？夫取天之人，以攻天之邑，此刺殺天民，剥振神之位，傾覆社稷，攘殺其犧牲，**王云：「『剥』與『振』義不相屬，『振』當爲『挀』，字之誤也。説文：『剥，裂也。』廣雅：『挀，裂也。』曹憲音『必麥反』。是『剥』、『挀』皆裂也，故曰『剥振神位』。自『刺殺天民』以下皆以四字爲句，今本作『剥振神之位』，『之』字涉上文『取天之人，攻天之邑』而衍。『攘殺其犧牲』，『其』字亦涉上文『攘殺其牲牷』而衍。」**則此上不中天之利矣。意將以爲利鬼乎？夫殺之人，**畢云：「舊作『神』，據後文改。」戴云：「『殺』下脱『天』字。」**滅鬼神之主，廢滅先王，賊虐萬民，百姓離散，則此中不中鬼之利矣。意將以爲利人乎？夫殺之人，爲利人也博矣。**戴云：「『殺』

下脱『天』字。」俞云：「『博』疑當作『薄』。言殺人以利人，其利亦薄也。若作『博』字，則不可通。」案：俞校是也。此疑當作「夫殺人之爲利人也，薄矣」，與上文不同，戴説非。**又計其費，此爲周生之本，**王云：「『周』字義不可通，『周』當爲『害』。財者生之本也，用兵而費財，故曰害生之本。隸書『害』字或作『害』，與『周』相似而誤。」**竭天下百姓之財用不可勝數也，則此下不中人之利矣。**

**今夫師者之相爲不利者也，曰將不勇，士不分，**畢云：「同忿。」詒讓案：「分」疑「奮」，聲近叚借字。**兵不利，教不習，師不衆，率不利和，**俞云：「率，讀爲將率之率。『利』即『和』字之誤而衍者。」**威不圉，**圉與疆圉〔二〕義同。逸周書謚法篇云「威德剛武曰圉」，孔注云：「圉，禦也。」**害之不久，**「害」疑當作「圍」，形近而誤。**爭之不疾，孫之不强。**「孫」無義，疑當作「係」。國語吳語韋注云：「係，縛也。」蓋謂係纍民人。**植心不堅，與國諸侯疑。與國諸侯疑，則敵生慮而意羸矣。偏具此物，**畢云：「『偏』當爲『徧』。」王云：「古多以『偏』爲『徧』，不煩改字。非儒篇『遠施周偏』，公孟篇『今子偏從人而説之』，皆是『徧』之借字。益象傳『莫益之偏辭也』，本或作『徧』。檀弓『二名不偏諱』，大戴記勸學篇『偏與之而無私』，魏策『偏事三晉之吏』，漢書禮樂志『海内偏知上德』，皆以『偏』爲『徧』。又漢書郊祀志『其遊以方偏諸侯』，張良傳『天下不足以偏封』，張湯傳『偏見貴人』，史記並作

---

〔二〕按：「疆圉」，原文如此，義不可通。「疆」當作「彊」，彊與強同。強圉，謂強而多力。楚辭離騷「澆身服而強圉兮」，王逸注云：「強圉，多力也。」疑孫書本作「彊圉」，誤刻成「疆圉」。

『偏』。若諸子書中以『偏』爲『徧』者，則不可枚舉。漢三公山碑『興雲膚寸，徧雨四海』，亦以『偏』爲『徧』。然則『偏』之爲『偏』，非傳寫之譌也。而致從事焉，則是國家失卒，而百姓易務也。今不嘗觀其説好攻伐之國，若使中興師，君子，此下有脱字，疑當云「君子數百」。庶人也必且數千，徒倍十萬，然後足以師而動矣。久者數歲，速者數月，是上不暇聽治，士不暇治其官府，農夫不暇稼穡，婦人不暇紡績織紝〔一〕，畢云：「説文云：『紡，網絲也。』『績，緝也。』『織，作布帛之總名也。』『紝〔二〕，機縷也。』絍，或字。』」則是國家失卒，而百姓易務也。然而又與其車馬之罷弊也，幔幕帷蓋，説文巾部云：「幔，幕也。」廣雅釋器云：「幔，帳也。」幕帷，詳中篇。三軍之用，甲兵之備，五分而得其一，則猶爲序疏矣。「序疏」二字義不可通，疑當爲「厚餘」，皆形之誤。厚餘，言多餘也。孫子作戰篇：「國之貧於師者，力屈財殫，中原内虚於家。百姓之費，十去其七。公家之費，破車罷馬，甲胄、矢弓、戟楯、矛櫓、丘牛、大車，十去其六。」此説與彼略同。然而又與其散亡道路，道路遼遠，疑衍「道路」二字，説文辵部云「遼，遠也。」粮食不繼傺，食飲之時，畢云：「王逸注楚辭云：『傺，住也。楚人名住曰傺。』」王云：「『傺』字與上下文義不相屬，未詳。『之時』當爲『不時』，『食飲不時』與『粮食不繼』對文。」俞云：「『傺』即『際』字，張遷碑『臈正之傺』是也。昭四年

〔一〕「紝」，原誤「絍」，據畢沅刻本改。按：墨子舊本均作「絍」，「絍」即説文「紝」字之或體「絍」，見畢注。

〔二〕「紝」，原誤「絍」，據説文改。按説文，「紝」爲正篆，「絍」爲或體。

左傳「爾未際」，孟子萬章篇「敢問交際何心也」，杜預、趙岐注竝曰：「際，接也。」疑墨子原文本作「糧食不傺」，「不傺」即不接也，與中篇所云「糧食輟絕而不繼」文異義同。後人不達「傺」字之義，據中篇改爲「不繼」，而寫者兩存之，遂作「不繼傺」耳。」案：王、俞說近是。**廁役以此飢寒凍餒疾病，而轉死溝壑中者，**王云：「『廁役』二字，義無所取，當爲『廝役』之誤。宣〔二〕十二年公羊傳『廝役扈養死者數百人』，是其證。」**不可勝計也。此其爲不利於人也，天下之害厚矣。而王公大人樂而行之，則此樂賊滅天下之萬民也，豈不悖哉！今天下好戰之國，齊晉楚越，若使此四國者得意於天下，此皆十倍其國之衆，而未能食其地也，**食，謂治田以耕者。周禮遂師云：「經牧其田野，辨其可食者。」言四國荒土多，民不能盡耕之也。**是人不足而地有餘也。今又以爭地之故而反相賊也，然則是虧不足而重有餘也。**重，舊本譌「動」，道藏本作「重」，與中篇合，今據正。

**今遝夫好攻伐之君，**舊本「遝」作「還」。洪云：「明鬼下篇『逮至昔三代』，文與此同。『還』當是『遝』之譌。遝、逮古字通用。」戴云：「『還』當是『儇』字之誤。王逸注楚詞云：『儇，佞也。』則儇夫猶佞人也。」案：洪說是也，今據正。下文云「則〔三〕夫好攻伐之君」，可證。**又飾其說以非子墨子曰：以攻伐之爲不義，**畢云：「『以攻伐

〔二〕「宣」字，原誤「宜」，據公羊傳改。
〔三〕「則」下原衍「且」字，據本篇下文刪。

之』，據後文當云『子以攻伐』。」非利物與？昔者禹征有苗，湯伐桀，武王伐紂，此皆立爲聖王，是何故也？子墨子曰：子未察吾言之類，未明其故者也。大取篇云：「辭以故生，以理長，以類行。」荀子非十二子篇楊注云：「類謂比類。」彼非所謂攻，謂誅也。依下文，「謂」上亦當有「所」字。説文言部云：「誅，討也。」謂討有罪與攻戰無罪之國異。昔者三苗大亂，舊本「者」下有「有」字，王云：「即『者』字之誤而衍者。」今據開元占經、太平御覽引删。天命殛之，日妖宵出，「日妖」不可通，「日」疑當爲「有」之譌，下云「婦妖宵出，有鬼宵吟」。通鑑外紀引隨巢子、汲冢紀年云「三苗將亡，日夜出，晝日不出」，則疑「妖」是衍文。雨血三朝，開元占經三引太公金匱云：「有苗時，天雨血，沾衣。」龍生於廟，犬哭乎市，舊本脱「於」字，又「犬」作「大」。王云：「『龍生廟』當作『龍生於廟』，方合上下句法。太平御覽禮儀部十引此正作『龍生於廟』。『大哭乎市』文義不明。『大』當爲『犬』，『犬哭乎市』與『龍生於廟』對文。開元占經犬占引墨子曰『三苗大亂，犬哭于市』，太平御覽獸部十七引隨巢子曰『昔三苗大亂，龍生於廟，犬哭于市』，皆其證。」案：王校是也，今據正。通鑑外紀引隨巢子、汲冢紀年云「青龍生於廟」。夏冰，地坼及泉，畢云：「太平御覽引此云『三苗欲滅時，地震坼泉湧』。」五穀變化，民乃大振。畢云：「同『震』。」高陽乃命玄宮，畢云：「舜，高陽第六世孫，故云。」王云：「此當作『高陽乃命禹於玄宮』，下文禹征有苗正承此文而言，又下文『天乃命湯於鑣宮』，與此文同一例。今本脱『禹於』二字，則文義不明。」詒讓案：蓺文類聚符命部引隨巢子云「天命夏禹於玄宮，有大神人面鳥身」云云，則非高陽所命也，此文疑有脱誤。今本竹書紀年：「帝舜三十五年，帝命夏后征有苗，有苗氏來朝。」**禹親把天之瑞令，**畢云：「把，文選注引作『抱』。説文云：『瑞，以玉爲信也。』」詒讓案：令，文選東京賦李注引作「命」。説文手部云：「把，握也。」**以征有苗。四電誘祇，**未詳，疑當爲「雷電誖振」。「雷」壞字爲「田」，又誤爲「四」。「誖」、「誘」，「振」、「祇」，形並相近。「誖」、「勃」，「振」、「震」，字通。書無逸云「治民祇懼」，史記魯世家「祇」作「震」，是其證也。**有神人面鳥身，若瑾以侍，**人面鳥身之神，即明鬼下篇秦穆公所見之句芒也。「若瑾以侍」義不可通，「若瑾」疑「奉珪」之誤。若，鐘鼎古文作「」；奉，篆文作「」，二形相似。「珪」、「瑾」亦形之誤。儀禮覲禮記方明六玉云「東方圭」，周禮大宗伯禮四方玉云「東方以青圭」，白虎通義文質篇云「珪位在東方」，是珪於方位屬東。句芒亦東方之神，故奉珪，猶國語晉語説西方之神蓐收執鉞矣。或云「瑾」當作「璜」，於形亦近，但於四方之玉不合。蓺文類聚符命部引隨巢子云：「有大神人面鳥身，降而福之，司禄益富而國家實，司命益年而民不夭。」疑即指此事。**搤矢有苗之祥，**疑當作「將」。「將」或通作「牂」，與「祥」形近而譌。玉篇手部云：「牂，今作『將』，同。」搤矢，未詳。**苗師大亂，後乃遂幾。**道藏本「後」作「后」。説文𢆶部云：「幾，微也。」言三苗之後世遂衰微也。**禹既已克有三苗，**句。**焉磿爲山川，別物上下，**王云：「『焉』字下屬爲句，焉猶於是也，乃也。下文『湯焉敢奉率其衆』，『武王焉襲湯之緒』，義並與此同。」又云：「『磿』字義不可通，『磿』當爲『曆』。『曆』與『歷』通。周官遂師注曰：『曆者，適歷。』中山經『歷石之山』，郭注：『或作磿。』史記高祖功臣侯表『磿簡侯程黑』，漢表作『歷』。春申君傳『濮磿之北』，新序善謀篇作『歷』。樂毅傳『故鼎反乎磿室』，燕策作『歷』。歷之言離也。大戴五帝德篇曰『歷離日月星辰』，是『歷』與『離』同義。淮南精神篇曰：『別爲陰陽，離爲八極。』然則『磿爲山川』，亦謂離爲山川也。『離』與『磿』皆分别之義，故曰『磿爲山川，别物上下』。世人多見『磨』，少見『磿』，故書傳中『磿』字多譌作『磨』。史記及山海經注『磿』字，今本皆譌作『磨』。又逸周書世俘篇『伐磿』，楚策『遠自棄於磿山之中』，今本亦譌作『磨』。顔氏家訓勉學篇曰『太山羊肅讀世本「容成造磿」，以「磿〔一〕」爲碓磨之磨』，則以『磿〔二〕』爲『磨』，自古已然矣。」**卿制大極，**畢云：「説文云：『卿，章也。』」詒讓案：疑當爲「鄉制四極」，「鄉」與「卿」形近。「四」，篆文作「[illegible]」，與「大」篆文亦近，故互譌。鄉即饗之省。爾雅釋地云：「東至於泰遠，西至於邠國，南至於濮鉛，北至於祝栗，謂之四極。」郭注云：「皆四方極遠之國。」**而神民不違，天下乃静，則此禹之所以征有苗也。還至乎夏王桀，**畢云：「文選注引作『夏桀時』。」還，舊本作「還」。王云：「『還』字義不可通，或曰『還』即『旋』字。案：禹、桀相去甚遠，不得言旋至乎桀。『還』當爲『遝』，遝與逮同。逮，及也。『遝〔三〕』與『還』字形相似而誤，下文『還至乎商王紂』同。」又云：「『遝』之誤爲『還』，猶『鰥』之誤爲『鱞』。漢書律厤志『丙午遝師』，今本誤作『還』。中庸『所以逮賤也』，釋文『逮』作『遝』。哀十四年公羊傳『祖之所逮聞也』，漢石經『逮』作『遝』。」案：王説是也，洪説同，今據正。**天有䡖命，**畢云：「『䡖』當是『誥』字。」詒讓案：䡖疑當爲「酷」，謂嚴命也。説文告部云：「嚳，急告之甚也。」白虎通義

〔一〕「磿」，原誤「磨」，據顔氏家訓改。
〔二〕「磿」，原誤「磨」，據顔氏家訓改。
〔三〕「遝」，原誤「還」，據王念孫讀書雜志改。

號篇云：「礐者，極也。」礐、酷字亦通。一切經音義云：「酷，古文㐹、礐、焅三形。」日月不時，寒暑雜至，易釋文引孟喜云：「雜，亂也。」謂寒暑錯亂而至，失其恒節。五穀焦死，史記龜策傳説桀紂云：「天數枯旱，國多妖祥，螟蟲歲生，五穀不成。」鬼呼國，王云：「『呼』下當有『於』字，方合上下句法。」詒讓案：御覽八十三引帝王世紀亦云「鬼呼於國」。鸖鳴十夕餘。鸖，舊本作「鸛」。盧云：「『鸛』字未詳，若作『鸖』，與『鶴』同。」案：盧説是也，道藏本、季本並作「鸖」，今據改。「鶴」字，唐姚元景造象記作「鸖」，楚金禪師碑作「鸛」，並俗書譌變。通鑑外紀夏紀云「鶴鳴於國，十日十夕不止」，即本此文。通志夏紀「鶴」作「鸛」，疑誤。天乃命湯於鑣宮，畢云：「舊脱『天』字，據文選注增。鑣，蓺文類聚引作『驪』，文選注作『鑣』。」王紹蘭云：「『鑣宮』即孟子『牧宮』。天乃命湯於鑣宮，往而誅之，即『天誅造攻自牧宮』也。」案：孟子萬章篇趙注云：「牧宮，桀宮。」似與此「鑣宮」異，王説未塙。用受夏之大命：「夏德大亂，予既卒其命於天矣，往而誅之，必使汝堪之。」畢云：「文選注、蓺文類聚引作『戡』，此『㦰』字之假音。説文云：『㦰，殺也。』爾雅云：『堪，勝也。』」案：「夏德大亂」以下四句，文義與下文重複，疑校書者附記異同，遂與正文淆混。文選辯命論、褚淵碑文注兩引亦無此數語。畢所校乃下文之異文也。湯焉敢奉率其衆，是以鄉有夏之境，王引之云：「焉猶乃也。言湯既受天命，乃敢伐夏也。」王紹蘭云：「『焉』之爲言於是也。」帝乃使陰暴毁有夏之城。陰，疑「降」之誤。少少，有神來告曰：「夏德大亂，往攻之，予必使汝大堪之。予既受命於天，天命融隆火，畢云：「『隆，疑作『降』』，言命祝融降火。」王云：「『降』與『隆』通，不煩改字，詳尚賢中篇。」詒讓案：國語周語内史過説夏亡，「回禄信於聆隧」，韋注云：「回禄，火神；聆隧，地名。」左昭十八年傳鄭災，「禳火於玄冥、回禄」，孔疏云：「楚之先吴回爲祝融，或云回禄即吴回也。」是融即回禄，此與周語所云即一事也。**于夏之城間西北之隅。**」備城門篇云：「城四面四隅，皆爲高磿⿰衤斬。」考工記匠人「城隅之制九雉」，鄭注云：「城隅，謂角浮思也。」詩邶風静女篇「俟我于城隅」。**湯奉桀衆以克有，**蘇云：「『有』下脱『夏』字。」**屬諸侯於薄，**禮記經解鄭注云：「屬猶合也。」畢云：「此作『薄』，是也。管子地數云『湯有七十里之薄』，周書殷祝解云『湯放桀而復薄』，荀子議兵云『古者湯以薄，武王以滈』，吕氏春秋云『湯嘗約于郼薄』，皆作『薄』。地理志云『河南偃師尸鄉，殷湯所都』，是今河南偃師也。史記集解云：『皇甫謐曰：梁國穀孰爲南亳，即湯都也。』括地志云：『宋州穀孰縣西南三十五里南亳故城，即南亳，湯都也。宋州北五十里大蒙城爲景亳，湯所盟地，因景山爲名。河南偃師爲西亳，帝嚳及湯所都，盤庚亦從都之。』又案：薄，惟孟子作『亳』，非正字也。亳，京兆杜陵亭，見説文。別有亳王號湯，在今陝西三原縣，地各不同。」**薦章天命，**爾雅釋詁云：「薦，進也。」儀禮士冠禮鄭注云：「章，明也。」**通于四方，而天下諸侯莫敢不賓服，則此湯之所以誅桀也。還至乎商王紂，**還，舊本亦作「還」，今依王校正，詳上。畢云：「文選注引作『商王紂時』，太平御覽作『紂之時』。」**天不序其德，**王云：「序，順也。言天不順紂之德，非樂篇引湯之官刑曰『上帝不順』是也。爾雅曰：『順，敍也。』敍與序同。法言問神篇曰『事得其序之謂訓』，訓與順同。周語曰『周旋序順』，序亦順也。逸周書序曰『文王告武王以序德之行』。」俞云：「『序』乃『享』字之誤。莊子則陽篇『隨序之相理』，釋文曰：『序，一本作享。』是其例也。『天不享其德』，文義甚明。字誤作『序』，不可通矣。」案：俞説是也。尚賢中篇云「則天鄉其德」，鄉亦與享通。**祀用失時，**史記龜策傳説桀、紂云「逆亂四時，先〔一〕百鬼嘗」，蓋言祭祀不以時舉也。**兼夜中，**有脱誤。**十日雨土于薄，**畢云：「太平御覽引作『亳』，假音字。」詒讓案：李淳風乙巳占亦引墨子曰：「商紂不德，十日雨土於亳。」今本紀年：「帝辛五年，雨土于亳。」**九鼎遷止，婦妖宵出，有鬼宵吟，**文選蘇子卿古詩李注引蒼頡篇云：「吟，歎也。」**有女爲男，天雨肉，**吕氏春秋慎大篇説殷亡之妖，云「天雨血」。**棘生乎國道，**國道，謂國中九經九緯之涂也。**王兄自縱也。**王云：「兄與況同。況，益也。言紂益自放縱也。小雅常棣篇『況也永嘆』，毛傳曰：『況，兹也。』兹與滋同。滋，益也。晉語『衆況厚之』，韋注曰：『況，益也。』無逸『則皇自敬德』，漢石經『皇』作『兄』，王肅本作『況』，云『況滋益用敬德』。大雅桑柔篇『倉兄填兮』，召閔篇『職兄斯引』，傳竝曰：『兄，兹也。』」案：王説是也，顧説同。蘇謂即微子出奔之事，誤。**赤鳥銜珪，**畢云：「鳥，太平御覽引作『雀』。珪，初學記引作『書』。」詒讓案：太平御覽時序部引尚書中候云：「周文王爲西伯，季秋之月甲子，赤雀銜丹書入豐，止于昌户。王乃拜稽首受取，曰：姬昌蒼帝子，亡殷者紂也。」宋書符瑞志同。史記周本紀正義〔二〕引尚書帝命驗云「季秋之月甲子，赤爵銜丹書入于酆，止于昌户，其書云『敬勝怠者吉』」云云，與大戴禮記武王踐阼篇丹書文同，與此異。以上諸書，並作「銜書」，與初學記同。吕氏春秋應同篇云「文王之時，赤烏銜丹書，集之周社」，亦與此書降岐社事同，疑皆一事，而傳聞緣飾不免詭異

---

〔一〕「先」，原誤「失」，據史記龜策傳改。

〔二〕「正義」上原衍「集解」二字，據史記周本紀删。按：引尚書帝命驗者乃張守節史記正義，非裴駰史記集解。

耳。**降周之岐社，**今本紀年：「帝辛三十二年，有赤烏集于周社。」**曰：「天命周文王伐殷有國。」**畢云：「太平御覽云『命曰：周文王伐殷』，事類賦云『命伐殷也』。」**泰顛來賓，**蘇云：「孟子云：『太公避紂，居北海之濱，聞文王作興，曰：盍歸乎來！』即來賓之事也。」案：泰顛與太公非一人，詳尚賢上篇。**河出緑圖，**北堂書鈔地部引隨巢子云「姬氏之興，河出緑圖」，吕氏春秋觀表篇云「緑圖幡薄從此生矣」，淮南子俶真訓云「至德之世，洛出丹書，河出緑圖」，易緯乾鑿度云「昌以西伯受命，改正朔，布王號於天下，受籙應河圖」。緑、籙通。**地出乘黄。**周書王會篇云：「白民乘黄。乘黄者似狐，其背有兩角。」山海經海外西經同。宋書符瑞志云：「帝舜即位，地出乘黄之馬。」劉賡稽瑞引孫氏瑞應圖云：「王者德御四方，輿服有度，秣馬不過所業，則地出乘黄。」淮南子云「黄帝治天下，飛黄服皁」，高注云：「飛黄，乘黄。」**武王踐功，**「踐功」疑「踐阼」之誤。**夢見三神，曰：**畢云：「舊脱此字，據文選注、藝文類聚增。」**「予既沈漬殷紂于酒德矣，**書微子「我用沈酗于酒」，孔疏云：「人以酒亂，若沈於水。故以耽酒爲沈也。」史記宋世家「紂沈湎于酒」。詩小雅釋文云：「漬，淹也。」一切經音義引通俗文云：「水浸曰漬。」畢云：「漬，藝文類聚引作『瀆』。」**往攻之，予必使汝大堪之。」**畢云：「堪，藝文類聚、文選注引作『戡』。」**武王乃攻狂夫，反商之周，**「攻狂夫」疑當作「往攻之」，上文屢見。「往」、「狂」，「之」、「夫」，形近而誤，「攻」字又誤移著「乃」下，遂不可通耳。戴云「『狂夫』疑『獨夫』之誤」，非。**天賜武王黄鳥之旗。**畢云：「賜，太平御覽引作『錫』。」北堂書鈔引隨巢子云『天賜武王黄鳥之旗』，抱朴子云『武王時興，天給之旗』。」詒讓案：黄鳥之旗，疑即周禮巾車之「大赤」，亦即司常之「鳥隼爲旟」。考工記輈人云「鳥旟七斿，以象鶉火也」，國語吴語謂之「赤旟」。曲禮云「行前朱雀而後玄武」，「朱雀」即指鳥旟言之，黄與朱色近，故赤旟謂之「黄鳥之旗」。大赤爲周正色之旗，流俗緣飾，遂以爲天錫之祥矣。**王既已克**

**殷，成帝之來，**周書商誓篇云：「武王曰：予惟甲子克致天之大罰，□帝之來，革紂之□□，予亦無敢違大命。」與此文意略同。畢云：「『來』當爲『賚』。」**分主諸神，祀紂先王，**明鬼下篇云：「昔者武王之攻殷誅紂也，使諸侯分其祭，曰：使親者受內祀，疏者受外祀。」是其事也。**通維四夷，**「維」當作「于」，上文說湯云「通于四方」。**而天下莫不賓，**句。**焉襲湯之緒，**詩魯頌閟宮云「纘禹之緒」，毛傳云：「緒，業也。」王引之云：「言武王乃襲湯之緒也。」**此即武王之所以誅紂也。若以此三聖王者觀之，則非所謂攻也，所謂誅也。**

**則夫好攻伐之君，又飾其說以非子墨子曰：子以攻伐爲不義，非利物與？昔者楚熊麗**畢云：「史記楚世家云：『鬻熊子事文王，蚤卒，其子曰熊麗。』」**始討此睢〔二〕山之閒，**畢云：「『討』字當爲『封』。睢山，即江漢沮漳之沮。」詒讓案：史記楚世家「熊繹當周成王之時，舉文武勤勞之後嗣，而封熊繹於楚蠻」，是始封楚者，爲熊麗之孫繹，與此書不同。梁玉繩云：「麗是繹祖，睢爲楚望，然則繹之前已建國楚地，成王蓋因而封之，非成王封繹始有國耳。」**越王繄虧**盧云：「即無餘也。繄，舊作『緊』，非，以意改。」案：畢本亦依盧校，今從之。史記周本紀「共王名繄扈」，與此相類。「無餘」見越絕書外傳記地篇，吳越春秋越王無余外傳字作「余」，同。依盧校，繄虧即無餘。疑無餘本名無虧，左傳僖十七年齊有公子無虧，越王名或與彼同。古語「無」，長言之或曰「繄無」。周禮職方氏「幽州山

---

〔二〕「睢」，原作「雎」，據畢沅注云「即江漢沮漳之沮」，則「雎」本應作「睢」。按：左傳哀公六年「江漢睢漳，楚之望也」，睢、沮字同，此畢注所本。墨子舊本如明嘉靖唐堯臣刻本等亦作「睢」，今據改正。注文內「睢」字並同。「睢」、「雎」形似，古書刻本多混同，實則睢、雎二字音義迥別。今通行墨子各印本或亦沿誤作「雎」。

鎮〔二〕醫無閭」，醫亦與繄音同。續漢書郡國志遼東屬國無慮縣有醫無閭山，是醫無閭短言之曰無慮。則無虧長言之亦可云繄無虧，短言之又可云繄虧。虧、餘亦聲相轉也。但無餘遠在夏世，而史記越世家則謂句踐始爲越王。史記正義引輿地志云：「周敬王時，有越侯夫譚，子曰允常，拓土始大，稱王。」案允常爲句踐父，漢書古今人表亦云「越王允常」，並與史記不同。此越王或當是允常，亦未能決定也。又案國語、世本並以越爲芈姓，則疑繄虧或即執疵，詳後。**出自有遽，**史記越世家云：「其先禹之苗裔，而夏后帝少康之庶子也，封於會稽，以奉守禹之祀。」吳越春秋云：「少康恐禹迹宗廟祭祀之絶，乃封其庶子於越，號曰無餘。」水經漸江水注云「夏后少康封少子杼，以奉禹祠，爲越」，則與帝杼同名，疑誤。水經注又云：「秦望山，南有嶕峴，峴裏有大城，越王無餘之舊都也。故吳越春秋『句踐語范蠡曰：先君無餘，國在南山之陽』。」則酈氏亦兼據趙説矣。但此云「出自有遽」，古籍無徵。國語鄭語云「芈姓夔越」與史記不同。吳語韋注云：「越王句踐，祝融之後，允常之子，芈姓也。」又引世本亦云：「越，芈姓也。」漢書地理志顔注引臣瓚，亦據世本明越非禹後。大戴禮記帝繫篇云：「陸終産六子，其六曰季連，是爲芈姓。季連産付祖氏，付祖氏産穴熊，九世至于渠。婁鯀出自熊渠，有子三人，其孟之名爲無康，爲句亶王；其中之名爲紅，爲鄂王；其季之名爲疵，爲戚章王。」史記楚世家云：「熊渠立其長子康爲句亶王，中子紅爲鄂王，少子執疵爲越章王。」孔廣森云：「婁鯀或當爲夔越，越即越章也。戚章，字形之誤。」詒讓案：以世本、帝繫證之，則國語之説不爲無徵。左僖二十六年傳「夔子曰：我先王〔三〕熊摯」，漢書古今人表及史記正義引宋均樂緯注，並謂熊摯亦熊渠子。竊疑夔越同出，孔説似可通。若然，此「出自有遽」或當云「出自熊

〔二〕「山鎮」，原誤倒爲「鎮山」，據周禮職方氏改。

〔三〕「王」，原誤「生」，據左傳改。

渠」，猶帝繫云「婁鯀出自熊渠」也。渠、遽聲近，古通用。始邦於越，唐叔與吕尚邦齊晉。此皆地方數百里，今以并國之故，四分天下而有之。蘇云：「墨子當春秋後，其時越方强盛，而晉尚未亡，故以荆越齊晉爲四大國。不數秦者，時秦方衰亂故也。此可徵墨子在孔子後而未及戰國也。凡書中涉戰國時事者，皆其徒爲之爾。」是故何也？子墨子曰：子未察吾言之類，未明其故者也。古者天子之始封諸侯也，萬有餘。畢云：「吕氏春秋用民云：『當禹之時，天下萬國，至於湯而三千餘國。』」戴云：「當補『國』字，文義始足。」今以并國之故，萬國有餘皆滅，戴云：「『萬國有餘』當作『萬有餘國』。」而四國獨立。此譬猶醫之藥萬有餘人，而四人愈也，則不可謂良醫矣。

則夫好攻伐之君又飾其説曰：我非以金玉、子女、壤地爲不足也，我欲以義名立於天下，以德求諸侯也。畢云：「求，一本作『來』，下同。」子墨子曰：今若有能以義名立於天下，以德求諸侯者，天下之服可立而待也。夫天下處攻伐久矣，譬若傅子之爲馬然。傅，畢本改「傳」，云：「傳子，言傳舍之人。」王云：「畢説非也。傅當爲『僮』，字之誤也。僮，今童字也。説文：『僮，未冠也。』魯語曰『使僮子備官』，史記樂書曰『使僮男、僮女七十人俱歌』，宋世家曰『彼狡僮兮』，玉篇曰：『僮，今爲童。』耕柱篇曰：『大國之攻小國，譬猶童子之爲馬也。童子之爲馬，足用而勞。今大國之攻小國也，攻者農夫不得耕，婦人不得織，以守爲事。攻人者亦農夫不得耕，婦人不得織，以攻爲事。故大國之攻小國也，譬猶童子之爲馬也。』是其證。」洪云：「『傅子』當是『侲子』之譌。方言：『燕、齊之閒，養馬者謂之侲。』後漢書杜篤傳李注引方言：『侲，養馬人也。』」案：道藏本、季本作「傅」，王説近是，蘇校同。「傅」或當爲「孺」，「孺」俗作「孈」，與「傅」形近。孺子、僮子義同。今若有能信效先利天下諸侯者，効讀爲交，同聲叚借字。信交，謂相交以信。周禮大行人云：「凡諸侯之邦交，歲相問也，殷相聘也，世相朝也。」大國之不義也，則同憂之；大國之攻小國也，則同救之；小國城郭之不全也，必使修之；布粟之絶，則委之；王云：「『之絶』二字不詞，當是『乏絶』之誤。月令曰『賜貧窮，振乏絶』是也。委讀委輸之委，後漢書千乘貞王伉傳『租委鮮薄』，注：『委，謂委輸也。』」案：王説是也，周禮小行人云：「若國凶荒，則令賙委之。」幣帛不足，則共之。畢云：「共同供。」以此効大國，則小國之君説。効亦讀爲交。此云「交大國」，則不宜云「小國之君説」，疑「小國」亦當爲「大國」。上文云「是故古之仁人有天下者，必交大國之説」，是其證。人勞我逸，則我甲兵强。寬以惠，緩易急，民必移。呂氏春秋義賞篇云「賞重則民移之」，高注云：「移猶歸也。」易攻伐以治我國，攻必倍。「攻」當爲「功」之借字。量我師舉之費，以爭諸侯之斃，爭，舊本作「諍」。王云：「涉下文『諸』字從言而誤，今改。」蘇云：「諍，義與征同。」案：王校是也。説文犬部云：「獘，頓仆也。或作『斃』，從死。」左襄二十七年傳「以誣道蔽諸侯」，釋文引服虔作「斃」，云：「斃，踣也。一曰罷也。」則必可得而序利焉。王引之云：「『序利』當爲『厚利』，隸書『厚』字或作『⿸广⿱日子』，見漢荆州刺史度尚碑，又作『厚』，見三公山碑，形與『序』相似而誤。詩序『厚人倫』，釋文：『厚，本或作序，非。』荀子王霸篇『桀紂即厚於有天下之執』，鹽鐵論國病篇『無德厚於民』，今本『厚』字竝譌作『序』。此言量我興師之費，以爭諸侯之斃者，則厚利必可得也。明鬼篇曰『豈非厚利哉』，今本『厚』作『序』，則義不可通。」俞云：「『序』亦『享』字之誤。」案：俞説是也，詳前。督以正，説文目部云：「督，察也。」爾雅釋詁云：「督，正也。」郭注云：「督謂御正。」義其名，即上文云「我以義名立於天下也」。必務寬吾衆，信吾師，以此授諸侯之師，「授」字無義，疑當爲「援」。禮記儒行鄭注云：「援，猶引也，取也。」則天下無敵矣，其爲下不可勝數也。蘇云：「句有脱字，當作『其爲利天下，不可勝數也』。」此天下之利，而王公大人不知而用，則此可謂不知利天下之巨務矣。畢云：「巨，舊作『臣』，以意改。」案：顧校季氏本正作「巨」。

是故子墨子曰：今且天下之王公大人士君子，王引之云：「今且，今夫也。」中情將欲求興天下之利，除天下之害，當若繁爲攻伐，此實天下之巨害也。今欲爲仁義，求爲上士，尚欲中聖王之道，尚、上字通。下欲中國家百姓之利，故當若非攻之爲説，而將不可不察者此也。畢云：「舊脱下『不』字，以意增。」王云：「『不可不察者此也』，本作『不可不察此者也』。『此』字指非攻之説而言，言欲爲仁義，則不可不察此非攻之説也。今本『此者』二字倒轉，則與上文『今欲』二字義不相屬矣。節葬篇『故當若節喪之爲政，而不可不察者此也』，『者此』亦『此者』之誤。尚賢篇『故尚賢之爲説，而不可不察此者也』，明鬼篇『故當鬼神之有與無之別，以爲將不可以不明察此者也』，『此者』二字皆不誤。」

# 墨子閒詁卷六

## 節用上第二十

聖人爲政一國，一國可倍也；畢云：「言利可倍。」大之爲政天下，天下可倍也。其倍之，非外取地也，因其國家去其無用之費，舊本脱「用之費」三字，王據下文及中篇補。足以倍之。聖王爲政，其發令興事、使民用財也，使，舊本作「便」。王云：「『便民』二字與下句文意不合，『便民』當爲『使民』，言必有用之事，然後使民爲之也。」案：王校是也，今據正。無不加用而爲者，是故用財不費，民德不勞，德與得通，下同。其興利多矣。

其爲衣裘何？以爲冬以圉寒，夏以圉暑。圉、禦字通，詳辭過篇。凡爲衣裳之道，冬加溫、夏加清者，芊䱉不加者去之。畢云：「『芊䱉』二字凡四見，疑一『鮮』字之誤。鮮，少也，言少有不加於溫清者去之，即下篇云『諸加費不加于民利者，聖王弗爲』是也。不加，猶云無益。」洪云：「篇中言爲『宮室』、『甲盾』、『五兵』、『舟車』，『芊䱉』字凡四見，其文義皆同。以中篇言『衣服』、『舟楫』、『宮室』句證之，『芊䱉』當是『則止』二字之譌。

『則』譌爲『鮮』，『止』譌爲『且』，傳寫者又割裂，譌爲『芊䱙』。」俞云：「『芊䱙』二字凡四見，疑當作『鮮且』，蓋『鮮』字左旁之『魚』誤移在『且』字左旁耳。且讀爲𪓐，鮮且者，鮮𪓐也。説文黹部：『𪓐，合五采鮮色。從黹，虘聲。詩曰：衣裳𪓐𪓐。』鮮色謂之𪓐，故合而言之曰鮮𪓐。今詩作『楚楚』，毛傳曰：『楚楚，鮮明貌。』然則鮮𪓐連言，正古義也。鮮且不加，謂徒爲華美而無益於用。畢云『不加』猶言無益，是也。𪓐從虘聲，虘從且聲，故𪓐得以且爲之。如籀文『𨔘』，小篆作『𨑥』，或作『徂』，而詩溱洧篇『士曰既且』，釋文曰：『且，往也。』則即以且爲之，是其例矣。」案：俞説近是。公孟篇云「楚莊王鮮冠組纓」，「芊䱙」、「鮮組」並「鮮𪓐」之異文。又疑當爲「華駔」，晏子春秋諫下篇云「今君之服駔華，不可以導衆」，又云「聖人之服，中侻而不駔」。此「䱙」字從魚，且聲，舊本並同。俞正燮謂「羊〔二〕」乃「善」脱，「䱙」乃「但」誤，則誤仞爲從旦，又讀「羊」屬上爲句，並謬。蘇云「或作『鮮有』二字」，亦非。

**其爲宮室何？以爲冬以圉風寒，夏以圉暑雨，有盜賊加固者，芊䱙不加者去之。**

**其爲甲盾五兵何？**周禮司兵云「掌五兵五盾」，又「軍事，建車之五兵」，鄭衆注云：「五兵者，戈、殳、戟、酋矛、夷矛。」鄭康成云：「步卒之五兵，則無夷矛而有弓矢。」司馬法定爵篇云：「弓矢圍，殳矛守，戈戟助。凡五兵，當長以衛短，短以救長。」案：五兵古説多差異，惟鄭君與司馬法合，當爲定論。此甲盾、五兵並舉，而衛宏漢舊儀説五兵有甲鎧，周禮肆師賈疏引五經異義公羊説、穀梁莊二十五年范甯注、曾子問孔疏引禮記隱義、揚雄大玄經玄數説五兵並有盾，皆非也。

**以爲以圉寇亂盜賊，若有寇亂盜賊，有**

---

〔二〕按：俞氏所謂「羊」，指正文「芊」字，非所見本有異文。「羊」字篆作「𦍌」，隸變作「芊」，今楷作「羊」。

甲盾五兵者勝，無者不勝，畢云：「者，舊作『有』，以意改。」是故聖人作爲甲盾五兵。凡爲甲盾五兵，加輕以利、堅而難折者，芊䱉不加者去之。其爲舟車何？以爲車以行陵陸，舟以行川谷，以通四方之利。凡爲舟車之道，加輕以利者，芊䱉不加者去之。凡其爲此物也，無不加用而爲者，舊無「不」字。俞云：「上文云『無不加用而爲者』，此脱『不』字。」案：俞校是也，今據補。是故用財不費，民德不勞，其興利多矣。有去大人之好聚珠玉鳥獸犬馬，舊本無「矣」字。戴云：「『多』下當依上文補『矣』字。『有』疑『者』字之誤，『者』上脱『今』字。『去』字乃『王公』二字之誤。」案：戴校「多」下補「矣」字，是也，今據增。有當讀爲又。此承上文，言聖人爲衣裳、宮室、甲盾、五兵、舟車，既去其芊䱉不加者而不爲，又去珠玉、鳥獸、犬馬之玩好，以益爲衣裳五者，故其數自倍增也。戴説並非。以益衣裳、宮室、甲盾、五兵、舟車之數，於數倍乎？若則不難。戴云：「若猶此也。『則不難』下有脱文。」案：審校文義，似無脱文。

故孰爲難倍？唯人爲難倍。然人有可倍也。昔者聖王爲法曰：「丈夫年二十，毋敢不處家。明吴寬鈔本作「不敢毋處家」。左文十八年傳云「男有家」，周禮大司徒鄭注云：「有夫有婦，然後爲家。」女子年十五，吴鈔本作「二十」，誤。毋敢不事人。」周禮媒氏「令男三十而娶，女二十而嫁」，賈疏引王肅聖證論云：「前賢有言：丈夫二十不敢不有室，女子十五不敢不有其家。」王肅語本於此。此聖王之法也。韓非子外儲説右篇：「齊桓公下令於民曰：丈夫二十而室，婦人十五而嫁。」亦見説苑貴德篇。墨子此説與彼同。國語越語亦云：「女子十七不嫁，其父母有罪；丈夫二十不娶，其父母有罪。」齊、越之令，或亦本聖王之法與？聖王既没，于民次也。次讀爲恣，言恣民之所欲。其欲蚤處家者，有所二十年處家；其欲晚處家者，有所四十年處家。王云：「所猶時也。言有時二十年，有時四十年也。文十三年公羊傳注曰：『所猶時也。』」以其蚤與其晚相踐，玉藻鄭注云：「『踐』當爲『翦』，聲之誤也。」呂氏春秋制樂篇高注云：「翦，除也。」戴云：「踐讀如『籩豆有踐』之踐，傳曰：『踐，行列皃。』行列有比校之義。」案：戴説未允。後聖王之法十年。若純三年而字，子生可以二三年矣。周禮玉人注云：「純，猶皆也。」説文子部云：「字，乳也。」蘇云：「字猶養也。下『年』字疑當作『人』。蓋聖王之法，二十而處家，今後十年，彼早處家者當有二三子也。」戴云：「虞氏注易屯卦云：『字，姙娠也。』下『年』字乃『人』字之誤。」此不惟使民蚤處家惟，吴鈔本作「唯」。而可以倍與？且不然已。此文未足，必有脱字。明鬼下篇云「且不惟此爲然」，此「且不」下疑亦脱「惟此爲」三字。

今天下爲政者，其所以寡人之道多。其使民勞，其籍斂厚，王引之云：「籍斂，税斂也。大雅韓奕篇『實畝實籍』，箋曰：『籍，税也。』正義引宣十五年公羊傳曰『什一而籍』。」民財不足，凍餓死者不可勝數也。且大人惟毋興師以攻伐鄰國，惟毋，吴鈔本作「唯無」。畢本「毋」改「毌」，云「毌」同「貫」。案：畢校非也。唯毋，毋，語詞，説詳尚賢中篇。久者終年，速者數月，男女久不相見，此所以寡人之道也。與居處不安、飲食不時、作疾病死者，有與侵就傁橐、有讀爲又。「侵就」未詳。橐，以舉火攻城之具，見備穴篇。韓非子八説篇云「干城距衝，不若堙穴伏橐」，疑此「傁」亦當爲「伏」之譌。畢云：「『傁』即『援』字異文。」攻城野戰死者，不可勝數。此不令爲政者所以寡人之道數術而起與？畢云：「『令』當爲『今』。」戴云：「不猶非也。」聖人爲政特無此，「此」

字疑當重，誤脱其一。不聖人爲政，其所以衆人之道亦數術而起與？故子墨子曰：去無用之費，王云：「舊本脱『費』字，中篇曰『諸加費不加于民利者，聖王弗爲』，今據補。」聖王之道，天下之大利也。

## 節用中第二十一

子墨子言曰：古者明王聖人所以王天下、正諸侯者，彼其愛民謹忠，説文言部云：「謹，慎也。」此蓋與信義近。利民謹厚，忠信相連，又示之以利，是以終身不饜，吴鈔本作「厭」。殁世而不卷。殁，吴鈔本作「没」。世，舊本作「二十」二字，盧云「二字疑當爲『世』」，今據正。蘇云：「『卷』當爲『倦』。」詒讓案：正字當作「券」，説文力部云：「券，勞也。」考工記輈人鄭注云：「券，今倦字也。」卷即券之叚字。古者明王聖人，其所以王天下、正諸侯者，此也。正，長也，詳親士篇。

是故古者聖王制爲節用之法，曰：「凡天下羣百工，輪、車、鞼、匏、畢云：「鞼，説文云：『韋繡也。』『匏』當爲『鞄』，説文云：『柔革工也，讀若朴。』」王云：「『鞼』即攷工記『函鮑韗韋裘』之『韗』，非謂韋繡也。輪、車、梓、匠爲攻木之工，陶爲摶埴之工，冶爲攻金之工，然則『鞼、匏』即韗、鮑，爲攻皮之工也。凡文、吻、問與脂、旨、至，古音多互相轉，故『韗』字或作『鞼』。『鞄』之爲『匏』，亦借字耳，故攷工記又借作『鮑』。」案：王説近是。説文革部云：「韗，攻皮治鼓工也。或從韋，作『韗』。」又云：「鞄，柔革工也。周禮曰：柔皮之工鮑氏。」「鞄」即「鮑」也，此叚「鞼、匏」字爲之。非儒篇有「鮑、函、車、匠」，字亦作「鮑」。或云考工記「設色之工畫繢」，「鞼」即「繢」之借字，亦通。陶、冶、梓、匠，使各從事其所能。」曰：「凡足以奉給民用，則止。」諸加費不加于民利者，聖王弗爲。畢云：「舊『民用』下作『諸加費不加民利則止』，今據後文改。史記李斯列傳『李斯曰：凡古聖王，飲食有節，車器有數，宮室有度，出令造事加費而無益於民利者，禁』，即用此義。」

古者聖王制爲飲食之法，曰：「足以充虛繼氣，强股肱，畢云：「太平御覽引有『使』字。」耳目聰明，則止。」不極五味之調、芬香之和，畢云：「芬字同岎。」不致遠國珍怪異物。怪，舊本作「恢」。畢云：「『恢，一本作『怪』，太平御覽引同。説文云：『恢，大也。』亦通。」詒讓案：作「怪」是也，今據正。恢，篆文相近而譌。公羊昭三十一年傳「有珍怪之食」，何注云：「珍怪，猶奇異也。」荀子正論篇云「食飲則重大牢而備珍怪」，淮南子精神訓云「珍怪奇異，人之所美也，而堯糲粢之飯，藜藿之羹」。何以知其然？古者堯治天下，南撫交阯，吴鈔本作「趾」。案：阯，趾之叚字。大戴禮記少閒篇、韓非子十過篇、淮南子脩務訓並作「趾」。高注云：「交趾，南方之國。」荀子楊注引尸子及賈子新書並作「阯」。案：交阯，即今越南國。北降幽都，王云：「『降』字義不可通，『降』當爲『際』。爾雅：『際，接，捷也。』郭注曰：『捷，謂相接續也。』『際』、『降』字形相似，故傳寫易譌。周易集解豐象傳『天降祥也』，王弼本『降祥』作『際翔』。」案：王校是也。淮南子脩務訓高注云：「陰氣所在，故曰幽都，今鴈門以北是。」莊子在宥篇云「堯流共工於幽都」，釋文引李頤云：「即幽州也。尚書作幽州，北裔也。」東西至日所出入，畢云：「謂暘谷、昧谷。」詒讓案：荀子王霸篇楊注引尸子云「堯南撫交阯，北懷幽都，東西至日月之所出入」，韓非子十過篇云「昔者堯有天下，其地南至交趾，北至幽都，東西至日月之所出入者，莫不賓服」，文並略同。又大戴禮記少閒篇云「昔虞舜以天德嗣堯，朔方幽都來服，南撫交趾，出入日月，莫不率俾」，淮南子脩務訓云「堯北撫幽都，南通交趾」，賈誼新書脩政語上云「堯撫交阯，北中幽都」，亦與此文大同小異。**莫不賓服，逮至其厚愛。黍稷不二，羹胾不重，**說文肉部云：「胾，大臠也。」詩魯頌閟宮「毛炰胾羹」，毛傳云：「胾，肉也；羹，大羹，鉶羹也。」管子弟子職「羹胾中別」，尹注云：「胾，謂肉而細切。」案：不重，謂止一品，不多重也。**飯於土塯，**飯，舊本譌「飲」。王云：「土塯乃飯器，非飲器，『飲』乃『飯』字之誤。」案：王校是也，今據正。畢云：「『塯』當爲『溜』，太平御覽引此云『飯土軌』。史記李斯列傳二世責問李斯曰『吾有所聞於韓子也，曰：堯飯土匭，啜土鉶』，徐廣曰：『匭，一作溜。』說文無『塯』字，玉篇云：『力又切，瓦飯器也。』」詒讓案：史記秦始皇本紀云「飯土簋」，索隱本「簋」作「塯」，云：「如字，一音鏤，一作『簋』。」又敘傳云「食土簋」，集解：「徐廣云：一作『塯』。」與此字並同。韓非子十過篇云「堯飯於土簋，飲於土鉶」，即李斯所本。韓詩外傳三又云「舜飯乎土簋，啜乎土型」，文並大同小異。**啜於土形，**畢云：「太平御覽引作『鉶』。鄭君注周禮云：『鉶，羹器也。』後漢書注引此云：『堯舜堂高三尺，土階三等，茅茨不翦，采椽不斲，飯〔一〕土簋，歠土鉶，糲粱之飯，藜藿之羹，夏日葛衣，冬日鹿裘，是約己也。』文選注亦以爲此文。案：出韓非子。」顧云：「秦本紀正作『土形』，太史公自序作『刑』。」詒讓案：說文口部云：「啜，嘗也。」「形」、「刑」並「鉶」之叚字。史記敘傳司馬談論六家要指云：「墨者亦尚堯舜道，言其德行，曰：堂高三尺，土階三等，茅茨不翦，采椽不刮，食土簋，啜土刑，糲粱之食，藜藿之羹，夏日葛衣，冬日鹿裘。」後漢書注所引疑即本史記文。史記正義引顏氏云：「刑，所以盛羹也。土，謂燒土爲之，即瓦器也。」秦始皇本紀作「啜土

〔一〕「飯」，原誤「飲」。按：畢所謂「後漢書注」，見後漢書趙典傳李賢注，今據改正。

**形**〔一〕」，集解引如淳云：「土形〔二〕，飯器之屬，瓦器也。」李斯傳作「鉶」，韓非子十過篇同，韓詩外傳又作「型」。**斗以酌。**王云：「『斗』上脱一字，此與下文義不相屬，『酌』下必多脱文，不可考。」詒讓案：詩大雅行葦云「酌以大斗」。説文木部云：「枓，勺也。」勺部云：「勺，挹取也。」此「斗」、「酌」即「枓」、「勺」之叚借字，謂以枓挹酒漿也。**俛仰周旋威儀之禮，**畢云：「説文云：『頫，低頭也。或從人免。』」**聖王弗爲。**此句上，以上下文例校之，當亦有「諸加費不加於民利者」九字。

**古者聖王制爲衣服之法，曰：「冬服紺緅之衣，輕且暖；**畢云：「説文云：『紺，帛深青揚赤色。』玉篇：『紺，古憾切。』案：『緅』非古字，當爲『纔』。考工記云『五入爲緅』，鄭君注云：『今禮俗文作爵，言如爵頭色。』説文『纔』云『帛雀頭色』，與鄭注『緅』義合。説文無『緅』字，是知當爲『纔』。」**夏服絺綌之衣，輕且清，則止。」諸加費不加於民利者，聖王弗爲。**

**古者聖人爲猛禽狡獸暴人害民，**廣雅釋詁云：「狡，健也。」呂氏春秋恃君篇「服狡蟲」，高注云：「狡蟲，蟲之狡害者。」此「狡獸」與彼「狡蟲」義同。**於是教民以兵行，日帶劍，爲刺則入，**「日」疑當爲「曰」。**擊則斷，旁擊而不折，此劍之利也。甲爲衣則輕且利，動則兵且從，**「兵」字無義，疑當作「弁」，與「兵」形近而誤。弁者，變之叚字。書堯典「於變時雍」，漢孔宙碑作「於亓時廱」，「亓」即「弁」之隸變，是其證也。考工記函人

〔一〕〔二〕「形」，原並誤「刑」，據活字本改，與史記合。

「爲甲，衣之無齘，則變也」，鄭注云：「變，隨人身便利。」此「變且從」之義。此甲之利也。車爲服重致遠，乘之則安，引之則利，安以不傷人，利以速至，此車之利也。古者聖王爲大川廣谷之不可濟，於是利爲舟楫，王云：「『利』字義不可通，『利』當爲『制』，隸書『制』字或作『刺』，與『利』相似而誤。」足以將之則止。廣雅釋詁云：「將，行也。」止，舊譌「上」，今據道藏本正。雖上者三公諸侯至，畢〔一〕云：「上，舊作『止』，以意改。」舟楫不易，津人不飾，說文水部云：「津，水渡也。」津人，蓋掌渡之吏士。左傳昭〔二〕二十四年，「王子朝用成周之寶珪于河。甲戌，津人得諸河上」，列子黃帝篇云「津人操舟若神」，劉向列女傳辯通篇「趙津女娟者，趙河津吏之女」。此舟之利也。

古者聖王制爲節葬之法，曰：「衣三領，意林作「三領之衣」，荀子正論篇楊注云：「三領，三稱也。禮記『君陳衣於序東，西領南上』，故以領言。」足以朽肉，棺三寸，意林作「三寸之棺」，說詳節葬下篇。足以朽骸，荀子正論篇云：「世俗之爲說者曰：太古薄葬，棺厚三寸，衣衾三領，葬田不妨田，故不掘也。」蓋戰國時相傳有是語，不獨墨家言也。堀穴深不通於泉，意林「不」作「則」，誤。堀，吴鈔本作「掘」，下同。畢云：「說文云：『堀，兔窟也。』此『窟』字假音。」案：畢說非也。說文土部別有「堀」字，訓「突也」，引詩曰「蜉蝣堀閱」，段玉裁注本校改「堀」篆

〔一〕「畢」，原誤「舊」，今正。按所引爲畢沅注。
〔二〕「昭」，原誤「云」，據活字本改。

作「堀」，而删「堀，兔窟也」一條，最爲精審。此「堀穴」則借爲「窟」字。戰國策楚策云「堀穴窮巷」，漢書鄒陽傳「則士有伏死堀穴巖藪之中耳」，顔注云：「堀與窟同。」流不發洩，則止。畢云：「流，疑當爲『氣』，據下篇有云『氣無發洩於上』。」死者既葬，生者毋久喪用哀。」

古者人之始生未有宫室之時，因陵丘堀穴而處焉。聖王慮之，以爲堀穴，曰：「冬可以辟風寒。」畢云：「辟同避，言堀穴但可以避冬日風寒而已。」逮夏，畢云：「『逮』，舊作『建』，以意改。」下潤溼，上熏烝，「熏」，道藏本、吴鈔本作「重」，誤。恐傷民之氣，于是作爲宫室而利。于，吴鈔本作「於」。戴云：「下有脱文。」然則爲宫室之法將柰何哉？子墨子言曰：其旁可以圉風寒，上可以圉雪霜雨露，其中蠲潔，可以祭祀，蠲潔，詳尚同中篇。宫牆足以爲男女之别，則止。諸加費不加民利者，聖王弗爲。下疑有脱文。

## 節用下第二十二闕

## 節葬上第二十三闕

## 節葬中第二十四闕

# 節葬下第二十五

畢云：「説文云：『葬，臧也。從死在茻中，一其中，所以薦之。易曰：古之葬者，厚衣之以薪。』又云：『節，竹約也。』經典借爲約之義。」

子墨子言曰：仁者之爲天下度也，辟之無以異乎孝子之爲親度也。畢云：「辟同譬。」今孝子之爲親度也，將奈何哉？曰：「親貧則從事乎富之，人民寡則從事乎衆之，衆亂則從事乎治之。」當其於此也，亦有力不足、財不贍、智不智此字與「知」通，下同。畢云：「一本作『知』。」然後已矣，無敢舍餘力，隱謀遺利，而不爲親爲之者矣。隱謀，謂隱匿其智謀，猶尚同上篇云「隱匿良道，不以相教」也。荀子王制篇云：「無隱謀，無遺善，而百事無過，非君子莫能。」若三務者，畢云：「舊脱此字，據後文增。」孝子之爲親度也，既若此矣。雖仁者之爲天下度，畢云：「舊脱『爲』字，一本有。」亦猶此也，曰：「天下貧則從事乎富之，人民寡則從事乎衆之，衆而亂則從事乎治之。」當其於此，亦有力不足、財不贍、智不智然後已矣，無敢舍餘力，隱謀遺利，而不爲天下爲之者矣。若三務者，此仁者之爲天下度也，句首「此」字，據上文不當有。畢云：「舊脱『也』字，據上文增。」既若此矣。

今逮至昔者三代聖王既没，盧云：「『今逮至昔者』連下爲文，亦見下篇。」天下失義，後世之君子，或以厚葬久喪以爲仁也，義也，孝子之事也；或以厚葬久喪以爲非仁義，非孝子之事也。曰二子者，言則相非，畢云：「『則』字據下當爲『即』。」詒讓案：二字古通。行即相反，即，吴鈔本作「則」。

皆曰：「吾上祖述堯舜禹湯文武之道者也。」而言即相非，行即相反，於此乎後世之君子皆疑惑乎二子者言也。若苟疑惑乎之二子者言，然則姑嘗傳而爲政乎國家萬民而觀之，傳，道藏本、吴鈔本並同。畢本作「傅」。王云：「『傅』字義不可通，當依舊本作『傳』，傳與轉通。呂氏春秋必己篇『若夫萬物之情，人倫之傳』，高注曰：『傳猶轉。』莊子天運篇『無方之傳，應物而不窮』，漢書劉向傳『禹稷與咎繇傳相汲引』，傳竝與轉同。淮南主術篇『生無乏用，死無轉尸』，逸周書大聚篇『轉』作『傳』。襄二十五年左傳注『傳寫失之』，釋文：『傳，一本作轉。』言若疑惑乎二子之言，則試轉而爲政乎國家萬民以觀之也。」計厚葬久喪，奚當此三利者？我意若使法其言，用其謀，厚葬久喪實可以富貧衆寡、定危治亂乎？此仁也，義也，孝子之事也，畢云：「舊脫此字，據前後文增。」爲人謀者不可不勸也。畢云：「此下舊有『仁者將求興天下，誰霸而使民譽之』云云，共六十四字，與下文複出，今刪。」案：吴鈔本亦衍，「霸」作「伯」。仁者將興之天下，「將」下當依俞校補「求」字。誰賈而使民譽之，終勿廢也。「誰賈」義不可通，當爲「設置」之誤。兼愛下篇「設以二士」，設，今本亦譌作「誰」，可證。「置」與「賈」亦形近而譌。畢校一本作「霸」，尤譌謬不可據也。下文云「仁者將求除之天下，相廢而使人非之」，「興」與「除」、「置」與「廢」、「譽」與「非」，文並相對也。俞云：「此上舊有『仁者將求興天下，誰霸而使民譽之』云云，畢氏刪之，是也。惟『將』下當有『求』字，下文云『仁者將求除天下之相廢而使人非之，終身勿爲』，與此爲對文，可證也。此當云『仁者將求興天下之利，而使民譽之，終身勿廢也。』」案：「將」下俞校補「求」字，是也，餘並非。意亦使法其言，用其謀，厚葬久喪實不可以富貧衆寡、定危理亂乎？畢云：「理，前作『治』。」詒讓案：唐人避諱改。**此非仁非義，非孝子之事也，爲人謀者不可不沮也。仁者將求除之天下，**畢本作「除天下之」，今據道藏本、吴鈔本乙正，與上文「仁者將興之天下」句法正同。**相廢而使人非之，**「相廢」義難通。「相」疑當爲「措」，與「廢」義同。書微子之命叙云「殷既錯天命」，釋文引馬融云：「錯，廢也。」非命上篇云：「今雖毋求執〔二〕有命者之言，不必得，不亦可錯乎？」「措」、「錯」字通，今本作「相」，形近而譌。**終身勿爲。**俞云：「此當云『仁者將求除天下之害，而使人非之，終身勿爲也。』」案：句末當依俞校補「也」字，餘並非是。

**且故興天下之利，**王云：「『且故』二字文義不順，當爲『是故』之誤。興利除害，正承上文而言。」案：王説是也，俞謂「終身勿爲」下舊有「也」字，「且」即「也」字之誤，失之。**除天下之害，令國家百姓之不治也，自古及今未嘗之有也。**當作「未之嘗有也」。**何以知其然也？今天下之士君子，將猶多皆疑惑厚葬久喪之爲中是非利害也。**穆天子傳郭璞注云：「中猶合也。」**故子墨子言曰：然則姑嘗稽之。今雖毋法執厚葬久喪者言，**毋，語詞。畢改「毌」，非，詳尚賢中篇。王云：「『雖』與『唯』同。」蘇云：「『雖』字誤，當從下文作『唯』。」案：王説是也。**以爲事乎國家。此存乎王公大人有喪者，曰棺椁必重，**畢云：「椁，舊作「槨」，以意改。」詒讓案：檀弓云「天子之棺四重，柏槨以端長六尺」，鄭注云：「諸公三重，諸侯再重，大夫一重，士不重。」荀子禮論篇云「天子棺椁十重，諸侯五重，大夫三重，士再重」，楊注云：「禮記云『天子之棺四重』，今云『十重』，蓋

〔二〕「執」字原脱，據本書非命上篇補。

以棺椁與抗木合爲十重也。諸侯以下，與禮記多少不同，未詳也。」案：莊子天下篇述喪禮作「天子棺椁七重」，餘與荀子同。**葬埋必厚，衣衾必多，**喪大記云：「小斂，君錦衾，大夫縞衾，士緇衾，皆一，衣十有九稱。大斂，君陳衣百稱，大夫五十稱，士三十稱。」**文繡必繁，**「文繡」，謂棺飾，若帷荒之屬。周禮縫人鄭注云：「孝子既啓見棺，猶見親之身。既載飾而以行，遂以葬，若存時居於帷幕而加文繡。」是也。**丘隴必巨。**說文土部云：「壠，丘壠也。」禮記曲禮鄭注云：「丘，壟也。壟，冢也。」隴，壟之叚字。淮南子說林訓云：「或謂冢，或謂隴，名異實同也。」呂氏春秋安死篇云：「世俗之爲丘壟也，其大若山，其樹之若林。」**存乎匹夫賤人死者，**匹，舊本譌作「正」。畢云：「正同征。」王云：「畢說非也，『正』當爲『匹』。白虎通義曰『庶人稱匹夫』。上文『王公大人』爲一類，此文『匹夫賤人』爲一類，無取於征夫也。隸書『匹』字或作『疋』，與『正』相似而誤。禮器『匹士大牢而祭謂之攘』，釋文：『匹，本或作正。』緇衣『唯君子能好其正』，注：『正當爲匹。』」案：王說是也，今據正。**殆竭家室。**莊子養生主釋文向秀云：「殆，疲困也。」**乎諸侯死者，**畢云：「乎，當云『存乎』。」**虛車府，然後金玉珠璣比乎身，**比，舊本譌「北」，今依道藏本、吴鈔本正。俞云：「『車』乃『庫』字之誤。漢書王尊傳師古注曰：『比，周也。』比乎身，猶言周乎身。」**綸組節約，車馬藏乎壙，**淮南子齊俗訓云「古者非不能竭國麋民，虛府殫財，含珠鱗施，綸組節束，追送死也」，許注云：「綸，絮也。束，縛也。」案：節約與淮南書「節束」義同。**又必多爲屋幕、**吴鈔本作「幄幙」。案：屋，非攻中篇亦作「幄」，「幄」俗字，古止作「屋」。詩大雅抑「尚不愧于屋漏」，鄭箋云「屋，小帳也」，史記周本紀云「有火自上復於下，至於王屋」，並以「屋」爲「幄」。幙，俗「幕」字。**鼎鼓、几梃、壺濫、**梃，道藏本、吴鈔本並作挺，從手，誤。畢云「梃同筵」。呂氏春秋節喪有云『壺濫』，高誘曰：『以冰置水漿於其中爲濫，取其冷也。』」盧文弨云：「『壺濫』，蓋器名，高注似臆說。」呂覽慎勢篇云：『功名著乎盤盂，銘篆著乎壺鑑。』」梁履繩云：「周禮『春始治鑑』，集韻『鑑』或從水。」案：盧、梁説是也。**戈劒、羽旄、齒革，**呂氏春秋節喪篇云：「國彌大，家彌富，葬彌厚。含珠鱗施，夫玩好貨寶，鍾鼎壺鑑，轝馬衣被戈劒，不可勝其數，諸養生之具，無不從者。」**寢而埋之，**後文云「扶而埋之」，扶，王引之校改「挾」，此「寢」字疑亦「挾」字之誤。**滿意。**滿、意義同。説文心部云：「意，滿也。」**若送從，**此當從公孟篇作「送死若徙」，荀子禮論篇云「具生器以適墓，象徙道也。」此脱「死」字，「送」字誤箸「若」字之下，「徙」又誤「從」，遂不可通。**曰：「天子殺殉，**畢云：「古只爲『徇』。」詒讓案：「天子」下疑當有「諸侯」二字。**衆者數百，寡者數十。將軍大夫殺殉，**將軍大夫即卿大夫，詳尚同中篇。**衆者數十，寡者數人。」處喪之法將柰何哉？曰：「哭泣不秩，聲翁，**爾雅釋詁云：「秩，常也。」儀禮士喪記云「哭晝夜無時」，襍記云「中路嬰兒失其母焉，何常聲之有」。畢云：「言聲無次第。『翁』義未詳。」洪云：「畢讀作『翁縗絰』句。案『翁』字屬『聲』爲句，『聲翁』當是『聲嗌』之譌。説文：『嗌，咽也。』籀文作，與『翁』字形相近。」案洪説是也。**縗絰，**畢云：「説文云：『縗服長六寸，博四寸，直心。』鄭君注儀禮云：『麻在首、在要，皆曰絰。』説文云：『絰，喪首戴也。』」**垂涕，處倚廬，寢苫枕凷。**」禮喪服傳及士喪記云「居倚廬，寢苫枕塊」，鄭注云：「倚木爲廬，在中門外東方北户。苫，編稾。塊，堛也。」釋文：「塊，本又作『凷』。」案：「凷」本字，「塊」或體。**又相率强不食而爲飢，**閒傳云：「斬衰三日不食，齊衰二日不食，大功三不食，小功緦麻再不食。」**薄衣而爲寒，使面目陷隰，**畢云：「當爲『陬』。陬之訓阪隅，言面瘦棱棱也。」盧云：「玉篇有『𣩀』字，先外切，云『瘦病也』，則當爲『𣩀』。」詒讓案：莊子天地篇云「卑陬失色」，釋文云：「李云：卑陬，愧懼貌。一云顏色不自得也。」此「隰」

疑亦與「陬」同，皆形容阻喪之貌，與瘦異也。**顏色黧黑，**黧，黎之俗，詳兼愛中篇。**耳目不聰明，手足不勁强，不可用也。又曰：「上士之操喪也，必扶而能起，杖而能行，**喪服四制云「百官備，百物具，不言而事行者，扶而起，言而后事行者，杖而起」，鄭注云：「扶而起，謂天子、諸侯也；杖而起，謂大夫、士也。」**以此共三年。」若法若言，行若道，**王引之云：「若猶此也。」**使王公大人行此，則必不能蚤朝。**俞云：「『蚤朝』下脱『宴退』二字。『蚤朝晏退』與下『蚤出夜入，夙興夜寐』對文。若無『宴退』二字，文義未完。尚賢中篇、非樂上篇、非命下篇並有『蚤朝晏退』之文。尚賢篇與『夜寢夙興，蚤出莫入』相對，非樂篇、非命篇與『蚤出暮入，夙興夜寐』相對，是其證也。」案：俞説是也，但此處脱文尚不止此二字，今未敢肊補。**五官六府，**此當作「使士大夫行此，則必不能治五官六府」。蓋上「王公大人」指天子、諸侯言，此「治五官六府，辟草木，實倉廩」，指卿大夫言也。非樂上篇云：「王公大人，蚤朝晏退，聽獄治政，此其分事也。士君子内治官府，外收斂關市、山林、澤梁之利，以實倉廩府庫，此其分事也。」此與彼正同。今本「五官」上有脱文，遂以「五官六府」以下並爲王公大人之事，非也。又案：五官者，殷周侯國之制也。史記周本紀云「古公作五官有司」，大戴禮記千乘篇云「千乘之國列其五官」，曾子問「諸侯適天子，乃命國家五官而後行」，鄭注云：「五官，五大夫典事者。」管子大匡篇云「乃令五官行事」，商子君臣篇云「地廣民衆，故分五官而守之」，戰國策齊策云「五官之計，不可不日聽也」。曲禮：「天子之五官，曰司徒、司馬、司空、司士、司寇，典司五衆。天子之六府，曰司土、司水、司木、司草、司器、司貨，典司六職。」鄭注云：「此亦殷時制也。府，主藏六物之稅者。」周禮大宰説邦國官制云「設其參，傅其伍」，鄭注云：「伍，謂大夫五人。」檀弓孔疏引崔靈恩説，謂小宰、小司徒、小司馬、小司寇、小司空是也。蓋諸侯雖止三卿，然亦備五官，但其二官無卿耳。戰國時，諸侯蓋猶沿其制。至淮南子天文訓云「何謂五官？東方爲田，南方爲司馬，西方爲理，北方爲司空，中央爲都」，春秋繁露五行相生篇云「司馬者，火也；司營者，土也；司徒者，金也；司寇者，水也；司農者，木也」，左昭二十九年傳云「五行之官是謂五官。木正曰句芒，火正曰祝融，金正曰蓐收，水正曰玄冥，土正曰后土」，此並古五官之別制，與周侯國五官之名不甚合也。六府，古籍無明文。曲禮六府，鄭君以爲殷制，則非周法。左傳文七年、大戴禮記四代篇並以水、火、金、木、土、穀爲六府，亦非官府。漢書食貨志説太公爲周立九府圜法，顔注謂即周官大府、玉府、內府、外府、泉府、天府、職內、職金、職幣等官。若然，天子有九府，六府或亦諸侯制與？**辟草木，**畢云：「辟同闢。草即艸字假音。」**實倉廩。使農夫行此，則必不能蚤出夜入，**畢云：「夜，一本作『晩』。」**耕稼樹藝。**説文丮部云：「埶，穜也。」「藝」即「埶」之俗。**使百工行此，則必不能修舟車爲器皿矣。使婦人行此，**婦，吴鈔本作「媍」。**則必不能夙興夜寐，紡績織紝。**畢云：「紝、絍二字皆通。」**細計厚葬爲多埋賦之財者也，**蘇云：「『之』字衍。」俞云：「『細』字無義，蓋即上句『紝』字之誤而衍者。『紝』本作『絍』，因誤爲『細』矣。『埋賦』二字亦不可通，『賦』當作『贓』。玉篇貝部：『贓，作郎切，藏也。』是『埋贓』即埋藏也。『贓』、『賦』相似，因而致誤耳。」案：俞以「細」爲衍文，是也。而破「賦」爲「贓」，則非。此當云「計厚葬爲多埋賦財者也」，與下文云「計久喪爲久禁從事者也」，文例同。**計久喪爲久禁從事者也。財以成者，**畢云：「以同已。」**扶而埋之，**王引之云：「『扶』字義不可通，『扶』當爲『挾』，謂挾已成之財而埋之也。隸書『挾』字或作『挾』，與『扶』相似而誤。」俞云：「『扶』乃『抉』字之誤。廣雅釋詁：『抉，穿也。』抉而埋之，謂穿地而埋之也。説文穴部『突，穿也』，又曰『窔，深抉也』，義並與『抉』相近。」案：王說近是。後得生者而久禁之，畢云：「言厚葬則埋已成之財，久喪則禁後生之財。」案：此謂死者之親屬得生而禁其從事耳，非謂財也，畢失其義。以此求富，此譬猶禁耕而求穫也，富之說無可得焉。是故求以富家畢云：「舊『求以』二字倒，據後文改。」而既已不可矣。

欲以衆人民，意者可邪？其說又不可矣。今唯無以厚葬久喪者爲政，唯，舊本作「惟」，今據吴鈔本改，下文亦作「唯」。「唯無」、「唯毋」義同。畢本並改「無」爲「毋」，非，詳前。吴鈔本「喪」下無「者」字。君死，喪之三年；父母死，喪之三年；喪服經：「爲父斬衰三年，父卒，爲母齊衰三年。」説苑修文篇「齊宣王謂田過曰：吾聞儒者喪親三年，喪君三年」，則戰國時非儒者蓋不盡持三年服也。妻與後子死者，孔廣森云：「後子者，爲父後之子，即長子也。戰國策謂齊〔二〕太子申爲後子，荀子謂丹朱爲堯後子，其義並同。」畢云：「後子，嗣子適也。」五皆喪之三年；畢云：「左傳曰『王一歲有三年之喪二』，周禮如此。」案：喪服經：「父爲長子斬衰三年，夫爲妻齊衰期。」畢據左昭十五年傳證此文，是也。彼叔向語，指景王有穆后、太子壽之喪，而云「有三年之喪二」，是妻亦有三年之義。杜注云：「天子絕期，唯服三年。故后雖期，通謂之三年喪。」孔疏云：「喪服傳曰：父必三年然後娶，達子之志也。父以其子有三年之戚，爲之三年不娶，則夫之於妻，有三年之義，故可通謂之三年之喪。」孔廣森云：「襍記云：期之喪，十一月而練，十三月而祥，十五月而禫。有練有祥有禫，故妻喪禫期，兼得三年之稱也。假令遭喪於甲年之末，除

〔二〕按：「齊」字疑誤，據齊策，有梁太子申。

禫於丙年之首，前後已涉三年。」王云：「『者五』當爲『五者』，謂君、父、母、妻與後子也。非儒篇曰『妻、後子三年』。今本『五者』二字倒轉，則義不可通。」俞云：「上文君死、父母死，既已別而言之，此不當總數爲五，『五』疑『二』字之誤。」案：王、俞二說不同，未知孰是。**然後伯父叔父兄弟孽子其；**畢云：「其同期。」詒讓案：公孟篇正作「期」。非儒篇作「其」，與此同。喪服經：「爲世父母、叔父母、昆弟衆子，並齊衰期。」說文子部云：「孽，庶子也。」「孽子」即衆子，對前「後子」爲冢嫡也。**族人五月；**喪服經：「爲從祖祖父母、從祖父母報、從祖昆弟，並小功五月。」王云：「『族人』當爲『戚族人』」，謂族人之近者也，非儒篇正作『戚族人五月』。見儀禮喪服。今本脱『戚』字，則義不可通。公孟篇『戚族人五月』，今本亦脱『戚』字。」**姑姊甥舅皆有月數；**喪服：「爲姑姊妹，在室，期；適人，大功九月；甥舅相爲緦麻三月。」王云：「『月數』當爲『數月』，公孟篇正作『姑姊舅甥皆有數月之喪』。亦見喪服。今本『數月』二字倒轉，則文義不明。」**則毀瘠必有制矣。使面目陷陬，顏色黧黑，耳目不聰明，手足不勁强，不可用也。又曰：「上士操喪也，必扶而能起，杖而能行，以此共三年。」若法若言，行若道，苟其飢約又若此矣。是故百姓冬不仞寒，**畢云：「仞，忍字假音。」**夏不仞暑，作疾病死者不可勝計也。此其爲敗男女之交多矣。以此求衆，譬猶使人負劒而求其壽也，**負、伏通。左傳襄三年「魏絳將伏劒」，孔疏云：「謂仰劒刃，身伏其上而取死也。」**衆之說無可得焉。是故求以衆人民，而既以不可矣。**畢云：「以同已。」**欲以治刑政，意者可乎？其說又不可矣。今唯無以厚葬久喪者爲政，**唯，舊本作「惟」，今從吴鈔本改。國家必貧，人民必寡，刑政必亂。若法若言，行若道，使爲上者行此，則不能聽治；使爲下者行此，則不能從事。上不聽治，刑政必亂；下不從事，畢云：「『不』下舊有『行』字，衍文。」衣食之財必不足。若苟不足，爲人弟者求其兄而不得，不弟弟必將怨其兄矣；爲人子者求其親而不得，不孝子必是怨其親矣；是，據下文疑當作「且」。爲人臣者求之君而不得，不忠臣必且亂其上矣。是以僻淫邪行之民，僻淫，吴鈔本作「淫辟」。出則無衣也，入則無食也，内續奚吾，俞云：「四字不可解，疑當爲『内積奚后』，皆字之誤也。『奚后』即『謑詬』之叚音。説文言部：『謑，恥也。』重文謑，曰：『謑或從奊。』又曰：『詬，謑詬，恥也。』重文訽，曰：『詬或從句。』荀子非十二子篇作『謑訽』，是其本字。漢書賈誼傳作『奊詬』，『奊』即『謑』之省。墨子作『奚后』，『奚』即『謑』之省，『后』即『詬』之省。古文以聲爲主，故省不從『言』耳。内積謑詬者，内積恥辱也。蓋出則無衣，入則無食，不勝其恥辱，故並爲淫暴而不可勝禁也。」並爲淫暴而不可勝禁也。是故盜賊衆而治者寡。夫衆盜賊而寡治者，王云：「『夫』字承上文而言，舊本『夫』譌作『先』，今改正。」以此求治，譬猶使人三睘而毋負己也，王引之云：「睘與還同，還讀周還、折還之還，謂轉折也。使人三轉其身於己前，則或轉而向己，或轉而背己，皆勢所必然。如此，而欲使其毋背己，不可得也。故曰『以此求治，譬猶使人三睘而毋負己也』，亦言求治之必不可得也。負亦背也。明堂位『天子負斧依』，注：『負之言背也。』秦策『齊東負海，北倚河』，高注：『負，背也。』負與背古同聲，而字亦相通。史記主父偃傳『南面負扆』，漢書『負』作『背』。漢書高紀『項羽背約』，史記『背』作『負』。」案：王説是也。莊子説劒篇説趙文王宰人上食，王三環之，釋文云：「環，繞也。」睘、環義同。治之説無可得焉。是故求以治刑政，而既已不可矣。

欲以禁止大國之攻小國也，意者可邪？其説又不可矣。是故昔者聖王既没，天下失義，諸侯力征。國語吴語云「以力征一二兄弟之國」，大戴禮記用兵篇云「諸侯力政，不朝於天子」，盧注云：「言以威力侵爭。」案：征、正、政通。天志上篇作「力政」，下篇及明鬼下篇並作「力正」。南有楚越之王，而北有齊晉之君，此皆砥礪其卒伍，畢云：「『礪』當爲『厲』。」以攻伐并兼爲政於天下。是故凡大國之所以不攻小國者，積委多，説文禾部云：「積，聚也。」周禮大司徒鄭注云：「少曰委，多曰積。」左傳僖三十三年杜注云：「積，芻米禾薪。」城郭修，吴鈔本作「脩」。上下調和，是故大國不耆攻之。漢書景帝紀顔注云：「耆，讀曰嗜。」畢云：「『之』舊作『者』，據後文改。」無積委，城郭不修，上下不調和，是故大國耆攻之。畢云：「『耆』舊作『者』，據上文改。」今唯無以厚葬久喪者爲政，唯無，舊本作「惟毋」，今據吴鈔本改。國家必貧，人民必寡，刑政必亂。若苟貧，是無以爲積委也；若苟寡，是城郭溝渠者寡也；王云：「『城郭溝渠』上當有『脩』字，而今本脱之，則義不可通。此『脩』字正承上文『城郭脩』、『城郭不脩』而言。」蘇校同。若苟亂，是出戰不克，入守不固。此求禁止大國之攻小國也，而既已不可矣。

欲以干上帝鬼神之福，意者可邪？其説又不可矣。今唯無以厚葬久喪者爲政，「唯」，舊本作「惟」，今據吴鈔本改。國家必貧，人民必寡，刑政必亂。若苟貧，是粢盛酒醴不净潔也；若苟寡，是事上帝鬼神者寡也；若苟亂，是祭祀不時度也。今又禁止事上帝鬼神，爲政若此，上帝鬼神始得從上撫之曰：「我有是人也，與無是人也，孰愈？」曰：「我有是人也，與無是人也，無擇也。」則惟上帝鬼神惟，吴鈔本作「唯」。王云：「惟與雖同。」降之罪厲之禍罰而棄之，王云：「之禍罰，之猶與也，謂罪厲與禍罰也。之字古或訓爲與。」則豈不亦乃其所哉！乃，畢本作「反」，云：「舊作『乃』，以意改。」王云：「畢改非也。乃其所，猶言固其宜。言以不事上帝鬼神而獲禍，固其宜也。襄二十一年左傳曰『若上之所爲，而民亦爲之，乃其所也』，是其證。文二年傳『吾以勇求右，無勇而黜，亦其所也』，哀十六年傳『克則爲卿，不克則烹〔一〕，固其所也』，若改爲『反其所』，則義不可通。」

故古聖王畢云：「後漢書趙咨傳注引作『古者聖人』。」詒讓案：北堂書鈔禮儀部十三引亦同。制爲葬埋之法，宋書禮志引尸子「禹治水，爲喪法」，墨子所述或即夏法與？曰：畢云：「初學記引作『桐』，餘書亦多作『曰』。」「棺三寸，「棺」上當有「桐」字。左傳哀二年云「桐棺三寸，不設屬辟，下卿之罰也」，釋文云：「棺用難朽之木，桐木易壞，不堪爲棺，故以爲罰。墨子尚儉，有桐棺三寸。」荀子禮論篇說刑餘罪人之喪，棺厚三寸，衣衾三領，吕氏春秋高義篇云楚子囊死，爲之桐棺三寸，是皆示罰之法。墨子制爲恒典，則太儉矣。檀弓云「夫子制於中都四寸之棺，五寸之椁」，鄭注云：「爲民作制。」荀子楊注引墨子曰「桐棺三寸，葛以爲緘」，蓋兼用下文。孟子公孫丑篇云：「古者棺椁無度，中

---

〔一〕「烹」，原誤「亨」，據左傳改。

古棺七寸，椁稱之，自天子達於庶人。」並與此異。足以朽體，衣衾三領，足以覆惡。畢云：「死者爲人惡之，故云覆惡。」以及其葬也，下毋及泉，上毋通臭，壟若參耕之畝，參耕之畝，謂三耦耕之畝也。考工記匠人「爲溝洫，耜廣五寸，二耜爲耦，一耦之伐，廣尺深尺，謂之甽」，鄭注云：「古者耜一金，兩人併發之，其壟中曰甽，甽上〔二〕曰伐。今之耜歧頭兩金，象古之耦也。」説文耒部云：「耕廣五寸爲伐，二伐爲耦。」與考工説同。若然，一耦之甽，其廣一尺，則三耦之甽，其廣三尺也。則止矣。」死則既以葬矣，生者必無久哭，王云：「『久哭』當爲『久𠷎』。𠷎字從哭，亾聲。墨子原文蓋本作『𠷎』，見玉篇、廣韻，而傳寫脱去『亾』字耳。節用篇曰『死者既葬，生者毋久𠷎用哀』，是其證。『久喪』二字見於本篇及它篇者多矣，若作『久哭』，則語不該備。」而疾而從事，人爲其所能，以交相利也。此聖王之法也。

今執厚葬久喪者之言曰：厚葬久喪雖使不可以富貧衆寡、定危治亂，然此聖王之道也。畢云：「之，舊作『也以』二字，據後文改。」子墨子曰：不然。昔者堯北教乎八狄，藝文類聚十一引帝王世紀：「舜攝政二十八年，堯與方回遊陽城而崩。」畢云：「北堂書鈔引作『北狄』。」案：畢據書鈔九十二引校，然書鈔二十五又引仍作『八狄』。爾雅釋地有八狄。詩小雅蓼蕭孔疏引李巡本爾雅云『五狄在北方』，周禮職方氏又云『六狄』。禮記王制孔疏引李巡云：「五狄：一曰月支，二曰穢貊，三曰匈奴，四曰單于，五曰白屋。」道死，葬蛩山之

〔二〕「上」，原誤「土」，據活字本改，與考工記鄭注合。

陰。畢云：「蛩，初學記引作『鞏』，一本亦作『鞏』。北堂書鈔、後漢書注、太平御覽俱引作『卭』。呂氏春秋安死云『堯葬於穀林』，高誘曰：『堯葬成陽，此云穀林，成陽山下有穀〔二〕林。』」詒讓案：後漢書趙咨傳注作「堯葬卭之山」。水經瓠子河注引帝王世紀云「墨子：堯北教八狄，道死，葬蛩山之陰」，山海經曰「堯葬狄山之陽，一名崇山」，二説各殊，以爲成陽近是堯冢也。史記五帝本紀集解云：「皇覽曰堯冢在濟陰城陽。劉向曰堯葬濟陰，丘壠皆小。呂氏春秋曰堯葬穀林。皇甫謐曰穀林即城陽。」正義云「括地志云：堯陵在濮州雷澤縣西三里，郭緣生述征記云『城陽東有堯冢，亦曰堯陵，有碑』是也。」**衣衾三領，榖木之棺，**説文木部云：「榖，楮也。」毛詩小雅鶴鳴傳云：「榖，惡木也。」禮，天子棺用梓杝，此用榖，尚儉。畢云：「『榖』字從木。」**葛以緘之，**釋名釋喪制云：「棺束曰緘。緘，函也。古者棺不釘也。」喪大記云「凡封，用綍去碑負引，君封以衡，大夫士以咸」，鄭注云：「咸讀爲緘。凡柩車及壙説載除飾而屬紼於柩之緘。今齊人謂棺束爲緘繩。」又檀弓云：「棺束縮二衡三。」案：禮，棺束用皮，此用葛，亦尚儉也。漢書楊王孫傳云：「昔帝堯之葬也，窾木爲匵，葛藟爲緘，其穿下不亂泉，上不泄殠。」**既泚而後哭，**畢云：「『泚』當爲『犯』，『窆』字之假音也。」**滿埳無封。**畢云：「古無『埳』字，當爲『坎』。北堂書鈔、後漢書注、太平御覽俱引作『坎』。玉篇云：『埳，苦感切，亦與坎同。』封，後漢書注引作『窆』，『封』、『窆』聲相近。」俞云：「上云『既泚』，畢云『泚當爲犯，窆字之假音也』，則此不當云『無窆』矣。且窆者，葬下棺也，葬雖至薄，亦必下棺，而云『無窆』，理不可通。『封』仍當讀如本字。禮記王制

---

〔二〕按：以上三「穀」字，畢沅刻本均誤作「榖」，本書沿誤。今據呂氏春秋安死篇改正。

篇『不封不樹』，鄭注曰：『封，謂聚土爲墳。』無封，言不爲墳也。檀弓曰『古也墓而不墳』。」**已葬，而牛馬乘之。**

**舜西教乎七戎，**畢云：「北堂書鈔、太平御覽引俱作『犬戎』。」詒讓案：爾雅釋地有七戎。詩蓼蕭孔疏引李本爾雅云「六戎在西方」。周禮職方氏又云「五戎」。王制孔疏引李注云：「六戎：一曰僥夷，二曰戎夷，三曰老白，四曰耆羌，五曰鼻息，六曰天剛。」**道死，葬南己之市。**書鈔九十二、御覽八十一引帝王世紀云：「舜南征，崩於鳴條，年百歲，殯以瓦棺，葬於蒼梧九疑山之陽，是爲零陵，謂之紀市，在今營道縣。」孟子離婁篇云「舜卒於鳴條」。史記五帝本紀：「舜踐帝位三十九年，南巡狩，崩於蒼梧之野，葬於江南九疑，是爲零陵。」集解：「皇覽曰：舜冢在零陵營浦縣。」畢云：「後漢書注引作『舜葬紀市』，又一引作『葬南巴之中』，太平御覽亦作『紀』。呂氏春秋安死云『舜葬于紀市，不變其肆』，高誘曰：『傳曰舜葬蒼梧九疑之山，此云于紀市，九疑山下亦有紀邑。』按：『南己』實當作『南巴』，形相近，字之譌也。高誘以爲『紀邑』，非。九疑，古巴地。史記正義云：『周地志云：南渡老子水，登巴領山，南回記〔二〕大江。此南是古巴國，因以名山。』是已。」王云：「南己，後漢書王符傳注引作南巴，『巴』即『己』之誤。畢以作『巴』者爲是，且云『九疑，古巴地』。案：北堂書鈔及初學記禮部下引墨子並作『南己』，後漢書趙咨傳注及太平御覽並引作『南紀』，呂氏春秋安死篇『舜葬於紀市』，即所謂南紀之市，則『己』非誤字也。若是『巴』字，則不得與『紀』通矣。墨子稱舜所葬地，本不與諸書同，不必牽合舜葬九疑之文也。至謂九疑爲古巴地，以牽合南巴，則顯與上文『西教乎七戎』不合，此無庸辯也。」案：王

---

〔二〕按：畢引史記正義，見史記蘇秦列傳張守節正義。「南回記大江」，「記」字義不可通，但原文如此。疑「記」爲「訖」之誤（「訖」同「迄」），或爲衍文。

說是也。舜葬，古書多云在蒼梧，孟子又云卒鳴條，與此云「葬南己」並不相涉。困學紀聞引薛季宣謂蒼梧山在海州界，近莒之紀城。羅泌路史注又謂紀即冀，河東皮氏東北有冀亭，鳴條在安邑西北，其地相近。斯並欲傅合諸說爲一，實不可通。近何秋濤又謂周書王會篇「正西枳己」，即此南己，云「紀市」與「枳己」聲近，蓋即一地，尤肊說不足據。劉賡稽瑞引墨子曰「舜葬於蒼梧之野，象爲之耕」，與此不同，疑誤以他書之文改此書。**衣衾三領，穀木之棺，**畢云：「後漢書注引『穀』作『款』，非。」**葛以緘之。已葬，而市人乘之。**淮南子齊俗訓云：「昔舜葬蒼梧，市不變其肆。」**禹東教乎九夷，**九夷，詳非攻中篇。畢云：「太平御覽引作『教于越』者，以意改之。」王云：「鈔本北堂書鈔及初學記引此並作『於越』，非作御覽者以意改也。今本作『九夷』者，後人因上文『七戎』、『八狄』而改之，不知此說堯舜禹所至之地，初非以七戎、八狄、九夷爲次序也。據下文云『葬會稽之山』，會稽正在越地，則當以作『於越』者爲是。」**道死，葬會稽之山。**稽瑞引墨子云「禹葬會稽，鳥爲之耘」，疑此佚文。史記夏本紀云：「或云禹會諸侯計功而崩，因葬焉，命曰會稽。會稽者，會計也。」集解云：「皇覽曰：禹冢在山陰縣會稽山上。會稽山本名苗山，在縣南，去縣七里。越傳云：禹到大越，上苗山，大會計，爵有德，封有功，因而更名苗山曰會稽。因病死，葬，葦棺，穿壙深七尺，上無瀉泄，下無邸水，壇高三尺，土階三等，周方一畝。」正義：「括地志云：禹陵在越州會稽縣南十三里。」案：越傳即越絕書，今本越絕記地傳文與裴駰所引略同。**衣衾三領，**畢云：「史記集解引『衾』作『裘』，非。」詒讓案：周禮職方氏賈疏引亦作「裘」，與夏本紀集解同。七患篇云「死又厚爲棺槨，多爲衣裘」，則葬有用裘者。**桐棺三寸，**畢云：「後漢書注引尸子云：『禹之葬法，死於陵者葬於陵，死於澤者葬於澤，桐棺三寸，制喪三日。』」詒讓案：宋書禮志引尸子云：「禹治水，爲喪法，曰：使死於陵者葬於陵，死於澤者葬於澤，桐棺三寸，制喪三月。」越絶書記地外傳、吴越春秋越王無余外傳並云「禹葬會稽，葦槨桐棺」。葛以緘之，「緘」當作「繃」。説文糸部云「繃，束也」，引墨子曰「禹葬會稽，桐棺三寸，葛以繃之」，即此文。藝文類聚十一、御覽三十七引帝王世紀亦云「禹葬會稽，葛以繃之」。段玉裁云：「繃，今墨子此句三見，皆作『緘』。古蒸、侵二部音轉最近也。」畢云：「太平御覽引『緘』作『繃』，注云『補庚切』，則此『緘』字俗改。」絞之不合，通之不埳，道藏本、吴鈔本「通」並作「道」。土地之深，王云：「『土地』二字文義不明。『土地』當爲『堀地』，寫者脱其右半耳。下文曰『掘地之深，下無菹漏，氣無發泄於上』，節用篇曰『堀穴深不通於泉』，皆其證。」下毋及泉，毋，吴鈔本作「無」，下同。上毋通臭。後漢書趙咨傳注引作「皆下不及泉，上無遺臭」。書鈔「無」作「不」，餘並與李引同。既葬，收餘壤其上，説文土部云：「壤，柔土也。」九章算術商功篇「穿地四，爲壤五，爲堅三」，劉徽注云：「壤謂息土，堅謂築土。」畢云：「太平御覽引作『收餘壤爲壟』，則當云『爲其上壟』。」詒讓案：以上文校之，「壟」不得屬上爲句，畢説非。壟若參耕之畝，藝文類聚十一、御覽三十七引帝王世紀文略同，蓋即本此書。吴越春秋越王無余外傳：「禹命羣臣曰：吾百世之後，葬我會稽之山，葦槨桐棺，穿壙七尺，下無及泉，墳高三尺，土階三等。葬之後，田無改畝。」即其事也。畢云：「壟，前漢書注作『隴』。」則止矣。畢云：「『則』舊作『取』，據前漢書注改。」若以此若三聖王者觀之，此若，若亦即此也，詳尚賢上篇，後同。則厚葬久喪果非聖王之道。故三王者，皆貴爲天子，富有天下，豈憂財用之不足哉？以爲如此葬埋之法。畢云：「太平御覽引作『以爲葬埋之法也』。」王云：「北堂書鈔、初學記亦如是，於義爲長。」

**今王公大人之爲葬埋，則異於此。必大棺中棺，**禮記喪大記云：「君大棺八寸，屬六寸，椑四寸；上大夫大棺八寸，屬六寸；下大夫大棺六寸，屬四寸；士棺六寸。」鄭注云：「大棺，棺之在表者也。檀弓曰：『天子之棺四重，水兕革棺被之，其厚三寸。杝棺一，梓棺二，四者皆周。』此以內説而出也。然則大棺及屬用梓，椑用杝，以是差之。上公革棺不被，三重也。諸侯無革棺，再重也。大夫無椑，一重也。士無屬，不重也。庶人之棺四寸。」案：此云「大棺中棺」，即大棺與屬。下云「革闠三操」，疑即所謂「水兕革棺被之」也。**革闠三操，**畢云：「闠同鞼，操同繰，假音字。」案：説文革部云：「鞼，革繡也。」國語齊語「鞼盾」，韋注云：「綴革有文如繢也。」若然，革棺或亦有文飾與？操，畢讀爲繅，義亦難通，疑當爲「褋」。淮南子詮言訓高注云：「褋，帀也。」「褋」、「操」形近而誤。**璧玉即具，**王云：「『即』字文義不順，『即』當爲『既』，言璧玉既具，而戈劍等物又皆具也。」**戈劍鼎鼓壺濫、**並詳前。**文繡素練、大鞅萬領、**説文革部云：「鞅，頸靼也。」釋名釋車云：「鞅，嬰也。喉下稱嬰，言纓絡之也。」案：鞅爲馬鞁具之一，無大小之分，此「大」字疑誤。又不當云「萬領」，所未詳也。**輿馬女樂皆具，曰必捶𡊅**吴鈔本無「必」字。畢云：「『捶』當爲『埵』，説文云：『堅土也。』『𡊅』當爲『涂』，説文、玉篇無𡊅字。言築涂使堅。」詒讓案：疑當讀爲「捶除」。內則鄭注云：「捶，擣之也。」説文手部云：「擣，一曰築也。」則「捶」亦有堅築之義。𡊅、除聲義亦通，謂除道也。**差通，壟雖凡山陵。**差通，疑當作「羨道」。周禮冢人鄭注云：「隧，羨道也。」九章算術商功篇云「今有羨除」，劉注云：「羨除，隧道也。其所穿地，上平下邪。」史記衛世家「共伯入釐侯羨自殺」，索隱云：「羨，墓道也。」竊疑此當讀「必捶𡊅羨道」爲句，即九章所謂「羨除」也。「壟雖凡山陵」爲句，大意蓋謂丘壟之高如山陵耳。然「雖凡」二字必誤，無以正之，今姑從舊讀。戴云：「疑當作『雖凡山陵差通爲壟』，脱『爲』字，又倒其文耳。」案：戴校義仍不可通，今不據改。此爲輟民之事，靡民之財，不可勝計也，其爲毋用若此矣。是故子墨子曰：鄉者，畢云：「鄉，曏省文。」吾本言曰，意亦使法其言，畢云：「舊脱『法』字，一本有。」用其謀，句。計厚葬久喪，請可以富貧衆寡、定危治亂乎？畢本「請」改作「誠」，云：「舊作『請』，一本如此。」王云：「古者誠與請通，不煩改字。」尚同篇『今天下之王公大人士君子，請將欲富其國家，衆其人民，治其刑政，定其社稷』，請即誠字也。墨子書情、請二字竝與誠通，說見尚同篇。則仁也，義也，孝子之事也，爲人謀者不可不勸也；意亦使法其言，用其謀，若人厚葬久喪，實不可以富貧衆寡、定危治亂乎？則非仁也，非義也，非孝子之事也，爲人謀者不可不沮也。是故求以富國家，甚得貧焉；欲以衆人民，甚得寡焉；欲以治刑政，甚得亂焉。求以禁止大國之攻小國也，而既已不可矣；欲以干上帝鬼神之福，又得禍焉。上稽之堯舜禹湯文武之道而政逆之，政、正通。下稽之桀紂幽厲之事，猶合節也。若以此觀，則厚葬久喪其非聖王之道也。

今執厚葬久喪者言曰：厚葬久喪果非聖王之道，夫胡說中國之君子爲而不已、畢云猶言何說。操而不擇哉？畢云：「擇同釋。」詒讓案：淮南子說山訓高注云：「釋，舍也。」子墨子曰：此所謂便其習而義其俗者也。習，吳鈔本作「事」，下同。俞云：「義猶善也，謂善其俗也。禮記緇衣篇『章義癉惡』，釋文曰：『尚書作善，皇云：義，善也。』是義與善同意。」案：義當讀爲宜，俞説未塙。**昔者越之東有輆沐之國者，**畢云：「輆，舊作『軫』，不成字，據太平廣記引作『輆』，音善愛反，今改。」盧云：「列子湯問篇作『輒才』，新論作『軫沐』。」顧云：「世德堂列子作『木』，影宋本作『沐』。」詒讓案：意林引列子及道藏本劉子風俗篇並作「輒沐」。博物志五引作「駭沐」。宋本列子作「輒沐」，注云：「又『休』。」道藏本殷敬順釋文及盧重元注本並作「輒休」。殷云：「輒，説文作『耴』，諸涉切，耳垂也。休，美也。蓋儋耳之類是也。諸家本作『輒沐』者，誤耳。」案：諸文舛互，此無文義可校。集韻十九代云：「輆沐，國名，在越東。」是北宋本實作「輆沐」，依殷説則「輆」當作「輒」。後魯問篇以食子爲啖人國俗，與此復不同。後漢書南蠻傳説噉人國在交阯西。交阯即南越，而國名及方域並異，未知孰是。**其長子生，則解而食之。**盧云：「解，魯問作『鮮』，與列子同。杜預注左傳云：『人不以壽死曰鮮。』」顧云：「此列子釋文之謬説。」詒讓案：殷敬順列子釋文引杜説而釋之云「謂少也」，即盧説所本。盧校列子則謂「鮮」、「析」一聲之轉，引「析支」亦作「鮮支」爲證，説較此爲長，蓋「解」、「鮮」、「析」義並同。新論作「其長子生，則解肉而食其母」。**謂之「宜弟」；其大父死，負其大母而棄之，**博物志引作「父死則負其母而棄之」，新論作「其人父死，即負其母而棄之」。案：此不必定爲大父母，疑張、劉所引近是。**曰「鬼妻不可與居處」。此上以爲政，下以爲俗，爲而不已，操而不擇。則此豈實仁義之道哉？此所謂便其習而義其俗者也。楚之南有炎人國者，**顧云：「季本『炎』作『啖』。」盧云：「列子作『炎』。殷敬順釋文讀去聲。」詒讓案：魯問篇亦作「啖人」，新論同，博物志引作「炎」。道藏本列子釋文作「啖人」，云：「談去聲，本作『炎』。」後漢書亦作「噉人國」，疑當從「啖」爲是，詳魯問篇。**其親戚**

死，親戚，謂父母也，詳兼愛下篇。朽其肉而棄之，畢云：「列子『朽』作『㱙』，同。太平廣記引作『刳』。」詒讓案：御覽七百九十引博物志亦作「刳」。列子釋文云：「㱙，本作『冎』，音寡，剔肉也。又音朽。」殷作「冎」，蓋「冎」之譌。說文冎部云：「冎，剔人肉，置其骨也。」新論作「拆」，尤誤。然後埋其骨，乃成爲孝子。秦之西有儀渠之國者，畢云：「渠，舊作『秉』，據列子及太平廣記改。史記正義：『括地志云：寧、原、慶三州，秦北地郡，戰國及春秋時爲義渠戎國之地。』今甘肅慶陽府也，在陝西之西。」詒讓案：渠，吴鈔本作「秉」，不成字。博物志引作「義渠」，新論同。宋本列子「渠」下注云「又『康』」，「康」與「秉」並「渠」之形誤。周書王會篇云「義渠以茲白」，孔晁注云：「義渠，西戎國。」後漢書西羌傳云：「涇北有義渠之戎。」俞云：「史記秦本紀『厲共公三十三年，伐義渠，虜其王』，即此國也。」其親戚死，聚柴薪而焚之，燻上，謂之登遐，畢云：「燻即熏字俗寫。太平廣記引作『熏其煙上，謂之登煙霞』。」詒讓案：列子亦作「燻則煙上，謂之登遐」，新論作「煙上燻天，謂之昇霞」，博物志作「動之即煙上，謂之登遐」。呂氏春秋義賞篇云：「氐羌之民，其虜也，不憂其係累，而憂其死不焚也。」荀子大略篇說同。義渠在秦西，亦氐羌之屬。登遐者，禮記曲禮云「天子崩，告喪曰：天王登假」，鄭注云：「登，上也。假，已也。上已者，若僊去云耳。」釋文云：「假音遐。」漢書郊祀志云「世有僊人，登遐倒景」，顏注云：「遐亦遠也。」案：依廣記所引及新論，似皆以「遐」爲「霞」之叚字，非古義也。然後成爲孝子。成爲，吴鈔本作「謂之」。此上以爲政，下以爲俗，畢云：「太平廣記引有云『而未足爲非也』。」詒讓案：博物志引有「中國未足爲非也」七字，列子作「而未足爲異也」。爲而不已，操而不擇。則此豈實仁義之道哉？此所謂便其習而義其俗者也。若以此若三國者觀之，則亦猶薄矣。

若以中國之君子觀之，舊本脱「以」字，王據上文補。則亦猶厚矣。王云：「爾雅：『猶，已也。』言亦已薄，亦已厚也。」如彼則大厚，如此則大薄，然則葬埋之有節矣。故衣食者，人之生利也，然且猶尚有節；葬埋者，人之死利也，吴鈔本無「者」字。夫何獨無節於此乎。子墨子制爲葬埋之法曰：棺三寸，足以朽骨；衣三領，足以朽肉；韓非子顯學篇云：「墨者之葬也，冬日冬服，夏日夏服，桐棺三寸，服喪三月。」掘地之深，下無菹漏，菹與沮通，廣雅釋詁云：「沮，溼也。」氣無發洩於上，壟足以期其所，畢云：「言期會。」則止矣。哭往哭來，反從事乎衣食之財，佴乎祭祀，畢云：「説文：『佴，佽也。』佽訓便利。」案：佴者，次比之義。言不疏曠也，畢説非。以致孝於親。於，吴鈔本作「乎」。故曰子墨子之法不失死生之利者，此也。

故子墨子言曰：今天下之士君子，中請將欲爲仁義，「請」，舊本作「謂」，畢本改「誠」，云：「舊作『謂』，以意改。」王云：「『謂』即『請』之譌，請與誠通，畢徑改爲誠，未達假借之旨。」案：王校是也，顧説同，今據正。求爲上士，上欲中聖王之道，下欲中國家百姓之利，故當若節喪之爲政，而不可不察此者也。「此者」二字舊本倒，今依王校乙，詳非攻下篇。

# 墨子閒詁卷七

## 天志上第二十六

春秋繁露楚莊王篇云「事君者儀志，事父者承意，事天亦然」，此天志之義也。畢云：「玉篇云：『志，意也。』説文無志字。鄭君注周禮云：『志，古文識。』則識與志同。又篇中多或作『之』，疑古文『志』亦只作『之』也。」

子墨子言曰：今天下之士君子，知小而不知大。何以知之？以其處家者知之。若處家得罪於家長，猶有鄰家所避逃之。畢云：「廣雅云：『所，尻也。』玉篇云：『處所。』」王云：「所猶可也，言有鄰家可避逃也，下文同。畢引廣雅『所，尻也』，失之。」案：此當從畢説，下文云：「此有所避逃之者也」，又云「無所避逃之」，即承此文。然且親戚、兄弟、所知識親戚，即父母也。下篇云「父以戒子，兄以戒弟。」共相儆戒，畢云：「『共』，舊作『其』，一本如此，下同。」皆曰：「不可不戒矣，不可不慎矣，惡有處家而得罪於家長而可爲也！」非獨處家者爲然，雖處國亦然。處國得罪於國君，猶有鄰國所避逃之。然且親戚、兄弟、所知識共相儆戒，皆曰：「不可不戒矣，不可不慎矣，誰亦有處國得罪於國君而

**可爲也！」此有所避逃之者也，相儆戒猶若此其厚。況無所避逃之者，相儆戒豈不愈厚然後可哉。且語言有之曰：「焉而晏日，焉而得罪，將惡避逃之？」**曰，舊本作「曰」，畢校并上「曰」字皆改爲「日」，云：「猶云日暮途遠。兩『日』字舊作『曰』，以意改。」俞云：「畢改兩『曰』字皆作『日』，然上『曰』字實不誤。『且語有之曰』，蓋述古語也，『言』字即『語』字之誤而衍者。下『曰』字當從畢改作『日』。『焉而』字疊出，文義難通，疑上『焉而』字亦爲衍文。墨子本作『且語有之曰：晏日焉而得罪，將惡避逃之』。晏者，清也，明也。說文日部：『晏，天清也。』小爾雅廣言：『晏，明也。』文選羽獵賦『于是天清日晏』，淮南子繆稱篇『暉日知晏，陰蝔知雨』，竝其證也。此謂人苟於昏暮得罪，猶有可以避逃之處。若晏日，則人所共覩，無所逃避矣。下文曰『夫天不可爲林谷幽門無人，明必見之』。然則墨子正以晏日之不可避逃，起下文『明必見之』之意，晏之當訓明無疑矣。畢注謂『猶云日暮途遠』，是但知晏晚之義，而忘天清之本訓，宜於墨子之意不得矣。」案：俞說「晏日」之義是也。此當以「焉而晏日，焉而得罪」八字爲句，上焉與於同義，「焉而」猶言於而，言於此晴晏之日，焉而得罪也。俞以上「焉而」二字爲衍文，則尚未得其義。**曰：無所避逃之。夫天不可爲林谷幽門無人，**畢云：「『門』當爲『澗』。」王云：「畢據明鬼篇文也。余謂『門』當爲『閒』，閒讀若閑。言天監甚明，雖林谷幽閒無人之處，天必見之也。賈子耳痺篇曰：『故天之誅伐，不可爲廣虛幽閒，攸遠無人，雖重襲石中而居，其必知之乎！』淮南覽冥篇曰：『上天之誅也，雖在壙虛幽閒，遼遠隱匿，重襲石室，界障險阻，其無所逃之，亦明矣。』義皆本於墨子。則『幽門』爲『幽閒』之誤明矣。明鬼篇『雖有深谿博林、幽澗毋人之所』，『幽澗』亦『幽閒』之誤。」案：王校是也，但讀閒爲閑，尚未得其義。「閒」當讀爲閒隙之「閒」。荀子王制篇云「無幽閒隱僻之國，莫不趨使而安樂之」，楊注云：「幽，深也。閒，隔也。」明必見之。然而天下之士君子之於天也，舊本脫「士」字及「之於」二字，王據上下文補「士」字，又以意補「之於」二字，今從之。忽然不知以相儆戒，此我所以知天下士君子知小而不知大也。

然則天亦何欲何惡？天欲義而惡不義。然則率天下之百姓以從事於義，則我乃爲天之所欲也。我爲天之所欲，天亦爲我所欲。然則我何欲何惡？舊本無「我」字，畢云：「一本『則』下有我字。」案：有者是也，王亦據增。我欲福祿而惡禍祟。若我不爲天之所欲，而爲天之所不欲，舊本脫此十五字，王據中篇補。然則我率天下之百姓以從事於禍祟中也。然則何以知天之欲義而惡不義？吴鈔本無「以」字。曰：天下有義則生，無義則死；有義則富，無義則貧；有義則治，無義則亂。然則天欲其生而惡其死，欲其富而惡其貧，欲其治而惡其亂，此我所以知天欲義而惡不義也。畢云：「『我』，舊作『義』，以意改。」顧云：「季本『我』。」

曰：且夫義者，政也。王云：「『政』與『正』同，下篇皆作『正』。」詒讓案：意林引下篇「正」皆作「政」，二字互通。「義者，正也」，言義者所以正治人也。無從下之政上，必從上之政下。是故庶人竭力從事，未得次己而爲政，畢云：「次，『恣』字省文，下同。一本作『恣』，俗改。」王引之云：「畢說非也。次猶即也，下文諸『次』字竝同。此言士在庶人之上，故庶人未得即己而爲正，有士正之也。次、即聲相近，而字亦相通。康誥『勿庸以次女封』，荀子致士、宥坐二篇竝作『勿庸以即女』，家語始誅篇作『勿庸以即女心』，皆其證。説文『垐，古文作㙯』，亦其例也。」案：意林引下篇「次」並作「恣」，則畢説亦通。節用上篇云「聖王既没，于民次也」，「恣」亦作「次」，可證。有士政之；士竭力從事，未得次己而爲政，有將軍大夫政之；將軍大夫，即卿大夫也，詳尚同中篇。將軍大夫竭力從事，未得次己而爲政，有三公諸侯政之；三公諸侯竭力聽治，未得次己而爲政，有天子政之；天子未得次己而爲政，有天政之。天子爲政於三公、諸侯、士、庶人，天下之士君子固明知；天之爲政於天子，天下百姓未得之明知也。畢云：「當云『明知之也』。」俞云：「上『之』字當在『天』字上，屬上爲句。本云『天子爲政於三公、諸侯、士、庶人，天下之士君子固明知之』，今『之』字誤在『天』字下，則『固明知』句文氣未足。且『天爲政』與『天子爲政』相對，不當作『天之爲政』也。」案：「固明知」下當有「之」字，至「天之爲政於天子」，下文屢見，「之」字似不當删。故昔三代聖王禹湯文武，欲以天之爲政於天子明説天下之百姓，故莫不犓牛羊，豢犬彘，潔爲粢盛酒醴，畢云：「『爲粢』二字舊脱，據後文增。」以祭祀上帝鬼神，而求祈福於天。我未嘗聞天下之所求祈福於天子者也，顧云：「據中下二篇，『下』字衍。」蘇校同。戴云：「案中篇云『吾未知天之祈福於天子也』，則此文衍『下』字，及『所求』二字，及『者』字。」我所以知天之爲政於天子者也。

故天子者，天下之窮貴也，天下之窮富也。戴云：「窮，極也，此二字轉相訓。」故於富且貴者，

「於」，吴鈔本作「欲」。當天意而不可不順。順天意者，兼相愛，交相利，必得賞。反天意者，別相惡，交相賊，必得罰。然則是誰順天意而得賞者？誰反天意而得罰者？子墨子言曰：昔三代聖王禹湯文武，此順天意而得賞也。畢云：「『賞』下當有『者』字。」昔三代之暴王桀紂幽厲，此反天意而得罰者也。然則禹湯文武其得賞何以也？子墨子言曰：其事上尊天，中事鬼神，下愛人。故天意曰：「此之我所愛，兼而愛之；我所利，兼而利之。愛人者此爲博焉，利人者此爲厚焉。」故使貴爲天子，富有天下，業萬世子孫，傳稱其善，業，謂子孫纂業也。左昭元年傳「臺駘能業其官」，杜注釋爲「纂業」。又疑當爲「葉萬子孫」，葉與世同。公孫龍子云：「孔穿，孔子之葉也。」「萬」下「世」字衍。古文苑秦詛楚文云「葉萬子孫，毋相爲不利」，檀弓云「世世萬子孫毋變也」。毛詩長發傳云：「葉，世也。」方施天下，畢云：「方猶㫄，或當爲旉字之壞。」詒讓案：方、㫄古通。皋陶謨「方施象刑，惟明」，新序節士篇「方」作「㫄」。說文丄部云：「㫄，溥也。」方施，言施溥徧於天下也。至今稱之，謂之聖王。然則桀紂幽厲得其罰何以也？依上文，當作「其得罰何以也」，此誤倒。子墨子言曰：其事上詬天，中詬鬼，道藏本、吴鈔本竝作「中誣鬼」。大戴禮記本命篇云「誣鬼神者，罪及二世」，則作「誣」義亦通。畢云：「據上，當有『神』字。」下賊人。賊，舊本譌「賤」，今依王校正，說詳尚賢中篇。故天意曰：「此之我所愛，別而惡之；我所利，交而賊之。惡人者此爲之博也，賤人者此爲之厚也。」「賤」亦「賊」之誤。此並冢上文別相惡、交相賊而言。故使不得終其壽，不殁其世，殁，吳鈔本作「没」。至今毀之，謂之暴王。

然則何以知天之愛天下之百姓？以其兼而明之。何以知其兼而明之？以其兼而有之。何以知其兼而有之？以其兼而食焉。何以知其兼而食焉？曰〔一〕：四海之内，粒食之民，大戴禮記少閒篇云「粒食之民，昭然明視」。莫不犓牛羊，豢犬彘，潔爲粢盛酒醴，以祭祀於上帝鬼神。天有邑人，畢云：「邑，舊作『色』，非，以意改。」何用弗愛也？且吾言殺一不辜者，必有一不祥。殺不辜者誰也？則人也。予之不祥者誰也？則天也。若以天爲不愛天下之百姓，則何故以人與人相殺，而天予之不祥？此我所以知天之愛天下之百姓也。「此我」下吳鈔本有「之」字。

順天意者，義政也。反天意者，力政也。力政，下篇作「力正」，謂以力相制，義詳節葬下篇。然義政將柰何哉？畢云：「舊脱『政』字，一本有。」子墨子言曰：處大國不攻小國，處大家不篡小家，强者不劫弱，貴者不傲賤，多詐者不欺愚。中篇及兼愛中篇、下篇文並略同，皆無「多」字，此疑衍。此必上利於天，中利於鬼，下利於人。三利無所不利，故舉天下美名加之，謂之聖王。力政者則與此異，言非此，畢云：「非猶背。」行反此，猶倖馳也。畢云：「倖，一本作『偝』。」詒讓案：「倖」疑「僢」之誤。

〔一〕「曰」字原脱，據畢沅刻本補。

玉篇人部云：「淮南子『分流僢馳』。僢，相背也，與舛同。」今淮南子說山訓作「舛」。又氾論訓高注云：「舛，乖也。」偝與背同，見坊記、投壺及荀子，與僢義亦同。處大國攻小國，處大家篡小家，强者劫弱，貴者傲賤，多詐欺愚。此上不利於天，中不利於鬼，下不利於人。三不利無所利，故舉天下惡名加之，謂之暴王。

子墨子言曰：我有天志，譬若輪人之有規，匠人之有矩。輪匠執其規矩，以度天下之方圜，曰：「中者是也，不中者非也。」今天下之士君子之書不可勝載，言語不可盡計，上說諸侯，下說列士，其於仁義則大相遠也。畢云：「相，舊作『其』，一本如此。」何以知之？曰：我得天下之明法以度之。

## 天志中第二十七

子墨子言曰：今天下之君子之欲爲仁義者，吳鈔本「君子」下無「之」字。則不可不察義之所從出。既曰不可以不察義之所從出，然則義何從出？子墨子曰：義不從愚且賤者出，必自貴且知者出。何以知義之不從愚且賤者出，而必自貴且知者出也？曰：義者，善政也。何以知義之爲善政也？曰：天下有義則治，無義則亂，是以知義之爲善政也。王云：「舊本脱兩

『爲』字，下篇曰：『何以知義之爲正〔一〕也？天下有義則治，無義則亂，我以此知義之爲正也。』今據補。」俞云：「三『善』字皆『言』字之誤。隸書『善』字或作『善』，見張遷碑、靈臺碑、孫叔敖碑，與『言』字相似，故『言』誤爲『善』。『義者言政也，何以知義之言政也？曰：天下有義則治，無義則亂，是以知義之言政也』，語意甚明。若作『善政』，則『義之善政』不可通矣。下篇曰『義者正也，何以知義之爲正也？天下有義則治，無義則亂，我以此知義之爲正也』，竝無『善』字，可知此文『善』字之誤，義之言政，猶義之爲正也。」夫愚且賤者，不得爲政乎貴且知者，畢云：「當脱『貴且知者』四字。」然後得爲政乎愚且賤者，此吾所以知義之不從愚且賤者出，而必自貴且知者出也。然則孰爲貴？孰爲知？曰：天爲貴、天爲知而已矣。然則義果自天出矣。

今天下之人曰：當若天子之貴諸侯，諸侯之貴大夫，傐明知之。畢云：「『傐』當爲『碻』，言確然可知。」鈕樹玉云：「『傐明』當作『高明』。」案：畢説是也，兩「貴」字下疑皆當有「於」字。然吾未知天之貴且知於天子也。子墨子曰：吾所以知天之貴且知於天子者，有矣。曰：天子爲善，天能賞之；天子爲暴，天能罰之；天子有疾病禍祟，必齋戒沐浴，潔爲酒醴粢盛，以祭祀天鬼，則天能除去之。然吾未知天之祈福於天子也，此吾所以知天之貴且知於天子者。不止此而已矣，又以先王之書馴天明不解之道也知之。畢云：「馴與訓同，言訓釋天之明道。」曰：「明哲維

〔一〕「正」，原作「政」，據天志下篇改。

天，畢云：「舊作『大』，以意改。」臨君下土。」土，舊本作「出」，王引之云：「『下出』二字義不可通，『出』當爲『土』。『明哲維天，臨君下土』，猶詩言『明明上天，照臨下土』耳。隸書『出』字或作『士』，若『敫』省作『敖』，『賫』省作『賣』，『款』省作『款』之類，形與『土』相似，故『土』謁爲『出』。」案：王説是也，今據正。則此語天之貴且知於天子。不知亦有貴知夫天者乎？「夫」，吳鈔本作「于」。曰：天爲貴、天爲知而已矣。然則義果自天出矣。是故子墨子曰：今天下之君子，中實將欲遵道利民，本察仁義之本，天之意不可不慎也。慎與順同，上下文屢云「順天意」，下同。

既以天之意以爲不可不慎已，然則天之將何欲何憎？畢云：「『之』下當有『意』字。」子墨子曰：天之意不欲大國之攻小國也，大家之亂小家也，强之暴寡，詐之謀愚，貴之傲賤，此天之所不欲也。不止此而已，舊本脱「不」字，又「止」作「上」，王校補「不」字，畢校改「上」爲「止」，今並據正。欲人之有力相營，文選陸士衡贈從兄車騎詩李注引鍾會老子注云：「經護爲營。」有道相教，有財相分也。又欲上之强聽治也，下之强從事也。上强聽治，則國家治矣；下强從事，則財用足矣。若國家治、財用足，則内有以潔爲酒醴粢盛，潔，吳鈔本作「絜」。以祭祀天鬼；外有以爲環璧珠玉，以聘撓四鄰，畢云：「撓與交同音。」諸侯之寃不興矣，一切經音義云：「古文『寃』、『惌』二形，今作『怨』，同。」蘇云：「寃當讀如怨。」邊境兵甲不作矣。内有以食飢息勞，持養其萬民，荀子榮辱篇楊注云：「持養，保養也。」義詳非命下篇。則君臣上下惠忠，父子弟兄慈孝。故唯毋明乎順天之意，唯，舊本作「惟」，今據吴鈔本改。毋，語詞，詳尚賢中篇。奉而光施之天下，光與廣通。則刑政治，萬民和，國家富，財用足，百姓皆得煖衣飽食，便寍無憂。廣雅釋詁云：「便，安也。」寍，舊本作「寧〔一〕」，今據吴鈔本改。是故子墨子曰：今天下之君子，中實將欲遵道利民，本察仁義之本，天之意不可不慎也。慎亦讀爲順。

且夫天子之有天下也，戴云：「『子』字衍。」辟之無以異乎國君諸侯之有四境之內也。吴鈔本「辟」作「譬」。畢云：「辟同譬。」今國君諸侯之有四境之內也，夫豈欲其臣國萬民之相爲不利哉？俞云：「『臣國』當爲『國臣』，正對國君而言。君曰國君，故臣曰國臣也，今倒作『臣國』，義不可通。」今若處大國則攻小國，處大家則亂小家，欲以此求賞譽，終不可得，誅罰必至矣。夫天之有天下也，將無已異此。畢云：「已同以。」今若處大國則攻小國，畢云：「舊脱『則』字，據下句增。」處大都則伐小都，吴鈔本二句竝無「則」字。欲以此求福禄於天，福禄終不得，而禍祟必至矣。然有所不爲天之

〔一〕「寧」，原避諱缺末筆作「寍」。按：孫所謂「舊本」，即指其底本畢沅刻本。畢刻字原作「寧」（畢刻成書於乾隆時，無由避「寧」字諱），孫刻自避諱缺末筆，今回改原字。又按：吴鈔本作「寍」，係「寧」之本字（見説文），非避諱字。

所欲，而爲天之所不欲，則夫天亦且不爲人之所欲，而爲人之所不欲矣。人之所不欲者何也？曰：病疾禍祟也。畢云：「舊脱『禍』字，據下文增。」若己〔一〕不爲天之所欲，而爲天之所不欲，是率天下之萬民以從事乎禍祟之中也。故古者聖王明知天鬼之所福，而辟天鬼之所憎，以求興天下之利，而除天下之害。是以天之爲寒熱也節，四時調，陰陽雨露也時，五穀孰，道藏本、吴鈔本作「熟」，俗字。六畜遂，疾菑戾疫凶饑則不至。戾、厲字通，詳尚同中篇。是故子墨子曰：今天下之君子，中實將欲遵道利民，畢云：「舊脱『道』字，一本有。」本察仁義之本，天意不可不慎也。

且夫天下蓋有不仁不祥者，曰：「當若子之不事父，弟之不事兄，臣之不事君也。」故天下之君子與謂之不祥者。王云：「故猶則也。」畢云：「與同舉。」今夫天兼天下而愛之，撽遂萬物以利之，物，吴鈔本作「民」，下同。畢云：「説文云：『撽，旁擊也。』但未詳『撽遂』之義。」俞云：「『撽遂』二字義不可通。『撽』當爲『邀』。疑本作『邀』，或作『撽』，傳寫誤合之爲『撽邀』，而『邀』又誤爲『遂』耳。邀與交通，莊子庚桑楚篇『夫至人者，相與交食乎地而交樂乎天』，徐無鬼篇作『吾與之邀樂於天，吾與之邀食於地』，是交、邀古通用也。『邀萬物以利之』，即交萬物以利之，與『兼天下而愛之』同義。交猶兼也。」案：俞説迂曲不足據。韓非子説林下篇〔二〕云：「有欲以御見荊王

〔一〕「己」，原誤「已」，據畢沅刻本改。

〔二〕「下篇」，原誤「上篇」，據韓非子改。

者，曰：臣能撽鹿。」莊子至樂篇云「莊子至楚，見空髑髏，撽以馬箠」，成玄英疏云：「撽，打擊也。」依韓子「撽鹿」義推之，疑當爲敺御之義。「遂」或當爲「逐」之譌，然下文云「以長遂五穀麻絲，使民得而財利之」，則「遂」字又似非誤，未能質定也。**若豪之末，**豪，吳鈔本作「毫」，下同。畢云：「『豪』本作『豪』，『毫』字正文。經典或從毛，非。」**非天之所爲也，**爲，舊本作「謂」，今據吳鈔本正。蘇云：「『非』上當有『莫』字，下同。謂，當從下文作『爲』。」俞云：「『非』上脱『無』字，下文同。言雖至秋豪之末，無非天之所爲也。」**而民得而利之，則可謂否矣。**蘇云：「『否』義未詳，疑當作『厚』。」俞云：「『否』字義不可通，乃『后』字之誤。后讀爲厚。禮記檀弓篇『后木』，正義曰：『世本云厚，此云后，其字異耳。』是『后』、『厚』古通用。說文『厚』古文作『垕』，本從后聲，故聲近而義通也。此云『若豪之末，無非天之所爲也，而民得而利之，則可謂厚矣』，言天愛民之厚也。下文『且吾所以知天之愛民之厚者有矣』，又曰『此吾以知天之愛民之厚也』，竝可爲證。」案：俞說是也。**然獨無報夫天，而不知其爲不仁不祥也。此吾所謂君子明細而不明大也。**

**且吾所以知天之愛民之厚者有矣，曰：以磨爲日月星辰，**「以」字舊脱，今據道藏本、吳鈔本補。顧云：「顏氏家訓：世本『容成造曆』，以『曆』爲碓磨之『磨』。」王云：「『磨』亦當爲『曆』，『曆爲日月星辰』，猶大戴記五帝德篇言『曆離日月星辰』也。」案：王校是也，詳非攻下篇。**以昭道之；**說文日部云：「昭，明也。」**制爲四時春秋冬夏，以紀綱之；雷降雪霜雨露，**王云：「『雷降雪霜雨露』義不可通，雷蓋賈字之誤〔二〕，賈與隕同。

---

〔二〕「誤」，原誤「義」，據活字本改。

左氏春秋經『莊七年，星隕如雨』，公羊『隕』作『霣』。爾雅：『隕、降，落也。』故曰『霣降雪霜雨露』。」以長遂五穀麻絲，使民得而財利之；列爲山川谿谷，播賦百事，畢云：「播，布。」以臨司民之善否；畢云：「司讀如伺，俗從人。」爲王公侯伯，侯伯，舊本作「諸伯」，吴鈔本作「侯伯」，道藏本作「諸侯」。審校文義，吴本較長，今據正。使之賞賢而罰暴；畢云〔一〕：「賢，舊作『焉』，一本如此。」顧云：「藏本『賢』，季本同。」案：吴鈔本亦作「賢」。賊金木鳥獸，「賊」當爲「賦」，形近而誤，言賦斂金木鳥獸而用之也。從事乎五穀麻絲，吴鈔本作「絲麻」。以爲民衣食之財。自古及今，未嘗不有此也。今有人於此，驩若愛其子，一切經音義引三蒼云：「驩，古歡字。」竭力單務以利之。蘇云：「單，同殫。」案：見七患篇。其子長，而無報子求父，蘇云「當云『其子長而無報乎父』。」故天下之君子與謂之不仁不祥。畢云：「與同舉。」今夫天兼天下而愛之，撽遂萬物以利之，以，吴鈔本作「而」。若豪之末，非天之所爲，「非」上亦當有「無」字。畢云：「據上文，當有『也』字。」而民得而利之，則可謂否矣。「否」亦當作「后」，讀爲厚，詳前。然獨無報夫天，而不知其爲不仁不祥也。此吾所謂君子明細而不明大也。吴鈔本無「君子」二字。

且吾所以知天愛民之厚者，不止此而足矣。曰：殺不辜者，天予不祥。不辜者誰也？

〔一〕「云」，原誤「本」，徑改。按下文所引乃畢注原文。

「不」上亦當有「殺」字。曰：人也。予之不祥者誰也？曰：天也。若天不愛民之厚，夫胡說人殺不辜而天予之不祥哉？夫，舊本亦作「天」。王云：「『天胡說』之『天』當爲『夫』，此涉上下文『天』字而誤。夫，發聲也。言若天非愛民之厚，則人殺不辜而天予之不祥者，果何說哉？節葬篇曰：『厚葬久喪果非聖王之道，夫胡說中國之君子爲而不已、操而不擇哉？』是其證。」此吾之所以知天之愛民之厚也。舊本脫「之所」二字，今據吳鈔本增。

且吾所以知天之愛民之厚者，吳鈔本「吾」下有「之」字，「天」下無「之」字。不止此而已矣。曰：愛人利人，順天之意，得天之賞者有矣〔一〕；憎人賊人，畢云：「二字舊脫，據下文增。」反天之意，得天之罰者亦有矣。夫愛人利人，順天之意，得天之賞者，誰也？曰：若昔三代聖王，堯舜禹湯文武者是也。堯舜禹湯文武焉所從事？曰：從事兼，不從事別。兼者，處大國不攻小國，處大家不亂小家，强不劫弱，衆不暴寡，詐不謀愚，貴不傲賤。觀其事，上利乎天，中利乎鬼，下利乎人。三利無所不利，是謂天德。聚斂天下之美名而加之焉，曰：此仁也，義也，愛人利人，順天之意，得天之賞者也。不止此而已，書於竹帛，畢云：「後漢書注引『書

〔一〕「矣」，原誤「之」，據畢沅刻本改。按墨子各本均作「矣」，作「之」乃本書梓誤。

於』作『書其事』，據下文亦然。」戴云：「當依下文補脱文三字，今作『書於竹帛』者，後人據兼愛下篇删之。」鏤之金石，琢之槃盂，吴鈔本「槃」作「盤」，下同。畢云：「後漢書注引『槃』作『盤』。」傳遺後世子孫。曰：將何以爲？將以識夫愛人利人，順天之意，得天之賞者也。皇矣道之曰：「帝謂文王，予懷明德，不大聲以色，不長夏以革，不識不知，順帝之則。」詩大雅毛傳云：「懷，歸也。不大聲見於色。革，更也，不以長大有所更。」鄭箋云：「夏，諸夏也。天之言云，我歸人君有光明之德，而不虚廣言語以外作容貌，不長諸夏以變更王法者，其爲人不識古，不知今，順天之法而行之者。此言天之道尚誠實，貴性自然。」案：墨子説詩，與鄭義同。帝善其順法則也，故舉殷以賞之，使貴爲天子，富有天下，名譽至今不息。故夫愛人利人，順天之意，得天之賞者，既可得留而已。畢云：「據下云『既可謂而知也』，此句未詳。」王云：「『既可得留而已』當作『既可得而智已』，智即知也。墨子書『知』字多作『智』，見於經説、耕柱二篇者不可枚舉。言順天之意，得天之賞者，既可得而知已。尚賢篇曰『既可得而知已』。舊本作『既可得留而已』者，『智』誤爲『留』，又誤在『而』字上耳。下文云『故夫憎人賊人，反天之意，得天之罰者。既可謂而知也』，亦當作『既可得而知也』，前後相證，則兩處之誤字不辯而自明。下篇亦云『既可得而知也』。」夫憎人賊人，賊，吴鈔本作「疾」。反天之意，得天之罰者，誰也？曰：若昔者三代暴王桀紂幽厲者是也。桀紂幽厲焉所從事？曰：從事别，不從事兼。别者，處大國則攻小國，處大家則亂小家，强劫弱，衆暴寡，詐謀愚，貴傲賤。觀其事，上不利乎天，中不利乎鬼，下不利乎人。三不利無所利，是謂天賊。聚斂天下之醜名而加之焉，曰：此非仁也，非義也，憎人賊人，反天之意，得天之罰者也。不止此而已，又書其事於竹帛，鏤之金石，琢之槃盂，傳遺後世子孫。曰：將何以爲？將以識夫憎人賊人，反天之意，得天之罰者也。大誓之道之，「誓」道藏本、吴鈔本竝作「明」。莊述祖云：「墨書引大誓，有去發，有大明。『去發』當爲『太子發』，爲大誓上篇。『大明』即詩所謂『會朝清明』也。詩書皆曰大明。明武王之再受命，爲中篇。」案：此文非命上中二篇並作大誓，「明」塙爲譌字。蓋「誓」省爲「折」，「明」即隸古「折」字之譌。顏師古匡謬正俗引書湯誓「誓」字作「斵」，山井鼎七經孟子考文載古文甘誓「誓」字作「斷」。蓋皆「𣃔」「𣂷」二字傳寫譌舛，與「明」形略相類。莊說不足據。曰：「紂越厥夷居，江聲云：「夷居，倨嫚也。」說文尸部云：「居，蹲也。」」不肎事上帝，棄厥先神祇不祀，祇，舊本譌「祗」，今據道藏本正。乃曰吾有命，無廖僔務。畢云：「此句非命上作『無廖排漏[一]』，非命中作『毋僇其務』。據孔書泰誓云『罔懲其侮』，則知無、罔音義同，『廖』、『僇』皆『懲』字之譌，『僔』則『其』字之譌，務音同侮。雖孔書僞作，作者取墨書時猶見善本，故足據也。」孫星衍云：「當作『無僇其務』，言不勠力其事。或孔書『侮』字反是『務』假音，未可知也。」江聲從「毋僇其務」，云「僇讀爲戮力之勠，言已有命，不畏鬼神，毋爲勠力於鬼神之務。明鬼篇云『古者聖王必以[二]鬼神爲其務』，又云『今執無鬼者曰：鬼神者固無有。則此反聖王之務』。此非

[一]「無廖排漏」，原誤「無僇匪扁」，據畢沅刻本及本書非命上篇改。

[二]「以」，原誤「與」，據本書明鬼下篇改。

命、天志引書之意，與明鬼篇大指略同。」詒讓案：「無」當讀爲「侮」，詳非命中篇。書太誓僞孔傳云：「平居無故，廢天地百神宗廟之祀，紂言吾所以有兆民，有天命故，羣臣畏罪不爭，無能止其慢心。」孔説非墨子義。天下畢云：「二字疑衍，即下『天亦』二字重文。」莊讀「無僇鼻務天下」爲句，云：「僇，且也。『鼻』當爲『眉』。」案：莊説難通，不足據。天亦縱棄紂而不葆。」畢云：「孔書泰誓云：『紂乃夷居，弗事上帝神祇，遺厥先宗廟弗祀，乃曰吾有民有命，罔懲其侮。』」察天以縱棄紂而不葆者，反天之意也。故夫憎人賊人，賊，吴鈔本作「疾」。反天之意，得天之罰者，既可得而知也。得，舊本誤「謂」，今據吴鈔本正，王校亦改「得」。

是故子墨子之有天之，畢云：「一本作『志』，疑俗改。」辟人無以異乎輪人之有規，辟人，「人」當作「之」，上文云「辟之無以異乎國君諸侯之有四境之内也」，是其證。匠人之有矩也。今夫輪人操其規，將以量度天下之圜與不圜也，量度，吴鈔本倒，下同。曰：「中吾規者謂之圜，不中吾規者謂之不圜。」是以圜與不圜皆可得而知也。此其故何？則圜法明也。匠人亦操其矩，將以量度天下之方與不方也，曰：「中吾矩者謂之方，不中吾矩者謂之不方。」是以方與不方皆可得而知之。此其故何？則方法明也。故子墨子之有天之意也，王云：「『天之意』本作『天之』，『天之』即『天志』，本篇之名也。『子墨子之有天之』已見上文。古『志』字通作『之』，説見號令篇。後人不達，又見上下文皆云『順天之意』、『反天之意』，故於『天之』下加『意』字耳。」上將以度天下之王公大人爲刑政也，「爲」上吴鈔本有「之」字。下將以量天下之萬民爲文學、出言談也。觀其行，順天之意謂之善意行，反天之意謂之不善意行；王校删二「意」字，云：「舊本『謂之善』下衍『意』字，『謂之不善』下脱『行』字，又衍『意非』二字，今據下文改正。」案：「意」疑當作「悳」，與「德」通。「善德行」、「不善德行」，猶下云「善言談」、「不善言談」，「善刑政」、「不善刑政」也。王謂衍文，未塙。下「行」字，舊本譌「非」，今從王校正。觀其言談，順天之意謂之善言談，反天之意謂之不善言談；觀其刑政，順天之意謂之善刑政，反天之意謂之不善刑政。故置此以爲法，立此以爲儀，將以量度天下之王公大人卿大夫之仁與不仁，譬之猶分黑白也。是故子墨子曰：今天下之王公大人士君子，中實將欲遵道利民，本察仁義之本，天之意不可不順也。順天之意者，義之法也。

## 天志下第二十八

子墨子言曰：天下之所以亂者，其説將何哉？則是天下士君子皆明於小而不明於大。何以知其明於小不明於大也？以其不明於天之意也。何以知其不明於天之意也？以處人之家者知之。今人處若家得罪，將猶有異家所以避逃之者。畢云：「據下文當有『矣』字。」王引之云：「所以，可以也。」案：此「所」當從畢訓爲處所，王説非，詳上篇。然且父以戒子，兄以戒弟，曰：「戒之慎之，處人之家不戒不慎之，而有處人之國者乎？」有，疑當爲「可」。今人處若國得罪，將猶有異國所以避逃之者矣。然且父以戒子，兄以戒弟，曰：「戒之慎之，處人之國者不可不戒慎也！」今人皆處天下而事天，得罪於天，將無所以避逃之者矣。然而莫知以相極戒也，王引之云：「『極』字義不可通，『極戒』當爲『儆戒』，字之誤也。上篇『相儆戒』三字凡五見。」俞云：「『極戒』即儆戒也。『極』通作『亟』，荀子賦篇『出入甚極』，又曰『反覆甚極』，楊倞注竝曰：『極讀爲亟。』是也。廣雅釋詁：『亟，敬也。』亟爲敬，故亦爲儆矣。亟又與苟通，見爾雅釋詁篇釋文。而敬字即從苟，是可知其義之通。說文心部：『㥛，疾也。從心，亟聲。一曰謹重皃。』謹重之義，亦與儆相近。」吾以此知大物則不知者也。

是故子墨子言曰：戒之慎之，必爲天之所欲，而去天之所惡。曰：天之所欲者何也？所惡者何也？天欲義而惡其不義者也。何以知其然也？曰：義者，正也。正，猶言正人，詳上篇。何以知義之爲正也？天下有義則治，無義則亂，我以此知義之爲正也。然而正者，無自下正上者，必自上正下。是故庶人不得次己而爲正，意林引「次」並作「恣」，「正」並作「政」。案：次，當依馬讀爲「恣」，王訓爲「即」，似未塙，詳上篇。有士正之；士不得次己而爲正，有大夫正之；大夫不得次己而爲正，有諸侯正之；諸侯不得次己而爲正，有三公正之；三公不得次己而爲正，有天子正之；天子不得次己而爲政，依上下文亦當作「正」。有天正之。今天下之士君子，皆明於天子之正天下也，而不明於天之正天子也。王云：「舊本『不明於天』下脱『之』字，『正』下又脱『天子』二字，今補。」是故古者聖人明以此説人曰：「天子有善，天能賞之；天子有過，天能罰之。」天子賞罰不當，聽獄不中，天下疾病禍福，王云：「『福』字義不可通，『禍福』當爲『禍祟』。下者，降也，言降之以疾病禍祟也。『疾病禍祟』見中篇。」霜露不時。天子必且犓豢其牛羊犬彘，絜爲粢盛酒醴，絜，舊本作「潔」，今據吴鈔本改，下同。以禱祠祈福於天。我未嘗聞天之禱祈福於天子也，畢云：「『禱』下當有『祠』字。」吾以此知天之重且貴於天子也。吴鈔本「此」作「是」，「重且貴」作「貴且重」，以此下文及中篇校之，「重且貴」當作「貴且知」。是故義者不自愚且賤者出，必自貴且知者出。曰：誰爲知？天爲知。俞云：「此上脱『誰爲貴？天爲貴』六字。中篇曰『然則孰爲貴？孰爲知？曰：天爲貴、天爲知而已矣』，是其證。」然則義果自天出也。

今天下之士君子之欲爲義者，則不可不順天之意矣。曰：順天之意何若？曰：兼愛天下之人。何以知兼愛天下之人也？以兼而食之也。食，謂享食其賦税物産。何以知其兼而食之也？自古及今，無有遠靈孤夷之國，戴云：「『遠靈』二字義不可通，『靈』疑當作『雺』。雺，説文以爲籀文『旁』字。旁與方通，今文尚書多借『旁』爲『方』。遠雺，言遠方也。」詒讓案：「靈」疑「虚」之誤，北魏孝文帝祭比干文「虚」作「虗」，南唐本業寺記作「雲」，東魏武定二年邑主造象頌「靈」作「霊」，二形並相似。耕柱篇「誶靈」亦「墟虚」之誤，與此正同。皆犓豢其牛羊犬彘，絜爲粢盛酒醴，以敬祭祀上帝山川鬼神，以此知兼而食之也。苟兼而食焉，必兼而愛之。譬之若楚越之君，譬，吴鈔本作「辟」。今是楚王食於楚之四境之内，王引之云：「今是，與今夫義同。」故愛楚之人；越王食於越，戴云：「當據上文補『之四境之内』五字，墨子文不避重複，不得於此文獨省也。」故愛越之人。道藏本、季本、吴鈔本並脱「楚之人」以下十字。今天兼天下而食焉，我以此知其兼愛天下之人也。

且天之愛百姓也，不盡物而止矣。王云：「『物』字義不可通，『物』當爲『此』。『此』字指上文而言。中篇曰『不止此而已矣』，又曰『不止此而已』，皆其證。」今天下之國，粒食之民，殺一不辜者，必有一不祥。王云：「舊本『民』下衍『國』字，今删。『殺一』下脱『不辜者必有一』六字，今據上中二篇補。」曰：誰殺不辜？曰：人也。孰予之不辜？依上文當作「不祥」。曰：天也。若天之中實不愛此民也，何故而人有殺不辜而天予之不祥哉？且天之愛百姓厚矣，天之愛百姓別矣，王引之云：「別讀爲偏，言天偏愛百姓也。古或以『別』爲『偏』，樂記『其治辯者其禮具』，鄭注：『辯，偏也。』史記樂書『辯』作『辨』，集解『一作別』，其證也。」既可得而知也。何以知天之愛百姓也？吾以賢者之必賞善罰暴也。何以知賢者之必賞善罰暴也？吾以昔者三代之聖王知之。吴本「三代之聖王」作「之三代聖王」。故昔也三代之聖王堯舜禹湯文武之兼愛之天下也，下「之」字吴鈔本無，疑衍。從而利之，移其百姓之意，焉率以敬上帝山川鬼神。天以爲從其所愛而愛之，從其所利而利之，於是加其賞焉，使之處上位，立爲天子以法也，戴云：「以法，疑當作『以爲儀法』，脱二字耳。『以爲儀法』，見下文。『也』當爲『世』之誤，『世名之曰聖人』句。」案：以下文校之，此處脱文甚多，「以法也」三字，乃其殘字之僅存者，戴説未塙。今以此下文及尚賢中篇補之，疑當作「以爲民父母，是以天下之庶民屬而譽之，業萬世子孫繼嗣，譽之者不之廢也」。此「法也」即「廢也」之誤。鐘鼎款識皆以「灋」爲「廢」。名之曰「聖人」。以此知其賞善之證。畢云：「舊脱『知』字，據下文增。」是故昔也三代之暴王桀紂幽厲之兼惡天下也，從而賊之，移其百姓之意，焉率以詬侮上帝山川鬼神。天畢云：「一本有『鬼神天』三字。」案：道藏本、季本、吴鈔本並有。以爲不從其所愛而惡之，不從其所利而賊之，於是加其罰焉，使之父子離散，國家滅亡，抎失社稷，畢云：「説文云：『抎，有所失也。春秋傳曰：抎子辱矣。』玉篇云：『抎，于粉切。』」憂以及其身。是以天下之庶民屬而毁之，業萬世子孫繼嗣，毁之賁不之廢也，「業萬世」，詳上篇。王云：「『賁』當爲『者』。隸書『者』字或作『耆』，見漢衛尉卿衡方郃陽令曹全碑，與『賁』相似而誤。『不之廢』，衍『之』字。廢者，止也，見中庸、表記注。言業萬世子孫繼嗣，而毁之者猶不止也。尚賢篇云『萬民從而非之，曰暴王，至今不已』，是也。今本『者』譌作『賁』，下文又衍『之』字，則文不成義。」名之曰「失王」，蘇云：「『失』字誤，上篇皆『暴王』。」以此知其罰暴之證。今天下之士君子欲爲義者，則不可不順天之意矣。

曰：順天之意者，兼也；反天之意者，别也。兼之爲道也，義正；别之爲道也，力正。正，上篇並作「政」，字通。力正，義詳明鬼下篇。曰：義正者何若？曰：大不攻小也，强不侮弱也，衆不賊寡也，詐不欺愚也，貴不傲賤也，富不驕貧也，壯不奪老也。是以天下之庶國，莫以水火毒藥兵刃以相害也。若事上利天，中利鬼，下利人，三利而無所不利，是謂天德。故凡從事此者，聖知也，仁義也，忠惠也，慈孝也，是故聚斂天下之善名而加之。是其故何也？則順天之意也。曰：力正者何若？曰：大則攻小也，强則侮弱也，衆則賊寡也，詐則欺愚也，貴則傲賤也，富則驕貧也，壯則奪老也。是以天下之庶國，方以水火毒藥兵刃以相賊害也。若事上不利天，中不利鬼，下不利人，三不利而無所利，是謂之賊。俞云：「『之』當作『天』。『是謂天賊』與『是謂天德』對文，中篇正作『天賊』。」故凡從事此者，寇亂也，盜賊也，不仁不義，不忠不惠，不慈不孝，是故聚斂天下之惡名而加之。是其故何也？則反天之意也。

故子墨子置立天之，以爲儀法，畢云：「之，一本作『志』，疑俗改。考古『志』字只作『之』，説文無『志』字。」若輪人之有規，匠人之有矩也。今輪人以規，匠人以矩，以此知方圜之别矣。王云：「舊本脱『知』字，中篇曰『圜與不圜，方與不方，皆可得而知』。今據補。」是故子墨子置立天之，以爲儀法。畢云：「『之』讀爲『志』。」吾以此知天下之士君子之去義遠也。道藏本、吴鈔本「義」下有「之」字。何以知

**天下之士君子之去義遠也？**吴鈔本「義」下有「之」字。**今知氏大國之君**俞云：「『知』字衍文，蓋涉上句『吾以知天下之士君子』、『何以知天下之士君子』兩句竝有『知』字而衍。氏，當讀爲是。禮記曲禮篇『是職方』，鄭注曰：『是或爲氏。』儀禮覲禮篇『大史是右』，注曰：『古文是爲氏也。』周官射人注引作『大史氏右』。然則是、氏古通用，今氏即今是也，今是即今夫也。禮記三年問篇『今是大鳥獸』，荀子禮論篇『今是』作『今夫』，荀子宥坐篇『今夫世之陵遲亦久矣』，韓詩外傳『今夫』作『今是』，竝其證也。上文曰『今是楚王食於楚之四境之内』，此云『今氏大國之君』，文法正同。上文作『是』，此文作『氏』，則字之異耳。」**寬者然曰：**俞云：「『寬者』下當有闕文，蓋言其土地之廣大也，故下文以『然』字作轉語。」案：疑當作「寬然曰」，「者」乃衍文。寬當爲囂之借字，聲義竝與讙同。説文㗊部云：「囂，呼也。讀若讙。」寬、囂同從莧聲，古通用。言今大國之君，皆囂然争持攻國之論也。俞説非。**「吾處大國而不攻小國，吾何以爲大哉！」是以差論蚤牙之士，**蚤，吴鈔本作「爪」，非攻中、下二篇竝作「爪」。**比列其舟車之卒，**俞云：「『卒』下脱『伍』字，非攻下篇作『皆列其舟車之卒伍』，是其證也。皆列即比列。」**以攻罰無罪之國，**罰，當從非攻下篇作「伐」。**入其溝境，**王云：「『溝境』二字不詞，當依非攻篇作『邊境』。此涉下文『溝池』而誤也。」**刈其禾稼，斬其樹木，殘其城郭，**史記樊酈滕灌傳集解引張晏云：「殘，有所毀也。」**以御其溝池，**王引之云：「『御』字義不可通，『御』當爲『抑』，抑之言堙也。謂壞其城郭以塞其溝池，若周語所云『墮高堙庳』也。史記河渠書『禹抑鴻水』，索隱曰：『抑，漢書溝洫志作「堙」，堙、抑皆塞之也。』是抑與堙同義。非攻篇作『湮其溝池』。湮亦堙也。隸書『抑』字或作『抑』，見漢校官碑，『御』字或作『御』，見帝堯碑，二形相似而誤。」**焚燒其祖廟，攘殺其犧牷。**吴鈔本作「牲」。**民之格者，則剄拔之，**畢云：「剄，舊作『勁』，從力，非。剄拔，即到制，拔音同制。」詒讓案：「剄拔」疑「剄殺」之誤。非攻下篇云「剄殺其萬民」，「殺」與「拔」篆文相近而誤。**不格者則係操而歸。**畢云：「係，一本作『繫』。」王引之云：「民可係而歸，不可操而歸。古亦無以『係操』二字連文者。『操』當爲『纍』，即孟子所謂『係累其子弟』也。『纍』誤爲『喿』，後人因改爲『操』耳。」案：王校是也。孟子梁惠王篇趙注云：「係累，猶縛結也。」**丈夫以爲僕圉、**丈，舊譌「大」，顧云：「當爲『丈』。」王引之、宋翔鳳校並同，今據正。左傳文十八年杜注云：「僕，御也。」周禮夏官鄭注云：「養馬曰圉。」畢云：「圉，舊作『園』，以意改。」**胥靡，**史記賈誼傳云「傅説胥靡」，索隱引徐廣云：「胥靡，腐刑也。」晉灼云：「胥，相也；靡，隨也。古者相隨坐，輕刑之名。」莊子庚桑楚篇釋文引司馬彪云：「胥靡，刑徒人也。」崔譔云：「腐刑也。」荀子儒效篇楊注云：「胥靡，刑徒人也。胥，相；靡，繫也。謂鐰相聯相繫，漢書所謂鋃鐺者也。顔師古曰：聯繫使相隨而服役之，猶今囚徒以鐰連枷也。」案：尚賢中篇説「傅説被褐帶索，庸築乎傅巖」，即史記所謂「胥靡」，則當爲刑徒役作之名。徐、崔説誤。**婦人以爲舂酋。**吴鈔本「婦」作「媍」。「酋」作「囚」，誤。畢云：「周禮云：『其男子入于皋隸，女子入于舂〔一〕槀。』又説文云：『酋，繹酒也。禮有大酋，掌酒官也。』未詳婦人爲酋之義。『酋』與『舀』聲形相近，説文云『抒臼也』，亦『舂〔二〕槀』義與？」王云：「畢以『酋』爲『或舂或舀』之『舀』，非也。説文：『酋，繹酒也。從酉，水半見於上。禮有大酋，掌酒官也。』月令注：『酒孰曰酋。』據此，則酒官謂之酋者，以其掌

〔一〕〔二〕「舂」，原均誤作「春」。據畢沅刻本及正文改。

酒也。然則女奴之掌酒者，亦得謂之酉矣。周官酒人「女酒三十人，奚三百人」，鄭注曰：「女酒，女奴曉酒者。古者從坐男女没入縣官爲奴，其少才知以爲奚。」是其證。惠士奇禮説曰：「酒人之奚多至三百，則古之酒皆女子爲之，即墨子所謂『婦人以爲舂酉』也。」宋翔鳳云：「吕氏春秋精通篇云：『臣之父不幸而殺人，不得生，臣之母得生，而爲公家爲酒。』則此言『舂酉』者，或爲舂，或爲酒也。」案：畢説是也。周官舂人有女舂抌二人，鄭注云：「女舂抌，女奴能舂與抌者。抌，抒臼也。」説文「舀」或作「抌」，此以「舂酉」連文，則「酉」即「抌」之叚字可知。墨、吕二書義本不同，王、宋説非。則夫好攻伐之君不知此爲不仁義，以告四鄰諸侯曰：「吾攻國覆軍，殺將若干人矣。」其鄰國之君亦不知此爲不仁義也，有具其皮幣，有與又通，下同。發其綛處，畢云：「未詳。説文、玉篇無『綛』字。」詒讓案：綛，吴鈔本作「総」，即「總」之俗，於義亦無取。疑「綛處」當作「徒遽」。「徒」正字作「䞣」，隸變或作「徙」，彳與糸相似，止與心相似，遂譌作「綛」耳。「遽」、「處」亦形近而誤。國語吴語云「徒遽來告」，韋注云：「徒，步也；遽，傳車也。」周禮行夫注云：「遽，若今時乘傳騎驛而使者也。」發其徒遽，謂使人致賀於攻伐之國，必起發卒徒車馬以從行也。或云「綛」當爲「縱」之譌，「縱」隸古或作「緃」，右半形與忍相類，縱又從之借字，「縱處」即「從遽」，亦通。使人饗賀焉。饗，當讀爲聘享之享。周禮玉人鄭注云：「享，獻也。」則夫好攻伐之君有重不知此爲不仁不義也，有書之竹帛，藏之府庫。爲人後子者，後子即嗣子，詳節葬下篇。必且欲順其先君之行，曰：「何不當發吾府庫，舊本脱「府」字，王據上文補。視吾先君之法美。」王云：「『法美』二字，義不相屬。『美』當爲『義』，字之誤也。少儀『言語之美』，鄭注：『「美」當爲「儀」。』案：『美』乃『義』字之誤。義即古儀字，法義即法儀也。前有法儀篇，云『天下從事者，不可以無法儀』。非命篇曰『先立義法』，即儀法。當讀爲嘗。荀子性惡篇『今當試去君上之埶，無禮義之化，去法正之治，無刑罰之禁，則天下之悖亂而相亾不待頃矣』，呂氏春秋疑似篇『戎寇當至』，當竝與嘗同。史記西南夷傳『嘗擊南越者八校尉』，漢書『嘗』作『當』。嘗，試也。言試發吾府庫，視吾先君之法儀也。」必不曰文武之爲正者若此矣，曰：「吾攻國覆軍，殺將若干人矣。」則夫好攻伐之君不知此爲不仁不義也，其鄰國之君不知此爲不仁不義也，是以攻伐世世而不已者。此吾所謂大物則不知也。

所謂小物則知之者，何若？今有人於此，入人之場園，取人之桃李瓜薑者，上得且罰之，衆聞則非之。是何也？曰：不與其勞，獲其實，言不與種植之勞，而取其實也。已非其有所取之故。此有誤，疑當云「以非其所有取之故」。已、以同，「所有」二字誤倒，遂不可通。而況有踰於人之墻垣，以下文校之，「於」字疑衍。抯格人之子女者乎？蘇云：「抯，說文云：『挹也。從手，且聲，讀若樝。』格，舉持也。爾雅釋訓云：『格格，舉也。』」俞云：「『抯』字無義，當爲衍文，蓋即『垣』字之誤而複者。『格人之子女』，與下『竊人之金玉蚤絫』、『竊人之牛馬』一律，曰格曰竊，皆以一字爲文也。下文『踰人之墻垣，抯格人之子女者』，亦衍『抯』字。又下文『此爲踰人之墻垣，格人之子女者』，正無『抯』字，可證上兩處之衍矣。畢反謂其脫『抯』字，非也。『格人之子女』，謂拘執人之子女。後漢書鍾離意傳注曰：『格，拘執也。』是其義。」案：抯、摣字通。方言云：「抯、摣，取也。南楚之間，凡取物溝泥中，謂之担，或謂之攎。」釋名釋姿容云：「攎，叉也，五指俱往叉取也。」俞説非。與角人之府庫，俞云：「『角』字無義，乃『穴』字之誤。『穴』隸書作『内』，『角』隸書作『角』，兩形相似而誤。」竊人之金玉蚤絫者乎？王引之云：「『蚤絫』二字義不可通，『蚤絫』當爲『布枲』。隸書『布』字作『布』，『蚤』字作『蚤』，二形相似，故『布』譌爲『蚤』。荀子儒效篇『必蚤正以待之也』，新序雜事篇『蚤』作『布』。枲，蓋繰之借字。布繰即布帛。説文：『繰，帛如紺色，或曰深繒，讀若喿。』繰、枲同音，故字亦相通。凡書傳中從枲、從參之字多相亂，故非樂篇『多治麻絲葛緒綑布繰』，今本作『布縿』。而檀弓之『布幕衛也，繰幕魯也』，今本亦作『縿幕』。其它從枲之字，亦多變而從參。隸書『參』字作『叅』，與『絫』相似，因譌爲『絫』矣。西伯勘黎『乃罪多參在上』，馬融讀『參』爲『絫』，亦以其字形之相似。金玉布繰皆府庫所藏，故曰『角人之府庫，竊人之金玉布枲』。」與踰人之欄牢，欄，吳鈔本作「闌」，下同，義詳非攻上篇。周禮充人鄭注云：「牢，閑也。」説文牛部云：「牢，閑養牛馬圈也。」竊人之牛馬者乎？而況有殺一不辜人乎？今王公大人之爲政也，畢云：「人，舊作『天』，以意改。」案：道藏本、吳鈔本作「夫」，季本作「人」，與畢校合。自殺一不辜人者，踰人之墻垣，担格人之子女者，與角人之府庫，竊人之金玉蚤絫者，道藏本、吳鈔本下並有「乎」字。與踰人之欄牢，竊人之牛馬者，畢云：「舊脱『之』字，據上文增。」與入人之場園，毛詩豳風七月傳云：「春夏爲圃，秋冬爲場。」鄭箋云：「場、圃同地，自物生之時耕治之以種菜茹，至物盡成熟築堅以爲場。」竊人之桃李瓜薑者，王引之云：「舊脱『者與入人之場園竊人之』十字，當據上下文補。」今王公大人之加罰此也，雖古之堯舜禹湯文武之爲政，亦無以異此矣。今天下之諸侯，將猶皆侵凌攻伐兼并，此爲殺一不辜人者數千萬矣；此爲踰人之墻垣、格人之子女者，畢云：「據上，『格』上當脱『抯』字。」與角人府庫、竊人金玉蚤絫者，數千萬矣；踰人之欄牢、竊人之牛馬者，與入人之場園、竊人之桃李瓜薑者，數千萬矣，而自曰義也。故子墨子言曰：是蕡我者，蕡，畢本並改「責」，云：「舊作『蕡』，下同，以意改。」顧云：「蕡，讀若治絲而棼之棼。『我』當爲『義』。」案：顧説是也，棼亦與紛同。尚同中篇云「本無有敢紛天子之教者」，與此文例略同。急就篇云「芬薰脂粉膏澤筩」，芬，皇象本作「蕡」。此以「蕡」爲「棼」，與彼相類。則豈有以異是蕡黑白甘苦之辯者哉？今有人於此，少而示之黑謂之黑，王引之經傳釋詞「謂」下删「之」字。多示之黑謂白，必曰：「吾目亂，不知黑白之别。」今有人於此，能少嘗之甘畢云：「『能少』當爲『少而』，據上文如此。能、而音同故也。」王引之云：「能猶而也，能與而古聲相近，故義亦相通。」戴説同。謂甘，多嘗謂苦，王氏釋詞「多嘗」下增「之甘」二字。必曰：「吾口亂，不知其甘苦之味。」今王公大人之政也，戴云：「『政』上當有『爲』字。」或殺人，其國家禁之，此蚤越戴云：「三字有脱誤。」有能多殺其鄰國之人，因以爲文義，王云：「『文義』二字，義不可通，『文』當爲『大』，字之誤也。謂多殺鄰國之人，聞之者不以爲不義，反以爲大義也。非攻篇曰『小爲非，則知而非之，大爲非攻國，則不知非，從而譽之，謂之義』，此之謂也。」案：王據非攻篇證此，是也。而改「文」爲「大」，則非是。此當作「因以爲之義」，爲與謂通，「文」即「之」之譌，言因以稱之曰義也。此豈有異蕡白黑甘苦之别者哉？别、辯聲近字通。

故子墨子置天之，以爲儀法。畢云：「『之』當爲『志』。」非獨子墨子以天之志爲法也，王云：「『志』字亦後人所加，『之』即『志』字也。」案：説詳中篇。於先王之書大夏之道之然：俞云：「大夏，即大雅也。雅、夏古字通。荀子榮辱篇曰『越人安越，楚人安楚，君子安雅』，儒效篇曰『居楚而楚，居越而越，居夏而夏』，是夏與雅通也。下文所引『帝謂文王』六句，正大雅皇矣篇文。」「帝謂文王，予懷明德，吴鈔本「懷」下有「而」字。毋大聲以色，毋長夏以革，蘇云：「詩大雅文王篇二『毋』字作『不』。」詒讓案：中篇引「毋」並作「不」，與詩同。不識不知，順帝之則。」義並詳中篇。此誥文王之以天志爲法也，吴鈔本「誥」作「告」。畢云：「『誥』字據上文當爲『語』。」詒讓案：「也」字疑衍。而順帝之則也。且今天下之士君子，中實將欲爲仁義，求爲上士，上欲中聖王之道，下欲中國家百姓之利者，當天之志而不可不察也。天之志者，義之經也。兩「志」字王校亦删，詳前。

# 墨子閒詁卷八

## 明鬼上第二十九闕

## 明鬼中第三十闕

## 明鬼下第三十一

淮南子氾論訓作「右鬼」，高注云：「右猶尊也。」漢書藝文志亦同，顔注引此作「明鬼神」，疑衍「神」字。明，謂明鬼神之實有也。

子墨子言曰：逮至昔三代聖王既没，天下失義，諸侯力正，畢云：「正同征。」詒讓案：節葬下篇作「征」，字通。天志下篇云：「兼之爲道也，義正；别之爲道也，力正。」周禮禁暴氏「禁庶民之亂暴力正者」，鄭注云：「力正，以力强得正也。」是以存夫爲人君臣上下者之不惠忠也，父子弟兄之不慈孝弟長貞良也，正長之不强於聽治，賤人之不强於從事也。民之爲淫暴寇亂盜賊，畢云：「舊脱『亂』字，據下文增。」以兵刃毒藥水火退無罪人乎道路率徑，蘇云：「『退』疑當作『遇』，下文同。」俞云：「『退』字無義，疑『迫』字之誤。謂迫而奪其車馬衣裘也。『率徑』二字亦無義，據下文，此語兩見而皆無『率徑』二字，疑爲衍文。」案：二説皆非也。「退」當爲「迓」字之誤。迓與禦通，書牧誓「弗迓克奔」，釋文引馬融本「迓」作「禦」，云：「禁也。」史記周本紀「弗迓」作「不禦」，集解引鄭注云：「禦，彊禦，謂彊暴也。」孟子萬章篇云「今有禦人於國門之外者」，趙注云：「禦人，以兵禦人而奪之貨。」即其義也。「率徑」當讀爲術徑，屬上「道路」爲句。率聲與术聲古音相近。廣雅釋詁云：「率，述也。」白虎通義五行篇云：「律之言率，所以率氣令生也。」周禮典同鄭注云：「律，述氣者也。」述氣即率氣，是其證。説文行部云：「術，邑中道也。」月令「審端徑術」，鄭注云：「術，周禮作『遂』。夫閒有遂，遂上有徑。遂，小溝也，步道曰徑。」杜臺卿玉燭寶典引蔡邕月令章句云：「術，車道也；徑，步道也。」鄭、蔡説並通。漢書刑法志亦云「術路」，如淳注云：「術，大道也。」俞以「率徑」爲衍文，亦誤。奪人車馬衣裘以自利者，並作由此始，是以天下亂。此其故何以然也？則皆以疑惑鬼神之有與無之别，不明乎鬼神之能賞賢而罰暴也。今若使天下之人偕若信鬼神之能賞賢而罰暴也，舊本「偕」作「借」。畢云：「借，本書尚賢中作『藉』，此俗改。」王云：「上言『若使』，則下不得又言『借若』，余謂『若』字涉上文而衍，『借』乃『偕』字之誤。偕與皆通。湯誓『予及女皆亾』，孟子梁惠王篇『皆』作『偕』。周頌豐年篇『降福孔皆』，晉書樂志『皆』作『偕』。言使天下之人皆信鬼神之能賞賢而罰暴，則天下必不亂也。舊本『罰暴』二字倒轉，據上文改。」則夫天下豈亂哉！

今執無鬼者曰：「鬼神者，固無有。」旦暮以爲教誨乎天下，舊本下有「之」字，畢又以意增「人」字。王云：「畢補非也。此文本作『旦暮以爲教誨乎天下』，今本『天下』下有『之』字者，涉下句『天下之衆』而衍。畢不解其故，而於『之』下補『人』字，誤矣。下文『天下之衆』，即天下之人也。」案：王說是也，今據刪。疑天下之衆，使天下之衆皆疑惑乎鬼神有無之別，吳鈔本無「惑」字。是以天下亂。是故子墨子曰：今天下之王公大人士君子，實將欲求興天下之利，除天下之害，故當鬼神之有與無之別，以爲將不可以不明察此者也。舊本「明」上脱「不」字，今從王校補。俞云：「此本作『故當鬼神之有與無之別，不可以不察者也』。下文曰『既以鬼神有無之別，以爲不可不察已，然則吾爲明察此』。此文『以爲』字即涉下文而衍，『明察此』字即涉下文而誤。下云『不可不察』，正承此而言，故知此文無『明』字也。」蘇云：「『下』『以』字當作『不』。」案：俞說是也，今從之。「此」字不當刪，詳非攻下篇〔二〕。既以鬼神有無之別，以爲不可不察已，然則吾爲明察此，其說將柰何而可？子墨子曰：是與天下之所以察知有與無之道者，必以衆之耳目之實知有與亡爲儀者也。亾，吳鈔本作「無」。亾，古「無」字。篇中諸「有無」字，疑古本並作「亾」。請惑聞之見之，請當讀爲誠。墨子書多以「請」爲「情」，又以「情」爲「誠」，故此亦以「請」爲「誠」，詳尚同中、下二篇。惑與或通。戴云「請，

〔二〕按：孫於正文「明」上增「不」字，注云：「從王（念孫）校補。」注中別引俞樾說，而又云：「俞說是也，今從之。」然正文實未從俞說校改。王、俞二說不能兼從，疑注中從俞說之語有誤。

『諸』字之誤」，失之。則必以爲有；莫聞莫見，則必以爲無。舊脱「則必以爲有」以下九字，王據下文及非命篇補，今從之。若是，何不嘗入一鄉一里而問之，自古以及今，生民以來者，亦有嘗見鬼神之物，聞鬼神之聲，則鬼神何謂無乎？若莫聞莫見，則鬼神可謂有乎？「何」、「可」錯出，義兩通，不知孰爲正字。

今執無鬼者言曰：夫天下之爲聞見鬼神之物者，不可勝計也，亦孰爲聞見鬼神有無之物哉？子墨子言曰：若以衆之所同見，與衆之所同聞，則若昔者杜伯是也。周宣王殺其臣杜伯而不辜，畢云：「史記索隱引作『不以罪』。」杜伯曰：「吾君殺我而不辜，若以死者爲無知，則止矣；若死而有知，不出三年，必使吾君知之。」其三年，畢云：「文選注引作『必死吾君之期』。韋昭注國語引『三』作『二』。太平御覽引作『後三年』。」俞云：「『必使吾君知之』絶句。『其』下脱『後』字，本作『其後三年』。太平御覽引此文正作『後三年』，但删『其』字耳。韋昭注周語引作『後二年』，雖誤『三』爲『二』，而『後』字固在，皆可爲證。文選劉孝標重答劉秣陵書注引作『必死吾君之期』，則誤『其』爲『期』，而屬上讀，且誤『使』爲『死』，又脱『知』字，文不成義，不足據也。」案：宋尤袤本文選注惟「其」作「期」，餘並與今本同。國語韋注，宋明道本亦正作「三年」。畢、俞並誤據俗本，疏矣。史記周本紀正義引周春秋亦作「後三年」。據史記，宣王四十六年崩，則殺杜伯當在四十四年。通鑑外紀載殺杜伯於四十六年，非也。今本竹書紀年云：「宣王四十三年，王殺大夫杜伯，其子隰叔出奔晉。」則不數所殺年，亦通。周宣王合諸侯而田於圃，田車數百乘，田於圃，吴鈔本作「舍於圃」。畢云：「田與佃通。說文云：「佃，中也。春秋傳曰：乘中佃一轅車。」案：今左氏作『衷佃』，同。又案：韋昭注國語、文選注、史記索隱引俱無此字。顏師古注漢書有。」俞云：「『田於圃田』者，圃田，地名。詩車攻篇『東有甫草，駕言行狩』，鄭箋以鄭有甫田説之。爾雅釋地作『鄭有圃田』，即其地也。畢讀『圃』字絶句，非是。」詒讓案：周語云「杜伯射王於鄗」，韋注云：「鄗，鄗京也。」史記周本紀集解引徐廣云：「豐在京兆鄠縣東，鎬在上林昆明北，有鎬池，去豐二十五里，皆在長安南數十里。」周禮職方氏鄭注云：「圃田在中牟。」以周地理言之，鄗在西都，圃田在東都，相去殊遠。又韋引周春秋「宣王會諸侯田於圃」，明道本「圃」作「囿」。史記封禪書索隱、周本紀正義所引並與韋同。論衡死僞篇云「宣王將田于圃」，則漢、唐舊讀並於「圃」字斷句，皆不以「圃」爲圃田。荀子王霸篇楊注引隨巢子云「杜伯射宣王於畝田」，畝與牧聲轉字通，疑即鄗京遠郊之牧田，亦與圃田異。但隨巢子以「圃田」爲「畝田」，似可爲俞讀左證。近胡承珙亦謂此即圃田，而謂國語鄗即敖鄗，庰韋以爲鄗京之誤，其説亦可通。姑兩存之，竢通學詳定焉。田車者，考工記云「田車之輪，六尺有六寸」，鄭注云：「田車，木路也，駕田馬。」畢引左傳「中佃」，非此義。**從數千，人滿野。**畢云：「太平御覽引作『車徒滿野』，節文。」俞云：「『從』乃『徒』字之誤。車數百乘，徒數千人，徒與車爲對文。御覽引作『車徒滿野』，是其證。」案：俞校近是，但此當以「徒數千」爲句，「人」屬下「滿野」爲句，非以徒與車爲對文也。**日中，杜伯乘白馬素車，朱衣冠，**朱衣冠，蓋韋弁服也。周禮司服「凡兵事，韋弁服」，鄭注云：「韋弁，以韎韋爲弁，又以爲衣裳也。」韎、朱色近通稱。**執朱弓，挾朱矢，追周宣王，射之車上，**舊本「射之」作「射入」。畢云：「文選注引作『射之』。」詒讓案：「之」字是也，今據改。**中心折脊，殪車中，**後漢書光武紀李注云：「殪，僕也。」**伏弢而死。**畢云：「弢，太平御覽引作

『韔』，一引作『伏弓衣』，義同。」詒讓案：史記索隱、文選注引並作「弢」，與今本同。論衡死僞篇亦作「韔」。說文弓部云：「弢，弓衣也。」左成十六年傳：「楚共王使養由基射吕錡，中項伏弢。」畢又云：「國語云『内史過曰：杜伯射王于鄗』，韋昭注曰『杜，國；伯，爵，陶唐氏之後。周春秋曰』云云，與此略同。地理志：『杜陵，故杜伯國。有周右將軍杜主祠四所。』又國語『范宣子曰：昔匄之祖，在周爲唐杜氏』，韋昭曰：『周成王滅唐，而封弟唐叔虞，遷唐于杜，謂之杜伯。』封禪書曰：『杜主，故周之右將軍。』今陝西長安縣南杜豐。」**當是之時，周人從者莫不見，遠者莫不聞，著在周之春秋。**國語晉語「司馬侯謂悼公曰：羊舌肸習於春秋」，韋注云：「春秋，紀人事之善惡，而目以天時，謂之春秋，周史之法也。時孔子未作春秋。」又楚語：「莊王使士亹傅太子，申叔時告之曰：教之春秋，以感勸其心。」公羊莊七年傳云「不脩春秋曰：雨星不及地尺而復」，何注云「謂史記也。古者謂史記爲春秋」。管子法法篇云「故春秋之記，臣有弑其君，子有殺其父者矣」，尹注云：「春秋，即周公之凡例，而諸侯之國史也。」史通六家篇、隋書李德林傳並引墨子云「吾見百國春秋」，蓋即此。史通又云：「汲璅冢語記太丁時事，目爲夏殷春秋，又有晉春秋，記獻公十七年事。」**爲君者以教其臣，爲父者以譤其子，**畢云：「說文云：『警，戒也。』此異文。」**曰：「戒之慎之，凡殺不辜者，其得不祥，鬼神之誅，**畢云：「舊作『謀』，據後文改。」**若此之憯遬也！」**憯、速義同。玉篇手部云：「『撍』，側林切，急疾也。」憯與『撍』通。易豫「朋盍簪」，釋文云：「簪，鄭云速也，京〔二〕作『撍』。」淮南子本經訓云「兵

〔二〕「京」，原誤「李」，據易豫釋文改。按「京」指京房本。

莫憯於志，而莫邪爲下」，高注云：「憯猶利也。」並與此義相近。道藏本、吴鈔本竝無「也」字。畢云：「説文云：『遫，籒文。』」蘇云：「遫與戚義同。」**以若書之説觀之，則鬼神之有豈可疑哉？非惟若書之説爲然也，**道藏本、吴鈔本並無「也」字。**昔者鄭穆公**史記鄭世家「穆公蘭，文公子」，然此實當爲「秦穆公」之譌。畢云：「郭璞注山海經引此作『秦穆公』，又太平御覽、太平廣記引『穆』作『繆』。」詒讓案：郭引作『秦』，是也。玉燭寶典引墨子曰「昔秦穆公有明德，上帝使句芒賜之壽十九年也」，即約此文。論衡福虚篇云：「儒家之徒董無心，墨家之役纏子，相見講道。纏子稱墨家佑鬼神，是引『秦穆公有明德，上帝賜之十九年』。纏子難以堯舜不賜年，桀紂不夭死。堯舜桀紂猶爲尚遠，且近難以秦穆公、晉文公。夫謚者行之迹也，迹生時行，以爲死謚。穆者誤亂之名，文者德惠之表。有誤亂之行，天賜之年；有德惠之操，天奪其命乎？案穆公之霸不過晉文，晉文之謚美於穆公，天不加晉文以命，獨賜穆公以年，是天報誤亂，與穆公同也。」又無形篇云：「傳言秦穆公有明德，上帝賜之十九年。」北齊書樊遜傳遜對問禍福報應，亦云：「秦穆有道，句芒錫祥。」以諸書證之，則不當作「鄭」明矣。下文凡「鄭」字並當作「秦」。**當晝日中處乎廟，**當，吴鈔本作「嘗」，古字通用。**有神入門而左，鳥身，**畢云：「海外東經云：『東方句芒，鳥身人面。』太平廣記引作『人面鳥身』。」戴云：「脱『人面』二字。」**素服三絶，**「三絶」無義，疑當作「玄純」。「玄」與「三」，「純」與「絶」，艸書並相近，因而致誤。素衣玄純，蓋即深衣采純，明與凶服異也。畢引説文云「絶，刀斷絲也」，非此義。**面狀正方。**畢云：「太平廣記引作『而狀方正』。」戴云：「『面』乃『而』字之誤。」案：山海經郭注引作「方面」，則「面」字非誤。**鄭穆公見之，乃恐懼，犇，神曰：「無懼！**畢云：「舊脱此四字，據太平廣記增。太平御覽引作一『曰』字，一本作『神曰』二字。」帝享女明德，女，吴鈔本作「汝」。使予錫女壽十年有九，錫，吴鈔本作「享」。使若國家蕃昌，子孫茂，毋失。」鄭亦當作「秦」。穆公再拜稽首曰：「敢問神名？」畢本「名」作「明」，云：「舊脱此字。太平御覽引云『敢問神明爲何』，太平廣記引云『公問神明』」。案：明同名也。」王云：「鈔本御覽神鬼部二正作『敢問神名』，刻本『名』作『明』，誤也。明古讀若芒，不得與名通。」案：王校是也，楚辭遠遊洪興祖補注引亦作「名」，今據補正。曰：「予爲句芒。」句芒，地祇，五祀之木神，月令「春，其神句芒」是也。左傳昭二十九年，蔡墨説少昊氏之子重爲句芒。此人鬼爲木官，配食句芒者，非地祇也。若以鄭穆公之所身見爲儀，則鬼神之有豈可疑哉？

非惟若書之説爲然也，昔者，燕簡公畢云：「案史記，簡公平公子。周敬王十六年，公元年也。」詒讓案：論衡書虚篇説此事作「趙簡子」，死僞篇作「趙簡公」，並誤。惟訂鬼篇作「燕簡公」，與此同。殺其臣莊子儀而不辜，顧云：「論衡訂鬼、書虚、死僞作『莊子義』。」莊子儀曰：「吾君王殺我而不辜，簡公時，燕尚未僞王，此「王」字疑後人所加。死人毋知亦已，毋，吴鈔本作「無」。死人有知，不出三年，必使吾君知之。」期年，燕將馳祖，畢云：「祖道。」王云：「畢説非也。法苑珠林君臣篇作『燕之有祖澤，猶宋之有桑林，國之大祀也』，據此則『祖』是澤名，故又以雲夢比之。下文『燕簡公方將馳於祖塗』，亦謂祖澤之塗也。然則此『祖』非『祖道』之謂。」案：王説近是。顔之推還冤記又作「燕之沮澤，當國之大祀」。祖與沮、菹字通。王制云「山川沮澤」，孔疏引何胤隱義云：「沮澤，下溼地也。」孟子滕文公篇趙注云：「菹，澤生草者也。今青州謂澤有草者爲菹也。」俞正燮據説苑臣術云

「魏翟璜〔一〕乘軒車、載華蓋，時以閒暇祖之於野」，蓋所謂「馳祖」者也。未知是否。**燕之有祖，當齊之社稷，**王引之云：「當猶如也。」又「齊之」下校增「有」字。詒讓案：國語魯語云「莊公如齊觀社，曹劌諫曰：齊棄太公之法，而觀民於社」，又曰「今齊社而往觀旅，非先王之訓也」，韋注云：「旅，衆也。」襄二十四年左傳云：「楚子使薳啓彊如齊聘，齊社，蒐軍實，使客觀之。」**宋之有桑林，**左襄十年傳云「宋公享晉侯於楚丘，請以桑林」，杜注云：「桑林，殷天子之樂名。」淮南子脩務訓云「湯旱，以身禱於桑山之林」，高注云：「桑山之林能爲雲雨，故禱之。」呂氏春秋慎大篇云「武王勝殷，立成湯之後於宋，以奉桑林」，高注云：「桑山之林，湯所禱也，故使奉之〔二〕。」莊子養生主篇云「合於桑林之舞」，釋文引司馬彪云：「桑林，湯樂名。」案：杜預、司馬彪並以桑林爲湯樂。左傳孔疏引皇甫謐說，又以桑林爲大濩別名。以此書及淮南書證之，桑林蓋大林之名，湯禱旱於彼，故宋亦立其祀。左昭二十一年傳云「宋城舊鄘及桑林之門」，當即望祀桑林之處。因湯以盛樂禱旱於桑林，後世沿襲，遂有桑林之樂矣。**楚之有雲夢也，**爾雅釋地云「楚有雲夢」，郭注云：「今南郡華容縣東南巴丘湖是也。」周禮職方氏：「荆州，其澤藪曰雲瞢。」**此男女之所屬而觀也。**周禮州長鄭注云：「屬猶合也，聚也。」**日中，燕簡公方將馳於祖塗，莊子儀荷朱杖而擊之，殪之車上。**史記十二諸侯年表，燕簡公在位十二年卒，當敬王二十七年，魯哀公二年。則殺莊子儀事，當在簡公十一年也。但依左傳昭

〔一〕「翟璜」，說苑卷二臣術實作「翟黄」。史記魏世家、呂氏春秋舉難則作「翟璜」。

〔二〕「故使奉之」，原誤「故所奉也」，據呂氏春秋慎大改。

三年，北燕伯款即簡公。史表則以爲惠公，其元年當周景王元年，在位九年卒，歷悼、共、平三世而後至簡公，與左傳殊不合，未知孰是。論衡死僞篇云：「簡公將入於桓門，莊子義起於道左，執彤杖而捶之，斃於車下。」與此小異，疑兼采它書。桓，古與和通。桓門，當即周禮大司馬中冬狩田之和門，與此云「馳於祖塗」不同也。**當是時，燕人從者莫不見，遠者莫不聞，著在燕之春秋。諸侯傳而語之曰：**語，吴鈔本作「言」。**「凡殺不辜者，其得不祥，鬼神之誅若此其憯遬也！」以若書之説觀之，則鬼神之有豈可疑哉？**

**非惟若書之説爲然也，**惟，吴鈔本作「唯」。**昔者宋文君鮑之時，**君，吴鈔本作「公」。論衡祀義篇云「宋公鮑之身有疾」。**有臣曰祐觀辜，**顧云：「論衡訂鬼作『宋夜姑』。」詒讓案：字書無「祐」字，論衡祀義篇云「祝曰夜姑」，則「祐〔一〕」當即「祝」之譌。祝，即周禮大、小祝也。「觀辜」疑亦「夜姑」之譌。左傳昭二十五年魯有「申夜姑」，釋文：「『夜』本或作『射』。」又文六年晉狐射姑，穀梁作「狐夜姑」。春秋桓九年經有曹世子射姑，左傳定二年又有邾大夫夷射姑。是古人多以「射姑」爲名之證。**固嘗從事於厲，**論衡祀義篇云「掌將事於厲者」，盧云：「厲，公厲、泰厲之屬也。宋歐陽士秀以厲爲神祠，以管子請桓公立五厲祀堯之五吏爲證。後世統謂之廟。」**祩子杖揖出，與言曰：**類篇示部引廣雅云：「祩，詛也。」畢云：「『祩』，『祝』字異文。『祩子』即祝史也。玉篇云：『祩，之俞切，呪詛也。』又音注。」言神馮於祝子而言也。」蘇云：「下言『舉揖而稾之』，則『揖』宜從木爲『楫』。」俞云：「下文『祩子舉揖而稾

〔一〕「祐」，原誤「詬」，據正文改。

之』，『揖』，未知何物，疑此文本作『袾子揖杖出』，下文本作『株子舉杖而稾之』。尚書大傳『八十者杖於朝，見君揖杖』，鄭注曰：『揖，挾也。』此『揖杖』之義也。因『揖杖』誤倒爲『杖揖』，後人遂改下文之『舉杖』爲『舉揖』以合之耳。舉杖而稾之，猶定二年左傳云『奪之杖以敲之』。稾即敲之叚音。」案：「袾」疑「禂」之異文。説文示部云：「禂，禱牲馬祭也。」周禮甸祝「禂牲禂馬」，鄭注云：「禂讀如伏誅之誅，今『侏大』字也。」畢以「袾」爲「祝」異文，説無所據。上觀辜已是祝，則袾子不當復爲祝。竊疑當是巫，巫能接神，故厲神降於其身。謂之「袾子」，猶楚辭謂巫爲靈子也。蘇校謂「揖」當作「楫」，近是。論衡祀義篇作「厲鬼杖檝而與之言」，又云「舉檝而掊之」，「檝」即「楫」之俗。然説文木部云「楫，舟櫂也」，於義無取。竊疑「楫」實當作「杸」，篆文形近而誤。説文殳部云「杸，軍中士所持殳也」，與殳音義同。淮南子齊俗訓云「搢笏杖殳」，許慎注云：「殳，木杖也。」但漢人引已作「楫」，未敢輒改。「觀辜，是何珪璧之不滿度量？酒醴粢盛之不淨潔也？犧牲之不全肥？淮南子時則訓高注云：「全，無虧缺也。」畢云：「全，謂純色，與牷同。」春秋冬夏選失時？蓋言祭厲失其常時。畢云：「選同算。」詒讓案：「選」下有脱字，後文云「官府選効必先祭器」，則「選」下疑脱「効」字。選當讀爲饌具之饌，畢説非，詳後。豈女爲之與？意鮑爲之與？」王引之云：「意與抑同。論語學而篇『求之與，抑與之與』，漢石經『抑』作『意』。」觀辜曰：「鮑幼弱，在荷繦之中，畢云：「荷與何同。漢書注：『李奇云：繦，絡也，以繒布爲之，絡負小兒。師古曰：即今之小兒繃也，居丈反。』」詒讓案：繦，吴鈔本作「襁」。「襁」正字，「繦」借字。説文衣部云：「襁，負兒衣也。」論語子路篇「襁負其子而至矣」，集解：「包咸云：負者以器曰襁。」呂氏春秋明理篇云「道多褓襁」，高注云：「緥，小兒被也。襁，褸格上繩也。」孫奭孟子音義引博物志云：「襁褓，織縷爲之，廣八寸，長一尺二寸，以負小兒於背上。」史記魯世家云：「成王少，在强葆之中。」鮑何與識焉？盧云：「此云『在荷繈之中』，則非春秋時宋文公也。」案：宋世家無兩文公，且不當名謚并同。此蓋墨子傳聞之誤，不得謂宋別有文公鮑也，盧説非。官臣觀辜特爲之。左襄十八年傳，中行獻子禱于河，偁官臣偃，杜注云：「守官之臣。」祩子舉揖而槀之，揖，疑亦當爲「楫」。蘇校改「楫」，亦通。俞校改「杖」，未塙。論衡祀義篇云：「厲鬼舉楲而掊之，斃於壇下。」此「槀」疑當讀爲「敲」，同聲叚借字。左定二年傳云「奪之杖以敲之」，釋文云：「敲，苦孝反，又苦學反。説文作『毃』，云『擊頭也』。字林同。又一曰『擊聲也』，口交反。又口卓反，訓從敲，云『横擿也』。」案：今本説文攴部「擿」作「撾」。畢云：「槀同敲。」殪之壇上。當是時，畢云：「舊脱此字，一本有。」宋人從者莫不見，遠者莫不聞，畢云：「舊脱『者』字，一本有。」詒讓案：道藏本、吴鈔本並有。著在宋之春秋。諸侯傳而語之曰：「諸不敬慎祭祀者，鬼神之誅至若此其憯遬也！」道藏本、吴鈔本無「也」字。以若書之説觀之，鬼神之有豈可疑哉？

非惟若書之説爲然也，惟，吴鈔本作「唯」。昔者，齊莊君之臣畢云：「君，事類賦引作『公』。舊脱『臣』字，據太平御覽、事類賦增。」有所謂王里國、畢云：「太平御覽、事類賦引作『王國卑』，下同，疑此非。」中里徼者。畢云：「太平御覽、事類賦引作『檄』，下同。」此二子者，訟三年而獄不斷。公羊宣元年何注云：「古者疑獄，三年而後斷。」齊君由謙殺之，恐不辜，猶謙釋之，畢云：「由與猶同，故兩作。」王云：「由、猶，皆欲也。謙與兼同。言欲兼殺之、兼釋之也。大雅文王有聲篇『匪棘其欲』，禮器作『匪革其猶』。周官小行人『其悖逆暴亂作慝猶犯令者』，大戴記朝事篇『猶』作『欲』。是『猶』即『欲』也。猶、由古字亦通。」蘇說同。恐失有罪。乃使之人共一羊，畢云：「太平御覽、事類賦引『之』作『二』。」盟齊之神社，畢云：「事類賦無『神』字。」詒讓案：周禮司盟云「有獄訟者則使之盟詛，凡盟詛各以其地域之衆庶共其牲而致焉」，鄭注云：「使其邑閭出牲而來盟。」此所云與禮合。二子許諾。畢云：「太平御覽、事類賦引作『二子相從』。」於是泏洫，畢云：「說文云：『泏，水皃，讀若窟。』洫，未詳，疑皿字，言以水渫皿。」洪云：「『泏洫』當是『泣盟』之譌。」案：「泏皿」殊不辭，洪謂「泣盟」之譌，於字形亦遠。竊謂此當作「𣸣血」。「𣸣」、「歃」聲同，唐人書「臿」字或作「函」，與「出」形近，故譌。「血」又涉「泏」字而誤加水也。摠羊而漉其血，畢云：「太平御覽、事類賦引已上八字作『以羊血灑社』，則『漉』當爲『灑』字之誤。摠，字書無此字。」盧云：「玉篇有『拹』字，云磊摇也，烏可、烏寡、力可三切。」王引之云：「『摠』即『剄』字也。廣雅曰：『剄、刑、刻，到也。』吳語『自剄於客前』，賈逵曰：『剄，到也。』作『摠』者，或字耳。此文本作『摠羊出血而灑其血』，謂到羊出血而灑其血於社也。太平御覽獸部十三引作『以羊血灑社』者，省文耳。今本『出血』作『泏血』，涉下文『灑』字而誤加氵，又誤在『摠羊』之上，則義不可通。」案：王以「泏洫」爲「出血」，未塙。而讀「摠」爲「剄」，則是也。洪說同。讀王里國之辭既已終矣，畢云：「四字事類賦作『已盡』二字。」讀中里徼之辭未半也，畢云：「太平御覽、事類賦引『也』作『祭』。」羊起而觸之，畢云：「事類賦引作『觸中里徼』。」折其脚，祧神之此有脱誤。畢云：「疑當云『跳神之社』。」案：羊跳安能殺人使殪？畢說不合事情。而槀之，殪之盟所。當是時，齊人從者莫不見，遠者莫不聞，畢云：「太平御覽引云『齊人以爲有神驗』，事類賦引云『齊人以爲有神』，疑以意改。」著在齊之春秋。

諸侯傳而語之曰：「請品先不以其請者，畢云：「『品』當爲『盟』。下『請』當爲『情』。」王引之云：「畢謂『品』當作『盟』，是也。上『請』字當爲『諸』。『先』當爲『共』，隸書『先』字或作『失』，與『共』相似而誤。『共』字當在『盟』字上。共盟，見上文。諸，猶今人言諸凡也。言凡共盟而不以其情者，必受鬼神之誅也。上文曰『諸不敬慎祭祀者，鬼神之誅至若此其憯遬也』，是其證。今本『諸』譌作『請』，『共』譌作『先』，『盟』譌作『品』，又升『品』字於『先』字上，則義不可通。下『請』字即『情』字也，墨子書通以『請』爲『情』，不煩改字。」俞云：「『先』字之義尚不可曉。王氏改爲『共』字，而移在『盟』字之上，似亦未安。『先』疑『矢』字之誤。矢、誓古通用。盟矢，即盟誓也。『矢』字隸書或作『夫』，見孔宙碑，『先』字隸書或作『失』，見北海相景君碑，兩形相似而誤。」案：俞說是也。鬼神之誅至若此其憯遬也！」以若書之說觀之，鬼神之有豈可疑哉？是故子墨子言曰：雖有深谿博林、幽澗毋人之所，王云：「『深谿博林、幽澗毋人』，即天志上篇所謂『林谷幽閒無人』也。『幽澗』亦『幽閒』之誤。『幽閒毋人』正指『深谿博林』言之，若作『幽澗』，則與『深谿』相複。」施行不可以不董，顧云：「爾雅：『董，正也。』」蘇云：「『董』疑『謹』字之譌。」俞云：「『董』字無義，疑『堇』字之誤。『堇』借爲『謹』，言不可以不謹也。管子五行篇『修暨水土，以待乎天堇』，尹知章注曰：『堇，誠也。』訓堇爲誠，即讀堇爲謹也。說文『堇，古文作𡎸』，形與『董』相似，故誤。」案：俞說是也。禮記內則「塗之以謹塗」，玉篇引作「堇涂」，亦「謹」、「堇」通用之證。見有鬼神視之。

今執無鬼者曰：夫衆人耳目之請，畢云：「當爲『情』，下同。」案：「請」即「情」之叚借，不必改字。非命中篇作「情」。豈足以斷疑哉？柰何其欲爲高君子於天下，「高君子」無義。「高」疑當作「尚」，下又脱「士」字。尚士即上士也。下文云「則非所以爲君子之道也」，又云「此非所以爲上士之道也」，即遥冢此文。而有復信衆之耳目之請哉？有讀爲又。「衆之」，疑當同上文作「衆人」，下同。子墨子曰：畢云：「舊脱『墨子』二字，以意增。」若以衆之耳目之請，以爲不足信也，不以斷疑。不識若昔者三代聖王堯舜禹湯文武者，足以爲法乎？故於此乎自中人以上皆曰：「若昔者三代聖王，足以爲法矣。」若苟昔者三代聖王足以爲法，然則姑嘗上觀聖王之事。昔者，武王之攻殷誅紂也，使諸侯分其祭，曰：「使親者受内祀，謂武王克殷，分命諸侯，使主殷祀也。非攻下篇云「王既已克殷，成帝之來，分主諸神，祀紂先王」是也。受内祀，謂同姓之國得立祖王廟也。郊特牲孔疏引五經異義云：「古春秋左氏説，天子之子以上德爲諸侯者，得祖所自出。魯以周公之故，立文王廟。左傳：宋祖帝乙，鄭祖厲王，猶上祖也。」疏者受外祀。」此謂異姓之國祭山川四望之屬。祭統説周錫魯重祭，云：「外祭則郊社是也，内祭則大嘗禘是也。」彼大祀非凡諸侯所得祀，蓋不在所受之列。故武王必以鬼神爲有，是故攻殷伐紂，使諸侯分其祭。若鬼神無有，則武王何祭分哉？祭，吴鈔本作「祀」。

非惟武王之事爲然也，故聖王「故」當爲「古」，下文「古聖王」、「古者聖王」文屢見，可證。其賞也必於祖，其僇也必於社。詳後。賞於祖者何也？告分之均也；僇於社者何也？告聽之中也。江聲云：「分之均，謂頒賞平均；聽之中，謂斷辠允當也。」非惟若書之説爲然也，且惟昔者虞夏商周三代之聖王，其始建國營都日，必擇國之正壇，置以爲宗廟；考工記匠人「營國方九里，左祖右社，面〔一〕朝後市」，吕氏春秋慎勢篇云：「古之王者，擇天下之中而立國，擇國之中而立宮，擇宮之中而立廟。」劉逢禄云：「壇，場。祭壇場也。置，措也。」必擇木之脩茂者，脩，吴鈔本作「修」。立以爲菆位；畢云：「菆，蕝字假音。說文云：『蕝，朝會，束茅表位曰蕝。』春秋國語曰：茅蕝表坐。』韋昭曰：『蕝，謂束茅而立之，所以縮酒。』」劉云：「菆位，社也。」王云：「畢說非也。菆與叢同。『位』當爲『社』，字之誤也。隸書『社』字，漢魯相韓勑造孔廟禮器碑作『𥘿』，史晨祠孔廟奏銘作『𥘿』，因譌而爲『位』。急就篇『祠祀社稷叢臘奉』，『叢』一本作『菆』。顏師古曰：『叢謂草本岑蔚之所，因立神祠。』即此所謂『擇木之脩茂者，立以爲菆社』也。秦策『恒思有神叢』，高注曰：『神祠，叢樹也。』莊子人閒世篇曰『見櫟社樹，其大蔽牛』，吕氏春秋懷寵篇曰『問其叢社大祠，民之所不欲廢者，而復興之』，太玄聚次四曰『牽羊示于叢社』，皆其證也。『置以爲宗廟』，承上『賞於祖』而言；『立以爲菆社』，承上『僇於社』而言。則『位』爲『社』字之誤明矣。史記陳涉世家『又閒令吴廣之次近所旁叢祠中』，索隱引墨子云『建國必擇木之脩茂者以爲叢位』，則所見本『社』字已誤作『位』，而『菆』字作『叢』則不誤也。又耕柱篇曰『季孫紹、孟伯常治魯國之政，不能相信，而祝於禁社』，『禁社』乃『藂社』之誤。藂亦與叢同。」洪云：「史記陳涉世家索隱引墨子作『叢位』，『菆』即『叢』字。『叢位』謂叢社之位。」案：王說是也。六韜略地篇云「冢樹社叢勿伐」，「社叢」即「叢社」也。必擇國之父兄慈孝貞良者，以爲祝宗；劉云：

〔一〕「面」，原誤「前」，據周禮攷工記匠人改。

「祝，太祝；宗，宗伯也。」**必擇六畜之勝腯肥倅，**畢讀「倅毛」爲句，云：「『粹』字假音作『倅』，異文也。」劉删「勝」字，讀與畢同。顧云：「『倅』字句。」案：素問王冰注云：「勝者，盛也。」淮南子時則訓云「視肥臞全粹」，高注云：「粹，毛色之純也。」又齊俗訓云「犧牛粹毛，宜於廟牲」，此畢所本。依其讀，則「勝」當爲衍文。但以文例校之，似顧讀爲長。**毛以爲犧牲；**周禮小宗伯「毛六牲」，鄭注云：「毛，擇毛也。」牧人「凡陽祀，用騂牲毛之；陰祀，用黝牲毛之」，注云：「毛之，取純毛也。」山海經南山經郭注云：「毛，言擇牲取其毛色也。」**珪璧琮璜，**畢云：「琮，舊作『璜』，本如此〔二〕。」案：吳鈔本不誤。**稱財爲度；必擇五穀之芳黄，以爲酒醴粢盛，故酒醴粢盛與歲上下也。**逸周書糴匡篇云「成年穀足，賓祭以盛，年饑舉祭以薄，大荒有禱無祭，祭以薄資」，即「與歲上下」之法。**故古聖王治天下也，故必先鬼神而後人者，此也。**故讀爲固。**故曰：官府選効，**選讀爲僎。說文人部云：「僎，具也。」廣雅釋詁云：「效，具也。」効，俗「效」字。**必先祭器祭服畢藏於府，祝宗有司畢立於朝，犧牲不與昔聚羣。**畢云：「『昔』之言夕，王逸注楚詞曰：『昔，夜也。』詩曰『樂酒今昔』。不聚羣，言別羣也。」案：此言祭牲當特繫，不與常時所畜羣聚耳。周禮充人云：「掌繫祭祀之牲牷，祀五帝，則繫于牢，芻之三月。享先王，亦如之。凡散祭祀之牲，繫于國門，使養之。」是也。畢說非。**故古者聖王之爲政若此。**

〔二〕按：「本如此」，當作「一本如此」。「本」上當脱「一」字。

古者聖王必以鬼神爲，王云：「『爲』下當有『有』字，而今本脱之。『必以鬼神爲有』見上文。其下仍有脱文，不可考。」其務鬼神厚矣。又恐後世子孫不能知也，故書之竹帛，傳遺後世子孫。畢云：「文選注引作『以其所獲，書於竹帛，傳遺後世子孫』，又一引作『以其所行』，此無四字。」咸恐其腐蠹絶滅，王引之云：「『咸』字文義不順，當是『或』字之誤。言或恐竹帛之腐蠹絶滅，故又琢之盤盂，鏤之金石也。」後世子孫不得而記，故琢之盤盂，鏤之金石，以重之。有恐後世子孫有，吳鈔本作「又」，字通。畢云「當爲『猶』」，非。不能敬君以取羊，畢云：「言敬威以取祥也。」孫云：「説文云『君，讀若威』，又云『羊，祥也』。秦漢金石，多以『羊』爲『祥』。」故先王之書，聖人王云：「此下脱二字，或當云『聖人之言』。」一尺之帛，一篇之書，語數鬼神之有也，重有重之。吳鈔本「有」作「又」。王云：「『有』與『又』同。」此其故何？則聖王務之。今執無鬼者曰：「鬼神者，固無有。」則此反聖王之務。反聖王之務，則非所以爲君子之道也。

今執無鬼者之言曰：先王之書，慎無一尺之帛，一篇之書，王云：「『慎無』二字義不可通，『慎無』當爲『聖人』。上文曰『故先王之書，聖人一尺之帛，一篇之書』，是其證。」語數鬼神之有，重有重之，「重」下「有」字亦讀爲又。畢云：「『重有重』下，舊有『亦何書』三字，衍文。」亦何書之有哉？吳鈔本「之有」二字倒。子墨子曰：周書大雅有之。古者詩、書多互偁。吳鈔本無「大雅」二字。大雅曰：「文王在上，於昭于天。大雅文王篇文，毛傳云：「在上，在民上也。於，歎辭。昭，見也。」鄭箋云：「文王初爲西伯，有功於民，其德著見於天，故天命之以爲王，使君天下也。崩，謚曰文。」周雖舊邦，其命維新。毛傳云：「乃新在文王也。」鄭箋云：

「大王聿來，胥宇而國於周，王迹起矣，而未有天命，至文王而受命。言新者，美之也。」有周不顯，帝命不時。毛傳云：「有周，周也。不顯，顯也。顯，光也。不時，時也。時，是也。」鄭箋云：「周之德不光明乎？光明矣。天命之不是乎？又是矣。」文王陟降，在帝左右。毛傳云：「言文王升接天，下接人也。」鄭箋云：「在，察也。文王能觀知天意，順其所爲，從而行之。」案依墨子説，謂文王既死，神在帝之左右，則與毛、鄭義異。穆穆文王，令問不已。」問，吴鈔本作「聞」。穆穆，毛詩作「亹亹」，「問」作「聞」。毛傳云：「亹亹，勉也。」鄭箋云：「勉勉乎不倦，文王之勤用明德也。其善聲聞日見，稱歌無止時也。」若鬼神無有，則文王既死，彼豈能在帝之左右哉？此吾所以知周書之鬼也。

且周書獨鬼，而商書不鬼，則未足以爲法也。然則姑嘗上觀乎商書，曰：「嗚呼！古者有夏，方未有禍之時，百獸貞蟲，淮南子墬形訓云「萬物貞蟲，各有以生」，原道訓云「蚑蹺貞蟲」，高注：「貞蟲，細腰之屬也。」又説山訓云「貞蟲之動以毒螫」，注云：「貞蟲，細腰蜂，蜾蠃之屬，無牝牡之合曰貞。」案：「貞」當爲「征」之叚字，乃動物之通稱，高説未晐，説詳非樂上篇。允及飛鳥，王引之云：「允猶以也。言百獸貞蟲以及飛鳥也。以與用同義，故允可訓爲用，亦可訓爲以。説文曰：『允，從儿，㠯聲。』㠯、用、允一聲之轉耳。」莫不比方。莊子田子方篇云：「日出東方而入於西極，萬物莫不比方。」案：「比方」猶言順道也。易比彖傳云：「比，下順從也。」樂記「樂行而民鄉方」，鄭注云：「方猶道也。」矧隹人面，畢云：「隹，古惟字，舊誤作『住』。」江聲説同。王引之云：「古『惟』字但作『隹』，古鍾鼎文『惟』字作『隹』，石鼓文亦然。又夏竦古文四聲韻載道德經『惟』字作『隹』。墨子多古字，後人不識，故傳寫多誤。刟惟者，語詞。康誥曰『刟惟不孝不友』，又曰『刟惟外庶子訓人』，酒誥曰『刟惟爾事，服休服采。刟惟若疇圻父，薄違農父，若保宏父』，皆其證也。鹽鐵論未通篇曰『周公抱成王聽天下，恩塞海內，澤被四表，刟惟人面，含仁保德，靡不得其所』，繇役篇曰『普天之下，惟人面之倫，莫不引領而歸其義』，後漢書章帝紀曰『訖惟人面，靡不率俾』，和帝紀曰『戒惟人面，無思不服』，並與墨子同意。」案：王說是也，顧說同。人面，言有面目而爲人，非百獸貞蟲飛鳥之比也。國語越語：「范蠡曰：余雖靦然而人面哉，余猶禽獸也。」**胡敢異心？山川鬼神，亦莫敢不寧。**書僞孔傳云：「莫，無也。」言皆安之。蘇云：「二語見商書伊訓，餘略同。」**若能共允，**江聲云：「共讀爲恭。恭，恪也；允，誠也。」**隹天下之合，**畢云：「隹，舊作『住』，亦誤。」江、王說同。**下土之葆。」**葆、保字通。詩大雅崧高「南土是保」，鄭箋云：「保，守也，安也。」漢書天文志顏注引宋均云：「葆，守也。」**察山川鬼神之所以莫敢不寧者，以佐謀禹也。此吾所以知商書之鬼也。**商書，舊本作「商周」，王、蘇據上文改，是也，今從之。

**且商書獨鬼，而夏書不鬼，**商書，舊本作「禹書」，王、蘇據上文改，今從之。**則未足以爲法也。然則姑嘗上觀乎夏書。禹誓曰：**畢云：「此孔書甘誓文，文微有不同。書序云：『啟與有扈戰于甘之野，作甘誓。』與此不同。而莊子人間世云『禹攻有扈』，呂氏春秋召類云『禹攻曹魏、屈驁、有扈，以行其教』，皆與此合。」詒讓案：呂氏春秋先己篇云「夏后柏啟與有扈戰於甘澤而不勝」，是呂覽有兩說。或禹、啟皆有伐扈之事，故古書或以甘誓爲禹誓與？說苑政理篇云：「昔禹與有扈氏戰，三陳而不服。禹於是修教三年，而有扈氏請服。」說亦與此合。**「大戰于甘，**尚書釋文引馬融云：「甘，有扈南郊地也。甘，水名，今在鄠縣西。」畢云：「其地在今陝西鄠縣。」**王乃命左右**

六人，下聽誓于中軍，孔書云「乃召六鄉」，詩棫樸正義引鄭康成云：「六卿者，六軍之將。」僞孔傳云：「天子六軍，其將皆命卿。」孫星衍云：「鄭注周禮大司馬云『天子六軍，三三而居一偏』，賈誼新書云『紂將與武王戰，紂陳其卒，左臆右臆』，是天子親征，王爲中軍，六卿左右之也。」曰：有扈氏史記正義云：「地理志：鄠縣，古扈國，有户亭。」訓纂云：『户』、『扈』、『鄠』三字，一也，古今字不同耳。」尚書釋文云：「有扈，國名，與夏同姓。」馬云：姒姓之國，爲無道者。」漢書地理志云：「右扶風鄠縣，古扈國，夏啟所伐者也。」案：即今陝西鄠縣。威侮五行，怠棄三正，尚書釋文引馬融云：「建子、建丑、建寅，三正也。」史記夏本紀集解引鄭康成云：「五行，四時盛德所行之政也。威侮，暴逆之。三正，天地人之正道。」僞孔傳云：「五行之德，王者相承所取法，有扈與夏同姓，恃親而不恭，是則威虐侮慢五行，怠惰棄廢天地人之正道，言亂常。」王引之謂書及此「威」字，並當爲「烕」之誤。烕者，蔑之叚借字。亦通。天用剿絶其命。僞孔傳云：「剿，截也。截絶，謂滅之。」畢云：「勦〔二〕字同剿。」詒讓案：「勦」當從刀，舊本從力，誤。唐石經尚書亦譌「勦」。説文刀部云「剿，絶也」，引書作「剿」。水部「灑」字注引作「勦」。有曰：有讀亦爲又。日中，今予與有扈氏争一日之命，且爾卿大夫庶人，予非爾田野葆士之欲也，孔書無此三十二字。孫云：「墨子所見古文書與今本異，或脱簡，或孔子所删也。葆同保。鄭注月令云：『小城曰保。』俗作堡。言不貪其土地人民。」

〔二〕「勦」，原作「剿」，據畢沅刻本改。按畢本字實從力，故孫謂「舊本從力誤」。

俞云：「『葆士』無義，『士』疑『玉』字之誤，『葆玉〔一〕』即『寶玉』也。史記周本紀『展九鼎葆玉』，徐廣曰『葆，一作寶』，即其例也。」案：俞説近是。**予共行天之罰也。**共，吴鈔本作「恭」。孔書云「今予惟恭行天之罰」，僞孔傳云：「恭，奉也。」史記夏本紀「恭」亦作「共」，與此同。吕氏春秋先己篇高注引書作「龔」。孫云：「『恭』當作『龏〔二〕』。説文『龏，慤也。』言謹行天罰。」**左不共于左，右不共于右，**史記集解引鄭康成云：「左，車左；右，車右。」共，孔書並作「攻」。又首句下多「汝不恭命」四字，史記夏本紀亦無。孔傳云：「左，車左，左方主射。攻，治也，治其職。右，車右，勇力之士執戈矛以退敵。」**若不共命；**孔書亦作「汝不恭命」。考工記鄭注云：「若猶女也。」段玉裁云：「墨子作『共』，其義蓋亦訓供奉，如粊誓『無敢不共』也。」**御非爾馬之政，若不共命。**孔書作「御非其馬之正，汝不恭命」，傳云：「御以正馬爲政，三者有失，皆不奉我命。」史記夏本紀「正」亦作「政」。**是以賞于祖而僇于社。**于，舊本並作「於」，今據吴鈔本改，下二句同。**賞于祖者何也？言分命之均也。僇于社者何也？**孔書作「用命賞于祖，弗用命戮于社」。「僇」、「戮」字通。史記夏本紀亦作「僇」。孔傳云：「天子親征，必載遷廟之祖主行。有功則賞祖主前，示不專。又載社主，謂之社。事不用命、奔北者，則戮之於社主前。社主陰，陰主殺。親祖嚴社之義。」**言聽獄之事也。**王云：「事者，『中』之壞字也。中者，平也，與『均』字對文。上文曰『僇於社者何也？言聽之中

〔一〕「玉」，原誤「士」，據活字本改。
〔二〕「龏」，原誤「龔」，據孫星衍尚書今古文注疏改。

也』，是其證。」詒讓案：「事」疑當爲「衷」，篆文二字形近。中、衷通。故古聖王必以鬼神爲賞賢而罰暴，是故賞必於祖而僇必於社。此吾所以知夏書之鬼也。故尚者夏書，尚者，舊本作「尚書」。王云：「『尚書夏書』文不成義。尚與上同，『書』當爲『者』。言上者則夏書，其次則商周之書也。此涉上下文『書』字而誤。」案：王說是也，今據正。其次商周之書，語數鬼神之有也，重有重之。有亦讀爲又。此其故何也？則聖王務之。以若書之說觀之，則鬼神之有豈可疑哉？於古曰：疑有脱字。「吉日丁卯，周以子卯爲忌日，疑此「卯」當爲「丣」，二字形近而誤。漢書翼奉傳云：「東方之情，怒也。怒行陰賊，亥卯主之，是以王者惡子卯也。西方之情，喜也。喜行寬大，巳酉主之，是以王者吉午酉也。」是吉丣之義。周代祝社方，方，謂秋祭四方地示后土、句芒等也。詩小雅甫田云「以社以方」，毛傳云：「方，迎四方氣於郊也。」鄭箋云：「秋祭社與四方，爲五穀成熟報其功也。」此「周代祝社方」，疑當爲「用代祀社方」。「周」、「用」，「祀」、「祝」，並形近而誤。歲於社者考，「歲」上疑有脱文。於，吴鈔本作「于」，又無「者」字。案：「社者」當爲「祖若」。「歲於祖若考」，言薦歲事於祖及考也。少牢饋食禮云「用薦歲事于皇祖伯某」。以延年壽。」若無鬼神，彼豈有所延年壽哉。

是故子墨子曰：嘗若鬼神之能賞賢如罰暴也，「嘗若」當作「當若」，此書文例多如是，詳尚同中篇。如，吴鈔本作「而」。畢云：「如與而音義同，故字書『而』即『須』也，需亦從而聲。」蓋本施之國家，施之萬民，實所以治國家、利萬民之道也。吴鈔本「治」、「利」二字互易。若以爲不然，王云：「此五字隔斷上下文義，蓋涉下文『若以爲不然』而衍。」是以吏治官府之不絜廉，絜，舊本作「潔」，今據吴鈔本改，下並同。男女之爲無別者，鬼神見之；民之爲淫暴寇亂盜賊，以兵刃毒藥水火退無罪人乎道路，「退」亦當爲「迓」，下同，說詳前。奪人車馬衣裘以自利者，有鬼神見之。畢云：「『見』舊作『現』，非。」詒讓案：吳鈔本作「見」，不誤。是以吏治官府不敢不絜廉，見善不敢不賞，見暴不敢不罪。民之爲淫暴寇亂盜賊，以兵刃毒藥水火退無罪人乎道路，奪車馬衣裘以自利者，由此止，是以莫放幽閒擬乎鬼神之明顯明有一人畏上誅罰，戴云：「『是以莫放幽閒』至『畏上誅罰』二十一字，疑即上下文之誤而衍者，當刪去。」案：戴說是也。上文云「民之爲淫暴寇亂盜賊，以兵刃毒藥水火退無罪人乎道路率徑，奪人車馬衣裘以自利者，並作由此始，是以天下亂」，與此文略同。「由此止」與「由此始」，「天下治」與「天下亂」，文正相對，中不當間以此二十一字明矣。是以天下治。

故鬼神之明，不可爲幽閒廣澤、畢云：「『閒』當爲『澗』。」案：「閒」字不誤，詳上文及天志上篇。山林深谷，鬼神之明必知之。鬼神之罰，不可爲富貴衆强、爲，畢本作「恃」，云：「舊脱此字，一本有。」王云：「『不可』下一字乃『爲』字，非『恃』字也。下文曰『此吾所謂鬼神之罰，不可爲富貴衆强、勇力强武、堅甲利兵者，此也』，文凡兩見，是其明證矣。上文曰『鬼神之明，不可爲幽閒廣澤、山林深谷，鬼神之明必知〔一〕之』，與此文同一例。『不可爲富貴衆强』云云，猶孔子言仁不可爲衆也。其一本作『不可恃』，『恃』字乃後人以意補之，與上下文不合。」案：

〔一〕「知」，原誤「見」，據正文改。

王説是也，今據補。**勇力强武、堅甲利兵，鬼神之罰必勝之。若以爲不然，昔者夏王桀貴爲天子，富有天下，上詬天侮鬼，下殃傲天下之萬民，**王云：「『殃傲』二字義不相屬，是『殃殺』之誤。下文『殷王紂殃傲天下之萬民』，同。」案：王説是也，此書「殺」字多譌爲「傲」，詳尚賢中篇。**祥上帝伐元山帝行，**伐，吴鈔本作「代」。「山帝」疑亦當爲「上帝」。畢云：「此句未詳。」**故於此乎天乃使湯至明罰焉。**畢云：「『至』同『致』。」**湯以車九兩，**周禮夏官敍官云「二十五人爲兩」。古者兵車一兩，卒二十五人，九兩止二百二十五人，於數太少，殆非也。此「九兩」疑當作「九十兩」。吕氏春秋云「良車七十乘」，數略相近。**鳥陳鴈行，**六韜鳥雲澤兵篇有鳥雲之陳，云：「所謂鳥雲者，鳥散而雲合，變化無窮者也。」**湯乘大贊，**畢云：「疑『輦』字。」俞云：「畢非也。湯乘大贊，即書序所謂『升自陑』者，枚傳云『湯升道從陑，出其不意』，是也。吕氏春秋簡選篇亦云『登自鳴條』。蓋湯之伐桀，必由間道從高而下，故書序言『升』，吕覽言『登』，墨子言『乘』，乘即升也、登也。詩七月篇毛傳曰：『乘，升也。』襄二十三年左傳杜注曰：『乘，登也。』升陑、登鳴條皆以地言，則『乘大贊』亦必以地言，但不能知其所在耳。」**犯遂下衆，人之蟜遂，**畢云：「疑有誤字。」詒讓案：疑當作「犯逐夏衆，入之郊遂」。「逐」、「遂」形誤。「夏」、「下」，「郊」、「蟜」，聲誤。**王乎禽推哆、大戲。**畢云：「『乎禽』當爲『手禽』。或云乎同呼。吕氏春秋簡選云：『殷湯以良車七十乘，必死六千人，以戊子戰於郕，遂禽移、大犧。』高誘云：『桀多力，能推大犧，因以爲號，而禽克之。』案『移』，即推移，此書所染云『夏桀染于干辛、推哆』，古今人表作『雅侈』。此下又云『推哆、大戲，生列兕虎，指畫殺人』，則推哆、大戲是人名無疑。『哆』、『移』、『侈』，『戲』、『犧』，皆音相近也。高誘注吕氏春秋誤。」詒讓案：淮南子主術訓云「桀之力能推移大犧」，高蓋本彼而誤。**故昔夏王桀**「昔」下當有「者」字。**貴爲天子，富有天下，有勇力之人**畢云：「舊脱『力』字、『人』字，據太平御覽增。」**推哆、大戲，**晏子春秋内篇諫上云「推侈、大戲足走千里，手裂兕虎」。**生列兕虎，**生列，舊本作「主別」。畢云：「主別，太平御覽引作『生捕』。」王云：「『主別兕虎』本作『生𠛱兕虎』，『𠛱』即今『裂』字也。説文『𠛱，分解也』，『裂，繒餘也』，義各不同。艮九三『列其夤』，大戴記曾子天圓篇『割列禳瘞』，管子五輔篇『博帶棃〔一〕，大袂列』，皆是古分列字。今分列字皆作『裂』，而『列』但爲行列字矣。鈔本太平御覽皇王部七引墨子作『生裂兕虎』，故知今本『主別』爲『生𠛱』之譌。刻本作『生捕』者，淺人以意改之耳。」案：王説是也，今據正。**指畫殺人，人民之衆兆億，侯盈厥澤陵，**詩周頌下武毛傳云：「侯，維也。」**然不能以此圉鬼神之誅。**圉、禦字通。詩大雅桑柔篇「孔棘我圉」，鄭箋云：「『圉』當作『禦』。」**此吾所謂鬼神之罰，不可爲富貴衆强、勇力强武、堅甲利兵者，此也。**

**且不惟此爲然。昔者殷王紂貴爲天子，富有天下，上詬天侮鬼，**畢云：「詬，太平御覽引作『訶』。『鬼』下御覽引有『神』字。」**下殃傲天下之萬民，**傲，亦當依王校作「殺」。**播棄黎老，**僞古文書泰誓云「播棄犂老」，孔傳云：「鮐背之耇稱犂老〔二〕。布棄不禮敬。」山井鼎七經孟子考文引古本書「犁」作「黎」，與此同。孔

---

〔一〕「棃」，原作「⿱𥝌氺」（即「黎」之俗體），據管子五輔篇原文實作「棃」，今依原文改正。按：棃通剺，與下句「列」字均爲割裂之意。

〔二〕「老」字原脱，據尚書泰誓中孔傳補。

疏云：「孫炎曰：『耈面凍梨色，似浮垢也。』然則老人面色似梨，故稱梨老。」傳以『播』爲『布』，布者，徧也。言徧棄之不禮敬也。」方言云：「梨，老也，燕代之北鄙曰梨。」國語吴語云「今王播棄黎老」，韋注云：「鮐背之耈稱黎老。」王引之云：「黎老者，耆老也。古字『黎』與『耆』通〔一〕，尚書『西伯戡黎』，釋文：『大傳黎作耆。』是其例也。」**賊誅孩子，**誅，吴鈔本作「殺」。說文口部云：「咳，小兒笑也。」古文作「孩」。書微子云「我舊云刻子」，論衡本性篇引「刻子」亦作「孩子」。此謂紂誅殺小兒也。**楚毒無罪，**王云：「『楚毒』本作『焚炙』。此因『焚』誤爲『楚』，則『楚炙』二字義不可通，後人不得其解，遂以意改爲『楚毒』耳。『焚炙』即所謂炮烙之刑也。『焚炙』、『刳剔』皆實有其可指之刑，若改作『楚毒』，則不知爲何刑矣。北堂書鈔政術部十五出『焚炙無罪』四字，注曰『墨子云殷紂』，則墨子之本作『焚炙無罪』甚明。僞古文泰誓『焚炙忠良，刳剔孕婦』，即用墨子而小變其文。」案：王說是也。泰誓僞孔傳云：「忠良無罪焚炙之。」孔疏云：「焚、炙，俱燒也，殷本紀炮格之刑是紂焚炙之事也。」**刳剔孕婦。**僞古文書泰誓同，孔傳云：「懷子之婦，刳剔視之。」孔疏云：「刳剔，謂割剥也。說文云：『刳，刲也。』今人去肉至骨，謂之剔去，是則亦刲之義也。皇甫謐帝王世紀云『紂剖比干妻，以視其胎』，即引此爲刳剔孕婦也。」**庶舊鰥寡，號咷無告也。**楚辭怨思〔二〕王注云：「號咷，讙呼也。」太玄經范注云：「號咷，憂聲也。」**故於此乎天乃使武王至明罰焉。武王以擇車百兩，**擇車，猶吕氏

〔一〕「通」，原誤「近」，據經義述聞改。按：黎、耆古音相通。

〔二〕「怨思」，原誤「離世」，據楚辭改。

春秋云「簡車」、「選車」。說文手部云：「擇，柬選也。」**虎賁之卒四百人，**逸周書克殷篇云「周車三百五十乘，陳於牧野。王既誓，以虎賁戎車馳商師」，孔注云：「戎車三百五十乘，則士卒三萬一千五百人〔一〕，有虎賁三千五百人也。」書敘云「武王戎車三百兩，虎賁三百人，與受戰于牧野」，孟子盡心篇云「武王之伐殷也，革車三百兩，虎賁三千人」，史記周本紀云「遂率戎車三百乘，虎賁三千人，甲士四萬五千人」，風俗通義三王篇引尚書「武王戎車三百兩，虎賁八百人，禽紂于牧之野」，呂氏春秋簡選篇云「武王虎賁三千人，簡車三百乘，以要甲子之事於牧野，而紂爲禽」，貴因篇作「選車三百，虎賁三千」。案：諸書所言，數並差異，未知孰是。**先庶國節窺戎，**畢云：「未詳。」洪云：「史記周本紀『乃告司馬司徒司空諸節』，集解：『馬融曰：諸受符節有司也。』庶節即諸節，窺戎即觀兵，此當本於尚書泰誓篇。」**與殷人戰乎牧之野。王乎禽費中、**「乎」亦當爲「手」。史記殷本紀「紂用費中爲政」，正義云：「費〔二〕，姓。仲，名也。」畢云：「中讀如仲。」**惡來，**見所染篇。**衆畔百走。**畔，吴鈔本作「叛」。王引之云：「『百』字義不可通，『百走』蓋『皆走』之誤。」蘇云：「『百』字誤，當作『而』。」案：王說近是。**武王逐奔入宮，**畢云：「逐，太平御覽引作『遂』。」**萬年**

---

〔一〕「三萬一千五百人」，逸周書克殷解孔晁注實作「三萬六千三百五十人」，此引文已由孫自行校改而未說明，參孫氏周書斠補卷二。

〔二〕按正義「費」上原有「中音仲」三字，故下文直接說「仲，名也」。孫引略去「中音仲」句，則似正義所見史記正文作「仲」，不作「中」。

梓株，未詳。折紂而繫之赤環，畢云：「太平御覽引作『折紂而出』。『環』作『轘』，是，言繫之朱輪。」案：此無攷。荀子解蔽篇云「紂縣於赤旆」，正論篇云「縣之赤旂」，並與此異，畢說未塙。載之白旗，逸周書克殷篇云：「商辛奔內，登于鹿臺之上，屏遮而自燔于火。武王入適王所，擊之以輕呂，斬之以黃鉞，折縣諸太白。」孔注云：「折絶其首。」以爲天下諸侯僇。故昔者殷王紂貴爲天子，富有天下，有勇力之人費中、畢云：「太平御覽引作『仲』。」惡來、崇侯虎，見所染篇。指寡殺人，上說推哆、大戲作「指畫」。畢云：「寡，畫字假音。太平御覽引作『畫』。」人民之衆兆億，侯盈厥澤陵，然不能以此圉鬼神之誅。此吾所謂鬼神之罰，不可爲富貴衆强、勇力强武、堅甲利兵者，此也。且禽艾之道之曰：翟灝云：「逸周書世俘解有禽艾侯之語，當即此『禽艾』。」「得璣無小，畢云：「此即䰮祥字。」蘇云：「禽艾蓋逸書篇名。呂覽報更篇云『此書之所謂德幾無小者也』，『得〔二〕璣』與『德幾』古字通用。」案：蘇說是也。說苑復恩篇云「此書之所謂德無小者也」，疑即本此。今書僞古文尹訓亦云「惟德罔小」。畢說非是。滅宗無大。」則此言鬼神之所賞，無小必賞之；鬼神之所罰，無大必罰之。

今執無鬼者曰：意不忠親之利，而害爲孝子乎？蘇云：「『忠』當作『中』，非攻篇言『上中天之利，中中鬼之利，下中人之利』，意與此同。」子墨子曰：古之今之爲鬼，疑當作「古今之爲鬼」，此衍一「之」字。非他也，有天鬼，疑當有「神」字。周禮大宗伯「天神、地示、人鬼」，此則天神地示總曰鬼神，散文得通也。亦有山

〔二〕「得」，原誤「德」，據蘇時學墨子刊誤卷一改。

水鬼神者，亦有人死而爲鬼者。今有子先其父死，弟先其兄死者矣，意雖使然，畢本「使」作「死」，云：「一本作『使』。」案：道藏本、吴鈔本並作「使」，今從之。然而天下之陳物謂陳説事故。文選古詩李注云：「陳猶説也。」曰先生者先死。若是，則先死者非父則母，非兄而姒也。爾雅釋親云：「女子同出，謂先生爲姒，後生爲娣。長婦謂稚婦爲娣婦，娣婦謂長婦爲姒婦。」王引之云：「而猶則也。」今絜爲酒醴粢盛，絜，道藏本作「潔」，即「絜」之俗。以敬慎祭祀。若使鬼神請有，請，畢本改「誠」，云：「舊作『請』，一本如此，下依改。」案：道藏本、吴鈔本並作「請」，此篇多以「請」爲「誠」，詳前。是得其父母姒兄而飲食之也，豈非厚利哉？若使鬼神請亡，請，畢本作「誠」，道藏本、吴鈔本作「請」，今據改。亡、無通。是乃費其所爲酒醴粢盛之財耳。自夫費之，非特注之汙壑而棄之也，「自」當爲「且」。舊本無「非」字。畢云：「一本作『非直注之』。特與直音近，故『特』亦作『犆』。」蘇云：「『特』字上當有『非』字。」俞云：「一本作『非直注之』，是也。直、特固得通用，而『非』字則必當有。墨子蓋謂非空棄之而已，且可以合驩聚衆也。今脱『非』字，則義不可通。下文正作『非直注之汙壑而棄之也』，當據補。」案：蘇、俞校是也，今據補。內者宗族，外者鄉里，皆得如具飲食之。此謂祭祀與兄弟賓客爲獻酬。又詩小雅湛露孔疏引尚書大傳云「燕私者，祭已，而與族人飲」，亦是也。國語楚語云：「日月會于龍豵，家于是乎嘗祀，百姓夫婦擇其令辰，以昭祀其先祖。於是乎合〔二〕其州鄉朋友婚姻，比爾兄弟親

〔二〕「合」，原作「令」，據國語楚語改。

戚。」是祭祀并燕州鄉朋友等，即所云宗族、鄉里也。雖使鬼神請亡，請，畢本作「誠」，今依道藏本、吴鈔本改。此猶可以合驩聚衆，驩，吴鈔本作「歡」，下同。取親於鄉里。今執無鬼者言曰：「鬼神者固請無有，請，畢本作「誠」，今依道藏本、吴鈔本改。是以不共其酒醴粢盛犧牲之財。吾非乃今愛其酒醴粢盛犧牲之財乎，吴鈔本脱「非」字，又「今」在「乃」上。以文義校之，疑當在「吾」上，「今吾」語前後屢見。其所得者臣將何哉？」「臣」字誤。畢云：「一本無此字。」此上逆聖王之書，内逆民人孝子之行，而爲上士於天下，此非所以爲上士之道也。舊本脱「之」字、「也」字。王云：「上文曰『則非所以爲君子之道也』，與此文同一例，今據補。」是故子墨子曰：今吾爲祭祀也，非直注之汙壑而棄之也，上以交鬼之福，蘇云：「『鬼』下當有『神』字。」下以合驩聚衆，取親乎鄉里。若神有，畢云：「『若神』當云『若鬼神』。」詒讓案：以上文校之，疑當云「若鬼神誠有」。則是得吾父母弟兄而食之也，俞云：「『弟兄』當作『兄姒』，義見上文。」則此豈非天下利事也哉。

是故子墨子曰：今天下之王公大人士君子，中實將欲求興天下之利，除天下之害，當若鬼神之有也，將不可不尊明也，尊明，謂尊事而明著之以示人也，即明鬼之義。聖王之道也。

## 非樂上第三十二

荀子富國篇楊注云：「墨子言樂無益於人，故作非樂篇。」

子墨子言曰：仁之事者，俞云：「『仁之事者』當作『仁人之所以爲事者』，見兼愛中篇。」詒讓案：疑當云

「仁者之事」，下文云「仁者之爲天下度也」，可證。必務求興天下之利，除天下之害，將以爲法乎天下。利人乎，即爲；不利人乎，即止。且夫仁者之爲天下度也，非爲其目之所美，耳之所樂，口之所甘，身體之所安，以此虧奪民衣食之財，仁者弗爲也。

是故子墨子之所以非樂者，非以大鍾鳴鼓、琴瑟竽笙之聲爾雅釋樂云：「大鍾謂之鏞。」說文金部云：「鏄，大鍾，淳于之屬。」以爲不樂也，非以刻鏤華文章之色畢云：「一本無『華』字。」以爲不美也，非以犓豢煎炙之味以爲不甘也，犓，吴鈔本作「芻」。說文火部云：「煎，熬也。」方言云：「煎，火乾也。凡有汁而乾，謂之煎。」非以高臺厚榭邃野之居以爲不安也。王引之云：「『野』即宇字也，古讀野如宇，故與宇通。周禮職方氏『其澤藪曰大野』，釋文：『野，劉音與。』與、宇古同音。楚辭招魂『高堂邃宇』，王注曰：『邃，深也；宇，屋也。』鹽鐵論取下篇曰『高堂邃宇，廣廈洞房』，易林恒之剥曰『深堂邃宇，君安其所』，皆其證。若郊野之野，則不得言『邃』，且上與『高臺厚榭』不倫，下與『之居』二字義不相屬矣。」雖身知其安也，口知其甘也，目知其美也，耳知其樂也，然上考之不中聖王之事，下度之不中萬民之利，是故子墨子曰：爲樂非也。

今王公大人雖無造爲樂器，王云：「雖與唯同。無，語詞也。說見尚賢中篇。」以爲事乎國家，非直掊潦水、折壤坦而爲之也，折，舊本譌「拆」，今據道藏本、吴鈔本及王校正。坦，畢本改作「垣」，云：「舊作『坦』，以意改。」俞云：「畢改『坦』爲『垣』，是也。『壤』疑『壞』字之誤。掊者，說文手部云：『杷也。今鹽官入水取鹽爲掊。』拆者，說文广部云：『㡿，卻屋也。』一切經音義引說文作『卸屋也』。隸變作『斥』，俗又加『手』耳。行潦之水而掊取之，毀壞之垣而拆卸之，不足爲損益。若王公大人造爲樂器，豈直如此哉？故曰『非直掊潦水、拆壞垣而爲之也』。」案：畢、俞說並非也。此「折」當讀爲「擿」，耕柱篇云「夏后開使飛廉折金於山川」，此義與彼正同，說詳彼注。「壞」謂土壤，「坦」讀爲壇，聲近叚借字。韓詩外傳「閔子曰：出見羽蓋龍旂旃裘相隨，視之如壇土矣」，莊子則陽篇「觀乎大山，木石同壇」，與此書義並同。壤坦，猶言壇土也。墨子意謂王公大人作樂器，非掊取之於水，擿取之於地所能得，故下文即言「將必厚措斂乎萬民」以爲鍾鼓等也。諸說並未得其恉。

**將必厚措斂乎萬民，**王云：「『措』字以昔爲聲，『措斂』與『籍斂』同。」案：王說是也。「籍斂」，見節用上篇。**以爲大鍾鳴鼓、琴瑟竽笙之聲。古者聖王亦嘗厚措斂乎萬民，以爲舟車，既以成矣，**以，王校作「已」。**曰：「吾將惡許用之？」**畢云：「惡許，猶言何許。」王引之云：「言吾將何所用之也。文選謝脁在郡卧病詩李注曰：『許，猶所也。』許、所聲近而義同。說文：『所，伐木聲也。詩曰：伐木所所。』今詩作『許許』。」洪說同。**曰：「舟用之水，車用之陸，君子息其足焉，小人休其肩背焉。」**休，吴鈔本作「息」。言小人休息其負荷之勞也。**故萬民出財齎而予之，**予，吴鈔本作「與」。周禮掌皮云「歲終，則會其財齎」，鄭注云：「財，斂財本數及餘見者。齎，所給予人以物曰齎。鄭司農云：『齎』或爲『資』。」又稾人云「掌受財于職金以齎其工」，注云：「齎，給市財用之直。」此謂萬民出財齎，以給爲舟車之費也。**不敢以爲慼恨者，何也？以其反中民之利也。然則樂器反中民之利亦若此，即我弗敢非也。然則當用樂器譬之若聖王之爲舟車也，即我弗敢非也。**譬，吴鈔本作「辟」。王云：「此文兩言『然則』，兩言『即我弗敢非也』，皆上下相應。舊本『譬之』以下十六字誤入上文『竽笙之聲』之下，今移置於此。」

**民有三患：飢者不得食，寒者不得衣，勞者不得息，三者民之巨患也。然即當爲之撞**

巨鍾、王引之云：「即與則同，當與儻同。」詒讓案：當、嘗字通。嘗，試也。詳天志下篇，下同。文選東京賦李注云：「撞，擊也。」巨、大義同。擊鳴鼓、彈琴瑟、吹竽笙畢云：「文選注引作『吹笙竽』。」而揚干戚，小爾雅廣言云：「揚，舉也。」民衣食之財將安可得乎？荀子勸學篇楊注云：「安，語助。」王引之經傳釋詞「得」下補「而具〔二〕」二字，云：「安猶於是也，言衣食之財，將於是可得而具也。」即我以爲未必然也。意舍此，王云：「此下有脱文，不可考。」俞云：「此三字乃承上文而作轉語也。『意』通作『抑』，論語學而篇『抑與之與』，漢石經『抑』作『意』，是其證也。抑舍此者，言姑舍此弗論，而更論它事也。上文言樂之無益於飢者、寒者、勞者，下文言樂之無益於大國攻小國、大家伐小家，而以此三字作轉語。王謂『此下有脱文』，非也。」今有大國即攻小國，有大家即伐小家，强劫弱，衆暴寡，詐欺愚，貴傲賤，寇亂盜賊並興，不可禁止也。然即當爲之撞巨鍾、擊鳴鼓、彈琴瑟、吹竽笙而揚干戚，天下之亂也，將安可得而治與？即我未必然也。俞云：「『我』下脱『以爲』二字，當據上文補。」是故子墨子曰：姑嘗厚措斂乎萬民，以爲大鍾鳴鼓、琴瑟竽笙之聲，以求興天下之利，除天下之害，而無補也。是故子墨子曰：爲樂非也。

今王公大人唯毋處高臺厚榭之上而視之，唯，舊本作「惟」，今據吴鈔本改。鍾猶是延鼎也，延鼎，蓋謂偃覆之鼎。玉藻鄭注云：「延，冕上覆也。」是延有覆義。鍾上弇下侈，與鼎相反，虚縣弗擊，則與鼎偃覆相類。

〔二〕「具」，原誤「其」，據王引之經傳釋詞卷二改。

又疑「延」當讀爲璧羡之羡。周禮玉人鄭注云：「羡猶延也。」典瑞注云：「羡，不圜之貌。」延鼎，謂如鼎而橢不正圜。鼂氏賈疏云：「古鍾如今之鈴，不圜。」**弗撞擊將何樂得焉哉？其說將必撞擊之。惟勿撞擊，**勿，語詞。惟勿，猶云唯毋、唯無。蘇云：「『勿』當作『毋』，書中多用毋字，蓋與『務』通。」非是。**將必不使老與遲者，**王云：「遲，讀爲穉，遲字本有穉音，遲、穉又同訓爲晚。廣雅：『遲、穉，晚也。』故穉通作遲。」**老與遲者耳目不聰明，股肱不畢强，**畢，疾也，義詳兼愛中、下兩篇。**聲不和調，明不轉朴。**畢云：「朴，疑𥃦正字。玉篇云：『𥃦，補目切，目骨。』」俞云：「明，下文作『眉』，疑『音』字之誤。此句作『明』，則涉上文『耳目不聰明』而誤也。『朴』當作『抃』，亦以形似故誤。抃者，變之叚字。尚書堯典篇『於變時雍』，孔宙碑作『於卞時雍』，即其例也。上句云『聲不和調』，此云『音不轉變』，正以類相從矣。」案：俞以「朴」爲「抃」，近是。「明」即謂目也，似不誤。**將必使當年，**王云：「當年，壯年也。當有盛壯之義。晏子外篇曰『兼壽不能殫其教，當年不能究其禮』，呂氏春秋愛類篇曰『士有當年而不耕者，女有當年而不績者』，淮南子齊俗篇曰『丈夫丁壯而不耕，婦人當年而不織』，管子揆度篇曰『老者譙之，當壯者遣之邊戍』，當壯即丁壯也。丁、當一聲之轉。」**因其耳目之聰明，股肱之畢强，聲之和調，眉之轉朴。**畢云：「眉，一本作『明』。」案：明、眉字通。穆天子傳云『眉曰西王母之山』，即名也。詩『猗嗟名兮』，爾雅云『目上爲名』，亦即眉也。」**使丈夫爲之，廢丈夫耕稼樹藝之時；使婦人爲之，廢婦人紡績織紝之事。今王公大人唯毋爲樂，**唯，舊本作「惟」，今據吴鈔本改。**虧奪民衣食之財**舊本譌「時」，今從王校正。**以拊樂如此多也。**廣雅釋詁云：「拊，擊也。」書舜典「予擊石拊石」，僞孔傳云：「拊亦擊也。」**是故子墨子曰：爲樂非也。**

**今大鍾鳴鼓、琴瑟竽笙之聲既已具矣，**畢云：「據上文，當有『王公』二字。」**大人鏽然奏而獨聽之，**畢云：「『鏽』字說文、玉篇俱無。」**將何樂得焉哉？其說將必與賤人不與君子。**王云：「此本作『必將與賤人與君子』，下文『與君子聽之』、『與賤人聽之』，即承此文而言。今本作『不與君子』，『不』字乃後人不曉文義而妄加之。」案：此疑當作「不與賤人必與君子」，謂所與共聽者，非賤人則君子也。王校未塙。**與君子聽之，**畢云：「舊脫首三字，一本有。」**廢君子聽治；與賤人聽之，廢賤人之從事。今王公大人惟毋爲樂，虧奪民之衣食之財以拊樂如此多也。是故子墨子曰：爲樂非也。**

**昔者齊康公**畢云：「案史記康公名貸，宣公子，當周安王時。」詒讓案：齊康公與田和同時，墨子容及見其事。但康公衰弱，屬於田氏，卒爲所遷廢，恐未必能興樂如此之盛。竊疑其爲景公之誤，惜無可校讞也。**興樂萬，**俞云：「興猶喜也。禮記學記篇『不興其藝』，鄭注曰：『興之言喜也，歆也。』尚書堯典『庶績咸熙』，史記五帝紀作『衆功皆興』，揚雄勮秦美新引作『庶績咸喜』。是興與喜一聲之轉，其義得通。『興樂萬』者，喜樂萬也。『樂』即本篇『非樂』之樂，『萬』謂萬舞也。」蘇云：「此亦見太平御覽，『興樂萬萬人』作『有樂工萬人』。愚謂正文當以『興樂萬』爲句，而『萬人』當屬下爲句。蓋『萬』不可以數言，當爲萬舞之萬。萬人猶舞人也，『興樂萬』猶興樂舞也。斯於事義爲協。若以數言，則樂至萬萬人，雖傾國之力不足以供之，雖至無道之君，不聞有此。審爾，則墨子當先以爲譏，而篇中尚無此意，則『萬』非人數曉然矣。」案：蘇說是也。周禮鄉大夫、舞師並云「興舞」，鄭注云「興猶作也」，即此「興樂萬」之義。**萬人不可衣短褐，**短褐即裋褐之借字。說文衣部云：「裋，豎使布長襦。」「褐，粗衣。」方言云：「襜褕，其短者謂之裋褕。」又云：「複襦，江、湘之閒謂之襏。」襏即裋之俗，墨子書此及魯問、公輸三篇字並作「短」。韓非子説林上篇、賈子新書過秦下篇、戰國策宋策、史記孟嘗君傳、文選班彪王命論並同。史記秦始皇〔二〕本紀「夫寒者利裋褐」，徐廣云：「一作『短』，小襦也。」索隱云：「蓋謂褐布豎裁，爲勞役之衣，短而且狹，故謂之短褐，亦曰豎褐。」列子力命篇云「衣則裋褐」，殷敬順釋文云：「裋音豎。許慎注淮南子云：『楚人謂袍爲裋。』又有作『短褐』者，誤。」荀子大略篇云「衣則豎褐不完」，楊注云：「豎褐，僮豎之褐，亦短褐也。」案：短、豎並裋之同聲叚借字。唐人説或讀短如字，或以短爲字誤，或釋豎爲僮豎，皆非也。不可食糠糟，畢云「糠字從禾，俗寫誤從米。」蘇云：「御覽作『糟糠』。」曰：「食飲不美，蘇云：「御覽『食飲』作『飲酒』。」面目顏色不足視也；衣服不美，身體從容醜羸，不足觀也。」畢云：「一本作『身體容貌不足觀也』，太平御覽引作『身體從容不足觀也』。」王云：「『醜羸』二字後人所加也。楚辭九章注、廣雅釋訓曰：『從容，舉動也。』古謂舉動爲從容。『身體從容不足觀』，謂衣服不美，則身體之一舉一動皆無足觀也。後人乃加入『醜羸』二字。夫衣服不美，何致羸其身體？且『身體從容不足觀』與『面目顏色不足視』對文，加『醜羸』二字，則與上文不對矣。鈔本北堂書鈔衣冠部三引此作『身體從容不足觀』，無『醜羸』二字。太平御覽服章部十、飲食部七所引並同。」是以食必粱肉，衣必文繡。此掌不從事乎衣食之財，畢云：「掌，一本作『常』。」詒讓案：掌、常字通，下同。而掌食乎人者也。是故子墨子曰：今王公大人惟毋爲樂，虧奪民衣食之財以拊樂如此多也。毋，道藏本、吴鈔本並作「無」，字通。舊本「爲」下脱「樂」字，今據王校補。是故子墨子曰：爲樂非也。

〔二〕「始皇」二字原脱，據史記補。引文見秦始皇本紀論引賈誼語。

今人固與禽獸麋鹿、蜚鳥、貞蟲異者也。蜚與飛通。「貞蟲」詳明鬼下篇。宋翔鳳云：「貞通征，此言蜚鳥征蟲，即三朝記所謂蜚征也。」案：宋說是也。莊子在宥篇云「災及草木，禍及止蟲」，釋文引崔譔本作「正蟲」，亦即「貞蟲」也。「征」正字，「貞」、「正」並聲近叚借字。今之禽獸麋鹿、蜚鳥、貞蟲因其羽毛以爲衣裘，因其蹄蚤畢云：「蹄即蹢省文，蚤即爪假音。」以爲絝屨，吳鈔本「絝」作「袴」。畢云：「絝即袴正文。說文云：『絝，脛衣也。』」因其水草以爲飲食。故唯使雄不耕稼樹藝，「唯」，舊本作「惟」，今從吳鈔本改。唯、雖字通。蘇云：「『惟』當作『雖』。」雌亦不紡績織紝，衣食之財固已具矣。今人與此異者也，賴其力者生，史記高帝紀「以臣無賴」，集解：「晉灼云：賴，利也。」畢云：「生，舊作『主』，下同，以意改。」不賴其力者不生。君子不强聽治，即刑政亂；賤人不强從事，即財用不足。今天下之士君子以吾言不然，然即姑嘗數天下分事，而觀樂之害。蘇云：「即與則通用。」王公大人蚤朝晏退，聽獄治政，文選任彥昇天監三年策秀才文李注引「退」作「罷」，「聽」作「斷」。此其分事也；士君子竭股肱之力，亶其思慮之智，蘇云：「非命篇『亶』作『殫』。」詒讓案：亶、殫聲近字通。太玄經范望注云：「亶，盡也。」內治官府，外收斂關市、山林、澤梁之利，以實倉廩府庫，此其分事也；農夫蚤出暮入〔二〕，耕稼樹藝，多聚叔粟，叔，舊本作「升」。王云：「『升』當爲『叔』，叔與菽同。大雅生民篇『蓺之荏菽』，檀弓『啜菽飲水』，左氏春秋定元年

〔二〕「入」，原誤「人」，據畢沅刻本改。

『隕霜殺菽』，釋文並作『叔』。管子戒篇『出冬蔥與戎叔』，莊子列御寇篇『食以芻叔』，漢書昭帝紀『以叔粟當賦』，並與『菽』同。尚賢篇云『蚤出莫入，耕稼樹藝，聚菽粟』，是其證也。草書『叔』、『升』二形相似。晏子諫篇『合升斗之微以滿倉廩』，説苑正諫篇『升斗』作『菽粟』。齊策『先生王斗』，文選任昉齊竟陵文宣王行狀注引作『王叔』，漢書古今人表作『王升』。後漢書周章字次叔，『叔』或作『升』。文選左思魏都賦注引『張升反論〔一〕』，陳琳答東阿王牋注作『張叔及論』，昭七年左傳正義作『張叔皮論』，皆以字形相似而誤。非命篇『多聚升粟』，誤與此同。」此其分事也；婦人夙興夜寐，紡績織紝，多治麻絲葛緒，綑布縿，畢云：「綑，舊作『細』。盧云：『當爲綑，與捆同。』非命下正作『捆』。縿，鄭君注禮記云：『縑也，縿讀如綃。』」王云：「『縿』當爲『繰』。凡書傳中從喿之字，多變而從參，故『繰』誤爲『縿』。集韻：『綑，織也。』綑布繰，猶言綑布帛。説文：『繰，帛如紺色，或曰深繒。從糸，喿聲，讀若喿。』玉篇：『子老切。』廣雅曰：『繰謂之縑。』檀弓『布幕衛也，繰幕魯也』，鄭注曰：『繰，縑也。繰讀如綃。』今本檀弓亦譌作『縿』。又説文：『縿，旌旗之游也。從糸，參〔二〕聲。』玉篇：『所銜切。』兩字判然不同。」案：王説是也。前辭過篇作「梱布絹」，「絹」即「綃」之誤。梱、綑、捆並稛之俗，詳非命下篇。此其分事也。今惟毋在乎王公大人説樂而聽之，即必不能蚤朝晏退，聽獄治政，是故國家亂而社稷危矣。今惟毋在乎士君子説樂而聽之，吴鈔本「惟毋」作「唯無」。即必不能竭股肱之力，亶其思慮之智，內治官府，外收斂關市、山林、

〔一〕按：文選與山巨源絶交書注引作「張升反論」，魏都賦注引作「張升及論」。胡克家考異謂作「反」是。

〔二〕「參」，原誤「縿」，據活字本改，與説文合。

澤梁之利，以實倉廩府庫，是故倉廩府庫不實。今惟毋在乎農夫説樂而聽之，惟，吴鈔本作「唯」，下同。即必不能蚤出暮入，耕稼樹藝，多聚叔粟，是故叔粟不足。「多聚叔粟」，「叔」舊本作「升」，今據王校正。又舊本脱「是故叔粟」四字，王據上下文補。今惟毋在乎婦人説樂而聽之，即不必能夙興夜寐，畢云：「舊脱『能』字，以意增。」詒讓案：依上文當作「必不能」。紡績織紝，吴鈔本作「織紝紡績」。多治麻絲葛緒，綑布縿，綑，舊本亦誤「細」，今依盧校正。是故布縿不興。曰：孰爲大人之聽治而廢國家之從事？曰：樂也。俞云：「『而廢』二字當在『大人』之上。『國家』二字當作『賤人』，後人不達文義而誤改之也。此本云『孰爲而廢大人之聽治、賤人之從事？曰樂也』。言大人聽樂則廢聽治，賤人聽樂則廢從事也。上文曰『與君子聽之，廢君子聽治；與賤人聽之，廢賤人之從事』，是其證也。」是故子墨子曰：爲樂非也。

何以知其然也？曰先王之書湯之官刑有之，左傳昭六年「叔向曰：商有亂政，而作湯刑」，竹書紀年「祖甲二十四年，重作湯刑」，吕氏春秋孝行覽云「商書曰：刑三百，罪莫重於不孝」，高注云：「商湯所制法也。」曰：「其恒舞于宫，畢云：「其，孔書云『敢有』。」詒讓案：舞，吴鈔本作「武」，字通。伊訓僞孔傳云：「常舞則荒淫。」是謂巫風。僞孔傳云：「事鬼神曰巫。」畢云：「是，孔書作『時』。」文見伊訓。其刑，君子出絲二衛，畢云：「此緯字假音。説文云：『緯，織横絲也。』」案：緯非絲數量之名，畢説未允。「衛」疑當爲「術」，術與遂古通。月令「徑術」，鄭注讀爲「遂」，是其例。西京雜記鄒長倩遺公孫弘書云「五絲爲𦃃，倍𦃃爲升，倍升爲緎，倍緎爲紀，倍紀爲緵，倍緵爲襚」，「遂」即「襚」也。此叚借作「術」，又譌作「衞」，遂不可通耳。小人否，似言小人則無刑。此官刑，故嚴於君子而寬於小人。又疑「否」當爲「吝」，即「倍」之省，猶書呂刑云「其罰惟倍」，言小人之罰倍於君子也。**似二伯黃徑。**」此文有脱誤，僞古文伊訓采此，而獨遺「其刑」以下數句，蓋魏晉時傳本已不可讀，故置不取。非命下篇節引下文作「大誓」，疑此下文自是周書，與湯刑本不相冢，因有脱誤，遂淆捆莫辨也。蘇云「『伯黃』二字或『伊尹』之訛」，亦非。**乃言曰：**後數句非命下篇别爲大誓文，疑當作「大誓曰」。**「嗚乎！**道藏本、吴鈔本並作「呼」。**舞佯佯，**吴鈔本作「洋洋」。畢云：「『舞』當爲『橆』，橆與謨音同。孔書作『聖謨洋洋』，元遺山續古今考亦引作『洋洋』。」顧云：「此正是『舞』字，故用之以非樂。二十五篇書何足據耶？」案：顧説是也。此猶詩魯頌閟宫云「萬舞洋洋」，毛傳云：「洋洋，衆多也。」**黃言孔章，**畢云：「黃，孔書作『嘉』，是。」王引之云：「畢説非也。『舞佯佯，黃言孔章，上帝弗常，九有以亡』，即下文之『萬舞翼翼，章聞于天，天用弗式』也。此承上文，言耽於樂者必亡其國，故下文云『察九有之所以亡者，徒從飾樂也』。東晉人改其文曰『聖謨洋洋，嘉言孔彰，惟上帝不常』，則與墨子非樂之意了不相涉，而畢反據之以改原文，慎矣。」案：王説是也。「黃」疑當作「其」。「其」篆文作「□」，「黃」古文作「□」，二字形近。非命下篇引大誓云「其行甚章」，與此語意略同。下文「上帝弗常」四句，彼引大誓亦有之。**上帝弗常，**王引之云：「常，讀大雅抑篇曰『肆皇天弗尚』之尚，謂天弗右也。爾雅釋詁：『尚，右也。』尚古通作常，晚出古文尚書咸有一德篇襲墨子而改之，曰『厥德非常，九有以亡』，蓋未知『尚』爲『常』〔一〕之借字也。」**九有以亡，**毛詩商頌玄鳥「奄有九有」，傳云：「九有，九州也。」文選册魏公九錫文李注引韓詩作「九域」，有、域一聲之轉。**上帝不順，**畢云：「孔書無此八字。」**降之百殃，**畢云：

〔一〕按「『尚』爲『常』」當作「『常』爲『尚』」，此處誤倒。

「百，舊作『日』，非。殃，『祥』字異文。郭璞注山海經音祥。玉篇云：『殃，徐羊切，女鬼也。』」詒讓案：吳鈔本作「日殃」。孔書作「惟上帝不常，作善降之百祥，作不善降之百殃」，孔傳云：「祥，善也。天之禍福，惟善惡所在，不常在一家。」**其家必壞喪。」**壞，道藏本、吳鈔本並作「懷」，字亦通。畢云：「孔書云『墜厥宗』。已上文亦見伊訓。」**察九有之所以亡者，徒從飾樂也。於武觀曰：**國語楚語云「啟有五觀」，韋注云：「觀，洛汭之地。」水經巨洋水酈注云：「國語曰：啟有五觀，謂之姦子，五觀蓋其名也，所處之邑，其名爲觀。」左傳昭元年杜注云：「觀國，今頓丘衛縣。」畢云：「汲郡古文云：『帝啟十一〔一〕年，放王季子武觀于西河。十五年，武觀以西河叛，彭伯壽帥師征西河，武觀來歸。』注：『武觀，五觀也。』楚語『士娓曰：啟〔二〕有五觀』，韋昭云：『五觀，啟子，太康昆弟也。』春秋傳曰：夏有觀、扈。』」惠棟云：「此逸書，敍武觀之事，即書敍之五子也。周書嘗麥曰：『其在夏之五子，忘伯禹之命，假國無正，用胥興作亂，遂凶厥國，皇天哀禹，賜以彭壽，思正夏略。』五子者，武觀也。彭壽者，彭伯也。五子之歌，墨子述其遺文，周書載其逸事，與內、外傳所稱無殊。且孔氏逸書本有是篇，漢儒習聞其事，故韋昭注國語，王符撰潛夫論，皆依以爲說。」**「啟乃淫溢康樂，**惠云：「『啟乃』當作『啟子』，溢與泆同。」江聲說同。江又云：「啟子，五觀也。啟是賢王，何至淫溢？據楚語士亹比五觀于朱、均、管、蔡，則五觀是淫亂之人，故知此文當爲『啟子』，『乃』字誤也。」案：此即指啟晚年失德之

---

〔一〕「一」字原脱，據今本竹書紀年（即畢所稱汲郡古文）補。

〔二〕「啟」，原誤「夏」，據楚語改。按孫引楚語乃節引，士娓，楚語「娓」本作「亹」。

事，「乃」非「子」之誤也。竹書紀年及山海經皆盛言啟作樂，楚辭離騷亦云「啟九辯與九歌兮〔一〕，夏康娛以自縱，不顧難以圖後兮，五子用失乎家巷」，並古書言啟淫溢康樂之事。「淫溢康樂」，即離騷所謂「康娛自縱」也。王逸楚辭注云「夏康，啟子太康也」，亦失之。**野于飲食**，畢云：「『野于』疑作『于野』。」孫星衍說同。孫又云：「于，往也。」俞云：「畢說非。此本以『啟乃淫溢康樂』爲句，『野于飲食』爲句。『野于飲食』即下文所謂『渝食于野』也，與左傳『室於怒，市於色』文法正同。」**將將銘，莧磬以力**，畢云：「句未詳。『莧』疑『筦』字之誤，形聲相近。」孫說同。孫又云：「『將將』上疑有脫文，作樂聲也。樂聲鏘鏘，銘力於磬管。」江云：「『莧』當爲『莧』。莧，喜說也，胡官反。」俞云：「『將將銘莧磬以力』，疑有脫文，蓋亦八字作二句也。『力』字與『食』字爲韻，畢失其讀，故但知下文『翼』、『式』是韻也。」王紹蘭云：「莧、筦音近通用，非誤也。『力』即勒字，『銘莧磬以力』，謂作筦磬之銘而勒之。」案：「將將銘」疑當作「將將鍠鍠」。詩周頌執競云「鍾鼓喤喤，磬筦將將」，說文金部引詩「喤喤」作「鍠鍠」。毛傳云：「喤喤，和也；將將，集也。」說文足部云「蹡，行皃」，引詩曰「管磬蹡蹡」，則「將」亦「蹡」之借字。此「力」雖與上「食」、下「翼」、「式」韻協，然義不可通，且下文「酒」、「野」亦與「力」韻不合。竊疑此當作「將將鍠鍠，筦磬以方」，方與鍠自爲韻，力、方形亦相近。儀禮鄉射禮鄭注云：「方猶併也。」「管磬以方」謂管磬併作，猶詩言笙磬同音矣。諸說並非。**湛濁于酒，渝食于野**，惠云：「湛與耽同。耽，淫。濁，亂也。」江云：「湛濁，沈湎也，言飲酒無度。渝讀當爲輸，轉輸饋食于野，言游田無度也。」孫云：「湛與媅通，渝與輸通。」案：湛、沈通，江說得之。渝當讀爲偷，同聲叚借字。表記鄭注云：「偷，苟且也。」謂苟且飲食於野

〔一〕「兮」字原脫，據離騷補。

外燕游之所。惠、孫說並未允。萬舞翼翼，詩商頌那云「萬舞有奕」，毛傳云：「奕奕然閑也。」奕、翼字通。小雅采薇傳亦云：「翼翼，閑也。」章聞于大，惠云：「當作『天』。」畢及江說同。天用弗式。」孫云：「萬舞之盛，顯聞於天，天弗用之。」畢云：「『翼』、『式』爲韻。」海外西經云『大樂之野，夏后啟于此儛九代』，大荒西經云『夏后開上三嬪于天，得九辨與九歌以下』，據此，則指啟盤于游田。書序『大〔二〕康尸位』及楚詞『夏康娛』云云，疑『大康』、『夏康』即此云『淫溢康樂』，淫之訓大，然則太康疑非人名，而孔傳以爲啟子不可奪也。」案：楚辭「夏康娛」，「夏」當從王引之讀爲下。戴震謂康娛即康樂，非太康，說亦致塙。畢謂書序太康亦非夏帝，則謬說不足據也。故上者天鬼弗戒，「戒」當爲「式」，此即冢上引書「天用弗式」之文。下者萬民弗利。

是故子墨子曰：今天下士君子，請將欲求興天下之利，請，畢本改「誠」，云：「舊作『請』，一本如此。」案：請、誠字通，詳前。除天下之害，當在樂之爲物，將不可不禁而止也。

〔二〕「大」，尚書書序原作「太」。按古「大」、「太」通作。畢似改作「大」，以成其下文之說。

# 墨子閒詁卷九

## 非樂中第三十二闕

## 非樂下第三十三闕

## 非命上第三十五

漢書藝文志注：「蘇林云：非有命者言儒者執有命而反勸人修德積善，政教與行相反，故譏之也。如淳云：言無吉凶之命，但有賢不肖善惡。」祭法孔疏引孝經援神契云：「命有三科：有受命以任慶，有遭命以謫暴，有隨命以督行。受命謂年壽也，遭命謂行善而遇凶也，隨命謂隨其善惡報之。」白虎通義壽命篇及王充論衡命義篇說三命略同。墨子所非者，即三命之說也。

子墨子言曰：古者王公大人爲政國家者，皆欲國家之富，人民之衆，刑政之治。然而不得富而得貧，不得衆而得寡，不得治而得亂，則是本失其所欲，得其所惡，是故何也？子墨子言曰：執有命者以襍於民閒者衆。執有命者之言曰：「命富則富，命貧則貧，命衆則衆，命寡則寡，命治則治，命亂則亂，命壽則壽，命夭則夭，命，王云：「此下有脱文，不可考。」雖强勁，何益哉？」上以〔一〕説王公大人，下以駔百姓之從事，畢云：「駔，阻字假音。説文云：『駔，從馬，且聲。』劉逵注左思賦引説文『于〔二〕助反』。」故執有命者不仁。故當執有命者之言，不可不明辨。

然則明辨此之説將柰何哉？子墨子言曰：必立儀，吴鈔本無「曰」字，案疑當作「言必立儀」，今本「曰言」二字涉上誤倒。管子禁藏篇云「法者，天下之儀也」，尹注云：「儀，謂表也。」言而毋儀，譬猶運鈞之上而立朝夕者也，畢云：「運，中篇作『員』，音相近。廣雅云：『運，轉也。』高誘注淮南子云：『鈞，陶人作瓦器法，下轉旋〔三〕者。』史記集解云：『駰案漢書音義曰：陶家名模下圓轉者爲鈞。』索隱云：『韋昭曰：鈞木長七尺，有絃，所以調爲器具也。』言運鈞轉動無定，必不可立表以測景。」詒讓案：管子七法篇云「不明於則，而欲出號令，猶立朝夕於運均

---

〔一〕「上以」二字原誤倒，據畢沅刻本乙正。

〔二〕按：畢所謂「左思賦」，指文選左思魏都賦。今本文選左思魏都賦劉逵注引説文「駔」字音「子朗反」（見魏都賦「異馬填廄而駔駿」句注），不作「于助反」。今按段玉裁説文解字注「駔」字下引文選此注作「千助反」（所據文選版本不詳），則畢引作「于助反」者，「于」必是「千」之誤。「駔」爲齒音字，非牙音字，不得反切「于」字。

〔三〕「旋」，原誤「鈞」，據淮南子原道訓改。

之上」，尹注云：「均，陶者之輪也。立朝夕，所以正東西也。今均既運，則東西不可準也。」案：運、員音近古通。國語越語「廣運百里」，山海經西山經作「廣員百里」，莊子天運篇釋文引司馬彪本作「天員」。立朝夕，謂度東西也。周禮大司徒云「日東則景夕，日西則景朝」，司儀云「凡行人之儀，不朝不夕」，考工記匠人云「晝參諸日中之景，夜考之極星，以正朝夕」，晏子春秋雜篇云「古之立國者，南望南斗，北戴樞星，彼安有朝夕哉」，春秋繁露深察名號篇云「正朝夕者視北辰」。**是非利害之辨，不可得而明知也。故言必有三表。**表、儀義同，左文六年傳云「引之表儀」。洪云：「非命中篇、非命下篇此段文義大略相同，皆作『言有三法』。法，說文作『灋』；表，古文作『褾』，字形相近。」**何謂三表？子墨子言曰：有本之者，**本，謂考其本始，下篇作「有考之者」。**有原之者，**廣雅釋詁云：「源，度也。」原、源字通。劉歆列女傳頌小序云「原度天道」，此「原之」亦謂察度其事故也。**有用之者。於何本之？上本之於古者聖王之事。於何原之？下原察百姓耳目之實。於何用之？廢以爲刑政，**盧云：「廢，置也。中篇作『發』。」王云：「盧說非也，廢讀爲發，故中篇作『發而爲刑政』，下篇作『發而爲政乎國』。發、廢古字通。」**觀其中國家百姓人民之利。此所謂言有三表也。**

**然而今天下之士君子或以命爲有，**句。**蓋嘗尚觀於聖王之事？**「蓋」上舊本有「益」字。王云：「『或以命爲有』絕句，下文云『豈可謂有命哉』。『益』即『蓋』字之譌，『蓋』字俗書作『盖』，形與『益』相近，故『蓋』譌作『益』。史記楚世家『還蓋長城以爲防』，徐廣曰：『蓋，一作益。』今云『益蓋』者，一本作『益』，一本作『蓋』，而後人誤合之耳。蓋與盍同。盍，何不也。檀弓曰『子蓋言子之志於公乎』，孟子梁惠王篇『蓋亦反其本矣』。嘗，試也。尚與上同。言今天下之士君子或以命爲有，則何不試上觀於聖王之事乎？下文曰『今天下之士君子或以命爲有，益嘗尚觀於先王之書』，『益』亦『蓋』字之譌。」案：王校是也，今據删。古者桀之所亂，湯受而治之；紂之所亂，武王受而治之。此世未易，民未渝，爾雅釋言云：「渝，變也。」在於桀紂則天下亂，畢云：「舊脱『在』字，據下文增。」在於湯武則天下治，豈可謂有命哉。

然而今天下之士君子或以命爲有，蓋嘗尚觀於先王之書？「蓋」，舊本亦譌「益」，王據上文改。先王之書，所以出國家，畢云：「舊脱『以』字，據下文增。」布施百姓者，畢云：「舊脱此字，據下文增。」憲也。爾雅釋詁云：「憲，法也。」周禮秋官有「布憲」，管子立政篇云「布憲於國」。國語周語云「布憲施舍于百姓」，韋注同爾雅。先王之憲亦嘗有曰「福不可請，而禍不可諱，諱當讀爲違，同聲叚借字。禮記緇衣「太甲曰：天作孽，猶可違也」，鄭注云：「違猶辟也。」下同。敬無益，暴無傷」者乎？所以聽獄制罪者，刑也。先王之刑亦嘗有曰「福不可請，禍不可諱，敬無益，暴無傷」者乎？所以整設師旅、進退師徒者，誓也。先王之誓亦嘗有曰「福不可請，禍不可諱，敬無益，暴無傷」者乎？是故子墨子言曰：吾當未鹽數，當，疑「尚」之譌。畢云：「『鹽』，『盡』字之譌。」天下之良書不可盡計數，大方論數，大方即大較也。後漢書郎顗傳李注云：「方，法也。」史記律書索隱云：「大較，大法也。」而五者是也。畢云：「『五』當爲『三』，即上先王之憲、之刑、之誓是。」今雖毋求執有命者之言，不必得，雖、唯通。毋，語詞，詳尚賢中篇。

不亦可錯乎？錯與廢義同，詳節葬下篇。今用執有命者之言，是覆天下之義，覆天下之義者，是立命者也，百姓之誶也。説百姓之誶者，畢云：「爾雅云：『誶，告也。』陸德明音義云：『沈音粹，郭音碎。』言以此告百姓。」蘇云：「誶，猶訴誶，謂不道之言也。」俞云：「誶讀爲悴。説文心部：『悴，憂也。』猶曰百姓之憂也。故曰説百姓之誶者，是滅天下之人也。畢釋非是。」案：俞説是也。是滅天下之人也。然則所爲欲義在上者，「義在上」文未備，據下文當作「義人在上」，今本脱「人」字。何也？曰：義人在上，天下必治，上帝山川鬼神必有幹主，畢云：「『幹』當爲『榦』，此管字假音。」詒讓案：後漢書竇憲傳李注云：「幹，主也。或曰古管字。」漢書食貨志顔注云：「斡，讀爲管同，謂主領也。」漢隸「榦」、「斡」皆作「幹」。經典多通用。但此「幹」字似當讀如字。説文木部云：「榦〔一〕，本也。」榦者，本榦，對枝言之也。荀子儒效篇云「以枝代主而非越也」，楊注云：「枝，枝子。」若然，冢適謂之榦，支子謂之枝。榦主者，猶言宗主耳。萬民被其大利。何以知之？子墨子曰：古者湯封於亳，畢云：「當爲『薄』。説文云：『亳，京兆杜陵亭也。從高省，乇聲。』史記集解云：『徐廣曰：京兆杜縣有亳亭。』索隱云：『秦寧公與亳王戰，亳王奔戎〔二〕，遂滅湯社。皇甫謐云：周桓王時自有亳王號湯，非殷也。』此亳在陝西長安縣南。若殷湯所封，是河南偃師之薄。書傳及本書亦多作『薄』，惟孟子作『亳』，蓋借音字，後人依改亂之。顧炎武

〔一〕「榦」，原作「幹」。按説文「幹」字作本「榦」，「幹」爲隸變之體。今據説文改，正文孫亦均寫作「榦」。

〔二〕「戎」字原脱，按畢引索隱見史記封禪書索隱，今據補「戎」字。

不考史記，反以此譏許君地里之謬，是以不狂爲狂也。」絶長繼短，禮記王制云「凡四海之內，絶長補短，方三千里」，孟子滕文公篇云「今滕絶長補短，將五十里也」，戰國策秦策「韓非説秦王曰：今秦地形斷長續短，方數千里」，又楚策「莊辛對楚王曰：今楚雖小，絶長續短，猶以數千里」。此云「絶長繼短」，猶國策云「斷長續短」也。方地百里，與其百姓兼相愛、交相利，移則分，畢云：「言財多則分也。移，或『多』字。」洪云：「禮記郊特牲『順成之方，其蠟乃通，以移民也』，鄭注：『移之言羨也。』『移』古通作『侈』字，『侈』亦是有餘之義。」率其百姓以上尊天事鬼，是以天鬼富之，諸侯與之，百姓親之，賢士歸之，未殁其世，殁，吳鈔本作「没」，下同。而王天下，政諸侯。「政」、「正」通，正猶長也，詳親士篇。昔者文王封於岐周，孟子離婁篇云「文王生於岐周」，趙注云：「岐山下周之舊邑。」漢書地理志云「右扶風美陽：禹貢岐山在西北。中水鄉，周大王所邑。」又云：「大王徙邠，文王作酆。」畢云：「岐，岐山；周，周原。」絶長繼短，方地百里，舊本作「地方」，今從道藏本乙，與上文合。與其百姓兼相愛、交相利，則，王云：「『是以』上不當有『則』字，蓋即『利』字之誤而衍者。上下文『是以天鬼富之，諸侯與之，百姓親之，賢士歸之』，『是以』上皆無『則』字。」俞云：「『則』上脱『移』字，下脱『分』字。上文曰『與其百姓兼相愛、交相利，移則分』，是其證也。王氏謂『則』即『利』字之誤而衍者，非。」案：俞説近是。是以近者安其政，遠者歸其德。聞文王者，皆起而趨之。罷不肖、股肱不利者，荀子成相篇云「君子賢而能容罷」，楊注云：「罷，弱不任事者。」國語齊語云「罷士無伍」，韋注云：「無行曰罷。」管子小匡篇尹注云：「罷，謂乏于德義者。」處而願之，曰：「柰何乎使文王之地及我吾，則吾利蘇云：「『我』字衍文，或去上『吾』字亦可。」俞云：「『則』上『吾』字，『豈』上『利』字，並衍文。」豈不亦猶文王之民也哉。」是以天鬼富之，諸侯與之，百姓親之，賢士歸之，未殁其世，而王天下，政諸侯。政，舊本作「征」。蘇云：「征，當從上文作『政』。蓋政者，正也。『征』、『政』古通用。」案：吴鈔本作「政」，今據正。政諸侯，謂長諸侯也，詳親士篇。鄉者言曰：畢云：「鄉同曏。」義人在上，天下必治，上帝山川鬼神必有幹主，萬民被其大利。吾用此知之。

是故古之聖王發憲出令，設以爲賞罰以勸賢。畢云：「中篇作『勸沮』，是。」王云：「原文是『勸賢』，不得徑改爲『勸沮』。余謂『勸賢』下當有『沮暴』二字。『勸賢』承賞而言，『沮暴』承罰而言。尚賢篇曰『賞不當賢而罰不當暴，則是爲賢者不勸，而爲暴者不沮矣』，尚同篇曰『賞譽不足以勸善，而刑罰不可以沮暴』，皆其證。」是以入則孝慈於親戚，「親戚」即父母也，詳兼愛下篇。尚賢中篇云「入則不慈孝父母」。出則弟長於鄉里，坐處有度，出入有節，男女有辨。辨、别同。尚賢中篇云「男女無别」。是故使治官府則不盜竊，守城則不崩叛，「崩」當爲「倍」之叚字。尚賢中篇云「守城則倍畔」，猶此下文云「守城則崩叛」也。倍與背同，逸周書時訓篇云「遠人背叛」。倍與崩一聲之轉，古字通用。説文人部「倗，讀若陪位」、邑部「鄘，讀若陪」，即〔一〕崩、倍相通之例。君

〔一〕「即」，原誤作「郎」。

有難則死，出亡則送。此上之所賞，而百姓之所譽也。執有命者之言曰：「上之所賞，命固且賞，非賢故賞也。上之所罰，命固且罰，不暴故罰也。」王引之云：「不與非同義，故互用。」俞云：「『上之所罰，命固且罰，不暴故罰也』十三字，當爲衍文，説詳下。」是故入則不慈孝於親戚，出則不弟長於鄉里，坐處不度，出入無節，男女無辨。是故治官府則盜竊，守城則崩叛，君有難則不死，出亡則不送。此上之所罰，百姓之所非毀也。執有命者言曰：「上之所罰，命固且罰，不暴故罰也。上之所賞，命固且賞，非賢故賞也。」俞云：「『上之所賞，命固且賞，非賢故賞也』十三字，當爲衍文。蓋上文説賞事，故述執有命者之言曰『上之所賞，命固且賞，非賢故賞也』。此文是説罰事，故述執有命者之言曰『上之所罰，命固且罰，不暴故罰也』。今上文衍『上之所罰』云云，此文衍『上之所賞』云云，皆於文義未合。即此文之罰、賞倒置，而其傳寫誤衍之跡居然可見矣。」以此爲君則不義，爲臣則不忠，爲父則不慈，爲子則不孝，爲兄則不良，爲弟則不弟。良爲兄，義不甚切。疑「良」當爲「長」。逸周書謚法篇云「教誨不倦曰長」，即其義也。此以兄長對弟弟，亦即冡上云「出則弟長於鄉里」爲文。尚賢中篇云「出則不長弟鄉里」，國語齊語亦云「不長弟於鄉里」，謚法云「愛民長弟曰恭」，此並以長教幼爲長，幼事長爲弟。淺人不解「長」字之義，而改爲「良」，遂與上「弟長」之文不相應矣。而强執此者，此特凶言之所自生，而暴人之道也。舊本作「者」，道藏本作「昔」，畢據下文改。特，舊本譌「持」。王云：「『持』字義不可通，『持』當爲『特』。呂氏春秋忠廉篇注曰：『特猶直也。』言此直是凶人之言，暴人之道也。下文同。」案：王校是也，今據正。

然則何以知命之爲暴人之道？昔上世之窮民，貪於飲食，惰於從事，是以衣食之財不足，畢云：「舊脱『食』字，據上文增。」而飢寒凍餒之憂至，不知曰「我罷不肖，從事不疾」，必曰「我命固且貧」。昔上世暴王昔，舊本譌作「若」，王據上文改「昔」，今從之。道藏本、吴鈔本並作「苦」，則當屬上讀。不忍其耳目之淫，心涂之辟，畢云：「涂猶術。」王引之云：「畢説非也。『心涂』本作『心志』，『耳目之淫，心志之辟』，並見中篇。下篇作『心意』，亦『心志』之譌。」不順其親戚，遂以亡失國家，傾覆社稷，不知曰「我罷不肖，爲政不善」，必曰「吾命固失之」。於仲虺之告書敍云：「湯歸自夏，至于大坰，仲虺作誥。」禮記緇衣「尹吉曰」，鄭注云：「『吉』當爲『告』。告，古文『誥』，字之誤也。」曰：「我聞于夏人，矯天命，布命于下，僞孔傳云：「言託天以行虐於天下，乃桀之大罪。」畢云：「孔書作『夏王有罪，矯誣上天以布命于下』。」帝伐之惡，畢云：「非命中作『式是惡』。『式』、『伐』形相近，『之』、『是』音相近也。」龔喪厥師。」僞孔傳云：「天用桀無道，故不善之。式，用；爽，明也。用商受王命，用明其衆，言爲主也。」畢云：「孔書作『帝用不臧，式商受命，用爽厥師』。『龔』『用』、『喪』『爽』音同。」江聲云：「師，衆也。言桀執有命，天用是憎惡之，用喪其衆。」孫星衍云：「『用』爲『龔』，聲相近。」此言湯之所以非桀之執有命也。於太誓曰：「紂夷處，天志中篇作「紂越厥夷居」。不肎事上帝鬼神，天志中篇無「鬼神」二字。畢云：「孔書作『乃夷居，弗事上帝神祇』。」禍厥先神禔不祀，天志中篇「禍」作「棄」，「禔」作「祇」。畢云：「孔書作『遺厥先宗廟弗祀』。禔同示。」詒讓案：説文示部云：「禔，安也。易曰『禔既平』。」今易坎九五作「祇既平」，釋文云：「祇，京作『禔』。」是祇、禔聲近古通用之證。乃曰『吾民有命，天志中篇無「民」字，孔書

「民」上有「有」字。無廖排漏』，道藏本作「扇」。案：此當從中篇作「毋僇其務」，義詳彼注。天志中篇作「無廖僔務」，亦誤。畢云：「孔書作『乃曰吾有民有命，罔懲其侮』。」天亦縱棄之而弗葆。」畢云：「孔書無此文。」案：舊本「棄」在「之」下。王云：「『縱之棄』當作『縱棄之』，縱棄猶放棄也。中篇作『天不亦棄縱而不葆』，天志篇作『天亦縱棄紂而不葆』，皆其證。」案：王說是也，今據乙。葆，吴鈔本作「保」。此言武王所以非紂執有命也。畢云：「『紂』下據上文當有『之』字。」今用執有命者之言，則上不聽治，下不從事。上不聽治，則刑政亂；下不從事，則財用不足。上無以供粢盛酒醴，供，吴鈔本作「共」。祭祀上帝鬼神；下無以降綏天下賢可之士，舊本脱「下無以」三字，王據上下文補。爾雅釋詁云：「綏，安也。」外無以應待諸侯之賓客，內無以食飢衣寒，將養老弱。俞謂「將養」爲「持養」之誤，詳尚賢中篇。故命上不利於天，中不利於鬼，下不利於人。而强執此者，此特凶言之所自生，特，舊本亦譌「持」，依王校改。而暴人之道也。

是故子墨子言曰：今天下之士君子，忠實欲天下之富而惡其貧，畢云：「忠，下篇作『中』。」欲天下之治而惡其亂，執有命者之言不可不非，此天下之大害也。

## 非命中第三十六

子墨子言曰：凡出言談、由文學之爲道也，由、爲義相近，下篇云「今天下之君子之爲文學出言談也」。則不可而不先立義法。畢云：「義，上篇作『儀』。」義、儀同。」若言而無義，譬猶立朝夕於員鈞之上也，譬，吳鈔本作「辟」。員，上篇作「運」，聲義相近。則雖有巧工，必不能得正焉。然今天下之情僞未可得而識也，故使言有三法。三法者何也？有本之者，有原之者，有用之者。於其本之也，考之天鬼之志、聖王之事；於其原之也，徵以先王之書；用之柰何？發而爲刑。畢云：「據上篇有『政』字。」此言之三法也。

今天下之士君子，盧云：「此下當有『或以命爲有』五字。」或以命爲亡。我所以知命之有與亡者，以衆人耳目之情知有與亡。有聞之，有見之，謂之有；莫之聞，莫之見，謂之亡。然胡不嘗考之百姓之情？畢云：「舊脱『不』字，據下文增。」詒讓案：然與則義同，「然胡不」亦見尚同下篇。此下文繁言之則云「然則胡不」。自古以及今，生民以來者，亦嘗見命之物，以下文校之，「亦嘗」下當有「有」字。聞命之聲者乎？則未嘗有也。若以百姓爲愚不肖，耳目之情不足因而爲法，然則胡不嘗考之諸侯之傳言流語乎？自古以及今，生民以來者，亦嘗有聞命之聲，見命之體者乎？則未嘗有也。然胡不嘗考之聖王之事？古之聖王，舉孝子而勸之事親，尊賢良而勸之爲善，發憲布令以教誨，長短經運命篇引無「布」字。明賞罰以勸沮。舊本脱「明」字，今據長短經引補。又「勸沮」，長短經作「沮勸」。勸，吳鈔本作「賞」，非。若此，則亂者可使治，而危者可使安矣。若以爲不然，昔者桀之所亂，湯治之；紂之所亂，武王治之。此世不渝而民不改，上變政而民易教，政，治要、長短經並作「正」。其在湯武則治，其在桀紂則亂。安危治亂，「安危」上長短經有「則」字。在上之發政也，則豈可謂有命哉。長短經無「則」字。夫曰有命云者，亦不然矣。

今夫有命者言曰：「有命」上疑脱「執」字。我非作之後世也，自昔三代有若言以傳流矣。今故先生對之？畢云：「未詳。『生』當爲『王』。」案：顧校季本、吴鈔本並作「王」。俞云：「此子墨子託爲先生之言，以折執有命者之説。畢謂『生』當爲『王』，非是。」案：疑當作「今胡先生非之」，諸校並未得其義。曰：夫有命者，不志昔也三代之聖善人與？畢云：「下篇作『不識昔也』，志即識字。與讀如歟。」詒讓案：「不志」、「不識」，並猶云不知。禮記哀公問鄭注云：「志讀爲識，識，知也。」意亡昔三代之暴不肖人也？意與抑同。「意亡」，語詞，詳非攻下篇。畢云：「亡同無。也，下篇作『與』，同。」何以知之？畢云：「言有命之説，不識出之昔者聖善人乎，意亡此言出之暴不肖人乎？彼固亡知之妄言。」初之列士桀大夫，説苑臣術篇云：「列士者，所以參大夫也。」桀與傑字通。白虎通義聖人篇引禮别名記云：「萬人曰傑。」説文人部云：「傑，執也，材過萬人也。」吕氏春秋孟秋紀高注云：「才過萬人曰桀。」毛詩衛風「邦之桀兮」，傳云：「桀，特立也。」慎言知行，此上有以規諫其君長，下有以教順其百姓，畢云：「順同訓。」詒讓案：舊本此下有「故上有以規諫其君長，下有以教順其百姓」二句。盧云：「此已上十七字衍文。」案：盧校是也，吴鈔本亦無，今據删。故上得其君長之賞，下得其百姓之譽。列士桀大夫聲聞不廢，流傳至今，而天下皆曰其力也，必不能曰我見命焉。「見」字吴鈔本脱。俞云：「『必不能曰』下有闕文，下文『必不能曰我罷不肖，我從事不疾，必曰我命固且窮』，是其證也。」

是故昔者三代之暴王，不繆其耳目之淫，畢云：「言不糾其繆。」詒讓案：「繆」即「糾」之叚字。不愼其心志之辟，治要作「僻」，畢云：「僻同。」外之敺騁田獵畢弋，畢云：「説文云：『古文驅從攴。』」案：騁，畢本作「聘」，譌，孟子盡心篇云「驅騁田獵」。國語齊語云「田狩畢弋」，韋注云：「畢，掩雉兔之網也。」弋，隿之借字，詳備高臨篇。內沈於酒樂，而自「必不能曰」以下至此，凡四十五字，舊本誤入下文「身在刑僇之中」之下，王移置於此。不顧其國家百姓之政。繁爲無用，暴逆百姓，使下不親其上，是故國爲虛厲，厲，公孟、魯問二篇並作「戾」，字通。畢云：「陸德明莊子音義云：『李云：居宅無人曰虛，死而無後曰厲。』」身在刑僇之中，自「不顧其國家」以下至此，凡三十五字，舊本誤入上文「必不能曰」之上，王移置於此。舊本「不顧」上又衍「一」字，王據下篇刪。不肎曰：三字舊脱，畢據下文增「不曰」二字，治要引有此三字，今據補。「我罷不肖，舊本無「我」字，畢據一本增，顧校季本有。我爲刑政不善。」必曰：「我命故且亡。」故，下文作「固」，同。雖昔也三代之窮民，治要「窮」作「僞」，與下同。亦由此也。蘇云：「由與猶同。」內之不能善事其親戚，畢云：「事，一本作『視』。」詒讓案：「親戚」謂父母，詳兼愛下篇。外不能善事其君長，「外」下疑脱「之」字。惡恭儉而好簡易，貪飲食而惰從事，衣食之財不足，使身至有饑寒凍餒之憂，饑，上、下篇並作「飢」，吴鈔本同。必不能曰：畢云：「必，舊作『心』，以意改。」案：顧校季本正作「必」。「我罷不肖，我從事不疾。」必曰：「我命固且窮。」雖昔也三代之僞民，亦猶此也。繁飾有命，以教衆愚樸人久矣。治要無「樸人」二字。王云：「『愚樸』下衍『人』字。」戴云：「不當刪。」案：王校近是。家語王言篇「民敦而俗樸」，王肅注云：「樸，愨願貌。」聖王之患此也，故書之竹帛，琢之金石。於先王之書仲虺之告曰：「我聞有夏人矯天命，布命于下，帝式是惡，用闕師。」畢云：「『闕』當是『喪厥』二字，下篇作『用爽厥師』。」孫星衍云：「『厥』爲『闕』，形相近。」此語夏王桀之執有命也，湯與仲虺共非之。先王之書太誓之言然，曰：「紂夷之居，而不肎事上帝，棄闕其先神而不祀也，以天志中篇及上篇校之，「闕」亦當讀爲厥，與上「闕師」同。此當云「棄闕先神示而不祀也」。示、祇同，傳寫誤作「亓」，校者不憭，因此書「其」字多作「亓」，遂又改爲「其」，復誤移箸「先神」上，不知闕即厥字，不當更云「其」也。天志篇正作「棄厥先神祇不祀」，可證。非儒下篇「其道不可以期世」，期，晏子春秋作「示」，亦「示」、「亓」、「其」三字展轉譌變之比例也。曰：『我民有命，毋僇其務。』畢云：「言毋勠力其事也，上二篇俱當從此。孔書作『罔懲其侮』，義異。或云僞泰誓不足據，不如此文。」詒讓案：「毋僇」當爲「侮僇」，二字平列，言紂惟陵侮僇辱民是務也。荀子彊國篇云「無僇乎族黨，而抑卑其後世」，無、毋、侮古通。「無僇」與「抑卑」文相儷，與此「毋僇」義亦正同。楊注釋爲「無刑戮之恥」，失之。天不亦棄縱而不葆。」吳鈔本作「保」。畢云：「文與上篇小異。」王云：「孟子滕文公篇注曰：『不亦者，亦也』。畢本『不亦』作『亦不』，非。」此言紂之執有命也，武王以太誓非之。有於三代、不國有之，曰：上有字當讀爲又。蘇云：「所引蓋古逸書，『不』字疑誤。」詒讓案：「不」疑當作「百」，三代、百國，或皆古史記之名。隋書李德林傳引墨子云「吾見百國春秋」。「女毋崇天之有命也。」命三、不國亦言命之無也。「命三」疑當爲「今三」，下當脱「代」字。於召公之執令於然，此有脱誤，疑當作「於召公之非執命亦然」。召公蓋即召公奭，亦周書佚篇之文。令與命字通。「於」，「亦」字誤。上篇云「此言湯之所以非桀之執有命也」，又云「此言武王所以非紂執有命也」，是其證。且：畢云：「當爲『曰』。」「敬哉！無天命，惟予二人，而無造言，周禮大司徒有造言之刑，鄭注云：「造言，訛言惑衆。」不自降天之哉得之。」疑當作「不自天降，自我得之」。在於商夏之詩書曰：「命者，暴王作之。」且今天下之士君子，將欲辯是非利害之故，吳鈔本「辯」作「辨」。當天有命者，畢云：「『天』當爲『夫』。」不可不疾非也。王云：「呂氏春秋尊師篇注云：『疾，力也。』」執有命者，此天下之厚害也，是故子墨子非也。「非」下當有「之」字。

## 非命下第三十七

子墨子言曰：凡出言談，則必可而不先立儀而言。畢云：「一本作『則必先立義而言』。」蘇云：「當作『不可不先立儀而言』。『必』字誤，上『而』字衍。」俞云：「『則必可』當作『則不可』。中篇曰『則不可而不先立義法』，是其證也。不可而者，不可以也。王氏念孫說。」若不先立儀而言，譬之猶運鈞之上而立朝夕焉也。我以爲雖有朝夕之辯，吳鈔本作「辨」。必將終未可得而從定也。是故言有三法。何謂三法？曰：有考之者，有原之者，畢云：「舊脱『有』字，一本如此。」有用之者。惡乎考之？考先聖大王之事。惡乎原之？察衆之耳目之請。畢云：「據前篇，當爲『情』。」詒讓案：請、情古通，不必改字。惡乎用之？發而爲政乎國，察萬民而觀之。此謂三法也。

故昔者三代聖王禹湯文武方爲政乎天下之時，曰：「必務舉孝子而勸之事親，尊賢良之人而教之爲善。」是故出政施教，賞善罰暴。且以爲若此，則天下之亂也，將屬可得而治也；國語魯語韋注云：「屬，適也。」社稷之危也，將屬可得而定也。若以爲不然，昔桀之所亂，湯治之；紂之所亂，武王治之。當此之時，世不渝而民不易，畢云：「文選注引此『治』作『理』，『世』作『時』，『民』作『人』，皆唐人避諱改。」上變政而民改俗。存乎桀紂而天下亂，存乎湯武而天下治。天下之治也，湯武之力也；天下之亂也，桀紂之罪也。若以此觀之，夫安危治亂存乎上之爲政也，則夫豈可謂有命哉！故昔者禹湯文武方爲政乎天下之時，曰：「必使飢者得食，寒者得衣，勞者得息，亂者得治。」遂得光譽令問於天下。羣書治要「問」作「聞」，尚同下篇亦云「光譽令聞」。問、聞通。夫豈可以爲命哉？據下文「命」上當有「其」字。故以爲其力也。故、固通。今賢良之人，尊賢而好功道術，治要「功」作「蓄」。畢云：「一本無『功』字。」故上得其王公大人之賞，下得其萬民之譽，遂得光譽令問於天下。亦豈以爲其命哉？又以爲力也。「力」上亦當有「其」字。然今夫有命者，不識昔也三代之聖善人與？意亡昔三代之暴不肖人與？意亡，詳非攻下篇。蘇云：「『也』字衍。意讀如抑，『亡』當作『亦』。」案：蘇說非。若以說觀之，則必非昔三代聖善人也，「若以說」疑當作「以若說」。必暴不肖人也。

然今以命爲有者，昔三代暴王桀紂幽厲，貴爲天子，富有天下，於此乎不而矯其耳目之欲，畢云：「而讀如能，一本無此字，非。」案：畢讀是也。陳壽祺說同。而從其心意之辟。王據中篇，以「心意」

爲「心志」之譌。今案志、意義同，似非譌字。外之敺騁田獵畢弋，内湛於酒樂，畢云：「中篇『湛』作『沈』。」而不顧其國家百姓之政。繁爲無用，暴逆百姓，遂失其宗廟。遂與隊通。法儀篇云「遂失其國家」。其言不曰：「吾罷不肖，吾聽治不强。」必曰：「吾命固將失之。」雖昔也三代罷不肖之民，亦猶此也。不能善事親戚君長，甚惡恭儉而好簡易，貪飲食而惰從事，衣食之財不足，是以身有陷乎飢寒凍餒之憂。其言不曰：「吾罷不肖，吾從事不强。」又曰：「吾命固將窮。」戴云：「又，當依上文改作『必』。」昔三代僞民亦猶此也。

昔者暴王作之，窮人術之，畢云：「舊脱『人』字，一本有。術同述。」詒讓案：樂記「知禮樂之情者能作，識禮樂之文者能述」，述，史記樂書作「術」。此皆疑衆遲樸，畢云：「言沮樸實之人。」王引之云：「『遲』字義不可通，『遲』當爲『遇』，字之誤也。遇與愚同。晏子春秋外篇『盛爲聲樂，以淫愚民』，墨子非儒篇『愚』作『遇』。莊子則陽篇『匿爲物而愚不識』，釋文：『愚，一本作遇。』韓子南面篇『愚贛窳惰之民』，宋乾道本『愚』作『遇』。秦策『今愚惑與罪人同心』，姚本『愚』作『遇』。言此有命之説，或作之，或述之，皆足以疑衆愚樸。『樸』謂質樸之人也。中篇作『教衆愚樸』，是其證。畢説非。」案：「遲」疑當爲「穉」。管子重令篇云「菽粟不足，末生不禁，民必有飢餓之色，而工以彫文刻鏤相穉也，謂之逆」，尹注云：「穉，驕也。」莊子列御寇篇云「人有見宋王者，錫車十乘，以其十乘驕穉莊子」，釋文引李頤云：「自驕而穉莊子也。」案：莊子「穉」與管子同，李説未塙。此「遲樸」似亦即驕穉願樸之意，與中篇文自不同，不必改爲「愚」也。先聖王之患之也，固在前矣。是以書之竹帛，鏤之金石，琢之盤盂，傳遺後世子孫。遺，吳鈔本作「示」。案：此文亦見兼愛下、天志中、貴義、魯問諸篇，並作「遺」，則吳本非是。曰：何書焉存？王云：「焉猶於也。」案：王說是也。此倒句，猶云存於何書。禹之總德有之，曰：蘇云：「總德，蓋逸書篇名。」「允不著，「著」疑當爲「若」。允不若，信不順也。惟天民不而葆。吳鈔本「惟」作「唯」。畢云：「而同能，葆同保。」既防凶心，天加之咎，不愼厥德，天命焉葆？」仲虺之告曰：「我聞有夏人矯天命當依上、中二篇補「布命」二字。于下，帝式是增，畢云：「當作『惡』或『憎』字。」江聲云：「式，用也。『增』讀當爲憎。說文：『憎，惡也。』或作『帝式是惡』，或作『帝伐之惡』，『伐之』字誤，當從『式是』。」孟子盡心下篇云『士憎茲多口』，趙岐注解『憎』爲增多之增，則增、憎字通。」顧云：「增即憎字。」明道本晉語『懼子之應且增也』，今本作『憎』。易林渙之蠱『獨宿增夜』，道藏本韓非子『論其所增』。」用爽厥師。」爽，上篇作「喪」。惠棟云：「周語『單襄公曰：晉侯爽二』，韋昭曰：『「爽」，當爲「喪」，字之誤也。』」彼用無爲有，故謂矯，公羊僖三十三年，何注云：「詐稱曰矯。」若有而謂有，夫豈爲矯哉。爲，吳鈔本作「謂」。昔者，桀執有命而行，湯爲仲虺之告以非之。太誓之言也，於去發孫星衍云：「或『太子發』三字之誤。」莊述祖云：「『去發』當爲『太子發』。」武王受文王之事，故自稱太子，述文王伐功，告諸侯，且言紂未可伐，爲太誓上篇。」俞云：「古人作書，或合二字爲一，如石鼓文『小魚』作『𩵖』、散氏銅盤銘『小子』作『⿱小子』是也。此文『大子』字或合書作『⿱大子』，其下闕壞，則似『厺』字，因誤爲『去』耳。詩思文篇正義引大誓曰『惟四月，太子發上祭於畢，下至於孟津之上』，又云『太子發升舟，中流白魚入於王舟，王跪取，出涘以燎之』，注曰：『得白魚之瑞，即變稱王，應天命定號也。』疑古大誓三篇，其上篇以太子發上祭於畢發端，至中、下兩篇，則作於得魚瑞之後，無不稱王矣。故學者相承稱大誓上篇爲太子發，以別於中、下兩篇，亦猶古詩以篇首字命名之例也。」案孫、莊、俞説近是。陳喬樅云「『去』字疑是『告』之譌」，非。**曰：「惡乎君子！**惡，莊校改「於」。**天有顯德，其行甚章，**莊云：「『有』當爲『右』，助也。言天之助明德，其行事甚章著。」蘇云：「書泰誓曰：『嗚呼！我西土君子，天有顯道，厥類惟彰。』」**爲鑑不遠，**鑑，吴鈔本作「監」。莊云：「『鑑』當爲『監』。」**在彼殷王。**蘇云：「『殷』宜作『夏』。泰誓曰『厥鑑惟不遠，在彼夏王』。」案：僞古文不足據，蘇説非也。詩大雅蕩云「殷鑒不遠，在夏后之世」，鄭箋云：「此言殷之明鏡不遠也。近在夏后之世，謂湯誅桀也。後武王誅紂，今之王者何以不用爲戒？」此詩與彼詩文異而意則同。**謂人有命，謂敬不可行，謂祭無益，謂暴無傷。**蘇云：「此四句今書泰誓在『厥鑑惟不遠』之上，上二句作『謂己有天命，謂敬不足行』，下同。」**上帝不常，九有以亡，**蘇云：「二語今泰誓無之。上句見尹訓，下句見咸有一德。」詒讓案：「常」當讀爲尚，尚，右也。詳非樂上篇。僞古文書咸有一德云「厥德匪常，九有以亾」，僞孔傳云「人能常其德，則安其位，九有諸侯。桀不能常其德，湯伐而兼之」，並襲此文，而失其指。**上帝不順，祝降其喪。**蘇云：「今泰誓『不〔一〕』作『弗〔二〕』，『其』作『時』。」莊云：「祝，斷也。言天將斷棄其身。」詒讓案：泰誓僞孔傳云：「祝，斷也。天惡紂逆道，斷絶其命，故下是喪亡之誅。」非樂上篇引湯官刑亦有此四語，末句作「降之百殃」。

〔一〕「不」，原誤「弗」，據書泰誓下改。
〔二〕「弗」，原誤「不」，據書泰誓下改。

**惟我有周，受之大帝。**」畢云：「文略見孔書泰誓。」蘇云：「今泰誓下句作『誕受多方』。」莊校改「帝」爲「商」，云：「言天改殷之命而周受之。」陳喬樅校同，云：「『商』字作『帝』，非是。此節皆有韻之文，作『商』則與上文葉，今訂正之。」案：莊、陳校是也。**昔紂執有命而行，**「昔」下吴鈔本有「者」字。**武王爲太誓去發以非之。**「去發」亦當爲「太子發」。陳喬樅謂當云「周公旦告發以非之」，肊説不足據。**曰：子胡不尚考之乎商周虞夏之記，從十簡之篇以尚皆無之，**蘇云：「『尚』當作『上』，古字通用也。」俞説同。詒讓案：皆無之，謂皆以命爲無也。**將何若者也？**

**是故子墨子曰：今天下之君子之爲文學、出言談也，**吴鈔本「天下」下無「之」字。**非將勤勞其惟舌，**畢云：「惟，一本作『頰』。」王云：「『惟』與『頰』形聲俱不相近，若本是『頰』字，無緣誤而爲『惟』。一本作『頰』者，後人以意改之耳。『惟舌』當爲『喉舌』，『喉』誤爲『唯』，因誤爲『惟』耳。潛夫論斷訟篇『慎己喉舌，以示下民』，今本『喉』作『唯』，其誤正與此同。凡從侯、從隹之字，隸書往往譌溷。隸書『侯』字作『矦』，『隹』字作『佳』，二形相似。海内東經『少室在雍氏南，一曰緱氏』，『緱』與『雍』形相近。晏子諫篇『昔夏之衰也，有推侈、大戲』，韓子説疑篇『推侈』作『侯侈』。淮南兵略篇『疾如鍭矢』，高注曰『鍭，金鏃翦羽之矢也』，今本『鍭』作『錐』。後漢書臧宮傳『妖巫維汜』，『維』或作『緱』。方言『雞雛，徐魯之閒謂之䨂子』，今本作『秋侯子』。皆以字形相似而誤。」**而利其脣呡也，**畢云：「呡，『脗』字省文。說文云：『吻，口邊也。』又有『脗』字，云：『或從月、從昏。』此省『日』耳。」**中實將欲其國家邑里萬民刑政者也。**此句有脱字，吴鈔本「欲」下有「爲」字。**今也王公大人之所以蚤朝晏退，**蚤，舊本作「早」，今據吳鈔本改。**聽獄治政，終朝均分而不敢怠倦者，何也？**舊本「敢」下有「息」字，即「怠」之衍文。畢云：「一本無此字，是。」今據删。**曰：彼以爲强必治，不强必亂；强必寧，不强必危，故不敢怠倦。今也卿大夫之所以竭股肱之力，殫其思慮之知，**吳鈔本作「智」。**内治官府，外斂關市、山林、澤梁之利，以實官府，而不敢怠倦者，何也？曰：彼以爲强必貴，不强必賤；强必榮，不强必辱，故不敢怠倦。今也農夫之所以蚤出暮入，强乎耕稼樹藝，多聚叔粟，**叔，舊本誤「升」，今據王校正。**而不敢怠倦者，何也？曰：彼以爲强必富，不强必貧；强必飽，不强必飢，故不敢怠倦。今也婦人之所以夙興夜寐，**畢云：「舊脱『以』字，據上文增。」案：吳鈔本不脱。**强乎紡績織紝，多治麻統葛緒，**畢校「統」作「䋞」，云：「説文云：『䋞，絲曼延也。』緒，『紵』字假音。」王云：「畢説非也。『統』當爲『絲』，非樂篇作『多治麻絲葛緒』，是其證。墨子書言『麻絲』者多矣，未有作『麻統』者。且麻絲爲古今之通稱，若統爲絲曼延，則不得與麻並舉矣。蓋俗書『䋞〔一〕』字作『綀』，與『絲』相似，故『絲』譌爲『統』，非説文之『䋞』字也。」蘇云：「『統』、『絲』蓋形近而誤，『緒』蓋與『絮』通。」案：王説是也。緒，當依畢讀作「紵」。説文系部云：「緒，絲耑也。」「紵，檾屬。細者爲絟，布白而細曰紵。」重文縒，云：「紵或從緒省。」此與説文或體聲同。蘇謂「絮通」，非是。

---

〔一〕按：依上下文意，「䋞」當作「統」。王注謂「統」字俗寫作「綀」，其形與「絲」相近，故本篇正文「麻絲」誤作「麻統」。

**捆布縿**，畢云：「說文云：『稛，絭束也。』此俗寫。」案：孟子滕文公篇云「捆屨織席」，趙注云：「捆猶叩㧻也。織屨欲使堅，故叩之也。」孫氏音義云：「案許叔重云：捆，織也。從木者，誤也。」淮南子脩務訓云「捆纂組」，高注云：「捆，叩㧻。」此文本書凡三見，辭過篇作「梱」，非樂上篇作「綑」，惟此作「捆」，與孟子、淮南書字同。然「梱」、「綑」、「捆」三字說文並無之，惟禾部有「稛」字，故畢以爲即「稛」之俗。蓋從困、從囷，聲形並相近，故展轉譌變，錯異如是，要皆「稛」之俗別矣。縿，當依王校作「繰」，詳非樂上篇。**而不敢怠倦者，何也？曰：彼以爲强必富，不强必貧；强必煖，不强必寒，故不敢怠倦。今雖毋在乎王公大人，蕢若信有命而致行之，**畢讀「蕢」字句斷，云：「此『貴』字假音。」俞云：「『蕢』字乃『藉』字之誤。藉若，猶言假如也，本書屢見。」案：俞說近是，畢讀非。**則必怠乎聽獄治政矣，卿大夫必怠乎治官府矣，農夫必怠乎耕稼樹藝矣，婦人必怠乎紡績織紝矣。王公大人怠乎聽獄治政，卿大夫怠乎治官府，則我以爲天下必亂矣。農夫怠乎耕稼樹藝，婦人怠乎紡績織**〔二〕**紝，則我以爲天下衣食之財將必不足矣。若以爲政乎天下，上以事天鬼，天鬼不使；**畢云：「當爲『便』字。」王云：「爾雅：『使，從也。』天鬼不從，猶上文言上帝不順耳。小雅雨無正篇云『不可使得罪于天子』，鄭箋訓使爲從。管子小匡篇『魯請爲關內之侯，而桓公不使』、『邢請爲關內之侯，而桓公不使』，不使謂不從也。『使』非『便』字之誤。」案：王說是也。**下以持養百姓，**持，舊本作「待」。王云：「『待』

---

〔二〕「績織」二字原誤倒，據畢沅刻本乙。

字義不可通。『待養』當爲『持養』，字之誤也。周官服不氏『以旌居乏而待獲』，注：『待當爲持。』天志篇曰『食飢息勞，持養其萬民』，荀子勸學篇曰『除其害者以持養之』，榮辱篇曰『以相羣居，以相持養』，楊倞注：『持養，保養也。』分言之，則曰持、曰養。管子明法篇曰『小臣持禄養交』，晏子春秋問篇曰『士者持禄，游者養交』是也。」案：王説是也，蘇校同，今據正。百姓不利，必離散不可得用也。是以入守則不固，出誅則不勝。故雖昔者三代暴王桀紂幽厲之所以共抎其國家，畢云：「抎，失。」王云：「『共』字義不可通，當是『失』字之誤。隸書『失』字或作『失』，與『共』相似。説文：『抎，有所失也。』尚賢篇云『失損其國家，傾覆其社稷』，抎、損古字通。天志篇云『國家滅亡，抎失社稷』，齊策云『守齊國，唯恐失抎之』，皆其證。」傾覆其社稷者，此也。

是故子墨子言曰：今天下之士君子，中實將欲求興天下之利，除天下之害，當若有命者之言，不可不强非也。舊本此十三字脱落不完，作「當若有命者言也」七字。王云：「此本作『當若有命者之言，不可不强非也』。淮南脩務篇注曰：『强，力也。』言有命之言，士君子不可不力非之也。中篇作『不可不疾非』，疾亦力也。下文曰『將不可不察而强非者此也』，是其證。今本『言』上脱『之』字，『也』上脱『不可不强非』五字，則義不可通。」案：王校是也，今據補。曰：命者，暴王所作，窮人所術，術與述通，見上。非仁者之言也。舊本「仁」作「人」，誤，今據道藏本、吴鈔本正。今之爲仁義者，將不可不察而强非者此也。

## 非儒上第三十八　闕

## 非儒下第三十九

畢云：「孔叢詰墨篇多引此詞。此述墨氏之學者設師言以折儒也。故親士諸篇無『子墨子言曰』者，翟自著也，此無『子墨子言曰』者，門人小子臆説之詞，并不敢以誣翟也，例雖同而異事。後人以此病翟，非也。」説文云：『儒，柔也，術士之稱。』案：荀子儒效篇云：「逢衣淺帶，解果其冠，略法先王而足亂世；術繆學雜，舉不知法後王而一制度，不知隆禮義而殺詩書；其衣冠行僞已同於世俗矣，然而不知惡者；其言議談説已無以異於墨子矣，然而明不能分別；呼先王以欺愚者而求衣食焉，得委積足以揜其口，則揚揚如也；隨其長子，事其便辟，舉其上客，億然若終身之虜而不敢有他志，是俗儒者也。」是周季俗儒信有如此所非者，但并以此非孔子，則大氐誣詆增加之辭。儒墨不同術，亦不足異也。畢氏强爲之辯，理不可通。

**儒者曰：「親親有術，尊賢有等。」**王引之云：「此即中庸所謂『親親之殺，尊賢之等』。今云『親親有術』者，殺與術聲近而字通也。説文『殺』字從殳，杀聲，而無杀字。五經文字曰：『杀，古殺字。』今案杀字蓋從乂，朮聲。説文：『乂，芟艸也。從丿乀相交。』或從刀作『刈』。廣雅：『刈，殺也。』哀元年左傳『艾殺其民』，艾與乂、刈同，是乂即殺也。故杀字從乂，而以朮爲聲。『乂』字篆文作『乂』，今在朮字之上，故變曲爲直而作『乂』，其實一字也。說文無乂部，故杀字無所附而不收。『杀』與『術』並從朮聲，故聲相近。轉去聲，則『殺』音色介反，『術』音遂，聲亦相近。故墨子書以『術』爲『殺』。」**言親疏尊卑之異也。**孔穎達禮記正義云：「五服之節，降殺不同，是親親之衰殺。公卿大夫其爵各異，是尊賢之等。」案：墨子下文亦專舉喪服言，蓋欲破親親有殺，以佐其兼愛、節葬之說也。**其禮曰：「喪父母三年，**舊本下有「其」字，畢云：「其與期同，言父在爲母期也。」王云：「『其』字涉下文『伯父叔父弟兄庶子其』而衍。節葬篇『父母死喪之三年』下無『其』字，是其證。畢讀其爲朞，而以『喪父母三年其』爲句，大誤。」案：王說是也，今據刪。禮，蓋即指喪服經。**妻、**畢云：「舊脫此字，據下文增。」**後子三年，**後子，詳節葬篇。**伯父叔父弟兄庶子其，**畢云：「與『期』同。」詒讓案：公孟篇正作「期」。**戚族人五月。」**以上述喪服，並詳節葬篇。**若以親疏爲歲月之數，則親者多而疏者少矣，是妻、後子與父同也。若以尊卑爲歲月數，則是尊其妻子與父母同，而親伯父宗兄而卑子也。**「宗兄」，見曾子問，言適長爲宗子者，故下文云「其宗兄守其先宗廟數十年」。盧云：「似當云『而卑與子同也』。」王引之云：「『而卑子也』當作『卑而庶子也』，而讀爲如，言卑其伯父宗兄如庶子也。上文云『伯父叔父弟兄庶子其』。今本『卑而』二字倒轉，又脫『庶』字。」王念孫云：「『親伯父宗兄』，『親』當爲『視』，言視伯父宗兄如庶子之卑也。『視』、『親』字相似，又涉上下文『親』字而誤。淮南兵略篇『上視下如弟』，今本『視』譌作『親』。」俞云：「王氏引之謂『而讀爲如』，當從之。惟謂當作『卑如庶子』，則以意增益，未爲可據。今按『視伯父宗兄如卑子』者，『卑子』即庶子，乃取卑小之義。僖二十二年左傳『公卑邾』，杜注曰：『卑，小也。』故凡從卑得聲者，並有小義。漢書衛青傳『得右賢裨王十餘人』，師古曰：『裨王，小王也，若言裨將也。』然則『卑子』之稱，正與『裨王』、『裨將』一律矣。」案：俞説近是。「卑子」疑當爲「婢子」，見左文元年傳。「卑」即「婢」之省。**逆孰大焉？**吴鈔本「逆孰」到。**其親死，列尸弗斂，**小爾雅廣言云：「列，陳也。」舊本脱「斂」字。畢云：「弗與袚同。」王云：「喪禮無袚尸之事，畢説非也。此本作『列尸弗斂』，今本脱『斂』字耳。死三日而後斂，則前二日猶未斂也，故曰『列尸弗斂』。列者，陳也。鈔本北堂書鈔地部二引此正作『列尸弗斂』。」案：王校是也，今據補。**登屋窺井，挑鼠穴，探滌器，而求其人焉**〔一〕。此非喪禮之復也。士喪經云「復者，升自前東榮中屋，北面招以衣，曰：皋某復」，是登屋也。説文水部云：「滌，灑也。」滌器，灑濯之器，若槃匜之屬。「窺井」以下，並喪禮所無，蓋謾語也。**以爲實在，則贛愚甚矣；**書鈔地部引「實」作「誠」。畢云：「説文云『贛，愚也』，『愚，贛也』，玉篇『贛，陟絳切』，顔師古注漢書『古音下紺反，今則竹巷反』。」**如其亡也，必求焉，僞亦大矣。**王引之云：「『如其亡也』二句，與『僞』字義不相屬。『如』當爲『知』，言既知其亡，而必求之，則僞而已矣。」蘇説同。**取妻，身迎，祇褍爲僕，**畢云：「説文云：『祇，敬也。』『褍，衣正幅。』則『褍』亦正意，與端同。」王校作「衹〔二〕」，云：「畢説非也。『衹』當爲『袨』，隸書『衹』字作『袛』，與『袨』相似，故『袨』誤爲『衹』。袨褍即玄端也。周官司服『其齊服有玄端素端』，鄭注曰：『端者，取其正也。』服虔注昭

〔一〕「焉」，原作「矣」，據畢沅刻本改。按墨子各本均作「焉」，本書作「矣」係誤字。

〔二〕按：正文作「祇」，從示。王念孫讀書雜志意改「祇」爲「衹」，而校「衹」爲「袨」之誤。孫云「王校作『衹』」，未確。

元年左傳曰：『禮，衣端正無殺，故曰端。』端與褍同，故說文以『褍』爲『衣正幅』也。玉篇：『袨，黑衣也。』淮南齊俗篇『尸祝袀袨，大夫端冕』，高注曰：『袀，純服。袨，黑齋衣也。』即周官所云『齊服玄端』也。莊子達生篇『祝宗人玄端』，即淮南所云『尸祝袀袨』也。」詒讓案：士昏禮「親迎，主人爵弁纁裳緇袘」，郊特牲說諸侯則玄冕，此云玄端者，蓋據庶人攝盛之服言之。**秉轡授綏，**士昏禮云「壻御婦車，授綏」，鄭注云：「壻御者，親而下之。綏，所以引升車者。僕人必授人綏。」此上云「爲僕」，即指親御之事。**如仰嚴親，**俞云：「『仰』當作『御』，字之誤也。天志下篇『以御其溝池』，王氏引之謂『御』當爲『抑』。隸書『抑』、『御』兩形相似而誤，正可與此互證。」詒讓案：此非昏禮之親迎也，若然，墨氏之昏禮無親迎。**昏禮威儀，如承祭祀。顛覆上下，悖逆父母，下則妻子，**畢云：「言爲妻子法則。」案：此疑當重「父母」二字。「父母下則妻子」，言喪父母下同妻子也。今本涉上文脫「父母」二字，遂與下句文例不合，畢說失之。**妻子上侵。事親若此，可謂孝乎？儒者：**畢云：「儒，舊作『傳』，據下文改。當云『儒者曰』。」王云：「晏子春秋外篇『行之難者在內，而儒者無其外』，『儒』亦誤作『傳』。」**迎妻，妻之奉祭祀，**吳鈔本「妻」不重，疑當作「迎妻與之奉祭祀」。說文舁部「與，古文作『𠔁』」，與「妻」篆文形近，又涉上而誤。禮記哀公問：「公曰：冕而親迎，不已重乎？孔子對曰：合二姓之好，以繼先聖之後，以爲天地宗廟社稷之主，君何謂已重乎？」墨子所非，與哀公言相類。**子將守宗廟，故重之。**哀公問：「孔子曰：妻也者，親之主也，敢不敬與？子也者，親之後也，敢不敬與？」**應之曰：此誣言也。其宗兄守其先宗廟數十年，死，喪之其；**畢云：「同『期』。」**兄弟之妻奉其先之祭祀，弗散。**盧云：「當爲『服』。」**則喪妻、子三年，必非以守奉祭祀也。**「守」下據上文當有「宗廟」二字。**夫憂妻、子以大負絫，**「憂妻子」謂憂厚於妻子，猶下文云「厚所至私」也。國策趙策云「夫人優愛孺子」。說文夊部云：「憂，和之行也」引詩曰「布政憂憂」，今詩商頌長發作「優」。案：古無「優」字，優厚字止作「憂」，今別作「優」，而以「憂」爲「𢝊愁」字。墨子書多古字，此亦其一也。以與已同，言偏厚妻子已爲大負愆絫，乃又飾辭文過，託之奉祭祀、守宗廟，故下云「又曰所以重親也」。**有曰**有當讀爲又。**「所以重親也」。爲欲厚所至私，**畢云：「舊作『和』，以意改。」**輕所至重，豈非大姦也哉！**

**有强執有命以說議曰：**上有字亦讀爲又。**「壽夭貧富，安危治亂，固有天命，不可損益。**莊子至樂篇：「孔子曰：命有所成而形有所適也，夫不可損益。」**窮達賞罰，幸否**畢云：「說文云：『幸，吉而免凶也。从屰，从夭。夭死之事，故死謂之不幸。』」**有極，**廣雅釋詁云：「極，中也。」逸周書命訓篇云：「天生民而成大命，命司德正之以〔一〕禍福，立明王以順之。曰：大命有常，小命日成，成則敬，有常則廣，廣以敬命，則度至于極。」此古說有命之遺言也。**人之知力，**吴鈔本「知」作「智」。**不能爲焉。」羣吏信之，則怠於分職；庶人信之，則怠於從事。吏不治則亂，**舊本脱「吏」字，王據上文補。**農事緩則貧，貧且亂政之本，**王云：「此句有脱文。」詒讓案：疑當作「倍政之本」，下文云「倍本棄事而安怠傲」。**而儒者以爲道教，是賊天下之人者也。**賊，舊本譌作「賤」，今依王、蘇校正，詳尚賢中篇。

〔一〕「以」字原脱，據逸周書命訓篇補。

且夫繁飾禮樂以淫人，舊本無「樂」字，吴鈔本有，以下句文例校之，有者是也。下文「晏子曰：好樂而淫人」，可證，今據補。久喪僞哀以謾親，畢云：「説文云：『謾，欺也。』玉篇云『莫般、馬諫二反』，陸德明周禮音義云『徐望仙反』。」立命緩貧而高浩居，畢云：「同『傲倨』，説文云：『居，蹲也。』」案：畢據史記孔子世家，義亦見後。倍本棄事而安怠傲。畢云：「舊作『徹』，以意改。」貪於飲食，舊本作「酒」，今據吴鈔本校改，下亦云「得饜飲食」。惰於作務，荀子非十二子篇云：「偷儒憚事，無廉恥而耆飲食，必曰君子固不用力，是子游氏之賤儒也。」此所非與彼相類。陷於飢寒，危於凍餒，無以違之。禮記緇衣鄭注云：「違猶辟也。」是若人氣，若，道藏本作「苦」，吴鈔本同。案：「人氣」疑當作「乞人」，此冡上飢寒凍餒而言。氣與乞通，古「乞」作「气」，即雲气字。下文云「夏乞麥禾」，是其證。鼸鼠藏，畢云：「爾雅有鼸鼠，陸德明音義云：『孫炎云：鼸者，頰裏也。』郭云：以頰内藏食也。字林云：即鼢鼠也。』説文云：『鼸，鼢也。』玉篇云：『鼸，胡簟切，田鼠也。』『鼸』舊作『⿰兼兒』，誤。」詒讓案：夏小正云：「正月，田鼠出。田鼠者，嗛鼠也。」嗛、鼸字通。謂儒者得食則藏之，若鼸鼠裹藏食物矣。而羝羊視，畢云：「爾雅云：『羊：牡，羒。』注：『羝。』廣雅云：『三歲〔一〕曰羝。』説文云：『羝，牡羊也。』陸德明音義云：『字林云：牂羊也。』然則羝、羒、牂皆牡羊。」賁彘起。畢云：「易大畜云『豶豕之牙』，崔憬曰：『説文：豶，劇豕。今俗猶呼劇豬是也。』案：説文作『羠豕』，崔以意改之。羠與犗義同。劇者，犗假音。玉篇云：『豶，扶云切，犗也。』」君子笑之，怒曰：

〔一〕「三歲」，原誤「二歲」，據廣雅釋嘼改。

「散人，焉知良儒！」畢云：「漢書云『宂食』，注曰：『文穎曰：宂，散也。』說文云：『宂，㪚也。從宀〔二〕，儿在屋下，無田事。』玉篇云：『如勇切。』則此云『散人』，猶宂人。」案：莊子人閒世篇「匠石夢櫟社，曰：而幾死之散人」。此述儒者詬君子之語，畢氏讀「散人」句斷，誤。夫夏乞麥禾，疑脱「春乞」云云。「夫」似即「春」字上半缺剥僅存者。五穀既收，大喪是隨，言秋冬無可乞，則爲人治喪以得食也。子姓皆從，特牲饋食禮云「子姓兄弟，如主人之服」，鄭注云：「所祭者之子孫，言『子姓』者，子之所生。」喪大記云「卿大夫父兄子姓立于東方」，注云：「子姓，謂衆子孫也。『姓』之言生也。」國語楚語「帥其子姓」，韋注云：「衆子姓，同姓也。」列子説符篇張注云：「種姓也。」得厭飲食，畢治數喪，足以至矣。「至」下疑有脱文。因人之家翠，畢云：「廣雅：『臎，肥也。』此古字。」王引之云：「『因人之家肥』，文不成義。『翠』當讀爲『賥』，玉篇『賥，思醉切』，廣韻云：『貨也。』謂因人之家財也。韓子説疑篇『破家殘賥』是也。古無『賥』字，故借『翠』爲之。」以爲，畢云：「疑有脱字。」案：以文例校之，「因人之家」與下「恃人之野」文正相對，疑當作「因人之家以爲翠」。「翠」當依畢訓爲「肥」。此特文誤倒耳，無脱字也。恃人之野以爲尊，畢云：「言禾麥在野。」富人有喪，乃大説喜，曰：「此衣食之端也。」此與荀子所謂「得委積足以揜其口，則揚揚如也」者相類。

儒者曰：君子必服古言然後仁。王云：「『服古言』三字文義不順，當依公孟篇作『必古言服然後仁』。」俞云：「此本作『君子必古服古言然後仁』，脱上『古』字。公孟篇作『必古言服然後仁』，亦當作『必古言古服』，脱

〔二〕「宀」，原誤「冖」，據畢沅刻本改。

下『古』字。」案：王説是也。**應之曰：所謂古之言服者，皆嘗新矣，**舊本脱「言服」二字，今依王引之校增。謂古言服其始制之時，皆爲新，積久乃成古也。**而古人言之、服之，則非君子也。然則必服非君子之服，言非君子之言，而後仁乎？**舊本「古人言之服之」，脱「言之」二字；「則非君子也」，脱「非」字；「服非君子之服」，上「服」字譌作「法」，並依王引之校增。

**又曰：君子循而不作。**顧云：「廣雅釋言：『循，述也。』論語曰：『君子述而不作。』」**應之曰：古者羿作弓，**吕氏春秋勿躬篇云「夷羿作弓」。畢云：「羿，羿省文。説文云：『羿，古諸侯也，一曰射師。』」詒讓案：説文弓部云：「𢎘，帝嚳射官，夏少康滅之。」羿、𢎘音義同。作弓者自是古射官，非夏少康所滅者。**仔作甲，**史記夏本紀「帝少康崩，子帝予立」，索隱云：「予，音寧。系本云『季杼作甲』者也。」國語魯語云「杼能帥禹者也，夏后氏報焉」，韋注云：「杼，禹後七世少康之子季杼也。」畢云：「仔即杼，少康子。」盧云：「世本作『輿』。」詒讓案：史記索隱及費誓正義引世本並作「杼」，盧據玉海所引，未塙。**奚仲作車，**吕氏春秋君守篇同，高注云：「奚仲，黄帝之後，任姓也。傳曰：爲夏車正，封于薛。」説文車部云：「車，夏后時奚仲所造。」山海經海内經云「奚仲生吉光，吉光是始以木爲車」，郭注云：「世本云奚仲作車。此言吉光，明其父子共創作意，是以〔二〕互稱之。」續漢書輿服志劉注引古史考云：「黄帝作車，引重致遠，其後少昊時駕牛，禹時奚仲駕馬。」依譙周説，奚仲駕馬，車非其所作，司馬彪、劉昭並從之，於義爲長。**巧垂作舟。**畢云：「北堂書

〔二〕「是以」二字原誤倒，據山海經海内經郭璞注乙正。

鈔引作『錘』，太平御覽作『鍾』，事類賦引作『工錘』。太平御覽引有云『禹造粉』，疑在此。」俞云：「『巧垂』當作『功垂』，字之誤也。周官肆師職注曰：『古者工與功同字。』然則『功垂』即『工垂』也。莊子胠篋篇『攦工錘之指』，釋文曰：『錘音垂，堯時巧者也。』堯典『咨！垂，女共工』，是稱工垂者，工其官，垂其名。」案：山海經海内經云「義均是始爲巧倕，是始作下民百巧」，楚辭九章亦云「巧倕」，又見七諫。俞説未塙。**然則今之鮑、函、車、匠**畢云：「考工記有『函、鮑』，鄭君注云：『鮑讀爲鮑魚之鮑，書或爲鞄。蒼頡篇有鞄甍。』陸德明音義云：『劉音僕。』説文云：『鞄，柔革工也。從革，包聲，讀若朴。周禮曰：柔皮之工鮑氏。鞄即鮑也。』」**皆君子也，而羿、伃、奚仲、巧垂皆小人邪？且其所循，人必或作之，**言所述之事，其始必有作之之人也。**然則其所循皆小人道也？**也、邪古通，吴鈔本作「耶」。

**又曰：**畢云：「『又』舊作『人』，以意改。」**君子勝不逐奔，**穀梁隱五年傳云「伐不踰時，戰不逐奔」，司馬法仁本篇云「古者逐奔不過百步〔二〕」，又天子之義篇云「古者逐奔不遠」，墨子所述儒者之言與穀梁同。荀子議兵篇亦云「服者不禽，犇命者不獲」。**揜函弗射，**揜，吴鈔本作「掩」。禮記表記鄭注云：「揜，猶困迫也。」案：「函」疑「亟」之形誤，下同，詳魯問篇。儀禮聘禮鄭注云「賓之意不欲奄卒主人也」，此「揜亟」亦「奄卒」之意，謂敵困急則不忍射之也。韓非子外儲説左上云「宋襄公曰：寡人聞君子曰：不推人於險，不迫人於阨」，即此義。又疑「函」當爲「臽」之誤，説文臼部云：「臽，小阱也。」今經典通作「陷」，漢書司馬遷傳「函糞土之中而不辭」，漢紀「函」作「陷」。於義亦通。**施則助之胥車。**畢云：「『施』舊作『强』，據下文改。」案：畢因下文「施」字兩見，故據改，然「施」、「强」義並未詳。似言

---

〔二〕「步」，原誤「里」，據活字本改，與司馬法仁本合。

軍敗而走，則助之挽重車，而文有脫誤。**應之曰：若皆仁人也，則無説而相與。**句。**仁人以其取舍是非之理相告，無故從有故也，弗知從有知也，無辭必服，見善必遷，何故相？**王云：「『何故相』下當有『與』字，而今本脫之，則義不可通。相與謂相敵也，古謂相敵爲相與。襄二十五年左傳『一與一，誰能懼我』，哀九年傳『宋方吉，不可與也』，越語『彼來從我，固守勿與』，與字並與敵同義。言既爲仁人，則無辭必服，見善必遷，何故兩相敵也。上文曰『若皆仁人也，則無説而相與』，是其明證矣。」**若兩暴交爭，其勝者欲不逐奔，掩函弗射，施則助之胥車，雖盡能猶且不得爲君子也。意暴殘之國也，聖將爲世除害，**「聖」下疑脫「人」字。**興師誅罰，勝將因用儒術令士卒曰：**舊本「儒」作「傳」，王云：「『傳術』二字義不可通，『傳術』當爲『儒術』。『毋逐奔』云云，皆儒者之言也，故曰『用儒術令士卒』。隸書『儒』或作『偄』，『傳』或作『傅』，二形相似而誤。上文『儒者迎妻』，『儒』誤作『傳』。」案：王説是也，今據正。**「毋逐奔，揜函勿射，施則助之胥車。」暴亂之人也得活，天下害不除，**王云：「『也』字涉上下文而衍。此言暴亂之人爲天下害，聖人興師誅罰，將以除害也。若用儒術令士卒曰『毋逐奔』云云，則暴亂之人得活，而天下之害不除矣。是『暴亂之人』下本無『也』字。」**是爲羣殘父母而深賤世也，**戴云：「『賤』乃『賊』字之誤。」**不義莫大焉！**

**又曰：君子若鍾，**畢云：「『君』舊作『吾』，據上文改。」**擊之則鳴，弗擊不鳴。**此亦見公孟篇公孟子告墨子語。學記云：「善待問者如撞鍾，叩之以小者則小鳴，叩之以大者則大鳴。」畢云：「此出説苑，云『趙襄子謂子路曰：吾嘗問孔子曰先生事七十君，無明君乎？孔子不對，何謂賢邪？子路曰：建天下之鳴鍾，撞之以筳，豈能發其音聲哉』。」案：説苑所云與此文義絶不相應，畢援證未當。**應之曰：夫仁人事上竭忠，事親得孝，務善則美，**

**有過則諫，**俞云：「『得』字、『務』字傳寫互易。『事親務孝』，言事親者務爲孝也，與『事上竭忠』相對。得善則美，言有善則美之也，與有過則諫相對。」**此爲人臣之道也。今擊之則鳴，弗擊不鳴，隱知豫力，**畢云：「言隱其先知豫事之識。」俞云：「豫猶儲也。荀子儒效篇『仲尼將爲司寇，魯之鬻牛馬者不豫賈』，家語相魯篇『孔子爲政三月，則鬻牛馬者不儲賈』，是豫與儲義通。『隱知』、『豫力』，兩文相對，言隱藏其知，儲蓄其力也。」畢失其義，并失其讀。案：畢讀固誤，俞釋豫爲儲亦非。「豫」當爲「舍」之叚字，豫從予聲，古音與「舍」同部。節葬下篇云「無敢舍餘力，隱謀遺利，而不爲親爲之者矣」，「隱知」猶彼云「隱謀」，「豫力」即彼云「舍餘力」也。號令篇云「舍事後就」，亦與此義同。豫古無儲訓，荀子「不豫賈」，「豫」當如周禮司市注「誑豫」之義。家語改「豫」作「儲」，乃王肅私定，非古訓也。**恬漠待問而後對，**爾雅釋言云：「漠，清也。」漢書賈誼傳顔注云：「漠，靜也。」淮南子詮言訓云「故中心常恬慔」，泰族訓云「靜莫恬淡」，宋本「莫」作「漠」。「漠」、「慔」、「莫」並通。**雖有君親之大利，弗問不言。若將有大寇亂，盜賊將作，若機辟將發也，**畢云：「辟同闢。」案：畢說非也，莊子逍遥遊篇云「中於機辟，死於罔罟」，釋文引司馬彪云：「辟，罔也。」又山木篇云「然且不免於罔羅機辟之患」，鹽鐵論刑德篇云「罻羅張而縣其谷，辟陷設而當其蹊」，則「機辟」蓋掩取鳥獸之物。「辟」字又作「臂」，楚辭哀時命云「外迫脅於機臂兮，上牽聯於矰隿」，王注云：「機臂，弩身也。」案爾雅釋器云：「繴謂之罿。」司馬彪釋「辟」爲「罔」，蓋即以爲「繴」之借字。王説與司馬義異，未知孰是。**他人不知，己獨知之，雖其君親皆在，不問不言，是夫大亂之賊也！以是爲人臣不忠，爲子不孝，事兄不弟交，**疑「友」之誤。**遇人不貞良。夫執後不言之朝物，**執後不言，謂拘執居後，不肯先言之。朝物，疑有脱誤。**見利使己，雖恐後言，**蘇云：「『使』當作『便』，『雖』當作『唯』。」俞云：「『雖』當作『唯』，古字通也。蓋言利之所在，唯恐後言也。下文云『君若言而未有利焉，則高拱下視，會噎爲深，曰：惟其未之學也』，正與此文反復相明。言苟無利，則君雖言之，而己亦以未學謝也，正所以破儒者『擊之則鳴，弗擊不鳴』之説。」君若言而未有利焉，則高拱下視，説文手部云：「拱，斂手也。」會噎爲深，畢云：「説文云：『噲，咽也，讀若快。』『噎，飯窒也。』會與噲同，不言之意。」曰：「唯其未之學也。」唯，舊本作「惟」，據吳鈔本改。「其」當爲「某」。用誰急，句。遺行遠矣。「誰」當作「雖」。蓋言事急則退避而遠行。荀子非十二子篇云「正其衣冠，齊其顔色，嗛然而終日不言，是子夏氏之賤儒也」，此所非與彼相類。

夫一道術學業，仁義也〔一〕。皆大以治人，小以任官，遠施周偏，舊本「皆」譌「昔」，「周」譌「用」，並從王校正。偏，吳鈔本作「徧」，畢本同。王云：「與『偏』同，畢本改爲『徧』，非。詳非攻下篇。」近以脩身，舊本「脩」作「循」，王云：「此文本作『皆大以治人，小以任官，遠施周偏，近以脩身』，言君子之行仁義，皆大以治人，小以任官，遠則所施周偏，近則以脩其身也。今本『皆』作『昔』，『周』作『用』，『脩』作『循』，則義不可通。隸書『脩』、『循』相亂。」案：王説是也，今並據正。不義不處，非理不行，務興天下之利，曲直周旋，利則止，俞云：「『利則止』當作『不利則止』，傳寫脱『不』字也。非樂上篇曰『必務求興天下之利，除天下之害，將以爲法乎天下，利人乎即爲，不利人乎即止』，與此文有詳略，而義正同。」此君子之道也。以所聞孔某之行，畢云：「『某』字舊作孔子諱，今改，下放此。」則本與此相反謬也。謬，吳鈔本作「繆」。齊景公問晏子曰：「孔子爲人何如？」晏子不對，公又復問，不對。吳鈔本無「復」字。景公曰：「以孔某語寡人者衆矣，俱以賢人也。

〔一〕「也」，原誤「者」，據畢沅刻本改。按各本均作「也」，無作「者」者，此孫本梓誤。

「以」下當據孔叢子詰墨篇增「爲」字。今寡人問之，而子不對，何也？」晏子對曰：「嬰不肖，不足以知賢人。雖然，嬰聞所謂賢人者，入人之國，必務合其君臣之親，而弭其上下之怨。孔某之荆，史記孔子世家楚昭王迎孔子至楚，事在哀公六年。知白公之謀，而奉之以石乞，白公，楚平王孫，名勝。其與石乞作亂事，見哀十六年左傳。此事不可信。列子説符篇、吕氏春秋精通篇、淮南子道應訓並載白公與孔子問答，或因彼而誤傳與？君身幾滅，而白公僇。畢云：「孔叢詰墨云：『白公亂在哀公十六年秋也，孔子已卒十旬。』」蘇云：「此誣罔之辭，殊不足辨。唯據白公之亂在景公卒後十二年，而晏子之卒更在景公之先，又安能預知後事，而先與景公言之？」嬰聞賢人得上不虚，得下不危，言聽於君必利人，教行下必於上，俞云：「此本作『教行於下必利上』，與上句『言聽於君必利人』相對爲文。『教行』下脱『於』字，而『利』字又誤作『於』，義不可通矣。」是以言明而易知也，行明而易從也，舊本作「行易而從也」，王云：「『行易而從』文不成義，當作『行明而易從』，與上句文同一例。下文曰『行義可明乎民』，又曰『行義不可明於民』，皆其證。」案：王説是也，今據正。行義可明乎民，謀慮可通乎君臣。今孔某深慮同謀以奉賊，俞云：「『同』乃『周』字之誤。『深慮』、『周謀』相對爲文，言其慮深沈，其謀周密也。」勞思盡知以行邪，勸下亂上，教臣殺君，畢云：「『孔叢引『殺』作『弑』。」非賢人之行也；入人之國而與人之賊，非義之類也；知人不忠，趣之爲亂，畢云：「趣讀促。」非仁義之也。畢云：「脱字。」逃人而後謀，避人而後言，「言」上「後」字舊本作「后」，今據吴鈔本改。行義不可明於民，明，吴鈔本作「謀」，誤。謀慮不可通於君臣，嬰不知孔某之有異於白公也，是以不對。」景公

**曰：「嗚乎！**道藏本、吴鈔本作「呼」。**貺寡人者衆矣，**儀禮士昏禮記云「吾子有貺命」，鄭注云：「貺，賜也。」此「貺」與「貺命」義同。畢云：「『貺』當爲『況』，此俗寫。」**非夫子，則吾終身不知孔某之與白公同也。」**

**孔某之齊，見景公。**史記孔子世家以此爲昭公二十五年魯亂，孔子適齊以後事。**景公説，欲封之以尼谿，**史記孔子世家同，晏子春秋外篇作「爾稽」。孫星衍云：「『尼』、『爾』，『稽』、『谿』，聲皆相近。」詒讓案：尼谿地無攷，吕氏春秋高義篇又作「景公致廩丘以爲養」。**以告晏子。晏子曰：「不可。夫儒，浩居而自順者也，**盧云：「晏子外篇與此多同，『浩居』作『浩裾』。」畢云：「案史記作『倨傲自順』。」顧云：「漢書酷吏郅都傳『丞相條侯至貴居也』，讀作『倨』。」詒讓案：王制云「喪祭，用不足曰暴，有餘曰浩」，鄭注云：「浩猶饒也。」「居」、「裾」並「倨」之叚字。家語三恕篇云「浩裾者則不親」，王肅注云：「浩裾，簡略不恭之貌。」大戴禮記文王官人篇云「自順而不讓」，又云「有道而自順」，孔廣森云：「自順，謂順非也。」**不可以教下；好樂而淫人，**晏子作「好樂緩於民」。**不可使親治；立命而怠事，不可使守職；宗喪循哀，**畢云：「孔叢、史記『宗』作『崇』。」詒讓案：宗、崇字通。詩周頌烈文鄭箋云：「崇，厚也。」書盤庚僞孔傳云：「崇，重也。」循，史記、孔叢作「遂」。晏子作「久喪道哀」。王云：「『循』、『遂』一聲之轉。遂哀，謂哀而不止也。三年問曰：『三年之喪，二十五月而畢，若駟之過隙。然而遂之，則是無窮也。』」**不可使慈民；**晏子作「子民」，慈、子字通。禮記緇衣云「故君民者子以愛之，則民親之」，又云「故長民者章志貞教，尊仁以子愛百姓」。國語周語云「慈保庶民，親也」。**機服勉容，**盧云：「晏子作『異于服，勉于容』。」詒讓案：大戴禮記本命篇盧注云：「機，危也。」危服，蓋猶言危冠。勉，「俛」之借字。考工記矢人「前弱則俛」，唐石經「俛」作「勉」，是其證也。機服勉容，言其冠高而容俛也。**不可使導衆。孔某盛容脩飾以蠱世，**吴鈔本「脩」作

「修」，晏子作「盛聲樂以侈世」。文選西京賦薛綜注云：「蠱，惑也。」**弦歌鼓舞以聚徒，繁登降之禮以示儀，務趨翔之節以觀衆，**趨，吴鈔本作「趍」。觀，舊本作「勸」，吴鈔本作「觀」，與晏子外篇合，今據正。**博學不可使議世，**博，舊本作「儒」。畢云：「晏子『儒』作『博』，『議』作『儀』。」王云：「作『博』者是，此言孔子博學而不可以爲法於世，非議其儒學也。今本作『儒學』者，『博』誤爲『傳』，又誤爲『儒』耳。隸書傳、儒相似，説見上文。儀、議古字通。」案：王説是也，今據正。**勞思不可以補民，**畢云：「三字舊脱，盧據晏子增。」**絫壽不能盡其學，當年不能行其禮，**當年，壯年也，詳非樂上篇。抱朴子外篇省煩引墨子作「累世不能究其學，當年不能究其事」，與史記略同。**積財不能贍其樂，繁飾邪術以營世君，**畢云：「説文云：『營，惑也。』家語云『營惑諸侯』，高誘注淮南子曰：『營，惑也。』營同營，營與眴音相近。」**盛爲聲樂以淫遇民，**晏子作「以淫愚其民」。案：遇與愚通，詳非命下篇。畢云：「當爲『愚民』。」**其道不可以期世，**俞云：「晏子春秋雜篇作『其道也不可以示世』，此文『期』字亦『示』字之誤。古文『其』字作『亓』，見集韻，『示』誤爲『亓』，因誤爲『期』矣。」**其學不可以導衆。**畢云：「孔叢作『家』，非。」**今君封之，以利齊俗，**晏子作「今欲封之，以移齊國之俗」。畢云：「史記云『君欲用之，以移齊俗』，作『移』是。」**非所以導國先衆。」公曰：**畢云：「二字舊脱，據孔叢增。」**「善！」**吴鈔本又無此字。**於是厚其禮，**畢云：「『厚其』二字舊脱，盧據晏子增。」**留其封，敬見而不問其道。**問，吴鈔本作「利」，誤。**孔某乃恚，**舊本作「孔乃志」。道藏本「孔」下又空一字，季本、吴鈔本並作孔子諱，今據增「某」字。晏子作「仲尼迺行」。畢本「志」改「恚」，云：「『恚』舊作『志』，盧改。」**怒於景公與晏子，乃樹鴟夷子皮**畢云：「即范蠡也。韓非子云：

『鴟夷子皮事田成子，成子去齊，走而之燕，鴟夷子皮負傳而從。』按史記貨殖傳云：『范蠡變名易姓，適齊，爲鴟夷子皮。』」蘇云：「據史記，范蠡亡吴後，乃變易姓名適齊，爲鴟夷子皮。然亡吴之歲乃孔子卒後六年，景公卒後十七年，又安知蠡之適齊而樹之田氏之門乎？此與莊周所言孔子見盜跖無異，真齊東野人之語也。」詒讓案：淮南子氾論訓云：「昔者齊簡公釋其國家之柄，而專任大臣，故使陳成田常、鴟夷子皮得成其難。」説苑指武篇又云：「田成子常與宰我爭，宰我夜伏卒，將以攻田成子。鴟夷子皮聞之，告田成子。」即此。**於田常之門，**田常即陳恆，見春秋哀十四年經。公羊「恆」作「常」。莊子盜跖篇云「田成子常殺君竊國，而孔子受幣」，蓋戰國時有此誣妄之語。錢大昕云：「田常弒君之年，越未滅吴，范蠡何由入齊？此淮南之誤也。」**告南郭惠子以所欲爲，**荀子法行篇有南郭惠子問於子貢，楊注云：「未詳其姓名。蓋居南郭，因以爲號。莊子有南郭子綦。」案：見齊物論篇。南郭惠子，尚書大傳略説作「東郭子思」，説苑襍言篇作「東郭子惠」。史記索隱引世本陳成子弟有惠子得，或即此人。朱彝尊孔子弟子攷謂即衛惠叔蘭，謬。**歸於魯。有頃，閒齊將伐魯，**畢云：「言伺其閒。」蘇云：「『閒』當作『聞』。」案：蘇校亦通。**告子貢曰：「賜乎！舉大事於今之時矣！」乃遣子貢之齊，因南郭惠子以見田常，勸之伐吴，以教高、國、鮑、晏，使毋得害田常之亂，勸越伐吴。三年之内，齊吴破國之難，**史記孔子弟子列傳載田常欲作亂於齊，憚高、國、鮑、晏，故移其兵欲以伐魯。孔子聞之，使子貢至齊，説田常伐吴，又説吴救魯伐齊，與齊人戰於艾陵，大破齊師。越王聞之，襲破吴。越絶書陳成恆内傳所載尤詳，云「子貢一出，存魯、亂齊、破吴、彊晉、霸越」，即其事。**伏尸以言術數，**吴鈔本無「言」字。蘇云：「當云『不可以言計數』也，『尸』下脱『不可』二字。」案：蘇校未塙，依吴本則「術」當讀爲遂，月令「審端徑術」，鄭注云：「術，周禮作『遂』。」此當爲「隧」之叚字，謂伏尸之多，以隧數計，猶言以澤量也。或云當作「以意術數」，意、言篆文相近，即「億」之省。術、率通，詳明鬼下篇。廣雅釋言云：「率，計，校也。」猶言以十萬計，亦通。**孔某之誅也。**畢云：「言孔子之責也。」蘇云：「『誅』當作〔二〕『謀』。」

**孔某爲魯司寇，**史記孔子世家云：「定公九年由司空爲大司寇。」**舍公家而奉季孫。**畢云：「『奉』舊作『於』，據孔叢改。」**季孫相魯君而走，**經傳無此事，亦謾語也。**季孫與邑人爭門關，**說文門部云：「關，以木横持門户也。」**決植。**「決植」上疑有脱文。爾雅釋宫云「植謂之傳」，郭注云：「户持鎖植也。」一切經音義引三蒼云：「户旁柱曰植。」畢云：「列子云『孔子勁能招國門之關，而不肎以力聞』，吕氏春秋慎大云『孔子之勁，舉國門之關，而不肎以力聞』，云『決植』，即其事也。說文云：『植，户植也。』似言季氏爭關而出，孔子決門植以縱之。」詒讓案：左傳襄十年「偪陽人啟門，諸侯之士門焉。縣門發，郰人紇抉之，以出門者」，孔疏：「服虔云：抉，撅也。謂以本撅抉縣門，使舉，令下容人出也。」「決」疑「抉」之借字，又疑流俗傳譌，以郰大夫事爲孔子也。淮南子道應訓云「孔子勁杓國門之關」，又主術訓「孔子力招城關」，高注云：「招，舉也。以一手招城門關端，能舉之。」

**孔某窮於蔡陳之閒，**畢云：「孔叢『窮』作『戹』。」**藜羹不糂，**内則鄭注云：「凡羹齊宜五味之和，米屑之糝。」畢云：「藝文類聚引作『藜蒸不糂』，北堂書鈔作『不糝』，太平御覽作『糂』，一作『糝』。荀子云『七日不火食，藜羹不糂』，楊倞云：『糂與糝同，蘇覽反。』說文云：『糂，以米和羹也，一曰粒也。古文糂從參。』則糂、糝古今字。」**十日，**

〔二〕「作」，原誤「讀」，據蘇時學墨子刊誤卷一改。

**子路爲享豚，**「享」，吴鈔本作「亨」。畢云：「孔叢、太平御覽引『享』作『烹』，俗寫耳，『享』即『烹』字。」王云：「『爲』字後人所加。『享』即今之『烹』字也，經典省作『亨』，後人誤讀爲燕享之『享』，故又加『爲』字耳。孔叢子詰墨篇、藝文類聚獸部中、太平御覽人事部百二十七、飲食部十一、獸部十五引此皆作『子路烹豚』，無『爲』字。」**孔某不問肉之所由來而食；**畢云：「藝文類聚引作『不問肉所從來即食之』。」**號人衣**畢云：「號，『褫』字之誤，孔叢作『剥』。」詒讓案：説文衣部云：「褫，奪衣也。」非攻上篇云「扡其衣裘」，扡、褫字同。**以酤酒，**酤，吴鈔本作「沽」。畢云：「孔叢『酤』作『沽』，同。」**孔某不問酒之所由來而飲。哀公迎孔某**〔一〕**，**孔子窮於陳、蔡之閒，在哀公六年。十一年，季康子迎孔子自衛反魯，即其時也。**席不端弗坐，**弗，吴鈔本作「不」，下句仍作「弗」。論語鄉黨篇云「席不正不坐」，皇侃義疏云：「舊説云，鋪之不周正則不坐之也，故范甯云正席所以恭敬也。」**割不正弗食。**文選王昭君詞李注引兩「弗」字並作「不」。論語鄉黨篇文同，皇疏云：「古人割肉必方正，若不方正割之，故不食也。」江熙云：「殺不以道爲不正也。」案：此當從皇説，江説非。**子路進，請曰：「何其與陳、蔡反也？」**畢云：「文選注引『反』作『異』。」**孔某曰：「來！吾語女。**舊本作「與女」。畢云：「當爲『語女』。」案：道藏本、季本並作「語女」，吴鈔本作「語汝」，今據正。**曩與女爲苟生，**畢云：「苟且。」王云：「畢説非也。『苟』讀爲『亟其乘屋』之『亟』。亟，急也。説文：『苟，自急敕也。從羊省，從勹口。勹口猶慎言也。』與『苟且』之『苟』從艸者不同〔二〕。『曩與

〔一〕「孔某」，原作「孔子」，據畢沅刻本改。按墨子舊本並作「孔丘」，畢刻避諱悉改作「孔某」，本書依畢刻，上下文均作「孔某」。此處作「孔子」實筆誤，各本無作「孔子」者，今改同畢刻。

〔二〕按：説文訓「自急敕」之「苟」從「羊」省文，本寫作「苟」，與「苟且」之「苟」從「艹」頭不同字。今寫則無區别。

女爲苟生，今與女爲苟義』者，『曩』謂在陳蔡時也，『今』謂哀公賜食時也。苟，急也。言曩時則以生爲急，今時則以義爲急也。若以『苟』爲『苟且』之『苟』，則『苟義』二字義不可通矣。文選石崇王昭君辭注引此亦誤以爲『苟且』之『苟』。案『苟』字不見經典，唯爾雅『亟，速也』，釋文曰：『亟』字又作『苟』，同居力反。」此釋文中僅見之字。釋文而外，則唯墨子書有之，亦古文之僅存者，良可貴也。」俞云：「王氏以『苟』爲説文『自急敕』之『苟』，然求之文義，亦似未合。本文言『爲苟生』、『爲苟義』，不言以生爲急、以義爲急也。此字仍當爲『苟且』之『苟』。苟生者，苟可以得生而止也；苟義者，苟可以得義而止也。儀禮燕禮、聘禮記並有『賓爲苟敬』之文，鄭注聘禮曰『燕私樂之禮，崇恩殺敬也』，又曰『苟敬者〔一〕，主人所以小敬也』，然則苟敬之義，亦謂苟可以致敬而止。此言『爲苟生』、『爲苟義』，正與『爲苟敬』一律。蓋古語有然，未可臆改也。淮南子繆稱篇云『小人之從事也，曰苟得；君子之從事也，曰苟義』，文義正與此相近。」案：俞説亦通。**今與女爲苟義。」**畢云：「舊云『曩與女爲苟義』，脱五字，據文選注增。」**夫飢約則不辭妄取以活身，**舊本「辭」下有「忘」字，畢云：「此字衍。」案：道藏本、吴鈔本、季本並無，今據删。**嬴飽則僞行以自飾，**舊本「嬴」作「羸」，又脱「則」字。王云：「『羸飽僞行以自飾』，本作『嬴飽則僞行以自飾』，嬴之言盈也。僖二十八年左傳『我曲楚直，其衆素飽』，杜注曰：『直，氣盈飽。』『盈飽』即『嬴飽』，正對上文『飢約』而言。今本『飽』下脱『則』字，『嬴飽』又譌〔二〕作『羸飽』，則義不可通。」案：吴鈔本正作「嬴」，今據補正。**汙邪詐僞，**吴鈔本「汙邪」倒。**孰大於此！**

**孔某與其門弟子閒坐，曰：「夫舜見瞽叟就〔三〕然，**畢云：「舊作『然就』，孫以意改。」孟子云『舜見

〔一〕「者」，原誤「也」，據諸子平議改，與聘禮鄭玄注合。

〔二〕「譌」，原誤「僞」，據讀書雜志改。

〔三〕「就」，原誤「孰」，據畢沅刻本改。

瞽叟，其容有蹙』，韓非子忠孝云『記曰：舜見瞽叟，其容造焉。孔子曰：當是時也，危哉，天下岌岌』，荀子亦同作『造』。案『就』、『蹙』、『造』三音皆相近。」詒讓案：禮記曲禮「足蹙」，釋文云：「蹙，本又作『蹴』。」大戴禮保傅篇「靈公造然失容」，賈子胎教篇作「戚然易容」，新序襍事篇作「靈公蹴然易容」。此書以「就」爲「蹙」、爲「造」，猶新序以「蹴」爲「戚」、爲「造」也。孟子趙注云：「其容有蹙踖，不自安也。」又公孫丑篇「曾西蹵然」，注云：「蹵然，猶蹙踖也。」**此時天下圾乎！**畢云：「『圾』舊作『坡』，以意改。孟子、韓非子作『岌岌』。」詒讓案：孟子萬章篇云「孔子曰：於斯時也，天下殆哉，岌岌乎」，趙注云：「孔子以爲君父爲臣。岌岌乎，不安貌也，故曰『殆哉』。」莊子天地篇云「殆哉，圾乎天下」，郭注云：「圾，危也。」管子小問篇云：「桓公言欲勝民，管仲曰：危哉，君之國岌乎。」義並同。**周公旦非其人也邪？**「非其人」疑當作「其非人」。人與仁字通。言周公不足爲仁，即指下「舍其家室」而言。三國志魏志裴松之注及長短經懼誡篇並引尸子云：「昔周公反政，孔子非之曰：周公其不聖乎？以天下讓，不爲兆民也。」非仁與不聖之論略同，蓋戰國時流傳有是語。又案：詩小雅四月云「先祖匪人，胡寧忍予」，人亦即仁字，言先祖於我其不仁乎？彼「匪人」與此「非人」文意字例並同。鄭詩箋云：「我先祖非人乎？」則詁「人」如字，失其恉趣，此可以證其誤。**何爲舍亓家室而託寓也？」**「舍亓」，舊本作「舍亦」，盧校改爲「亦舍」，畢本從之。王云：「『亦』字義不可通，『亦』當爲『亓』。亓，古『其』字也。墨子書『其』字多作『亓』，說見公孟篇。耕柱篇曰『周公旦辭三公，東處於商奄』，蓋即此所謂『舍其家室而託寓者』。盧改『舍亦』爲『亦舍』，非是。」案：王說是也，今據正。以上並謂孔子誣舜與周公也。**孔某所行，心術所至也。其徒屬弟子皆效孔某，**徒屬猶言黨友，故後兼舉陽貨、佛肸言之。呂氏春秋有度篇云：「孔墨之弟子徒屬，充滿天下。」**子貢、季路輔孔悝亂乎衛，**畢云：「舊脱『亂』字，據孔叢云『以亂衛』增。」詒讓案：莊子盜跖篇：「跖曰：子路欲殺衛君而事不成，身菹於衛東門之上，是子教之不至也。」案子貢未聞與孔悝之難，亦謾語也。鹽鐵論殊路篇云：「子路仕衛，孔悝作亂，不能救君，出亡，身菹於衛。子貢、子皋遁逃，不能死其難。」然則時子貢或適在衛與？**陽貨亂乎齊，**畢云：「孔叢作『魯』。」詒讓案：此當從孔叢作「魯」。左傳定九年陽貨奔齊，又奔晉，無亂齊之事。論語皇疏引古史考，謂陽貨亦孔子弟子，蓋即本此書而誤也。**佛肸以中牟叛，**論語陽貨篇云：「佛肸召，子欲往。子路曰：佛肸以中牟畔，子之往也，如之何？」集解：「孔安國云：晉大夫趙簡子之邑宰。」史記孔子世家：「佛肸爲中牟宰，趙簡子攻范、中行，伐中牟。佛肸畔，使人召孔子。」左傳哀五年「夏，趙鞅伐衛，范氏之故也，遂圍中牟」，即其時也。肸蓋范、中行之黨，孔安國以爲趙氏邑宰，誤也。**桼雕刑殘，**「桼」正字，經典多叚「漆」爲之。刑，吴鈔本校改「形」。畢云：「孔叢作『漆雕開形殘。詰曰：非行己之致』。」詒讓案：孔子弟子列傳尚有漆雕哆、漆雕徒父二人，此所云或非開也。韓非子顯學篇説孔子卒後，儒分爲八，有漆雕氏之儒，又云「漆雕之議，不色撓，不目逃，行曲則違於臧獲，行直則怒於諸侯」，此亦非漆雕開明甚，孔叢僞託，不足據也。俞正燮謂即漆雕馮。攷漆雕馮見家語好生篇，説苑權謀篇又作漆雕馬人，二書無形殘之文。俞説亦不足據。刑、形字通，淮南子墬形訓「西方有形殘之尸」，宋本「形」亦作「刑」。**莫大焉。**畢云：「『莫』上當脱一字。」**夫爲弟子後生，**後生亦弟子也，耕柱篇「耕柱子遺十金於墨子，曰：後生不敢死」，又云「後生有反子墨子而反者」，並弟子之稱。**其師，**「其」上有脱字。**必脩其言，**脩，吴鈔本作「修」。**法其行，力不足、知弗及而後已。今孔某之行如此，儒士則可以疑矣。**

# 墨子閒詁卷十

## 經上第四十

畢云：「此翟自著，故號曰經，中亦無『子墨子曰』云云。按宋潛谿云：『上卷七篇號曰經，中卷、下卷六篇號曰論。』上卷七篇則自親士至三辯也。此經似反不在其數。然本書固稱經，詞亦最古，豈後人移其篇第與？唐、宋傳注亦無引此，故譌錯獨多，不可句讀也。」案：以下四篇皆名家言，又有算術及光學、重學之説，精眇簡奥，未易宣究。其堅白異同之辯，則與公孫龍書及莊子天下篇所述惠施之言相出入。莊子又云「相里勤之弟子五侯之徒，南方之墨者苦獲、已齒、鄧陵子之屬，俱誦墨經而倍譎不同，相謂別墨，以堅白同異之辯相訾，以觭偶不仵之辭相應」，莊子言即指此經。晉書魯勝傳注墨辯敍云「墨辯有上下經，經各有説，凡四篇，與其書衆篇連第，故獨存」，亦即此四篇也。莊子駢拇篇又云：「駢於辯者，纍瓦結繩竄句，遊心於堅白同異之間，而敝跬譽無用之言非乎？而楊墨是已。」據莊子所言，則似戰國之時墨家別傳之學，不盡墨子之本指。畢謂翟所自著，攷之未審。凡經與説舊並旁行，兩截分讀，今本誤合并寫之，遂掍淆譌脱，益不可通。今別攷定，附著於後，而篇中則仍其舊。

故，所得而後成也。畢云：「說文云：『故，使爲之也。』或與固同。事之固然，言已得成也。」案：此言「故」之爲辭，凡事因得此而成彼之謂。墨子說與許義正同。畢疑「或與固同」，失之。張惠言云「故者，非性所生，得人爲乃成」，尤誤。止，謂事歷久則止。以久也。畢云：「以同已。」張云：「止以久生。」案：畢說是也。體，分於兼也。周禮天官敍官鄭注云：「體猶分也。」說文秝部云：「兼，并也。」蓋并衆體則爲兼，分之則爲體。畢云：「孟子云『有聖人之一體』。」必，說文八部云：「必，分極也。」不已也。畢云：「言事必行。」知，材也。此言智之體也。畢云：「言材知。」張云：「知讀智。」俞云：「經說上曰：『知也者，所以知也。』所以知者，即智也。淮南子主術篇『任人之才，難以至治』，高誘注曰：『才，智也。』才與材通，才訓智，故智亦訓材。」平，同高也。詩小雅伐木鄭箋云：「平，齊等也。」畢云：「言上平。」陳澧云：「此即海島算經所謂兩表齊高也。又幾何原本云：『兩平行綫内，有兩平行方形，有兩三角形，若底等，則形亦等。』其理亦賅於此。」案：陳說是也。洪頤煊謂「高」當是「亭」之譌，非。慮，說文心部云：「慮，謀思也。」求也。畢云：「謀慮有求。」同，長以缶相盡也。盧文弨云：「𤴓，古文『正』，亦作『缶』。」畢云：「缶即正字。唐大周石刻『投心缶覺』，如此。」詒讓案：集韻四十五勁云：「正，唐武后作『缶』。」亦見唐岱岳觀碑。張云：「以，與也。長與正相盡，是較之而同。」陳云：「按幾何原本：有兩直線，一長一短，求於長線減去短線之度。其法以兩線同輳圜心，以短線爲界作圜，與長線相交，即與短線等。此即所謂『以正相盡』也。云『以正』者，圜綫與兩直綫相交，皆成十字也。」知，接也。張云：「知讀如字。」案：張說是也。此言知覺之知。淮南子原道訓云：「感而後動，性之害也；物至而神應，知之動也；知與物接而好憎生焉。」畢云：「知以接物。」楊葆彝云：「莊子庚桑楚篇〔二〕：『知者，接也。』」**中，同長也。**畢云：「中孔四量如一。」張云「從中央量四角，長必如一。」俞云：「爾雅釋言：『齊，中也。』是中與齊同義，故以『同長』釋之。」陳云：「說云：『中，自是往，相若也。』按幾何原本云：『圜界至中心，作直線俱等。』」

**𢜔，明也。**𢜔，舊本譌「恕」，畢云「推己及人，故曰明」，張云「明於人己」，並非是。今從道藏本、吴鈔本作「𢜔」。顧云：「𢜔即智字。」案：顧說是也。此言知之用。周禮大司徒鄭注云：「知明於事。」**厚，有所大也。**張云：「大乃厚。」陳云：「說云：『厚，惟無所大。』按幾何原本云『面者，止有長有廣』，蓋面無厚薄。言厚必先有面之長、廣，故云『有所大也』。其說云『無所大』者，謂但言厚則無以見其長廣也。」案：陳說非是。此云「有所大」者，謂萬物始於有形，既有而積之，其厚不可極。說云「無所大」者，言無爲有之本，有因無生，則因無而積之，其厚亦不可極。此皆比儗推極之語。說與經辭若相反，而意實相成也。莊子天下篇「惠施曰：無厚，不可積也，其有千里」，釋文引司馬彪云：「物言形爲有，形之外爲無，無形與有形相爲表裏，故形物之厚，盡於無厚。無厚與有，同一體也，其有厚大者，其無厚亦大。高因廣立，有因無積，則其可積因不可積者，苟其可積，何但千里乎？」惠子語亦與此經略同。**仁，體愛也。**國語周語云「博愛於人爲仁」，說苑修文篇云「積愛爲仁」。張云：「以愛爲體。」**日中，**句。**𠙶南也。**經說上無說。「𠙶」亦「正」字。

〔二〕「庚桑楚篇」，原誤「庚桑篇」，據莊子補「楚」字。

中國處赤道北，故日中爲正南。張云：「日中則景正表南。」**義，利也。**左昭十年傳云：「義，利之本也。」孝經唐明皇注云：「利物爲義。」畢云：「易曰：『利者，義之和。』」**直，參也。**亦無説。畢云：「説文云：『直，正見也。』論語：『子曰：立則見其參于前。』」陳云：「此即海島算經所謂後表與前表參相直也。」**禮，敬也。**樂記云：「禮者，殊事合敬者也。」**圜，**句。**一中同長也。**畢云：「『一中』言孔也。量之四面同長。」張云：「立一爲中，而量之四面同長，則圜矣。」鄒伯奇云：「即幾何言圜面惟一心，圜界距心皆等之意。」陳云：「幾何原本云『圜之中處爲圜心』，一圜惟一心，無二心，故云『一中』也。『同長』，義見前。」劉嶽雲云：「此謂圜體自中心出徑綫，至周等長也。」**行，爲也。**經説上云：「志行，爲也。」**方，**句。**柱隅四讙也。**讙，吴鈔本作「驩」，疑皆「雜」之誤。呂氏春秋論人篇云「圜周復雜」，高注云：「雜猶帀。」淮南子詮言訓云「以數雜之壽」，高注云「雜，帀也」。周髀算經云「圓出於方」，趙爽注云：「方，周帀也。」周易乾鑿度鄭康成注云：「方者，徑一而帀四也。」此釋方形爲柱隅四雜者，謂方柱隅角四出，而方冪則四圍周帀，亦即算術方一周四之義。方周謂之雜，猶呂覽謂圜周爲雜矣。雜守篇云「塹再雜」，與此「四雜」義正同。説苑修文篇云：「如矩之三雜，規之三雜，周則又始，窮則反本也。」彼云「矩三雜」疑當作「矩四雜」，古書「三」、「四」字積畫，多互譌。畢云：「『讙』疑『維』字。」張云：「讙亦合也。」劉嶽雲云：「此謂方體四維皆有隅，等面、等邊、等角也。」案：畢、張、劉説似並未塙。淮南子天文訓高注云「四角爲維」，若作「維」，則與「柱隅」義複，不若「四雜」之切也。**實，榮也。**畢云：「實至則名榮。」**倍，爲二也。**畢云：「倍之是爲二。」楊云：「即加一倍算法。」**忠，以爲利而强低也。**畢云：

「言以利人爲志而能自下。」張云：「『低』當作『氐』。氐，根也，詩曰『維周之氐』。」案：畢、張説並非也。「低」疑當爲「君」，「君」與「氐」篆書相似，因而致誤，「氐」復誤爲「低」耳。忠爲利君，與下文孝爲利親文義正相對。荀子臣道篇云「逆命而利君謂之忠」，又云「有能比智同〔一〕力，率羣臣百吏而相與彊君撟君，君雖不安，不能不聽，遂以解國之大患，除國之大害，成於尊君安國，謂之輔」。案此云「强君」，與荀子義同。「以爲利」，即解大患、除大害、尊君安國之事也。

**端，體之無序而最前者也。** 畢云：「序，言次序。説文云：『耑，物初生之題也。』」張云：「無序，謂無與爲次序。」王引之云：「『序』當爲『厚』，經説上云『端。仳，兩有端而后可。次，無厚而后可。』是其證也。無厚者，不厚也。訓端以無厚者，凡物之見端，其形皆甚微也。『厚』與『序』隸書相似而誤，説見非攻下篇。」陳云：「説云：『端，是無同也。』按『端』即西法所謂點也。『體之無序』即西法所謂線也。『序』如東序西序之序，猶言兩旁也。幾何原本云『線有長無廣』，無廣是無兩旁也。又云『線之界是點』，點是線之盡處，是最前也。又云『直線止有兩端，兩端之間上下更無一點』，是無同也。」案：諸説不同，王説義據最精，而與説不甚相應。經説上〔二〕「仳，兩有端而后可」二句，則非此經之説，無從質定。依畢、張説，則「序」當爲「敍」之叚字，謂端最在前，無與相次敍者，故説云「端，是無同也」，似與説義尤合。魯勝墨辯敍云「名必有分明，分明莫如有無，故有無序之辯」，蓋即指此文，是晉時所傳墨子亦作「無序」。兩義未知孰是，姑

〔一〕「同」字原脱，據荀子臣道補。
〔二〕「上」，原誤「下」，據本書改。

並存之。陳以點釋端，甚精，而訓序爲旁，則亦未得其義。**孝，利親也。**賈子道術篇云：「子愛利親謂之孝。」**有閒，中也。**畢云：「閒隙是二者之中。」陳云：「説云：『有閒，謂夾之者也。』『閒』，謂夾者也。按幾何原本云『直線相遇作角，爲直線角』，又云『在多界之閒爲形』，皆是有閒也，線與界夾之也。」**信，言合於意也。**言言與意相合，無僞飾。張云：「不欺其志。」**閒，不及旁也。**閒，謂中空者，即上「有閒，中也」之義。張云：「不及於旁，謂隙中。」畢云「言閒傑」，誤。**佴，自作也。**畢云：「説文云：『佴，佽也。』此云『自作』，未詳也。」俞云：「『作』疑『佐』字之誤。爾雅釋言：『佴，貳也。』佐與貳義相近。『作』、『佐』形似，又涉下文有三『作』字，故誤耳。」案：「作」疑當作「仳」。經説上有「仳」字，即「比」之借字。佴、比並訓次。言自相次比，是謂之佴。説云「與人、遇人，衆⿰忄盾」，即相次比之意也。節葬下篇云「佴乎祭祀」，亦次比之義。俞説未塙。**纑，閒虛也。**盧云：「纑猶墳壚之壚。」王引之云：「盧説非也。纑乃櫨之借字。經説上云『纑，閒虛也者，兩木之閒，謂其無木者也』，則其字當作『櫨』。衆經音義卷一引三倉云：『櫨，柱上方木也。』櫨以木爲之，兩櫨之閒則無木，故曰『櫨，閒虛也者，兩木之閒，謂其無木者也』。」陳云：「按九章算術劉徽注云『凡廣從相乘謂之冪』，即此所謂『纑』也。又海島算經云『以表高乘表閒』，李淳風云『前後表相去爲表閒』，即所謂兩木之閒無木者。」案：王、陳二説不同，王説近是。「纑」、「櫨」同聲叚借字。文選魏都賦李注引説文云「欂櫨，柱上枅也」，禮記明堂位鄭注作「欂盧」。釋名釋宮室云：「櫨〔一〕在柱端，如都盧負屋之重也。」欂櫨單舉之則曰櫨。淮南子主術訓云「短者以爲朱儒枅櫨」。**⿰言肙，**畢云：「字書無此字。」詒讓案：孟子「睊睊胥讒」，孫奭音義云：「睊，一作⿰言肙。」「⿰言肙」、

〔一〕「櫨」，原誤「盧」，據釋名釋宮室改。

「睊」、「狷」並同聲假借字。**作嗛也。**洪云：「字書無睊字，當與涓字同義。説文：『涓，小流也。』故此云『作嗛』也。『嗛』即慊字。」案：「睊」當爲「獧」之借字，字又作「狷」。論語云：「狷者，有所不爲也。」故經説上云：「爲是之詒彼也，弗爲也。」狷，孟子作「獧」，同。作「嗛」者，國語魏策高注云：「嗛，快也。」言狷者絜己心自快足。嗛，古或借「謙」、「慊」爲之。大學「自謙」，鄭注云：「謙讀爲慊。慊之言厭也。」洪以睊爲涓，非。讀嗛爲慊，則於義可通，然非厭足之本字也。

**盈，莫不有也。**廣雅釋詁云：「盈，滿也。」**廉，作非也。**畢云：「廉察之廉。作與狙聲近，言狙伺。」案：「廉，作非」與上文「睊，作嗛」文例同，則不當如畢讀。「廉」疑當作「慊」。慊，恨也。作非，謂所爲不必無非。故説云：「己惟爲之，知其䎽也。」**堅白，不相外也。**此即公孫龍堅白石之喻。不相外，言同體也，詳經説上。**令，不爲所作也。**畢云：「言使人爲之，不自作。」**攖，相得也。**莊子大宗師釋文引崔譔云：「攖，有所繫著也。」畢云：「玉篇云：『攖，結也。』」楊云：「攖，引也。幾何原本所謂線相遇也。」案：楊説亦通。**任，士損己而益所爲也。**畢云：「謂任俠。説文云：『甹，俠也。三輔謂輕財者爲甹。』甹與任同。」**似，有以相攖，有不相攖也。**「似」當依説作「仳」，形近而誤。仳與比通，言相合比者有相攖，相次比者不相攖。故下文云：「次，無閒而不相攖也。」**勇，志之所以敢也。**賈子道術篇云：「持節不恐謂之勇。」畢云：「敢決。」張云：「志得勇乃敢。」**次，無閒而不攖攖也。**張云：「『攖』衍字。無閒乃得不相攖而相次。」案：「攖攖」當作「相攖」，非衍文。言兩物相次，則中無閒隙，然不相連合，故云「不相攖也」。**力，刑之所以奮也。**畢云：「刑同形，言奮身是强力。」張云：「形以力奮。」**法，所若而然也。**荀子不苟篇楊注云：「法，效也。」畢云：「若，順。言有成法可從。」張云：「若，如。」**生，刑與知處也。**畢云：「刑同形，言人處世惟形體與知識。」張云：「形體有知，是生也。」案：此言形體與知識合并同居則生，畢、張説並未憭。**佴，所然也。**吴鈔本無「然」字。畢云：「然猶順，佴之言貳，或爲佽字假音。説文云：『佽，必然也。』」案：爾雅釋言云「佴，貳也」，郭注云：「佴次爲副貳。」次貳與順義近。畢疑爲佽之假音，則非。**卧，知無知也。**畢云：「卧而夢，似知也，而不可爲知。」案：「知」即上「生，形與知處」之「知」，言知識存而卧時則無知也。畢謂夢知，則失之。**説，所以明也。**經説上無説。説文言部云：「説，説釋也。一曰談説。」謂談説所以明其意義。畢云：「解説。」**夢，卧而以爲然也。**説文云：「㝱，寐而有覺也。」「夢，不明也。」經典通叚「夢」爲「㝱」。畢云：「言夢中所知，以爲實然。」**攸不可，**爾雅釋言云：「攸，所也。」然説無攸義。楊云：「攸，經説作『彼』。」張云：「『攸』當爲『彼』。」案：張校是也。下文「辯，爭彼也」，「彼」今本亦或作「攸」，是其證。**兩不可也。**言既有彼之不可，即有此之不可，是彼此兩皆不可也。**平，**句。**知無欲惡也。**説文兮部云：「平，正也。」謂欲惡兩忘。**辯，爭彼也。**彼，吴鈔本作「攸」。**辯勝，**畢云：「讀如勝負。」**當也。**畢云：「讀如『當意』。」**利，所得而喜也。**畢云「謂夢所見」，誤。**爲，**句。**窮知而縣於欲也。**畢云：「言知之所到而欲爲。縣同懸。」張云：「縣猶繫也。爲必由知，而爲之則繫於欲。」案：此言爲否決於知，而人爲欲所縣係，則知有時而窮。義詳經説上。畢、張説未析。**害，所得而惡也。已，**句。**成、亡。**張云：「『已』有二義。」**治，求得也。**畢云：「言事既治，所求得。」**使，**句。**謂、故。**謂，吴鈔本作「爲」，非。張云：「『使』有二義。」畢云：「説文云：『故，使爲之也。』」**譽，明美也。**國語晉語韋注云：「明，箸也。」言箸人之善。**名，**句。**達、類、私。**張云：「『名』有三義。」**誹，明惡也。謂，**句。**移、舉、加。**張云：

「『謂』有三義。」舉，擬實也。說文手部云：「擬，度也。」謂量度其實而言之。張云：「以名擬實。」知，句。聞、說、親。畢云：「『聞』舊作『閒』，據經說上改。」案：言「知」有此三義。名、實、合、爲。四者言異而義相因。張并上爲一經，云「知有三，聞一，說二，親三，皆合名實而成於爲」，恐未塙。言，出舉也。謂舉實而出之口。張云：「言出名實。」聞，句。傳、親。傳，道藏本、吳鈔本並誤作「博」。張云：「『聞』有二。」且，畢云：「舊衍一『且』字，以意删。」言然也。見，句。體、盡。張云：「『見』有二。」鈕樹玉云「疑當『見體』爲句」，失之。君、臣、萌，畢云：「疑同『名』，或同『氓』。」鈕云：「萌即氓字，上文已婁見。」案：鈕說是也，詳尚賢上篇。通約也。謂尊卑上下等差不一，通而約之，不過此三名。故說云「君以若名者也」。張云「君所以約臣民」，疑非。合，句。𤯝、宜、必。張云：「『合』有三。」功，利民也。欲𤯝權利，且惡𤯝權害。大取篇云：「於所體之中而權輕重之謂權。」權非爲是也，亦非爲非也。權，正也。斷指以存掔，利之中取大，害之中取小也。」「且」字疑衍。賞，上報下之功也。爲，句。存、亡、易、蕩、治、化。張云：「『爲』有六。」罪，犯禁也。同，句。重、體、合、類。張云：「『同』有四。」罰，上報下之罪也。異，句。二、不體、不合、不類。舊本「體」上脱「不」字，今依畢校補。吳鈔本亦不脱。張云：「『異』有四。」同，說作「侗」，通。異而俱於之一也。之一，猶言是一。謂合衆異爲一。同異交得，謂言語同異，各得其義。放有無。張云：「『放』疑『於』字之誤。有無相交則得同異」案：張說非是。「放」疑當爲「知」。說云「恕有無」，「恕」當爲「𢘓」之譌，知、𢘓字同。久，句。彌異時也。王云：「彌，偏也。」畢云「言不易其時，故曰久」，非。宇，句。彌異所也。舊本「宇」誤「守」。畢云：「言不移其所，故曰守。」王引之云：

「畢說非是。案『守』當爲『宇』，字形相似而誤。彌，偏也。宇者，偏乎異所之稱也。經說上解此云『宇，東、西、南、北』，東西南北可謂異所矣，而徧乎東西南北則謂之宇，故曰：『宇，彌異所也。』高誘注淮南原道篇云：『四方上下曰宇。』蔡邕注典引云『四表曰宇』，四表即東西南北也。」案：王說是也，今據正。**聞，耳之聰也。**經說上無說，疑有缺佚。**窮，**句。**或有前，不容尺也。**有前，謂有端也。經說上云「尺前於區穴而後於端」，蓋以布幅爲喻，自端至尺爲半，不容尺，謂不及半，明其易窮也。**循所聞而得其意，**畢云：「循，猶云從。」**心之察也。**無說。畢云：「『之』舊作『也』，據下文改。」**盡，**句。**莫不然也。言，口之利也。**無說。**始，當時也。執所言而意得見，心之辯也。**無說。說文言部云：「辯，治也。」**化，**句。**徵易也。**楊云：「驗其變易也。」張云「徵之言轉」，未塙。**諾，不一，利用。**謂辭氣不同，於用各有所宜，若說所云五諾也。**損，**說文手部云：「損，減也。」**偏去也。**畢云：「言損是去其半。」**服執說。**音利。畢云：「『音利』二字舊注，未詳其義。」詒讓案：說文言部云：「說，言相說伺也。」唐韻音女加切，與利音絕遠。集韻六至利紐下亦不收此字。惟十二霽有說字，音研計切，伺也。類篇言部又引埤倉云「詁說，言不同也，居佳切」，並與利音不相應。攷說釋此文云「執服難成，言務成之，九則求執之」，以相推校，疑「音利」當作「言利」，二字本是正文，誤作小注。說「九」或即「說」之壞字。求執，即說文所謂「言相說伺也」。傳寫舛誤，改「言利」二字爲小注，校者不憭，又改「言」爲「音」，緟恎貤謬，遂不可究詰矣。服，謂言相從而不執。執，謂言相持而不服。說，則不服不執，而相伺，若鬼谷子所謂抵巇者。三者辭義不同而皆利於用。上文云「言，口之利也」，又云「諾，不一，利用」。此以「服執說」爲言之利，與彼義蓋略同。**巧轉則求其故。**「轉」當爲「傳」，聲同字通。說云「觀巧傳法」是也。故，謂舊所傳法式。國語齊語云「工相語以事，相示以巧」，考工記云「知者創物，巧者述之」。傳法求故，即所謂述也。此與下文「法同則觀其同，法異則觀其宜」句法正同，説亦并爲一條釋之。畢、張讀「巧轉」爲句，「則求其故大益」爲句，並繆。**大益。**無説，未詳其義。此與前云「損，偏去也」損益義似正相對，疑謂凡體損之則小，益之則大也。以旁行句讀次第校之，疑當在「巧轉則求其故」句上，錯箸於此，而又佚其説耳。**儇，稘秪。**吴鈔本作「秖」。畢云：「稘，經説上作『昫』。」詒讓案：當爲「環俱柢」，皆聲之誤。俱，説作「昫」，音亦相近。秪，説作「民」，當作「氏」，即「柢」之省。爾雅釋言云：「柢，本也。」毛詩節南山傳云：「氏，本。」是二字義同。凡物有耑則有本，環之爲物，旋轉無耑，若互相爲本，故曰「俱柢」。**法同則觀其同。**禮記少儀云：「工依於法。」**庫，**盧云：「『庫』疑『庳』，與『障』同。見下文。」**易也。**洪云：「『易』當是『物』字之譌。庫者，物所藏也。」案：此當從盧校作「庳」。經説下「景庳」，字亦誤「庫」，可證。但説無「易」，義未詳。洪説緣誤爲訓，不足據。**法異則觀其宜。**句。**動，**句。**或從也。**「從」當作「徙」。經下篇云「宇或徙」，此與彼文義正同。彼「徙」字今本亦譌爲「從」，可證。説文辵部云：「徙，迻也。」「或」當爲「域」之正字。或徙，言人物迻其故所處之地域，是動之理也。詳經下。**止，**句。**因以別道。**謂道有宜止者，有不宜止者，因事以別也。與經下「止，類以行之」義亦略同。張云：「此句文法特與下篇首句相偶，疑下篇錯簡。」案：張説未塙。**讀此書旁行。**張云：「此舉例，下篇讀亦旁行。」**缶無非。**畢云：「説文云：『非，違也，从飛下𧘇，取其相背。』」言此篇當旁行讀之，即正讀亦無背於文義也。此篇舊或每句兩截分寫，如新考定本。故云旁行可讀。楊云：「『缶無非』三字經文。」案：楊説是也，畢釋「無非」爲無背之義，非是。「缶無非」，謂聖人以正道，有所非與無所非同。説云「若聖人有非而不非」，即釋此經，可證。惟「讀此書旁行」五字，爲後人校書者附記篇末，傳寫者誤羼入正文，又移箸於「缶無非」三字之上，而其義遂莫能通矣。又案此經云「正無非」，説則云「聖人不非」，義雖可通，而「正」、「聖」二文究不甚合。竊疑此「正」亦當作「聖」。集韻四十五勁云「聖，唐武后作『𨲢』」，今所見唐岱岳觀碑則作「𨲢」，蓋从長从𡈼〔一〕从王，「𡈼」即「正」也，集韻字形微譌。此書「正」字皆用武后所製作「𡈼」，此「聖」字或亦本作「𨲢」，壞脱僅存「𡈼」形耳。惟說語簡略，無可質證，附識於此，俟通學詳定焉。

# 經下第四十一

**止，**句。**類以行人，**說云：「止，彼以此其然也，說是其然也；我以此其不然也，疑是其然也。」則是言辭相執拒之意，不當言「行人」。疑「人」當作「之」。「類以行之」，謂以然不定其是非，可以類推，所謂同也。楊云：「小取篇：『夫辭，以類行者也。』」**說在同。**此亦取類推之義。經說上云：「有以同，類同也。」**所存與者，**張云：「『與』下脱『存』字。」案：張校是也。說云：「室堂，所存也；某子，存者也。」**於存與孰存。**下有脱文。**駟異說，**顧云：「當云『說在異』，與『說在同』對文，而句多譌脱。」張云：「『駟』衍，『異說』下脱，疑當云『說在主』。」案：依顧、張說，則此當屬上「所存」以下爲一經，楊讀則以此爲下經發端語，三說未知孰是。但此經不必與「說在同」對文，顧校恐非。依說，似楊讀近是。「駟」疑當爲「四足牛馬」，四字譌脱合并爲一字。說云「謂四足獸與牛馬與」，謂與說義同。**推類之難，**言「四足獸」爲總名，而獸各自有散名，不能以類推也。**說在之大小。**「之」上疑脱「名」字。凡總名爲大，散名爲小，詳

---

〔一〕「𡈼」，原誤「正」，據活字本改。

經説下。顧讀「之」字句，亦非。**五行毋常勝，**張云：「毋，無也。」**説在宜。**言視其生克之宜。**物盡同名，**物猶事也，謂意異而辭同。張讀「物盡」屬上，誤。**二與鬭，**句。**愛，食與招，**句。**白與視，**吴鈔本作「二」。**麗與，**顧云：「據説，似當有『暴』字。」**夫與履。**説作「屨」，義同。張云：「同名之類有此十者。」案：當云十一者，義詳經説下。**一，**句。**偏棄之。**棄，吴鈔本作「弃」。經説下作「偏去」，與此下文及經上合。去、棄義同。謂凡物或分析一體爲二，或絫比兩一爲二，皆可去其一偏。對下「不可偏去而二」爲文。**謂而固是也，説在因。**説無「因」義，「因」蓋與「固是」義同。公孫龍子堅白篇云「離也者，因是。力與知果，不若因是」，莊子齊物論篇云「因是因非，因非因是」。此云「固是」，猶言因是矣。或「固」當爲「因」之誤。畢讀「固」字句斷，云「言固陋」，失之。**不可偏去而二，**凡物有二斯有偏，有偏必可去其一，而體性相合者，則雖二而不可偏去，若下所云是也。**説在見與俱、**説文人部云：「俱，偕也。」經上云：「同，異而俱於之一也。」又經説上釋「俱」爲「合同」，並與此義合。言所見者爲一，所含而不見者又爲一，此皆名有二而不可偏去者也。即説堅白見不見之義。**一與二、**即説白一堅二色性同體者也。**廣與脩。**脩，舊誤作「循」。俞云：「『循』乃『脩』字之誤，蓋以『廣』、『脩』相對爲文，隸書『脩』與『循』相似。經説下篇『廣循堅白』，『循』亦『脩』之誤。『廣脩』與『堅白』皆二字平列。」案：俞校是也，今據正。此言若平方之冪，有廣有脩，二者異名而數度相函，則二而仍一也。**無欲惡之爲益損也，説在宜。**經上云「平，知無欲惡也」，説釋以惔然。蓋謂淡泊無所愛憎於人，己或益或損，隨宜無定。或疑「爲益損」當作「無益損」。張云「欲惡去之，有益有損，視其所宜」，亦通。**不能而不害，説在害。**經説下有説，而義多難通，大意似謂凡事有害於人者，不能不足爲害。**損而不害，説在**

餘。說文食部云：「餘，饒也。」謂物饒多，則損之爲宜。異類不比，吴鈔本作「呲」。此當與經說上篇「仳」字聲義同。畢云：「說文無此字，玉篇云：『吡，呲必切，鳴吡吡。』」案：畢引玉篇，非此義。說在量。量，謂量度其理數之異同。知而不以五路，說在久。未詳。偏去莫加少，去猶言相離。謂均分一體爲二，是爲兩偏，然與其合時體多少無增減。說在故。言如故，即說云「無變」也。必熱，依說疑當作「火不熱」，火、必形近而誤，又脫「不」字耳。莊子天下篇亦有此文。說在頓。說無「頓」義。疑當作「覩」。說文目部云：「睹，見也。古文作『覩』。」說云：「以目見火，若以火見。火，謂火熱也，非以火之熱。」大意謂目中所見者火之光，不見其熱也。假必誖，說文人部云：「假，非真也。」又言部云：「誖，亂也。或作『悖』。」說在不然。說云「假必非也」，誖與非義同。正者爲是，則假者爲非，「非」即「不然」也。張云：「假者必誖，以其本不然也。」知其所以不知，說在以名取。張云：「名所知，而取於不知之中，則知不知。」物之所以然，句。與所以知之，句。與所以使人知之，句。不必同，說在病。說云：「物，或傷之，然也。」病與傷義同。無不必待有，句。說在所謂。言所謂不同。張云：「有有而無，有無而無，視其所謂。」疑，謂不可必。說在逢、句。循、句。遇、句。過。言疑含此四義。擢慮不疑，「擢」當作「摧」，形近而誤，亦作「榷」。廣雅釋訓云：「揚摧、嫥榷、無慮，都凡也。」凡古書言大略計算者，重言之曰揚摧、嫥榷、無慮；單言之則曰榷、曰慮。文選左思魏都賦云「榷惟庸蜀，與鴝鵒同巢」，荀子議兵篇云「慮率用賞慶、刑罰、埶詐而已矣」，楊注云：「慮，大凡也。」此又合兩文言之曰「摧慮」，其義一也。說在有無。謂約計其大數。合與一，句。或復否，說在拒。張云：「或可合而一，或不可合而一，當拒其不合以爲合。」案：依張說，則相拒即不合，所謂否也。或云「拒」當爲「矩」，後文云「一法者之相與也盡類，若方之相合也，說在方」，矩與方義同，亦通。說無，疑有闕佚。**且然，**句。**不可正，而不害用工，**工與功古字通用，工猶言從事也。「且然」者，將然而未然，不能質定，故不可正，而因時乘勢，正可從事，故不害用工。孟子公孫丑篇云「必有事焉，而勿正」，「勿正」猶此云「不可正」，「有事」猶此云「用工」。孟子語意與此正同，趙岐注殊不了。**說在宜歐。**張云：「且然之事不可以爲正，而可用力，當審其宜。」案：張讀「說在宜」句，而以「歐」屬下「物一體也」爲句，楊讀同。今攷兩章說皆無「宜歐」義，張、楊讀未知是否。歐，吴鈔本作「毆」，以字形校之，與後文「寡區」頗相近，然義亦難通。且彼論鑒景，與此文亦不相應也。竊疑此當作「害區」。害與蓋通，爾雅釋言「蓋，割，裂〔一〕也」，釋文引舍人本「蓋」作「害」，是其證。荀子大略篇云「言之信者，在乎區蓋之間」，漢書儒林傳云「疑者丘蓋不言」，蘇林注云：「丘蓋不言，不知之意也。」案丘、區古音相近，見曲禮鄭注。區蓋者，當爲疑信相參，疏略不盡之謂。韓詩外傳云「殖盡於己，而區略於人」，區蓋猶區略也。此釋「且然」爲「害區」者，即荀子之「區蓋」，亦即「不可正」之義。經典凡言姑且、苟且者，並謂粗略不精。詩邶風泉水鄭箋亦云：「聊，且略之辭。」**物一體也，**張以「歐物」連讀，云：「『歐』或誤或衍。」案：若如張讀，則疑當爲「數物」之誤。說有「數牛」、「數馬」、「數指」之文，或其義與？**說在俱一、惟是。**「惟」當作「唯」。經上云：「同，異而俱於之一也。」「唯是」者，謂物名類相符，則此呼彼應而是也。說云「唯是，當牛馬」，即此義，詳經說下。張云：「知俱則物一體矣。俱一，分也。惟是，合也。」

〔一〕「裂」，原誤「烈」，據爾雅釋言改。

案：「俱一」爲合，「惟是」爲分，張說失之。**均之絕不，**吳鈔本作「否」，古通用。**說在所均。**謂均其縣，則將絕而不絕也。說云：「均，其絕也莫絕。」張云：「均者不絕，視其所均。」楊云：「列子『公子牟曰：髮引千鈞，勢至等也』。」**宇或徙，**畢云：「舊作『從』，以意改。」詒讓案：說文戈部云：「或，邦也。」或从土作「域」。此即邦域正字，亦此書古字之一也。徙者，言宇之方位轉徙不常，屢遷而無窮也。經說下云：「或，知是之非此也，又知是之不在此也，然而謂此南北，過而以已爲然。」此云「徙」，即「不在是」及「過而以已爲然」之義。**說在長宇久。**謂宇長行之必久，後文云「行脩以久」，脩即長也。**堯之義也，生於今而處於古，**「生於今」與「處於古」義迕，「生」疑當作「任」，形近而誤。說云「舉友富商也，是以名示人也」，任與舉義同。言於今舉堯之義。說下又云「在堯善治，自今在諸古也」，「在」疑亦「任」之誤。**而異時，**古今異時。**說在所義。**說云「所義之實處於古」。**二**謂二人，張以此字屬上「說在所義」爲句，云「二，名實」，疑非。**臨鑑而立，**句。**景到，**畢云：「即今『影倒』字正文。」鄒伯奇云：「謂窪鏡也。」案：畢、鄒說是也。說文日部云：「景，光也。」大戴禮記曾子天圓篇云：「故火日外景，而金水內景。」蓋凡發光、含明及光所照物蔽而成陰，三者通謂之景。古無玻璃，凡鑑皆以金爲之，此所論即內景也。到者，所謂格術。沈括夢溪筆談云：「陽燧照物，迫之則正，漸遠則無所見，過此則倒，中間有礙故也。如人搖艫，臬爲之礙，本末相格，算家謂之格術。」鄭復光鏡鏡詅癡云：「光線自闊而狹，名約行線。約行線愈引愈狹，必交合爲一而成角，名交角線。兩物相射，約行線自此至彼，若中有物隔，則約行線至所隔之物而止。設隔處有孔，則射線穿孔約行，不至彼物不止。如彼物甚遠，則約行必交，穿交而過，則此之上邊必反射彼下邊，此之左邊必反射彼右邊者，勢也。能無成倒影乎？搭影倒垂，此其理也。」**多而若少，**

張云：「若，如也。」劉嶽雲云：「此爲凹面回光鏡也。凸面透光鏡亦能令景顛倒。考工記『金錫相和謂之鑑燧之劑』，據此，古無透光鏡，知爲凹面回光鏡矣。依光學理，置一物於凹鏡中心以外，即於凹鏡中心與聚光點之閒，成物顛倒之形象，但較之實形稍小。若以此物置於凹鏡中心與聚光點之閒，即在中心以外，亦成物顛倒之形，但較之實形稍大。此言『多而若少』，與較實形稍小之款合，是以知人必立於凹鏡中心以外也。」畢云「若猶順」，疑誤。**說在寡區。**張云：「區，所也。鑑之區甚寡。」案：張說未知是否。說亦無「寡區」義。竊疑當作「空區」，與經說上「區穴」義同。謂鏡中窪如空穴。考工記梟氏鄭注云「隧在鼓中窐而生光，有似夫隧」，是古陽遂即窪鏡也。經說下此條之說在下文「住景二，說在重」之後，與此敍次不合，疑傳寫移易，非其舊也。

**狗，犬也，**說文犬部云：「犬，狗之有縣蹏者也。」「狗，孔子曰：狗，叩也，叩氣吠以守。」爾雅釋畜云：「犬未成豪，狗。」此疑同爾雅義，謂同物而大小異名。**而殺狗非殺犬也，可，**莊子天下篇「辯者曰：狗非犬」，即此義。畢讀「非」字句，失之。成玄英莊子疏引此作「然狗非犬也」，非元文。莊子釋文司馬彪云：「狗犬同實異名，名實合，則彼所謂狗，此所謂犬也；名實離，則所謂狗異於犬也。」張云：「既謂殺狗，即非殺犬。」**說在重。**經說上云：「二名一實，重同也。」

**鑑位，**畢云：「當云『鑑立』，古位、立字通。」王云：「上文云『臨鑑而立』，此亦當云『臨鑑立』。」**景一小而易，一大而缶，說在中之外內。**景舊本譌「量」。張屬上讀，云：「以鑑之位量景。易，衺也。中之內，正臨鑑景起中也；中之外，側臨鑑景起外也。『一』之言或也。」王引之云：「『量』當作『景』，字相似而誤也。經說下言『鑑』、言『景』、言『易』、言『正』，並與此同，是其證。」俞云：「易讀爲施。詩何人斯篇『我心易也』，釋文曰『易，韓詩作施』，戰國韓策『易三川而歸』，史記韓世家作『施三川』，是易與施古字通。施者，邪也。淮南子要略篇『接徑直施』，高注曰：『施，邪也。』孟子離婁篇『施從良人之所之』，趙注曰：『施者，邪施而行。』丁公著音迆。說文辵部：『迆，衺行也。』是『迆』正字，『施』叚字，此作『易』者，又其叚字也。『一小而易』猶言『一小而邪』，與『一大而缶』相對爲文。經說下篇『木柂，景短大；木正，景長小』，以柂與正對，即其例也。」案：王、俞說是也，今據正。張讀非是。經說下此條之說在下文「景之小大，說在地正遠近」之後，與此敘次亦不合，蓋傳寫移易，非其舊。**使，殷、美，**殷，說作「殿」。**說在使。**張云：「『殷』當爲『殿』。殿，下也，不美之名，亦有時而美，若軍後曰殿也。在使之異。」案：張說迂曲，恐非。**鑑團，景一。**無說。說文口部云：「團，圜也。」蓋謂鑑正圜則光聚於一。夢溪筆談云：「陽遂向日照之，則光聚向內，離鏡一二寸聚爲一點，著物火發。」此與下文「不堅白」文義不相屬，當自爲一經，亦似尚有闕文。**不堅白，說在。**張云：「此有脫。」案：張并上「鑑團，景一」爲一經，非是。說似并入下「無久與宇，堅白，說在因」章釋之。下文「荆之大」別爲一經，與此不相冡也。**荆之大，其沈淺也，說在具。**「沈」當爲「沆」。具，說作「貝」，並當爲「有」，皆形之誤。沆，謂澤也。呂氏春秋先己篇云「夏后伯啟曰：吾地不淺」，高注云：「淺，褊也。」言荆地廣大，而其國所有之沆澤，則不害其褊淺，故云「說在有」。莊子天下篇「辯者曰：郢有天下」，與此意異而辭可相證，義互詳經說下。**無久與宇，堅白，說在因。**說無「久宇」及「因」，義未詳。張移箸前「宇或徙，說在長宇久」後。又云「無久者與長久者相爲堅白」，恐非。**以檻爲摶，**楊云：「經說作『楹』。」詒讓案：「檻」當爲「楹」。摶，道藏本作「慱」，吴鈔本作「博」，並非。以義攷之，「摶」蓋謂束木。備城門篇云：「疏束樹木，令足以爲柴摶。」楹，一大木所成；摶則合衆小木爲之。今以楹之大爲摶之小，其類不相當，故云「無知」。**於以爲無知也，說在意。**「意」即意度也。言意度之，而不識楹與摶之大小不相當，是爲無知。**在諸其所然、未者然，**說云：「在堯善治，自今在諸古也。自古在之今，則堯不能治也。」「在」疑當作「任」。「所然」謂所已然，即謂自今任諸古也。「未者然」疑當作「諸未然」，即所謂自古任諸今也。古書「諸」或作「者」，聲之省也。「者未然」上亦尚有脱字，今無從校補。**説在於是推之。**説無「推」義。末二字或當在上文，作「推之諸未然」。又疑當屬下讀，則「推」爲「椎」之誤，下章説云「段椎錐俱事於履，可用也」是也。但椎之意義亦難通，疑未能明，不敢肊定。**意未可知，**此與下文不相屬，説亦無此義。或當别爲一經而脱其半，下經又脱其發端語，遂并爲一與？**説在可用、過仵。**畢云：「即『午』字異文。玉篇云『仵，古吴切，偶敵也』，非此義。」案：「過」當爲「遇」，形近而誤。莊子天下篇「觭偶不仵」，釋文：「仵音誤，徐音五，同也。」集韻十姥云：「仵，偶也。」此「仵」當即「牾」之異文。説文午部云：「午，牾也；牾，逆也。」廣雅釋言云：「午，仵也。」漢書天文志云「逆布於午」，仵、牾與逆義並同。遇仵，猶言遇逆也。「可用遇仵」，並見説，義詳彼。畢、孫、王、楊皆讀「過仵」屬下「景不徙」爲句，與説不合，不可從。**景不徙，説在改爲。**徙，舊本譌「從」。王引之云：「『從』當爲『徙』。徙，移也。列子仲尼篇『景不移者，説在改也』，張湛注云『影改而更生，非向之景』，引墨子曰『景不移，説在改爲也』，是其證。」案：王校是也，今據正。此景謂日光所照光蔽成陰。莊子天下篇云「飛鳥之景未嘗動也」，釋文引司馬彪云「鳥動影生，影生光亡，亡非往，生非來。墨子曰：影不徙也」，正作「徙」，可以據校。以此經及莊、列、張、馬諸説綜合論之，大意蓋謂景必亡而更生，始有更改，若其不亡，則景常在，後景即前景，無所改易。故説云「光至景亡，若在，盡古息」，「息」即「不徙」之義也。**一少於二，而多於五，**俞云：「數至於十則復爲一，故『多於五』。經説下篇曰：『一，五有一焉，一有五焉。』五有一者，一二三四之一也；一有五者，一十、一百之一也。」**説在建。**張云：「建一爲端，則一爲十，是『多於五』。」詒讓案：説無「建」義，疑當作「進」，即算位之二五進一十也。**住景二，**「住」疑當作「位」，與立字同。見上文。**説在重。**張云：「住，止也。一止而二景，以鑑之重也。」案：張説未塙。説云「二光夾一光」，則當爲回光之義。或謂「重」指二景重累，即光學家所謂光複淺深義，亦通，而與説不相應，恐非。**非半弗𣃔，**畢云：「玉篇云：『𣃔，知略切，破也。』盧云：『非此義。此當與斫斮義同。』沅案：『𣃔』即『斮』字異文耳。」楊云：「『𣃔』同『櫡』。」案：楊説是也。集韻十八藥云：「櫡，説文『斫謂之櫡』，或从斤作『𣃔』。」此「𣃔」即「斲」之變體，舊本作「新」，譌。斲、斫同詁，與斮音義亦略同，而字則異。畢説未審。**則不動，説在端。**若盡其端，則無半可言，是終古不能𣃔也，故云「不動」。**景到，在午有端與景長，説在端。**説云：「足敝下光，故成景於上；首敝上光，故成景於下。在遠近有端與於光，故景庫內也。」此即光學所謂約行線由侈而斂，交聚成點，端即點也。張云：「午，交午也。」劉云：「古者橫直交互謂之午，儀禮『度而午』，注云『一縱一橫曰午』是也。其形爲乂，乂者光線之交點。」案：張、劉訓午爲交點，是也。凡約行線中有物隔，則光線必交，穿交而過，則成倒景。「在午有端與景長」，「長」謂線，對「端」爲點而言。謂凡光在交聚成點之時，則有碍於光線之行，故穿交而景到也。鄒伯奇格術補云「密室小孔，漏光必成倒景。雲鳥東飛，其影西逝」，又云「日無數光點俱射入小孔中，是爲光線交，過孔則侈而至地，遂成日體之影」，皆可證此書之義。**可無也，**言凡有者必可無。**有之而不可去，説在嘗然。**「嘗然」者，今雖無而實爲昔之所有，故云「不可去」。張云：「本可無也，嘗有之，則不可去。」**景迎日，説在摶。**説云「景，日之光反燭人，則景在日與人之間」，「迎日」即回光反燭之義。但説無「摶」義。上云「鑑團，景一」，與此義異。摶，道藏本作「愽」，吴鈔本作「博」，亦並難通。以形聲校之，疑當作

「轉」，謂鑑受日之光，轉以射人成景，亦即反燭之義也。今本涉下而誤耳。**缶而不可擔，說在摶。**「擔」當作「搯」。周禮矢人「夾而搖之」，釋文云：「搖，本又作『搯』。」「搯」即「搖」之變體。漢隸凡从䍃之字，或變从舀。漢書天文志亦云：「元光中，天星盡搯。」「搯」與「擔」形近而誤。史記建元以來王子侯表「千鍾侯劉搖」，漢書王子侯表作「劉擔」，是其證。說文手部云：「摶，圜也。」圜者隨所置而正，故云「不可搖」，義詳經說下。道藏本「摶」作「摶」，吴鈔本作「博」，並形之誤。**景之小大，說在地缶遠近。**「地」當爲「杝」，杝即迆之叚字。「杝」、「正」文正相對。言景隨地面易也。說亦云遠近杝正，是其證。張云：「遠則小，近則大。」劉云：「謂人與鑑相去遠近也。依光學理，發光點與受光處距遠，其景必小，較近其景必巨。書與此款合也。」**宇進無近，說在敷。**說云：「進行者先敷近，後敷遠。」說文攴部云：「敷，㫃也。」寸部云：「尃，布也。」「敷」即「敷」之俗，義則與「尃」近，蓋分布履步之謂。書禹貢云「禹敷土」，義亦同。言宇宙雖大，而人行履步由近可以及遠。張云「敷，至也，以近敷遠」，亦通。**天而必缶，**天，依說當作「大」，即上文「一大而正」之義。**說在得。**說無「得」義。未詳。**行循以久，**楊云：「循，經說作『脩』。」張云：「循當爲『脩』。」案：張校是也。**說在先後。**句。**貞而不撓，說在勝。**楊云：「貞，經說作『負』。」詒讓案：當爲「負」。說云「招負衡木」是也。說文木部云：「橈，曲木也。」「撓」即「橈」之俗。**一法者之相與也盡，**王云：「畢以『一』字屬上句，非。」案：張讀亦與畢同誤。說云「一方盡類」，則此「盡」下當脱「類」字。**若方之相合也，**合，舊本譌「召」。王引之云：「『召』當作『合』。經說下云『或木或石，不害其方之相台也』，『台』亦『合』之誤。一，同也。一法，同法也。廣雅：『與，如也。』盡猶皆也。言同法者之彼此相如也，皆若物之方者之彼此相合也。」案：王校是也，今據正。

**說在方。**句。**契與枝板，說在薄。**張云：「『契』當爲『挈』，『枝』當爲『收』，『板』字亦誤。」案：張說是也。說云「挈，有力也」，又云「挈，上者愈得，下者愈亡。收，上者愈喪，下者愈得」，可證。「契」、「挈」同聲叚借字。說文手部云：「挈，縣持也。」挈與提義同。「板」疑當作「仮」，仮、反同，謂挈與收二力相反也。或云涉上「收」字而衍，亦通。又說無「薄」義，疑當爲「權」之誤。**狂舉不可以知異，**張云：「狂，妄也。」案：張說是也。「狂舉」猶言妄說。亦見公孫龍子。詳經說下。**說在有不可。**張云：「如非牛不可之類。」**牛馬之非牛，與可之同，說在兼。**張云：「牛馬非牛，或可或不可，專則不可，兼則可也。」詒讓案：兼，謂兼舉牛馬也。荀子正名篇云「單足以喻則單，單不足以喻則兼」，即其義。「可之」疑當作「不可」，即承上經爲文，言兼舉牛馬，則非牛亦非馬，即不可謂之牛、謂之馬也。**倚者不可正，**說云：「邪倚焉〔二〕則不正。」又疑此論轉重法，則「正」或當爲「止」。說又云：「梯者不得流。」流與止文相對。**說在剃。**說云「車梯」，則「剃」當作「梯」，蓋聲之誤。**循此循此與彼此同，說在異。**說無「循」義。張云：「兩『循』字皆衍。此此，此之此也；彼此，彼之此也。各此其此，同也，其所以彼此異。」案：張說未知是否？**推之必往，**推，依說當作「柱」。「往」疑當作「住」。蓋謂凡物楮柱之，則住而不動。說云：「方石去地尺，關石於其下，縣絲於其上，使適至方石。不下，柱也。」住即不下之義。**說在廢材。**廢亦置也，謂置材於地，若說所云「方石」。說下又云「廢石於平地」，此義與彼同。**唱和同患，**言唱而不和，和而不唱，其患同。詳經說下。**說在功。**張云：「不唱

〔二〕「焉」字原脱，據經說下補。

不和俱無功。」**買無貴，〈說云：「刀輕則糶不貴」〉說在仮其賈。**畢云：「仮，反字異文，下仿此。」詒讓案：集韻二十阮：「反，或作『仮』。」說文辵部「返」重文作「彶」，云：「春秋傳返从彳。」「仮」蓋「彶」之異文，叚借爲「反」字。張云：「反，變也。」**聞所不知若所知，則兩知之，說在告。**張云：「不知者，人告之即知。」**賈宜則讎，**謂議其賈直所宜。經說上云：「賈宜，貴賤也。」畢云：「『售』字古只作『讎』」，後省。前漢書高帝紀云『高祖每酤留飲，酒讎數倍』，如淳曰：『讎亦售也。』」**說在盡。**盡猶適足。言無所絀。**以言爲盡誖，**句。**誖，**謂人言有是非，概庛其非，亦非也。**說在其言。**「在其」二字舊本到，今據道藏本、吴鈔本乙。言當辨其言之可否。張云：「言無盡誖者。」**無說而懼，說在弗心。**張云：「弗心，不自信。」案：張說非是。「心」當作「必」，安危不可必，故懼。說云：「在軍，不必其死生；聞戰，亦不必其生。前也不懼，今也懼。」是其證。**唯吾謂，**句。**非名也則不可，說在仮。**唯，舊本作「惟」，今據吴鈔本正。說文口部云：「唯，諾也。」言部云：「諾，譍也。」禮記玉藻云「父命呼，唯而不諾」，孔疏云「唯恭於諾也。」呂氏春秋圜道篇云：「唯而聽，唯止。」「唯吾謂」，言吾謂而彼應之，若非其正名，則吾謂而彼將不唯，故不可也。與上文「唯是」文義正相對。仮亦與反同，反謂卻之不應也。莊子寓言篇云：「與己同則應，不與己同則反。」孟子公孫丑篇云「惡聲至必反之」，趙注云「以惡聲加己，己必惡聲報之」，亦此義。詳經說下。**或，過名也，說在實。**或，「域」正字。過名，謂過之而成是名。若過北而成南，過南而成北，說云「然而謂此南北，過而以已〔二〕爲然」是

〔二〕「已」，原誤「此」，據本書經說下改。

也。實，謂方域有定，與方名無定文相對。莊子庚桑楚篇說「宇」爲「有實而無乎處」，域與宇同。故經下又云「宇或徙」。**無窮不害兼，**張云：「人雖無窮，不害兼愛。」**說在盈否知。**即說人盈無窮、不盈無窮之義。張云：「知人之盈與否。盈，多也。否，不盈，少也。」**知之否之，足用也，諄，**張云：「『諄』宜爲『誖』」。知之否之，不知也。不知則無以論，乃以爲足用，是誖也。」**說在無以也。**吳鈔本「以」作「已」。案說作「以」，已、以字同。**不知其數而知其盡也，說在明者。**張云：「不知天下人之數，而可以知愛之盡，以其明之。」案：張說未塙。此「明」疑當作「問」，說云「盡問人，則盡愛其所問」，即其義。**謂辯無勝，必不當，**張云：「辯必有勝，謂辯無勝者必其辯不當，故當反求其辯也。」**說在辯。不知其所處，不害愛之，說在喪子者。**吳鈔本作「有」，非。經說下無說。張云：「不知天下民之所處，而愛可及之。喪，失也，失子者不知子之所在，不害愛子。」**無不讓也，不可，說在始。**張云：「辯不必讓，當審其始。」案：說無「辯」義，張說不足據。「始」疑當作「殆」。詳經說下。**仁義之爲內外也，內，**「內外」舊本倒，今據吳鈔本乙。末「內」字誤，疑當爲「非」。張云：「此與告子之徒辯義外也。」**說在仵顏。**說無此義。畢讀「在仵」句絕，云：「此亦未詳其義。」張云：「玉篇云：『仵，古吳切，偶敵也。』」詒讓案：「仵顏」疑當作「頡仵」。呂氏春秋明理篇云「其民頡啎百疾」，高注云：「頡猶大；啎，逆也。」「仵」、「啎」字通，詳前。「頡」、「顏」形近而誤，傳寫又到其文，遂不可通耳。頡仵，即說所云「狂舉」也。又疑此當作「仵觭」，即莊子天下篇所謂「觭偶不仵」也。「觭」誤作「顏」。經說下篇「觭倍」之「觭」作「頎」，與此正相類。仵觭亦抵牾不合之意。**於一有知焉，有不知焉，說在存。**說云：「於石一也，堅白二也，而在石。」此云「存」，即「在石」之義。謂堅白在石之中，視之知其白而不知其堅，拊之知其堅而不知其白，義具公孫龍子堅白論篇，説詳經説下。或云「存」疑當作「石」，亦通。**學之益也，説在誹者。**張云：「誹，非也，誹學之人。」案：説無「誹」義，張説未塙。此疑當作「學之無益也，説在誖者」。言庰學爲無益，於論爲誖也。此脱二「無」字，而「誖」又涉下文而誤爲「誹」，遂不可通。**有指於二，而不可逃，**謂指一得二，無所逃也。**説在以二絫。**畢云：「説文云：『絫，增也，从厽从糸。絫，十黍之重也。』漢書注：『孟康曰：絫音累蠡〔二〕。師古曰：絫，孟康音來戈反，此字讀亦音纍紲之纍。』」楊云：「絫，經説作『參』。」張云：「『絫』當爲『參』，或兼指，或參指。」案：張説是也。「二參」即二三。廣雅釋言云：「參，三也。」説云：「若智之，則當指之智告我，則我智之。兼指之，以二也。衡指之，參直之也。」**誹之可否，不以衆寡，**即説云多誹、少誹。**説在可非。**句。**所知而弗能指，説在春也、逃臣、狗犬、貴者。**「春」字誤，説同，未詳。楊云：「貴，經説作『遺』。」張云：「『貴』當爲『遺』。」案：張校是也，當據正。**非誹者諄，説在弗非。**張云：「『諄』當爲『誖』，誹皆當，則非誹者誖。」案：張説是也。「弗非」，即當理之謂。**知狗而自謂不知犬，**句。**過也，説在重。**亦即重同之義，詳前。張云：「知而又知，是謂重知。」俞云：「畢讀『説在重物』爲句，非也。上文云：『狗，犬也，而殺狗非殺犬也，可，説在重。』文義與此相近，然則此文亦當以『説在重』斷句矣。」**物甚不甚，**舊本作「物箕不甚」。張云：「『箕』疑當爲『莫』。」俞云：「疑當作『物甚不甚』，言有甚有不甚也。『甚』誤作『其』，又誤爲『箕』耳。」案：俞説是也，楊校同，今據正。吴鈔本「甚」作「順」，尤誤。

---

〔二〕按：畢引漢書注見漢書律曆志上。宋景祐本漢書此注作「音蠡」，是。「累」字爲衍文。

說在若是。說云：「莫長於是，莫短於是。」通意後對，張云：「先通彼意，後乃對之。」說在不知其誰謂也。張云：「否則不知其何謂。」取下以求上也，說在澤。顧云：「『澤』字句。」案：顧讀是也。說云：「取高下以善不善爲度，不若山澤。」是是與是同，說在不州。此有譌字，說亦難通。畢云：「疑云『不同』。」張云：「州，說作『文』。」楊云：「疑『文』之譌。」案：說「不文」似非即此字，張、楊說非。莊子寓言篇云「同於己爲是」，是或即此義。

## 經說上第四十二

故，此目下文。小故，句。有之不必然，吳鈔本誤作「必不然」。無之必不然。體也，若有端。五字與上下文義不相屬，張校移箸下節「體」字上，云：「物之有體，若有其端。」案：張校近是。大故，句。有之必無然，此疑當作「大故有之必然，無之必不然」，與上「小故」文正相對。「小故」、「大故」，謂同一言故，而語有輕重，事有大小也。今本上句脱「然」字，下句脱三字，遂不可通。若見之成見也。義亦難通。張云：「若者，指事之詞。目之見，性也。然不接物則不見，接物而不故欲見之，亦不成見。是見之所以成其見者，乃故也。」案：張說亦迂曲。以經校之，疑上「見」字當爲「得」之誤。「得」正字作「㝵」，壞脱僅存上半，遂成「見」字，故古書多互譌。下「見」字當爲「是」字之誤。言得彼乃能成此也。顧云：「此釋經上『故，所得而後成也』。」體，句。若二之一，尺之端也。尺之端，謂於尺幅中分之，其前爲端。經上云「端，體之無序而最前者也」，此後文亦云「尺前於區穴而後於端」，皆其義也。此「端」與小爾雅「廣度倍丈謂之端」義異。凡數兼一成二，故一爲二之分。幅兼端爲尺，故端爲尺之分。張云：「一分二之體，端分尺之體。」畢云：「此釋經上『體，分於兼也』。」**知材**，句。**知也者，所以知也**，上二「知」字讀爲「智」，言知生於智。荀子正名篇云：「所以知之在人者謂之知，知有所合謂之智。」**而必知**，張云：「智者必知。」**若明**。管子宙合篇云「見察謂之明」，此叚目喻知也。下文以睨況慮，言不必見，以見況知，則必見矣。此以明況智，則所見尤審焯。取譬不同而義並相貫。畢云：「此釋經上『知，材也』。」**慮**，此亦目下文也，與下文「知」、「𢜔」並述經而後釋其義。畢、張皆誤屬上讀，俞又謂皆涉下而衍，並未達其義。**慮也者以其知有求也，而不必得之**，言以知求索，而得否不可必。**若睨**。説文目部云：「睨，衺視也。」謂有求而不必得，若睨而視之，見不見未可必也。楊云：「莊子庚桑楚篇：『知者之所不知，猶睨也。』」畢云：「此釋經上『慮，求也』。」**知**，句。**知也者以其知過物而能貌之**，貌，吴鈔本作「皃」。「過」疑當爲「遇」，與經云「接」同義。説文皃部云：「皃，頌儀也，籒文作『貌』。」能貌之，謂能知物之形容，與經説下「貌能」爲「貌態」異。**若見**。畢云：「此釋經上『知，接也』。」**𢜔**，舊本譌「恕」。顧云「當從經作『𢜔』」，是也，今據正，下同。**𢜔也者以其知論物，而其知之也著**，句。**若明**。與上經「知，材也」義同，而體用則微别。畢云：「此釋經上『恕，明也』。」案：「恕」當作「𢜔」。**仁**，句。**愛己者非爲用己也，不若愛馬**，張云：「愛己非爲用己也，愛馬爲用馬也。愛所不用，則非己無愛也，未足明愛。愛所用，則非己亦愛也，愛足明也。言當觀仁於兼愛。」案：張説是也。但疑「己」或當爲「民」。民，唐人避諱闕筆，與「己」形近，因而致誤。淮南子精神訓云「聖王之養民，非求用也，性不能已」，此義或與彼同。**著若明**。三字無義，疑「著」當爲「者」，屬上讀，涉上文而誤作「著」，又并衍「若明」二字。畢云：「此釋經上『仁，體愛也』。言當觀仁於愛物。」**義**，句。**志以天下爲芬，而能能利之，**

**不必用。**畢云：「此釋經上『義，利也』。言意以爲美，而施之又忘其勞。」張云：「芬，美也。而能，才也。」俞云：「『志』當作『者』，草書相似而誤。能能疊用無義，當作『而能利之，不能必用』。下文『孝以親爲芬，而能能利親，不必得』，亦當作『而能利親，不能必得』，誤與此同。」案：畢、張、俞説並非。此下「能」字，當讀如詩書「柔遠能邇」之「能」。漢書百官公卿表顏注云：「能，善也。」「能能利之」，言能善利之也。「志」字亦不誤。惟「芬」義不可通，疑當爲「㤅」之誤。「芬」篆文作「岎」，與「㤅」〔一〕形近。「不必用」，言不必人之用其義也。**禮，**句。**貴者公，賤者名，**言賤者稱貴者爲公，而自名也。張云：「公，君也。『名』當作『民』，古字通用。」案：張説非是。**而俱有敬僈焉，**言貴賤之中復有敬慢之別。荀子不苟篇云「君子寬而不僈」，楊注云：「僈與慢同，怠惰也。」畢云：「僈，『慢』字異文。」**等異論也。**禮有貴賤尊卑等差之異。張云：「論讀爲倫。」畢云：「此釋經上『禮，敬也』。」**行，**句。**所爲不善名，**句。**行也；所爲善名，**句。**巧也，若爲盜。**王引之云：「『善』疑當爲『著』，形相似而誤也。言所爲之事不著名，是躬行也；所爲之事著名，是巧於盜名者也。」畢云：「此釋經上『行，爲也』。」言所爲之事無善名，是躬行也；有善名，是巧於盜名也。」張云：「善名，求善其名也。所爲求善名，其巧如爲盜。」案：畢、張説近是。「巧」疑當爲「竊」，「竊」與盜文義正相貫。「竊」俗書作「窃」，下半與「巧」相似，故譌。大戴禮記文王官人篇「規諫而不類，道行而不平，曰巧名者也」，逸周書「巧」作「竊」，是其證。**實，**句。**其志氣之見也，使人如己，**言待人以實，與己身無異。張云「見其外而

〔一〕「㤅」，原誤「㤅」，不成字，據上文改。㤅即愛之本字。

知其内」，亦通。**不若金聲玉服。**「不」字疑當作「必」。「玉服」，即佩服之玉。周禮玉府「共王之服玉」，鄭衆注云：「服玉，冠飾十二玉。」禮記月令「春服蒼玉，夏服赤玉，中央土服黄玉，秋服白玉，冬服玄玉」，鄭注云：「凡所服玉，謂冠飾及所佩者之衡璜也。」吕氏春秋孟春紀高注云：「服，佩也。」並此「玉服」之義，言其實充美則見於外者，若金聲玉服之昭著，即所謂榮也。文選西都賦李注引尚書大傳云「皆莫不磬折玉音，金聲玉色」，「玉服」與「玉色」義亦相近。張云：「金聲玉服，宣於外也。」畢云：「此釋經上『實，榮也』。」**忠，**句。**不利弱子亥，**「亥」疑當爲「孩」。説文口部云：「咳，小兒笑也。古文作『孩』。」明鬼下篇云「賊誅孩子」，「子亥」猶云「孩子」。「弱子孩」謂小主也。言忠臣之强君，其迹若不利於小主，即書金縢管叔流言，謂周公將不利於孺子之意。**足將入止容。**「止」疑當爲「正」。此言雖强君，而事君必以敬，此其所以爲忠也。畢云：「此釋經上『忠，以爲利而强低也』。」案：低，「君」之誤。**孝，**句。**以親爲芬，而能能利親，不必得。**畢云：「此釋經上『孝，利親也』。言不以爲德。」張云：「孝有不可必得者。」案：「芬」疑亦「㤅」之誤。能能利親，亦謂能善而利之也。不必得，謂不必中親之意。莊子外物篇云：「人親莫不欲子之孝，而孝未必愛。」畢、張説非。**信，**句。**不以其言之當也，**不，亦當爲「必」之譌。**使人視城得金。**言告人以城上有金，視而果得之，明言必信也。畢云：「此釋經上『信，言合於意也』。」**佴，**句。**與人、遇人、衆㥢。**漢書司馬遷傳云「僕又佴之蠶室」，如淳云：「佴，次也。若人相次也。」此與説文佴佽之訓正合。言人相與、相遇，皆相佽比之意。「衆㥢」，未詳，疑「㥢」當爲「揗」，同聲叚借字。説文手部云：「揗，摩也。」言人衆相摩切。畢云：「此釋經上『佴，自作也』。字書無『㥢』字。」案：經「作」疑「佌」之誤。**誚，**當讀爲狷，説詳經上。**爲是爲是之台彼也，**畢云：「台，一本作『治』。」顧云：「『台』讀當爲『詒』。季本作『治』。」案：顧説是也。説文言部云：「詒，相欺詒也。」謂猥者不爲欺人之言。下「爲是」二字蓋誤衍。**弗爲也。**畢云：「此釋經上『詷，作嗛也』。」**廉，**疑當爲「慊」。**己**〔一〕**惟爲之，**「惟」當作「雖」，同聲叚借字。**知其⿰思耳也。**舊本「⿰思耳」上有「也」字。畢云：「一本作『知其思耳也』」，是。此釋經上『廉，作非也』。」詒讓案：經「廉」亦疑當爲「慊」，禮記坊記注云：「慊，恨不滿之貌也。」孟子公孫丑篇「吾何慊乎哉」，趙注云：「慊，少也。」淮南子齊俗訓高注云：「慊，恨也。」「⿰思耳」上別本無「也」字，是，今據删。字書無「⿰思耳」字，別本作「思耳」，顧校季本同，亦非。以文義校之，當爲「諰」之譌。荀子彊國篇云「雖然，則有其諰矣」，楊注云：「諰，懼也。」此「其⿰思耳」即荀子之「其諰」，與論語「慎而無禮則葸」之「葸」聲義亦相近。此冡上爲文，言狷者則有所不爲，慊者己雖或爲非，而心常自恨，猶知懼也。**所令，非身弗行。**弗，吴鈔本作「不」，疑當依經作「所行」，言使他人作之，非身所親行也。畢云：「此釋經上『令，不爲所作也』。」**任，**句。**爲身之所惡，**即經所謂「損己」。**以成人之所急。**即經所謂「益所爲」。畢云：「此釋經上『任，士損己而益所爲也』。言任俠輕財。」**勇，**句。**以其敢於是也，命之；**命猶名也，言因敢得名。張云：「人有敢亦有不敢，就其敢於此，則命之勇矣。」**不以其不敢於彼也，害之。**畢云：「此釋經上『勇，志之所以敢也』，言勇憿。」**力，**句。**重之謂下，**句。**與重，奮也。**「與」疑當作「舉」。言凡重者必就下，有力則能舉重以奮也。楊云：「以重力激之，使其下奮出，而至高遠，故曰『下與重奮』。」案：楊讀非是。畢

---

〔一〕「己」，原誤「已」，據畢沅刻本改。

云：「此釋經上『力，刑之所以奮也』。」案：刑、形同。**生**，句。**楹之生**，楹，吴鈔本作「盈」。畢云：「『楹』當爲『形』。」**商不可必也。**畢云：「此釋經上『生，刑與知處也』。『商不可必』，言不可知量。」詒讓案：「商」疑當爲「常」，聲近而誤。言生無常，形與知合則生，離則死也。經刑亦與形同。**卧**。句。**夢**。張云：「即以夢説卧，或有闕文。」案：此疑以「卧」、「夢」義易明，故述而不説。依張説，此釋經上「卧，知無知也。夢，卧而以爲然也。」**平**，句。**惔然。**張云：「『惔』疑當爲『憺』。」案：張説是也，楊説同。集韻四十九敢云：「『憺』或作『惔』。」説文心部云：「憺，安也。」即經所謂「無欲惡」。依張説，此釋經上「平，知無欲惡也」。**利**，句。**得是而喜，則是利也。其害也，非是也。害**，句。**得是而惡，則是害也。其利也，非是也。**畢云：「此釋經上『利，所得而喜也』，『害，所得而惡也』。」**治**，句。**吾事治矣，人有治南北。**有，疑當讀爲又，或當作「人治有南北」。言吾事治則自治其身，人治則當廣求之四方。亦求得之意。畢云：「此釋經上『治，求得也』。」**譽之**，句。**必其行也，其言之忻**，説文心部云：「忻，闓也。」司馬法曰「善者忻民之善，閉民之惡」，即此義。張云：「若是者，其言可忻悦也。」**使人督之。**督，「篤」之借字。書微子之命云「曰篤不忘」，左僖十二年傳云「謂督不忘」，「督」即「篤」也。爾雅釋詁云：「篤，厚也。」言使人厚於爲善行。張以此句屬下説「誹」，云「督，正也，人有惡，使人自正之」，恐非。畢云：「此釋經上『譽，明美也』。」

**誹**，句。**必其行也，其言之忻。**誹譽義相反，説不宜同，疑皆涉上而誤，下亦有脱文。畢云：「此釋經上『誹，明惡也』。」**舉**，道藏本、吴鈔本作「譽」，涉上而誤。**告以文名，舉彼實也。**春秋文八年「宋殺其大夫司馬，宋司城來奔」，公羊傳云「司馬者何？司城者何？皆官舉也」，何休注云：「皆以官名舉言之。」荀子儒效篇亦云「繆學襍舉」。

案：此「舉」與公羊、荀子義正同。文名，言以文飾爲名。又疑此篇「之」字多誤爲「文」，此「文名」亦當作「之名」。「之名」猶言是名，與「彼實」文相對，亦通。畢云：「此釋經上『舉，擬實也』。」**故言也者，諸口能之出民者也。**王引之云：「當作『故言也者，出諸口能之民者也』。『出』字誤倒在下，『能』下又脱一字。能與而通，謂言出諸口而加之民也。繫辭傳曰：『言出乎身，加乎民。』」案：王説移易太多，似未塙。竊疑「口能」即謂口之所能，猶經上云「言，口之利也」。「民」當爲「名」之誤，後文云「聲出口，俱有名」。出名，亦謂言出而有名，猶經云「出舉也」。**民若畫俿也。**「民」疑亦「名」之誤。蓋言名與實不同。字書無「俿」字。太玄經止次七「車纍其俿」，范望注云：「俿，輪也。」案非此義。畢云：「俿，『虎』字異文。」**言也，謂言猶石致也。**此義難通。「言也」下疑當有「者」字。畢云：「『石』當爲『實』。此釋經上『言，出舉也』。」案：「實致」亦無義。「石」疑「名」之誤，猶與由通，謂言因名以致之。**且，**句。**自前曰且，自後曰已，方然亦且。**呂氏春秋音律篇高注云：「且，將也。」俞云：「此當讀『且』句，『自前曰且』句，『自後曰已』句，『方然亦且』句。蓋凡事，從事前言之或臨事言之，皆可曰『且』。如『歲且更始』之『且』，事前之且也。如『匪且有且』之『且』，毛傳曰『此也』，此方然之且也。惟從事後言之，則爲已然之事，不得言且，故云『自後曰已』。」**若石者也，**畢云：「此釋經上『且，言然也』。」俞云：「『若石者也』，涉下句『君以若名者也』而衍，又誤『名』爲『石』耳。」詒讓案：「若石者也」疑當作「臣民也者」，乃約述經語以起下文，今本譌舛不可通，遂誤屬之上章耳。**君，**句。**以若名者也。**張云：「謂以臣萌名。」畢云：「此釋經上『君、臣，名通約也』。名，經上作『萌』，誤。」案：經云「萌」，即氓字，不誤。此言君之名，對臣民而立，故云「以若名」。若，即指臣民也，畢説非。**功不待時，若衣裘。**「不」疑當爲

「必」。言功之利民必合時宜，若夏衣而冬裘也。張云：「冬資葛，夏資裘，不待時而利。」案：張説亦通。舊本重此七字。畢云「疑衍」，張説同。案：吴鈔本亦無，今據删。畢云：「此釋經上『功，利民也』。」**賞**。疑當在下文，誤箸於此。**罪不在禁，惟害無罪，殆姑**。「殆」，疑當爲「隸」之叚字。説文隶部云：「隸，及也。」姑與辜通，言罪不必犯禁，惟害無罪，則及罪也。**上報下之功也**。此句上當有「賞」字。**罰**，句。**上報下之罪也**。「上報下之功也」六字當在「罪不在禁」上，乃述經語，而未著説，今本貿亂不可通。畢云：「此釋經上『賞，上報下之功也；罪，犯禁也；罰，上報下之罪也』。」**侗**，説文人部云：「侗，大皃。」又言部云「詷，共也」，引周書云「在夏后之詷」，今書顧命「詷」作「侗」，釋文引馬融本字義並與許同。禮記祭統云「同之言詷也」。是同、侗、詷三字並通，故此經作「同」，説作「侗」也。張云：「『侗』當爲『同』。」**二人而俱見是楹也**，楹，疑亦「形」之誤。張云：「一楹也，二人俱見，俱謂之楹，是同也。」案：張説亦通。**若事君**。事，舊本作「是」，今據道藏本、吴鈔本正。似言猶衆人同事一君。此釋經上「同，異而俱於之一也」。**久**，句。**古今旦莫**。舊本「久」上衍「今」字，「旦」譌「且」。王引之云：「上『今』字因下『今』字而衍，『且』當爲『旦』。言古今異時，旦莫異時，而偏歷古今旦莫則久矣，故曰：『久，古今旦莫。』故經上云：『久，彌異時也。』彌，偏也。」案：王校是也，顧、張校亦以「且」爲「旦」，今並據删正。**宇**，句。**東西家南北**。顧云：「『家』字衍。」王校同。案：家猶中也，四方無定名，必以家所處爲中，故著家於方名之閒，非衍文也，今不據删。畢云：「此釋經上『久，彌異時也。守，彌異所也』。」案：守，「宇」之誤。**窮**，句。**或不容尺，有窮**；言前雖或有不容尺之餘地，然此不容尺之外即爲盡處，是有窮也。張云：「或不容尺，實也，雖未窮而有窮。」**莫不容尺，無窮也**。張云：「莫不容尺，虚也，雖窮而無窮。」畢云：「此釋經上『窮，或有前，不容尺也』。」**盡**，吴鈔本作「静」，誤。**但，止動。**「但」疑當作「俱」，謂盡與俱義略同。止動，謂事無動静皆然，即經所謂「莫不然也」。畢云：「此釋經上『盡，莫不然也』。」**始**，句。**時或有久，或無久，始當無久。**張云：「時有此二者，始則當其無久也。無久，久之始也。」案：張説是也。此言「始」者，或時已歷久，而追溯其本；或時未歷久，而甫發其端，二者皆謂之始。但始必當無久時，若已有久，則不得爲始也。列子釋文引「始時」作「夫物」，疑誤，「無」並作「无」。畢云：「此釋經上『始，當時也』。」**化**，句。**若鼃爲鶉。**列子天瑞篇亦有此文，釋文引此末有「也」字。畢云：「此釋經上『化，徵易也』。」孫星衍云：「淮南齊俗訓云：『夫蝦蟆爲鶉，生非其類，唯聖人知其化。』」詒讓案：説文黽部云「鼃，蝦蟆屬」，淮南書即本此。荀子正名篇云：「狀變而實無別而爲異者，謂之化。有化而無別，謂之一實。」**損，偏去也者，兼之體也。**舊本無「去」字，今依王校補。「兼之體」，即上文「一之二、尺之端」之義。兼者，合衆體；偏去，言於衆體中損去其一體也。經上云「體，分於兼也」，亦即此義。**其體或去或存，謂其存者損。**「存」上舊本脱「或」字。王引之云：「經上云『損，偏去也』，則此當云『損，偏去也者，兼之體也，其體或去或存，謂其去者損』，寫者脱誤耳。」張云：「一物兼二體，體一去一存。就其存者言則損矣。」案：王校增「或」字，是也，今據補。「謂其存者損」，當如張説，「存」字非誤，今不據改。畢云：「此釋經上『損，偏去也』。」**儇**，當爲「環」，詳經上。**昫民也。**畢云：「昫，經作『稘』。此釋經上『儇，稘秪』。」詒讓案：「昫」當爲「俱」，「民」當爲「氐」，經作「儇，稘秪」，亦誤，説詳經上。**庫**，當作「庳」，詳經上。**區穴若**，句。**斯貌常。**貌，吴鈔本作「皃」。管子宙合篇云：「區者，虚也。」「區穴」猶云空穴，「區穴若」，猶言若區穴，文偶到耳。「斯貌常」疑當作「所視庳」。備城門篇「時令人行視封」，視，今本亦誤作「貌」，可證。「常」、「庳」音近而誤。言雖有區穴，視之則庳而不見也。畢云：「此釋經上『庫，易也』。」案：「庫」亦「庳」之誤。**動，**句。**偏祭從者，**此義難通。「從」亦當作「徙」。經云「動，或徙」，與經下「宇，或徙」二文正同，則是遷地之義。疑「偏祭」當作「偏際」，謂動則周偏所接之域。經說下云「區宇不可偏舉」，偏、徧字亦通，詳非攻下篇。**户樞免瑟。**呂氏春秋盡數篇云：「户樞不螻，動也。」張云：「瑟，蝨同。户樞不蠹，動故也。」案：依張說，「免蝨」謂免於蠹，義未塙。竊疑「免瑟」當作「它蠶」，「它」即「蛇」正字，說文它部云：「它，虫也。上古艸居患它，故相問無它乎？或作『蛇』，从虫。」干禄字書：「蠶，俗作『蚕』。」「它蚕」與「免瑟」形近而譌。下文「免蚓」，「免」亦即「它」字。耕柱篇「白若之龜」，龜，今本譌作「黽」，龜亦从它也，皆可以互證。户樞與它蠶，皆常動之物。畢云：「此釋經上『動，或從也』。」案：「從」亦「徙」之誤。**止，**句。**無久之不止，當牛非馬，**當猶言是也。經上云「辯勝，當」，即謂是者勝也。淮南子齊俗訓云「從牛非馬」，疑即此義。張云「無久之不止，以不止爲不止也，其理易見，故當牛非馬」，亦通。**若矢過楹。**矢，舊本譌「夫」。張云：「疑亦當爲『人』。」王引之云：「『夫』當作『矢』，矢之過楹，久則止而不行，故曰『無久之不止，若矢過楹』。鄉射禮記曰『射自楹閒』，故以『矢過楹』爲喻。」案：王校是也，今據正。莊子天下篇云「鏃矢之疾，而有不行不止之時」，疑此義與彼略同。**有久之不止，當馬非馬，**莊子齊物論篇云「以馬喻馬之非馬，不若以非馬喻馬之非馬也」，疑即此義。或謂當作「當馬非牛」，亦無義可說。此與上云「當牛非馬」二句，並與上下文不相冡，而與後「彼，凡牛樞非牛」章文相近，或有錯誤。張云「有久之不止，以不止爲止也。其理難見，故當馬非馬」，亦通。**若人過梁。**「梁」謂橋梁。若人過橋梁，不過不止也。張云：「人過梁，不止以求止也。」畢云：「此釋經上『止，以久也』。」**必**，句。**謂臺執者也。**執，道藏本、吴鈔本作「孰」，非。畢云：「『臺』疑『握』字，說文云：『㪇，古文握。』握執，言執持必然者也。」案：畢說是也。「握」古文又見淮南子詮言訓，今本亦誤「臺」。又俶真訓云「臺簡以游太清」，高注云：「臺猶持也。」釋名釋宮室云：「臺，持也，築土堅高，能自勝持也。」莊子庚桑楚篇云「靈臺者有持，而不知其所持，而不可持者也」，釋文云：「靈臺，謂心有靈智，能任持也。」則「臺」似本有持訓，不破字亦可通。**若弟兄一然者一不然者，必不必也，是非必也。**張云：「弟兄一然一不然，是必不能必者也，若是者非必也。言必者，是絶無不然者也。」畢云：「此釋經上『必，不已也』。」**同**，句。**捷與狂之同長也。**捷，吴鈔本作「揵」。畢云：「一本作『楗』。」案：顧校季本同。**心中，自是往相若也。**捷讀爲插。詩小雅鴛鴦篇「戢其左翼」，釋文引韓詩云：「戢，捷也，捷其噣於左也。」儀禮鄉射禮注云「搢，插也」，釋文「插」作「捷」，是其證。「狂」當爲「往」之誤。所插者，即重差之立表，亦即考工記匠人之「置槷」是也，謂插表於地。「同長」即同高也。插一表於中，以測日出入之景，而規畫其端，更於景東西南北端各立一表，而以中一表爲心，外四表爲邊，規畫其邊，周匝成圜形，則自圜邊爲多綫以往湊中點，其長諸綫必正相等。此即「同長」、「相若」之義。亦詳經上。畢云：「此釋經上『平，同高也』，『同長，以正相盡也』，『中，同長也』。」**厚**，句。**惟無所大。**畢云：「此釋經上『厚，有所大也』。言唯其大無所加，是所謂大也。」案：畢說未允。此謂積無成有，其厚不可極也。與經文相反，而實相成。詳經下。**圜**，句。**規寫攴也。**「寫」，謂圖畫其象。周髀算經云「笠以寫天」，趙爽注云：「寫猶象也。」攴，吴鈔本作「支」，下同。攴、支義並未詳，疑當爲「交」之誤。後備城門篇「薪食足以支三月以上」，支，今本誤「交」。此「交」誤作「支」，猶彼「支」誤作「交」也。凡以規寫圜形，其邊綫周帀相湊，謂之交。或爲直綫以湊圜心，中交午成十字形，亦謂之交。考工記匠人云「爲規識日出之景與日入之景」，鄭注云：「日出日入之景，其端則東西正也。又爲規以識之者，爲其難審也。自日出而畫其景端以至日入，既則爲規測景兩端之内，規之，規之交乃審也。度兩交之間中屈之以指臬，則南北正。」鄭説可證此「規寫交」之義。張云：「説文：『攴，小擊也。』疑『攴』爲法度之義，或『支』爲『及』字之誤，下同。」案張説並非是。畢云：「此釋經上『圜，一中同長也』。」**方**，句。**矩見支也。**「見支」疑亦當爲「寫交」。矩寫交者，以矩寫方形，其邊綫周帀相湊，及隅綫相午貫，亦皆謂之交也。張云「見、寫大同」，非是。畢云：「此釋經上『方，柱隅四讙也』。」案：「讙」當爲「襍」之誤。**倍**，句。**二尺與尺但去一。**張云：「二尺與一尺，但相較一也。」畢云：「此釋經上『倍，爲二也』。」**端**，句。**是無同也。**張云：「若有同之，即非最前。」畢云：「此釋經上『端，體之無序而最前者也』。」**有間**，畢云：「此與下『閒』舊作『聞』，俱以意改。」**謂夾之者也。**謂有物夾之。畢云：「此釋經上『有間，中也』。」**閒**，句。**謂夾者也。**張云：「就其夾之而言，則謂有間；就其夾者而言，則謂之閒。」**尺前於區穴而後於端**，尺，與上文「前不容尺」之「尺」義同。謂凡物前盡處爲端，後距端一尺爲尺，更後盡處則爲區穴。區穴謂空隙，若布帛裁削之縫際皆是也。此蓋以方制布幅爲況，凡古布幅，皆廣二尺二寸，爲衣，則削其邊各一寸縫之，儀禮喪服賈公彦疏云「整幅二尺二寸，凡用布爲衣物及射侯，皆去邊幅一寸爲縫殺」是也。蓋方制從衡正等，去邊縫各寸，則幅止二尺，中半適一尺矣。**不夾於端與區内。**畢云：「『内』疑『穴』字。」張云：「如有物尺，前有區穴，後有端，端與區穴所夾非閒也，閒乃是區穴之内，但與區内〔二〕相及，故

〔二〕「内」，原誤「穴」，據張惠言墨子經説解改。

云『不及旁』。」案：張讀「内」如字，不如畢校改「穴」之允。此似謂前有端，後有區穴，尺雖有其中，然與前後幅相連屬不絶，則不得爲二者所夾也。或云「不」當爲「必」，亦通。**及，**如是者謂之「及」。**及非齊之及也。**張云：「齊，等也。此申說『及』字之義，若論齊等之『及』，則區穴與端之所夾爲中間，穴内宜爲旁。惟不論齊等之及乃夾者，但與區内相及也。」案：張說亦未析。此似言所謂「不及旁」者，非不齊旁之謂及，止謂彼此相次，齊則盡其邊際，二者同而異也。畢云：「此釋經上『閒，不及旁也』。」**纑閒虚也者，**舊本脱「閒」字，王據經增，今從之。纑與櫨同，詳經上。**兩木之閒，謂其無木者也。**櫨爲柱上小方木，兩櫨之閒空虚之處則無木。張云：「與夾者相及，則謂之閒。但就其虚處，則謂之纑。」案：張依舊本爲釋，恐非。畢云：「此釋經上『纑，閒虚也』。」**盈，**句。**無盈無厚。**言物必有盈其中者，乃成厚之體，無所盈則不成厚也。**於尺無所往而不得。**此上下文雖多云「尺」，然此「尺」字實當作「石」，形近而誤。經說下「廢石於平地」，「石」亦譌「尺」，可證。此與下文，並以堅白石爲釋。言堅白在石，同體相盈，則彌滿全體，隨在皆有堅，亦隨在皆有白，故云「無所往而不得」，亦即所謂「相盈」也。畢云：「此釋經上『盈，莫不有也』。」**得二，**「二」即謂「堅白」也。公孫龍子堅白論篇云：「無堅得白，其舉也二；無白得堅，其舉也二。」此云「得二」，亦謂得白得堅分爲二也。**堅異處不相盈，**「堅」下當有「白」字。**相非，是相外也。**經說下云「於石一也，堅白二也」，故云「得二」。蓋離堅白爲二而異處，則堅非白，白亦非堅，是爲「不相盈」，亦即爲「相外」。若合而同體，則堅内含有白，白内亦含有堅，是爲「不相外」。此義亦見公孫龍子，互詳經說下。畢云：「此釋經上『堅白，不相外也』。」**攖，**句。**尺與尺俱不盡，**言尺與尺相攖，則前尚有餘地，故兩俱不盡。**端與端俱盡，**舊本「與」譌「無」，「俱」譌「但」。張云「『無』

疑當作『與』，『但』當作『俱』」，是也，今據改。經上云「端，體之無序而最前者也」，是端前更無地，故相攖則兩俱盡。

**尺與或盡或不盡，**「尺與」下，張云疑脱「尺」字。案：張校與上文歧牾。此疑當有「端」字，誤錯箸於後。言尺與端相攖，則端盡尺不盡。

**堅白之攖相盡，**此言堅白雖殊而同託於石，性色相含，彌滿無閒，故其攖爲相盡，即經說下堅白相盈之義。

**體攖不相盡。**言凡物兩體相攖，雖攖而各自爲體，不能相含，是即不相盡也。

**端。**此與上下文不相屬，疑即上「尺與端」句之脱字，誤錯箸於此。畢、張、楊並讀「端」屬上爲句。張云：「『尺與尺俱不盡』，則體相攖。『端與端俱盡』，則端相攖。『尺與尺或盡或不盡』，則端體並相攖。體之攖可盡，而端之攖不可盡。」案：此讀恐非，張説亦未析。王讀「端仳」爲句，尤誤。畢云：「此釋經上『攖，相得也』。」

**仳，**畢云：「疑『似』字。」張校同。王引之云：「仳與比通。比者，竝也。」案：王説是也。集韻六至云：「仳，及也。」與比義亦相近。

**兩有端而后可。**畢云：「有，一本作『目』。此釋經上『似，有以相攖，有不相攖也』。」案：顧校季本「有」亦作「目」。「后」，吳鈔本作「後」。經「似」亦即「仳」之誤。

**次，**句。

**無厚而后可。**「后」，畢本作「後」。吳鈔本作「厚」，非。無厚，似謂體極薄而相次比。或疑當作「無序」，見經上，言序次齊平，更無差等，而其體終不合并也，亦足備一義。張云：「無厚乃無閒。」畢云：「此釋經上『次，無閒而不攖攖也』。」案：「攖攖」當作「相攖」。

**法，**句。

**意規員三也俱，可以爲法。**說文貝部云：「員，物數也。」禮記少儀云「工依於法，游於說」，鄭注云：「法，謂規矩尺寸之數。說，謂鴻殺之意。」張云：「意若規而爲員，是法也。」畢云：「此釋經上『法，所若而然也』。」

**佴，然也者民若法也。**若猶順也。畢云：「此釋經上『佴，所然也』。」

**彼，凡牛樞非牛，**此義難通。張云：「可彼可此謂之樞。」案：張説肊定，不足據。「牛樞」疑木名。爾雅釋木云「蘠，菫」，郭注云「詩曰山有蘠，今之刺榆」，今毛詩唐風「蘠」作「樞」。「牛樞」疑即刺榆之大者。古艸木大者，多以牛爲名，若爾雅「茭，牛蘄」、「終，牛棘」之屬是也。「牛樞」叚牛爲名，則非真牛，故曰「非牛」。**兩也，無以非也。**謂牛樞與牛，兩者實不同，則不足辯也。**辯，或謂之牛，謂之非牛，**疑當作「辯者，或謂之牛，或謂之非牛」。**是爭彼也。是不俱當，不俱當，必或不當，**「必」上畢本有「不」字，今據道藏本、吴鈔本删。言兩辯相非，不能皆當，則必有一不當者也。**不若當犬。**當犬，若上云「當牛」、「當馬」。言辯牛之是非而不當，不若謂狗爲犬之當也。經說下云「同則或謂之狗，其或謂之犬也。異則或謂之牛，牛或謂之馬也。俱無勝，是不辯也。辯也者，或謂之是，或謂之非。當也者勝也」，即此章之義。畢云：「此釋經上『攸不可，兩不可也。辯，爭彼也。辯勝，當也』。」案：經「攸」即「彼」之誤。**爲，**句。**欲斵其指，**畢云：「『斵』即『難』異文。」張從之。案：字書無「斵」字，畢説不知何據。此云斵指難脯，義亦並不可通，竊疑並當爲「斲」之譌。耕柱篇、備穴篇「斲」斲譌作「難」。經下篇「斲」舊本或譌从着，故又譌从養也。斲與斫義同，亦詳經下篇。斲指謂斫手指，斲脯謂斫乾脯也。**智不知其害，是智之罪也。若智之，慎文也，**「文」當爲「之」之誤。**無遺於其害也。而猶欲斵之，則離之。**史記管蔡世家索隱云：「離即罹，罹，被也。」案：離，俗作「罹」，同。詩王風兔爰「逢此百罹」，釋文云：「罹，本亦作『離』。」離之，謂因欲而離患也。或疑「離」亦「斲」之誤，上欲斲屬意，下斲之屬事也，亦通。**是猶食脯也，騷之利害，未可知也，**畢云：「騷，臊字假音，讀如山海經云『食之已騷』。」詒讓案：「騷之利害」，疑言臭之善惡。張云：「味之美否也。」**欲而騷，**「騷」上疑脱「得」字。**是不以所疑止所欲也。廧外之利害，未可知也，**畢云：「『廧』字，『牆』俗寫。」詒讓案：左傳襄二十六年「寺人惠牆伊戾」，釋文「牆」作「廧」。**趨之而得力，則弗趨也，**俞云：「『力』字無義，疑『人』字篆書之誤。『趨之而得』爲句，『人則弗趨也』爲句。」案：「力」疑當爲「刀」，經説下亦云「王刀」，皆謂泉刀也。「趨之而得刀」句，言若有人言牆外有泉刀，趨之即得，而不信者則弗趨也。前説「信」云「不以其言之當也，使人視城得金」，此趨牆外得刀，與「視城得金」語意正同。俞説未塙。**是以所疑止所欲也。**俞云：「蓋趨之則得利，而人以爲利害未可知，止而弗趨，是以所疑止所欲也。」張云：「譬如食脯，不知其利害，則仍食之。譬如趨廧外，不知其利害，則弗趨。所疑同，而止、不止異，則不在於知明矣。」**觀爲窮知而傢於欲之理。**張云：「指説經也。」畢云：「傢，『縣』字異文，讀如縣挂之類〔二〕。」詒讓案：「傢」，與莊子寓言篇「無所縣其罪」之「縣」義同，郭象注云：「縣，係也。」言所爲爲欲所牽係，則知或有時而窮。**雝脯而非恕也，**畢云：「恕，『悊』字異文，字書無此字。」張云：「即『智』字誤耳。」案：張説是也，詳經上。爾雅釋器云「魚曰斮之」，即此蔪脯之義。**雝指而非愚也，所爲與不**讀爲「否」。**所與爲相疑也，**張讀作「所爲與所不爲相疑也」，云：「『不所』疑當作『所不』，『與』疑衍。」案：張校亦通。**非謀也。**謂不暇審計而爲之，所謂「縣於欲」也。畢云：「此釋經上『爲，窮知而傢於欲也』。」大指言所知一事，必待爲之而信，其利害否則懸於欲，不以疑而自止。」**已，**句。**爲衣，**句。**成也；治病，**句。**亡也。**張云：「爲衣以成爲已，治病以亡爲已。」詒讓案：亡猶言無病也。漢書郊祀志云「病良已」，注：「孟康云：已，謂病愈也。」畢云：「此釋經上『已，成、

〔二〕「類」，疑當作「縣」。「讀如縣挂之縣」，謂「縣」即「懸」字。按縣、懸爲古今字。

亡』。」**使，**句。**令謂，**句。**謂也，不必成濕；**張云：「以令謂人，是之謂謂。方謂之，成不可必。」盧云：「方言『自關而西，秦晉之間，凡志而不得，欲而不獲，高而有墜，得而中亡，謂之溼』，楊倞注荀子引作『濕』。此『濕』字與方言義同，他合反。」案：方言雖有此義，然古書罕見，盧援以釋此，畢、張、楊並從之，似不甚塙。荀子不苟篇云「窮則棄而儑」，楊注引方言「濕」爲釋，韓詩外傳「儑」作「累」。洪頤煊謂荀子之「儑」，即說文人部云：「儽，垂皃，一曰嬾解。」乘覆也〔一〕。案：洪說甚是。說文人部又有「儡」字，云「相敗也」。老子「儽儽兮其不足，以無所歸」，釋文云：「儽，一本作『儡』，敗也，欺也。」淮南子俶真訓云：「孔墨之弟子，皆以仁義之術教導於世，而不免於儡其身。」蓋儡、儽聲義並相近。此書之「濕」當作「灅」，荀子之「儑」當作「儽」。經典凡从畾、纍與从㬎字多相掍。「灅」即說文「儡」、「儽」之叚字。「不必成儡」，言雖使爲之，而其事之成敗則未可必。「儡」與「成」義正相對也。**故也，必待所爲之成也。**「故也」下當有「者」字。此與經上「故，所得而後成」義同。言因此故而致彼如是，必所爲已成，乃可爲使也。張讀「濕」屬此句，云：「志而不得，而故使之，是之謂故，其事必欲成。」案：張說未塙。畢云：「此釋經上『使，謂、故』。」**名，**句。**物，**句。**達也，**言物爲萬物之通名。荀子正名篇云「故萬物雖衆，有時而欲徧舉之，故謂之物。物也者，大共名也」，即此義。**有實必待文多也。**張云：「物有是實，名以文之。文者實之加，故曰多。」案：依張說，則經「名，達」下當有「多」字，恐非。竊疑「多」當作「名」，言名爲實之文也。上文云「舉，告以文名，舉彼實也」可證。或謂此文「多」與前文「名」，

〔一〕按：「乘覆也」三字非說文「儽」字注，且與文義無涉，疑衍文。

並當作「之名」，亦通。**命之馬**，句。**類也，若實也者必以是名也。**張云：「馬而命之馬，是類也。凡馬之實，皆得名之馬。」案：張說是也。荀子正名篇云「有時而欲偏舉之，故謂之鳥獸。鳥獸也者，大別名也」，即此義。**命之臧**，句。**私也**，「臧」即臧獲之臧，詳後大取篇。言於人之賤者而命爲臧，則臧非人之通名，故曰私。張云：「人而名之臧，是私也。」**是名也止於是實也。**張云：「名止於是實，凡人不得名之。」**聲出口，俱有名，若姓、宇。**吴鈔本作「與」。畢云：「疑『字』。」張云：「當爲『字』，物之有名如人之姓字。」案：畢、張校是也。姓、字亦一人之私，與臧相似。依張說，此釋經上「名，達、類、私」。畢以「若姓字」三字屬下說，非。**灑謂狗犬，命也；**灑，吴鈔本作「洒」，義並難通。命也，亦與經不相應。張云：「『灑』即移意。移狗而謂之犬，是猶其命也。」案：張說未塙。以經推之，疑當作「鹿謂狗犬，移也」。「灑」、「鹿」形近而誤。言移他名以謂此物，猶言指鹿爲馬。楊讀「灑」屬上「若姓字」句，非是。**狗犬**，句。**舉也；**謂正舉物名。上文云：「舉，告以文名，舉彼實也。」張云「或謂之狗，或謂之犬，單舉之謂也」，未塙。**叱狗**，說文言部云：「叱，訶也。」漢書儒林傳王式〔一〕曰「何狗曲也」，顔注云：「意怒，故妄發言。言狗者，輕賤之甚也。」**加也。**謂以惡語相加。說文力部云：「加，語相增加也。」論語集解引馬融云：「加，陵也。」畢云：「此釋經上『謂，移、舉、加』。」**知**，句。**傳受之**，句。**聞也；方不㢓，**集韻四十漾云：「障，或作㢓。」**說也；身觀焉**，句。**親也。**畢云：「此釋經上『知，聞、說、親』。」言所爲知者有三，得之傳受是耳所聞也，非方土所阻是人所說

〔一〕漢書儒林傳原作「王式曰：『在曲禮。』江翁曰：『何狗曲也。』」。

也，身自觀之則親見也。」所以謂，句。名也；所謂，句。實也；名實耦，句。合也；志行，句。爲也。畢云：「此釋經上『名、實、合、爲』。」聞，句。或告之，句。傳也；身觀焉，句。親也。畢云：「此釋經上『聞，傳、親』。」見，句。時者，體也；二者，盡也。「體」，即經上「體分於兼」之義。「時」疑當爲「特」。特者，奇也。二者，耦也。特者止見其一體，二者盡見其衆體。特、二文正相對。畢云：「此釋經上『見，體、盡』。」古，此與下文爲目。楊依經校云：「疑『合』之譌。」兵立，兵，吴鈔本作「力」，並未詳。反中。疑當作「反也」。「反」與「正」，上下文義相對。志工，「工」疑「功」之省。大取篇云「志功爲辯」，又云「志功不可以相從也」，是其證。正也。志功相合，爲得其正。臧之爲，「臧」疑當爲「義」。宜也。張云：「臧，人臣也。臧奉主命，無不宜爲。」案：張説未知是否。非彼必不有，句。必也。聖者用而勿必，「聖」疑當爲「宜」，或當爲「正」。經上「正無非」，説亦作「聖」，可證。必也者可勿疑。依楊説，此釋經上「合，正、宜、必」。仗者，兩而勿偏。張云：「此申言『兵立反中』，言仗兵者皆兩比，而無獨立，故以解合也。」案：張以「仗」爲兵杖，楊説亦然，皆穿鑿不足馮。以經文推之，疑「仗」當作「權」，艸書形近而譌。經説下「右權交繩」，「權」今本誤「校」，與此相類。言兩權利害無所偏主。依楊説，此釋經上「欲正權利，且惡正權害」。爲，句。早、臺，張云：「皁，古只作『早』。」詒讓案：「早」疑當爲「甲」，後文「劍甲」字亦譌「早」，可證，説詳後。「臺」謂城臺、門臺，詩鄭風出其東門毛傳云：「闍，城臺也。」禮記禮器云：「天子諸侯，臺門。」存也；言爲甲以備戰，於城及宮門爲臺以備守，皆以求存爲爲也。張云：「以爲而存。」病，句。亡也；言治病之爲，求其亡。左成十年傳「晉侯有疾，秦伯使醫緩爲之」，吕氏春秋至忠篇「文摯治齊王疾，曰：請以死爲王」，高注云：

「爲，治也。」此即上文「已，爲衣，成也。治病，亡也」之義。張云：「以爲而亡。」**買鬻，**俞云：「説文貝部：『賣，衒也。讀若育。』今經典通以『鬻』爲之。」張云：「互相爲。」**易也；霄盡，**畢云：「『霄』與『消』同。」詒讓案：爾雅釋天「雨霓爲霄雪」，釋文：「霄，本亦作『消』。」**蕩也；**張云：「莫之爲而爲。」**順長，**句。**治也；**張云：「有爲而爲。」**鼁買，**句。**化也。**張云：「『鼁買』未詳，或即『鼁鶉』，化亦爲也。」畢云：「此釋經上『爲，存、亡、易、蕩、治、化』。」俞云：「上文雖有『化，若鼁爲鶉』之文，然『買』、『鶉』音義俱遠，形又不相似，『鼁』疑『賣』字之誤。上文云『買鬻，易也』，此云『賣買，化也』，文異而義同。」案：俞改「鼁」爲「賣」，則與上文義複，不足據。「買」疑當爲「鼠」。列子天瑞篇云「田鼠之爲鶉」，蓋古説鼁鼠二者皆能化爲鶉。故上文既以鼁鼠〔一〕釋「化」，此又兼舉鼁鼠二者以盡其義。兩文雖異，而義實同也。鼠，漢隸或作「肙」，見仙人唐公房碑，與「買」形極相似，因而致誤。或云「買」當爲「𦎫」，即「鶉」之省。亦可備一義。**同，**句。**二名一實，**句。**重同也；不外於兼，**句。**體同也；**亦與經云「體分於兼」義同。分體統含於兼體之内，故云「不外於兼」。**俱處於室，**句。**合同也；**説文人部云：「俱，偕也。」**有以同，**句。**類同也。**説文犬部云：「種類相似，唯犬爲甚。」楊云：「大取篇云『重同，具同，連同，同類之同，同名之同，丘同，鮒同，同是之同，同然之同，同根之同』。」畢云：「此釋經上『同，重、體、合、類』。」**異，**句。**二必異，**「必」讀爲「畢」，古通用。張云：「名二而實又異。」**二也；**謂名實俱異，是較然爲二物也。**不連屬，**句。**不體也；不同所，**句。**不合也；不**

〔一〕按：上文云「化，若鼁爲鶉」，則「鼁鼠」當是「鼁鶉」之筆誤。

有同，句。不類也。畢云：「此釋經上『異，二、不體、不合、不類』。舊脱『不體』『不』字。」同異交得，交，吳鈔本誤「於」。言同異各得其義，若下文有無多少之類。於福家良，疑當作「於富家食」。楊以「於」當經文之「放」，非是。恕有無也。「恕」當作「𢜔」，與知通。比周禮小胥鄭注云：「比猶校也。」度，多少也。免蚓還園，「免」當作「它」，即「蛇」之正字。前「它蠶」譌作「免瑟」，與此正同。「蚓」字亦見經說下，字書所無。楊云：「前文『免瑟』，此云『免蚓』，瑟、蚓通用。」又云：「『蚓』疑『蝨』字之訛，如韓咎與幾瑟爭立太子，戰國策作『幾瑟』，史記作『蟣蝨』。」案：楊說非是。說下云「蚓與瑟孰瑟」，則「蝨」與「瑟」不得爲一字。彼「瑟」當亦「蠶」之譌。此云「它蚓」，彼云「蚓蠶」，則蚓似當爲蛇蠶同類之蟲。竊疑「蚓」字即「螾」之別體，後漢書吳漢傳李注引十三州志云：「朐䏰，其地下溼，多朐䏰蟲。」䏰音閏，即螾之音轉。蚓从刃爲聲，猶以䏰爲螾也。方言云：「蚰蜒，自關而東謂之䖡𧊒，北燕謂之䖡蚭。」彼䖡字亦說文所無，與此蚓字形相近，疑「䖡蚭」亦當爲「蚓蚭」。蚓、螾字同，蚭、𧊒聲轉。傳寫譌作「䖡」，郭璞遂音爲奴六反矣。「園」疑當作「圜」，亦形之誤。還與旋同，蛇螾皆蜿蟺屈曲而行，故下云「去就」也。去就也。彼此相背爲去，相還爲就。烏折用桐，此義難通，竊疑「烏」當爲「舄」，「折」當爲「梗」。干禄字書云「象通作舄」，北齊南陽寺碑「象」作「舄」，並與「烏」形相近。「梗」、「折」偏旁亦略相類。象謂象人，即偶人也。說文人部云：「偶，桐人也。」越絶書記吳王占夢云：「桐不爲器用，但爲俑，當與人俱葬。」淮南子繆稱訓云「魯以偶人葬，而孔子歎」，宋本許注云：「偶人，桐人也。」周禮冢人言鸞車象人，鄭注引孔子謂爲俑者不仁。論衡感虛篇云「厨中木象生肉足」，史記刺客傳索隱引「象」作「烏」，與此可互證。梗者，戰國策齊策云「有土偶人與桃梗相與語，土偶曰：子東國之桃梗也，刻削子以爲人」，趙策又云「土梗」、「木梗」，史記孟嘗君傳「桃梗」作「木偶人」，是木偶人謂之象人，或謂之俑，亦謂之梗，以桐爲之，亦曰桐人。故云「象梗用桐」。**堅柔也。**此謂象人與生人不同者，一堅一柔也。老子云「人之生也柔弱，其死也堅强，故堅强者死之徒，柔弱者生之徒」，即此「堅柔」之義。**劍尤早，**吴鈔本作「蚤」，此義未詳。以意求之，疑當作「劍戈甲」。「戈」、「尤」形近而譌。篆文「早」作「𣅀」，从「甲」，故「甲」譌作「早」。言劍戈以殺人求其死，甲以衛人求其生，故下云「死生」也。此與孟子矢函、韓子矛盾之喻，語意略同。**死生也。處室子，**孟子告子趙注云：「處子，處女也。」莊子逍遥遊釋文云：「處子，在室女也。」**子母，長少也。**言子則有母，長少相對爲名。**兩絶勝，**言二色相勝。**白黑也。中央，**句。**旁也。**謂有四旁乃有中央，此與經上「有閒，中也。閒，不及旁也」同義。**論行行學實，**衍兩「行」字。**是非也。**言人之論說、行爲、學問、名實，四者各有是非之異。**難宿，**未詳。**成未也。**謂成與未成。**兄弟，**句。**俱適也。**適讀爲敵，言相合俱、相耦敵。此與上文「若兄弟一然一不然者」義略同。**身處志往，**句。**存亡也。**身處爲存，志往爲亡，亡與忘通。此與經上「生，形與知處也」義略同。**霍爲姓，**句。**故也。**「霍」疑當爲「虎」。經說下「霍」字四見，並同，說詳彼。「故」疑當爲「叚」，叚與假同。此與經說下「狗假霍也，猶氏霍也」義略同。張云「『姓』疑當爲『性』」，非是。**賈宜，**句。**貴賤也。**楊云：「經下有『賈宜則讎』語。」詒讓案：已上並辨言語之同異，釋經上「同異交得，放有無」。**諾，**句。**超城員止也。**「超城」二字誤。「員止」疑當爲「負正」，九章算術方程篇有「正負」。負，即下云「過五諾，若負」；正，即下云「正五諾」也。**相從、**謂彼謂而我從之。**相去、**說文去部云：「去，人相違也。」謂口諾而意不從。**先知、**先已知之。**是、**句。**可，**相從一，相去二，先知三，是四，可五。說文言部云：「諾，譍也。」言人之譍諾，其辭氣不同，隨所用而異，有此五者。**五色。**疑當作「五也」。「也」、「色」形近而誤，即所謂「五諸」也。下文「正五諸」云云，似當箸此下。**長短、前後、輕重援。**楊云：「小取篇『援也者，曰子然，我奚獨不可以然也』。」詒讓案：此疑亦論諸之不同。張讀「援」屬下句，恐非。畢云：「此釋經上『諸，不一，利用』。」**執服難成，**「執」謂人各執持一説。「服」謂服從人之説也。周禮調人鄭注云：「成，平也。」「難成」謂平議其是非難論定也。**言務成之，九則求執之。**此義難通。經有「説」字，説未見，疑「九」即「説」之壞字。説文説訓「言相説伺」。「求執」，即「相説伺」之意。此釋經上「服執説音利」。「音」疑「言」之誤。**法，法取同，觀巧傳法，取此擇彼，**擇讀爲釋。釋、捨古通，見節葬下篇。言取此法則捨彼法也。**問故觀宜。**畢云：「此釋經上『巧轉則求其故。法同則觀其同，法異則觀其宜』。」案：轉、傳字通。**以人之有黑者有不黑者也，止黑人；與以有愛於人有不愛於人，心愛人，是孰宜心？**張校兩「心」字云：「疑當作『止』。」案：張説是也。此言因人有不黑者，而禁其㫄人之黑；因人有不愛者，而禁其愛人，二者皆不宜禁者也。皆釋經「止」字之義。**彼舉然者，以爲此其然也，則舉不然者而問之。**經説下釋「止」云「彼以此其然也，説是其然也；我以此其不然也，疑是其然也」，義正同。依張、楊説，此釋經上「止，因以別道」。**若聖人有非，而不非。**而不非，而與如通。言聖人於人雖有所非，而非其所當非，則與無所非同。此釋經上「正，無非」。**正五諸，**自此至篇末，似皆釋五諸正負之義，以經校之當屬上文「五也」之下，而傳寫貿亂，誤錯箸於末也。楊以此下並説經上「正，無非」，非是。**皆人於知有説。**「皆」疑當爲「若」。「於知」，即上五諸之「先知」也。**過五諸，**句。**若負，**舊本譌「員」，今據吴鈔本正。負者，不正之謂。列子仲尼篇「樂正子輿㫄公孫龍説云，其負類反倫有如此者」，負諸亦謂非正諸也。**無直無説。**「直」疑當爲「知」，聲轉而誤。上「正五諸」云知，此「過五諸」云無知，文正相對。此數句義難盡通，其大意似謂正者或已知，或有説，過者或未知，或無説。「五諸」，即上經所謂諸不一也。**用五諸，**即上經所謂「利用」。**若自然矣。**言所譍出於自然。顧云：「此説五諸，當在經説下。」案：經下無「五諸」，但有「五路」，亦與五諸不同，顧説未塙。

## 經説下第四十三

此篇以經下校之，文有闕佚，畢注疏繆殊甚，與經尤多不相應，今並依張氏別爲攷正。畢本句讀亦多舛誤，今不悉論。篇中論景鑒及升重、轉重諸法，與今泰西光、重學説略同，顧涉未深，以竢達者。

**止，**句。**彼以此其然也，説是其然也；我以此其不然也，疑是其然也。**張云：「彼以爲然而説之，是一然也；我以爲不然而疑之，是又一然也，不可止也，故宜以類。」案：張説未塙。左傳哀十二年杜注云：「止，執也。」謂彼此然不，各執一辭，即經所謂類行也。依張、楊説，此釋經下「止，類以行人，説在同」。「人」即「之」之譌。**謂四足獸**爾雅釋鳥云：「四足而毛謂之獸。」此謂獸爲四足毛物之大名。**與生鳥與，**畢、張並讀「與生鳥」句，義不可通。疑當作「與牛馬異」，下三字並形誤。此謂牛馬爲四足獸之種別，下云「若牛馬、四足」。**物盡與，**句。**大小也。**「與」亦當作「異」。莊子天下篇：「惠施曰：大同而與小同異，此之謂小同異；萬物畢同畢異，此之謂大同異。」此云「物盡異」，即謂萬物畢異也。蓋物爲總名，大也，獸爲四足動物之專名，小也。猶荀子正名篇以萬物爲大共名，鳥獸爲大別名是也。然牛馬復爲獸類之種別，是又獸爲四足之大名，牛馬爲四足之小名。明大小無定，隨所言而物盡異也。此與經下文「物盡同名」亦正相對。畢讀「物盡」句，張云「與」疑衍，或三「與」字並音「餘」，皆非是。此釋經下「駟異說，推類之難，說在之大小」。經「駟異說」當作「四足牛馬異說」，「在」下蓋脫「名」字。**此然是必然，則俱。**謂同物同名，即莊子所謂「小同」。經上云：「同，異而俱於之一也。」**爲麋同名。**「爲」疑當爲「如」，艸書相似而誤。麋，舊本誤糜，今據道藏本、吴鈔本正。謂若是麋，則其名盡同。又疑「爲」當爲「馬」，馬麋同爲四足獸也。亦足備一義。此釋經下「物盡同名」。張、楊讀「則俱爲糜」句，張云「糜，靡同」，楊云「謂糜爛也」，並非。**俱鬬，**顧讀句。**不俱二，**張云：「有二人然後鬬，然可云俱鬬，不可云俱二。」**二與鬬也。**二，舊本誤「三」，顧改爲「二」，云：「『三』字誤。」案：顧校是也，張校同，今據正。以下並廣推物同名之說。經說上云：「俱處於室，合同也。」言二人相合斯謂之俱，若俱鬬，雖是二人，然是不相合之俱，故云「不俱二」，與下文云「俱一」義略同。此釋經下「二與鬬」。**包、**疑當作「色」。**肝、**句。**肺、**句。**子，**句。**愛也。**張云：「四者俱人所愛，而所以愛者異。」**橘茅，**吴鈔本作「茆」。**食與招也。**張云：「茅亦可食，而巫以茅招神，不與橘同食。周禮司巫云『旁招以茅』。」案：張說亦通，但此文與同名不相應。竊疑此「橘」當爲「楙」，爾雅釋木云：「楙，木瓜。」毛詩衛風木瓜傳云：「木瓜，楙木也，可食之木。」說文「楙」从林，矛聲，與「橘」上半形相近，聲類與「茅」同。此謂二字同音，而一以食，一以招，同音〔一〕異實也。招，道藏本作「抬」，誤。畢云：「已上釋

---

〔一〕「音」，原誤「言」，據文義徑改。

經下『愛，食與招』。」**白馬多白，**句。**視馬不多視，**視馬，蓋言馬之善視者。此謂白馬、視馬語意異而辭例同。張云：「『視馬』即盼馬。小取篇云『之馬之目盼，則爲之馬盼』。」案：張説非是，詳小取篇。**白與視也。**畢云：「已上釋經下『白與視』。」**爲麗不必麗，不必麗與暴也。**此文難通。「麗與暴也」上疑衍「不必」二字。張云：「暴，惡也。爲麗者不必麗也，雖不必麗，然非暴也。」案：張讀下「爲非」二字屬此，非是，其説亦恐未塙。楊云：「公孫龍子通變論：『黄其馬也，其與類乎；碧其雞也，其與暴乎。暴則君臣爭而兩明也。兩明者，昏不明，非正舉也。非正舉者，名實無當，驪色章焉。』」案：楊據公孫龍書證此「與暴」之義，亦未知當否。若然，「麗」亦或即「驪」之譌文。但彼書「與類」、「與暴」義並難通，而此上下文並以某與某相對爲文，則與彼書又似不相應。疑未能明，姑從蓋闕。**爲非以人是不爲非，若爲夫勇不爲夫，爲屨以買衣爲屨，**吴鈔本首「屨」字上無「爲」字，誤。此疑當作「若爲夫以勇不爲夫，爲屨以買不爲屨」，蓋爲非以人是不爲非者，凡己爲非理之事爲非，議人所爲之非亦爲非，今庰人之非，則非其自爲非。經下云「非誹者誖」，即此「非」字之義。若爲夫以勇不爲夫者，上夫爲勇夫之夫，下夫爲夫婦之夫。言以勇偁夫，則非爲夫婦之夫。爲屨以買不爲屨者，言爲屨而買之於人，則非其所自爲也。此並論異意同辭，三句文例略同，可以互校。今本「爲夫」下脱一「以」字，「不」又譌「衣」，遂不可通。楊云：「韓非子詭使篇『而輕刑法，不避刑戮死亡之罪者，世謂之勇夫』。」張云：「『勇』當爲『男』，若名爲夫，則凡男子不得爲夫。」案：張説非是。**夫與屨也。**畢云：「已上釋經下『麗與，夫與履』。履同屨。」詒讓案：經「麗與」下疑脱「暴」字。**二與一亡，**句。**不與一在，**此言分一體爲二，一既化二，即爲無一。公孫龍子通變篇云「曰二有一乎？曰二無一」，即此義。**偏去**下疑脱「之」字。言分一體爲二偏，則可去其一偏也。此釋經下「一，偏棄之」。**未。**此字疑衍，似即上句「之」字之譌。或云當屬上句，云「偏去未」，謂或去、或未去也，經說上云「難宿，成未也」，亦通。**有文實也，**張云：「文實猶名實。」案：張說是也。經說上云「舉，告以文名，舉彼實也」，是其證。或謂「文」並當爲「之」，之猶此也，亦通。**而後謂之；**句。**無文實也，則無謂也。**謂有名實始有所謂，無名實則無所謂。大指與公孫龍子名實篇所論略同。**不若敷與美。**張讀「不若敷與」句，云：「敷與，氾與也。經所謂『因』。」案：張說亦難通，「不」字疑衍。「敷與美」疑當作「假與義」。經下云「使，殷、美」，亦似當作「使，假、義」也。漢衡方碑「假」作「儌」，魏高湛碑「假」作「傚」，與「敷」、「殷」並相似。此言有名實可謂，則與類相比附，是謂之義。無名實可謂，則當假借他物以謂之，是謂之假，即後文「假必非也」之義。**謂是，**句。**則是固美也。**「美」疑亦「義」之誤。**謂也，**疑當讀爲「他」。**則是非美。**疑亦當作「義」，非義，即所謂假也。**無謂，則報也。**「報」與「美」文相偶，疑即上文之「敷」，亦當爲「假」之譌。或云報與反義同，經下云「唯吾謂，非名也則不可，說在仮」是也。又疑「報」或當作「執」，言我無謂，則彼將堅執其說。經說上云「臺執」，又云「執服難成」。三說並通，未知孰是。此釋經下「謂而固是也，說在因」。**見不見離，一二不相盈，廣脩、堅白。**脩，舊本譌「循」，今據俞校正。此言若堅白在石，見白不見堅，見堅不見白。白一也，堅二也，二者離則不能相盈。相盈猶相函含也。若離者合之，則無不相盈。如廣脩本爲二，而從衡相函則爲一。堅白亦爲二，而色性相含則爲一。此皆二而一者也。此釋經下「不可偏去而二，說在見與俱、一與二、廣與循」，「循」即「脩」之譌。公孫龍子堅白篇云：「堅白石三，可乎？曰：不可。曰：二，可乎？曰：可。曰：何哉？曰：無堅得白，其舉也二；無白得堅，其舉也二。曰：得其所白，不可謂無白；得其所堅，不可謂無堅。而之石也之於然也，非三也？曰：視不得其所堅而得其所白者，無堅也；拊不得其所白而得其所堅者，無白也。曰：天下無白，不可以視石；天下無堅，不可以謂石。堅、白、石〔二〕不相外，藏三可乎？曰：有自藏也，非藏而藏也。曰：其白也，其堅也，而石必得以相盈，其自藏柰何？曰：得其白，得其堅，見與不見離。一一不相盈，故離。離也者，藏也。曰：石之白，石之堅，見與不見，二與三，若廣脩而相盈也。其非舉乎？〔三〕曰：循石，非彼無石，非石無所取乎白石。不相離者，固乎然，其無已！曰：於石，一也；堅白，二也，而在於石。故有知焉，有不知焉；有見焉，有不見焉。故知與不知相與離，見與不見相與藏。藏故，孰謂之不離？」即此書之義。**舉不重，**言無重不舉。**不與箴，**畢云：「疑當云『不舉箴』。」詒讓案：「箴」即「鍼」之叚字。一切經音義引字詁云：「鍼，又針、箴二形，今作針。」說文金部云：「鍼，所以縫也。」**非力之任也。**言箴之舉與不舉，於力無與，即下文「舉之則輕，廢之則重，非有力也」之義。**爲握者之䚳倍，非智之任也。**俞云：「字書無『䚳』字，疑『觘』字之誤。玉篇角部：『觘，女卓切，握也。』」案：俞說非是。「䚳」當爲「觭」，形近而誤。其讀當爲奇，周禮大卜杜子春注云：「觭，讀爲奇偶之奇。」說文角部云：「觭，角一俛一仰也。」莊子天下篇云「觭偶不仵」，經上云「倍，爲二也」。觭倍者，觭爲一，倍爲二，與「觭偶」義同。或云「倍」即「偶」之譌，亦通。此言握物，而使人射其奇偶之數，雖或億中，不足以爲智，故云「非智之任也」。**若耳目異。**謂視聽殊用，

---

〔二〕「石」字原脱，據公孫龍子堅白論補。

〔三〕公孫龍子堅白論此處有「曰：物白焉，不定其所白；物堅焉，不定其所堅。不定者兼，惡乎其石也」一段答詞，此引脱去。

各有所不能。依張說，此釋經下「不能而不害，說在害」。**木與夜孰長，**張云：「木長非夜長。」**智與粟孰多，**張云：「智多非粟多。」**爵、**謂貴爵。**親、**貴其所親者。**行、**德行之貴。**賈，**賈直之貴。**四者孰貴？**吴鈔本脱此字，非。張云：「各貴其貴也。」**麋與霍孰高？**霍，吴鈔本作「藿」，此字篇中四見，此與「麋」同舉，下文又與「狗」同舉，則必爲獸名。以字形校之，疑當作「虎」。俗書「虎」、「霍」二字上半形相近，旗幟篇「虎旗」譌作「雩旗」，可以互證。史記楚世家：「西周武公曰：若使澤中之麋蒙虎之皮，人之攻之，必萬於虎矣。」張云：「『霍』疑當爲『隺』，麋，獸之高者；隺，鳥之高者。」案：張説亦通。**麋與霍孰霍？**此句疑涉上文衍。**蚒與瑟孰瑟？**張云：「蚒蓋蟲名，瑟、蝨同。言麋不可以爲隺，蚒不可以爲瑟，各異類。」案：張説未塙。「蚒」即蚓之異文。第一「瑟」字疑當作「蠶」，並詳經説上篇。第二「瑟」字疑當爲「長」，涉上譌文而又譌。或謂此當作「蛇與龜孰長」？莊子天下篇云「龜長於蛇」，於義得通。但經説上云「免瑟」，又云「免蚒」，以文義校之，「免」當爲「它」，則「蚒」不得又爲「蛇」字。或説不可通於彼也。此皆言輕重、多少、長短、貴賤之迴異者，不足相比。依張說，此釋經下「異類不吡，說在量」。吡、仳同。**偏，**句。**俱一無變。**偏者一之分，分之則偏，合之則一，所謂「俱一」也。然分合雖不同，而一全體，二半體，無增減，故云「無變」，即經云「莫[一]加少」也。張云：「俱一，各有其一也。無變，故也。」案：張未憭「俱一」之義，說詳後。依張說，此釋經下「偏去莫加少，說在故」。**假，**吴鈔本此字不重。**假必非也，而後假。**説文人部云：「假，非真也。」小取篇云：「假者，今不然也。」

---

[一]「莫」，原誤「無」，據經下改。

狗假霍也，猶氏霍也。「霍」亦並當爲「虎」。張云「疑亦『雀』字」，非是。此言狗假虎名，猶以虎爲氏也。古名禽獸草木亦通謂之氏，大戴禮記勸學篇云「蘭氏之根」、「懷氏之苞」是也。依張說，此釋經下「假必誖，說在不然」。物或傷之，句。然也。即經云「物之所以然」也。見之，句。智也。即經云「所以知之」也。張云：「智讀爲知。」告之，句。使智也。即經云「所以使人知之」也。告，舊本譌「吉」。王引之云：「『吉』當爲『告』。智與知同，欲使知之，故告之也。下文曰『告我則我智之』。」案：王校是也，張校同，今據正。物或傷之，即經所謂「病」也。見之則知其病，告之則使人知其病。依張說，此釋經下「物之所以然，與所以知之，與所以使人知之，不必同，說在病」。疑逢，此述經，與下爲目。畢云：「舊作『蓬』，下同，以意改。」爲務則士，此語難通。以意求之，疑「務」當讀爲鍪。荀子哀公篇「務而拘領」，淮南子氾論訓「務」作「鍪」，是其例。說文虘部云：「𧇾，土鍪也。」金部云：「鍪，鍑屬也。」禮記內則孔疏引隱義云：「堥，土釜也。」鍪、堥字通。「士」當爲「土」，形近而譌。史記殷本紀「相土」，周禮校人注引世本作「相士」。言土壞至賤，而爲鍪者或用土爲之。明物無貴賤，逢所便利也。爲牛廬者夏寒，說文广部云：「廬，寄也。秋冬去，春夏居。」此「牛廬」蓋以養牛，若馬之庌。周禮圉師「夏庌馬」，鄭注云「庌，廡也。廡所以庇馬涼。」吴子治兵篇云：「夏則涼廡。」蓋牧馬牛者並有之。凡爲廬者欲其暖，而庌則取其夏寒，此即經「逢」字之義。逢也。舉之則輕，廢之則重，非有力也；公羊宣八年傳云「去其有聲者，廢其無聲者」，何注云：「廢，置也。」此與前舉箴之喻同。沛從削，非巧也；張云：「『沛』當作『柹』，木之見削而下者。」案：張校是也。說文木部云：「柹，削木札樸也。」隸變作「柿」。言木柿從所削，不足爲巧也。若石羽，此未詳其說。莊子天下篇云「若羽之旋，若磨石之隧」，此或與彼同，蓋亦循從自然之義。**循也。**循，舊本譌「楯」，今依經下改。説文彳部云：「循，行順。」此亦當詁爲順，與「柿從削」之「從」義同。**鬬者之敝也以飲酒，若以日中，**「日中」謂市也。易繫辭云「日中爲市」，市以日中時爲最盛，即周禮司市所謂「大市日昃而市」，故因謂市爲日中，猶嫁娶之禮用昏，因謂之昏也。古市朝或謂之日中之朝，晏子春秋外篇云「刑死之罪，日中之朝，君過之則赦」，即司市之國君過市，則刑人赦，是其證也。凡飲酒及市，皆易啟爭鬬，故下云「不可知也」。**是不可智也，**智、知通，下同。**愚也。**依經當作「遇也」，「愚」、「遇」聲之誤。**智與？**句。**以已爲然也與？**句。**愚也。**依經當作「過也」，蓋「過」涉上文而譌爲「遇」，又譌爲「愚」。下文云「過而以已爲然」，可證。「過」謂已過之事。言或固知之，抑或本不知，而以已然之事推之。此釋經下「疑，説在逢、循、遇、過」。張以「舉之則輕」以下至此，爲釋經「合與一，或復否，説在拒」，非是。**俱，**句。**俱一，**經上云：「同，異而俱於之一也。」又經説上云：「俱處於室，合同也。」言合者則爲一。**若牛馬、四足。**牛馬者，散名而兼言之也。四足者，大名而通言之也。兼與通言皆爲一。上文云「謂四足獸，與牛馬異」，即其義。張云「牛馬四足，足各一也」，非是。**惟是，**句。**當牛馬。**惟，經同，亦當作「唯」。謝希深公孫龍子注云：「唯，應辭也。」案：唯是，言應者則爲是，或牛或馬，名實相符，則此呼而彼應，是名當其物也。經説上云「當牛非馬」，又云「當馬非馬」。公孫龍子名實篇亦有唯當之論，與此義同，詳後。**數牛、數馬，**句。**則牛馬二；**句。**數牛馬，**句。**則牛馬一。**俞云：「數牛、數馬，則牛馬二，謂分牛、馬而數之也。數牛馬，則牛馬一，謂合牛馬而數之也。畢讀『惟是當牛馬數』爲句，失之。」**若數指，**句。**指五而五一。**張云：「指有五，五而俱爲指，五還爲一。」案：張説非是。此言合數之，爲五指；分數之，則爲一指者五也，亦「俱一」與牛馬二、一之義。依張説此釋經下「物一體也，説在俱一、惟是」。**長宇，**此述經文，畢讀「長」屬上句，非。**徙而有處，宇。**莊子庚桑楚篇云：「有實而無乎處者，宇也。有長而無本剽者，宙也。」文子自然篇：「老子曰：往古來今謂之宙，四方上下謂之宇。」淮南子齊俗訓、莊子齊物論釋文引尸子，又庚桑楚釋文引三蒼，説並同。宇者，彌互諸方，其位不定，各視身所處而爲名。若處中者，本以南爲南，叚令徙而處北，則復以中爲南，更益向北，則鄉所爲北者亦轉而成南矣。四方隨所徙而易，並放此。然方位雖屢徙不同，而必實有其處，故云「徙而有處」。莊子云「無乎處者」，則據其轉徙無常者言之，與此文義不相硋也。**宇，南北在旦有在莫，宇徙久。**旦，舊本譌「且」。王引之云：「經説上云『宇，東西南北』，此不當言南北而不及東西，蓋有脱文。『且』當爲『旦』，有讀爲又。此言宇徙則自南而北，自東而西，歷時必久，屢更旦莫，故云『宇徙久』，又云『在旦又在莫』。經説上云『久，古今旦莫』是也。」畢云：「已上釋經下『宇或徙，説在長宇久』。」案：王説是也。但此云「宇南北」，乃約舉之詞，王疑其不當不及東西，非也。後文説或云「然而謂此南北」，與此文例正同。**無堅得白，必相盈也。**此即堅白石之論。謂視之但見石之白，不見石之堅，而堅之性自含於白之中，故云「必相盈也」。又疑「必」當爲「不」，即説上「堅白異處不相盈」之義，亦通。此義皆見公孫龍子堅白論篇，並詳上篇。此釋經下「不堅白，説在。無久與宇，堅白，説在因」。經及説似皆未全。**在堯善治，**「在」疑當作「任」，下同。任猶舉也。張云「在，察也」，亦通。**自今在諸古也。自古在之今，則堯不能治也。**言堯不能治今世之天下。下文云「堯之義也，是聲也於今，所義之實處於古」，亦即此義。此釋經下「在諸其所然、未者然，説在於是推之」，「在」疑亦「任」之誤。「未者然」三字，疑當作「諸未然」，文亦有脱誤。**景，**俞讀句。**光至景亡，**俞讀句。**若在，**俞讀句。**盡古息。**俞云：「句首『景』字，舉經文而説之。『光至景亡』者，謂所以有景由無光也，下文曰『足敝下光，故成景於上；首敝上光，故成景於下』是也。光之所至，則景亡矣。『若在，盡古息』，又與上句反復相明。言景若在，則光盡古息也。盡古，猶終古也。考工記『則於馬終古登阤也』，莊子大宗師篇『終古不忒』，是『終古』爲古人恒言。釋名釋喪制曰『終，盡也』，故終古亦曰盡古也。畢讀皆誤。」案：「若在盡古息」，息當訓爲止，即經「不徙」之義，亦即莊子天下篇所謂「飛鳥之景未嘗動也」，司馬彪亦據此釋之。大意蓋謂有光則景亡，有景則光蔽，若其景在，則後景即前景，盡古常息止於是，形雖動而景若止而無改也。畢讀「景光至」句，「景亡若在」句，張云「光之所至謂之景」，並誤。俞説得之，而以息爲亡，則與經不合。殷家儁云：「光至，謂光複過物徑也。至，極也，影止，漸不見也。」案：殷訓至爲極，亦非是。此釋經下「景不徙，説在改爲」。**景**，句。**二光夾一光，一光者景也。**謂若日在東而西縣鑒，鑒受日光，反射人而成景，是日光與鑒光爲二，而人景在日與鑒之間，是即二光共夾之也。張云：「二光，日與人也，夾之光是爲景。」案：張説似失其義。**景光之人煦若射。**之猶與也。言景光與人參相射。説文火部云：「煦，蒸也。一曰赤皃。」又日部云：「昫，日出温也。」楊謂煦、昫通，近是。蓋謂如日出時之光四射也。張云：「景者，光所爲之人也，煦然而至若射。」案：張説未塙。此釋經下「住景二，説在重」。「住」疑當作「位」，讀爲立。**下者之人也高，**張云：「高猶上也，景在下者，其人在上。」**高者之人也下。**張云：「景在上者，其人在下。」**足敝下光，**張云：「敝讀曰蔽。」**故成景於上；首敝上光，故成景於下。**陳澧云：「此解窪鏡照人影倒之故也。」劉嶽雲云：「即西法所謂射光角與回光角相等，由交點射景入壁，故令景倒也。」詒讓案：此即塔影倒垂之義，詳經下。此釋經下「二，臨鑑而立，景到，多而若少，説在寡區」。「寡」疑「空」之誤，即謂窪鏡中爲圓空也。但説無多少寡區之義。又經此條在前「宇或徙，説在長宇久」

條後，與說敘次不合。竊疑此當並屬下條，以下經亦有「景到」之文也。而「二臨鑑景到」一經，説或已不存。此篇文本多脱譌，疑未能定也。**在遠近有端與於光，**此疑即格術之義。端即沈括觽臬之喻。「與於光」謂礙光綫之射，亦詳經下。**故景㢓內也。**畢云：「㢓，舊作『庫』，盧以意改。」案：盧校是也。謂景障於內，即光學家所謂約行綫交聚處不見物是也。殷氏謂「景庫」謂聚光點，非是。此釋經下「景到，在午有端與景長，說在端」。**景，**句。**日之光反燭人，**句。**則景在日與人之間。**張云：「所謂二光夾一光。」劉云：「此釋回光之理，如人依鑑立，日射鑑上，若人與日之間有壁，其距鑑與日距鑑交角等，則人必成景於上。若其閒無壁，則回光綫成景極長，而射於無量遠空界中。凡海與沙漠，恒見樓臺人物之象，即此理。然雖無量遠空界中，仍爲景在人與日之閒也。」詒讓案：日照於東則人景在西，今以西鑒之光反燭人成景，則景又在東矣，故云「在日與人之閒」。此釋經下「景迎日，說在摶」。「摶」疑「轉」之誤。**景，**句。**木柂，**柂，「迤」之叚字，詳經下，道藏本作「地」。畢云：「猶言木斜。」殷云「『木』即謂立柱也」。**景短、大。**斜近地，故景短。陰景濃，光不內侵，故大。殷云：「『木』即謂立柱也。短，淡也。大，光複多也。淡者雖長，而視之如短，不清故也。」案：殷說與文義相迕，不可從。**木正，**句。**景長、小。**正遠地，故景長。光複映射，景界不清，故小。殷云「正則長，近根則清也。小，光複小也」，亦非是。**大小於木，**疑當作「光小於木」。**則景大於木，**鄭復光云：「光與物大小相等，其景雖遠，相等而無盡。物大光小，則景漸遠漸大而無量。」**非獨小也。**「獨」疑當作「猶」。言景不與木同。張云「承上言大小非與景爲大小，乃於木爲大小。言景有時大於木，非獨小於木也」，亦通。畢云：「已上以表言。」**遠近臨正鑒，**疑當作「臨鑑立前」，經云「臨鑒而立」。**景寡、**疑當作「景多寡」，屬下讀。張云：

「正臨鑑者景則寡，遠近皆然。寡亦小義。」案：張說未塙。**貌能、白黑、**貌，吳鈔本作「皃」。張云：「能，態字。」案：張說是也。備城門篇「態」作「能」，此又「能」之省。劉云：「此論因光見色之理也。」**遠近、柂正，**句。**異於光鑑。**此冡上「多寡」以下，言光之所照與鑑之受光，各因物而異。張云：「此言非獨長短、大小，即貌態、白黑，亦遠近、柂正，則光鑑各異。」案：張說未允。此釋經下「景之小大，説在地缶遠近」。「地」即「柂」之誤。**景當俱就，**疑當作「景就當俱」，與下「去當俱」文正相對。「就」謂漸近，綫景不一，而同爲約行也。**去尒當俱。**「去」謂漸遠，綫景不一，而同爲侈行也。畢云「『尒』疑『亦』字。」**俱用北。**疑當作「由比」，言俱之義猶比也。**鑑者之臭，**張云：「『臭』字未詳，義當作道字解。」殷云：「『臭』之爲言蓄也。」案：張、殷說並不塙。「臭」疑並當作「具」，具與俱通，大取篇亦云「具同」。**於鑒無所不鑒。景之臭無數，而必過正。**此言鑒者不一，則景亦無數。必過正，似謂光綫必穿交點而過。殷云：「正則當限之內，體正而明也。過正則影倒，而線侈行矣。」案：殷說亦通。劉云「言光綫必正行也」，恐非。**故同處，**張云：「同一處。」**其體俱，**經說上云：「俱處於室，合同也。」張云：「物體又同。」**然鑒分。**謂中內外景遠近大小正易不同。張云：「然而鑒有分。」**鑒中之內，**句。**鑑者近中，**句。**則所鑒大，**「大」上吳鈔本有「者」字。**景亦大；**句。**遠中，**句。**則所鑒小，**句。**景亦小，**陳云：「此謂突鏡也。」案：陳說近是。凡突鏡，邊容下而中高處，其面微平，故有內外界。「中之內」，謂平面之內也。劉云「近中、遠中，指人距鏡中心言，據此，仍當爲凹面鏡也」，亦通。殷云「中謂交於中綫」，恐非是。**而必正。**張云：「大小皆正不斜。」**起於中，緣正而長其直也。**謂中之內其景必起於中心，緣其正而外射爲長直綫也。張云：「所以正者，由其景起於中，景緣鑒之正而長與人相直故也。」案：張訓「直」爲參直之義，恐非。楊云：「長，進也。直者，準直，謂光綫也。謂遠物象起於前限，緣正影透鏡而進，其光綫交合於後限，所謂斂行者是也。」案：楊訓「長」爲「進」，尤誤。所説光理亦未必與此合，姑存以備攷。**中之外，**謂突鏡平面之外近邊低仄處。**鑒者近中，**張云：「雖中之外，亦以中爲節。」**則所鑒大，**句。**景亦大；**句。**遠中，**句。**則所鑒小，**句。**景亦小，**景亦近大遠小，與「中之内」同。**而必易。**鏡側，邪面既不平，則光綫邪射，其景亦易。「易」即邪也。張云：「大小皆斜不正。」楊云：「易，變也，正之反也。」案：楊説非是。**合於中而長其直也。**舊本「合於」下無「中」字。王引之云：「『於』下蓋脱『中』字。上文云『必正，起於中，緣正而長其直也』，此亦當云『易合於中』。」案：王校是也，今據補。楊校增「中」「緣」「易」三字，亦近是。此謂突鏡當中之外，其景雖邪而仍與中相應，緣其邪而旁射爲長直綫也。張云：「而長，所長也。中之外得景必斜，然合於正之長者也，亦以直對故也。」案：張説未塙。殷云：「凡以一凸窺物收光，限内之影爲正象，限外之影爲變象，即此。至以又一凸窺前凸象，兩限相入者，兩凸限内之影同。兩限相切與相離者，兩凸限内之影異。其理亦猶是也。」楊云：「謂斂行綫合於後限，緣變影直進而散其光綫，淺至於無窮，所謂侈行者是也。」案：殷、楊説略同，所釋光理於此亦未必合，姑存以備考。此釋經下「鑑位，景一小而易，一大而缶，説在中之外内」。經此後有「鑑團，景一」一條，無説。又此二條並在前「不堅白，説在。無久與宇，堅白〔二〕，説在因」之前，與説敘次亦不合，並傳寫之誤。**鑒，鑒者近，則所鑒大，景亦大；**劉云：「近遠指人距鑑

〔二〕「堅白」二字原脱，據經下補。

面言。」**亣遠**，亣，舊本作「亦」。張云：「衍。」王引之云：「『亦遠』當作『亣遠』。亣，古『其』字，與『亦』相似，又因上下文『亦』字而誤。」案：王校是也，今據正。此對上文「鑒者近」言之。**所鑒小，景亦小，而必正**，即發光點與受光處，距遠景小，距近景大之義。詳經下。**景過正**。以上與上文略同，張以下「故」字屬此讀，亦通。此釋經下「天而必正，説在得」。「天」即「大」之誤。畢云：「已上以鏡言。」**故招負衡木**，張云：「招，直木也。親士篇曰『招木近伐』。」案：張説未塙。「招」當爲「橋」，聲近字通。親士篇「招木」亦當爲「喬木」。曲禮云「奉席如橋衡」，鄭注云：「橋，井上㮮槔，衡上低昂。」孔疏云：「衡，横也。」説苑文質篇云：「爲機，重其前輕其後，命曰橋。」莊子天地篇云「鑿木爲機，後重前輕，其名爲槔」，釋文云：「槔，本又作『橋』。」吴越春秋句踐陰謀外傳作「頡橋」。淮南子主術訓云「今夫橋直植立而不動，俛仰取制焉」，彼以橋爲直，明與衡横别。高注云：「橋，桔皋上衡也，植柱權衡者。」高并橋與衡爲一，非。**加重焉**，畢云：「加，舊作『如』，以意改。」**而不撓**，言平而不偏撓。**極勝重也**。畢云：「極，謂權也。」張云：「勝重之至。」案：古書無訓「極」爲權者，畢説不足據。張訓「極」爲至，亦非。「極」當即上文之「衡木」。説文木部云：「極，棟也。」屋棟爲横木，引申之，凡横木通謂之極。漢書枚乘傳云「單極之紞斷幹」，顔注引孟康云：「西方人名屋梁爲極。單，一也。一梁謂井鹿盧也。言鹿盧爲綆索，久鍥斷井幹也。」枚云「單極」，與此「極」正同，謂桔皋上之一衡木也。汲綆繫於其上，故久鍥而斷井榦。孟説以爲「井鹿盧」，未塙。而以屋梁況「極」，則不誤。「極勝重」者，言加重於一偏而不撓者，因衡木前重能勝之也。**右校交繩**，張云：「徐鍇説文繫傳曰：『校，連木也。』交繩連木。右，未詳。或者『校』爲急疾，考工記云『釋之則不校』。謂以右手校繩而急之。」案：張説未塙。「校」疑「權」之譌，艸書相近。交繩，疑謂繫權之繩與他繩相交絓。無加焉而撓，極不勝重也。衡加重於其一旁，句。必捶。畢云：「此錘字假音。陸德明考工記音義云：『直僞反，劉直危反。』」張云：「衡，稱也；捶，偏下也。」權重相若也，相衡則本短標長。畢云：「標猶杪末也。」楊云：「管子『大本而小標』。廣雅釋詁：『標，末也。』」兩加焉，重相若，句。則標必下，此即下文「長重者下」之義。張云：「使兩頭各加重，雖相若，而標必下。」標得權也。張云：「以其長，故得權也。」詒讓案：謂標長故偏得其權之重。此釋經下「貞而不撓，説在勝」。「貞」即「負」之誤。挈，有力也；説文手部云：「挈，縣持也。」「提，挈也。」張云：「挈，自上挈之。」引，無力也。張云：「引，自下引之。」不正，畢云：「舊作『心』，以意改。」所挈之止於施也。疑當作「正於柂也」。於猶如也，如猶與也，見王引之經傳釋詞。施與迆、柂並同，謂邪也。詳經下。正於柂，猶言正與邪也。繩制挈之也，若以錐刺之。疑儗繩直之形。挈，謂上挈之，此與下云「收」，並述經而釋之。長重者下，句。短輕者上，張云：「挈，衡上之繩，所以挈衡者，過長，則重者將下；過短，則輕者將上。此上下謂衡低昂。」上者愈得，句。下下者愈亡。張云：「次『下』衍。上，衡也，上得，物重也。下，權也，下亡，權失重也。挈長短之弊。」案：張説是也。謂上昂之力愈增，則下低之力愈失。繩直權重相若，句。則正矣。畢云：「正，舊作『心』，以意改。」張云：「當其權不長不短。」收，張云：「收，權之繩也。」詒讓案：廣雅釋詁云：「收，取也。」謂下引之。上者愈喪，下者愈得。張云：「物輕則衡失其重，是爲上喪。權之勢將得其重，是爲下得。」上者權重盡，則遂挈。張云：「『上者權重盡』，謂全無物。『遂挈』者，權將内遂，著挈乃止。」案：張説未塙。此謂下收之有力。遂、隊通，見法儀篇。蓋謂權重盡，則標仰，隊其所挈。畢云：「已上以權衡言。」

鄒伯奇云：「此一段升重法也。」依張、楊說，此釋經下「挈與枝板，說在薄」。案：當作「挈與收，說在權」。**兩輪高，**當云「爲高」。**兩輪爲輲，**四輪高卑不同，故車成梯形也。畢云：「襍記云『載以輲車』，鄭注云：『輲讀爲輇，或作輇。』說文云：『輇，蕃車下庳輪也。』又鄭注既夕記云：『許叔重說有輻曰輪，無輻曰輇。』」張云：「輪高而輇卑。」**車梯也。**古乘載車皆兩輪而平，此四輪而前高後低，是爲車梯。依下文，蓋假爲斜面升重之用。據史記集解引服虔說，以軒車爲雲梯，則人升高或亦用之矣。**重其前，**縣重於前，蓋以助升重之力，其一端繫於所升之物，所以挈之也。**弦其前。**畢云：「弦，直也。」案：畢說難通。「弦」疑當作「引」，隸書「弦」、「引」形近。隸釋漢陳球碑「引」作「弖」，廣韻十六軫云「引，弖同」，並其證。既縣重，更於車前別以繩引之，欲使所升之重物自斜面漸進而上也。或云當作「引其後」，文義較遜。**載弦其前，**此申言之，或涉上下文而衍。**載弦其軲，**「弦」亦當作「引」，下云「繩之引軲」可證。畢云：「玉篇云：『軲，古胡切。』廣雅云：『軲，車也。』曹憲音枯，又音姑。案『軲』、『轂』音相近，疑『轂』字異文。」案：畢說未塙。「軲」以字形校之，頗與「軸」相近，而以聲類求之，則疑當爲「前胡」之叚字。周禮大行人侯伯「立當前侯」，注：「鄭司農云：前侯，駟馬車轅前胡，下垂拄地者。」是也。胡在車前，與此上文正合，義爲長也。此與下句亦申言重其前、引其前之義。**而縣重於其前，**句。**是梯**畢云：「舊作『埗』，據上文改，下同。」**挈且挈則行。**疑當作「挈且引則行」。「行」謂重物上升無所阻滯，與車行異也。**凡重，**句。**上弗挈，**說文所謂縣持。**下弗收，旁弗劫，**劫，疑「抾」之借字。廣雅釋言云：「抾，挹去。」與引義略同。**則下直。**張云：「其著於下也必直。」詒讓案：直與正義同，言其重心必就下而正。**扡，**句。**或害之也。**張云：「扡與柂同，不直也。或害之，乃不直。」案：張說是也。「扡」

即前「木柂」之「柂」，言重物不挈之、收之、劫之，則下必正；其不正者，必或挈、或收、或劫害之也。**沶**言扡則重勢偏下，而流不得止也。畢云：「公羊傳桓十年有云『沶血』，陸德明音義云『古流字』。」**梯者不得沶，**畢云：「舊作『汴』，據上改。」案：吴鈔本正作「沶」，不誤。張云「當作『下』」，非。**直也。**言梯雖邪而重物不下流者，以其挈引之，而無異直升也。**今也廢尺於平地，**張云：「廢，置也。置一尺之物於平地。」詒讓案：「尺」疑當爲「石」，下云「跰石、絫石」，是其證。**重不下，**「下」即流也，或當爲「沶」之譌。**無𨂿也。**畢云：「玉篇云：『𨂿，蒲唐切，踉𨂿欲行皃。』正字通以爲腿字之俗。」張云：「『𨂿』當作『旁』，雖重不下柂，以平地無旁空缺處也。」此解經「廢材」。案：「𨂿」字之義與此文無會，正字通尤俗册不足據也。張讀爲旁亦難通。此疑當爲「踦」之形誤，戰國策云「必有踦重者矣」。言廢石於平地，則雖重而必不流者，以其無偏踦也，故云「無踦」。又案「廢尺」與「廢材」義同，而非釋經「廢材」之義，張説亦誤。**若夫繩之引軲也，是猶自舟中引横也。**張云：「以繩引車，必從旁引，猶舟中横引岸上之物，兩旁有空缺處，必下矣。」案：張説非是。説文木部云：「横，闌木也。」此蓋以爲舟前横木之名。廣雅釋水云：「䑳謂之桄。」集韻十一唐云：「桄，舟前木也。」一切經音義云：「桄，古文『横』同。」是二字音近字通。言車梯之引其軲與舟中引其横，皆藉引之力也。**倚、倍、拒、堅，**「堅」當作「掔」。説文手部云：「掔，固也。」又與「牽」通，見迎敵祠篇。言相依倚，相倍負，相楮拒，相掔引。**䑼倚焉則不正，**畢云：「唐、宋字書無『䑼』字，正字通云：『俗字。舊注音嗔，走貌。』」詒讓案：此字未詳，疑當爲「邪」。隸釋漢戚伯著碑「邪」作「躳」。變「牙」爲「身」，變「邑」爲「吕」，與「出」相似，因而致誤。**誰跰石、絫石耳。**此義難通。畢讀「誰跰」句，云：「跰，并字異文，已上以車制言。」張讀同。鄒云：「此一段轉重法也。」

案集韻十五青及類篇立部並以「竮」爲「竮」之或體，與此文義無會。畢說近是，而句讀則非。詒與唯通，言唯石與石相合并、重絫，則邪倚而不正，以其無挈引之故也。若車梯前有挈引之力，則雖邪倚，而引物升轉，不患其不正而流也。此釋經下「倚者不可正，說在剃」，「剃」即「梯」之譌。車梯用以升重，非正車制也，畢說非。**夾寣者，**畢云：「寣，『寑』字省文。」詒讓案：說文宀部：「寑，籀文省人作『寑』。」此又省又作「寣」。集韻四十七寑云：「寑，古作『寣』。」**法也。**張云：「當謂匠人作室絫石之法。」案：張說未塙。「法」疑當爲「柱」。說文木部云：「柱，楹也。」通言之柱、楹同；析言之，堂上兩柱謂之楹，房室及墻序藋依壁而立者謂之柱。夾寢，即謂夾寢室也。**方石去地尺，**疑謂柱下質礎。張云：「石高尺也。」**關石於其下，**方石之下，別以石爲關。張云：「又一石也。」**縣絲於其上，**張云：「絲，繩也。」**使適至方石，**句。**不下，**句。**柱也。**爾雅釋言云：「楮，柱也。」謂石柱絲，絲故不下。**膠絲去石，**張云：「膠，著也。去石，縣石而使去下方石也。」**挈也。**謂上提挈其絲。張云：「絲所以能縣石，是有挈之者。」**絲絕，**句。**引也。**張云：「從下引之即絕。」詒讓案：此釋經下「推之必往，說在廢材」，「推」、「往」即「柱」、「住」之誤。**未變而名易，**句。**收也。**收，依經下當爲「仮」。仮、反字同。言刀與糴輕重貴賤相反。張以此二句屬上節，誤。**買，**畢讀「買刀」句，誤。**刀糴相爲賈。**說文人部云：「糴，市穀也。」畢云：「『刀』謂泉刀。」**刀輕則糴不貴，**句。**刀重則糴不易。**張云：「易，輕也。刀輕則賤其糴以稱輕；刀重則貴其糴以稱重，所謂反賈。」**王刀無變，**張云：「王者所鑄，故曰『王刀』。」**糴有變，**句。**歲變糴則歲變刀。**張云：「以糴權刀，則刀亦變。」案：張說是也。此言糴之貴賤，每歲不同，則刀之重輕亦隨而變。依張、楊說，此釋經下「買無貴，說在仮其賈」。**若鬻子，**張讀屬上節，誤。**賈盡也**

**者，盡去其以不讐也。**「其」下據下文亦當有「所」字，言其所以不讐者，爲予賈未盡其數也，若盡其數，則其所以不讐者盡去矣。**其所以不讐去，**句。**則讐。**句。**𤖨賈也宜不宜，**謂讐者之正賈有宜不宜。**𤖨欲不欲。**謂所讐者有欲不欲，以意爲正。張云「買者賣者相宜，謂讐也。買者欲賤，賣者欲貴，是賈也」，亦通。**若敗邦鬻室，**國語越語云：「身斬妻子鬻。」**嫁子無子。**疑申論無不讐之義。依張説，此釋經下「賈宜則讐，説在盡」。**在軍不必其死生，聞戰亦不必其生，**當作「其死生」，或當作「在軍不必其生，聞戰亦不必其死」。在軍，謂方出師而兵未接。聞戰，則聞其已接戰也。**前也不懼，**張云：「前，在軍。」**今也懼。**張云：「今，聞戰。」案：依張、楊説，此釋經下「無説而懼，説在弗心」，「心」即「必」之誤。**或，**「或」即邦域正字，故下云「謂此南北」。前經下云「宇或徙」，説云「宇南北」，與此義正同。彼「宇或」亦即宇域也，詳前。**知是之非此也，**謂南或非南，北亦非北。**有知是之不在此也，**張云：「有讀曰又。」案：張説是也。謂南北在彼在此，名實無定，即「宇或徙」之義。公孫龍子名實篇云：「夫名，實謂也。知此之非此也，知此之不在此也，則不謂也。」與此經名實義亦同。**然而謂此南北，**即「宇南北」之義。**過而以已爲然。**此謂以身所在之域爲中，儻過此而北則前日所在之域轉謂之南。自此以前，每進益北，則所過成南。若由中過南，則南轉成北，所過亦然。故云「過而以已爲然」。莊子天下篇「惠施曰：我知天下之中央，燕之北、越之南是也」，釋文引司馬彪云「天下無方，故所在爲中」，即此義也。**始也謂此南方，故今也謂此南方。**言始與今所謂南方者，過而屢變，即「過而以已爲然」之義也。依張説，此釋經下「或，過名也，説在實」。**智論之，**張云：「智讀曰知，知而後有論。」**非智無以也。**疑有脱誤。依張説，此釋經下「知之否之，足用也，諄，説在無以也」。經文亦有譌脱。**謂**，句。**所謂**舊本「所」譌「非」，今據道藏本、吴鈔本正。**非同也，則異也。同則或謂之狗，其或謂之犬也。**張云：「狗犬之謂同。」**異則或謂之牛，牛或謂之馬也。**下「牛」字疑當爲「亣」，與上句文例同。張云：「牛馬之謂異。」楊云：「吕氏春秋審分篇：『以牛爲馬，以馬爲牛，名不正也。』」**俱無勝**，句。**是不辯也。**謂是非兩同，無以相勝，則不成辯。莊子齊物論云「是若果是也，則是之異乎不是也，亦無辯。然若果然也，則然之異乎不然也，亦無辯」，即其義。**辯也者，或謂之是，或謂之非，當者勝也。**畢本「當」下有「也」字，今據道藏本、吴鈔本删。張云：「既云『當』，是勝也。」詒讓案：言是非互見，得其當則勝也。依張説，此釋經下「謂辯無勝，必不當，説在辯」。**無讓者酒，**謂凡賓主獻酬之酒，於禮無讓。**未讓**，句。**始也，不可讓也。**依張、楊説，此釋經「無不讓也，不可，説在始」。案：「未讓，始也」，疑當作「不讓，殆也」。殆、始形近而誤，經同。凡相近而不讓謂之殆。後文「若殆於城門與於臧也」九字，文無所屬，疑本在此下而誤錯於彼，説詳後。**於石一也，堅白二也，**張云：「堅與白，二。」**而在石。**謂堅白含於石體之中，即經所謂「存」也。**故有智焉，有不智焉，可。**顧云：「『智』即知字。」詒讓案：「故」下疑脱「謂」字，以下智並與知通。此謂「石一」，而知堅者不知白，知白者不知堅。文亦見公孫龍子堅白篇，説詳前。依張、楊説，此釋經下「於一有知焉，有不知焉，説在存」。**有指，**謂有所指也。公孫龍子指物論篇有「非有非指」之説，與此似異。**子智是，**句。**有智是吾所先舉，**句。**重。**張云：「有讀曰又。」案：張説是也。以下文校之，疑當作「子智是，有智吾所无舉，是重」，「无」、「先」形近而譌。「子知是」是其一，又并知「吾所无舉」，是其重也。「吾所无舉」，即下文所云「吾所不舉」，「是重」與下文「是一」文亦正相儷。「重」謂二名一實，下文所謂「智，智狗；

重，智犬」是也。「子智是」，若知狗。「智吾所无舉」，若因狗知犬。重，則若狗犬同類也。**則子智是，而不智吾所先舉也，**「先」亦「无」之譌。**是一。**對上「重」及下「二」、「三」言之，謂唯知其一，若知狗而不知犬。**謂有智焉有不智焉也**〔一〕。謂知其一，而不知其二是一，猶上經云「於一，有知焉，有不知焉」也。**若智之，則當指之智告我，則我智之。**張云：「若果知之，則當指子之所知告我，則我知子之所知矣。」**兼指之，以二也。**謂并「吾所无舉」者而指之，若指狗則兼指犬，指一而所指二也。**衡指之，參直之也。**參、三同。經云「二絫」，「絫」亦「參」之誤，「二參」即二三也。言從衡指之，則參相直，以一兼二，參直爲三也。張云：「直，當也。」**若曰必獨指吾所舉，毋舉吾所不舉，**「毋舉吾」下吴鈔本有「之」字。吾所舉者一也，所不舉者二與三也。**則者固不能獨指。**張云：「『則』下有脱字，或是『二』字，或是『三』字。」案：張説未知是否？今以文義推之，「則」下疑當脱「指」字。言於此有二物，或同類，或同處，今特指此物，勢必兼直彼物，故不能獨指，即經所謂「不可逃」也。又莊子天下篇云「指不至，至不絶」，疑亦即此節之義。蓋若甲乙同處，欲指甲而勢不能不兼直乙，既兼直乙，則所指不得謂專至甲，亦不能與乙絶也，故云「不至」、「不絶」。釋文引司馬彪説殊誤。**所欲相不傳，**張云：「所欲言不相傳。」詒讓案：相，疑亦「指」之誤。意所欲指者一物，今兼直二三，則不能明傳其所欲矣，與莊子「指不至」語意同。**意若未校。**張云：「校，悦也。不快人意。」**且其所智是也，**張云：「有所知。」**所不智是也，**張云：「有所不知。」**則是智、是之**

〔一〕「也」，原誤「可」，據畢沅刻本改。按作「可」爲孫本梓誤。

**不智也，惡得爲一？**是智者，所已知也；是之不智者，所未知也，則不能并爲一矣。**謂而有智焉有不智焉。**疑亦當有「也」字。依張、楊說，此釋經下「有指於二，而不可逃，說在以二絫」。**所，春也，**未詳。張云：「下云『臧也今死，而春也得文』，則春爲人，疑不能決。」**其執固不可指也。**張云：「『執』疑當爲『埶』，與勢同。」案：張校是也。埶即古勢字。徐鉉說文新附云：「勢，經典通用『埶』。」禮運「在埶者去」，鄭注云「埶，埶位也」，釋文云：「埶，本亦作『勢』。」後魯問篇亦以埶爲勢，今本並誤「執」，可證。**逃臣不智其處，**不知其所匿之處。**狗犬不智其名也。**若韓盧、宋鵲。**遺者，巧弗能兩也。**張云：「皆不可指。遺者，義宜爲失亡者。『巧弗能兩』，未詳。」詒讓案：「兩」疑當爲「网」，或作「罔」。孟子公孫丑篇「以罔市利」，趙注云：「罔羅而取之。」「网」與「兩」形近而誤。言人偶有遺物，雖使至巧罔羅索取之，不能必得也。依張說，此釋經「所知而弗能指，說在春也、逃臣、狗犬〔二〕、貴者」。案：「貴」即「遺」之譌。**智，**句。**智狗；**吳鈔本「智」下衍「者」字。**重，**句。**智犬。**經說上云「二名一實，重同也」。義詳前。**則過，**依經當作「不智則過」，今本脫二字。張云：「既知狗又知犬，而不知狗之即犬，則過。」**不重則不過。**不重則名實迴異，宜其不知，故不過。依張說，此釋經「智狗而自謂不知犬，過也，說在重」。**通，問者曰：**「通」即經云「通意」，言問以通其意恉也。**「子知覊乎？」**畢云：「『覊』當爲『𩦺』，即『驘』省文。」詒讓案：說文馬部云：「驘，驢父馬母者也。从馬，𦝠聲。或从𣎆作『𩧢』。」此蓋从𦝠省聲，而以「亡」爲「西」，則傳寫之譌。**應之曰：「覊**

〔二〕「犬」，原引誤「馬」，據經下改。

何謂也？」彼曰「翫施」，句。則智之。「施」疑當作「也」，謂告以嬴之名物。張云「蓋即嬴蠣」，繆。若不問翫何謂，徑應以弗智，句。則過。不問嬴何謂，而徑應以弗知，則不知而復無求知之意，人將不復告，是終於不知矣，故謂之「過」。且應必應，此義難通，疑當作「且問必應」，涉下而誤耳。問之時若應，句。長應有深淺。「長」疑當作「其」，形近而誤。深，若應之曰「嬴何謂」；淺，若徑應以「弗知」是也。此釋經下「通意後對，說在不知其誰謂也」。大常中在，大，道藏本、吴鈔本作「天」，以文義推之，疑當作「人」。畢云：「據下文，『常』當爲『堂』。」兵人，句。長所。長，吴鈔本作「常」，非。此疑當作「其人，其所」。今本兩「其」字譌「兵」、「長」二字，遂不可通。室堂，句。所存也；此謂其所。其子，其，疑當爲「某」之譌，後旗幟篇云「建旗其署曰某子旗」。存者也。此謂其人。據在者而問室堂，張云：「『在』當爲『存』。」案：在、存義同，似不必改。惡可存也？當作「惡所存也」。上云「堂室，所存也」，下云「主存者以問所存」，並其證。言問存者以在室或在堂也。主室堂而問存者，孰存也？言問在室堂者爲何人也。是一主存者以問所存，句。一主所存以問存者。依楊說，此釋經下「所存與者，於存與孰存」。案：經「者」上脱「存」字。五合，謂五行相合。水土火，疑當作「木生火」。張云：「五行自相合者，水土火。金待火而合，木待金而合。」案：張說未知是否。火離然。此言火離木而然。易離彖傳云：「離，麗也。」莊子外物篇云：「木與木相靡則然。」張云「火出於石而然於木，離其本」，未塙。火鑠金，火多也。金靡炭，靡，䃺之叚字。説文石部云：「䃺，石磑也。」「研，䃺也。」言金能䃺研炭，使消散。金多也。張云：「所謂無常勝。」合之府水，道藏本、吴鈔本作「木」，非。畢云：「府，疑同腐。」張云：「水無不合。」案：畢、張說並未塙，此疑當作「合之成水」。言金得火則銷鑠而成水，莊子外物篇云「金與火相守則流」是也。**木離木。**張云：「木必相離。」案：張說亦難通。疑當作「木離土」，離亦與麗同義。易離象云：「百穀艸木麗乎土。」此釋經下「五行毋常勝，說在宜」。**若識麋與魚之數，惟所利，無欲惡。**無欲惡，猶言無愛憎。麋魚以共膳羞。惟所利，謂惟所共無偏嗜，即經所謂「宜」也。**傷生損壽，說以少連，**說，吳鈔本作「設」，此義難通。疑「連」當作「適」，謂節嗇以養性也。下云「適足不害」，亦其證。呂氏春秋適音篇云「和心在於行適」，高注云：「適，中適也。」**是誰愛也？嘗多粟，或者欲不有能傷也，**疑當作「或者欲有不能傷也」。言多粟而或欲有之，然徒欲不足爲益損也。**若酒之於人也。**言酒無益於人，損之爲宜。**且恕人利人，**恕，吳鈔本作「恕」，下句仍作「恕」。**愛也，則唯恕弗治也。**唯，舊本作「惟」，今據吳鈔本改。徒知不足爲益損。或云唯與雖通，「治」疑當爲「給」，言知愛利人，而力不可偏給，亦不足爲益損也，亦通。依張說，此釋經下「無欲惡之爲益損也，說在宜」。**損飽者去餘，**言損去其多餘者。**適足不害，能害飽，**能與而通。「害飽」疑當作「飽害」。言若食適足，不害於人，而過飽乃爲害。**若傷麋之無脾也。**脾讀爲髀。少牢饋食禮云「腊用麋」，又云「髀不升」，鄭注云：「近竅，賤也。古文『髀』皆作『脾』。」此與古文禮正同。言麋以共祭，而髀不登於祭俎，故傷麋雖無髀，無害於爲腊以共祭，亦損而不害之意。**且有損而后益智者，**「智」字疑衍。**若𤵸病之之於𤵸也。**畢云：「『𤵸』即『瘧』省文。說文云：『瘧，熱寒休作。』今經典省几，此省E，一也。E即爪字。」詒讓案：廣雅釋詁云：「瘧，病也。」此「𤵸」或當爲「瘧」之省文。下「之」字當作「人」，言人患瘧者，以病損爲益也。此釋經下「損而不害，說在餘」。**智以目見，而目以火見，而火不見。**公孫龍子堅白論篇云：「且猶白以目，以火見，而火不見，則火與目不見而神見，神不見而見離。」彼文「以目」下蓋脱「見目」二字，義與此正同。莊子天下篇「辯者曰：目不見」，亦即此義也。**惟以五路智久不當。**未詳。此釋經「知而不以五路，説在久」。**以目見，**下當脱「火」字。**若以火見。火，**句。**謂火熱也，非以火之熱。**言火雖熱而所見者光也，非以其熱。莊子天下篇云「火不熱」，此即其義。淮南子詮言訓許注云「公孫龍以白馬非馬、冰不寒、炭不熱爲論」，彼「炭」疑亦「火」之誤。此釋經下「必熱，説在頓」。「必」即「火」之誤，下又脱「不」字。**我有若視曰智，**智並與知通。張云：「有如視一物而曰知。」**雜所智與所不智而問之，則必曰：「是所智也，是所不智也。」取去俱能之，**張云：「取所知。去所不知。」**是兩智之也。**依張説，此釋經下「知其所以不知，説在以名取」。**無，**句。**若無焉，**句。**則有之而后無。**后，吳鈔本作「後」。無焉，「焉」疑當作「馬」。馬爲物名，必先有馬，乃可言無馬也。**無天陷，**句。**則無之而無。**張云：「天陷未詳，或謂天所缺者。」案：張説未塙。「天」疑當作「失」，戒人無失陷爲虚言，則先未有此事而豫相敕戒，亦可言無，所謂不必待有也。依張説，此釋經下「無不必待有，説在所謂」。**擢疑**「擢」當爲「推」，詳經下。**無謂也。**未詳。**臧也今死，而春也得文文死也可。**此義不可通。「春也」與「臧也」對舉，疑「春」當爲厮養之「養」，形近而誤。「得文」疑當作「得之」。大意似謂亡臧而得養，略足相當。但文尚有譌脱，不能盡解。此釋經下「擢慮不疑，説在有無」，「擢」亦「推」之誤。**且，**句。**猶是也。**此引申比況之義。詩周頌載芟「匪且有且，匪今斯今」，毛傳云：「且，此也。」孔疏云：「且亦今時。」此云「猶是也」，與此今義相近。張云：「且，未然之辭，亦方然，故曰『猶是也』。是，如此也。」案：張説亦通。**且然，**句。**必然。**舊本作「且且必然」，吳鈔本作「且必然」。王引之云：「『且且必然』當作『且然必然』，以下三句文義例之，可知。」案：王校是也，張校同，今據正。經說上云「自前曰且，自後曰已，方然亦且」，此即方然之義。言且之爲言，雖尚未然，而事勢湊會，必將至於是。**且已，**句。**必已。**句。**且用工而後已者，必用工而後已。**舊本「必用工」下脱「而」字。王引之云：「『後』上亦當有『而』字。」案：王校是也，今據補。用工，猶言從事也。此釋經下「且然不可正，而不害用工，說在宜歐」，「宜歐」疑當作「害區」。**均，**句。**髮均縣，**句。**輕重而髮絶，不均也。均，**句。**其絶也莫絶。**舊本「輕」下脱「重」字。孫星衍云：「列子湯問篇云『均髮均縣，輕重而髮絶，髮不均也。均也，其絶也莫絶』，張湛注云：『髮甚微脃，而至不絶者，至均故也。今所以絶者，猶輕重相傾，有不均處也。若其均也，寧有絶理？言不絶也。』今『輕』下脱『重』字。『均其絶也』句，『均』下無『也』字。」案：孫校是也。畢亦據補「重」字，今從之。依張、楊說，此釋經下「均之絶不，說在所均」。**堯霍，**此二字爲下文發耑，篇中「霍」字婁見，以義推之，似並當爲「虎」之譌，然於此文不合。畢云「據下文作『臛』」，張從之，未知是否。**或以名視人，或以實視人。**張云：「堯者名，臛者實。」**舉友富商也，是以名視人也。指是臛也，**臛，或當同上作「霍」。**是以實視人也。**視與示通，舉友之富商以告人，是示以名也。指臛以示人，是示以實也。**堯之義也，是聲也於今，**張云：「名生於今。」**所義之實處於古。**言堯之義施於當時不能及今，即經「異時」之義。此釋經上「堯之義也，生於今而處於古，而異時，說在所義」，「生」疑當爲「任」。**若殆於城門與於臧也。**此九字上下文無所屬，張并上「堯霍」爲一條，云「城門，守門者。臧，僕也。『城門』舉實，『臧』舉名」，其說殊迂曲。審校文義，疑當在上文「無讓者酒，未讓，始也，不可讓也」之下，皆釋經下「無不讓也，不可」之義。凡古人行禮，賓主入門必讓，若與人同入城門，而相殆，則無爲讓。臧爲賤人，不足與爲禮，則不必讓也。荀子榮辱篇云「巨涂則讓，小涂則殆」，楊注云：「殆，近也。」此殆異於讓之義。又案殆與逮聲義相近，毛詩小雅巷伯傳云「柳下惠嫗不逮門之女」。「殆於城門」即逮門，謂近而相及不爭先也。**狗，**句。**狗，犬也，謂之殺犬，可，**以經文校之，當作「而殺狗謂之殺犬，不可」。莊子天下篇云「狗非犬」，成玄英疏云：「狗之與犬，一物兩名，名字既空，故狗非犬也。狗犬同實異名，名實合，則彼謂狗，此謂犬也；名實離，則彼謂狗，異於犬也。墨子曰：狗，犬也，然狗非犬也。」案：此經云「殺狗非殺犬」，亦即名實離之義。然成引經語，亦有删佚，非其元文。**若兩䐶。**未詳。集韻十五灰云「脂䐶，腫大皃」，非此義。「䐶」疑當爲「腢」，儀禮士喪禮鄭注云：「腢，肩頭也。」説文骨部云：「髃，肩前也。」楊云：「『䐶』疑『髀』字之誤。」案：依楊説，則當亦「髀」之叚字，見前。此言同一體而有左右之異，以喻狗犬同物而異名也。依張、楊説，此釋經下「狗，犬也。而殺狗非殺犬也，可，説在重」。**使，**句。**令使也。**此與經説上「使，令謂，謂也」文例同。張云：「訓使義。」**我使我，我不使亦使，我。**此義難通。張云：「殿，自爲之也，亦得爲使，故言使不使皆使。」案：張改經「使，殷、美」「殷」爲「殿」，故其説如此，然義甚牽強，恐不足據。審校文義，此「我」字或當經之「美」字，疑並當爲「義」。蓋兩文皆誤，而一存其上半，一存其下半也。此似當云「義使使，義不使亦使，義」。言義者使令之，使乃其正也。以義使之爲使，以義不使之亦爲使，不使謂禁止之也，末義字總釋上語。**殿戈亦使，殿不美亦使，殿。**楊云：「經作『殷』，説作『殿』。」張云：「殿戈，殿軍也。」案：張説未塙。此「殿」字當經之「殷」字，兩文似皆誤，無可推校。意必求之，疑「殿」並當爲「假」，「戈」與「美」並當爲「義」。似云「假義亦使，假不義亦使，假」。言假者假設之，使非其正也。似假設合義爲使，假設不合義亦爲使也，末假字亦總釋上語。此肊説，無可質證。而前云「不若敷與美」，「敷美」似亦「假義」之譌。綜校諸譌文，約略相類，聊復箸之。依張、楊說，此釋經下「使，殷、美，說在使」。**荆沈，**句。**荆之貝也，則沈淺非荆淺也。**「沈」當爲「沆」。說文水部云：「沆，大澤也。」徐鍇繫傳引博物志云：「停水，東方曰都，一名沆。」太平御覽地部引述征記云：「齊人謂湖曰沆。」水經巨馬河篇督亢澤，注引風俗通云「沆，漭也。言乎淫淫漭漭無崖際」，今本風俗通義山澤篇「沆」作「沈」，又云「沈澤之無水，斥鹵之類也」，並形之誤。漢書刑法志「山川沈斥」，荀悅漢紀「沈」作「坑」，坑與沆字正同。蓋沆爲藪澤，此「荆沆」即荆之沆澤。「荆之貝」當作「荆之有」。言沆在荆，則沆即爲荆之所有也。然沆包於荆畺域之中，則沆雖淺狹，無害於荆之廣大，故曰「沆淺非荆淺」。依張說，此釋經下「荆之大，其沈淺也，說在具」。案「具」亦「有」之誤。**若易五之一，**之猶與也，下同。張以五字屬上，非。**以楹之摶也，見之，**摶，即備城門篇之「柴摶」、「積摶」，蓋聚束柴木之名。此言楹大而摶小，若以五易一，多少之數不相當也。**其於意也不易，**蓋謂意度之，則知其不當易。**先智意相也。**先智，以經下校之疑當作「无智」。說文：「无，古文奇字。」「无」與「先」形近而誤。「无智」即經云「無知」也。「相」下疑有脱字。**若楹輕於秋，**秋當讀爲萩。說文艸部云：「萩，蕭也。」左傳「伐雍門之萩」，釋文「萩」作「秋」。彼「萩」爲「楸」之叚字，與此義異，而或作「秋」，則可互證。此亦喻輕重之失當，與「楹之摶」同意。**其於意也洋然。**未詳。此釋經下「以檻爲摶，於以爲無知也，說在意」。「檻」即「楹」之誤。**段、椎、錐俱事於履，可用也。**吴鈔本「段」作「斷」，「事」作「視」，並誤。說文殳部云：「段，椎物也。」木部云：「椎，擊也，齊謂之終葵。」金部云：「錐，鋭也。」詩大雅公劉〔二〕「取厲取碫」，毛傳云：「碫，段石也。」說苑襍言云：「干將鏌鋣，以之補

〔二〕按：引文見詩大雅公劉篇，「公」上原衍「篤」字，兹據删。

屨，曾不如兩錢之錐。」**成繪屨過椎**，「繪」疑當爲「繒」，「過」當爲「遇」，下同。說文糸部云：「繒，帛也。」古爲屨，冬皮夏葛，蓋亦或以繒帛爲之。**與成椎過繪屨同**，句。**過仵也**。仵，字書無此字，道藏本作「件」，吴鈔本同。畢云：「『仵』當爲『舛』異文。」張云：「依經當作『仵』。」案：張校是也，仵與啎同。過，經同，亦當作「遇」。史記天官書云「逢俉化言」。說文午部云：「啎，逆也。」夊部云：「夆，啎也。」爾雅釋詁云：「遘、逢、遇，遻也。」漢書敍傳鄧展注引作「㾶、逢，遇也」。遇、逢義同。啎、遻、遇、逆音並相轉，仵、俉、㾶聲相近。遇仵，猶言逢俉、夆啎，亦猶言逆啎也。此謂繒爲作屨屨之材，段、椎、錐爲作屨屨之器，材與器兩者遇仵以成屨屨，相須而爲用也。此釋經下「意未可知，說在可用、過仵」。**一**，句。**五有一焉，一有五焉，十二焉**。張云：「五析之，則有一者五，是一少於二也。建一以爲十，則一有五者二，是多於五也。建一爲十，累一爲二。」詒讓案：「十二焉」疑當作「十，二五焉」，謂一十有二五也。依張、楊說，此釋經下「一少於二，而多於五，說在建」。案：「建」疑「進」之誤。**非斲半**，斲，櫡之别體，此疑當作「斲非半」，即約經云「非半弗斲」也，而反辭以明其義。**進前取也**。非半而斲之，則每斲前進也。**前，則中無爲半**，言半者必前後之中，進前取，盡其端，則中無所謂半。**猶端也**。「端」即前也。經上云：「端，體之無序而最前者也。」此言雖取中斲之，終必前極其端。**前後取，則端中也**。前後端之中，即所謂半。**斲必半，毋與非半**，毋，吴鈔本作「無」。**不可斲也**。盡其端則無半，不復可斲。莊子天下篇云「一尺之捶，日取其半，萬世不竭」，釋文引司馬彪云「若其可析，則常有兩；若其不可析，其一常在，故曰萬世不竭」，即此義也。依張、楊說，此釋經下「非半弗斲，則不動，說在端」。**可無也，已給，則當給不可無也**。張云：「給，具也。嘗已具之，則當具之。」案：張說未塙。此以經校之，疑當作「已然，則嘗然不可無也」。「然」與「給」艸書形近而誤。凡事之言已然者，即嘗然。今雖無，而昔之爲有則審矣。故云「不可無」，猶經云「不可去」也。依張、楊説，此釋經下「可無也，有之而不可去，説在嘗然」。**久有窮無窮。**此五字與上下文皆不屬，張、楊並屬上爲一章，以經校之，亦不相應，疑當在後「民行脩必以久也」之下，而誤錯在此。**正九，**畢云：「一本作『凡』。」案：顧校季本亦作「凡」，今以文義校之，當是「丸」之形誤，謂正圜之丸。下云「摶」，即圜丸之形也。**無所處而不中縣，摶也。**摶，道藏本、吴鈔本作「搏」，非。考工記云「直者中縣」。「正丸」即立圜，隨所轉側，而其中綫必正直，故云「無所處而不中縣」，即經「不可摿」之意。依張、楊説，此釋經下「正而不可擔，説在摶」。案：「擔」即「摿」之誤。**偪宇不可偏舉，**偪、區，偏、徧，並聲同字通。**字也。**「字」當作「宇」。**進行者先敷近，後敷遠。**敷猶布也，詳經下。**行者行者**張云：「誤重。」**必先近而後遠。**依張説，此釋經下「宇進無近，説在敷」。**遠近，脩也；先後，久也。**「遠」下舊本有「脩」字。俞云：「上『脩』字衍文。『遠近脩也，先後久也』，相對爲文。以地之相去言曰脩，以時之相去言曰久。」案：俞説是也，今據删。脩，吴鈔本並作「修」，「脩」叚字。**民行脩必以久也。**依張説，此釋經下「行循以久，説在先後」。案：「循」即「脩」之誤。**一方盡類，俱有法而異，或木或石，不害其方之相合也。盡類猶方也，**舊本「一方盡類」並作「一方貌盡」，「合」作「台」，「盡類猶方也」作「盡貌猶方也」。吴鈔本下「貌」字作「皃」。張云：「『台』當爲『召』。」王引之云：「當作『一方盡類，或木或石，不害其方之相合也。俱有法而不異，盡類猶方也』。一方盡類者，一，同也，言同具方形則其方盡相類也。隸書『類』、『貌』相似，故『類』誤爲『貌』，又誤倒於『盡』字上耳。或木或石，不害其方之相合也者，言物之方者，雖有方木、方石之異，而不害其方之彼此相合也。作『台』者，字之誤耳。俱有法而不異，盡類猶方也者，言其法同，則彼此盡相類，亦猶方與方之盡相類也。傳寫者上下錯亂，又脱『不』字耳。『一方盡類』云云，則經下所謂『一法者之相與也盡，若方之相合也』。」案：王校改「貌盡」並爲「盡類」，「台」爲「合」，是也，今並據正。呂氏春秋別類篇云「小方，大方之類也」，即此「一方盡類」之義。但「俱有法而異」句，似不必移。蓋上言「一方盡類」，明其方之同。下言「俱有法而異」，明同方之中仍有異也。「盡類猶方也」，猶與由通，言其所以盡相類者，由於同方也。**物俱然。**此釋經下「一法者之相與也盡，若方之相合也，説在方」。「盡」下亦當有「類」字。**牛狂與馬惟異，**張云：「『牛狂』當作『狂牛』。」俞云：「『狂』與『惟』皆『性』字之誤。」案：張校非是，俞校以「狂」爲「性」，是也。呂氏春秋壅塞篇云「牛之性不若羊，羊之性不若豚」，高注云：「性猶體也。」俞謂「惟」亦爲「性」，則非。以公孫龍子校之，當作「牛性與馬雖異」。雖，公孫龍書作「唯」，並與「惟」通。言牛馬性雖異，然其所以異者，不在齒與尾也。詳後。**以牛有齒、**句。**馬有尾，**句。**説牛之非馬也，不可。**俞云：「此言牛性與馬性異，非徒以牛有齒、馬有尾爲别也。」**是俱有，**張云：「牛亦有尾，馬亦有齒。」詒讓案：大戴禮記易本命云「戴角者無上齒，無角者膏而無前齒」，蓋牛有下齒，馬有後齒也。公孫龍子通變篇謂「牛無尾」者，以其有尾而短耳，非實無尾也。**不偏有、偏無有。**句。**曰**盧云：「當有『牛』字。」**之與馬不類，**句。**用牛有角、**舊本「角」上脱「有」字。盧云：「『用牛』當爲『牛有』。」王引之云：「『用』非誤字。用者，以也。以牛有角、馬無角，説牛與馬之不類，故云『曰牛與馬之不類，用牛有角、馬無角』也。下文『若舉牛有角、馬無角，以是爲類之不同也，是狂舉也』，以亦用也。上文『以牛有齒、馬有尾，説牛之非馬也，不可』，文義亦同，則『用』非誤字可知。但可云『用牛』下脱『有』字耳。」案：王校是也，張校同，今據增。**馬無角**，句。**是類不同也。若舉牛有角，馬無角，以是爲類之不同也，是狂舉也。**公孫龍子亦有「正舉」、「狂舉」之文。以意求之，蓋以舉之當者爲正，不當者爲狂，此書經説通例，凡是者曰正、曰當，非者曰狂、曰亂、曰誖，義與公孫龍書略同。此疑當作「以是爲類之同也，是狂舉也」，今本涉上文而衍一「不」字，則不得爲狂舉矣。**猶牛有齒、馬有尾，或不非牛而非牛也，可**〔二〕，此言有齒之嘼與牛相類，或不得謂非牛，而實非牛也。若爾雅釋嘼牛屬犘牛、犦牛之類。**則或非牛或牛而牛也，可。**疑當作「則或非牛而牛也，可」。言或有非牛而與牛相類，則亦可謂之牛也。**故曰「牛馬非牛也」，未可，**此言兼舉牛馬，則不得謂非牛，猶公孫龍子云「羊合〔三〕牛非馬」。張云：「曰牛馬，豈得非牛？」**「牛馬牛也」，未可。**此亦兼舉牛馬，既兼有馬，則又不可竟謂是牛。張云：「曰牛馬，豈得謂牛？」**則或可或不可，而曰「牛馬牛也未可」亦不可。**言可不可兩説未定，則竟㫄謂牛馬之爲牛者未可，亦非也。張云：「有可者，今但言未可，是亦不可。三皆不辯其兼，故不可。」**且牛不二，馬不二，而牛馬二。**前云：「數牛、數馬，則牛馬二；數牛馬，則牛馬一。」**則牛不非牛，**張云：「專牛則牛。」**馬不非馬，**張云：「專馬則馬。」**而牛馬非牛非馬，**句。**無難。**張云：「兼牛馬，則非牛非馬，是則無可難矣。」案：張説是也。此即經云「説在兼」之義。荀子正名篇云『有牛馬非馬

〔二〕「也」下原脱「可」字，據畢沅刻本補。
〔三〕「合」，原誤「言」，據公孫龍子變通篇改。

也』，此惑於用名以亂實者也」。公孫龍子通變篇云：「牛與羊唯異，羊有齒，牛無齒，而牛之非羊也、羊之非牛也，未可，是不俱有而或類焉。羊有角，牛有角，牛之而羊也、羊之而牛也，未可，是俱有而類之不同也。羊牛有角，馬無角；馬有尾，羊牛無尾，故曰羊合牛非馬也。非馬者，無馬也。無馬者，羊不二，牛不二，而羊牛二，是而羊而牛非馬可也。若舉而以是，猶類之不同。若左右，猶是舉。牛羊有毛，雞有羽。謂雞足一，數足二，二而一故三；謂牛羊足一，數足四，四而一故五。牛羊足五，雞足三，故曰牛合羊非雞。非，有以非雞也。與馬以雞寧馬，材不材，其無以類，審矣！舉是謂亂名，是狂舉。」即此書之義。但兩書文義皆宂復奧衍，不可盡通耳。依張、楊說，此釋經下「狂舉不可以知異，說在〔一〕有不可。牛馬之非牛，與可之同，說在兼」。**彼**，句。**正名者彼此**。謂言當其名。**彼此可**，句。**彼彼止於彼**，張云：「定彼爲彼。」**此此止於此**。張云：「定此爲此。」詒讓案：此謂彼此之名有定，故可。**彼此不可**，句。**彼且此也**。疑當云「彼且此也，此亦且彼也」。此謂彼此之名無定，故不可。**彼此亦可**，此言彼此在有定無定之藿。張云：「統言彼此，則彼亦此，故可。」**彼此止於彼此，若是而彼此也，則彼亦且此此也**。「此」字吳鈔本不重。張云：「定以爲彼此，則我此此而彼彼，彼亦且此此而彼彼，故不可。」案：張說未塙。此似申上「彼此亦可」之義。疑當作「則彼亦且此，此亦且彼也」，今本脱三字。公孫龍子名實篇云：「正其所實者，正其所名也。其名正，則唯乎其彼此焉。謂彼而彼不唯乎彼，則彼謂不行；謂此而此不唯乎此，則此謂不行。其以當爲當也，不當而亂也。故彼彼當乎彼，則唯乎彼，其謂行彼；此此當乎此，則唯乎此，其謂行此。其以當而當也，以當而當，正也。故彼止於彼，此止於

〔一〕「在」字原脱，據經下補。

此，可。彼此而彼且此，此彼而此且彼，不可。」即此章之塙詁。又莊子齊物論篇云：「物無非彼，物無非是。自彼則不見，自知則知之。故曰彼出於是，是〔一〕亦因彼。」又云：「是亦彼也，彼亦是也。彼亦一是非，此亦一是非。果且有彼是乎哉？果且無彼是乎哉？」亦與此義略同。畢云：「已上釋經下『循此與彼此同，說在異』。」案：經有譌。**唱無過，**即下云「唱而不和」。「過」疑當作「遇」，遇與偶通，下同。**無所周，**疑當爲「用」之誤。謂所唱不足用，即「唱而不和」之意。**若粺。**當爲「稗」，說文禾部云：「稗，禾別也。」此喻無所用，若荑稗。**和無過，**即下云「和而不唱」。**使也，**謂人不唱使然。**不得已。**明非和者之過。**唱而不和，是不學也。**唱者爲教，則和者爲斆，故不和爲不學也。**智少而不學，必寡。**「必」上有脫文。楊云：「疑脫『功』字。」**和而不唱，是不教也。智而不教，**畢云：「『智』下當有『少』字。」詒讓案：疑當作「智多而不教」，與上文「智少而不學」正相對。**功適息。**張云：「我有知而不以告人，則功息絕矣。」**使人奪人衣，罪或輕或重；使人予人酒，或厚或薄。**句首疑脫一字。此蓋喻不和不唱之無功。依張、楊說，此釋經下「唱和同患，說在功」。**聞在外者，所不知也。**謂在外而聞有人在室，不知其人若何。**或曰「在室者之色若是其色」，**言告以在室者之色，與在外者相若。**是所不智若所智也。**以下「智」並與「知」同。所不知，謂在室者；所知，謂在外者。**猶白若黑也，**若猶與也，儀禮燕禮云「冪用綌若錫」。言問其色白與黑。**誰勝？**勝猶言當，上文云「當者勝也」。謂兩舉白黑，未知孰勝。**是若其色也，**「是若」疑

〔一〕「是」字原不重，據莊子齊物論補。

倒，言告以色若是。**若白者必白。今也智其色之若白也，故智其白也。**張云：「若正而言之，色若此白者，彼物必白，則知其色之若白，可以知其白矣。」**夫名以所明正所不智，**名，吴鈔本作「明」，誤。張云：「正物名。」**不以所不智疑所明，**句。**若以尺度所不智長。**言以所明正所不知，若不知物之長，而以尺度之也。畢、張並讀「長外」爲句，大誤。**外，**句。**親智也；**句。**室中，**句。**説智也。**此與經説上云「知，方不㢓，説也。身觀，親也」，義同。言在外之色爲親見而知，以室中之色若在外之色，則聞人之説而後知也。畢云：「已上釋經下『聞所不知若所知，則兩知之，説在告』。」**以詩，**以詩，猶言以爲詩。「詩」即非也，與下「以當」文義正相對。**不可也。**言以人之言爲詩者，必其言之不可信者也。**出入之言可，**以下文校之，「出入」當作「之人」，形近而誤。**是不詩，則是有可也。**有可信者，即不得盡庰爲詩。**之人之言不可，**句。**以當，**句。**必不審。**「審」疑亦當作「當」。言以不可爲當，是必不當也，此即公孫龍子「以當爲當，不當而亂」之義。依張説，此釋經下「以言爲盡詩，詩，説在其言」。**惟，**句。**謂是霍，可，**惟，當依經作「唯」。「霍」疑亦「虎」之誤，下並同，説詳前。唯，應辭也。此言叚物爲名，若謂之爲虎也，而彼應之曰唯，則可。上文云「惟是當牛馬」，彼「惟」亦「唯」之叚字，與此義可互證。經以非名爲不可，明是名則可。莊子寓言篇云：「與己同則應，不與己同則反。同於己爲是是〔一〕，異於己爲非非。」**而猶之非夫霍也，**言彼雖非真虎，而既唯我所謂，則是謂之可者也。**謂彼是是也。**謂所謂與其名相應。**不可謂者，毋惟**

---

〔一〕「是是」，莊子寓言作「是之」，下「非非」作「非之」，此處引文疑誤。蓋「之」字草書與重文符號「Z」相似，故均誤刻作重文。

**乎其謂。**言凡不可謂者，必無人唯我之所謂。**彼猶惟乎其謂，**句。**則吾謂不行。**當作「則吾謂行」，此衍一「不」字。**彼若不惟其謂，**句。**則不行也。**此即公孫龍子「謂彼而彼不唯乎彼，則彼謂不行；謂此而此不唯乎此，則此謂不行」之義。依張說，此釋經下「唯吾謂，非名也則不可，說在仮」。**無南者，**盧云：「『南』當讀如難，上下文俱有『無難』之語。」案：盧說非也。張讀屬上節，亦誤。此「南」即指南方。無南，猶言南無窮也。古者中國所治地，南不盡南海，又天官家不知有南極，故於四方獨以南爲無窮。莊子天下篇「惠施曰南方無窮而有窮」，蓋名家有持此義者。**有窮則可盡，**句。**無窮則不可盡。**句。**有窮無窮未可智，**智與知同，下並同。**則可盡不可盡不可盡**畢云：「此三字疑衍。」**未可智。**可，吴鈔本作「有」，誤。**人之盈之否未可智，**次「之」字疑衍。謂人在四方，盈否未知。**而必人之可盡。**句。**不可盡亦未可智，**當作「人之可盡不可盡亦未可智」。此涉上文而脱「人之可盡」四字。**而必人之可盡愛也，**疑當作「而必人之不可盡愛也」，今本脱「不」字。「盡愛」即兼愛之說。故經云「無窮不害兼」。**誖。**言持此論者不可也。蓋謂人不可盡愛，則有害於兼愛之說，故墨子非之。**人若不盈先窮，**「先」當作「無」，亦「无」之誤。**則人有窮也。**謂人若不能盈無窮，既不能盈，則是有窮也。**盡有窮無難。**張云：「我愛盡於有窮，不足以難兼也。」**盈無窮，**句。**則無窮盡也，**謂人若盈無窮，則無窮既可盈，即界有盡也。**盡有窮無難。**以上六句，皆難「人不可盡愛」之說。依張說，此釋經下「無窮不害兼，說在盈否知」。**不二智其數，**張云：「『二』衍。」案：疑當爲「不一一」。**惡智愛民之盡文也？**「文」當作「之」，下同。吴鈔本重「盡」字，衍。張云「『文』衍」，非。**或者遺乎其問也？**問，舊本譌「門」，今據道藏本正。言慮所問有所遺忘，則雖愛民不能盡其數。張云「『門』、『問』皆『明』字之譌」，非是。**盡問人，則盡愛其所問。**言於心無不愛。**若不智其數而智愛之，盡文也無難。**依張說，此釋經下「不知其數而知其盡也，說在明者」。案：「明」疑即「問」之誤。**仁，仁愛也。**張校謂次「仁」字衍，今案首「仁」字疑述經爲目，則無衍文。又疑或當作「仁，愛人也」。古人、仁字通。**義，利也。愛利，**句。**此也。**言愛利心在於己，明其同在內。**所愛所利，**句。**彼也。**言所愛所利惠加於人，明其同在外。**愛利不相爲內外，**張云：「俱內。」**所愛利亦不相爲外內。**吳鈔本作「內外」。張云：「俱外。」**其爲仁內也、義外也，**爲、謂字通。此見孟子公孫丑篇告子語，管子戒篇亦云「仁從中出，義由外作」。**舉愛與所利也，**偏舉所愛之在此，故云「內」。偏舉所利之在彼，故云「外」。**是狂舉也，**詳後。**若左目出右目入。**舊本脱「出」字，今據道藏本、吳鈔本補。若，吳鈔本作「𡰥」，誤。此亦狂舉之類。張云：「仁義之於人，若二目不可分外內。」案：張說是也，但其本亦脱「出」字，又讀「入」字屬下「學也」，蔪誤。依張說，此釋經下「仁義之爲外內也，內，說在仵顏」。經亦有誤。**學也，以爲不知學之無益也，故告之也，是。**張云：「告，教也。」以學也故教，是也。」**使智學之無益也，**智亦與知同。**是教也，以學爲無益也教，誖。**此言學或有益或無益，故教亦有是有否，否則誖矣。張云：「使知學之無益也而教，則是以學之無益教矣，則誖也。」案：張說是也。依彼說，此釋經下「學之益也，說在誹者」。案經「益」上當有「無」字，「誹」疑「誖」之誤。**論誹，**謂誹議人，宜論其所誹之當否。**誹之可不可，**句。**以理之可誹，**張云：「當爲『非』。」**雖多誹，**句。**其誹是也；**句。**其理不可非，**王校作「誹」，未塙。**雖少誹，**句。**非也。**王引之云：「當作『論誹之可不可，以理之可誹不可誹』。理之可誹，雖多誹，其誹是也；其理不可誹，雖少誹，非也』。今本『論誹』下衍『誹』字，『以理之可誹』下脱『不可誹理之可誹』七字，『其理不可誹』，『誹』又譌作『非』。」案：審校文義，似無脱誤，王校並未塙。**今也謂多誹者不可，是猶以長論短。**言誹有可否，不容概以多誹者爲非，若短長各有所宜，不可相論也。依張説，此釋經下「誹之可否，不以衆寡，説在可非」。**不誹，**依經當作「非誹」，謂非其好誹議人者。**非己之誹也。**言庰誹者之非，是謂非誹。**不非誹，**句。**非可非也。**即上云「以理之可非」。**不可非也，**謂人實有非而我非之，是非其所可非也。我所非自當，則人不可庰我爲非矣。**是不非誹也。**言凡誹人，而或議其非者，爲其有妄誹，實有可非也。若所誹不妄，則不可非，是不當非其所誹也。依張説，此釋經下「非誹者諄，説在弗非」。諄，「誖」之誤。**物，甚長甚短，**句。**莫長於是，**張云：「故曰『甚長』。」**莫短於是，**張云：「故曰『甚短』。」**是之是也，**是，即「莫長於是，莫短於是」之「是」。張云：「如是者是甚也。」**非是也者，莫甚於是。**言若非是者，則不得爲甚長甚短。「莫甚」上疑脱「非」字。張云：「非是者，莫得以爲甚。」案：張説未塙。依楊説，此釋經下「物甚不甚，説在若是」。**取高下以善不善爲度，不若山澤。**句。**處下善於處上，**句。**下所請上也。**「請」當作「謂」。言因下見上，則所謂上者，但微高於下而已，不必如山與澤之高下縣絶。莊子天下篇「惠施曰：天與地卑，山與澤平」，荀子正名篇亦云「山淵平」，並此意也。此釋經「取下以求上也，説在澤」。**不是，**此約舉經文爲目。不讀如否。**是則是且是焉。今是文於是，而不於是，**「文」當作「之」，下並同。「不」下亦當有「之」字。**故是不文。是不文則是而不文焉。今是不文於是，而文與是，**此句與上云「今是文於是而不於是」句正相對，則「而文與是」當作「而是文於是」。「是文」皆即「是之」之誤。上文

「而不於是」又當作「而不之於是」。傳寫互有脱字耳。**故文與是不文同説也。**此節文譌脱難通，參互推校，大意以「是」與「不」對舉，「是文」與「不文」對舉。凡「不」字並當讀爲否，「文」字疑並「之」字之誤。餘並未詳。依張、楊説，此釋經下「是是與是同，説在不州」。經亦有脱誤。

## 經上篇旁行句讀

畢氏新攷定本，今重校正。畢云：「本篇云讀此書旁行。今依録爲兩截，旁讀成文也。」

**故，所得而後成也。**

**體，分於兼也。**

**知，材也。**

**慮，求也。**

**知，接也。**

**𢜔，**知同。畢、張、楊本並作「恕」，誤。**明也。**

**仁，體愛也。**

**義，利也。**

**禮，敬也。**

**行，爲也。**

**止，以**已同。**久也。**

**必，不已也。**

**平，同高也。**

**同，長以缶**古「正」字。**相盡也。**

**中，同長也。**

**厚，有所大也。**

**日中，缶南也。**無説。

**直，參也。**無説。

**圜，一中同長也。**

**方，柱隅四讙**當作「襍」。**也。**

實，榮也。
忠，以爲利而强低當作「君」。也。
孝，利親也。
信，言合於意也。
佴，自作疑當作「伌」。也。
謂，狷通。作嗛也。
廉，疑當作「慊」。作非也。
令，不爲所作也。
任，士損己而益所爲也。
勇，志之所以敢也。
力，刑形同。之所以奮也。
生，刑同形。與知處也。
臥，知無知也。
夢，臥而以爲然也。
平，知無欲惡也。

倍，爲二也。
端，體之無序而最前者也。
有閒，中也。
閒，不及旁也。
纑，櫨通。閒虛也。
盈，莫不有也。
堅白，不相外也。
攖，相得也。
似，當作「仳」。有以相攖，有不相攖也。
次，無閒而不攖當作「相」。攖也。
法，所若而然也。
佴，所然也。
說，所以明也。無說。
攸疑當作「彼」。不可，兩不可也。
辯，爭彼也。辯勝，當也。

利，所得而喜也。
害，所得而惡也。
治，求得也。
譽，明美也。
誹，明惡也。
舉，擬實也。
言，出舉也。
且，言然也。
君、臣、萌，氓通。通約也。
功，利民也。
賞，上報下之功也。
罪，犯禁也。
罰，上報下之罪也。
同，説作「侗」。異而俱於之一也。



爲，窮知而縣於欲也。
已，成、亡。
使，謂、故。
名，達、類、私。
謂，移、説作「命」，誤。舉、加。
知，聞、説、親。
名、實、合、爲。畢、張、楊並合前爲一經，誤。
聞，傳、親。
見，體、盡。
合，説作「古」，誤。缶、宜、必。
欲缶權利，且疑衍。惡缶權害。
爲，存、亡、易、蕩、治、化。
同，重、體、合、類。
異，二、不體、不合、不類。
同異交得，放説作「恕」，疑當作「知」。有無。

久，彌異時也。宇，彌異所也。

窮，或有前，不容尺也。

盡，莫不然也。

始，當時也。

化，徵易也。

損，偏去也。

大益。無說。

儇，稘秪。說作「儇昫民」。案：當作「環俱氐」。

庫，當作「㢓」。易也。

動，或從當作「徙」。也。

讀此書旁行。此校語誤入正文。楊云：「五字當是後人所加，適在『缶無非』三字之上列。」

聞，耳之聰也。無說。

循所聞而得其意，心之察也。無說。

言，口之利也。

執所言而意得見，心之辯也。無說。

諾，不一利用。

服執説。音利。疑當作「言利」，二字乃正文，誤作小注。畢、張、楊以「服執說巧轉則求其故大益」爲一經，誤。

巧轉依說當作「傳」。則求其故。

法同則觀其同。

法異則觀其宜。

止，因以別道。

缶無非。畢、張並以三字與上校語爲一，誤。

# 經下篇旁行句讀

畢本無，今依張氏攷定本重校正。

止，類以行人，疑當作「之」。說在同。
駟疑當作「四足」。異說，張以三字屬下列「孰存」下，疑非。推類之難，說在疑脱「名」字。之大小。
物盡張以二字屬前經，誤。同名，二與鬭，愛，食與招，白與視，麗與，依說當有「暴」字。夫與履。說作「屨」。
一，偏棄說作「去」。之。
謂而固是也，說在因。
不可偏去而二，說在見與俱、一與二、廣與循。當作「脩」。張以「物盡同名」以下四經合爲一，誤。
不能而不害，說在害。

所存與當有「存」字。者，於存與孰存。
五行無常勝，說在宜。
無欲惡之爲益損疑當作「無益損」。也，說在宜。
損而不害，說在餘。

異類不吡，仳同。說在量。

偏去莫加少，說在故。

假必誖，說在不然。

物之所以然，與所以知之，與所以使人知之，不必同，說在病。

疑，說在逢、循、遇、過。張以三字屬下，誤。

合與一，或復否，說在拒。無說。

物一體也，說在俱一、惟唯同。是。

宇或域正字。徙，說在長宇久。

二，張以此字屬下列「所義」下，誤。臨鑑而立，景到，多而若少，說在寡疑當作「空」。區。說在

知說作「智」，通。而不以五路，說在久。有誤。

必熱，依說當作「火不熱」。說在頓。疑當作「覩」。

知說作「智」，通，下同。其所以不知，說在以名取。

無不必待有，說在所謂。

擢疑當作「推」。慮不疑，說在有無。

且然，不可正，而不害用工，說在宜歐。疑當作「害區」。張以「歐」屬上列「物一體也」，誤。

均之絕不，不，否通。說在所均。

堯之義也，生疑當作「任」。於今而處於古，而異時，說在所義。

狗，犬也，而殺狗非殺犬也，可，說在重。

「住景二」條後。以下三經皆說鑑，當與說景諸條類列，疑皆傳寫亂之。張云：「此行當作『無久與宇堅白，說在因』。」案：張校以下五經互易，未知是否，姑箸之以備勘。

鑑位，立同。景一少而易，一大而缶，說在中之外内。說在「景之小大」條後，亦傳寫之誤。張云：「此行當『臨鑑而立，景到，多而若少，說在寡區』。」

鑑團景一。無說。下有脫字。

不堅白，說在。下有脫字。張并前爲一經，誤。又云：「此行當『鑑位，景一小而易，一大而缶，說在中之外内』。」

無久與宇。堅白，說在因。張云：「此行當『鑑團景一，不堅白，說在』。」

在諸其所然未者然，疑當作「諸未然」。說在於

使，殷、美，疑當作「使叚義」。說在使。

荆之大，其沈當作「沆」。淺也，說在具。說作「貝」，疑當作「有」。

以檻當作「楹」。爲摶，於以爲無知也，說在意。

意未可知，說無此義，疑有脫誤。說在可用、過當

是推之。

景不徙，說在改爲。

住疑當作「位」，位、立字通。景二，說在重。

景到，在午有端與景長，說在端。

景迎日，說在摶。疑當作「轉」。

景之小大，說在地當作「柂」。缶遠近。

天依說當作「大」。而必正，說在得。

貞依說當作「負」。而不撓，說在勝。

契挈通。與枝當作「收」。板，疑當作「仮」，或涉上衍。說在薄。

作「遇」。件。說作「件」，誤。張以「以檻爲摶」以下三經合爲一，誤。

一少於二，而多於五，說在建。疑當作「進」。

非半弗〔二〕斱，則不動，說在端。

可無也，有之而不可去，說在嘗然。

缶而不可擔，當作「擔」。說在摶。

宇進無近，說在敷。

行張以此字屬上經，誤。循依說當作「脩」。以久，說在先後。

一張以此字屬上經，誤。法者之相與也盡，依說當有「類」字。若方之相合也，說在方。

狂舉不可以知異，說在有不可。

〔二〕「弗」原作「勿」，據經下改。

倚者不可正，疑當作「止」。說在剃。當作「梯」。

推依說當作「柱」。之必往，疑當作「住」。說在廢材。

買無貴，說在仮反同。其賈。

賈宜則讎，說在盡。

無說而懼，說在弗心。當作「必」。

或域正字。過名也，說在實。

知之，否之，足用也，諄，疑當作「誖」。說在無以也。

謂辯無勝，必不當，說在辯。

無不讓也，不可，說在始。疑作作「殆」。

於一有知說作「智」，通，下同。焉，有不知焉，說

牛馬之非牛，與可之同，說在兼。張并前爲一經，誤。

循此循此與彼此同，說在異。

唱和同患，說在功。

聞所不知，若所知，則兩知之，說在告。

以言爲盡誖，誖，說在其言。

唯吾謂，非名也則不可，說在仮。

無窮不害兼，說在盈否知。

不知其數而知其盡也，說在明疑當作「問」。者。

不知其所處，不害愛之，說在喪子者。無說。

仁義之爲內外也，內，疑當作「非」。說在仵顏。有誤。

學之依說疑當有「無」字。益也，說在誹依說疑當作

在存。

有指於二，而不可逃，説在以二絫。當作「參」。

所知而弗能指，説在春字誤。也、逃臣、狗犬、貴説作「遺」。者。

知説作「智」，通，下同。狗而自謂不知犬，過也，説在重。

通意後對，説在不知其誰謂也。

「誖」。者。

誹之可否，不以衆寡，説在可非。

非誹者諄，當作「誖」。説在弗非。

物甚不甚，説在若是。

取下以求上也，説在澤。

是是與是同，説在不州。有誤。張并前爲一經，誤。

# 墨子閒詁卷十一

## 大取第四十四

畢云：「篇中言『利之中取大』，即『大取』之義也。意言聖人厚葬固所以利親，盛樂固所以利子，而節葬、非樂則利尤大也，墨者固取此。」案：畢說非也。此與下篇亦墨經之餘論，其名大取、小取者，與取譬之取同。小取篇云「以類取，以類予」，即其義。篇中凡言「臧」者，皆指臧獲而言。畢竝以「葬親」爲釋，故此亦有「厚葬」、「節葬」之說，竝謬。此篇文多不相屬，蓋皆簡札錯亂，今亦無以正之也。

**天之愛人也，薄於聖人之愛人也；**畢云：「言天地之大，人猶有憾。」**其利人也，厚於聖人之利人也。大人之愛小人也，薄於小人之愛大人也；**畢云：「言不如小人之姑息。」**其利小人也，**吳鈔本無此字。**厚於小人之利大人也。以臧爲其親也而愛之，**畢云：「說文云『葬，臧也』，即『藏』字正文，謂葬親。」顧云：「『臧，賤稱也，篇內同義，亦互見小取篇。』」案：顧說足正畢說之謬。此「臧」即臧獲之臧，詳小取篇。言臧善事吾親，因而愛利之也。**非愛其親也；**「非」字疑衍，此篇多以一是一非相對言之。**以臧爲其親也而利之，**吳鈔本「爲」下有「利」字，疑衍。「利之」謂資給之。**非利其親也。以樂爲利其子，而爲其子欲之，**「樂」

謂音樂。畢云「當有『非』字」，誤。**愛其子也；以樂爲利其子，而爲其子求之，非利其子也。**疑當作「非求其子也」。畢云：「此辯葬之非利親，樂之非利子，即『節葬』、『非樂』之説也。」案：畢説謬。**於所體之中而權輕重，之謂權。**吴鈔本作「於所體輕重之中而權其輕重，之謂權」。案：「其」字疑當有。文選運命論李注引尸子云：「聖人權福則取重，權禍則取輕。」**權非爲是也，非非爲非也。**俞云：「當作『非爲非也』，衍一『非』字。」案：當作「亦非爲非也」，上「非」字乃「亦」之誤，無衍文。**權，正也。**經上篇云：「欲正權利，惡正權害。」**斷指以存擘，**意林引作「脛」。畢云：「此『捥』字正文，舊作『暨』，誤。説文云：『擘，手擘也。』揚雄曰：擘，握也。从手，𥄎聲。』鄭注士喪禮云：『手後節中也，古文擘作捥。』」**利之中取大，害之中取小也。害之中取小也，**畢云：「當爲『者』。」**非取害也，取利也。其所取者，人之所執也。**言爲人所持執，不能自免。**遇盜人，而斷指以免身，利也；其遇盜人，害也。**淮南子説山訓云「斷指而免頭，則莫不利爲也。故人之情，於利之中則爭取大焉，於害之中則爭取小焉」，意本於此。**斷指與斷腕，**畢云：「玉篇云：『腕，烏段切，手腕，亦作捥。』案『捥』、『腕』皆『擘』字之俗。」**利於天下相若，無擇也。死生利若，一無擇也。**當作「非無擇也」，謂必舍死取生。**殺一人以存天下，非殺一人以利天下也；**此對下「是殺己以利天下」爲文，當作「非殺人以利天下也」，「一」字涉上而衍。**殺己以存天下，是殺己以利天下。於事爲之中而權輕重，之謂求。求爲之，非也。**疑當作「非爲之也」，脱二字。**害之中取小，求爲義，非爲義也。**此疑當接後「不可正而正之」句。**爲暴人語天之爲是也而性，**句。**爲暴人歌天之爲非也。諸陳執既有所**

爲，而我爲之陳執，執之所爲，因吾所爲也；若陳執未有所爲，而我爲之陳執，陳執因吾所爲也。暴人爲我爲天之以人非爲是也而性。此文多譌脱，「爲是也而性」語，前後兩見，疑「性」並當作「惟」，惟與唯通。經下篇云：「物一體也，説在俱一、惟是。」説云：「惟是，當牛馬。」惟是亦即唯是，謂言是則應之也。此義似與彼同，而上下文仍難通。不可正而正之。上云：「權，正也。」言於不可正之中，而權其正。利之中取大，此節疑當接上文「非爲義也」下。非不得已也；害之中取小，不得已也。所未有而取焉，是利之中取大也；於所既有而棄焉，是害之中取小也。

義可厚，厚之；義可薄，薄之，謂倫列。「謂」上當重「之」字。戰國策宋策高注云：「倫，等也。」服問鄭注云：「列，等比也。」德行、君上、老長、親戚，此皆所厚也。爲長厚，不爲幼薄。句。親厚，厚。厚其近親。親薄，薄。薄其遠親。親至，薄不至。言有至親，無至薄。義，厚親不稱行而顧行。「顧」當爲「類」。後云「厚親不稱行而類行，其類在江上井」，即釋此節。「行」謂德行。爲天下厚禹，爲禹也。爲天下厚愛禹，此句「厚」字疑衍。乃爲禹之人愛也。「人愛」二字疑倒。厚禹之加於天下，據下文，「之」下當有「爲」字，言所以厚愛禹者，爲其德加於天下。畢云「言禹之厚德及天下」，非。而厚禹不加於天下。言所厚止於禹身，不偏及天下。若惡盜之爲加於天下，言惡盜爲其害及天下。畢云：「言盜之惡行及天下」，非。而惡盜不加於天下。言所惡止於盜身，不偏及天下。愛人不外己，己在所愛之中。言己亦猶是人也。己在所愛，愛加於己。倫列之愛己，愛人也。言愛己亦可謂之愛人。此下疑當接後「臧之愛己，非爲愛己之人也」句。荀子正名篇云：「聖人不愛己，此惑於用名以亂名者也。」**聖人惡疾病，**畢云：「言自重其身。」**不惡危難，**畢云：「言爲人則不避艱險。」**正體不動，**疑當作「四體不勤」。**欲人之利也，非惡人之害也。**畢云：「言欲存其身以利人，非惡人之以危難害己。」**聖人不爲其室臧之，故在於臧。**此義難通，畢云：「言臧富在下」，非。**聖人不得爲子之事。**似言聖人事親，愛無窮而事必有所盡。**聖人之法，死亡親，**亡、忘通。謂親死而忘之，即薄喪之義。**爲天下也。厚親，分也，以死亡之，**句。**體渴興利。**此即節喪下篇「疾從事」之意。畢云：「説文云：『渴，盡也。』『竭，負舉也。』今經典多以『竭』爲『渴』。」此云云者，謂盡其利以厚喪也。」案：畢説非是。**有厚薄而毋倫列之興利，爲己。**此下疑當接下「天下之利」句。

**語經：**畢云：「意言聖人厚葬之説，爲自厚其親，語其經耳。經猶云正，非必欲天下人如是也，故下辨之。」案：「語經」者，言語之常經也，此總目下文，畢説非。**語經也，**當爲「者」，畢云：「『也』同『者』」，非。**非白馬焉，**此即白馬非馬之説，公孫龍子有白馬論，詳小取篇。**執駒焉説求之，**畢云：「案列子仲尼云『公子牟曰：白馬非白，形名離也，孤犢未嘗有母，非孤犢也』，似與此意同。『執駒焉説求之舞』，似當云『執駒馬説求之無母』，即孤犢之論乎？」案：莊子天下篇云「孤駒未嘗有母」，白馬孤駒，蓋名家常語，所謂「語經」也。「説求之」上疑脱「有」字，與下「無説」文相對，畢説非其恉。**舞説非也。**舞當從畢校爲「無」之誤，而句讀則非。**漁大之舞大，**疑當作「殺犬之無犬」。經下云「狗，犬也，而殺狗非殺犬也，可」，即此義。「殺」俗作「煞」，釋慧苑華嚴經音義云「漁，聲類作『魰』」，二形相近而譌。**非也。**所謂無説。**三物必具，然後足以生。**必與畢通。此下疑當接後「以故生，以理長，以類行也者」句。

三物，即指故、理、類而言之，謂辭之所由生也。

**臧之愛己，**此節疑當接上文「愛己愛人也」下。**非爲愛己之人也。**言臧自愛其身，非爲愛己之爲人也。**厚不外己，**「厚」下當有「人」字，上文云：「愛人不外己。」**愛無厚薄。舉己，非賢也。**「舉」當作「譽」。**義，利；不義，害。**句。**志、功爲辯。**志，舊本作「之」，今據道藏本、吴鈔本正。下文云：「志、功不可以相從也。」

**有有於秦馬，**疑當作「有友於秦焉」。**有有於馬，**疑當作「有友於□焉」。**也智來者之馬也。**未詳。

**愛衆衆世，與愛寡世相若。**兩「世」字，畢並以意改作「也」，王校從之。王引之云：「『愛衆衆也』，下『衆』字衍，當作『愛衆也與愛寡也相若』。又案下文『凡學愛人』與『小圜之圜』云云，文義不相屬，疑當在『愛衆也』上。『凡學愛人』乃統下文之詞，『愛衆也』云云則承上句而詳言之也，古書錯簡耳。」案：此當作「愛衆世與愛寡世相若」。「衆世」、「寡世」以廣陝言，下文「尚世」、「後世」以古今言，文自相對。「凡學愛人」句，亦非此處錯簡。畢、王校並未允。**兼愛之有相若。**有與又通。**愛尚世與愛後世，**王云：「尚與上同。」**一若今之世人也。**王引之云：「『今之世人』，當作『今世之人』。『今世』與『尚世』、『後世』相對爲文也。」**鬼，非人也；兄之鬼，兄也。**王引之云：「『鬼非人也』，當作『人之鬼非人也』，寫者脱去『人之』二字耳。小取篇云『人之鬼，非人也；兄之鬼，兄也』，是其證。」案：無「人之」二字義自可通，今不據增。**天下之利驩。**驩猶悦也。天志中篇云：「今有人於此，驩若愛其子，竭力單務以利之。」此疑當接上「興利爲己」句。**聖人有愛而無利，俔日之言也，**説文人部云：「俔，譬諭也，一曰閒見。」爾雅釋言云：「閒，俔也。」案：「俔」有閒訓，此疑亦當與閒義同。方言云：「閒，非也。」孟子離婁篇云：「政不足閒也。」俔閒蓋謂駮難相非，故下云「乃客之言」。「日」疑當作「曰」。或疑當爲「儒者之言」。「儒」俗作「偄」，與「俔」相似而誤。亦通。**乃客之言也。天下無人，子墨子之言也。**「無人」，即兼愛之義。言人己兩忘，則視人如己矣。「子墨」下舊無「子」字，今據吳鈔本補。**猶在。**似言害捨大取小，然其害猶在。上疑有脱文。**不得已而欲之，非欲之也。**舊本重「非欲之」三字。畢云：「一本無。」案：顧校季本亦無，今據删。此即前「害之中取小，不得已也」之義。疑當在上文「是害之中取小也」下。**非殺臧也。**王引之云：「『非殺臧也』上有脱文，以下二句例之，當云『專殺臧，非殺臧也』。」**專殺盜，非殺盜也。凡學愛人。**「學」當爲「譽」。前云「譽己非賢也」，後又云「愛人非爲譽也」，此句或當接後「利人也，爲其人也」句。

**小圜之圜，與大圜之圜同。方至尺之不至也，**「方」當爲「不」。**與不至鍾之至不異，**「鍾」當爲「千里」二字。「之至」當作「之不至」。謂尺與千里，遠近異，而其爲不至則同。故下云「遠近之謂」。今本「千里」二字誤合爲「重」字，校者又益金爲「鍾」，遂不可通。續漢書五行志童謡以「董」字爲「千里草」，與此可互證。**其不至同者，遠近之謂也。**

**是璜也，**畢云：「説文云：『璜，半璧也。』」**是玉也。**此與上「是」字疑竝當作「意」。**意楹，非意木也，意是楹之木也。意指之人也，非意人也。**王引之云：「當作『意人之指，非意人也』。意，度也，言所度者人之指，非度人也。下文云『一指，非一人也』，是其證。」**意獲也，**説文犬部云：「獲，獵所獲也。」**乃意禽也。**俞云：「『乃意禽也』當作『非意禽也』，與上文『非意木也』、『非意人也』一律。」詒讓案：「乃」字不誤，此與上文反正相對，言獵者之求獲，欲得禽也。志、功不可以相從也。「志」即意求之也。「功」謂求而得之。利人也，爲其人也。畢云：「爲，一本作『非』。」富人，言譽人之富。非爲其人也。畢云：「舊二字倒，一本如此。」有爲也以富人，言有所爲，以使人富。富人也。治人，有爲鬼焉。言治人之事，兼有事鬼，若祭祀之類。爲賞譽利一人，非爲賞譽利人也，亦不至無貴於人。「無貴」疑當作「無賞譽」。言賞譽雖不能徧及人，亦不至因此遂不用賞譽也。智親之一利，畢云：「智同知。」未爲孝也，亦不至於智不爲己之利於親也。言雖不足爲孝，亦不至於明知己之有利於親，而不爲之。

智是之世之有盜也，上「之」字當衍。吳鈔本無下「之」字。蓋「世之」二字誤倒，校者又於下增一「之」字，遂致複出。「盜」當作「人」，涉下而誤。盡愛是世。俞云：「當作『智是世之有盜也，不盡是世』，下文『智是室之有盜也，不盡是室也』，可證。」案：俞校未塙，以文義推之，當作「智是世之有人也，盡愛是世」，即兼愛之義。智是室之有盜也，不盡是室也。「不盡」下，以下文推之，當有「惡」字。智其一人之盜也，不盡是二人。畢云：「『二』當爲『一』。」詒讓案：當作「不盡惡是人」，此脱「惡」字，衍「二」字耳。雖其一人之盜，苟不智其所在，盡惡其弱也。「弱」疑當爲「朋」，形近而誤。言盜雖止一人，然不能審知其誰某，則盡惡其朋黨也。

諸聖人所先爲，人欲名實，「欲」疑「效」之誤。名實不必名。疑當作「實不必名」，上「名」字誤衍。苟是石也白，句。敗是石也，「敗」當爲「取」。盡與白同。言白石之白皆同。是石也唯大，唯、雖通，吳鈔本作「惟」。不與大同。言大石之中，仍有大小之異。是有便謂焉也。「便」疑當爲「使」。以形貌命者，必智是之某也，貌，吳鈔本作「皃」，下同。焉智某也。焉猶乃也。不可以形貌命者，唯不智是之某也，唯亦與雖通。智某可也。諸以居運命者，爾雅釋詁云：「運，徙也。」畢云：「居運，言居住或運徙。」苟人於其中者，皆是也。「人」當作「入」。入是、去非，文正相對。去之，因非也。諸以居運命者，若鄉里齊、荊者，皆是。諸以形貌命者，若山丘室廟者，皆是也。

智與意異。舊本脱「異」字，今據吳鈔本補。上文辨「智」、「意」二者之文甚詳。重同，經說上云：「二名一實，重同也。」具同，「具」當爲「俱」。經說上云：「俱處於室，合同也。」連同，國語楚語韋注云：「連，屬也。」同類之同，經說上云：「有以同，類同也。」同名之同，丘同，丘與區通，詳經下篇。謂同區域而處。鮒同，鮒、附通。史記魏世家「屈侯鮒」，說苑臣術篇「鮒」作「附」。周禮大司徒鄭注云：「附，麗也」。是之同，畢云：「一本又有『同』字。」然之同，同根之同。此四字疑當在前「同名之同」下。此下文「有非之異，有不然之異」二句，正與上文「是之同，然之同」相對，明不當以此句廁其閒也。有非之異。有不然之異。有其異也，爲其同也，爲其同也異。此下疑當接下「長人之異，短人之同」一節。一曰乃是而然，吳鈔本作「是」。二曰乃是而不然，三曰遷，昔是而今不然。四曰强。貌是而情不然。子深其深，淺其淺，益其益，尊其尊。以上似竝辨辭氣之異同。俞云：「『尊』當讀爲『劗』。說文刀部：『劗，減也。』劗有減損之義，故與『益其益』對文成義。」案：俞說是也。後漢書光武十王傳贊「沛獻尊節」，李注引禮記「恭敬尊節」，今曲禮作「撙節」。「尊」、「撙」、「劗」聲類竝同。察次山比因至優指復，句。次察聲端名因請復。此文脱誤不可校，以意推繹，兩「次」字疑皆當作「次」，即「盜」之壞字。一「優」字，二「復」字，皆「得」之誤。「請」讀爲「情」。「請復」，即下文之「請得」也。審校文義，疑首句當作「察盜止此室因指得」，次句當作「察盜聲端名因情得。」上云「智是室之有盜也，不盡是室也」，言察盜之止於是室，乃因人指而得之。若察盜之聲，而得其名，則因籀其情而得之也。大恉蓋如是。今本「止此室」譌爲「山比至」，而以「至」字倒著「因」下，又涉「復」字而衍一「優」字，「察次」復倒作「次察」，遂無從諟正矣。「端名」亦難通，疑「端」當爲「揣」之誤。

**正夫辭惡者，人右以其請得焉。**「正」當爲「匹」。「右」疑「有」之誤，有與或義同。請亦讀爲情，下同。此以籀獄爲喻也。「辭惡」謂不受惡。左宣二年傳「趙盾爲法受惡」，杜〔二〕注云「爲法受屈」，與此義可相證。言匹夫雖賤，而不肯受屈，必欲自明其志，則可以得其情實。**諸所遭執而欲惡生者，人不必以其請得焉。**「惡生」謂樂於就死也。言遭囚執而不求生，則雖有屈抑而不欲自明，故不能必得其情實也。

**聖人之附瀆也。**附，道藏本、吴鈔本竝作「拊」。畢云：「『瀆』字未詳。」**仁而無利愛，**而，吴鈔本作「人」。**利愛生於慮。**謂以仁待人，而無私愛利之心。凡愛利，皆生於自私之心，不足爲仁也。經説上云：「慮也者，以其知有求也。」**昔者之慮也，非今日之慮也；昔者之愛人也，非今之愛人也。愛獲之愛人也，生於慮獲之利。**謂因賴其利而愛之。**慮獲之利，非慮臧之利也；**臧、獲異人，故所慮與所利不同。舊本無下「慮獲之利」四字，王引之云：「『生於慮獲之利』下，當更有『慮獲之利』四字，『慮獲之利，非慮臧之利也』、『而愛臧之愛

〔二〕「杜」，原誤「柱」，據活字本改。

人也，乃愛獲之愛人也』，相對爲文。」案：王說是也，今據增。而愛臧之愛人也，乃愛獲之愛人也。言所愛雖異，其爲愛人則同。臧、獲統於人之內也。去其愛而天下利，弗能去也。疑當作「弗能不去也」。言去一人而利天下，雖在所愛，不能不去也。昔之知牆，非今日之知牆也。蘇云：「『牆』疑當作『臧』。」俞云：「『牆』字不可通，乃『嗇』字之誤。呂氏春秋情欲篇『論早定則早知嗇』，先己篇『嗇其大寶』，高注竝曰：『嗇，愛也。』『昔之知嗇，非今日之知嗇』，猶上文云『昔者之愛人也，非今之愛人也』。」案：蘇說近是。此下疑當接後文「藉臧也死，而天下害」句。貴爲天子，其利人不厚於正夫。顧云：「『正』作『匹』。」俞校同。案：顧校是也。此書「匹夫」字多譌作「正夫」，詳節葬下篇。此言利人之心，貴賤所同。蘇云「『正』讀如『征』」，誤〔二〕。二子事親，此上疑當接上文「義厚親不稱行而類行」下。或遇孰，或遇凶，孰，道藏本、吴鈔本竝作「熟」。畢云：「言歲孰、歲凶。」其親也相若，言不以孰凶而事親有厚薄。非彼其行益也非加也，疑當作「非彼其行益加也」。外執無能厚吾利者。「執」疑「埶」之譌。謂外物不能使吾利親之心加厚。藉臧也死而天下害，吾持養臧也萬倍，吾愛臧也不加厚。「藉」即假借字。首句「臧」字，舊本誤「藏」，今據吴鈔本正。「持養」義詳非命下篇。言假令臧死而害及天下，則吾之持養之也當萬倍，然爲天下去害，非愛臧加厚也。

---

〔二〕「誤」，原作「語」，據活字本改。

長人之異短人之同，其貌同者也，貌，吴少本作「皃」，下竝同。故同。俞云：「『長人之異短人之同』當作『長人之與短人也同』，下二句正釋『長人』『短人』所以同之故也。下文曰『指之人也與首之人也異，人之體非一貌者也，故異。將劒與挺劒異，劒以形貌命者也，其形不一，故異』，竝與此文一律，可證。」指之人也與首之人也異，首之人，謂以首向人。人之體非一貌者也，故異。將劒與挺劒異，將，𢪛之借字。說文手部云：「𢪛，扶也。」「挺，拔也。」劒以形貌命者也，其形不一，故異。楊木之木與桃木之木也同。諸非以舉量數命者，敗之盡是也。「敗」疑亦當爲「取」，形近而誤。此言不以量數舉者，若一人爲人，百人亦爲人，故云「取之盡是也」。故一人指，非一人也；是一人之指，乃是一人也。王引之云：「『故一』下衍『人』字，『一人之指』上衍『是』字。當作『故一指，非一人也；一人之指，乃是一人也』。」方之一面，非方也；言方冪與方周、方體不同。方木之面，方木也。

以故生，「以」上當有「夫辭」二字，下文可證。廣雅釋詁云：「故，事也。」此疑當接上「語經」節下。以理長，以類行也者。二字當乙。蘇云「據下文，當作『辭以類行者也』」，非。立辭而不明於其所生，忘也。顧云：「『忘』，當爲『妄』。」今人非道無所行，道與理同，此釋「以理長」之義。言不循道，則辭不可行。唯有强股肱，而不明於道，唯與雖通。其困也，可立而待也。夫辭以類行者也，立辭而不明於其類，則必困矣。故浸淫之辭，文選洞簫賦李注云：「浸淫猶漸冉，相親附之意也。」其類在鼓栗。「在」下吴鈔本有「於」字，此文有譌。蘇云：「此下言『其類』者十有三，語意殊不可曉，疑皆有說以證明之，如韓非儲說所云者，而今已不可考矣。」聖人

**也，爲天下也，其類在于追迷。**畢云：「言能追正迷惑。」案：以下竝釋「以類行」之義，而文多難通。畢以意說之，皆不甚塙。今無可質證，姑存以備攷。**或壽或卒，其利天下也指若，**畢云：「言其指相若。」蘇云：「『指』當作『相』。」**其類在譽石。**畢云：「疑『譽名』，言聖人有壽有不壽，其利天下同，則譽在也。」案：畢說未塙，疑當作「礜石」，說文石部云：「礜，毒石也。」山海經西山經云「礜石可以毒鼠」，郭璞注云：「今礜石殺鼠，蠶食之而肥。」此言礜石害鼠，而利於蠶，以況或壽或卒之利害不同也。**一日而百萬生，愛不加厚，**此疑釋「藉臧也死而天下害」一節之義。**其類在惡害。**畢云：「言意多所愛而不行者，畏難之故。」**愛二世有厚薄，而愛二世相若，**「二」當爲「上」，字之誤。說文古文「上」作「二」，與「二」形相似。「上世」與「尚世」義同。此釋上文「愛尚世與愛後世，一若今之世人也」。**其類在蛇文。**此文有譌，洪云：「『文』當作『玄』，玄即蚿字之省。莊子秋水篇『夔憐蚿，蚿憐蛇』，亦取相愛爲義。」案：洪說未塙。**愛之相若，擇而殺其一人，**畢云：「言愛二人同，擇而殺其一。殺，減也。」案：此似釋上文「殺一人以存天下，非殺一人以利天下」一節之義。畢說失之。**其類在阬下之鼠。**阬，舊本譌「院」，今據道藏本、吴鈔本正。爾雅釋詁云：「阬，虚也。」得鼠則殺之，爲其害物也。**小仁與大仁，行厚相若，**大仁，舊本作「大人」，今從吴鈔本。仁與人通。此似釋上文「大人之愛小人也」一節之義。**其類在申。**有譌脫。**凡興利除害也，**上文云「興利爲己」，此疑釋其義。**其類在漏雍。**吴鈔本作「厚壅」，疑「扇甕」之譌。王云：「雍與甕同，井九二『甕敝漏』，釋文『甕』作『雍』。北山經『縣雍之山』，郭璞曰『音汲甕』，水經晉水篇作『縣甕』。漢紀孝成紀『申徒狄蹈甕之河』，漢書鄒陽傳『甕』作『雍』。」案：王說是也。此似言甕之害在於漏，去其漏，則得汲水之利也。**厚親不稱行，而類行，**此釋上文「義可厚厚之」一節之義。其類在江上井。不爲己之可學也，「學」疑「譽」之誤。上文云「譽己非賢也」，此或釋其義。其類在獵走。愛人非爲譽也，其類在逆旅。言因求利而愛人。此釋上文「爲賞譽利一人」一節之義。愛人之親，若愛其親，此疑釋上文「以臧爲其親也」一節之義。其類在官苟。有譌。兼愛相若，一愛相若，言愛一人與兼愛衆人同。一愛相若，四字重出，當是衍文。此疑釋上文「愛衆衆也」一節之義。其類在死也。畢云：「一本作『虵』。」案：顧校季本亦作「虵」。此文有譌。

## 小取第四十五

夫辯者，將以明是非之分，審治亂之紀，明同異之處，察名實之理，處利害，國語魯語云「智者處物」，韋注云：「處，名也。」淮南子說林訓云：「見之明白，處之如玉石。」決嫌疑。句。焉摹略萬物之然，說文手部云：「摹，規也。」淮南子本經訓高注云：「畧，約要也。」俞正燮云：「摹畧，即今言之模量，古言之無慮。」俞云：「『然』字無義，疑當作『狀』，『狀』誤爲『肰』，因誤爲『然』。」論求羣言之比。以名舉實，經說上云：「舉，告以文名，舉彼實也。」以辭抒意，史記平原君傳集解引別録：「鄒衍曰：辯者抒意通指，明其所謂。」漢書劉向傳「一抒愚意」，顏注云：「抒，謂引而泄之也。」畢云：「『紀』、『理』、『疑』、『比』、『意』爲韻，古四聲通。」以說出故。以類取，以類予。畢云：「『故』、『取』、『予』爲韻。」有諸己不非諸人，無諸己不求諸人。

或也者，不盡也。易乾文言云：「或之者，疑之也。」假者，今不然也。畢云：「假設，是尚未行。」效者，爲之法也；所效者，所以爲之法也。故中效，畢云：「中，去聲。」則是也；不中效，則非也，此效也。辟也者，畢云：「辟同譬。說文云：『譬，諭也。』諭，古文『喻』字。」舉也物而以明之也。畢云：「舉也，『也』字疑衍。」王云：「『也』非衍字，也與他同，舉他物以明此物，謂之譬，故曰『辟也者，舉他物而以明之也』。墨子書通以『也』爲『他』，說見備城門篇。」案：王說是也。潛夫論釋難篇云：「夫譬喻也者，生於直告之不明，故假物之然否以彰之。」荀子非相篇云：「談說之術，分別以喻之，譬稱以明之。」侔也者，比辭而俱行也。說文人部云：「侔，齊等也。」謂辭義齊等，比而同之。援也者，曰：子然，句。我奚獨不可以然也？說文手部云：「援，引也。」謂引彼以例此。推也者，以其所不取之，同於其所取者，予之也。淮南子本經訓高注云：「推，求也。」此云「取」，與求義同。謂所求者在此，所不求者在彼，取彼就此，以得其同。所謂『予之也』。是猶謂也者同也，吾豈謂也者異也。

夫物有以同而不，不讀爲否。率遂同。率、遂聲近義同。廣雅釋詁云：「率，述也。」率、遂、述古竝通用。耕柱篇云「古之善者不遂」，遂即述也。明鬼下篇「率徑」，月令作「徑術」，鄭注謂即周禮匠人之「遂徑」，竝其證也。辭之侔也，畢云：「之侔，一本作『侔之』。」案：顧校季本亦作「侔之」。有所至而正。疑當作「止」。其然也，有所以然也。其然也同，句。其所以然不必同。「其然也同」，舊本脱上三字。王引之云：「『同其所以然不必同』當作『其然也同，其所以然不必同』，承上文其然與所以然言之也。下文『其取之也同，其所以取之不必同』，文義正與此合，寫者脱去上三字耳。」其取之也，有所以取之。舊本無「所」字，王引之云：「『以』上當有『所』字。下文『其所以取之不必同』，即承此言之也。上文『其然也，有所以然也』，文義正與此合。寫者脱『所』字。」案：王校是也，今據增。其取之也同，句。其所以取之不必同。句。是故辟、侔、援、推之辭，畢云：「譬也，侔也，援也，推也，即上四者。」行而異，轉而危，俞云：「危讀爲詭。漢書天文志『司詭星出正西』，史記天官書『詭』作『危』。是危、詭古字通。『行而異，轉而詭』，詭亦異也。」遠而失，句。流而離本，句。則不可不審也，不可常用也。故言多方，莊子天下篇「惠施多方」，呂氏春秋必己篇高注云：「方，術也。」殊類異故，則不可偏觀也。偏與徧通。下同。

夫物或乃是而然，或是而不然，或一周而一不周，周，舊本竝作「害」，王引之云：「兩『害』字俱當作『周』，隸書『周』字與『害』相似，故誤爲『害』。下文『此一周而一不周者也』，與此相應，字正作『周』。」案：王説是也，今據正。或一是而一不是也，不可常用也。故言多方，殊類異故，則不可偏觀也。非也。王引之云：「此本作『或一是而一非也』，當以『非也』二字接『或一是而一』下。其『不可常用也』以下三句，則因上文而衍。『不是也』三字，又後人所增。蓋後人不知『不可常用』云云，爲衍文之隔斷正文者，又不知『非也』二字本與『或一是而一』作一句，乃足以『不是也』三字耳。下文云『此乃一是而一非者也』，與此相應，當據以删正。」白馬，馬也；乘白馬，乘馬也。畢云：「張湛注列子云：『白馬論曰：馬者所以命形也，白者所以命色也，命色者非命形也。』」詒讓案：張本公孫龍子文。驪馬，馬也；〈說文馬部云：「驪，馬深黑色。」〉乘驪馬，乘馬也。獲，人也；愛獲，愛人也。臧，人也；愛臧，愛人也。畢云：「方言云：『臧、獲，奴婢賤稱也。荆淮海岱襍齊之間，罵奴曰臧，罵婢曰獲。齊之北鄙，燕之北郊，凡民男而壻婢謂之臧，女而婦奴謂之獲。亡奴謂之臧，亡婢謂之獲。』王逸注楚辭云：『臧，爲人所賤繫也；獲，爲人所係得也。』或曰：臧，守藏者也；獲，主禽者也。」此乃是而然者也。獲之親，舊本作「視」。畢云：「當爲『事』。」王引之云：「畢説非也。『視』乃『親』字之譌。『獲之親，人也。獲事其親，非事人也』，兩『親』字上下相應。猶下文云『其弟，美人也；愛弟，非愛美人也』，兩『弟』字亦上下相應。」案：王説是也，今據正。人也；獲事其親，非事人也。其弟，美人也；愛弟，非愛美人也。畢云：「言使其弟有美容，而愛弟者，非以容也。」車，木也；乘車，非乘木也。船，木也；人船，畢云：「當爲『乘船』。」蘇云：「『人』當爲『入』之誤。」非人木也。盗人，人也；多盗，非多人也；無盗，非無人也。奚以明之？惡多盗，非惡多人也；欲無盗，非欲無人也。畢云：「此所謂辯名實之理。」世相與共是之。若若是，則雖盗人人也，衍一「人」字。愛盗非愛人也，不愛盗非不愛人也，殺盗人非殺人也，「盗」下「人」字衍。荀子正名篇云：「『殺盗非殺人也』，此惑於用名以亂名者也。」無難盗無難矣。據下文，疑衍「盗無難」三字。此與彼同類，世有彼而不自非也，墨者有此而非之，無也故焉，舊本「故」在「也」上，王引之云：「『無故也焉』當作『無也故焉』，『也故』即他故。下文云『此與彼同類，世有彼而不自非也，墨者有此而非之，無也故焉』，文正與此同，今本『也故』二字倒轉，則義不可通。」案：王校是也，今據乙。所謂内膠外閉，爾雅釋詁云：

「膠，固也。」謂內膠固而外閉塞。與心毋空乎，空讀爲孔。列子仲尼篇「文摯謂龍叔曰：子心六孔流通，一孔不達」，張注云：「舊説聖人心有七孔也。」內膠而不解也。此乃是而不然者也。舊本「然」作「殺」。畢云：「據上當爲『然』，一本作『然』。」蘇云：「『然』與『煞』字形相近，遂展轉致訛。」案：畢、蘇校是也。顧校季本亦作「然」，今據正。且夫讀書，非好書也。疑當作「夫且讀書，非讀書也；好讀書，好書也」。且鬭雞，非雞也；畢云：「言人使之鬭。」好鬭雞，好雞也。且入井，非入井也；止且入井，止入井也。且出門，非出門也；止且出門，止出門也。據上文，當亦有「世相與共是之」五字。若若是，且夭，非夭也，壽夭也。疑當重「夭」字。有命，非命也；非執有命，非命也。無難矣。此與彼同類，舊本脱「類」字，畢云「據上當有『類』字」，王説同，今據補。世有彼而不自非也，墨者有此而罪非之，畢云：「據上無『罪』字。」蘇云：「『罪』字衍。即『而非』兩字之訛。」王説同。案：「罪」疑當作「衆」，形近而譌。言墨者有此論，而衆共非之。似非衍文。上文無此字，或轉是誤脱耳。無也故焉，舊本誤作「無故焉也」，王、顧竝據道藏本正，吴鈔本同。畢本亦誤，云「據上文『焉也』當倒」，尤非。所謂內膠外閉，與心毋空乎，內膠而不解也。此乃是而不然者也。舊本脱「不」字。王云：「上文『白馬，馬也』以下，但言是，不言非，故曰『此乃是而然者也』。『獲之親人也』以下，言是又言非，故曰『此乃是而不然者也』。『且夫讀書，非好書也』以下，亦是非竝言，而以此三句承之，則亦當云『此乃是而不然者也』，寫者脱去『不』字耳。」案：王校是也，今據補。愛人，待周愛人，而後爲愛人。不愛人，不待周不愛人，不周愛，因爲不愛人矣。舊本「不周愛」，作「不失周愛」。俞云：「周猶徧也，『失』字衍文。此言不愛人者，不待徧不愛人，而後謂之不愛人也。有不徧愛，因爲不愛人矣。今衍『失』字，義不可通，乃淺人不達文義而加之。」案：俞說是也，今據删。乘馬，不待周乘馬，然後爲乘馬也。有乘於馬，因爲乘馬矣。逮至不乘馬，待周不乘馬，而後爲不乘馬。此一周而一不周者也。舊本「不待周乘馬」句脱「不」字，「而後爲不乘馬」句脱「爲」字。下又衍「而後不乘馬」五字。王引之云：「『待周乘馬，然後爲乘馬也』，『待』上當有『不』字。『不待周乘馬』，所謂不周也。下文『待周不乘馬』，所謂周也，以相反爲義。『而後不乘馬』，『不』上當有『爲』字，猶上文云『然後爲乘馬也』，寫者脱去耳。其重出之『而後不乘馬』五字，則衍文也。」案：王說是也，今據增删。居於國，則爲居國；有一宅於國，而不爲有國。桃之實，桃也；棘之實，非棘也。棘之實，棗也，故云「非棘」。詩魏風園有棘「其實之食」，毛傳云：「棘，棗也。」說文朿部云：「棘，小棗叢生者。」問人之病，問人也；惡人之病，非惡人也。人之鬼，非人也；兄之鬼，兄也。祭人之鬼，非祭人也；「祭人之鬼」，舊本脱「人」字。王引之云：「『祭之鬼』當作『祭人之鬼』，承上文『人之鬼』而言也，寫者脱『人』字。」案：王說是也，今據補。祭兄之鬼，乃祭兄也。之馬之目盼，顧云：「淮南說山訓作『眇』，此作『盼』，誤也。」畢云：「『上』『之』疑當爲『大』。」王引之云：「『上』『之』非『大』字之譌。之猶於也。言『於馬之目盼』，則謂之馬盼；於馬之目大，而不謂之馬大。於牛之毛黄，則謂之牛黄；於牛之毛衆，而不謂之牛衆』也。」蘇云：「之馬，猶言是馬。盼，視也。」案：說文目部云：「盼，白黑分也。」「眇，一目小也。」馬目不可以言「盼」，顧校近是。「之」當從蘇訓爲是，前經說諸篇義多如此。則爲之馬盼；畢云：「『爲』當作『謂』。」之馬之目大，而不謂之馬大。莊子天下篇釋文引司馬彪云「狗之目眇，謂之眇狗；狗之目大，不曰大狗，此乃一是一非」，即襲此文，而易「馬」爲「狗」。之牛之毛黄，則謂之牛黄；之牛之毛衆，而不謂之牛衆。一馬，馬也；二馬，馬也。馬四足者，一馬而四足也，非兩馬而四足也。一馬，馬也。王引之云：「『一馬，馬也。二馬，馬也』，已見上文。此『一馬，馬也』四字，蓋衍。」馬或白者，畢云：「『白』舊作『自』，以意改。」案：顧校季本正作「白」。二馬而或白也，非一馬而或白。此乃一是而一非者也。

# 耕柱第四十六

子墨子怒耕柱子，墨子弟子。耕柱子曰：「我毋俞於人乎？」荀子榮辱篇楊注云：「俞讀爲愈。」淮南子説山訓高注云：「愈，勝也。」畢云：「古『愈』字只作『俞』，太平御覽〔一〕引作『愈』。」子墨子曰：「我將上大行，大，吴鈔本作「太」。蘇云：「大讀爲太。」畢云：「高誘注吕氏春秋云『大行在河内野王縣北』，山在今河南懷慶府城北，亦名羊腸坂。」駕驥與羊，王云：「羊不可與馬竝駕，『羊』當爲『牛』。太平御覽〔二〕地部五引此已誤作『羊』，蓺文類聚地部及白帖五竝引作『牛』。」子將誰敺？」畢云：「『子』舊作『我』，據蓺文類聚、太平御覽改。説文云：『敺，古文驅，从攴。』蓺文類聚引作『驅』。」耕柱子曰：「將敺驥也。」子墨子曰：「何故敺驥也？」耕柱子曰：「驥足以責。」畢云：「蓺文類聚引作『以驥足責』。」王云：「『驥足以責』本作『以驥足責』，言所以敺驥

〔一〕「覽」，原誤「覺」，徑改。
〔二〕「覽」，原誤「覺」，徑改。

者，以驥之足責故也。此正答墨子『何故敺驥』之問。今本倒『以』字於『足』字之下，則非其旨矣。類聚、白帖、御覽竝作『以驥足責』。」蘇云：「言任敺策也。」**子墨子曰：**畢云：「『子墨』二字舊脱，據太平御覽增。」**「我亦以子爲足以責。」**王云：「本作『我亦以子爲足責』，此正答耕柱子『以驥足責』之語。今本『足責』作『足以責』，亦誤。類聚、御覽無『以』字。」蘇云：「亦責備賢者之意。」

**巫馬子謂子墨子曰：**畢云：「藝文類聚引『謂』作『問』。」蘇云：「巫馬子爲儒者也，疑即孔子弟子巫馬期，否則其後。」詒讓案：史記孔子弟子傳云「巫馬施少孔子三十餘歲」，計其年齒，當長墨子五六十歲，未必得相問答，此或其子姓耳。**「鬼神孰與聖人明智？」子墨子曰：「鬼神之明智於聖人，猶聰耳明目**畢云：「藝文類聚襍器物部引作『聰明耳目』。」**之與聾瞽也。**畢云：「蓺文類聚引『瞽』作『盲』。」**昔者夏后開**畢云：「昔者，蓺文類聚引作『若』。後漢書注引云『開治』。」詒讓案：「治」字不當有，崔駰傳注蓋誤衍。蘇云：「開即啟也，漢人避諱而改之。」**使蜚廉折金於山川，**畢云：「蓺文類聚、後漢書注、太平御覽、玉海俱引『蜚』作『飛』。」蘇云：「此爲夏之蜚廉。」詒讓案：初學記鱗介部、文選七命注竝作「飛」。又畢本「折」改「採」，云：「舊作『折』，據文選注改。山海經云『其中多金，或在山，或在水』。諸書引多無『川』字，非。」王云：「畢改非也。折金者，擿金也。漢書趙廣漢傳『其發姦擿伏如神』，師古曰：『擿，謂動發之也。』管子地數篇曰：『上有丹沙者，下有黄金。上有慈石者，下有銅金。上有陵石者，下有鉛錫有銅。上有赭者，下有鐵。君謹封而祭之，然則與折取之遠矣。』彼言『折取之』，此言『折金』，其義一也。說文曰：『硩，上擿巖空青珊瑚墮之。從石，折聲。』『硩』與『折』亦聲近而義同。後漢書崔駰傳注、藝文類聚雜器物部、初學記鱗介部、太平御覽珍寶部九、路史疏仡紀、廣川書跋、玉海器用部引此竝作『折金』。文選注作『採金』者，後人不曉『折』字之義而妄改之，非李善原文也。」又云：「山水中雖皆有金，然此自言『使蜚廉折金於山』，不兼『川』言之。後漢書注、文選注、藝文類聚、初學記、太平御覽引此皆無『川』字，則『川』字乃後人以意加之也。」案：王說是也。**而陶鑄之於昆吾，**吴鈔本無「之」字。畢云：「藝文類聚、後漢書注、文選注俱引作『以鑄鼎於昆吾』。吾，文選注作『吴』。括地志云：『濮陽縣，古昆吾國，故城縣西三十里，昆吾臺在縣西百步，在顓帝城內，周回五十步，高二十丈，即昆吾虛也。』」王云：「『陶鑄之於昆吾』本作『鑄鼎於昆吾』，此淺人不曉文義而改之也。金可言鑄，不可言陶。上言『折金』，故此言『鑄鼎』。此言『鑄鼎』，故下言『鼎成』。若以『陶鑄』竝言，則與上下文皆不合矣。後漢書注、文選注、藝文類聚、初學記竝作『鑄鼎』，太平御覽作『鑄之』，路史作『鑄陶』，玉海作『陶鑄之』，則羅長源所見本已有『陶』字，蓋唐、宋閒人改之也。」詒讓案：呂氏春秋君守篇云「昆吾作陶」，高注云：「昆吾，顓頊之後，吴回之孫，陸終之子，己姓也。爲夏伯制作陶冶。」通典州郡篇云：「濮州濮陽縣即昆吾之虛，亦名帝丘。」案濮陽故城在今直隸大名府開州西南，即古昆吾國也。夏啟使蜚廉就其地而鑄鼎，故文選張協七命云「銘德於昆吴之鼎」。吾、吴字通。濮陽古亦名帝丘，呂氏春秋應言篇云「市丘之鼎」，宋本蔡邕集薦邊文禮書作「帝丘之鼎」，亦指夏鼎言之。**是使翁難雉乙卜於白若之龜，**舊本無「雉」字，今據玉海增。白，畢校改爲「目」，云：「舊脱『乙』字，又作『白苦之龜』，誤。藝文類聚引作『使翁難乙灼目若之龜』，玉海引作『使翁難雉乙卜於白若之龜』。當从『目若』者，周禮云『北龜者曰若』，爾雅釋魚云『龜左睨不類，右睨不若』，賈公彦疏禮以爲『睥睨』，是『目若』之説也。若，順也。」王云：「舊本譌作『白苦之䰡』，畢據藝文類聚改爲『目若之龜』，引爾雅以爲『目若』之證，殊屬附會。今考初學記、路史、廣川書跋、玉海竝引作『白若之龜』，『白』字正與今本同，未敢輒改。」詒讓案：白若，道藏本作「目苦」，吴鈔本、季本作「白苦」，初學記引亦作「使翁難乙灼白若之龜」，江淹集銅劒讚敍云「昔夏后氏使九牧貢金，鑄九鼎於荆山之下，於昆吾氏之墟，白若甘攙之地」，虞荔鼎録文略同，似皆本此書，亦作「白若」，而以爲地名，疑誤。但此文舊本譌脱難通，審校文義，當以玉海所引校長。「翁」當作「𦐋」，説文口部「嗌」籀文作「𦐋」。經典或叚爲「益」字，漢書百官公卿表「𦐋作朕虞」是也。𦐋與翁形近，節葬下篇「哭泣不秩聲嗌」，「嗌」亦誤作「翁」，是其證。「難」當爲「蘄」，備穴篇「剄以金爲蘄」，「蘄」今本亦譌「難」。又經説上篇「蘄指、蘄脯」，「蘄」竝作「䧿」，皆形近譌易。蘄與斮音義同，詳經下篇。「蘄雉」猶言斮雉，即謂殺雉也。史記龜筴傳説宋元王得神龜云「乃刑白雉及與驪羊，以血灌龜於壇中央」，蓋以雉羊之血釁龜也。「乙」當作「已」，已與以同。言啟使伯益殺雉以釁龜而卜也。玉海所引「雉」字尚未譌，今本又脱「雉」字，遂以「翁難乙」爲人姓名，真郢書燕説，不可究詰矣。又博物志云「昔夏啟筮徙九鼎，啟果徙之」，似即此事，而傳聞小異。**曰：**畢本「曰」上增「龜」字，云：「舊脱『龜』字，據玉海增。」王云：「曰者，翁難乙既卜，而言其占也。下文『乙又言兆之由曰』，即其證。自『鼎成四足而方』以下六句，皆是占詞。畢依玉海於『曰』上加『龜』字，非也。『龜曰』二字義不可通。藝文類聚作『使翁難乙灼目若之龜成曰』，則『曰』上本無『龜』字明矣。」案：王校是也。但此下文六句，似是啟使益命龜之辭，故辭終曰「上饗」，明將鑄鼎以共祭享也。下又言「兆之繇」，乃是占詞。王以下六句竝爲占詞，恐非。**『鼎成三足而方，**王云：「『三足』本作『四足』，此後人習聞鼎三足之説，而不知古鼎有四足者，遂以意改之也。蓺文類聚、廣川書跋、玉海引此皆作『四足』。博古圖所載商周鼎四足者甚多，未必皆屬無稽。廣川書跋曰『祕閣二方鼎，其一受太府之量，一秙七斗，又一受量損二斗三升，四足承其下，形方如矩。漢人謂鼎三足以象三德，又謂禹之鼎三足，以有承也。韋昭以左氏説莒之二方鼎，乃謂其上則方，其下則圓。方其時，古鼎存者盡廢，其在山澤邱隴者未出，故不得其形制』，引墨子『鼎成四足而方』，以爲古鼎四足之證。」王引之云：「左傳『莒之二方鼎』，服虔曰：『鼎三足者圓，四足者方。』則漢人説方鼎固有知其形制者。」案：二王説是也。此書多古字，舊本蓋作「亖足」，故譌爲「三」。後文「楚四竟之田」，「四」今本亦譌「三」，可證。銅劍讚亦譌作「三足」。**不炊而自烹**，畢云：「此『亯』字俗寫，玉海引作『亨』，蓺文類聚引作『不灼自成』。」詒讓案：説文火部云：「炊，爨也。」銅劍讚及鼎録竝云「不炊而自沸」。論衡儒增篇云「世俗傳言[二]周鼎不爨自沸，不投物物自出」，漢時俗語蓋出於此。**不舉而自臧**，畢云：「玉海引作『藏』。」詒讓案：銅劍讚作「不𢍏而自藏」，鼎録亦作「藏」。稽瑞引墨子曰「神鼎不灼自熟，不爨自沸，不汲自滿，五味生焉」，疑即此異文。「炊」、「灼」、「熟」、「烹」、「舉」、「爨」，字形竝相近。**不遷而自行**，畢云：「太平御覽引作『𢭏』，説文云：『拪，古文䙴，从手、𠕁。』則『𢭏』實古『拪』字，後加爲『𢭏』耳。今書又作『遷』，皆傳寫者以少見改之。又蓺文類聚引俱無『而』字。」**以祭於昆吾之虚**，舊本作「墟」，今據吴鈔本正。畢云：「此『虚』字俗寫。括地志云：『昆吾故城在濮陽縣西三十里。』」詒讓案：此即漢書郊祀志説九鼎嘗鬺亨上帝鬼神也。**上鄉！』**畢云：「疑同『尚饗』。」**乙又言兆之由**，畢云：「舊脱『乙』字，『又』字作『人』，據蓺文類聚、玉海改。蓺文類聚『由』作『繇』，

[二]「言」字原脱，據活字本補，與論衡儒增合。

無『兆之』二字。玉海亦作『繇』。」詒讓案：「乙」當作「已」。由、繇通。言已卜又言其兆占也。左傳閔二年杜注云：「繇，卦兆之占辭。」曰：『饗矣！上文命龜云「上饗」，此兆從之，故云「饗矣」。逢逢白雲，逢、蓬通，毛詩小雅采菽傳云：「蓬蓬，盛貌。」莊子秋水篇云「蓬蓬然起於北海」。一南一北，一西一東，王云：「藝文類聚同。太平御覽、路史、玉海竝作『一東一西』。」王引之云：「作『一東一西』者是，『一東一西』當在『一南一北』之上。『雲』與『西』爲韻。『西』，古讀若『駪駪征夫』之『駪』，說見六書音均表。『北』與『國』爲韻。大雅文王有聲篇『鎬京辟廱，自西自東，自南自北，無思不服』，『廱』與『東』爲韻，『北』與『服』爲韻，是其例也。而諸書所引『一南一北』句皆在上，則其誤久矣。」九鼎既成，遷於三國。』銅劒讚作「定之國都」，疑誤。畢云：「『北』、『國』爲韻。藝文類聚引作『而遷三國』。」夏后氏失之，殷人受之；殷人失之，周人受之。此即夏鼎也，漢書郊祀志云：「禹收九牧之金，鑄九鼎，象九洲，皆嘗鬺亨上帝鬼神。其空足曰鬲，以象三德，饗承天祐。夏德衰，鼎遷于殷。殷德衰，鼎遷于周。」此以禹爲啟，蓋傳聞之異。夏后殷周之相受也，數百歲矣。使聖人聚其良臣與其桀相而謀，桀、傑通，詳非命中篇。謀，舊本誤「諫」。王引之云：「『諫』字與上下文義不合。『諫』當爲『謀』，字之誤也。管子立政九敗解『諫臣从而諂臣尊』，今本『諫』作『謀』，與此文互誤。淮南主術篇『耳能聽而執正進諫』，高注：『諫或爲謀。』言雖聖人與良臣桀相共謀，必不能知數百歲之後也。」案：王校是也，蘇說同，今據正。豈能智數百歲之後哉？畢云：「智，一本作『知』，下同。藝文類聚引云『此知必千年，無聖之智，豈能知哉』。」而鬼神智之。是故曰鬼神之明智於聖人也，猶聰耳明目之與聾瞽也。」與，吳鈔本作「於」。

治徒娛、縣子碩問於子墨子曰：二人蓋竝墨子弟子。呂氏春秋尊師篇云「高何、縣子石，齊國之暴者也，指於鄉曲，學於子墨子」，即此縣子碩也。蘇疑即檀弓縣子瑣，未塙。「爲義孰爲大務？」子墨子曰：「譬若築牆然，譬，吴鈔本作「辟」。能築者築，能實壤者實壤，能欣者欣，畢云：「説文云：『掀，舉出也。』與欣同。」王引之云：「舉出之事與築牆無涉。欣當讀爲睎。説文曰：『睎，望也。』吕氏春秋不屈篇曰『今之城者，或操大築乎城上，或負畚而赴乎城下，或操表掇以善睎望』，此云『能築者築』，即彼所云『操大築乎城上也』；『能實壤者實壤』，即彼所云『負畚而赴城下』也；『能欣者欣』，欣與睎同，即彼所云『操表掇以善睎望』也。睎字從希得聲，古音在脂部。欣字從斤得聲，古音在諄部。諄部之音多與脂部相通，故從斤之字亦與從希之字相通。説文曰：『昕，從日，斤聲，讀若希。』左傳曹公子欣時，漢書古今人表作郗時，是其證也。」然後牆成也。爲義猶是也。能談辯者談辯，能説書者説書，能從事者從事，然後義事成也。」

巫馬子謂子墨子曰：「子兼愛天下，未云利也；我不愛天下，未云賊也。俞云：「廣雅釋詁：『云，有也。』此兩『云』字均當訓有。」功皆未至，子何獨自是而非我哉？」子墨子曰：「今有燎者於此，畢云：「説文云：『燎，放火也。』舊『於此』二字倒，一本如此。」案：顧校季本亦作「於此」。一人奉水將灌之，一人摻火將益之，畢云：「『摻』即『操』字異文，唐人别有音，非也。」功皆未至，子何貴於二人？」巫馬子曰：「我是彼奉水者之意，意，舊本作「義」，今據道藏本、吴鈔本正。而非夫摻火者之意。」子墨子曰：畢云：「舊脱『墨子』二字，以意增。」「吾亦是吾意，而非子之意也。」

子墨子游荆耕柱子於楚，畢云：「游，謂游揚其名而使之仕。」王云：「『耕柱子』上不當有『荆』字，耕、荆聲相近，則『荆』蓋『耕』字之誤而衍者。魯問篇曰『子墨子游公尚過於越』。」蘇云：「篇首但言耕柱子，此多一『荆』字，疑衍文。」二三子過之，食之三升，三升，蓋謂每食之數。襍守篇云「參食食參升小半，日再食」，說苑尊賢篇「田需謂宗衞曰：三升之稷，不足於士」。閻若璩謂古量五當今一，則止今之大半升耳。莊子天下篇說宋鈃、尹文曰「請欲固置五升之飯，足矣，先生恐不得飽，弟子雖飢，不忘天下」，此復少於彼，明其更不飽矣。客之不厚。二三子復於子墨子曰：「耕柱子處楚無益矣。二三子過之，食之三升，客之不厚。」子墨子曰：「未可智也。」畢云：「智，一本作『知』，下同。」毋幾何，而遺十金於子墨子，曰：吳鈔本無「於」字。孟子公孫丑篇趙注云：「古者以一鎰爲一金。鎰，二十兩也。」史記燕世家正義引臣瓚云：「秦以一鎰爲一金。」公羊隱五年何注云：「古者以金重一斤。」文選王命論李注引韋昭云：「一斤爲一金。」二說不同，未知孰是。畢云：「『十金』當爲『千金』之誤。」俞云：「戰國齊策『乃使操十金』，注：『二十兩爲一金。』然則十金爲二百兩矣。墨氏崇儉，其徒以十金餽遺，不爲不豐，畢率意增益，厚誣古人，殊爲無謂。」「後生不敢死，「後生」即弟子之稱，非儒下篇云「弟子後生」。畢云：「稱『不敢死』者，猶古人書疏稱『死罪』，常文。」有十金於此，願夫子之用也。」子墨子曰：「果未可智也。」

巫馬子謂子墨子曰：「子之爲義也，王云：「舊本脱『曰子』二字，今以意補。」人不見而耶，鬼〔一〕不見而富，王引之云：「『耶』字義不可通，蓋『服』之壞字也。富讀爲福，福、富古字通。而，汝也。『人不見而服』者，未見人之服汝也。『鬼不見而富』者，未見鬼之福汝也。故下文曰『而子爲之，有狂疾』也。『服』與『福』爲韻。」蘇云：「『耶』當作『取』。」案：王讀「富」爲「福」，是也。「耶」疑「助」之譌。王、蘇校竝未塙。而子爲之，有狂疾！」子

〔一〕「鬼」下原有「而」字，據活字本删。按「而」字乃宣統本誤衍，各本無。

墨子曰：「今使子有二臣於此，畢云：「謂家臣。」其一人者見子從事，不見子則不從事；其一人者見子亦從事，不見子亦從事，子誰貴於此二人？」巫馬子曰：「我貴其見我亦從事，不見我亦從事者。」子墨子曰：「然則是子亦貴有狂疾也。」

子夏之徒問於子墨子曰：史記索隱引別録云：「今按墨子書有文子，文子即子夏之弟子，問於墨子。如此則墨子在七十子之後也。」案：今本無文子，或在佚篇中。「君子有鬭乎？」子墨子曰：「君子無鬭。」子夏之徒曰：「狗豨猶有鬭，豨，道藏本、吴鈔本作「豨」，下同。説文豕部云：「豨，豕走豨豨也。」方言云：「豬，南楚〔一〕謂之豨。」惡有士而無鬭矣？」子墨子曰：「傷矣哉！言則稱於湯文，行則譬於狗豨，傷矣哉！」

巫馬子謂子墨子曰：「舍今之人而譽先王，畢云：「『先』舊作『大』，一本如此。下同。」是譽槁骨也。譬若匠人然，智槁木也，畢云：「智同知。」而不智生木。」子墨子曰：「天下之所以生者，以先王之道教也。今譽先王，是譽天下之所以生也。可譽而不譽，非仁也。」畢云：「舊脱『非』字，一本有。」

子墨子曰：「和氏之璧，韓非子和氏篇云：「楚人和氏得玉璞楚山中，奉而獻之厲王，使玉人相之，曰：

〔一〕「楚」，原誤「處」，據方言改。

『石也。』王以和爲誑，而刖其左足。及厲王薨，武王即位，和又奉其璞而獻之武王，使玉人相之，又曰：『石也。』王又以和爲誑，而刖其右足。武王薨，文王即位，和乃抱其璞而哭於楚山之下。王乃使玉人理其璞而得〔一〕寶焉，遂命曰『和氏之璧』。」案淮南子覽冥訓高注以和氏所獻者爲楚武王、文王、成王，與韓子不同，未知孰是。**隋侯之珠，**淮南子覽冥訓高注云：「隋侯，漢東之國，姬姓諸侯也。隋侯見大蛇傷斷，以藥傅之。後蛇於江中銜大珠以報之，因曰隋侯之珠，蓋明月珠也。」畢云：「文選李斯上秦始皇書注引『隋』作『隨』。」**三棘六異，**史記楚世家云「居三代之傳器，吞三翮六翼，以高世主」，索隱云：「『翮』，亦作『鬲』。三翮六翼，亦謂九鼎。空足曰翮，『六翼』即六耳，翼近耳旁。」宋翔鳳云：「棘同翮，異同翼，亦謂九鼎也。爾雅釋器『附耳外謂之釴』，翼、釴字通。釋器又云『款足者謂之鬲』，即翮也。漢書郊祀志：『鑄九鼎，其空足曰鬲，以象三德。』」蘇林曰：「足中空不實者，名曰鬲也。」**此諸侯之所謂良寶也。**畢云：「藝文類聚引云：『申徒狄曰：周之靈珪出於土石，楚之明月出於蚌蜃。』太平御覽引云：『周公見申徒狄曰：賤人强氣則罰至。申徒狄曰：周之靈珪出於土石〔二〕，楚之明月出於〔三〕蚌蜃，五象出於漢澤。和氏之璧，夜光之珠，三棘六異，此諸侯之良寶也。』又一引云：『申徒狄謂周公曰：賤人何可薄邪？周之靈珪出於土石，隋之明月出於蚌蜃，少豪大豪出於汚澤，天下諸侯皆以爲寶。狄今請退也。』文各不同，當是此『和氏之璧』上脱文。」案：周公、申徒狄語當在佚篇，與此文

---

〔一〕「得」字原脱，據韓非子和氏補。

〔二〕「石」，原作「□」，據太平御覽補。按：引見御覽八百二。

〔三〕「於」，原作「□」，據太平御覽補。按：引見御覽八百二。

不相冢也。詳佚文。可以富國家，衆人民，治刑政，安社稷乎？曰：不可。所謂貴良寶者，爲其可以利也。而和氏之璧、隋侯之珠、三棘六異不可以利人，是非天下之良寶也。今用義爲政於國家，人民必衆，刑政必治，社稷必安。所爲貴良寶者，可以利民也，而義可以利人，故曰：義，天下之良寶也。」

葉公子高問政於仲尼論語述而集解：「孔安國云：『葉公名諸梁，楚大夫，食采於葉，僭稱公。』」左定五年傳「葉公諸梁」，杜注云：「司馬沈尹戌之子，葉公子高也。」莊子人間世釋文云：「字子高。」曰：「善爲政者若之何？」仲尼對曰：「善爲政者，遠者近之，而舊者新之。」言待故舊如新，無厭怠也。畢云：「論語作『近者說，遠者來』。」詒讓案：韓非子難三篇亦云：「葉公子高問政於仲尼，仲尼曰：政在悅近而來遠。子貢問曰：何也？仲尼曰：葉都大而國小，民有背心，故曰『政在悅近而來遠』。」子墨子聞之曰：「葉公子高未得其問也，仲尼亦未得其所以對也。葉公子高豈不知善爲政者之遠者近也，畢云：「『也』當爲『之』。」而舊者新是哉？畢云：「一本無『是』字。」蘇云：「『是』當作『之』。」問所以爲之若之何也。不以人之所不智告人，畢云：「智，一本作『知』。」以所智告之，畢云：「舊『以所』二字倒，一本如此。」故葉公子高未得其問也，仲尼亦未得其所以對也。」

子墨子謂魯陽文君畢云：「文選注云『賈逵國語注曰：魯陽文子，楚平王之孫，司馬子期之子，魯陽公』，即此人。其地在魯山之陽。地理志云『南陽魯陽有魯山』，師古曰：『即淮南所云魯陽公與韓戰，日反三舍者也。』」蘇云：

「魯陽文君即魯陽文子也。國語楚語曰：『惠王以梁與魯陽文子，文子辭，與之魯陽。』是文子當楚惠王時，與墨子時世相值。」詒讓案：楚語韋注說與賈同。文君即左哀十九年傳之公孫寬，又十六年傳云「使寬爲司馬」。淮南子覽冥訓高注云：『魯陽，楚之縣公，楚平王之孫，司馬子期之子，今南陽魯陽是也。』曰：「大國之攻小國，譬猶童子之爲馬也。畢本無「也」，云：「一本有『也』字。」文選注云：『幽求子曰：年五歲閒有鳩車之樂，七歲有竹馬之歡。』」案：道藏本、季本、吴鈔本竝有「也」字，今據補。童子之爲馬，足用而勞。畢云：「言自勞其足，謂竹馬也。」案：此直言童子戲效爲馬耳，不必竹馬，畢說竝非。今大國之攻小國也，攻者農夫不得耕，婦人不得織，以守爲事；攻人者，亦農夫不得耕，婦人不得織，以攻爲事。故大國之攻小國也，譬猶童子之爲馬也。」

子墨子曰：「言足以復行者，常之；畢云：「舊脱『不』字，一本有。」不足以舉行者，勿常。不足以舉行而常之，是蕩口也。」貴義篇亦有此章，而文小異。蕩口，此篇亦兩見，蓋謂不可行而空言，是徒敝其口也。經說上〔一〕篇云「霄盡，蕩也」，即消磨敝盡之義。

子墨子使管黔滶畢云：「疑『敖』字。」蘇云「『滶』與『游』字形相近，當誤衍。」案：畢說是也。說文水部有「滶」字，从水，敖聲，此借爲「敖」。檀弓有齊人黔敖，此墨子弟子，與彼名同。游高石子於衛，魯問篇有高孫子，呂氏春秋尊師篇有墨子弟子高何，未知即高石子否。衛君致禄甚厚，設之於卿。畢云：「舊作『鄉』，一本如此，

〔一〕「經說上」，原誤「經下」，據本書改。

下同。」案：顧校季本作「卿」。荀子臣道篇楊注云：「設，謂置於列位。」高石子三朝必盡言，而言無行者。去而之齊，見子墨子曰：「衞君以夫子之故，舊本脱「衞」字，今據道藏本、季本、吴鈔本補。致禄甚厚，設我於卿。石三朝必盡言，而言無行，是以去之也。衞君無乃以石爲狂乎？」無，吴鈔本作「毋」。子墨子曰：「去之茍道，受狂何傷！古者周公旦非關叔，畢云：「『關』即『管』字假音，一本改作『管』，非是。左傳云『掌其北門之管』，即關也。」辭三公，東處於商蓋，畢云：「商蓋即商奄。尚書金縢云：『周公居東二年。』」王云：「『商蓋』當爲『商奄』。『蓋』字古與『盇』通，『盇』、『奄』草書相似，故『奄』譌作『盇』，又譌作『蓋』。韓子説林篇『周公旦已勝殷，將攻商奄』，今本『奄』作『蓋』，誤與此同。昭二十七年左傳『吴公子掩餘』，史記吴世家、刺客傳竝作『蓋餘』，亦其類也。」顧、蘇説同。案：王説是也。左昭九年傳云「蒲姑、商奄，吾東土也」，孔疏引服虔云：「商奄，魯也。」又定四年傳云：「因商奄之民，命以伯禽，而封於少皞之墟。」説文邑部「奄」作「𨙬」，云：「周公所誅𨙬國，在魯。」史記周本紀索隱引括地志云「兖州曲阜縣奄里，即奄國之地」，又引鄭康成云「奄國在淮夷之北」，是商奄即奄，單言之曰奄，絫言之則曰商奄。此謂周公居東，蓋東征滅奄，即居其地，亦即魯也。蔡邕琴操云：「有譖公於王者，周公奔魯而死。」案蔡説奔魯，與此書合，但謂公死於魯，則妄耳。詩豳風破斧云「周公東征，四國是皇」，毛傳云：「四國，管、蔡、商、奄也。」彼商謂殷，與奄爲二國，非左傳、墨子之商奄也。人皆謂之狂。後世稱其德，揚其名，至今不息。且翟聞之，爲義非避毁就譽，畢云：「舊二字倒，一本如此。」案：顧校季本不倒。去之茍道，畢云：「舊二字倒，一本如此。」案：季本亦不倒。受狂何傷！」高石子曰：「石去之，焉敢不道也？昔者夫子有言曰：『天下無道，仁士不處厚焉。』今衞君無道，而貪其祿爵，則是我爲苟陷人長也。」畢云：「陷，一本作『處』。」詒讓案：「苟陷人長」疑當作「苟啗〔一〕人食」。啗、陷聲同，食、長形近，故譌。說文口部云：「啗，食也。」依或本則當爲「苟處人厚」，與上文相應，然義較短。子墨子說，而召子禽子曰：即禽滑釐，見公輸篇。「姑聽此乎！夫倍義而鄉祿者，說文人部云：「倍，反也。」蘇云：「倍、背同，鄉、向同。」我常聞之矣，倍祿而鄉義者，於高石子焉見之也。」

子墨子曰：「世俗之君子，貧而謂之富，則怒，無義而謂之有義，則喜。豈不悖哉！」

公孟子曰：「先人有則三而已矣。」子墨子曰：「孰先人而曰有則三而已矣？子未智人之先有。」蘇云：「此節文有錯誤。」

後生有反子墨子而反者，荀子解蔽篇楊注云：「反，倍也。」下「反」當爲「返」之叚字，廣雅釋詁云：「反，歸也。」「者」下當有「曰」字。蓋門人有倍墨子而歸者，其言如是。「我豈有罪哉？吾反後。」言彼有先反者，吾雖反尚在其後。子墨子曰：「是猶三軍北，句。失後之人求賞也。」謂戰敗失道而後歸，不得與殿者同賞。

公孟子曰：「君子不作，術而已。」畢云：「術同述。」詒讓案：此即非儒篇所云「君子循而不作也」。

---

〔一〕「啗」，原誤「陷」，據上下文義改。

子墨子曰：「不然，人之其不君子者，蘇云：「『其』當爲『甚』，字之誤。下言『次不君子』，可證。」古之善者不誅，畢云：「『誅』疑當爲『述』。『術』、『誅』、『遂』疑皆聲誤。下同。」俞云：「『誅』當爲『訹』，字之誤也。上文『君子不作，術而已』，此云『古之善者不訹』，『術』與『訹』竝『述』之叚字，其字竝從朮聲，故得相叚借也。若作『誅』，則與述聲絶遠矣。」案：俞說是也。今也善者不作。蘇云：「『今也』當爲『今世』。」案：「也」即「之」之譌，蘇校未塙。其次不君子者，古之善者不遂，畢云：「疑當爲『述』，月令以『遂』爲『術』。」己有善則作之，欲善之自己出也。今誅而不作，是無所異於不好遂而作者矣。吾以爲古之善者則誅之，今之善者則作之，欲善之益多也。」畢云：「意言古之善者多，故但述而行之；今之善者少，故須作。作者欲善之多，無異於述也。」蘇云：「此言述、作不可偏廢，皆務爲其善而已。述主乎因，故以古言；作主乎剏，故以今言。述而又作，則善益多矣。畢注似未得本意。」案：蘇說是也。

巫馬子謂子墨子曰：「巫馬子」見前。蓋巫馬期之子姓。史記孔子弟子傳「巫馬施，字子旗」，集解引鄭康成孔子弟子目録云：「魯人。」故下云「愛魯人於鄒人」，家語弟子解作陳人，非也。「我與子異，畢云：「『子』舊作『之』，一本如此。」我不能兼愛。我愛鄒人於越人，愛魯人於鄒人，愛我鄉人於魯人，愛我家人於鄉人，愛我親於我家人，愛我身於吾親，以爲近我也。擊我則疾，擊彼則不疾於我，疾猶痛也。說文手部云：「擊，攴也。」疒部「疾」、「痛」竝訓「病也」。我何故疾者之不拂，而不疾者之拂？說文手部云：「拂，過擊也。」畢云：「舊『不疾』二字倒，一本如此。」故有我有殺彼以我，無殺我以利。」蘇云：「二句當有脱訛，以下文語意攷之，當言『有殺彼以利我，無殺我以利彼也』。『有我』二字疑衍。」俞云：「此當作『故我有殺彼以利我，無殺我以利彼』。」子墨子曰：「子之義將匿邪？意將以告人乎？」巫馬子曰：「我何故匿我義？畢云：「一本作『意』，非。」吾將以告人。」子墨子曰：「然則一人説子，謂説其義而從之。一人欲殺子以利己；十人説子，十人欲殺子以利己；天下説子，天下欲殺子以利己。一人不説子，一人欲殺子，以子爲施不祥言者也；十人不説子，十人欲殺子，以子爲施不祥言者也；天下不説子，天下欲殺子，以子爲施不祥言者也。説子亦欲殺子，不説子亦欲殺子，是所謂經者口也，殺常之身者也。」「常」，疑當作「子」。此下亦有脱誤。子墨子曰：「子之言惡利也？言惡所利。若無所利而不言，是蕩口也。」「不言」疑當作「必言」。「蕩口」義見前。

子墨子謂魯陽文君曰：「今有一人於此，羊牛犓豢，犓，吴鈔本作「芻」，道藏本同。畢云：「此『豢』字俗寫，太平御覽引作『芻豢』。」維人但割而和之，畢云：「『維人』當爲『饔人』之誤。『但割』即『袒割』。」説文云：『但，裼也。从人，旦聲。』經典用『但』爲『第』字之義，而忘其本。」詒讓案：「雍」、「維」形近而誤。儀禮公食大夫禮、少牢饋食禮竝有「雍人」。雍，雝之隸變，即饔之省。食之不可勝食也。道藏本無「不可」二字，有「食之」二字，吴鈔本同。畢本增「不可」二字，無「食之」二字，云：「舊脱『不可』二字，據太平御覽增。」案：以文義校之，「食之不可」四字當竝有，今據增。見人之作餅，畢云：「『作』舊作『生』，皆據改。」案：「生」字似不誤。説文食部云：「餅，麪餈也。」則還然竊之，「還」疑「睘」之借字。説文目部云：「睘，驚視也。」曰：『舍余食。』畢云：「言捨以爲余食。」蘇云：「『舍余食』者，言舍其芻豢羊牛之食，而從事於竊也。」案：二說竝非。舍，予之叚字，古賜予字或作「舍」，詳非攻中篇。舍余食，猶言與我食也。**不知日月安不足乎？**畢云：「或當云『明不足乎』。」戴云：「『安』字語詞，無實義。」詒讓案：「日月」疑「耳目」之誤，言其見物而貪也。**其有竊疾乎？」魯陽文君曰：「有竊疾也。」**

**子墨子曰：「楚四竟之田，**畢云：「『四竟』二字，舊作『三意』」，據太平御覽改。」**曠蕪而不可勝辟，**畢云：「太平御覽引云『楚四境之田，蕪曠不可勝闢』。」魯陽，楚縣，故云然也。」**謼靈數千，**畢云：「說文云：『謼，召也。』」顧云：「靈，令也。」戴云：「靈，令之叚字。」案：依畢、顧、戴說，則數千爲謼令之人數，與上下文義竝不貫，殆非也。此「謼靈」當爲「呼虛」。凡經典謼召字多叚「呼」爲之，二字互通。周禮大小鄭注、漢書高帝紀應劭注竝云「釁呼」，文選蜀都賦李注引鄭康成易注云「坼呼」。說文土部云：「㙤，坼也。」呼即㙤之叚字。㙤本訓坼，引申爲㙤隙。呼虛，謂閒隙虛曠之地。此與上文竝即公輸篇「荆國有餘於地而不足於民」之意。非攻中篇云「今萬乘之國，虛數於千，不勝而入，廣衍數於萬，不勝而辟」，與此文義正同。「虛」、「靈」俗書形近而誤，詳天志下篇。**不可勝，**畢云：「下當脫『用』字。」詒讓案：據非攻篇，當脫「入」字。**見宋鄭之閒邑，**「閒邑」言空邑，與王制「閒田」義同。**則還然竊之，此與彼異乎？」魯陽文君曰：「是猶彼也，實有竊疾也。」**

**子墨子曰：「季孫紹與孟伯常治魯國之政，**蘇云：「季孫紹與孟伯常不見於春秋，當爲季康子、孟武伯之後，與墨子同時者也。」詒讓案：禮記檀弓「悼公之喪，季昭子問於孟敬子」，鄭注云：「昭子，康子之曾孫，名強。敬子〔二〕，

〔二〕「子」，原誤「之」，據禮記檀弓鄭注改。

武伯之子，名捷。」此季孫紹、孟伯常，當即昭子、敬子之子若孫也。不能相信，而祝於藂社，藂，舊本譌「禁」。下同。王云「『禁社』乃『藂社』之誤，藂與叢同。爾雅『灌木，叢木』，釋文曰：『叢，本或作藂。』漢書東方朔傳『藂珍怪』，師古曰：『藂，古叢字。』」案：王校是也，洪說同，今據正。「叢社」，詳明鬼下篇。曰：『苟使我和。』王引之云：「苟猶尚也。」是猶弇其目畢云：「說文云：『弇，蓋也。』」而祝於藂社也俞云：「『也』當作『曰』。其下句即祝詞也。上文『而祝於藂社曰：苟使我和』，是其證。」『苟使我皆視。』豈不繆哉。」

子墨子謂駱滑氂吴鈔本作「釐」，下仍作「氂」。案此與禽子同名。曰：「吾聞子好勇。」駱滑氂曰：「然，我聞其鄉有勇士焉，吾必從而殺之。」子墨子曰：「天下莫不欲與其所好，度其所惡，畢云：「度，謂渡去也。」王引之云：「畢說非也。『與』當爲『興』，『度』當爲『廢』，皆字之誤也。『廢』、『度』草書相似，故『廢』譌作『度』。史記歷書『名察廢驗』，今本『廢』字亦譌作『度』。『興』與『廢』、『好』與『惡』，皆對文。」今子聞其鄉有勇士焉，必從而殺之，是非好勇也，是惡勇也。」

# 墨子閒詁卷十二

## 貴義第四十七

子墨子曰：「萬事莫貴於義。今謂人曰：『予子冠履，而斷子之手足，子爲之乎？』必不爲。何故？則冠履不若手足之貴也。又曰：『予子天下而殺子之身，子爲之乎？』必不爲。何故？則天下不若身之貴也。王云：「『何故則』本作『何則』，後人誤以『則』字下屬爲句，故於『何』下加『故』字耳。何則與何也同義。辭過篇曰『何則，其所道之然也』，尚賢篇曰『何則，皆以明小物而不明大物也』，荀子宥坐篇曰『何則，陵遲故也』，秦策曰『臣恐韓、魏之卑辭慮患，而實欺大國也，此何也』，史記春申君傳作『何則』，是其證。太平御覽人事部十一、六十二、資産部二引此竝作『何則』，無『故』字。」案：「故」字似非衍文。御覽所引或有刪節，王校未塙。爭一言以相殺，是貴義於其身也。「貴義」疑當作「義貴」。畢云：「太平御覽引作『義貴於身』。」故曰：萬事莫貴於義也。」淮南子泰族訓云「天下大利也，比之身則小，身之重也，比之義則輕」，義本此。

子墨子自魯即齊，毛詩鄭風東門之墠傳云：「即，就也。」言由魯至齊。畢云：「二字舊倒，以意改。」過故

**人，**畢云：「太平御覽引作『之齊，遇故人』。」**謂子墨子曰：**畢云：「四字太平御覽引作『故人』。」**「今天下莫爲義，子獨自苦而爲義，子不若已。」子墨子曰：「今有人於此，有子十人，一人耕而九人處，則耕者不可以不益急矣。何故？則食者衆而耕者寡也。**王校亦刪「故」字。**今天下莫爲義，則子如勸我者也，**畢云：「太平御覽人事部六十二、資産部二引作『子宜勸』，又作『子宜勸我』。」王云：「此不解『如』字之義，而以意改之也。如猶宜也，言子宜勸我爲義也。『如』字古或訓爲宜。」**何故止我？」**畢云：「太平御覽『故』作『以』。」

**子墨子南游於楚，見楚獻惠王，**畢云：「檢史記，楚無獻惠王也，藝文類聚引作『惠王』，是。又案文選注引本書云『墨子獻書惠王，王受而讀之，曰良書也』，恐是此間脱文。」蘇云：「獻惠王即楚惠王也。蓋當時已有兩字之謚。」詒讓案：此文脱佚甚多。余知古渚宮舊事二云：「墨子至郢，獻書惠王，王受而讀之，曰：『良書也。是寡人雖不得天下，而樂養賢人。請過進日百種以待，官舍人不足須天下之賢君。』墨子辭曰：『翟聞賢人進道不行，不受其賞；義不聽，不處其朝。今書未用，請遂行矣。』將辭王而歸，王使穆賀以老辭。魯陽文君言於王曰：『墨子，北方賢聖人，君王不見，又不爲禮，毋乃失士！』乃使文君追墨子，以書社五里封之，不受而去。」此與文選注所引合，必是此篇佚文。但余氏不明著出墨子，文亦多刪節譌舛，今未敢據增。余書「獻惠王」亦止作「惠王」，疑故書本作「獻書惠王」，傳寫脱「書」、存「獻」，校者又更易上下文以就之耳。**獻惠王以老辭，**蘇云：「楚惠王以周敬王三十二年立，卒於考王九年，始癸丑，終庚寅，凡五十七年。墨子之游，蓋當其暮年，故以老辭。」詒讓案：渚宮舊事注云：「時惠王在位已五十年矣。」余說疑本墨子舊注。然則此事在周考王二年，魯悼公之二十九年也。使穆賀見子墨子。子墨子說穆賀，穆賀大說，謂子墨子曰：「子之言則成善矣，畢本「成」改「誠」，云：「舊作『成』，據藝文類聚改，一本同。」案：顧校季本亦作「誠」。王云：「古或以成爲誠，不煩改字。」而君王天下之大王也，毋乃曰『賤人之所爲』而不用乎？」畢云：「藝文類聚引作『用子』，又節。」子墨子曰：「唯其可行。譬若藥然，畢云：「藝文類聚引作『焉』。」草之本，吳鈔本「本」作「木」，下同。蘇云：「『草之本』上當脱一字。」天子食之以順其疾，畢云：「藝文類聚引『順』作『療』。」豈曰『一草之本』而不食哉？畢云：「藝文類聚引『食』作『用』。」今農夫入其稅於大人，大人爲酒醴粢盛，畢云：「『粢』當爲『齍』」，說文云：『黍稷在器以祀者。』盛，解同，俱从皿，亦見周禮也。前文皆同此義。」以祭上帝鬼神，豈曰『賤人之所爲』而不享哉？故雖賤人也，上比之農，下比之藥，曾不若一草之本乎？且主君亦嘗聞湯之說乎？「主君」，謂穆賀也。戰國策、史記載蘇秦說六國君，齊楚魏韓燕諸王皆稱秦爲主君，索隱云：「禮，卿大夫稱主，今嘉蘇子合從諸侯，褒而美之，故稱曰主君。」案：左傳昭二十九年，齊高張唁魯昭公，稱主君，杜注云「比公於大夫然」，此小司馬所本。後魯問篇墨子稱魯君亦曰主君。戰國策秦策樂羊對魏文侯，魏策魯君對梁惠王，亦並稱主君。則戰國時主君之稱蓋通於上下，小司馬據春秋時制，謂唯大夫稱主，非也。昔者，湯將往見伊尹，令彭氏之子御。彭氏之子半道而問曰：『君將何之？』湯曰：『將往見伊尹。』彭氏之子曰：『伊尹，天下之賤人也。尚賢中篇云「伊摯，有莘氏女之私臣，親爲庖人」，故曰天下之賤人。若君欲見之，吳鈔本「若君」作「君若」。亦令召問焉，彼受賜矣。』湯曰：

『非女所知也。吴鈔本「女」作「汝」。今有藥此，蘇云：「『藥』下當脱『於』字。」食之則耳加聰，目加明，則吾必説而强食之。今夫伊尹之於我國也，譬之良醫善藥也。而子不欲我見伊尹，是子不欲吾善也。』因下彭氏之子，不使御。彼苟然，然後可也。」盧云：「此下疑有脱文。」詒讓案：此七字與上文亦不相應，上下似並有脱佚。

子墨子曰：「凡言凡動，利於天鬼百姓者爲之；凡言凡動，害於天鬼百姓者舍之；凡言凡動，合於三代聖王堯舜禹湯文武者爲之；凡言凡動，合於三代暴王桀紂幽厲者舍之。」

子墨子曰：「言足以遷行者，常之；不足以遷行者，勿常。不足以遷行而常之，舊本脱下「不足」二字，王據上句補，與耕柱篇合，今從之。是蕩口也。蘇云：「耕柱篇亦有此文，上『遷』字作『復』，下二『遷』字作『舉』。」

子墨子曰：「必去六辟。辟，僻之借字。嘿則思，畢云：「默字俗寫从口。」言則誨，動則事，使三者代御，舊本作「使者三代御」。畢云：「此言三世爲人御，必能抑然自下，若去其喜怒樂悲愛，而有聖人之用心也。」俞云：「『使者三代御』當作『使三者代御』。『三者』即『嘿』、『言』、『動』三事也。御，用也。荀子禮論篇『時舉而代御』，楊注曰：『御，進用也。』此云『代御』，義與彼同，言更迭用此三者，則必爲聖人也。因『三者』二字傳寫誤倒，畢遂曲爲之説，謬矣。」案：俞説是也，今據正。必爲聖人。必去喜，去怒，去樂，去悲，去愛，而用仁義。俞云：「『去愛』下當有『去惡』二字，傳寫脱之。喜怒樂悲愛惡，其六者皆宜去之。即上文所謂『去六辟』也。」手足口鼻耳疑脱一「目」字。從事於義，必爲聖人。」

子墨子謂二三子曰：「爲義而不能，必無排其道。言於道不能無出入。莊子大宗師篇郭注云：「排者，推移之謂也。」譬若匠人之斲而不能，無排其繩。」畢云：「排猶背。」

子墨子曰：「世之君子，使之爲一犬一彘之宰，『宰』即膳宰也，見儀禮燕禮、禮記文王世子、玉藻。舊本脱「一犬」二字，王據羣書治要補，云：「魯問篇亦云『竊一犬一彘』。」不能則辭之；使爲一國之相，不能而爲之。豈不悖哉！」

子墨子曰：「今瞽曰：『鉅者白也，俞云：「『鉅』無白義，字當作『豈』。豈者，皚之叚字。廣雅釋器：『皚，白也。』『皚』省作『豈』，又誤作『巨』，因爲『鉅』矣。呂氏春秋有始覽『南方曰巨風』，李善注文選引作『凱風』，蓋亦省『凱』爲『豈』，而誤爲『巨』也，可以爲證。」黔者黑也。』吴鈔本「黑」作「墨」，非。畢云：「説文云：『黔，黎也。』秦謂民爲黔首，謂黑色也。』」雖明目者無以易之。兼白黑，使瞽取焉，不能知也。淮南子主術訓云「問瞽師曰：白素何如？曰：縞然。曰：黑何若？曰：黮然。援白黑而示之，則不處焉」，與此語意同。故我曰瞽不知白黑者，知，吴鈔本作「能」，以上文校之，疑當作「不能知」，今本及吴本並脱一字耳。非以其名也，以其取也。今天下之君子之名仁也，雖禹湯無以易之。兼仁與不仁，而使天下之君子取焉，不能知也。故我曰天下之君子不知仁者，非以其名也，亦以其取也。」

子墨子曰：「今士之用身，不若商人之用一布之慎也。周禮泉府鄭注云：「布，泉也。其藏曰泉，其行曰布。」商人用一布布，下「布」字當作「市」，言用一布市物也。不敢繼苟而讎焉，「繼苟」義不可通，疑當作「謑詢」，即「謑詬」之或體也。說文言部云：「詬，謑詬，恥也。或作『詢』，从句。」「謑，或从奊，作『謨』。」楚辭九思云「違羣小兮謑詢」，王注云：「謑詢，恥辱垢陋之言也。」荀子非十二子篇云「無廉恥而忍謑詢」，楊注云：「謑詬，詈辱也。字本作『謨詢』。」漢書賈誼傳云「頑鈍亡恥，奊詬亡節」，顏注云：「奊詬，謂無志分也。」吕氏春秋誣徒篇云「草木雞狗鳥獸，不可譙詬遇之。譙詬遇之，則亦譙詬報人」，「譙詬」亦「謨詬」之譌。蓋謑詬本訓恥，因以爲恥詈人之語，又引申之，人之蒙恥辱，無決擇，亦謂之謑詬。此以市布爲喻，亦言不敢輕易無決擇而讎物也。畢云：「『讎』即『售』字正文。」必擇良者。今士之用身則不然，意之所欲則爲之，厚者入刑罰，薄者被毀醜，則士之用身不若商人之用一布之慎也。」

子墨子曰：「世之君子欲其義之成，吴鈔本「義」作「治」。而助之修其身則慍，是猶欲其牆之成，而人助之築則慍也，豈不悖哉！」

子墨子曰：「古之聖王，欲傳其道於後世，是故書之竹帛，鏤之金石，傳遺後世子孫，欲後世子孫法之也。今聞先王之遺而不爲，是廢先王之傳也。」王云：「『遺』字義不可通。『遺』當爲『道』，此涉上文『傳遺』而誤也。上文曰『古之聖王欲傳其道於後世』，故此文曰『今聞先王之道而不爲，是廢先王之傳也』。」

子墨子南遊使衞，遊，吴鈔本作「游」。畢云：「北堂書鈔作『使於衞』。」關中載書甚多，畢云：「『關中』

猶云扃中，關、扃音相近。」案：畢說是也。文選張衡西京賦「旗不脫扃」，薛綜注云：「扃，關也。」左傳宣十二年孔疏引服虔云：「扃，橫木校輪閒。」蓋古乘車，箱畸閒以木爲闌，中可庋物，謂之扃，亦謂之關。故墨子於關中載書矣。**弦唐子見而怪之，**廣韻一先云：「弦，又姓。」風俗通云：「弦子後。」左傳：「鄭有商人弦高。」**曰：「吾夫子教公尚過曰：**公尚過，呂氏春秋高義篇作「公上過」，高注云：「公上過，子墨子弟子也。」案：「王符潛夫論志氏姓篇「衞公族有公上氏」，廣韻一東云「衞大夫有公上玉」，尚、上字通。過，疑亦衞人。**『揣曲直而已。』**說文手部云：「揣，量也。」**今夫子載書甚多，何有也？」子墨子曰：「昔者周公旦朝讀書百篇，**畢本無「書」字，云：「本多作『讀書百篇』，繹史同。蓺文類聚引無『書』字，北堂書鈔凡三引，兩引無，一引有，無者是也。」案：道藏本、吴鈔本並有「書」字，今不據刪。**夕見漆十士。**畢云：「『漆』，『七』字假音，今俗作『柒』。蓺文類聚引作『七』。」詒讓案：「唐岱嶽觀碑、五經文字石本「七」字並作「漆」。**故周公旦佐相天子，其脩至於今。**吴鈔本「脩」作「修」。**翟上無君上之事，下無耕農之難，吾安敢廢此？**畢云：「北堂書鈔引云『相天下猶如此，況吾無事，何敢廢乎』。」**翟聞之：『同歸之物，信有誤者。』**易繫辭云「天下同歸而殊塗」，孔疏云：「言天下萬事，終則同歸於一。」蓋謂理雖同歸，而言不能無誤。**然而民聽不鈞，**吴鈔本作「均」。畢云：「『均』字假音。」**是以書多也。今若過之心者，數逆於精微，**周禮鄉師鄭注云：「逆猶鉤考也。」**同歸之物，既已知其要矣，是以不教以書也。而子何怪焉？」**畢云：「言苟得其精微，則無用以書爲教。」

**子墨子謂公良桓子曰：**蘇云：「公良桓子，蓋衞大夫。」詒讓案：史記孔子弟子列傳有公良儒，陳人，則陳亦有此姓。「衞，小國也，處於齊、晉之閒，猶貧家之處於富家之閒也。貧家而學富家之衣食多用，則速亡必矣。今簡子之家，廣雅釋言云：「簡，閱也。」飾車數百乘，馬食菽粟者數百匹，婦人衣文繡者數百人。吾取飾車、食馬之費與繡衣之財以畜士，俞云：「『吾』當爲『若』，字之誤也。」必千人有餘。若有患難，則使百人處於前，數百於後，畢云：「『數百』下當脱『人處』二字。」王云：「『百人』亦當爲『數百人』。上文曰『千人有餘』，故此分言之，曰『數百人處於前，數百人處於後』。今作『百人』，則與上下文不合。」與婦人數百人處前後孰安？吾以爲不若畜士之安也。」

子墨子仕人於衞，畢云：「舊脱『人』字，一本有。」詒讓案：荀子富國篇楊注引作「子墨子弟子仕於衞」，則疑「仕於衞」上脱「弟子」二字。所仕者至而反。子墨子曰：「何故反？」對曰：「與我言而不當，畢云：「後作『審』。」詒讓案：荀子注引亦作「當」，疑「審」字近是。曰『待女以千盆』，女，吴鈔本作「汝」。盆，畢本改「益」，云：「舊作『盆』，誤。古無『鎰』字，只作『益』，或作『溢』。漢書食貨志云『黄金以溢爲名』，注：『孟康曰：二十兩爲溢也。』賈逵國語注云：『二十四兩。』」王云：「古『鎰』字皆作『溢』，無作『益』者。此言『千盆』、『五百盆』，皆謂粟，非謂金也。荀子富國篇『今是土之生五穀也，人善治之，則畝數盆』，楊倞曰『蓋當時以盆爲量』，引考工記曰『盆實二鬴』，又引墨子曰『待女以千盆，授我五百盆』，則『盆』非『益』之譌也。富國篇又云『瓜桃棗李，一本數以盆、鼓』，鼓亦量名。」授我五百盆，「盆」，畢本亦改「益」，非，下同。故去之也。」子墨子曰：「授子過千盆，則子去之乎？」對曰：「不去。」子墨子曰：「然則非爲其不審也，爲其寡也。」

子墨子曰：「世俗之君子，視義士不若負粟者。今有人於此，負粟息於路側，欲起而不能，君子見之，無長少貴賤，必起之。何故也？王云：「『故』字亦後人所加。御覽人事部六十二引無『故』字。」曰：義也。今爲義之君子，畢云：「『之』舊作『也』，據太平御覽改。」奉承先王之道以語之，縱不説而行，説，吴鈔本作「悦」。又從而非毁之。則是世俗之君子之視義士也，不若視負粟者也。」道藏本「也」作「之」。畢云：「一本脱此字。」

子墨子曰：「商人之四方，市賈信徙，畢云：「當爲『倍徙』，下同。」案：畢校是也。徙、蓰字通。雖有關梁之難，盜賊之危，必爲之。今士坐而言義，無關梁之難，盜賊之危，此爲信徙不可勝計，然而不爲。則士之計利，畢云：「『則』舊作『財』，一本如此。」不若商人之察也。」

子墨子北之齊，遇日者。史記日者傳集解云：「古人占候卜筮，通謂之日者。」索隱云：「名卜筮曰日者以墨，所以卜筮占候時日通名日者故也。」畢云：「文選劉孝標辯命論注引『遇』作『過』。」詒讓案：高承事物紀原引亦作「過」。日者曰：「帝以今日殺黑龍於北方，畢云：「事類賦引『殺』作『屠』。」而先生之色黑，舊本「生」誤「王」，今據吴鈔本、顧校季本正。不可以北。」淮南子要畧云「操舍開塞，各有龍忌」，許注云：「中國以鬼神之事曰忌，北胡南越皆謂之請龍。」案：此日者以五色之龍定吉凶，疑即所謂龍忌。許君「請龍」之説，未詳所出，恐非古術也。畢云：「『北』，事類賦作『往』。」子墨子不聽，遂北，至淄水，不遂而反焉。畢云：「舊脱『至淄水不遂』五字，據史記日者傳集解及事類賦增。史記集解云『墨子不遂而反焉』，又多二字。淄水出今山東益都縣西南顔神鎮東南三十五里原山，經臨淄縣東北，流至壽光縣北，入海。」日者曰：「我謂先生不可以北。」子墨子曰：「南之人不得北，北之人不得南，其色有黑者，有白者，何故皆不遂也？且帝以甲乙殺青龍於東方，以丙丁殺赤龍於南方，以庚辛殺白龍於西方，以壬癸殺黑龍於北方，畢本此下增「以戊己殺黃龍於中方」，云：「此句舊脱，據太平御覽增。」王云：「畢增非也。原文本無此句，今刻本御覽鱗介部一有之者，後人不知古義而妄加之也。古人謂東西南北爲四方者，以其在四旁也。若中央爲四方之中，則不得言中方，一謬也；行者之所向，有東有西，有南有北，而中不與焉，二謬也。鈔本御覽及容齋續筆所引皆無此句。」案：王說是也。此即古五龍之說，鬼谷子「盛神法五龍」，陶弘景注云：「五龍，五行之龍也。」水經注引遁甲開山圖云「五龍見教，天皇被迹」，榮氏注云：「五龍治在五方，爲五行神。」說文戊部云：「戊，中宮也，象六甲、五龍相拘絞也。」義並同。然則五龍自有中宮，但日者之言，不妨約舉四方耳。若用子之言，則是禁天下之行者也。畢云：「舊脱『天』字、『之』字，據太平御覽增。」是圍心而虛天下也，蘇云：「『圍心』未詳，『圍』或當作『違』。」吳玉搢云：「『圍心』即違心，古圍、違字通。」子之言不可用也。」

子墨子曰：此上疑有脱文。「吾言足用矣。舍言革思者，「舍」下亦當有「吾」字。蘇云：「革，更也。」是猶舍穫而攈粟也。國語魯語「收攟而烝」，韋注云：「攟，拾也。」一切經音義引賈逵云：「攈，拾穗也。」攈、攟字同。畢云：「攈，拾也。一本作『攈』，非。」以其言非吾言者，畢云：「太平御覽引『其』作『他』。」是猶以卵投石也，盡天下之卵，其石猶是也，不可毀也。」畢云：「太平御覽作『石猶不毀也』。」

## 公孟第四十八

公孟子謂子墨子曰：惠棟云：「公孟子即公明子，孔子之徒。」宋翔鳳云：「孟子公明儀、公明高，曾子弟子。公孟子與墨子問難，皆儒家之言。孟與明通，公孟子即公明子，其人非儀即高，正與墨翟同時。」詒讓案：潛夫論志氏姓篇「衞公族有公孟氏」，左傳定十二年孔疏謂公孟縶之後，以字爲氏。説苑脩文篇有公孟子高見顓孫子莫及曾子，此公孟子疑即子高，蓋七十子之弟子也。「君子共己以待，蘇云：「共讀如恭。」詒讓案：荀子王霸篇云「則天子共己而已」，楊注云：「共讀爲恭，或讀爲拱，垂拱而已也。」案此「共己」當讀爲「拱己」，非儒篇云「高拱下視」是也。問焉則言，不問焉則止。譬若鍾然，扣則鳴，不扣則不鳴。」非儒下篇述儒者之言曰「君子若鍾，擊之則鳴，弗擊不鳴」，即此。畢云：「説文云：『扣，牽馬也。』『敂，擊也，讀若扣。』此假音耳。」子墨子曰：「是言有三物焉，子乃今知其一身也，吴鈔本「其」下有「有」字。王引之云：「『身』字義不可通，『身』當爲『耳』。隸書『身』字或作『耳』，見漢荆州從事苑鎮碑，與『耳』相似，故『耳』誤爲『身』。管子兵法篇『教其耳以號令之數』，今本『耳』誤爲『身』。所謂『是言有三物』者，不扣則不鳴者一，雖不扣必鳴者二，而公孟子但云『不扣則不鳴』，是知其一而不知其二也，故曰『子乃今知其一耳』。今本『耳』誤爲『身』，『身』下又衍『也』字。」又未知其所謂也。若大人行淫暴於國家，進而諫，則謂之不遜，因左右而獻諫，則謂之言議，此君子之所疑惑也。吴鈔本「所」下有「以」字。疑惑，謂言之無益而有害，則君子遲疑不敢發，此明不扣而不鳴之一物。若大人爲政，將因於國家之難，譬若機之將發也然，非儒篇云「若將有大寇亂，盜賊將作，若機辟將發也」。君子之必以諫，「子」下疑脱一字。然而大人之利，蘇云：「此下有脱簡，下文『有之也，君得之，則必用之矣』十一字當在此。」案：蘇校未塙。若此者，雖不扣必鳴者也。若大人舉不義之異行，雖得大巧之經，可行於軍旅之事，欲攻伐無罪之國，有之也，君得之，則必用之矣。以廣辟土地，著稅僞材。畢云：「『僞』疑當爲『賜』，説文云『此古貨字，讀若貴』。」蘇云：「『有之』以下十一字，當在上文『然而大人之利』句下，誤錯於此。此文當云『欲攻伐無罪之國，以廣辟土地，著稅僞材』。」案畢校近是，但「著稅」義難通，疑「著」當作「籍」。毛詩大雅韓奕箋云：「籍，稅也。」節用上篇云「其籍斂厚」。材、財字通。「籍稅賜材」，猶云籍斂貨財矣。出必見辱，所攻者不利，而攻者亦不利，是兩不利也。若此者，雖不扣必鳴者也。以上明不扣必鳴之二物，畢云「已上申明知其一身」，失之。且子曰：『君子共己待，問焉則言，不問焉則止，譬若鍾然，扣則鳴，不扣則不鳴。』今未有扣子而言，是子之謂不扣而鳴邪？「謂」上當有「所」字。是子之所謂非君子邪？」畢云：「已上申明又未知其所謂。」

公孟子謂子墨子曰：「實爲善人，孰不知？句。譬若良玉，處而不出，有餘糈。「玉」疑當爲「巫」。「糈」舊誤「精」。王校下文諸「精」字皆爲「糈」，惟此未正。今審校當與彼同。淮南子説山訓云：「巫之用糈藉」，高注云：「糈，祀神之米。」譬若美女，處而不出，人爭求之。行而自衒，內則「奔則爲妾」，鄭注云：「『奔』或爲『衒』。」列女傳辯通篇「齊鍾離春衒嫁不售」。畢云：「説文云：『衒，行且賣也。衒，或字。』」人莫之取也。之，舊本作「知」。畢云：「知，一本作『之』。」詒讓案：作「之」是也，意林作「人莫之娶」，今據正。今子偏從人而説之，偏，舊本作「偏」，畢以意改「偏」，道藏本、季本、吳鈔本正作「偏」。王以「偏」爲古「偏」字，詳非攻下篇。何其勞也？」子墨子曰：「今夫世亂，求美女者衆，美女雖不出，人多求之。今求善者寡，畢云：「言好德不如好色。」不强説人，人莫之知也。且有二生於此，善筮，舊本「筮」譌「星」，王據下文改。一行爲人筮者，一處而不出者。行爲人筮者此十一字舊脱，王據上下文義補。與處而不出者，其糈孰多？」糈，舊本誤「精」。王云：「『精』當爲『糈』，字之誤也。莊子人閒世篇『鼓筴播精』，釋文：『「精」如字，一音所，字則當作「糈」。』是『糈』與『精』字形相似而易譌也。郭璞注南山經曰：『糈，先呂反，今江東音所。』説文：『糈，糧也。』言兩人皆善筮，而一行一處，其得米孰多也？史記貨殖傳云『醫方諸食技術之人，焦神極能，爲重糈也』，是其證。」案：王校是也，今據正，下同。公孟子曰：「行爲人筮者其糈多。」子墨子曰：「仁義鈞，吴鈔本作「均」。行説人者，其功善亦多，何故不行説人也？」

公孟子戴章甫，畢云：「戴，本多作『義』，以意改。」案：顧校季本正作「戴」，士冠禮記云：「章甫，殷道也。」鄭注云：「章，明也。殷質，言以表明丈夫也。」論語先進篇「端章甫」，集解：「鄭玄云：衣玄端，冠章甫，諸侯日視朝之服。」禮記儒行：「魯哀公問孔子儒服，對曰：某長居宋，冠章甫之冠。」此公孟子儒者，故亦儒服與？搢忽，畢云：「搢，即晉字俗寫。忽，即笏字。古文尚書『在治忽』，亦用此字。舊作『㓉』，誤。」詒讓案：儀禮既夕「木笏」，鄭注云：「今文『笏』作『忽』。」史記夏本紀集解引鄭康成注尚書作「在治曶」，云：「曶者，笏也。」忽、曶、笏字並通。釋名釋書契云：「笏，忽也，君有教命及所啟白，則書其上，備忽忘也。」荀子哀公篇〔一〕：「夫〔二〕章甫、絇屨，紳而搢笏。」儒服，而以見

〔一〕「哀公篇」，原誤「法行篇」，據荀子改。
〔二〕「夫」，原誤「六」，據荀子改。

子墨子，曰：「君子服然後行乎？其行然後服乎？」子墨子曰：「行不在服。」公孟子曰：「何以知其然也？」子墨子曰：「昔者齊桓公高冠博帶，金劍木盾，畢云：「說文云：『盾，瞂也，所以扞身蔽目。象形。』陸德明周禮音義云：『食允反，又音允。』」詒讓案：此所言皆朝服，朝服未有用盾者，「盾」疑亦「舄」之誤，但木舄非貴服，所未詳也。以治其國，其國治。昔者晉文公大布之衣，牂羊之裘，牂，道藏本、吳鈔本並从牛，誤。韋以帶劍，並詳兼愛中、下篇。以治其國，其國治。昔者楚莊王鮮冠組纓，說文糸部云：「組，綬屬也，其小者可以爲冠纓。」〔一〕玉藻云：「玄冠朱組纓，天子之冠也。玄冠丹組纓，諸侯之齊冠也。」此朝服當爲冠弁服，但組纓爲常制，不足爲華侈，與鮮冠綘衣博袍，文例不相應。疑此「組」當爲「䌙」之叚字。荀子樂論篇云：「亂世之徵，其服組鮮。」䌙，義詳節用篇。綘衣博袍，畢云：「太平御覽引作『褒衣博褎』。」王云：「哀十四年公羊傳『反袂拭面，涕沾袍』，何注曰：『袍，衣前襟也。』」綘，舊本作「絳」。王引之云：「『絳』當爲『綘』，字之誤也。綘與縫同。集韻『縫，或省作綘』，漢丹陽太守郭旻碑：『彌綘衮□』〔二〕，『綘』即縫字。字從夆，不從夅。綘衣，大衣也。字或作『逢』，又作『摓』。洪範『子孫其逢』，馬注曰：『逢，大也。』儒行『衣逢掖之衣』，鄭注曰：『逢猶大也。大掖之衣，大袂禪衣也。』莊子盜跖篇『摓衣淺帶』，釋文曰：『摓，本又作縫。』列子黃帝篇釋文：『向秀注曰：「儒服寬而長大。」』荀子非十二子篇『其冠進，其衣逢』，儒效篇『逢衣淺帶，解果其冠』，楊倞注並曰：『逢，大也。』列子黃帝篇曰『女逢衣徒

---

〔一〕按：此引說文據文選七啟李善注，與通行大徐本說文略異。

〔二〕「旻」字原避諱缺末筆。又「衮」下原是缺文，應作方框「□」，原誤刻作「口」，並據隸續卷三改。

也』。縫、絳、逢、摓字異而義同。絳衣與博袍連文，絳、博皆大也。淮南齊俗篇作『裾衣博袍』，高注曰：『裾，褒也。』褒亦大也。氾論篇又云『褒衣博帶』。」案：王説是也，今據正。「絳衣」即禮經侈袂之衣，周禮司服鄭注云：「士之衣，袂皆二尺二寸而屬幅，其袪尺二寸。大夫以上侈之，侈之者蓋半而益一焉。半而益一，則其袂三尺三寸，袪尺八寸。」「博袍」即謂絳衣之前襟，廣雅釋器云：「袍，長襦也。」彼燕居之服，非聽治所用，與此袍異也。任大椿謂「絳衣博袍」即漢晉以後之朝服絳紗袍，大誤。**以治其國，其國治。昔者越王句踐剪髮文身，**淮南子齊俗訓云「越王句踐劗髮文身，南面而霸天下」，又云「越人劗鬋」，許注云：「鬋，斷也。」「剪」即「鬋」之俗。説苑奉使篇：「越諸發曰：越翦髮文身，爛然成章，以象龍子者，將避水神也。」**以治其國，其國治。此四君者，其服不同，其行猶一也。翟以是知行之不在服也。」公孟子曰：「善！吾聞之曰『宿善者不祥』，**畢云：「讀如『無宿諸』。」**請舍忽、**畢云：「舊作『忽』。」**易章甫，復見夫子，可乎？」子墨子曰：「請因以相見也，若必將舍忽、易章甫**必，舊本作「不」。畢云：「不，一本作『必』，亦是。」蘇云：「『不』字誤，一本作『必』，是也。畢注以『不』爲句，非。」案：蘇説是也，今據正。**而後相見，然則行果在服也。」**畢云：「言其意在服也。」

**公孟子曰：「君子必古言服，**句。**然後仁。」**孟子告子篇荅曹交曰：「子服堯之服，誦堯之言，行堯之行，是堯而已矣。」公孟子之言同於彼。但孟子兼重行，而公孟子唯舉言服，故爲墨子所折。**子墨子曰：「昔者商王紂卿士費仲爲天下之暴人，**明鬼下篇作「費中」，「中」、「仲」古今字。**箕子、微子爲天下之聖人，此同言而或仁不仁也。**畢云：「言同時之言，而仁不仁異。」**周公旦爲天下之聖人，關叔爲天下之暴人，**關叔即管叔，詳耕柱篇。**此同服或仁或不仁。然則不在古服與古言矣。且子法周，而未法夏**

也，畢云：「謂節葬、節用之屬，墨氏之學出于夏。」子之古非古也。」

公孟子謂子墨子曰：「昔者聖王之列也，上聖立爲天子，其次立爲卿大夫，今孔子博於詩書，察於禮樂，詳於萬物，若使孔子當聖王，則豈不以孔子爲天子哉？」子墨子曰：「夫知者，必尊天事鬼，愛人節用，合焉爲知矣。今子曰孔子博於詩書，察於禮樂，詳於萬物，而曰可以爲天子，是數人之齒，而以爲富。」畢云：「齒，年也。」俞云：「數人之年，安得以爲富？畢説非也。齒者，契之齒也。古者刻竹木以記數，其刻處如齒，故謂之齒，易林所謂『符左契右，相與合齒』是也。列子説符篇：『宋人有遊於道，得人遺契者，歸而藏之，密數其齒，曰：吾富可待矣。』此正數人之齒以爲富者。蓋古有此喻。」案：俞説是也，蘇説同。

公孟子曰：「貧富壽夭，齰然在天，説文齒部云：「齰，齧也。」非此義。畢云：「齰同錯。」不可損益。」又曰：「君子必學。」子墨子曰：「教人學而執有命，是猶命人葆畢云：「葆，言包裹其髮。」而去亓冠也。」亓，畢本作「丌」，云：「舊作『亦』，知是此字之譌。『丌』即『其』字，以意改。」王引之云：「古『其』字亦有作『亓』者，玉篇：『亓，古文其。』是其證。今本墨子『其』作『亦』，則是『亓』之譌，非『丌』之譌也。後凡『亓』譌作『亦』者，放此。」案：王説是也，今並據正。

公孟子謂子墨子曰：「有義不義，無祥不祥。」無，畢本改「有」，云：「舊作『無』，據下文改。」王云：「畢改非也。公孟子之意，以爲壽夭貧富皆有命，而鬼神不能爲禍福，故曰『有義不義，無祥不祥』。墨子執非命之説，以爲鬼神實司禍福，義則降之祥，不義則降之不祥，故曰『有祥不祥』。『有祥不祥』乃墨子之説，非公孟子之説，不得據彼以改此也。」顧、蘇說同。子墨子曰：「古聖王「古」下吳鈔本有「者」字。皆以鬼神爲神明，而爲禍福，畢云：「而同能。」執有祥不祥，是以政治而國安也。自桀紂以下，皆以鬼神爲不神明，不能爲禍福，執無祥不祥，是以政亂而國危也。故先王之書子亦有之曰：戴云：「『子亦』疑當作『亓子』。亓，古『其』字。其子即箕子，周書有箕子篇，今亡。孔晁作注時，當尚在也。」『亓傲也，畢云：「以下『亓』字〔二〕，舊皆作『亦』。」出於子，不祥。』此言爲不善之有罰，爲善之有賞。」

子墨子謂公孟子曰：「喪禮，君與父母、妻、後子死，畢云：「後子，嗣子也。」三年喪服，義詳節葬下、非儒下二篇。伯父、叔父、兄弟期，族人五月，「族人」上，王校增「戚」字，說詳節葬下篇。姑、姊、舅、甥皆有數月之喪。或以不喪之閒誦詩三百，周禮大司樂鄭注云：「以聲節之曰誦。」弦詩三百，禮記樂記注云：「弦謂鼓琴瑟也。」歌詩三百，周禮小師注云：「歌，依詠詩也。」舞詩三百。謂舞人歌詩以節舞。左襄十六年傳云「晉侯與諸侯宴于温，使諸大夫舞，曰：歌詩必類」，是舞有歌詩也。墨子意謂不喪則又習樂，明其曠日廢業也。毛詩鄭風子衿傳云「古者教以詩樂，誦之歌之，弦之舞之」，與此書義同。若用子之言，則君子何日以聽治？庶人何日以從事？」公孟子曰：「國亂則治之，國治則爲禮樂。舊本脫「國」字，王據下文補。國治則從事，國富則爲禮樂。王云：「下『國治』當爲『國貧』。『治』與『亂』對，

〔二〕按「亓」，畢沅注原作「丌」。此引作「亓」，當系孫據王引之說改，詳上節注。

「富」與「貧」對。「國亂則治之」，即上文所謂君子聽治也，「國貧則從事」，即上文所謂庶人從事也。非儒篇曰「庶人怠於從事則貧」，故曰「國貧則從事」。今本「貧」作「治」者，涉上文「國治」而誤。」子墨子曰：「國之治，盧云：「此下脱『治之故治也』五字。」治之廢，則國之治亦廢。國之富也，從事，故富也。從事廢，則國之富亦廢。下「事」字舊本譌作「是」，今據道藏本、吴鈔本正。故雖治國，勸之無饜，畢云：「猶云勉之無已。」然後可也。今子曰『國治則爲禮樂，亂則治之』，是譬猶噎而穿井也，畢云：「説文云：『噎，飯窒也。』飯窒則思飲。」俞云：「晏子春秋襍上篇『噎而遽掘井』，説苑襍言篇作『譬之猶渴而穿井』，渴字較噎爲勝，疑此文亦當作『渴』。因『噎』字古作『餇』，漢書賈山傳『祝餇在前』，師古曰：『餇，古噎字。』是也。形與『渴』微似，故『渴』誤爲『噎』。」案：畢説是也。死而求醫也。古者三代暴王桀紂幽厲，薾爲聲樂，畢云：「説文云：『薾，華盛。』言盛也。或『侈』假音字。」不顧其民，是以身爲刑僇，國爲戾虚者，吴鈔本無「者」字。王云：「『戾虚』當爲『虚戾』。魯問篇曰『是以國爲虚戾，身爲刑戮也』，趙策曰『齊爲虚戾』，又曰『社稷爲虚戾，先王不血食』。戾猶厲也，非命篇曰『國爲虚厲，身在刑僇之中』，是『虚戾』即『虚厲』也。小雅節南山篇『降此大戾』，大雅瞻卬篇『戾』作『厲』。小宛篇『翰飛戾天』，文選西都賦注引韓詩『戾』作『厲』。孟子滕文公篇『樂歲粒米狼戾』，鹽鐵論未通篇『狼戾』作『梁厲』。莊子人閒世篇『國爲虚厲，身爲刑僇』，釋文：『李云：居宅無人曰虚，死而無後爲厲。』」皆從此道也。」

公孟子曰：「無鬼神。」又曰：「君子必學祭祀。」畢云：「當爲『禮』。」詒讓案：即五禮之吉禮。子墨子曰：「執無鬼而學祭禮，是猶無客而學客禮也，客禮，即五禮之賓禮。是猶無魚而爲魚罟也。」説文网部云：「罟，网也。」爾雅釋器云：「魚罟謂之罛。」詩碩人孔疏引李巡云：「魚罟，捕魚具也。」

公孟子謂子墨子曰：「子以三年之喪爲非，子之三日之喪亦非也。」畢云：「『三日』當爲『三月』。韓非子顯學云『墨者之葬也，冬日冬服，夏日夏服，桐棺三寸，服喪三月』，高誘注淮南子齊俗云『三月之服，是夏后氏之禮』。而後漢書王符傳注引尸子云『禹制喪三日』，亦當爲『月』。」子墨子曰：「子以三年之喪非三日之喪，是猶倮謂撅者不恭也。」舊本「倮」作「果」，今從道藏本改，吳鈔本又作「裸」。畢云：「『果』當爲『裸』，說文云『袒也』。玉篇云：『倮，赤體也。』『撅』當爲『蹶』，說文云：『僵也，一曰跳也。』」洪云：「禮記內則『不涉不撅』，鄭注：『撅，揭衣也』。謂袒衣與揭衣，其露體不恭一也。晏子春秋外篇上『吾譏晏子，猶訾倮而高撅者也』，其義與此同。」俞云：「畢謂『撅』當爲『蹶』，失之。蹶與裸兩意不倫，不當取以爲喻。內則『不涉不撅』，撅衣雖不恭，然裸則更甚，故曰『是猶果謂撅者不恭也』。」

公孟子謂子墨子曰：「知有賢於人，謂偶有一事賢於他人。則可謂知乎？」子墨子曰：「愚之知有以賢於人，有以，吳鈔本作「亦有」。而愚豈可謂知矣哉？」

公孟子曰：「三年之喪，學吾之慕父母。」俞云：「『吾』下脱『子』字。管子海王篇『吾子食鹽二升少半』，尹知章注曰：『吾子，謂小男小女也。』此文公孟子曰『三年之喪，學吾子之慕父母』，故下子墨子曰『夫嬰兒子之知，獨慕父母而已』，『嬰兒子』即『吾子』也。」子墨子曰：「夫嬰兒子之知，畢云：「衆經音義云：『倉頡篇云：男曰兒，女曰嬰。』」獨慕父母而已。父母不可得也，然號而不止，此亓故何也？亓，顧校季本作「其」。即愚之至也。然則儒者之知，豈有以賢於嬰兒子哉？」

子墨子曰：「問於儒者：蘇云：「『曰』字誤倒，當作『問於儒者曰』。」『何故爲樂？』曰：『樂以爲樂也。』」說文木部云：「樂，五聲八音總名。」引申爲哀樂之樂。此第二「樂」字用引申之義，古讀二義同音，故墨子以「室以爲室」難之。樂記云「故曰樂者樂也，君子樂得其道，小人樂得其欲」，又禮器云「樂者，樂其所自成」，仲尼燕居云「行而樂之，樂也」，荀子樂論篇亦云「樂者，樂也」，此即墨子所庛儒者之說。子墨子曰：「子未我應也。今我問曰：『何故爲室？』曰：『冬避寒焉，夏避暑焉，室以爲男女之別也。』俞云：「『避寒』、『避暑』、『爲男女之別』，三句皆以室言，不當於『男女之別』句獨著『室』字，『室』乃『且』字之誤。古書『且』字或誤爲『宜』，詩假樂篇釋文曰『且君且王，一本且並作宜』是也。『且』誤爲『宜』，因誤爲『室』矣。」案：「室」當作「宮」，辭過篇云「宮牆之高，足以別男女之禮。」節用上篇云「宮牆足以爲男女之別」，皆於避寒暑外，分別言之。此亦當同。俞說未允。則子告我爲室之故矣。今我問曰：『何故爲樂？』曰：『樂以爲樂也。』畢云：「舊脱『爲』字，據上文增。」是猶曰：『何故爲室？』曰：『室以爲室也。』」

子墨子謂程子曰：蘇云：「程子即程繁也。見三辨篇。」「儒之道足以喪天下者，四政焉。儒以天爲不明，畢云：「舊脱『天』字，據下文增。」以鬼爲不神，天鬼不說，此足以喪天下。又厚葬久喪，重爲棺椁，多爲衣衾，送死若徙，三年哭泣，扶後起，杖後行，並詳節葬下篇。耳無聞，目無見，此足以喪天下。又弦歌鼓舞，畢本「鼓」作「鼓」，云：「此『鼓』字从攴，與鐘鼓字異，彼从支。」案：畢校非也，詳兼愛中篇。習爲聲樂，此足以喪天下。又以命爲有，貧富壽夭、治亂安危有極矣，有極猶言有常，詳非儒下篇。不可損益也。爲上者行之，必不聽治矣；「必不」二字舊倒，今據吳鈔本乙，與下文合。

爲下者行之，必不從事矣，此足以喪天下。」程子曰：「甚矣！先生之毁儒也。」子墨子曰：「儒固無此若四政者，而我言之，若，舊本作「各」。王云：「『此各』當爲『此若』，若亦此也。言儒無此四政也。下文曰『今儒固有此四政者』，是其證。今本『此若』作『此各』，則文義不順。墨子書多謂此爲此若，説見魯問篇。」案：王説是也，今據正。則是毁也。今儒固有此四政者，而我言之，則非毁也，告聞也。」畢云：「言告所聞。」程子無辭而出，子墨子曰：「迷之！」「迷之」義不可通，疑「迷」當爲「還」之誤，謂墨子評程子令還也。反，後坐，畢讀「反」爲句，「後」又爲句，云：「言惑於此説者，請反而後後留之。」王云：「畢説非也。『後』當爲『復』，『復』、『後』字相似，故書傳中『復』字多譌作『後』。『反』爲一句，『復坐』爲一句，謂程子反而復坐也。今本『復』作『後』，則義不可通。」進復曰：王云：「『復』，如孟子『有復於王者曰』之『復』，謂程子進而復於墨子也。」「鄉者先生之言有可聞者焉，「生」舊本譌「王」，今據吴鈔本正，下同。畢云：「『聞』當爲『閒』。」案：畢校是也。孟子云『政不足與閒也』，趙注云：「閒，非也。」若先生之言，則是不譽禹，不毁桀紂也。」此因墨子言不毁儒，而遂難之，言人不能無毁譽也。子墨子曰：「不然，夫應孰辭，稱議而爲之，孰辭，習孰之辭，猶云常語。議，吴鈔本作「義」。案：「稱議」上當有「不」字。「應孰辭不稱議而爲之」，謂應習孰之辭，則信口酬荅，不待稱議而後對，故下云「敏」也。此明前云不毁儒，非不毁桀紂之謂，不可以習孰應對之語，執以相難。畢云「孰」當爲「執」，亦通。敏也。厚攻則厚吾，薄攻則薄吾。王引之云：「吾，讀爲列禦寇之禦。禦古通作吾，趙策曰『王非戰國，守吾之具，其將何以當之乎』，是其證。」案：王校是也。「吾」當爲「圄」之省，説文口部云：「圄，守也。」應孰辭而稱議，是猶荷轅而擊蛾也。」此即申應孰辭不必稱議之指。畢云：「蛾，同螘。」

子墨子與程子辯，稱於孔子。畢云：「稱述孔子。」程子曰：「非儒，句。何故稱於孔子也？」子墨子曰：「是亦當而不可易者也。俞云：「『亦』當爲『亣』，古文『其』字也。言我所稱於孔子者，『是其當而不可易者也』。『其』字即以孔子言。本篇『其』字多誤爲『亦』，畢氏已訂正，而未及此。」今鳥聞熱旱之憂則高，魚聞熱旱之憂則下，當此，雖禹湯爲之謀，必不能易矣。鳥魚可謂愚矣，禹湯猶云因焉。王云：「云猶或也。言鳥魚雖愚，禹湯猶或因之也。古者云與或同義。」今翟曾無稱於孔子乎？」畢云：「言孔子之言，有必不能易者。此下舊有『有游於子墨子之門者，謂子墨子曰：先王以鬼爲神明知能爲禍人哉』二十七字，今據一本移後。」

有游於子墨子之門者，身體强良，良，吴鈔本作「梁」。後魯問篇亦云「强梁」，然義似不同。」思慮徇通，史記黄帝本紀「黄帝幼而徇齊」，集解：「徐廣曰：墨子曰『年踰十五〔二〕則聰明心慮無〔三〕不徇通矣』。裴駰案：徇，疾也。」索隱云：「徇齊，家語及大戴禮並作『叡齊』，一本作『慧齊』。叡、慧皆智也。史記舊本亦有作『濬齊』，蓋古字假借『徇』爲『濬』。濬，深也，義亦並通。」案：徐引墨子，今無此文，蓋在佚篇中。説文人部云：「侚，疾也。」「徇」即「侚」之譌。莊子知北游篇云「思慮恂達」，又借「恂」爲之。欲使隨而學。子墨子曰：「姑學乎，吾將仕

〔二〕「十五」，原誤「五十」，據史記五帝本紀集解乙正。

〔三〕「無」字原脱，亦據史記五帝本紀集解改。

子。」勸於善言而學，其年，意林引作「朞年」。畢云：「同『期年』。」詒讓案：此書期年字多作『其』，詳節葬下篇。而責仕於子墨子。子墨子畢云：「舊脱二字，以意增。」曰：「不仕子。子亦聞夫魯語乎？吳鈔本無「夫」字。「語」，意林引作「人」。魯有昆弟五人者，亓父死，畢云：「亓，舊作『亦』，下同。一本俱作『其』。」詒讓案：意林正作「其」，下並同。亓長子嗜酒而不葬，亓四弟曰：『子與我葬，畢云：「與舊作『無』，一本如此。」當爲子沽酒。』勸於善言而葬，已葬而責酒於其四弟，吳鈔本無「其」字。四弟曰：『吾末予子酒矣。末，道藏本、吳鈔本並作「未」。子葬子父，我葬吾父，豈獨吾父哉？子不葬，則人將笑子，故勸子葬也。』今子爲義，我亦爲義，豈獨我義也哉？子不學，則人將笑子，故勸子於學。」

有游於子墨子之門者，子墨子曰：「盍學乎？」對曰：「吾族人無學者。」子墨子曰：「不然，夫好美者，豈曰吾族人莫之好，故不好哉？夫欲富貴者，豈曰我族人莫之欲，畢云：「已上八字舊脱，據一本增。」故不欲哉？畢云：「太平御覽引云：『墨子謂門人曰：「汝何不學？」對曰：「吾族無學者。」墨子曰：「不然，豈有好美者，而曰吾族無此，不欲邪？富貴者，而曰吾族無此，不用也？」』與此微異。」好美、欲富貴者，不視人猶强爲之。畢云：「此下舊接『爲善者富之』云云二百六十四字，今據文義移後。一本此下亦接『夫義，天下之大器也』。」夫義，天下之大器也，何以視人必强爲之？」畢云：「『必』，當爲『不』。」已上十六字，舊脱在『則盜何遽無從』下，今據一本移正。」蘇云：「此勉之詞，『必』字不誤。」案：依蘇説，則當讀「何以視人」句斷，下云「必强爲之」，乃勉其爲義，非責其不爲也。考意林約引此文，作「强自力矣」，則馬總所讀，似已如是。然今以語氣校之，竊疑「必」字當在「視人」上，仍爲詰責之辭，與上文「不視人」云云，文例正相對也。

有游於子墨子之門者，謂子墨子曰：「先生以鬼神爲明知，先生，舊本譌「先王」，今據道藏本、吴鈔本正。又舊本「神爲」二字到轉，王校乙正，吴鈔本不到。能爲禍人哉福，畢云：「『人哉』已上二十七字，舊在『今翟曾無稱於孔子乎』下，今據一本在此。一本又無『知能爲禍人哉』六字。」案：吴鈔本亦無「知能」以下六字。又畢本脱「福」字，各本並有，今增。王云：「此當以『能爲禍福』連讀，不當有『人哉』二字。下文曰『先生以鬼神爲明，能爲禍福，爲善者賞之，爲不善者罰之』，是其證。今本『禍福』二字之間衍『人哉』二字，則義不可通。」案：王説固是，但疑當作「能爲人禍福哉」，「人哉」二字恐非衍文，未敢肊定，姑仍舊本。爲善者富之，王云：「富與福同。」爲暴者禍之。舊本脱「爲」字，王補。今吾事先生久矣，而福不至。意者，先生之言有不善乎？王引之云：「意者，疑詞。廣雅曰：『意，疑也。』」鬼神不明乎？我何故不得福也？」子墨子曰：「雖子不得福，吾言何遽不善？而鬼神何遽不明？王云：「遽亦何也。連言何遽者，古人自有複語耳。漢書陸賈傳『使我居中國，何遽不若漢』。」子亦聞乎匿徒之刑之有刑乎？」俞云：「『之刑』二字衍文。『子亦聞乎匿徒之有刑乎』，『徒』謂胥徒，給繇役者；『匿徒』謂避役。」蘇説同。案：此疑當作「匿刑徒之有刑乎」，衍一「之」字，「刑徒」又誤到耳。蓋即左傳昭七年所謂僕區之法，孔疏引服虔云「爲隱匿亡人之法」是也。對曰：「未之得聞也。」畢云：「『之得』二字舊倒，以意移。」子墨子曰：「今有人於此，什子，言其賢過子十倍，下云「百子」同。子能什譽之，而一自譽乎？」對曰：「不能。」「有人於此，百子，子能終身譽亓善，而子無一乎？」對曰：「不能。」子墨子曰：「匿一人者猶有罪，今子所匿者若此亓多，將有厚罪者也，何福之求？」

子墨子有疾，跌鼻進而問曰：「問」下吴鈔本有「焉」字。先生以鬼神爲明，能爲禍福，爲善者賞之，舊本脱「爲」字，王校補。爲不善者罰之。今先生聖人也，何故有疾？意者，先生之言有不善乎？鬼神不明知乎？」子墨子曰：「雖使我有病，何遽不明？「何」上疑脱「鬼神」二字。人之所得於病者多方，有得之寒暑，有得之勞苦，百門而閉一門焉，則盜何遽無從入？」王云：「舊本脱『閉』字、『入』字，今據魯問篇及太平御覽疾病部一引補。」案：「王校是也。淮南子人閒訓云「室有百户閉其一，盜何遽無從入」，即本此文。畢云：「舊有『夫義，天下之大器也』云云十六字，據一本移前。」

二三子有復於子墨子學射者，子墨子曰：「不可，夫知者必量亓力所能至吴鈔本作「夫智者亦必量力所能至」。而從事焉。國士戰且扶人，猶不可及也。畢云：「及猶兼。」今子非國士也，豈能成學又成射哉？」

二三子復於子墨子曰：「告子曰：『言義而行甚惡。』顧云：「『曰』當爲『日』。」蘇云：「『告子曰』之『曰』當作『日』，或爲『口』字之訛。下墨子言告子口言而身不行，是其證也。然此告子自與墨子同時，後與孟子問荅者，當另爲一人。」案：「曰」字不誤，此文當作「告子曰『墨子言義而行甚惡』。」蓋告子嘗以此言毁墨子，而二三子爲墨子述之，故下文墨子云「稱我言以毁我行」，又云「告子毁猶愈亡也」。今本「告子曰」下脱「墨子」二字，遂若二三子庰告子行惡，與下云「毁」皆不相應矣。顧、蘇説並未憭。又案：孟子告子篇趙注云：「告，姓也。子，男子之通稱也。名不害，兼治儒墨之道者，嘗學於孟子。」趙氏疑亦隱據此書，以此告子與彼爲一人。王應麟、洪頤煊説並同。然以年代校之，當以蘇説爲是。請棄之。」子墨子曰：「不可，稱我言以毀我行，愈於亡。亡、無字同。有人於此，翟甚不仁，經説下云：「仁，愛也。」言與翟甚不相愛也。仲尼燕居云：「食饗之禮，所以仁賓客也。」尊天、事鬼、愛人甚不仁，猶愈於亡也。今告子言談甚辯，言仁義而不吾毀，上下文兩言「毀」，則此不當云「不吾毀」，「不」字當是衍文。告子毀，畢云：「二字倒，今移。」猶愈亡也。」

二三子復於子墨子曰：「告子勝爲仁。」畢云：「文選注引無『爲』字。」蘇云：「『勝爲仁』者，言仁能勝其任也，或以『勝』爲告子名，未知然否？」案：文選陳孔璋爲曹洪與魏文帝書云「有子勝斐然之志」，李注引此文釋之，則崇賢似以「勝」爲告子之名。蘇引或説，本於彼。閻若璩四書釋地又續引或説，謂告子名不害，字子勝，並無塙證，疑不足據。子墨子曰：「未必然也。告子爲仁，譬猶跂以爲長，畢云：「『跂』舊作『跛』，據文選注改。此『企』字假音，爾雅云『其踵企』，陸德明音義云：『去豉反，本或作跂。』説文云：『企，舉踵也。』『跂，足多指。』二字異。」隱以爲廣，畢云：「隱，文選注引作『偃』。『隱』、『偃』音相近，亦通。言企足以爲長，仰身以爲廣。偃猶仰。」不可久也。」

告子謂子墨子曰：「我治國爲政。」「我」下疑當有「能」字。故下墨子難之曰：「惡能治國政？」子墨子曰：「政者，口言之，身必行之。今子口言之，而身不行，是子之身亂也。子不能治子之身，惡能治國政？子姑亡，畢云：「言子姑無若此。」詒讓案：「姑亡」，亦見備梯篇。子之身亂之矣！」吴鈔本無「身」字。畢云：「一本作『子姑防，子之身亂之矣』，是。」

# 墨子閒詁卷十三

## 魯問第四十九

魯君畢云：「當是魯陽文君，楚縣之君。」蘇云：「此魯君自是魯國君，故以齊攻爲患，畢注非也。」俞云：「魯陽文君，耕柱篇再見，此篇亦屢見。子墨子之意，皆勸以無攻小國，與此不同。且此篇有魯君，又有魯陽文君，别而書之，其非一人明甚。」詒讓案：蘇、俞説是也。以時代攷之，此魯君疑即穆公。謂子墨子曰：「吾恐齊之攻我也，可救乎？」子墨子曰：「可。昔者三代之聖王禹湯文武，百里之諸侯也，説忠行義，取天下。三代之暴王桀紂幽厲，讎怨行暴，失天下。俞云：「『怨』字乃『忠』字之誤，言與忠臣爲讎也。上文説禹湯文武曰『説忠行義，取天下』，與此相對，可證。」吾願主君之上者尊天事鬼，下者愛利百姓，厚爲皮幣，卑辭令，亟徧禮四鄰諸侯，亟，舊本誤作「函」，今以意校正。爾雅釋詁云：「亟，疾也，速也。」本篇「亟」字多誤爲「函」，詳後。敺國而以事齊，患可救也，非此，顧無可爲者。」非此顧，舊本作「非願」二字，畢云：「言非此之爲願。」王云：「畢説非也。『願』當爲『顧』，字之誤也，『顧』、『願』草書相似。顧與固通，『顧』上當有『此』字，言非此固無可爲者也，『此』字即指上數事而言。今本『顧』譌作『願』，又脱『此』字，則義不可通。」案：王説是也，今據補正。

齊將伐魯，子墨子謂項子牛曰：項子牛，蓋田和將。伐魯事詳後。「伐魯，齊之大過也。昔者吴王東伐越，棲諸會稽；吴伐越事，詳非攻中篇。國語越語云「越王句踐棲於會稽之上」，韋注云：「山處曰棲。」西伐楚，葆昭王於隨；葆、保通。左傳定四年吴入郢，楚鬭辛與其弟巢以王奔隨。北伐齊，取國子以歸於吴。舊本「國」下衍「太」字，王云：「『國太子』本作『國子』，謂齊將國書也。吴敗齊於艾陵，獲國子，事見春秋哀十一年。淺人誤以『國』爲國家之國，因加『太』字耳。」案：王説是也，今據删。諸侯報其讎，百姓苦其勞而弗爲用，是以國爲虚戾，虚戾，義詳公孟篇。身爲刑戮也。昔者智伯伐范氏與中行氏，兼三晉之地，詳非攻中篇。此三晉謂晉卿三家，即智氏、范氏、中行氏也，故非攻篇云「并三家以爲一家」，與韓、趙、魏不同。諸侯報其讎，百姓苦其勞而弗爲用，是以國爲虚戾，身爲刑戮，用是也。王云：「『用是』二字涉上文而衍。上文『是以國爲虚戾，身爲刑戮也』，無『用是』二字，是其證。」故大國之攻小國也，是交相賊也，過必反於國。」

子墨子見齊大王曰：畢云：「太平御覽無『大』字，下同。」蘇云：「『大』當讀泰，即太公田和也。蓋齊僭王號之後，亦尊其祖爲太王，如周之古公云。」俞云：「大公者，始有國之尊稱，故周追王自亶父始，而稱大王。齊有國自尚父始，而稱大公。以及吴之大伯，晉之大叔，皆是也。田齊始有國者，和也，故稱大公，猶尚父稱大公也。至其後子孫稱王，則亦應稱大王矣，猶亶父稱大王也。因齊大王之稱它書罕見，故學者不得其説，太平御覽引此文，遂删『大』字矣。」案：蘇、俞説是也。據史記田敬仲世家及六國年表，田莊子卒於周威烈王十五年，子大公和立。安王十六年，田和始立爲諸侯。墨子見大王，疑當在田和爲諸侯之後。「今有刀於此，試之人頭，倅然斷之，畢云：「『卒』字異文作『倅』，讀如倉猝。」可謂利乎？」大王曰：「利。」子墨子曰：「多試之人頭，倅然斷之，可謂利乎？」大王曰：「利。」子墨子曰：「刀則利矣，孰將受其不祥？」大王曰：「刀受其利，試者受其不祥。」畢云：「言持刀之人。」子墨子曰：「并國覆軍，賊敖百姓，畢云：「舊作『敖』，非，太平御覽引作『殺』。案説文云『敖，古文殺』，出此，今依改正。」案：畢校是也，説詳尚賢中篇。孰將受其不祥？」大王俯仰而思之曰：「我受其不祥。」

魯陽文君將攻鄭，子墨子聞而止之，謂陽文君曰：畢云：「『謂』下當脱『魯』字。」「今使魯四境之内，畢云：「謂魯陽。」大都攻其小都，大家伐其小家，殺其人民，取其牛馬狗豕布帛米粟貨財，則何若？」魯陽文君曰：「魯四境之内，皆寡人之臣也。今大都攻其小都，大家伐其小家，奪之貨財，則寡人必將厚罰之。」子墨子曰：「夫天之兼有天下也，亦猶君之有四境之内也。今舉兵將以攻鄭，天誅亓不至乎？」道藏本、吴鈔本「亓」並誤「亦」。魯陽文君曰：「先生何止我攻鄭也？我攻鄭，順於天之志。鄭人三世殺其父，蘇云：「『父』當作『君』。據史記鄭世家云『哀公八年，鄭人弒哀公而立聲公弟丑，是爲共公。三十年，共公卒，子幽公已立。幽公元年，韓武子伐鄭，殺幽公，鄭人立幽公弟駘，是爲繻公。二十七年，子陽之黨共弒繻公』，是三世弒君之事也。」案：黄式三周季編略亦同蘇説，黄氏又據此云：「『三年不全』，以魯陽文君攻鄭在安王八年，即鄭繻公被弒後三年也。」然二説並可疑。攷文君即公孫寬，爲楚司馬子期子。據左傳，子期死白公之難，在魯哀公十六年，次年寬即嗣父爲司馬，則白公作亂時，寬至少亦必已弱冠。鄭繻公之弒，在魯穆公十四年，上距哀公十六年已八十四年，文子若在，約計殆逾百歲，豈尚能謀攻鄭乎？竊疑此「三世」並當作「二世」，蓋即在韓殺幽公之後。幽公之死當魯元公八年，時文子約計當七十餘歲，於情事儻有合耳。天加誅焉，使三年不全，呂氏春秋本生篇高注云：「全猶順也。」三年不全，猶玉藻云「年不順成」。我將助天誅也。」子墨子曰：「鄭人三世殺其父而天加誅焉，使三年不全，天誅足矣。今又舉兵將以攻鄭，曰：『吾攻鄭也，順於天之志。』譬有人於此，其子強梁不材，老子云「強梁者不得其死」，莊子山木釋文云：「彊梁，多力也。」詩大雅蕩毛傳云：「彊梁，禦善也。」孔疏云：「彊梁，任威使氣之貌。」故其父笞之。其鄰家之父舉木而擊之，曰：『吾擊之也，順於其父之志。』則豈不悖哉？」

子墨子謂魯陽文君曰：「攻其鄰國，殺其民人，取其牛馬粟米貨財，則書之於竹帛，鏤之於金石，以爲銘於鐘鼎，傳遺後世子孫，曰：『莫若我多。』周禮司勳云：「戰功曰多。」畢云：「我多舊作『多吾』，一本如此。」案：顧校季本亦作「我多」。今賤人也，亦攻其鄰家，殺其人民，取其狗豕食粮衣裘，畢云：「粮，糧字俗寫。」亦書之竹帛，以爲銘於席豆，以遺後世子孫，曰：『莫若我多。』亓可乎？」亓，道藏本、吴鈔本並誤「亦」。魯陽文君曰：「然，吾以子之言觀之，則天下之所謂可者，未必然也。」

子墨子爲魯陽文君曰：畢云：「爲，謂字。」案：吴鈔本作「謂」。「世俗之君子，皆知小物而不知大物。今有人於此，竊一犬一彘則謂之不仁，竊一國一都則以爲義。譬猶小視白謂之白，大視白則謂之黑。吴鈔本無「則」字。是故世俗之君子知小物而不知大物者，此若言之謂也。」此若，畢改爲「若此」，云：「舊二字倒，一本如此。」案：顧校季本同。王云：「畢改非也。古者謂此爲若，連言之則曰『此若』。『此若言之謂也』已見尚賢篇，又節葬篇曰『以此若三聖王者觀之』，又曰『以此若三國者觀之』，墨子書言『此若』者多矣，它書亦多有之。」案：王説是也。

魯陽文君語子墨子曰：吴鈔本「語」作「謂」。「楚之南有啖人之國者橋，節葬下篇作「炎人」，而以食子爲輆沐國俗，與此不同。竊疑啖人之名即起於食子，此篇是也。橋，未詳。其國之長子生，則鮮而食之，畢云：「鮮，一本作『解』。」詒讓案：節葬下篇亦作「解」。顧云：「作『鮮』者誤。」古鮮、解字或相亂，殷敬順釋列子用鮮字訓，非也。」謂之宜弟。美，則以遺其君，君喜則賞其父。後漢書南蠻傳云：「交阯其西有噉人國，生首子，輒解而食之，謂之宜弟。味旨則以遺其君，君喜而賞其父。今烏滸人是也。」李注引萬震南州異物志云：「烏滸，地名也，在廣州之南，交州之北。」則漢時尚相傳有是國也。豈不惡俗哉？」子墨子曰：「雖中國之俗，亦猶是也。殺其父而賞其子，何以異食其子而賞其父者哉？苟不用仁義，何以非夷人食其子也？」

魯君之嬖人死，魯君爲之誄，魯人因說而用之。蘇云：「第二句『君』字當作『人』，第三句『人』字當作『君』，傳寫誤也。」子墨子聞之曰：「誄者，道死人之志也。釋名釋典藝云：「誄，累也，累列其事而稱之也。」今因說而用之，是猶以來首從服也。」「來首」疑即「貍首」，史記封禪書云：「萇弘設射貍首。貍首者，諸侯之不來者。」大射儀鄭注說貍首云：「貍之言不來也。」廣雅釋獸云：「狉，貍也。」不來，即狉貍。方言云：「貔，陳楚江淮之閒謂之貅，關西謂之貍。」來，貅字亦同。蓋貍與來古音相近，故「貍首」亦謂之「來首」。服，謂服馬。「以來首從服」，言以貍駕車，明其不勝任也。

魯陽文君謂子墨子曰：「有語我以忠臣者，令之俯則俯，畢云：「『頫』字俗寫。」令之仰則仰，處則靜，呼則應，可謂忠臣乎？」子墨子曰：「令之俯則俯，令之仰則仰，是似景也。畢云：「古『影』字只作『景』，葛洪加彡。而明刻淮南子有注云『古影字』，或以爲高誘文，則非始於葛，案〔二〕道藏本無，蓋

〔二〕以上十二字原脱，文意不完，據畢沅注補。

明人妄增耳。今尚書亦有『影響』字，寫者亂之。」處則静，呼則應，是似響也。管子心術篇云：「若影之象形，響之應聲也。」漢書天文志亦云：「如景之象形，響之應聲。」君將何得於景與響哉？若以翟之所謂忠臣者，上有過則微之以諫，微者，䁱之借字。說文見部云：「䁱，司也。」漢書游俠傳「使人微知賊處」，顔注云：「微，伺間之也。」此「微之以諫」，亦言伺君之閒而諫之也。己有善則訪之上，而無敢以告。爾雅釋詁云：「訪，謀也。」謂進其謀於上，而不敢以告人也。外匡其邪而入其善，而，吴鈔本作「以」。入其善，謂納之於善也。畢云：「『匡』字舊闕，注云『太祖廟諱上字』，蓋宋本如此，今增。」尚同而無下比，尚與上通。舊本無「同」字。王云：「此文具見尚同三篇，舊本脱『同』字，今補。」是以美善在上而怨讎在下，舊本脱「是」字，王據尚賢篇補。安樂在上而憂慼在臣。此翟之所謂忠臣者也。」舊本脱「所」字，今據吴鈔本補。

魯君謂子墨子曰：「我有二子，一人者好學，一人者好分人財，孰以爲太子而可？」子墨子曰：「未可知也，或所爲賞與爲是也。畢云：「『與』舊作『興』，以意改。」案：畢校是也，而讀「爲賞與」句，則非。此當讀「或所爲賞與爲是也」八字句，「與」即「譽」之叚字。言好學與分財，或因求賞賜名譽而僞爲是，不必真好也。前大取篇云「爲賞譽利一人，非爲賞譽利人也」，是其證。「賞譽」亦見尚同下篇。魡者之恭，畢云：「『釣』字俗寫从魚，藝文類聚引作『釣』。案玉篇有『魡』字，云『丁叫切，亦作釣，餌取魚』，出此。墨書如此類字，由後人抄寫，以意改爲，大都出自六朝。凡秦以前書傳，皆篆簡耳，不應有此，以相傳既久，亦不改也。」詒讓案：集韻三十四嘯云：「釣或作魡。」吴鈔本作「魡魚之巷」，疑誤。顧校季本「魡」作「釣」。莊子刻意篇「釣魚閒處」，釋文作「魡」，云「本亦作『釣』」。淮南子説山訓云「釣者使人恭」。**非爲魚賜也；**畢本無「魚」字，云：「『賜』字一本作『魚賜』，蓺文類聚作『魚』。」案：當作「魚賜」，今本脱一字耳。道藏本、吴鈔本竝有「魚」字，今據增。**餌鼠以蟲，**畢云：「『餌』舊作『⿰虫耳』，非，據蓺文類聚改。」詒讓案：⿰虫耳蓋餌之俗體，集韻七志云：「⿰虫耳，釣魚食也。」蟲非所以餌鼠，疑當爲「蠱」字之誤。山海經南山經郭注云「蠱，蠱毒」，是蠱有毒義。餌鼠以蠱，即謂毒鼠，故云「非愛之也」。春秋成五年經「蟲牢」，春秋繁露竹林篇作「蠱牢」。**非愛之也。吾願主君之合其志功而觀焉。」**

**魯人有因子墨子而學其子者，其子戰而死，其父讓子墨子。**説文言部云：「讓，相責讓。」**子墨子曰：「子欲學子之子，今學成矣，戰而死，而子愠，是〔一〕猶欲糶，糴讎，則愠也，**吴鈔本「糶糴」二字互易。畢云：「『售』字正作『讎』。」王云：「『糴』當爲『糶』，廣雅：『糴，買也；糶，賣也。』故云是『猶欲糶，糶讎，則愠也』。今本『糶』作『糴』，則義不可通。」**豈不費哉？」**顧云：「『費』與『拂』同。」王云：「『費』讀爲『悖』，即上文之『豈不悖哉』也。緇衣『口費而煩』，鄭注曰：『費或爲悖。』作『悖』者正字，作『費』者借字也。」案：王説是也。

**魯之南鄙人有吴慮者，**畢云：「太平御覽引作『吴憲』。」**冬陶夏耕，自比於舜。子墨子聞而見之。吴慮謂子墨子：**下當有「曰」字。**「義耳義耳，焉用言之哉？」子墨子曰：「子之所謂義**

---

〔一〕「是」，原誤「而」，據畢沅刻本改。

者，畢云：「『所謂』二字舊倒，以意改。」案：吳鈔本、顧校季本正作「所謂」。亦有力以勞人，有財以分人乎？」「勞」，謂爲人任其勞也。羣書治要引尸子貴言篇云：「益天下以財爲仁，勞天下以力爲義。」吳慮曰：「有。」子墨子曰：「翟嘗計之矣。翟慮耕而食天下之人矣，舊本「而食」二字在「天下」之下，王據下文乙正。盛，句。然後當一農之耕，王云：「盛與成同，下兩『盛』字放此，謂耕事已成也。古字或以盛爲成。」案：此云極盛不過當一農之耕也，下並同，王説未塙。分諸天下，不能人得一升粟。籍而以爲得一升粟，籍，吳鈔本作「藉」。畢云：「籍，藉字假音。」其不能飽天下之飢者，既可睹矣。翟慮織而衣天下之人矣，盛，然後當一婦人之織，分諸天下，不能人得尺布。籍而以爲得尺布，舊本脱「以」字，今依上文增。其不能煖天下之寒者，既可睹矣。翟慮被堅執鋭救諸侯之患，「患」下當依上文增「矣」字。盛，然後當一夫之戰。一夫之戰，其不御三軍，既可睹矣。睹，吳鈔本作「覩」，説文目部云：「睹，見也。古文作『覩』。」翟以爲不若誦先王之道而求其説，通聖人之言而察其辭，上説王公大人，次匹夫徒步之士。畢云：「『次』下當脱『説』字。」王公大人用吾言，國必治；匹夫徒步之士用吾言，行必脩。吳鈔本作「修」。故翟以爲雖不耕而食飢，句。不織而衣寒，句。功賢於耕而食之、織而衣之者也。故翟以爲雖不耕織乎，而功賢於耕織也。」

吳慮謂子墨子曰：「義耳義耳，焉用言之哉？」子墨子曰：「籍設而天下不知耕，教人耕，與不教人耕而獨耕者，畢云：「舊脱『不』字，一本有。」其功孰多？」吳慮曰：「教人耕者其功多。」子墨子曰：「籍設而攻不義之國，鼓而使衆進戰，與不鼓而使衆進戰而獨進戰者，其功孰多？」吳慮曰：「鼓而進衆者其功多。」子墨子曰：「天下匹夫徒步之士少知義，而教天下以義者功亦多，何故弗言也？若得鼓而進於義，則吾義豈不益進哉？」

子墨子游公尚過於越。公尚過説越王，越王大説，畢云：「舊作『悦』，下同，此俗寫字，今改正。」蘇云：「越王，當爲句踐之後。」謂公尚過曰：「先生苟能使子墨子於越而教寡人，「於」上依下文當有「至」字。請裂故吳之地，方五百里，吳鈔本無「方」字。畢云：「時吳已亡入越，故曰故吳。」以封子墨子。」公尚過許諾。遂爲公尚過束車五十乘，説文束部云：「束，縛也。」以迎子墨子於魯，曰：「吾以夫子之道説越王，越王大説，謂過曰：苟能使子墨子至於越，而教寡人，吳鈔本無「於」字。請裂故吳之地，方五百里，以封子。」子墨子謂公尚過曰：「子觀越王之志何若？志，吳鈔本作「意」。意越王將聽吾言，用我道，則翟將往，量腹而食，度身而衣，自比於羣臣，奚能以封爲哉？「奚」，舊本作「不」。畢云「一本作『奚』」，是，今據正。抑越不聽吾言，「越」下當有「王」字。不用吾道，而吾往焉，則是我以義糶也。爾雅釋詁云：「糶，賣也。」畢云：「糶，舊作『糴』，下同，以意改。呂氏春秋作『翟』。」鈞之糶，句。亦於中國耳，何必於越哉？」畢云：「呂氏春秋高義云：『子墨子游公上過於越。公上過語墨子之義，越王說之，謂公上過曰：「子之師苟肯至越，請以故吳之地，陰江之浦，書社三百，以封夫子。」公上過往復於子墨子。子墨子曰：「子之觀越王也，能聽吾言、用吾道乎？」公上過曰：「殆未能也。」子墨子曰：「不唯越王不知翟之意，雖子亦不知翟之意。若越王聽吾言，用吾道，翟度身而衣，量腹而食，比於賓萌，未敢求仕。越王不聽吾言，不用吾道，雖全越以與我，吾無所用之。越王不聽吾言，不用吾道，而受其國，是以義翟也。義翟何必越？雖於中國亦可。」」即用此文。『義翟』，亦當爲『義糶』。」

子墨子游，魏越墨子弟子。曰：「既得見四方之君，子則將先語？」蘇云：「即子將奚先之意。」子墨子曰：「凡入國，必擇務而從事焉。國家昏亂，則語之尚賢、尚同；國家貧，則語之節用、節葬；國家憙音湛湎，吳鈔本「湛」作「沈」，湛、沈字通。說文水部云：「湎，沈於酒也。」史記宋世家云「紂沈湎于酒」，初學記二十六引韓詩云：「齊顏色，均衆寡，謂之沈；閉門不出者，謂之湎。」畢云：「說文云：『憙，說也。』」則語之非樂、非命；國家淫僻無禮，僻，吳鈔本作「辟」。則語之尊天、事鬼；國家務奪侵凌，即語之兼愛、非攻，即，吳鈔本作「則」，與上文同。故曰擇務而從事焉。」舊本脱「攻」、「故」二字，王據上文及非攻篇補。蘇謂「曰」當作「日」，非。

子墨子出曹公子而於宋，舊本「出」上有「曰」字。王云：「此本作『子墨子出曹公子於宋』，猶上文言『子墨子游公尚過於越』也。今本衍『曰』字、『而』字，則義不可通。」俞云：「王説是也。然『出』字義不可通，『出』當爲『士』字之誤。史記夏本記『稱以出』，徐廣曰『一作士』，是其例也。士與仕通，『子墨子士曹公子於宋』，即『仕曹公子於宋』也。貴義篇曰『子墨子仕人於衞』。」案：王校是也。蘇説同，今據删。曹公子亦墨子弟子。**三年而反，睹子墨子曰：**吴鈔本「睹」作「覩」。**「始吾游於子之門，短褐之衣，**畢云：「『短』从豆聲，讀如裋。」案：詳非樂上篇。**藜藿之羹，**舊本脱「藜」字、「之」字，王以意補。**朝得之則夕弗得，祭祀鬼神。**祭祀不以藜藿，又不當在夕，此疑當重「弗得」二字，言雖藜藿之羹，尚不能朝夕常給，故不得祭祀鬼神也。**今而以夫子之教，**句。**家厚於始也。**舊本無「今」字，又「教」作「政」。王云：「此言吾始而家貧，今而以夫子之教，家厚於始也。今本脱『今』字，『教』字又誤作『政』，則義不可通。」案：王校是也，今據補正。俞云：「『政』乃『故』字之誤，蓋子墨子仕曹公子於宋，則宋必致禄，故曰『以夫子之故，家厚於始也』。耕柱篇曰：『君以夫子之故，致禄甚厚。』」案：俞説亦通。**有家厚，**此與上文複，疑「厚」當爲「享」，「有」讀爲又，言又於家爲享祀。周禮謂人鬼爲享，周書嘗麥篇云：「邑乃命百姓遂享于家。」**謹祭祀鬼神。然而人徒多死，六畜不蕃，身湛於病，**内則鄭注云：「湛猶漬也。」**吾未知夫子之道之可用也。」子墨子曰：「不然，夫鬼神之所欲於人者多，欲人之處高爵禄則以讓賢也，多財則以分貧也，夫鬼神豈唯擢季拑肺之爲欲哉？**王引之云：「『季』蓋『黍』字之譌。祭有黍有肺，故云『擢黍拑肺』。」蘇云：「『季』疑當作『肝』。意言鬼神非徒貪嗜飲食者也。」案：王校是也。説文手部云「擢，引也」，「拑，脅持也」，於此義並無取。竊疑「擢」當爲「攫」之譌。吕氏春秋任數篇云「顔回攫其甑中而食之」，曲禮云「飯黍毋以箸」，又鄭注云「禮飯以手」，即所謂攫也。「拑」義未詳。**今子處高爵禄而不以讓賢，一不祥也；多財**

而不以分貧，二不祥也。今子事鬼神唯祭而已矣，而曰：『病何自至哉？』是猶百門而閉一門焉，曰：『盜何從入？』若是而求福於有怪之鬼，此義難通，據下文，疑亦當作「求百福於鬼神」。豈可哉？」

魯祝以一豚祭，而求百福於鬼神。子墨子聞之曰：「是不可。今施人薄而望人厚，則人唯恐其有賜於己也。今以一豚祭，而求百福於鬼神，當重「鬼神」二字。唯恐其以牛羊祀也。古者聖王事鬼神，吳鈔本無「者」字。祭而已矣。謂無所求也。禮器云「祭祀不祈」，鄭注云：「祭祀不爲求福也。」今以豚祭而求百福，則其富不如其貧也。」

彭輕生子曰：疑亦墨子弟子。「往者可知，來者不可知。」子墨子曰：「籍設而親在百里之外，籍亦藉之叚字。則遇難焉，期以一日也，及之則生，不及則死。今有固車良馬於此，又有奴馬四隅之輪於此，畢云：「駑，古字只作『奴』，一本作『駑』。説文無『駑』字。」使子擇焉，子將何乘？」對曰：「乘良馬固車，可以速至。」子墨子曰：「焉在矣來！」盧云：「似謂『焉在不知來』，文誤。」蘇云：「『知』與『矣』相近而誤，而『知』上更脱『不』字也。」

孟山譽王子閭曰：孟山，疑亦墨子弟子。「昔白公之禍，詳非儒篇。執王子閭，左哀十六年傳「白公欲以子閭爲王，子閭不可，遂劫以兵」，杜注云：「子閭，平王子啟。」斧鉞鉤要，畢云：「此正字，餘文作『腰』者，後改亂之耳。」直兵當心，直兵，劒、矛之屬。晏子春秋内篇襍上説崔杼盟晏子云「戟拘其頸，劒承其心」，晏子曰「曲刃鉤之，直兵推之，嬰不革矣」。吕氏春秋知分篇云「直兵造胷，曲兵鉤頸」，高注云：「直，矛也。」謂之曰：『爲王則生，不爲王則死。』王子閭曰：『何其侮我也！殺我親而喜我以楚國，我得天下而不義，不爲也，又況於楚國乎？』遂而不爲。畢云：「説文云：『遂，亡也。从辵，㒸聲。』王逸注楚詞云：『遂，往也。』義出于此。經典多借爲『㒸』字，而忘其本。㒸，从意也。」案：左傳云「子閭不可，遂殺之」，新序義勇篇同，是子閭實死而非亡，畢引許義，與事不相應。「遂」下疑當有「死」字。王子閭豈不仁哉？」子墨子曰：「難則難矣，然而未仁也。若以王爲無道，則何故不受而治也？若以白公爲不義，何故不受王，句。誅白公然而反王？畢云：「言何不借王之權，以殺白公，然後反位於王。」俞云：「畢讀『誅白公』爲句，則『然而反王』文不成義矣。禮記檀弓篇『穆公召縣子而問然』，鄭注曰：『然之言焉也。』『誅白公然而反王』，猶云誅白公焉而反王，七字爲一句。」故曰難則難矣，然而未仁也。」

子墨子使勝綽事項子牛。勝綽，墨子弟子。項子牛三侵魯地，項子牛，齊人，見前。三侵魯，不知在何年。以史記六國年表及田齊世家攷之：魯元公十九年，齊伐魯葛及安陵，二十年取魯一城。穆公二年齊伐魯取郕。十六年伐魯，取最。或即三侵之事與？而勝綽三從。子墨子聞之，使高孫子請而退之，高孫子，亦墨子弟子。曰：「我使綽也，將以濟驕而正嬖也。畢云：「濟，止也。嬖同僻。」今綽也祿厚而譎夫子，夫子三侵魯，而綽三從，是鼓鞭於馬靳也。畢云：「説文云：『靳，當膺也。从革，斤聲。』一本改作『勒』，非。言馬欲行而鞭其前，所以自困，猶使人仕而反來侵我也。」翟聞之：『言義而弗行，是犯明也。』綽非弗之知也，禄勝義也。」

昔者楚人與越人舟戰於江，渚宮舊事「越人」作「吴越」，下同。楚人順流而進，迎流而退，見利而進，見不利則其退難。越人迎流而進，順流而退，見利而進，舊脱「而」字，王補。見不利則其退速。越人因此若執，句。亟敗楚人。舊本「執亟」作「執函」。王云：「『執』字、『函』字皆義不可通。『執』當爲『埶』，埶即今勢字。『此若埶』者，此埶也。若亦此也，古人自有複語耳。墨子書多謂『此』爲『此若』，説見上文。『函』當爲『亟』，讀『亟稱於水』之亟。亟，數也。言越人因此水勢，遂數敗楚人也。俗書『函』字或作『凾』，與『亟』相似。」案：王説是也。渚宮舊事亦作「勢亟」，今據正。公輸子畢云：「舊有『曰』字，一本無。」詒讓案：顧校季本亦無「曰」字。文選西都賦薛綜注云：「魯般，一云公輸子，魯哀公時巧人。」孟子離婁篇云「公輸子之巧」，趙注云：「公輸子名班，魯之巧人也。或以爲魯昭公之子。」檀弓云「季康子之母死，公輸若方小，斂，般請以機封」，鄭注云：「般，若之族，多技巧者。」後公輸篇作「公輸盤」。自魯南游楚，渚宮舊事云「及惠王時」。案：余説近是，詳後公輸篇。畢云：「太平御覽引作『公輸般自魯之楚』。」焉始爲舟戰之器，畢云：「太平御覽引作『具』。」王云：「『焉』字下屬爲句，焉猶於是也。言於是始爲舟戰之器也。月令曰『天子焉始乘舟』，晉語曰『焉始爲令』，大荒西經曰『開焉始得歌九招』，此皆古人以『焉始』二字連文之證。」作爲鉤強之備，退者鉤之，進者強之，畢云：「太平御覽引作『謂之鉤拒，退則鉤之，進則拒之也』。」詒讓案：退者以物鉤之，則不得退；進者以物拒之，則不得進。此作「鉤強」無義，凡「強」字並當從御覽作「拒」，事物紀原引亦同。備穴篇有鐵鉤鉅，備高臨篇説弩亦有鉤距，鉅、距、拒義並同，故下文亦云「子拒而距人，人亦拒而距子」。荀子議兵篇説楚兵云「宛鉅鐵釶」，疑「宛鉅」亦兵器之名。楊倞注云「大剛曰鉅」，恐非。量其鉤強之長，而制爲之兵。渚宮舊事作「量短長而制爲兵」。楚之兵節，越之兵不節，楚人因此若埶，亟敗越人。舊本「埶」亦誤「執」，「亟」亦誤「函」，今依王校正。史記楚世家惠王時無與越戰事，蓋史失之。公輸子善其巧，以語子墨子曰：「我舟戰有鉤強，不知子之義亦有鉤強乎？」子墨子曰：「我義之鉤強，賢於子舟戰之鉤強。我鉤強，我鉤之以愛，揣之以恭。「揣」亦當作「拒」，鉤拒皆冡上文言之，下同。弗鉤以愛則不親，弗揣以恭則速狎，畢云：「舊脱一『狎』字，以意增。」案：顧校季本亦重「狎」字。狎而不親，則速離。故交相愛，交相恭，猶若相利也。今子鉤而止人，人亦鉤而止子；子強而距人，人亦強而距子。交相鉤，交相強，猶若相害也。故我義之鉤強，賢子舟戰之鉤強。」

公輸子削竹木以爲䧿，説文烏部：「舄，篆文作『鵲』」。」畢云：「太平御覽引作『鵲』」。」成而飛之，王云：「此當作『削竹木以爲䧿，䧿成而飛之』，今本少一『䧿』字，則文不足義。太平御覽工藝部九所引已與今本同。初學記果木部、白帖九十五並多一『䧿』字。」三日不下，渚宮舊事云「嘗爲木鳶，乘之以窺宋城」，與此異。列子湯問篇云「墨翟之飛鳶」，張注云「墨子作木鳶，飛三日不集」，淮南子齊俗訓云「魯般、墨子以木爲鳶，而飛之三日不集」，此皆以䧿爲鳶，又謂二人同爲之，蓋傳聞之異。論衡儒增篇、亂龍篇説並同。韓非子亦云「木鳶」，詳後。畢云：「文選長笛賦注云『案墨子削竹以爲鵲，鵲三日不行者』，彼誤。」公輸子自以爲至巧。子墨子謂公輸子曰：「子之爲䧿也，不如匠之爲車轄。王云：「舊本『匠』作『翟』，涉上下文『翟』字而誤，今據太平御覽工藝部九引改。」畢云：「太平御覽末有『也』字。」須臾劉三寸之木，說文車部云：「轄，鍵也。」舛部云：「舝，車軸耑鍵也。」案：轄、舝字通，古車轄多以金爲之，據此則亦有用木者。淮南子繆稱訓云「故終年爲車，無三寸之轄，不可以驅馳」，又人閒訓云「車之所以能轉千里者，以其要在三寸之轄」，文選七啟注引尸子云「文軒六駃，題無四寸之鍵，則車不行」。諸書說鍵轄之度畧同。抱朴子應嘲篇云「墨子刻木雞以戾天，不如三寸之車轄」，此又以䧿爲雞，與他書異。畢云：「劉，『鏤』字假音。太平御覽引此作『豎』。」王云：「畢說非也。『劉』當爲『剄』，集韻：『斲或作剄。』廣雅曰：『剄，斫也。』今本廣雅譌作『劉』。俗書『斲〔一〕』字作『斵』，故『剄』字亦作『劉』，形與『劉』相似，因譌爲『劉』。此言爲車轄者，斫三寸之木，而任五十石之重，非刻鏤之謂也。而任五十石之重。說文禾部云「䄷，百二十斤也」。經典通借「石」爲之。五十石，六百斤也。故所爲巧〔二〕，利於人謂之巧，不利於人謂之拙。」畢云：「韓非子外儲說云：『墨子爲木鳶，三年而成，蜚一日而敗。弟子曰：「先生之巧，至能使木鳶飛。」墨子曰：「不如爲車輗之巧也，用咫尺之木，不費一朝之事，而引三十石之任，致遠，力多，久於歲數。今我爲鳶三年成，蜚一日而敗。」惠子聞之曰：「墨子太巧，巧爲輗，拙於鳶。」』與此異也。」

公輸子謂子墨子曰：「吾未得見之時，我欲得宋，自我得見之後，予我宋而不義，我不爲。」子墨子曰：「翟之未得見之時也，子欲得宋，自翟得見子之後，予子宋而不義，子弗

〔一〕「斲」，原誤「剄」，依上下文義改。

〔二〕「巧」，原誤「功」，據畢沅刻本改。

**爲，是我予子宋也。**畢云：「予，一本作『與』。」**子務爲義，翟又將予子天下。**」舊本「予」作「與」，今據吳鈔本正，與上文同。

## 公輸第五十

淮南子道應訓云「墨子爲守攻，公輸般服，而不肯以兵知」，即本此篇。

**公輸盤**畢云：「史記孟子荀卿傳集解、後漢書張衡傳注〔一〕、文選陳孔璋爲曹洪與魏文帝書注皆引作『般』，廣韻引作『班』。」詒讓案：世説文學篇劉注、文選長笛賦、七命、郭景純遊仙詩、司馬紹統贈山濤詩李注並引作「般」，戰國策宋策、呂氏春秋愛類篇、葛洪神仙傳同。呂覽高注云：「公輸，魯般之號，在楚爲楚王設攻宋之具也。」**爲楚造雲梯之械成，**淮南子兵略訓許慎注云：「雲梯，可依雲而立，所以瞰敵之城中。」又脩務訓高注云：「雲梯，攻城具，高長上與雲齊，故曰雲梯。械，器也。」史記索隱云：「梯者，搆木瞰高也；雲者，言其昇高入雲，故曰雲梯。械者，器也，謂攻城之樓櫓也。」文選長笛賦注引此云「公輸般爲雲梯垂成，大山四起，所謂善攻具也，必取宋，於是墨子見公輸般而止之」，似約此篇文。但「大山四起」未詳其義。史記鄭世家集解引服虔左傳注云：「樓車，所以窺望敵軍，兵法所謂雲梯也。」案：服以雲梯爲兵車，肊説不足據。畢云：「張湛列子注云：『雲梯，可以淩虚。』」**將以攻宋。**畢云：「文選注引作『必取宋』三字。太平御覽云：『尸子云：「般爲蒙天之階，階成，將以攻宋。」』」蘇云：「呂氏春秋云『聲王圍宋十月』。考墨

〔一〕按：後漢書張衡傳正文及注皆作「班」，不作「般」，畢沅注有誤。

子時世與聲王相值，疑公輸爲楚攻宋，在是時。」案：國策宋策鮑彪注以此事爲在宋景公時，於楚則謂當昭王或惠王，與蘇説不同。今攷鮑、蘇二説皆非也。墨子晚年逮見田和，又得聞楚悼王、吴起之亂，其生蓋當在魯哀公之末、悼公之初，則非徒不及見楚昭王，即宋景公末年亦恐未逾弱冠。是鮑説與墨子之年不合。公輸盤，或謂魯昭公子，固未必塙，然檀弓載季康子母死，時公輸若方小，而般與斂事，則般必年長於若可知。攷康子父桓子卒於哀公三年，其母死或亦在哀公初年，則般當生於昭、定閒，自昭公卒年下距楚聲王元年，亦已逾百歲，則蘇説與公輸之年又不合。竊以墨、輸二子年代參合校之，墨子之止攻宋，約當在宋昭公、楚惠王時。蓋是時楚雖有伐宋之議，而以墨子之言中輟，故史無其事耳。渚宮舊事謂公輸子南游楚在惠王時，其説蓋可信。**子墨子聞之，起於齊，**畢云：「呂氏春秋愛類篇云『自魯往』，是。」**行十日十夜而至於郢，**高誘云：「郢，楚都也。」畢云：「文選廣絶交論注引云：『公輸般欲以楚攻宋，墨子聞之，自魯往，裂裳裹足，十日至郢。』」王云：「世説新語文學篇注引此作『墨子聞之，自魯往，裂裳裹足，日夜不休，十日十夜而至於郢』。文選注所引從略，然亦有『自魯往，裂裳裹足』七字。呂氏春秋愛類篇曰『墨子聞之，自魯往，裂裳裹足，日夜不休，十日十夜而至於郢』，正與世説新語注所引同，則其爲墨子原文無疑。淮南脩務篇曰『墨子聞而悼之，自魯趍而往，十日十夜，足重繭而不休息，裂裳裹足，至於郢』，文亦小異而大同。今本『自魯往』作『起於齊』，又無『裂裳裹足，日夜不休』八字，蓋後人刪改之也。」詒讓案：神仙傳云「墨子聞之，往詣楚，腳壞，裂裳裹足，七日七夜到，見公輸般而説之」，與諸書所云又小異。**見公輸盤。公輸盤曰：「夫子何命焉爲？」子墨子曰：「北方有侮臣，願藉子殺之。」**俞云：「『有侮臣』下脱『者』字。」**公輸盤不説。**吴鈔本作「悦」。**子墨子曰：「請獻十金。」**畢云：「一本作『千金』，是。」詒讓案：渚宮舊事亦作「獻千金於般」。**公輸盤曰：「吾義固不殺人。」**宋本國策作「殺王」，吴師道校注引別本作「生」，即武后所制「人」字，則與此同。子墨子起，再拜曰：「請說之。吾從北方聞子爲梯，畢云：「太平御覽引作『階』。」將以攻宋。宋何罪之有？荊國有餘於地，而不足於民，殺所不足，而爭所有餘，不可謂智。宋無罪而攻之，不可謂仁。知而不爭，不可謂忠。爭而不得，不可謂強。義不殺少而殺衆，不可謂知類。」公輸盤服。子墨子曰：「然乎不已乎？」畢云：「太平御覽引作『胡不已也』。」詒讓案：上「乎」字蓋即「胡」之誤，二字音相近。公輸盤曰：「不可。吾既已言之王矣。」子墨子曰：「胡不見我於王？」公輸盤曰：「諾。」

子墨子見王，吕氏春秋貴因篇云「墨子見荊王，錦衣吹笙」，疑即此時事。蓋以救宋之急，權爲之也。曰：「今有人於此，舍其文軒，宋策高誘注云：「文軒，文錯之車也。」鄰有敝轝，宋策、神仙傳並作「弊輿」。而欲竊之；舍其錦繡，畢云：「已上十一字，舊脫，據太平御覽增，一本亦有。『轝』即『輿』異文耳。」顧云：「戰國策有。」鄰有短褐，而欲竊之；短，裋之借字，詳魯問篇。舍其粱肉，鄰有穅糟，而欲竊之。此爲何若人？」高云：「言名此爲何等人也。」王曰：「必爲竊疾矣。」畢云：「太平御覽作『耳』。」王云：「案尸子止楚師篇及宋策竝作『必爲有竊疾矣』，此脫『有』字，則文義不明。耕柱篇亦曰『有竊疾也』。」子墨子曰：「荊之地，方五千里，宋之地，方五百里，畢云：「七字舊脫，據太平御覽增。」顧云：「戰國策有。」此猶文軒之與敝轝也；畢云：「太平御覽引『敝』作『獘』。」荊有雲夢，爾雅釋地十藪「楚有雲夢」，郭注云：「今南郡華容縣東南巴丘湖是也。」案：華容爲今湖北監利、石首二縣境。**犀兕麋鹿滿之，**畢云：「太平御覽『滿』作『盈』。」詒讓案：御覽疑依宋策改。**江漢之魚鼈黿鼉爲天下富，宋所爲無雉兔狐貍者也，**爲，宋策作「謂」，字通。畢云：「太平御覽『狐貍』作『鮒魚』。」王云：「作『鮒魚』是也。『無雉兔』對上文荆有『犀兕麋鹿』言之，『無鮒魚』對上文荆有『魚鼈黿鼉』言之。若『狐貍』，則與『魚鼈黿鼉』不相應，此後人不曉文義而改之也。」尸子、戰國策竝作『鮒魚』。」詒讓案：神仙傳亦作「鮒魚」。**此猶粱肉之與糠糟也；**道藏本及吴鈔本竝作「糠」，即「穅」之俗，備城門篇止作「康」。**荆有長松、文梓、楩柟、豫章，**高云：「皆大木也。」畢云：「説文無『楩』字，玉篇云：『鼻縣切，楩木似豫章。』陸德明爾雅音義云：『鼻縣反，又婢衍反。』字指云：『楩木似豫章。』尸子作『梗』，太平御覽引此亦只作『梗』。」案：道藏本、季本並作「梗」，吴鈔本作「楩」。史記司馬相如傳集解引郭璞云：「楩，杞也，似梓柟，葉似桑。豫章，大木也，生七年乃可知也。」説文木部梗爲山枌榆，與楩柟異木。**宋無長木，此猶錦繡之與短褐也。臣以三事之攻宋也，**畢云：「戰國策云『臣以王吏之攻宋』，『王吏』蓋『三叓』之誤，説文云：『叓，古文事。』尸子作『王使』，太平御覽作『王之攻宋』。」顧云：「國策『王吏』與此文『三事』，皆有誤。疑當云『臣以王之事攻宋也』。」詒讓案：「三事」疑當作「三吏」。逸周書大匡篇云「王乃召冢卿三老三吏」，孔晁注云：「三吏，三卿也。」左傳成二年〔二〕「晉侯使鞏朔獻齊捷于周，王使委于三吏」，杜注云：「三吏，三公也。」神仙傳作「臣聞大王更議攻宋」，則似是「王吏」之譌。**爲與此**

〔二〕「二年」，原誤「三年」，據左傳改。

同類，臣見大王之必傷義而不得。」畢云：「已上十一字，舊俱脱，太平御覽有，或當在此。」顧云：「此十一字不當有，戰國策無。」王曰：「善哉！雖然，公輸盤爲我爲雲梯，必取宋。」畢云：「太平御覽引，有云『宋〔一〕王曰：公輸子天下之巧士，作爲雲梯，設以攻宋，曷爲弗取』二十三字，皆與此異，豈此文已爲後人所節與？」詒讓案：御覽所引與淮南子脩務訓文略同，吕氏春秋愛類篇亦云「王曰：公輸般天下之巧工也，已爲攻宋之械矣」。墨子舊本或與彼二書同。

於是見公輸盤，子墨子解帶爲城，以牒爲械，史記索隱云：「謂墨子爲術，解身上革帶以爲城也。牒者，小木札也。械者，樓櫓等也。」畢本「牒」改作「褋」，云：「舊作『牒』，太平御覽兵部引作『褋』，北堂書鈔作『襟』。案作『褋』者是也。『褋』省爲『褋』，説文云：『南楚謂禪衣曰褋。』玉篇云：『褋，徒頰切，禪衣也，襍同。』又案陳孔璋爲曹洪與文帝書云『墨子之守，縈帶爲垣，折箸爲械』，則似以意改用之。」王云：「禪衣不可以爲械，畢改非也。史記孟子荀卿傳集解引此正作『牒』，索隱曰：『牒者，小木札也。』説文：『札，牒也。』廣雅曰：『牒，版也。』故可以爲械。後漢書張衡傳注亦引作『牒』。」洪頤煊説同。俞云：「畢據太平御覽改作『褋』，王氏又以作『牒』爲是。其實『牒』、『褋』皆叚字也，其本字當作『梜』。『梜』與『牒』疊韻字，玉篇夊部：『渫，梜渫也。』虫部：『蛺，蛺蝶也。』『梜』之與『牒』，亦猶『浹』之與『渫』、『蛺』之與『蝶』，聲近而義通矣。禮記曲禮篇『羹之有菜者用梜』，鄭曰：『梜猶箸也。』以梜爲械者，以箸爲械

〔一〕按：畢引見御覽卷七百五十二，實爲淮南子文。且原文上有「臣見大王之必傷義而不得宋」之句，畢引略去此句，而誤將「宋」字屬下「王曰」連讀。參看吴毓江墨子校注。

也。陳孔璋書曰『折箸爲械』。」案：俞説亦通。世説注引亦云「墨子縈帶守之」，與陳琳文同。神仙傳作「以楪爲械」，尤誤。**公輸盤九設攻城之機變，**畢云：「太平御覽『城』一作『宋』。『之』下御覽引有『具』字。」詒讓案：史記集解、文選注引並與今本同。**子墨子九距之，公輸盤之攻械盡，**文選注「攻」下有「城」字，神仙傳同。史記索隱引劉氏云：「械，謂飛梯、橦車、飛石、車弩之具。」**子墨子之守圉有餘。**畢云：「圉，史記集解引作『固』，一本作『固』。太平御覽作『禦』。御覽引有云『令〔二〕公輸設攻〔三〕之械，墨子設守之備，公輸九攻而墨子九拒之，終弗能入，於是乃偃兵，輟不攻宋』，俱多於此文。」詒讓案：御覽所引亦與淮南子文略同，疑皆涉彼而譌。**公輸盤詘，**廣雅釋詁云：「詘，屈也。」古字通。吴鈔本作「屈」。畢云：「太平御覽引作『屈』，文選注作『出』。」詒讓案：史記集解引仍作「詘」，索隱云：「詘，音丘勿反。謂般技已盡，墨守有餘。」**而曰：「吾知所以距子矣，**吕氏春秋愼大篇高注云：「墨子曰：『使公輸般攻宋之城，臣請爲宋守之備。公輸般九攻之，墨子九御之。又令公輸般守備，墨子九下之。』」未知何據。「而」下史記集解引有「言」字。**吾不言。」子墨子亦曰：「吾知子之所以距我，**畢云：「文選注引有『者』字。」詒讓案：史記集解引亦有。**吾不言。」**畢云：「文選注引有『之』字。」**楚王問其故，子墨子曰：「公輸子之意，不過欲殺臣。殺臣，宋莫能守，**畢云：「文選注有『乃』字，是。」**可攻也。然臣之弟子禽滑釐等三百人，**釐，文選注引作「氂」。陳琳書云「翟、氂」，即墨、禽二子名也。漢書儒林傳亦作「氂」。案：

〔二〕〔三〕據太平御覽改。按畢引御覽見卷七五二。

禽子名，後備梯門、備梯篇又作滑釐。史記索隱云：「禽滑釐者，墨子弟子之姓字也。釐音里。」呂氏春秋當染篇作禽滑黧，尊師篇作禽滑黎，列子楊朱篇作禽骨釐，殷敬順釋文作禽屈釐，音骨貍，漢書古今人表同。惟列子湯問篇、莊子天下篇、説苑反質篇與此同。滑、骨、屈，釐、氂、黎，並聲近字通。孟子告子篇「魯有慎滑釐」，或謂即禽子，非也。前耕柱篇有駱滑氂，漢書有丞相劉屈氂，疑皆同禽子名。呂覽作「黧」，字書所無，當即「斄」之譌。説文犛部云：「斄，彊曲毛，可以箸起衣。」段玉裁謂劉屈氂當本作屈斄，謂彊曲毛。若然，禽子名亦當作屈斄與？已持臣守圉之器，畢云：「史記集解引『圉』作『國』。」在宋城上而待楚寇矣。舊本「待」作「侍」，蘇云「『侍』當作『待』」，是也，今據正。雖殺臣，不能絶也。」楚王曰：「善哉！吾請無攻宋矣。」畢云：「請，後漢書注引作『楚』。宋，史記集解云『宋城』。矣，文選注引作『也』。」詒讓案：後漢書張衡傳注引與今本同。

子墨子歸，過宋，墨子魯人，此云「歸過宋」者，上云「起於齊」，則亦歸齊也。依文選注及呂氏春秋、淮南子作「自魯往」，則當爲歸魯。自楚至齊、魯，皆得過宋也。天雨，庇其閭中，説文門部云：「閭，里門也。」畢云：「庇，蔭。」守閭者不内也。管子立政篇云「置閭有司，以時開閉」，周禮鄉大夫云「國有大故，則令民各守其閭，以待政令」。時楚將伐宋，宋已聞之，故墨子歸過宋，守閭者恐其爲閒諜，不聽入也。故曰：「治於神者，衆人不知其功，爭於明者，衆人知之。」羣書治要引尸子貴言篇云：「聖人治於神，愚人爭於明也。」畢云：「文與戰國策及尸子略同。高誘注呂氏春秋慎大篇引此，節文。」

# 墨子閒詁卷十四

## 備城門第五十二

自此至襍守，凡二十篇，皆禽滑釐所受守城之法也。畢云：「說文云：『備，慎也。』『葡，具也。』經典通用備爲葡具之字，此二義俱通。」詒讓案：「五十二」，吳鈔本作「五十四」，則前當有兩闕篇，未知是否。李筌太白陰經守城具篇云「禽滑釐問墨翟守城之具，墨翟荅以六十六事」，即指以下數篇言之。「六十六事」，別本陰經作「五十六事」。今兵法諸篇，闕者幾半，文字復多脫互，與李筌所舉事數不相應，所記兵械名制，錯雜舛啎，無可質證。今依文詁釋，略識辜較，亦莫能得其詳也。

禽滑釐問於子墨子曰：由聖人之言，鳳鳥之不出，畢云：「見論語。」諸侯畔殷周之國，畢云：「殷，盛也。」孫云：「爾雅云：『殷，中也。』言周之中葉。」蘇云：「殷、周皆天子之國，言世衰而諸侯畔天子也，畢訓『殷』爲『盛』，孫訓『殷』爲中，皆非。」案：蘇說是也。此蓋通稱王國爲殷周之國。呂氏春秋先己篇云：「商周之國，謀失於胸，令困於彼。」兼愛中篇引武王告泰山辭云「以祇商夏」，周初稱中國爲商夏，周季稱中國爲殷周，辭例正相類。甲兵方起於天下，大攻小，强執弱，吾欲守小國，爲之柰何？子墨子曰：何攻之守？禽滑釐對曰：今之世常所以攻者：臨、畢云：「臨一。詩傳云：『臨，臨車也。』陸德明音義云：『韓詩作隆。』孔穎達正義曰：『臨者，在上臨下之名。』」詒讓案：後有備高臨篇，云「積土爲高，以臨我城，薪土俱上，以爲羊黔，蒙櫓俱前，遂屬之城」，又備水篇「竝船爲臨」，備蛾傅篇有「行臨」，然則「臨」乃水陸攻守諸械，以高臨下之通名，不必臨車也。「臨」聲轉作「隆」，淮南子氾論訓云「隆衝以攻」，又兵略訓云「攻不待衝隆雲梯而城拔」，高注云：「隆，高也。」鉤、畢云：「鉤二。詩傳云：『鉤，鉤梯也，所以鉤引上城者。』」詒讓案：備鉤篇今佚。鉤蓋即魯問篇所謂鉤距之鉤。備穴篇又有鐵鉤鉅，謂施長鉤，緣之以攻城。管子兵法篇云「淩山阬不待鉤梯」，韓非子外儲說左上篇「趙主父、秦昭王令工施鉤梯上潘吾及華山」，皆是也。詩皇矣孔疏云：「鉤援一物，正謂梯也。以梯倚城，相鉤引而上，援即引也。墨子稱公輸般作雲梯以攻宋，蓋此之謂也。」馬瑞辰云：「墨子分鉤與梯爲二，則鉤非即雲梯明矣。六韜軍用篇有飛鉤，長八寸，鉤芒長四寸，梯長六尺以上，千二百枚，蓋即詩之鉤，傳云『鉤，鉤梯』者，謂以鉤鉤梯而上，故又申之曰『所以鉤引上城者』，非謂鉤即梯也，正義失之。」案：馬說是也。衝、畢云：「衝三。詩傳云：『衝，衝車也。』說文云：『䡴，陷敶車也。』高誘注淮南子云：『衝車，大鐵著其轅端，馬被甲，車被兵，所以衝於敵城也。』又曰：『衝所以臨敵城，衝突壞之。』孔穎達詩正義云：『衝者，從傍衝突之稱。兵書有作臨車、衝車之法。』按『䡴』正字，『衝』假音。」詒讓案：詩皇矣孔疏又云「墨子有備衝之篇」，今佚。定八年左傳云「主人焚衝」，杜注云：「衝，戰車。」六韜軍用篇有武衝大扶胥，疑即此。戰國策齊策云〔一〕「百尺之衝」，荀子彊國篇又有「渠衝」，楊注云：「渠，大也。渠衝，攻城之大車也。」韓非子八說篇云「平城距衝」，

〔一〕「云」字原重，徑刪。

疑即荀子之「渠衝」矣。逸周書小明武篇云「具行衝梯」，莊子秋水篇云「梁麗可以衝城」，亦即此。**梯**、畢云：「梯四。案即雲梯。」詒讓案：説文木部云：「梯，木階也。」後有備梯篇。通典有作雲梯法，詳本篇。**堙**、畢云：「堙五。一本作『湮』。案當爲『垔』，俗加土。説文云：『垔，塞也。』玉篇云：『上城具。堙同垔〔二〕。』通典云『於城外起土爲山，乘城而上，古謂之土山，今謂之壘道。用生牛皮作小屋，并四面蒙之，屋中置運土人，以防攻擊者』，注云：『即孫子所謂距闉也。鑿地爲道，行於城下，用攻其城，往往建柱，積薪於其柱，圜而燒之，柱折櫓部，城摧。』」詒讓案：「土山」亦見太白陰經攻城具篇。左傳襄六年「晏弱圍萊，堙之，環城傅於堞」，杜注云：「堙，土山也。」書費誓孔疏云：「兵法，攻城築土爲山，以闚望城内，謂之距堙。」孫子謀攻篇作「距闉」，曹操注云：「距闉者，踊土稍高而前，以附其城也。」尉繚子兵教下篇云：「地狹而人衆者，則築大堙以臨之。」蓋堙與高臨略同，惟以堙池爲異。此書今本備堙無專篇，而本篇後文寇闉池一節，蓋即備堙之法。又舊備穴篇亦有救闉池之文，今移入本篇。雜守篇又作「煙」。闉、堙、煙聲同字通。**水**、後有備水篇。畢云：「水六。」**穴**、後有備穴篇。畢云：「穴七。」**突**、後有備突篇，不詳攻法，而云「城百步一突門」，乃守者所爲。疑突與穴略同，但穴爲穴地，突爲穴城，二者小異耳。襄二十五年左傳「鄭伐陳，宵突陳城」，杜注云：「突，穿也。」三國志魏明帝紀裴松之注引魏略，載諸葛亮攻陳倉，爲地突，欲踊出於城裏，郝昭於内穿地横截之。則突亦穴地矣。未聞其審。畢云：「突八。」**空洞**、説文穴部云：「空，竅也。」淮南子原道訓高注云：「洞，通也。」史記大宛傳云「徙其城下水

〔二〕「同垔」二字，畢注引原脱，文意不完，今據玉篇土部補。

空，以空其城」，集解：「徐廣曰：『空』一作『穴』。」此「空洞」當亦穴突之類。其攻法之異同，今篇佚，無可攷。畢云：「空洞九。」**蟻傅**、傅，舊本作「附」。道藏本、吴鈔本竝作「傳」。今案「傳」乃「傅」之誤，後有備蛾傅篇，即此。諸本作「附」，字通，而與後篇目不相應，今校改「傅」。畢云：「蟻附十。」『蟻』同『螘』。孫子云『將不勝心忿而蟻附』，注云：『使卒徐上城，如蟻緣城，殺士也〔一〕。』」**轒轀**、畢云：「轒轀十一。」太平御覽云：『太公六韜曰：凡三軍有大事，莫不習用器械。攻城圍邑，則有轒轀、臨衝。視城中，則有雲梯、飛樓。』周遷輿服襍事曰：『橨榅，今之橦車也。其下四輪，從中推之，至敵城下。』説文云：『轒，淮陽名車穹隆〔二〕轒。』玉篇云：『轒輐，兵車。』作『輐』。輐、轀音相近。藝文類聚引孫子又作『枌榅〔三〕』。通典云：『攻城戰具，作四輪車，上以繩爲脊，生牛皮蒙之，下可藏十人，填隍推之，直抵城下，可以攻掘，金火木石所不能敗，謂之轒轀車。』」案：畢引六韜據御覽，文多譌脱，今據軍略篇校正。通典本太白陰經。孫子謀攻篇云「攻城之法，脩櫓轒轀」，曹注云：「轒轀者，其下四輪，從中推之至城下也。」文選長楊賦李注引服虔云：「轒轀，百二十步兵車，可寢處。」説文車部云：「轀，卧車也。」案：備轒轀篇今佚，後備水篇以船爲轒轀，與攻城之車異。**軒車**，畢云：「軒車十二。」詒讓案：備軒篇今佚。説文車部云：「軒，曲輈藩車也。」彼謂卿大夫所乘車，此攻城軒車，未詳其制。左宣十五年傳云「登諸樓車」，杜注云「車上望櫓」，此「軒車」疑即「樓車」。楚辭招魂王注云：「軒，樓版

---

〔一〕按畢注引孫子謀攻及曹注乃節引，「殺士也」原注作「必殺傷士卒也」。

〔二〕「隆」，原誤「窿」，據畢沅刻本改，與説文原文合。

〔三〕「榅」，原誤「轀」，據畢沅刻本改。按引文見藝文類聚卷六十三。

也。」馬瑞辰云：「六韜軍用篇『飛樓』，蓋即墨子之『軒車』，左傳之『巢車』。」**敢問守此十二者柰何？子墨子曰：我城池修，守器具，推粟足，**「推粟」義難通，「推」當爲「樵」之誤。下云「爲薪樵挈」，又云「薪食足以支三月以上」，「樵粟」即「薪食」也。畢云「推粟言輓粟」，失之。**上下相親，又得四鄰諸侯之救，此所以持也。**國語越語韋注云：「持，守也。」蘇云「『持』爲『守』字之訛」，非。**且守者雖善，**盧云：「此下當有『而君不用之』五字。」**則猶若不可以守也。**舊本脱「猶」字，俞據下句補。**若君用之，守者又必能乎守者，**俞校以意改「乎」爲「守」，則讀「守者不能」爲句，亦通。**不能而君用之，則猶若不可以守也。然則守者必善，而君尊用之，**蘇云：「尊用，猶專用也。」俞云：「尊讀爲遵，古字通也。」**然後可以守也。**

**凡守圍城之法，厚以高，**「厚」上當有「城」字，疑本作「凡守圉之法，城厚以高」。今本「圉」譌爲「圍」，又移「城」字著「之法」上，遂不可通。後守法章云「城小大，以此率之，乃足以守圉」，「圉」亦譌「圍」，即其證也。蘇云「『厚』上當脱『垣墉』二字」，非。**壕池深以廣，**釋名釋道云：「城下道曰壕。壕，翺也。言都邑之内，人所翺翔祖駕之處也。」壕之義蓋起於壕，凡池上必有道也。畢云：「玉篇云：『壕，胡高切，城壕也。』」池，舊本譌「也」。王引之云：「『也』當爲『池』。『壕池深以廣』爲句，『其厚以高』上當有與『壕池』對文者，而今本脱之。」案：王説是也，今據正。畢云：「『也』字疑衍」，失之。**樓撕揗，**吴鈔本作「楯」。畢云：「説文、玉篇無『撕』。集韻云：『斯或作撕字。』説文云：『揗，摩也。』玉篇食尹、詳遵二切。」洪頤煊謂「撕」即高磨羣，云：「『揗』當作『楯』，通俗文：欄檻謂之楯。」詒讓案：「撕」當作「㯕」。後文「高磨襹」，「襹」亦即「㯕」之誤。但「揗」、「楯」竝當爲「脩」，古「脩」、「循」二字形近，多互譌。「脩」譌爲「循」，又譌爲「揗」。此即上文「城池修」之義。**守備繕利，**繕，吴鈔本作「善」。**薪食足以支三月以上，**畢云：「『支』舊作『交』，以意改。」詒讓案：此即上文「守器具，樵粟足」之義。尉繚子守權篇云：「池深以廣，城堅而厚，士民備，薪食給，弩堅矢强，矛戟稱之，此守法也。」**人衆以選，吏民和，**畢云：「『民』舊作『尺』，以意改。下當有『以』字。」案：此不必增「以」字。**大臣有功勞於上者多，主信以義，萬民樂之無窮。不然，父母墳墓在焉。不然，山林草澤之饒足利。不然，地形之難攻而易守也。不然，則有深怨於適而有大功於上。不然，則賞明可信而罰嚴足畏也。**畢云：「管子九變云：『凡民之所以守戰至死而不德其上者，有數以至焉。曰：大者親戚墳墓之所在也，田宅富厚足居也。不然，則州縣鄉黨與宗族足懷樂也。不然，則上之教訓、習俗、慈愛之於民也厚，無所往而得之也。不然，則山林澤谷之利足生也。不然，則地形險阻，易守而難攻也。不然，則罰嚴而可畏也。不然，則賞明而足勸也。不然，則有深怨於敵人也。不然，則有厚功於上也。此民之所以守戰至死而不德其上者也。』與此文相似。言有此數者，方可以守圍城。」詒讓案：自「凡守圍城之法」以下一百十二字，舊本錯在後文「長椎，柄長六尺，頭長尺，斧其兩端，三步一」下，今依俞校移此。顧校以此一百十二字，及後文「城下里中，家人各葆其左右前後，如城上」至「召三老左葆官中者，與計事得」一百八十一字，移著後「此守術之數也」下，非，今不從。**此十四者具，則民亦不宜上矣，然後城可守。十四者無一，則雖善者不能守矣。**自「此十四者具」以下三十字，舊本錯在後文「備穴者，城内爲高樓，以謹」下，今依蘇、俞校移此。俞云：「『凡守圍城之法』以下，所説凡十四事，其文自明。『大臣有功勞』至『萬民樂之無窮』，共爲一事。蓋大臣素有功勞，則主信而義之，萬民樂之，然後可以有爲也。『此十四者具，則民亦不宜上矣』，總上十四事而言，當作『則民亦宜其上矣』。墨子書『其』字多作『丌』，因誤作『不』，寫者遂移至『宜』字之上耳。」案：此文固有譌，然俞改「不宜上」爲「宜其上」，則義仍未協。且此云「不宜上」，即管子云「此民所以守戰至死，而不德其上者也」，則「不」字必非誤。竊疑當作「則民死不悳上矣」，「死」、「亦」形近而譌，「悳」、「德」字通。「悳」字壞缺，僅存「直」，形與「宜」字尤相似，故譌。蓋此語意全同管子，但文略省耳。

**故凡守城之法，備城門，爲縣門，**畢云：「舊脱『門』字，據太平御覽增。」詒讓案：左傳莊二十八年「縣門不發」，杜注云：「縣門施於内城門。」又襄十年「圍偪陽，偪陽人啟門，諸侯之士門焉，縣門發」，孔疏云：「縣門者，編版廣長如門，施關機，以縣門上，有寇則發機而下之。」太白陰經云：「縣門，縣木版以爲重門。」**沈機長二丈，**「沈」疑當作「涗」。淮南子齊俗訓「涗準」，泰族訓作「管準」，涗、管、關字並通。涗機，即左傳疏所謂關機也，六韜軍用篇有轉關轆轤。又疑「沈」當爲「沆」之誤，詳經説下篇。沆與阬通，下文云「塹中深丈五」，阬即塹也。**廣八尺，**蓋一扇之廣度。**爲之兩相如。**謂門左右兩扇同度。**門扇數，**畢云：「『門扇』舊作『問扁』，據下文改。數同促。」**令相接三寸，**説文户部云：「扇，扉也。」「扉，户扇也。」爲縣門之扇，編版相銜接者三寸，欲使無縫際。月令鄭注云：「用木曰闔，用竹葦曰扇。」此門扇亦編木所爲，散文通也。**施土扇上，**畢云：「舊『土扇』作『士扁』，非。」通典守拒法云：「『城門扇及樓堠，以泥塗厚，備火。』」顧云：「『士』即『土』字。」**無過二寸。塹中深丈五，**畢云：「説文云：『塹，阬也。』」**廣比扇，**亦八尺而兩之。**塹長以力爲度，**俞云：「『力』字無義，疑『方』字之誤。」**塹之末爲之縣，**即縣門也。**可容一人所。**以上縣門之法。

**客至，**客，舊本譌「容」。王引之云：「『容』字義不可通，『容』當爲『客』。客、容字相似，又涉上文『容一人所』而誤。客至，謂敵人至城下也。下文曰『客馮面而蛾傅之』，即其證。」案：王校是也，蘇説同，今據正。襍守篇作「寇至」，義同。月令孔疏云：「起兵伐人者謂之客，敵來禦捍者謂之主。」**諸門户皆令鑿而慕孔**畢本「慕」改「幕」，云：「舊作『慕』，據下文改。」案：畢校未塙。以襍守篇校之，此「慕」、「幕」並即彼「類」，此「孔」即彼「竅」，亦即所謂「鑿」。「慕」、「幕」竝當作「冪」。廣雅釋詁云：「冪，覆也。」冪，襍守作「類」，則又「幎」之形誤。蓋鑿門爲孔竅，而以物蒙覆之，使外不得見孔竅也，與備穴篇「鑿連版令容矛」略同。太白陰經守城具篇云：「鑿門爲敵所逼，先自鑿門爲數十孔，出强弩射之。」**孔之，**畢云：「『孔』舊作『孜』，以意改。『之』下疑脱『閒』字。」蘇云：「『孔』字疑誤重。」襍守篇云『寇至，諸門户令皆鑿而類竅之』，與此合。」**各爲二幕二，一鑿而繫繩，長四尺。**蘇云：「『幕二』之『二』疑衍。」雜守篇云：『各爲二類，一鑿而屬繩，繩長四尺，大如指。』」案：蘇校是也。此蓋言每門扇鑿二孔，皆冪之，其一冪而更繫以繩，蓋備牽挽以爲固也。以上鑿冪門户之法，即太白陰經之鑿門。畢謂亦縣門之法，非也。

**城四面四隅，**城四面，謂四正也。城隅，見詩邶風及考工記匠人，賈疏引五經異義云：「天子城高七雉，隅高九雉；公之城高五雉，隅高七雉；侯伯之城高三雉，隅高五雉；都城之高皆如子男之城高。」是城隅高於城率二雉。故匠人鄭注釋爲「角浮思」。**皆爲高磨𧝐，**王引之云：「『磨』當爲『磿』。字書無『𧝐』字，蓋『㯕』字之譌。磿㯕疊韻字。説文：『櫪㯕，柙指也。』此音蓋如説文之櫪㯕，而義則不同。磿㯕蓋樓之異名也。號令篇曰：『他門之上，必夾爲高樓，使善射者居焉。女郭、馮垣一人一人守之。使重字〔二〕子五十步一擊。』二篇之意大略相同，彼之『高樓』即此之『高磿㯑』也。」洪謂即上之樓撕揗，云：「『㯑』當作『撕』」，廣雅釋詁：『磡，磨也。』磨撕即欄檻也。」俞云：「王説是也。惟以爲樓名，則無據。疑「高」下脱「樓」字，本云皆爲高樓磿㯑。號令篇曰『它門之上必夾爲高樓』，與此同義。爲高樓磿㯑，猶云夾爲高樓也，磿㯑即夾也。」案：王校是也。**使重室子居亓上，**舊本「室」下有「乎」字，畢云疑衍。王云：「亓，古『其』字。」案：畢校是也，今據刪。重室子，謂貴家子也。號令篇云「富人重室之親」，又云「使重室子」。亓，畢本皆作「丌」，今並從王校作「亓」，詳公孟篇。**候適，**畢云：「『敵』字假音，史記亦用此字。」**視亓能狀，**畢云：「『能』即『態』字。説文云：『態，或从人。』」**與亓進左右所移處，**蘇云：「『進』下當有『退』字。」**失候，斬。**以上爲高磿㯑候適之法。

**適人爲穴而來，**畢云：「『穴』舊作『内』，以意改。」**我亟使穴師選本，迎而穴之，**舊本「亟」作「函」。畢本「本」改「木」。又「迎」作「匝」。王云：「『函』當爲『亟』，俗書函、亟相似，説見魯問篇。亟，急也。『選本』當爲『選士』，隸書『士』字或作『夲』，因譌而爲『本』。畢改『本』爲『木』，非。『匝』當爲『迎』，草書字譌。言敵人爲穴而來，我急使穴師選善穴之士，鑿穴而迎之也。下文云『適人穴土，急壍城內，穴亓土直之』，又曰『審知穴之所在，鑿穴迎之』，皆其證也。」案：王校「函」改「亟」，「匝」改「迎」，是也，今據正。干祿字書「匝」通作「迊」，故傳寫易譌。「本」與「卒」隸書亦相近，後文「城下樓卒，率一步一人」，「卒」今本譌「本」，可證。王定爲「士」之譌，未知是否。**爲之且内弩以應之。**

〔二〕按王引據畢刻，本書改「字」爲「室」，見號令篇。

畢云：「『且』當爲『具』。」詒讓案：内弩，即備穴篇之短弩，穴中以拒敵者。以上備穴之法。蘇云：「此數語當入備穴篇，而錯出於此者。」

**民室杵木瓦石，**王引之云：「木瓦石皆可以作室，而杵非其類。『杵』當爲『材』，字之誤也。『材』本作『杍』，『杍』本作『杅』，二形相似。號令篇『民室材木』，即其證。」案：王校是也。蘇云「杵」、「樹」通用，非。**可以蓋城之備者，**王引之云：「『蓋城之備』四字，義不相屬。『蓋』當爲『益』，亦字之誤也。俗書益、蓋相似，說見非命篇。言民室之材木瓦石，可以益守城之備也。」蘇說同。**盡上之。**畢云：「『盡』舊作『蓋』，以意改。言民室中所有，盡爲城備。」

**不從令者斬。**以上斂材木瓦石之法。

**昔築。**畢云：「當云『皆築』。」詒讓案：此上有脱文，似言皆有築以備築城也，故下云「五築有銻」。左傳宣十一年孔疏云：「築是築土之杵。」六韜軍用篇云「銅築固〔一〕爲垂，長五尺以上，三百枚。」文選羊叔子讓開府表李注引郭璞三蒼解詁云：「築，杵頭鐵沓也。」**七尺一居屬。**畢云：「疑『鋸欘』。」案：畢據管子小匡篇文，尹知章注云：「鋸欘，钁類也。」說文金部云：「鋸，槍唐也。」非此義。斤部云：「斸，斫也。」又木部云：「欘，斫也。」廣雅釋器云：「鋸，鉏也。」集韻引埤倉云：「钃，鉏也。」爾雅釋器云「斪斸謂之定」，郭注云：「鋤也。」考工記車人鄭注引爾雅作「句欘」，又云：「斲斤柄。」是斸有兩義。此「居屬」與「築」、「蘲」類列，則當爲鋤。竊疑「居」、「鋸」即倨之叚字，斪與句同。斤柄箸

〔一〕「固」，原誤「銅」，據六韜軍用篇改。

刃，其形句，故謂之句斸；鋤柄箸金，其形倨，故謂之倨斸，名與義各相應也。爾雅斪斸當爲斤，郭注說失之。**五步一壘。**「壘」疑當爲「蘲」。孟子滕文公篇「蓋歸反虆梩而掩之」，趙注云：「虆梩，籠臿之屬，可以取土者也」。毛詩釋文引劉熙云：「虆，盛土籠也。」釋文又云：「虆字或作『樏』，或作『蘲』。」案：樏即欙之省。蘲，欙之別體。備蛾傅篇云「土五步一，毋下二十畾」，畾亦即蘲之省，但彼文五步而土毋下二十畾，則不止一蘲矣。疑此文當作「五步有畾」，與下「五築有銻」文例同。**五築有銻。**「銻」疑當作「銕」。銕即夷也，與古文鐵字不同。書堯典「宅嵎夷」，史記、說文並作「銕」。國語齊語云「惡金以鑄鉏夷斤欘」，韋注云：「夷，平也，所以削平草地。」管子小匡篇云「惡金以鑄斤斧鉏夷鋸欘」，尹知章注云：「夷，鋤類也。」此作「銻」者，形聲相近而誤。畢引說文云：「銻，鎕銻也。」案：鎕銻，火齊也。非此義。**長斧，柄長八尺。**備蛾傅篇云「斧柄長六尺」，此較彼長二尺，故曰「長斧」。六韜軍用篇「大柯斧刃長八寸，重八斤，柄長五尺以上，一名天鉞」，後文又云「斧杘長三尺」，蓋皆斧柯之短者也。此亦五築所有。**十步一長鎌，柄長八尺。**說文金部云：「鎌，鍥也。」刀部云：「㓞，鎌也。」方言云：「刈鉤，自關而西，或謂之鉤，或謂之鎌。」六韜軍用篇云：「艾草木大鎌，柄長七尺以上，三百枚。」**十步一鬭。**畢云「當爲『斲』」。詒讓案：說文斤部云：「斲，斫也。」**長椎，柄長六尺，頭長尺，**備蛾傅篇作「首長尺五寸」。**斧亓兩端。**椎既有首，又斧其兩端，義頗難通。備蛾傅篇說長椎，無此四字，疑「斧」當爲「兑」，猶下「大鋌」云「兑其兩末」也。此長椎亦十步一。**三步一**自「城四面四隅」以下一百三十字，舊本錯在後「五十二者，十步而二」下，顧校移此，今從之。「三步一」似當屬下「大鋌」爲句。**大鋌，前長尺，**此下至「牆七步而一」凡七百字，舊本並錯入備穴篇，今移此。畢云：「考工記云『鋌十之』，注云：『鋌，讀如麥秀鋌之鋌。鄭司農云：鋌，箭足入槀中者也。』説文云：『鋌，銅鐵樸也。』陸德明周禮音義『徒頂反』。」詒讓案：古兵器無名鋌者，「鋌」疑並「鋋」之誤。説文金部云：「鋋，小矛也。」六韜軍用篇云：「曠野草中，方胸鋌矛千二百具。張鋌矛法，高一尺五寸。」今本六韜亦誤「鋌」，惟施氏講義本不誤。後文別有「連梃」，與此異。**蚤長五寸。**説文叉部云：「叉，手足甲。」「蚤」即「叉」之借字，今字通作「爪」。蓋鋌末鋭細，如車輻及蓋弓之蚤也。**兩鋌交之置如平，不如平不利，**上如與而同，「不如平」當作「如不平」。言置之必兩鋌平等乃善，若不平則用之不利也。**兑亓兩末。**畢云：「兑同鋭。」詒讓案：以上具守器之法。

**穴隊若衝隊，**隊、隧字通。左傳襄二十二年「齊伐晉爲二隊」，又哀十三年「越子伐吴爲二隧」，杜注云：「隧，道也。」**必審如攻隊之廣狹，**「如」當爲「知」。**而令邪穿亓穴，**畢云：「『邪』舊作『雅』，據下文改。」**令亓廣必夷客隊。**毛詩出車傳云：「夷，平也。」以上備隊之法。

**疏束樹木，令足以爲柴摶，**説文木部云：「柴，小木散材。」禮記月令鄭注云：「大者可析謂之薪，小者合束謂之柴」。周禮羽人「百羽爲摶」，鄭注云：「摶，羽數束名也。」又考工記鮑人「卷而摶之」，鄭衆注云：「『摶』讀爲縳一如瑱之縳，謂卷縳韋革也。」廣雅釋詁云：「縳，束也。」此「柴摶」，亦束聚樹木之名。吴鈔本「摶」作「搏」。後文「積摶」字，道藏本亦作「搏」。**毌前面樹，**毌，舊本作「毋」，今從畢校改。説文毌部云：「毌，穿物持之也。」**長丈七尺一，以爲外面。**蓋以大樹相連貫植之於外，而積柴摶於其內也。**以柴摶從横施之，**從，吴鈔本作「縱」。**外面以强塗，**强塗，謂以土之性强韌者塗之，使不落。周禮草人「土化之法」有「强檃」，鄭注云：「强，堅者。」管子地員篇說五态、五纑之土，潤澤而彊力。皆所謂强土也。**毋令土漏，**「土」，疑當爲「上」。**令亓廣厚能任三丈五尺之城以上，**蓋積柴摶如城之高，此亦當於城外爲之，以爲城之屏蔽也。**以柴木土稍杜之，**畢云：「此杜，甘棠也。說文有敗字，云：『閉也，讀若杜。』此及『杜門』字皆當爲敗之假音。」**以急爲故。**廣雅釋詁云：「故，事也。」**前面之長短，豫蚤接之，令能任塗，足以爲堞，**柴摶之上，亦爲之堞，如城法。**善塗亓外，令毋可燒拔也。**以上爲柴摶之法。

**大城丈五爲閨門，**依上文，則大城高三丈五尺，門之高當不下二三丈，此閨門乃別出小門，故止高丈五尺，與上塹深度同。淮南子汜論訓云：「夫醉者俯入城門，以爲七尺之閨也。」彼宮中小門，故高止七尺。此城閒小門，度倍逾之。畢云：「說文云：『閨，特立之户，上圓下方，有似圭。』」詒讓案：爾雅釋宮云：「宮中之門，其小者謂之閨。」此「城閒小門」與「宮中小門」名同。**廣四尺。**亦一扇之廣度也。上縣門廣八尺，此閨門廣度半之。

**爲郭門，**此亦城之外門。號令篇有女郭，與郛郭之門異。**郭門在外，爲衡，**蓋横木以敗門。**以兩木當門。鑿亓木，維敷上堞。**敷與傅通，謂以繩穿鑿而繫之，傅著城上堞也。

**爲斬縣梁，**斬，塹之省，吕氏春秋權勳篇云「斬岸堙溪」。「縣梁」即於塹上爲之，後云「塞外塹，去格七尺爲縣梁」。**聆穿，**疑即下文「令耳」。**斷城以板橋，**連板爲橋，架之城塹，以便往來，下云「木橋長三丈」。六韜軍用篇有渡溝塹飛橋，即此。**邪穿外，以板次之，倚殺如城報。**倚殺，猶言邪殺，經下篇云：「倚者不可正。」「報」當爲「埶」。言板橋邪殺爲之，如城之形埶也。**城内有傅壤，因以内壤爲外。**蓋爲再重堞。蘇云：「兩『壤』字皆

『堞』字之誤。」案：蘇說近是。**鑿亓閒，深丈五尺，**鑿內外堞閒爲塹，上云「塹中深丈五」。**室以樵，**蘇云：「室，實也，言以薪實之。」案：「室」讀爲窒，聲同字通。論語陽貨「惡果敢而窒者」，釋文引鄭注云：「魯讀窒爲室。」備蛾傳篇云「室中以楡若蒸」，並以「室」爲「窒」，蘇說非是。爾雅釋言云：「窒，塞也。」**可燒之以待適。**畢云：「同敵。」

詒讓案：以上爲闉門、郭門、塹縣梁、板橋、內外堞之法。

**令耳屬城，爲再重樓。**「令耳」未詳，或與襍守篇「羊玲」義同。爾雅釋宮云：「四方而高曰臺，陝而脩曲曰樓。」說文木部云：「樓，重屋也。」**下鑿城外堞，內深丈五，**與上內外堞之閒同。**廣丈二。樓若令耳，皆令有力者主敵，善射者主發，佐皆廣矢。**疑當作「佐以厲矢」。襍守篇云「藺石、厲矢，諸材器用皆謹部，皆有積分數」。

**治裾諸，**「治裾」即作薄也。備蛾傳篇有置薄、伐薄之法，備梯篇「薄」並作「裾」。黄紹箕云：「『裾』當爲『椐』之譌。釋名釋宮室：『籬以柴竹作之，青徐之閒曰椐。椐，居也，居於中也。』廣雅釋宮：『㯫，杝也。』玉篇木部：『㯫，藩落籬。』廣韻九魚『㯫，枯藩籬名。』說文無『㯫』，即『椐』之後出字。」案：黄說是也。廣雅以椐與藩、欐落同訓杝，欐落即羅落，則椐亦即藩杝、羅落之名。六韜軍用篇說守城有天羅、虎落，漢書晁錯傳「爲中周虎落」，顏注：「鄭氏云：虎落者，外蕃也。」師古云：「以竹篾相連，遮落之也。」此篇下文亦云「馮垣外內，以柴爲藩」，制並同，蓋皆以柴木交互爲藩杝也。「諸」當爲「者」之叚字。**延堞，**謂裾與堞相連屬。**高六尺，部廣四尺，**依迎敵祠篇，城上每步守者一人，蓋即每步爲一堞。堞廣四尺，步各留二人，爲旁之空闕。此云部者，謂城堞閒守者所居立之分域。號令篇「城上吏、卒、養皆爲舍道内，各當其隔部」，蓋亦一堞爲一部也。**皆爲兵弩簡格。**「兵」字舊脱，今據道藏本、吴鈔本補。説文竹部云：「籣，所以盛弩也。」史記索隱引周成襍字云：「格，歧閣也。」畢云：「簡同籣。」

**轉射機，機長六尺，貍一尺。**貍，道藏本作「狸」，下同。案：貍，薶之借字。説文艸部云：「薶，瘞也。」謂機之薶於土者一尺也。薶，備梯篇作「埋」，俗字。備穴篇作「俚」，叚借字。**兩材合而爲之轀，**材，舊本作「杖」。俞云：「『杖』當作『材』。」案：俞校是也，今據正，互詳備穴篇。轀，亦即備穴篇之「車輪轀」也。説文車部云「轀，卧車也」，非此義。而别有輗字，云：「大車後壓也。」以此及備穴篇所説轀形制推之，似皆以重材爲鎮厭杜塞之用，故以車輪等爲之。其字蓋當作「輗」，前「轒轀」玉篇亦作「轒輗」，是其證也。兩材謂木材，亦合兩輪爲轀之類。**轀長二尺，中鑿夫之爲道臂，臂長至桓，**俞云：「此當作『中鑿之爲道，夫長若干尺，臂長至桓』。『夫』字誤移在上，遂脱其尺數，『臂』字又誤疊，皆不可通。下文曰『夫長丈，臂長六尺』，備城門篇、襍守篇竝云『夫長丈二尺，臂長六尺』，故知此文亦竝言『夫長』、『臂長』，而傳寫脱去也。『桓』疑『垣』字之誤。」案：此疑當作「中鑿夫二爲通臂，臂長至桓」。諦繹此文，轀蓋有趺，有臂、有桓。趺，足也；臂，横材也；桓，直材也，與渠荅制略同。後文説渠云「夫兩鑿，中鑿夫二」，即兩鑿也。夫與趺通，即指轀言之。謂鑿夫之中爲二空，以關射機之臂。通臂，蓋以一長木爲之，猶後云「通舄」。夫旁爲兩直桓，臂長接之。故又云「臂長至桓」也。俞校增乙太多，不可從。**二十步一，令善射之者佐，**舊本「一令」二字到，今依道藏本、吴鈔本乙正。下句當云「令善射者佐之」，今本「之」字誤錯著「善射」下，遂不可通。**一人皆勿離。**「一人」下有脱字，下文説藉幕云「令一人下上之勿離」。

**城上百步一樓，樓四植，**檀弓云「三家視桓楹」，鄭注云：「四植謂之桓。」四植，猶言四楹也，與户植異。**植皆爲通舄，**蘇云：「『四植』即四柱，舄同磶，柱下石也。」詒讓案：通舄，謂兩植同一舄也。「舄」詳備穴篇。**下高丈，上九尺，**上云「再重樓」，故上下高度不同。**廣、喪各丈六尺，**王云：「『喪』當爲『衺』，廣雅：『衺，長也。』」案：王校是也，蘇云「『喪』爲『長』字之誤」，非。**皆爲寧。**畢云：「『亭』字。」詒讓案：後文云「城上百步一亭」。**三十步一突，九尺，**下文別有廣、高之度，此當是長度也。**廣十尺，高八尺，鑿廣三尺，表二尺，**王云：「『表』亦當爲『衺』。」案：王校是也，蘇云「『表』亦『長』字之誤」，非。**爲寧。**亦即「亭」字。

**城上爲攢火，**文選西都賦李注引蒼頡篇云：「攢，聚也。」太白陰經烽燧臺篇及通典兵守拒法並有火鑽。又疑即備蛾傅篇之火捽也。**夫長以城高下爲度，**「夫」疑「矢」之誤，或當爲「趺」省。**置火亓末。**

**城上九尺一弩、一戟、一椎、一斧、一艾，**艾，刈之借字。國語齊語云「挾其槍刈耨鎛」，韋注云：「刈，鎌也。」**皆積參石、蒺藜。**吴鈔本作「蔾」。洪云：「『參石』當是『絫石』之譌，絫石即礧石。後漢書杜篤傳『一卒舉礧，千夫沈滯』，李賢注：『礧，石也。』前書『匈奴乘隅下礧石』。」一切經音義卷十七引韻集：「今守城者下石擊賊曰礧。」案：洪説是也。蒺藜，後文作「疾犁」，備穴篇又作「蒺蔾」。六韜軍用篇云：「木蒺蔾，去地二尺五寸，百二十具。鐵蒺蔾，芒高四寸，廣八寸，長六尺以上，千二百具。兩鏃蒺蔾，參連織女，芒間相去二寸〔一〕，萬二千具。」又軍略篇云「設

---

〔一〕「寸」，原誤「尺」，據六韜改。

營壘，則有行馬蒺䔧」。本草陶弘景注云：「蒺䔧多生道上，而葉布地，子有刺，狀如菱而小。今軍家乃著鐵作之，以布敵路上，亦呼疾藜，言其凶傷也。」

**渠長丈六尺，**渠，守城械名。尉繚子武議篇云：「無蒙衝而攻，無渠荅而守。」王引之云：「『渠長丈六尺』當作『渠長丈五尺，廣丈六尺』。備城門篇曰『渠長丈五尺』，襍守篇曰『渠長丈五尺，廣丈六尺』，皆其證。今本『長丈』下脱『五尺，廣丈』四字，則失其制矣。」案：王引備城門篇即此下文。**夫長丈二尺，**舊作「夫長丈」，無「二尺」二字。王校據下文改「夫」爲「矢」。王引之云：「『矢長丈』當作『矢長丈二尺』，備城門篇、襍守篇竝作『矢長丈二尺』，是其證。今脱『二尺』二字，則失其制矣。」案：「夫」當爲「趺」之省，王校改「矢」，失之，説詳後。「丈」下王增「二尺」二字，是也，今據增。**臂長六尺，亓貍者三尺，樹渠毋傅堞五寸。**傅，舊本譌「傑」。「五寸」舊作「三丈」。畢云：「『毌傑』同『貫堞』。」王引之云：「『樹渠毋傑堞三丈』，當作『樹渠毋傅堞五寸』，謂渠與堞相去五寸也。備城門篇曰『渠去堞五寸』，襍守篇曰『樹渠毋傅葉五寸』，葉與堞同，皆其證。今本『傅』作『傑』，涉下『堞』字而譌，『五寸』又譌作『三丈』，則失其制矣。畢改『毋』爲『毌』，讀與『貫』同，大誤。」案：王校是也，蘇説同，今據正。

**藉莫**畢云：「幕同。」詒讓案：通典兵守拒法云：「布幔複布爲之，以弱竿縣挂於女牆八尺，折拋瓦之勢，則矢石不復及牆。」太白陰經守城具篇説同。説文巾部云：「幔，幕也。帷在上曰幕。」則布幔當即此藉幕之遺制。藉幕及下藉車，義疑與備高臨篇「技機藉之」之藉同。**長八尺，廣七尺，亓木也**蘇云：「『木』疑當作『末』。」案：凡幕皆以木材張之，則作「木」亦通。**廣五尺，中藉苴爲之橋，**「苴」亦當爲「莫」。曲禮鄭注云：「橋，井上㮶槔。」故下云「下上之」，詳後及經説下篇。**索亓端。適攻，**畢云：「適同敵。」**令一人下上之，勿離。**吴鈔本作「一令人上下之勿離」，道藏本「令一」亦到。蘇云：「『離』當爲『難』之誤。」案：「勿離」上下文屢見，不誤。

**城上二十步一藉車，當隊者不用此數。**當隊，謂當攻隧也。左襄二十五年傳云「當陳隧者，井堙木刊」，隊、隧通。號令篇又作「當遂」。不用此數者，當隧則所用多，不定二十步一。備蛾傅篇云「施縣陴，大數二十步一，攻隊所在，六步一」，即此意也。

**城上三十步一⿱龍曰竈。**⿱龍曰，道藏本作「⿱龍曰」，畢本作「⿱龍𦣻」，今從吳鈔本。畢云：「唐宋字書無『⿱龍𦣻』字，備城門作『⿱龍車』，疑皆『壟』字。」案：襍守篇亦作「⿱龍車」。「⿱龍曰」、「⿱龍𦣻」皆字書所無，畢疑「壟」字，近是。史記滑稽傳云「以壠竈爲椁」，索隱引皇覽「壠竈」作「礱突」。此「⿱龍曰」當即「礱」之誤。說文火部云：「烓，行竈也。」此壟竈在城上爲之，以具火，蓋即行竈也。

**持水者必以布麻斗、革盆，**持水，舊本譌「傳火」，「斗」譌「什」。王云：「『傳火』當爲『持水』，草書『持』、『傳』二字右畔相似，故『持』譌爲『傳』。『水』、『火』亦字之譌。『什』當爲『斗』，即後所云『持水麻斗、革盆救之也』。隸書『斗』字作『升』，與什伍之『什』相似，說文序所云『人持十爲斗』也。斗與革盆，皆所以持水。」案：王說是也，今據正。布麻斗，蓋以布爲器，加以油漆，可以挹水者。「斗」即「科」之借字，說文木部云：「科，勺也。」勺部云：「勺，所以挹取也。」喪大記云「沃水用科革盆」，蓋以革爲盆，可以盛水。說文革部云：「⿰革鬼，量物之⿰革鬼，一曰抒井，⿰革鬼古以革。」徐鍇繫傳云：「抒井，今言淘井。⿰革鬼，取泥之器。」案：⿰革鬼蓋即挹水之器，殆所謂「革盆」歟？**十步一。柄長八尺，**謂麻斗之柄，說文木部云：「杓，科柄也。」**斗大容二斗以上到三斗。**斗，舊本並譌「什」，末「斗」字又譌「十」。俞云：「『什』、『十』並『斗』字之誤。『斗大容二斗以上到三斗』，猶下文云『大容一斗以上至二斗也』。」案：俞說是也，蘇校同。

上「斗」字即「料」之叚字。此革盆有柄以挈持，又有料之容水，其料之容數，則二斗以上至三斗不等也。**潎裕、**畢云：「説文云：『裕，衣物饒也。』言潎衣物。」詒讓案：「裕」疑「綌」字之誤。**新布長六尺，**此蓋溼布，亦以備火。**中拙，**拙，詘之借字。**柄長丈，十步一，必以大繩爲箭。**未詳。

**城上十步一鈂。**畢云：「舊从冗，傳寫誤也。説文云：『鈂，臿屬。』玉篇云：『直深切。』」

**水缻，**説文缶部云：「缶，瓦器。」左襄七年傳「具綆缶」，杜注云：「缶，汲器。」據下文，則疑「甀」之誤。畢云：「玉篇云：『缻同缶。』」**容三石以上，小大相雜。**小大，舊本作「大小」，今據道藏本、吴鈔本乙。下文「救門火」云「一垂水容三石以上，小大相雜」，與此文同。**盆、蠡各二財。**蘇云：「『財』當爲『具』。」案：「蠡」當即後文「奚蠡」，「財」下疑脱「自足」二字，詳備穴篇。蘇校非。

**爲卒乾飯，人二斗，以備陰雨，面使積燥處。**面，謂城四面。蘇云：「言陰雨不能舉火，爲乾餱以備也。『面』當作『而』。」**令使守爲城内堞外行餐。**吴鈔本作「湌」。説文食部云：「餐，吞也，或作『湌』。」廣雅釋詁云：「湌，食也。」「守」下脱「者」字。又疑「使守」或爲「吏卒」之誤。城内堞外，謂内堞之外也。上文有「内堞」、「外堞」。

**置器備，**號令篇云「爲内堞内行棧，置器備其上」。**殺沙礫鐵，**畢云：「殺，粲省文。説文云『粲，糂粲〔二〕，散

〔二〕「粲」，原誤「殺」，據説文米部改。

之也。』」**皆爲壞斗。**說文土部云：「壞，一曰瓦〔二〕未燒。」**令陶者爲薄缻，大容一斗以上至二斗，即用取，三祕合束。**「三祕」無義，疑當作「絫施」。「絫」譌作「參」，又譌作「三」，「祕」、「施」亦形之誤。

**堅爲斗城上隔，**吴鈔本作「鬲」。案：「斗」疑「弋」之誤，後文說狗屍云「其端堅約弋」。城上守者，各有署隔。襍守篇云「人自大書版，著之其署隔」。**棧**「棧」交木爲之，不當剡末，此疑當爲「杙」。杙亦即弋也，後文云「弋長七寸，剡其末」，是其證。**高丈二，剡亓一末。**蘇云：「『一』字疑衍。」

**爲閨門，**見前。**閨門兩扇，令可以各自閉也。**謂可閉一開一。

**救闉池者，**畢云：「闉同堙。」**以火與爭，鼓橐。**畢云：「舊作『槖』，以意改。」案：「橐」詳備穴篇。下有脱文。**馮埴外內，**「埴」當爲「垣」，形近而誤。馮垣在女垣之外，蓋垣墻之卑者。漢書周緤傳顔注云：「馮、陪聲相近。」此馮垣亦言與女垣爲陪貳也。旗幟篇云「到馮垣」、「到女垣」，號令篇云「女郭馮垣一人」，是其證。**以柴爲燔。**疑當爲「藩」。旗幟篇先到藩，後到馮垣，可證。柴，謂傅小木爲之。管子山國軌篇云「握以下爲柴楂」。公羊哀四年傳「亡國之社，揜其上而柴其下」，周禮媒氏鄭注「柴」作「棧」，是二字義同。說文訓棧爲棚。廣雅釋室云「藩，籬也。」蓋於馮垣外樹柴棧，以爲藩籬也。下文云「人居柴則不燔之」，可知。

**靈丁，**未詳，疑椓弋之屬。**三丈一，火耳施之。**「火耳」疑當作「犬牙」，「牙」篆文作「□」，「耳」篆文作

〔二〕「瓦」，原誤「土」，據說文改。

「𤘅」，形近而誤。後文説「狗走」云「犬耳施之」，「耳」亦「牙」之誤。犬牙施之，言錯互施之，令相銜接也。**十步一人，居柴内弩。**畢云：「内同納。」案：上説備穴云「爲之具内弩以應之」，此疑與彼同。畢説未允，「内弩」上下亦有脱文。**弩半，**「弩」疑當作「柴」，涉上而誤。**爲狗犀者環之。**狗犀，疑即後文之「狗屍」、「狗走」，説詳後。**牆七步而一。**畢云：「下有脱字。」詒讓案：以上救闉池之法，疑備堙篇之佚文。自「大鋌」以下七百字舊本錯入備穴篇「城壞或中人」之下，今依顧校移著於此。

**救車火，**備蛾傳篇云「車火燒門」，備梯作「熚火」。此「車火」疑當作「熏火」，「熏」與「車」篆文上半相近而誤。**爲烟矢射火城門上，**此謂敵射火攻城也。「烟矢」當作「熛矢」，説文火部云：「熛，火飛也，讀若標。」「熛」誤作「煙」，又從俗作「烟」，遂不可通。孫子火攻篇云「烟火必素具」，亦「熛火」之誤。**鑿扇上爲棧，**畢云：「説文云：『棧，棚也。』」詒讓案：疑當作「杙」，與弋同，即下文之「涿弋」也。然杜君卿所見已作「棧」，未敢輒改。**塗之，**畢云：「『涂』字俗寫从土。」本書迎敵祠亦只作『涂』。通典守拒法云：『門棧以泥厚塗之，備火。柴草之類貯積，泥厚塗之，防火箭飛火。』」**持水麻斗、革盆救之。**斗革，舊本譌「升草」。畢云：「麻一升，草一盆也。」王云：「草一盆，非救火所用，畢説非也。『升』當爲『斗』，隸書『斗』字作『𠦃』，因譌而爲『升』。『草盆』當爲『革盆』。備穴篇曰『傳火者，必以布麻什、革盆』，案『傳火』當爲『持水』，『什』當爲『斗』，即所云『持水麻斗、革盆救之』也。『革盆』又見備蛾傳篇。」案：王校是也，今據正。王所引備穴篇文，今移於前。**門扇薄植，**畢云：「説文云：『欂，壁柱。』『植，户植也。』薄，假音字。」**皆鑿半尺，**蓋即鑿孔以涿弋，然不當云「半尺」，疑有誤。**一寸一涿弋，**涿，舊本譌「湪」，王引之云：「『湪』當爲『涿』，字本作『椓』，説文：『椓，擊也。』周南兔罝傳曰『丁丁，椓杙聲』是也。通作『涿』，周官壺涿氏注曰『涿，擊之』是也。『涿弋』又見下文。史記趙世家『伐魏敗涿澤』，今本『涿』字亦誤作『湪』。凡經傳中從豖、從彖之字，多相亂。」案：王校是也，今據正。六韜軍用篇云：「委環鐵杙，長三尺以上，三百枚。椓杙大鎚，重五斤，柄長二尺以上，百二十具。」俗本六韜「椓」譌「椽」，與此相類。惟宋施子美講義本不誤。**弋長二寸，**舊本作「尺」，今據道藏本、吴鈔本正。説文弋部云：「弋，橜也。」此涿弋門上以持塗，度不宜太長，後文亦云「涿弋長七寸」。畢云：「説文云：『樴，弋也。』」**見一寸，**畢云：「『見』疑『閒』字。」詒讓案：即上文云「一寸一涿弋」也。下文亦云「弋閒六寸」。**相去七寸，**上云「閒一寸」者，謂一行之中每一寸一弋，此則前後行相去之數也。**厚塗之，以備火。城門上所鑿以救門火者，**下云「垂水」，則不當云「鑿」，此疑有誤。**各一垂水，**方言云：「⿰缶谷，周洛韓鄭之閒謂之甀。」甀即⿱垂缶之俗。畢云：「垂，⿱垂缶字省文。説文云：『⿱垂缶，小口罌也。』」**火三石以上，**王云：「下『火』字義不可通，『火』當作『容』。下文言『容斗以上』、『容石以上』者多矣。則『火』爲『容』之壞字無疑。」顧云：「『火』當作『大』。」蘇云：「垂所以盛水者，『火』字衍，或即『水』字之譌。」案：顧説亦通。**小大相雜。**以上救車火之法。

**門植關必環錮，**植，持門直木；關，持門横木，詳非儒篇。説文金部云：「錮，鑄塞也。」畢云：「言扃固之，環與扃音相近。」**以錮金若鐵鍱之。**畢云：「『錮』字疑衍。説文云：『鍱，鏶也。』此與鍇音同，説文云：『以金有所冒也。』」詒讓案：「錮」疑「銅」之誤。下「金」字乃「銅」字偏旁之誤衍者。備高臨篇云「連弩機郭用銅」。**門關再重，鍱之以鐵，必堅。梳關關二尺，**畢云：「『梳』字未詳，疑作『瑣』。」案：「梳」、「瑣」義並難通，形聲亦不相近。畢校未塙。竊疑「梳」並當爲「桄」，説文木部云：「桄，充也。」「楗，距門也〔一〕。」此桄關即謂楗，今之木鎖是也。蓋門植關兩木橫直交午之處，別以木鎖控之，以其橫互門閒，故謂之桄關。下「關」字當是衍文。「二尺」者，桄關之長度。淮南子繆稱訓云：「匠人斲户，無一尺之楗不可以閉藏。」彼爲尋常房室之門，楗止一尺，此城門之楗，故倍之。若門植與關，則其長皆竟門，必不止一二尺矣。説文門部云：「閉，闔門也，从門才，所以距門也。」蓋才以十〔二〕，象植與關橫直交午之形，下一短畫，則正象楗橫互之形。參互審繹，可見古楗門之制矣。**梳關一莧，**畢云：「『管』字假音。春秋左氏云『北門之管』。」詒讓案：「管」或作「筦」，與「莧」聲形俱近。説苑君道篇「楚筦蘇〔三〕」，吕氏春秋長見篇「筦」作「莧」。管即鎖也，月令「脩鍵閉，慎管籥」，鄭注云：「鍵，牡；閉，牝也。管籥，搏鍵器也。」孔疏以管籥爲鑰匙，鍵爲鑰須，二者不同。通言之鎖亦謂之管，檀弓鄭注云：「管，鍵也。」是又合管鍵爲一。此「一莧」，與檀弓注義同。蓋於木鎖之外，更加金鎖以爲固，故詳著之。木鎖金鎖同著於關植之上，故爾雅釋宮郭注云：「植，户持鎖植也。」**封以守印，時令人行貌封，**畢云：「『貌，疑『視』字。」**及視關入桓淺深。**入，舊本譌「人」。蘇云：「『人』當作『入』，桓所以關也，視其淺深，謹防之。」案：蘇校是也，今據正。桓，蓋門兩扉旁之直木。凡持門之木，橫直相交，而關又橫貫兩桓以爲固，故視其入桓淺深，恐其入淺則不固也。畢云「桓，表也」，非。**門者皆無得挾斧、斤、鑿、鋸、椎。**

〔一〕「距」，按通行大徐本説文作「限」，此作「距」乃據文選南都賦李善注引。

〔二〕按：「以十」疑是「似十」之誤。「才」字篆作「扌」，似「十」。

〔三〕「筦蘇」，按説苑實作「筦繞」，新序雜事一作「筦蘇」，此處引文有錯。

蘇云：「禁此五者，防有變也。」已上言城關關鎖之法，畢以爲救車火之法，非也。

**城上二步一渠，**畢云：「高誘注淮南子云：『渠，漸也。』案漸同塹。」案：此「渠」乃守械，以金木爲之。畢謂即塹，謬。**渠立程丈三尺，**「程」當爲「桯」。考工記輪人，蓋杠謂之桯〔二〕。立程，即渠之杠，直立者也。「丈三尺」當作「丈二尺」。上文及襍守篇說渠，並云「矢長丈二尺」。**冠長十丈，辟長六尺。**畢云：「前漢書注云『墨子曰：城上二步一渠，立程長三尺，冠長十尺，臂長六尺』，則『丈』當爲『長』，『辟』同『臂』。」案：渠，此篇及襍守篇凡四見，並不云長三尺。漢書鼂錯傳注引「丈」作「長」，自是譌文，畢據以校此，傎矣。辟，備穴篇正作「臂」，今移前。冠，蓋渠之首。臂，其橫出之木也。**二步一荅，**畢云：「漢書注云：『蘇林曰：渠荅，鐵蒺藜也。』」**廣九尺，**王云：「此當作『二步一荅，荅廣九尺』。上文『二步一渠，渠立程丈三尺』，與此文同一例。今本少一『荅』字，則文不足意，如淳注漢書鼂錯傳引此，重『荅』字。」**袤十二尺。**畢云：「『袤』舊作『表』，據前漢書注改。」詒讓案：以上渠荅之法。

**二步置連梃、**畢云：「舊作『挺』，以意改。說文云：『梃，一枚也。』孟子音義云：『丁：徒頂切。』通典守拒法云：『連梃，如打禾連枷狀，打女牆外上城敵人。』」顧云：「挺當从手。」案：此當從畢校，後總舉守城之備，亦作「梃」，从木。太白陰經守城具篇說「連梃」與通典同。**長斧、長椎各一物；**說文木部云：「椎，擊也，齊謂之終葵。」**槍二**

---

〔二〕按：周禮考工記輪人「桯圍倍之，六寸」，鄭玄注：「鄭司農（衆）云：桯，蓋杠也。」孫氏所引乃據鄭司農注，非輪人文。

**十枚**，國語齊語云「挾其槍刈耨鎛」，韋注云：「槍，椿也。」一切經音義引三蒼云：「木兩端鋭曰槍。」**周置二步中。**

以上裸守器之法。

**二步一木弩**，畢云：「通典守拒法云：『木弩，以黄連、桑柘爲之，弓長一丈二尺，徑七寸，兩弰三寸，絞車張之，大矢自副，一發聲如雷吼，敗隊之卒。』」**必射五十步以上。及多爲矢**，吳鈔本作「羔」，同。**節毋以竹箭，楛、趙、掓、榆，可。**當作「即毋竹箭，以楛、趙、掓、榆，可」。毋與無字通。矢材以竹箭爲佳，說文竹部云：「箭，矢也。」爾雅釋地「東南之美者，有會稽之竹箭焉」，郭注云：「竹箭，篠也。」書禹貢云「惟箘簬楛」，釋文引馬融云：「楛，木名，可以爲箭。」方言云「杠，南楚之閒謂之趙」，郭注云：「『趙』當作『桃』，聲之轉也。」此「趙」或亦「桃」之譌。掓，字書所無，疑當爲「樜」，形近而誤。樜，柘之借字，說文木部云：「樜木出發鳩山。」山海經北山經作「柘木」。廣韻四十禡云：「柘、樜同。」此謂即倉猝無竹箭，則以它木材爲矢亦可。毋，畢本作「毌」，道藏本作「毋」，是也，今據正。**蓋求齊鐵夫**，「蓋」當爲「益」，字形之譌。「齊」疑當爲「齎」，同聲叚借字。鐵夫，「夫」亦當爲「矢」，或云夫即鈇。備穴篇有「鐵鈇」，然與上下文不相應。**播以射衙**，說文手部云：「播，布也。」謂分布，使衆射之。畢云：「『衙』疑『衝』字，文未詳。」王云：「衝，說文本作『衝』，今作『衙』者，即『衝』之譌。」**及櫳樅。**「櫳樅」見後，蓋亦攻守通用之器。道藏本、吳鈔本二字並从手，下同。畢云：「以上木弩之法。」

**二步積石，石重千鈞以上者，五百枚。**說苑辯物篇云：「三十斤爲鈞。」畢云：「後漢書注引作『積石百枚，重千鈞以上者』，舊『千』作『中』，據改。」案：此見堅鐔傳注，「千」並作「十」，未知畢據何本。**毋百**，盧云：「疑云『毋下百』，脱『下』字，或尚有脱字。」**以亢疾犁、**周禮馬質鄭注云：「亢，禦也。」畢云：「此『疾犁』正字。漢書注作『蒺藜』，非。通典守拒法云：『敵若木驢攻城，用鐵蒺藜下而敦之。』」**壁，皆可善方。**未詳。畢云「疑『繕方』。」詒讓案：以上積石之法。

**二步積苙，**畢本作「笠」，云：「一本作『至』，舊作『苙』。」案：道藏本、吴鈔本並作「苙」。說文竹部云「笠，簦無柄也」，非守圉之械，畢本非也。「苙」當爲「苣」之譌，後文「人擅苣，長五節」是也。彼「五節」當爲「五尺」，此長度倍之，蓋苣束葦爲之，有大小長短之異。常時所擅用其小者，其大者，則積之以備急猝夜戰之用，故長度特倍於恒也。「苣」與「苙」形近，故譌。後文「窬穴大容苣」，「苣」今本譌「苴」，與此亦相類。舊本作「苙」，艸形尚存。畢校作「笠」，失之彌遠矣。**大一圍，**儀禮喪服鄭注云：「中人之扼圍九寸。」**長丈，二十枚。**

**五步一罌，**說文缶部云：「罌，缶也。」蘇云：「下言木罌容十升以上者，五十步而十，是五步一罌也。」**盛水。有奚，**王云：「『有奚』下當有『蠡』字。下句『奚蠡』，即承此而言。杜子春注周官鬯人曰：『瓢，謂瓠蠡也。』瓠蠡、奚蠡，一聲之轉。」蘇云：「『奚』下脱『蠡』字。說文：『奚，大腹也。』蠡音黎，瓠瓢也，漢書東方朔傳『以蠡測海』是也。」**奚蠡大容一斗。**

**五步積狗屍五百枚，**狗屍，疑即上文之「狗犀」，屍、犀音近通用。後又有「狗走」，即此。蓋亦行馬、柞鄂之類。**狗屍長三尺，喪以弟，**畢云：「喪，藏也。」案：畢讀「喪以弟瓮」爲句，蓋以狗屍爲死狗，故藏以瓮缶。然無當守圉之用，殆非也。今案當讀「喪以弟」句，「弟」當爲「茅」，「茅」、「弟」篆文形近，因而致誤。狗屍蓋以木爲之，而掩覆以茅，所以誤敵，使陷擠不得出也。**瓮亓端，**瓮，吴鈔本作「甕」，同。案當爲「兑」，形近而誤，猶上文云「長椎斧其兩端」，「斧」亦「兑」之誤。**堅約弋。**

**十步積摶，大二圍以上，**摶，舊本作「槫」，道藏本、吴鈔本竝作「摶」。前「柴摶」亦作「摶」，今據正。摶即束木之名。**長八尺者二十枚。**

**二十五步一竈，竈有鐵鐕，**畢云：「舊脱一『竈』字，據太平御覽增。鐕，鬵字假音。說文云：『鬵，大釜也。一曰鼎，大上小下，若甑曰鬵，讀若岑。』方言云：『甑，自關而東，或謂之鬵。』太平御覽引作『鑊』。」**容石以上者一，**畢云：「太平御覽引作『容二石以上爲湯』。」**戒以爲湯。**畢云：「已上積石苙、狗屍、槫、竈之法。」**及持沙，毋下千石。**畢云「毋下，猶言毋過。」案：毋下，猶云毋減，此言至少之數。畢失其義。

**三十步置坐候樓，**畢云：「通典守拒法有云：『却敵上建堠樓，以版跳出爲櫓，與四外烽戍晝夜瞻視。』」**樓出於堞四尺，**畢云：「說文云：『堞，城上女垣也。』堞省文。」**廣三尺，廣四尺，**畢云「當云『下廣四尺』。」俞云：「兩言『廣』，義不可通，下『廣』字疑當作『長』，蓋言爲坐候樓之法，廣三尺長四尺也。下文言陛之制，曰『廣長各三尺』。彼廣長同制，故合言之。此廣長異制，故別言之也。」**板周三面，密傅之，**蘇云：「傅即塗也，所以防火。」**夏蓋亓上。**蘇云：「所以避日。」案：顧校移後「樓五十步一」至「五十二者十步而二」，凡百二十三字，著於此，似未塙，今不從。

**五十步一藉車，**畢云：「疑即巢車，巢、藉音相近。」案：畢說未塙，詳前。**藉車必爲鐵纂。**畢云：「說文云：『䈄，治車軸也。』纂，假音字。」

**五十步一井屏，**王云：「畢斷『五十步一井』爲句，又云『屏』當爲『井』。案下文言『百步一井』，則此不得又言

『五十步一井』，此當以『五十步一井屏』爲句。下文『周垣之高八尺』，謂井屏之垣，非謂井垣也。旗幟篇云其井匽爲屏，『三十步而爲之圜，高丈』，是其證。初學記地部下引此正作『五十步一井屏』。」詒讓案：「井屏」即屏廁，非汲井也。周禮宮人「爲其井匽」，鄭衆注云：「匽，路廁也。」旗幟篇「圜」字乃「圂」之誤。廁圂不潔，故以屏垣障蔽之。汲井有韓無屏，亦不必爲垣也，詳旗幟篇。 **周垣之，高八尺。**

**五十步一方，**俞云：「方者，房之叚字，五十步置一房，爲守者入息之所，故必爲關籥守之也。尚書序『乃遇汝鳩汝方』，史記殷本紀作『女房』，是方、房古字通。」案：俞說未塙。「方」疑「户」字之誤。下同。後備穴篇云『爲之户及關籥』，與此下文略同，可以互證。 **方尚必爲關籥守之。**蘇云：「尚與上同，『關籥』即管鑰。」

**五十步積薪，毋下三百石，善蒙塗，毋令外火能傷也。**

**百步一櫳樅，**畢云：「舊从手，非。」**起地高五丈，三層，下廣前面八尺，後十三尺，**後廣於前五尺。 **亓上稱議衰殺之。**畢云：「言稱此而議減其上。」

**百步一木樓，樓廣前面九尺，**此無後廣之度，疑有脱文。 **高七尺，樓軥居坫，**畢云：「『軥』疑『呴』，『坫』疑『坫』字。說文云：『坫，屏墻也。』又或同阽，漢書注：『如淳曰：阽，近邊欲墮之意。』」案：「軥」、「坫」二字並字書所無，畢以「坫」爲「坫」，近是；以「軥」爲「呴」，則無義。疑「軥」當从匆，左定九年傳「載蔥靈寢於其中」，孔疏引賈逵云：「蔥靈，衣車也，有蔥有靈。」左傳「蔥靈」即「囪櫺」，疑「蔥」有作「軥」者，亦與囪通。「樓軥」即樓囪也。或謂「軥」當爲「輣」之譌，說文車部云：「輣，兵車也。」後漢書光武紀李注引作「樓車」，亦通。 **出城十二尺。**吴鈔本作「步」。

百步一井，井十甕，畢云：「舊作『百步再，再十甕』，據太平御覽改。」蘇云：「上既言『五十步一井』，則此『一』字或訛，然太平御覽引亦如此。」以木爲繫連。蘇云：「繫連，所以引甕而汲也。」詒讓案：「繫連」疑當爲「擊邊」，形近而誤，即後文之「頡皋」，音並相近。水器容四斗到六斗者百。「六斗」舊作「六什」。蘇云：「『六什』當作『六斗』。到猶至也。」案：蘇校是也，今據正。左傳襄九年「宋災備水器」，杜注云：「盆罋之屬。」

百步一積雜秆，說文禾部云：「稈，禾莖也。或作秆。」左昭二十七年傳云「或取一秉秆焉」。畢云：「一本作『杆』。」蘇云：「『杆』字誤，作『秆』是也。或作『杵』亦可。」案：蘇說非是。大二圍以上者五十枚。

百步爲櫓，畢云：「說文云：『櫓，大盾也。』」櫓廣四尺，高八尺。爲衝術。「衝術」即上文之「衝隊」，隊、術一聲之轉。禮記月令「審端徑術」，鄭注云：「術，周禮作『遂』。」是其例也。此下所爲，皆以當衝遂。

百步爲幽牘，俞云：「『牘』即『竇』字之誤，其上本從穴，篆文穴字與隸書肉字相似，管子侈靡篇有『䳏』字，即『窵』字之誤，正與此同，可以爲證。」詒讓案：「牘」當爲「隫」之誤。說文𨸏部云：「隫，通溝以防水者也。」與「竇」聲義並相近。凡从𨸏从肉字，隸變形近易譌，備蛾傳篇以「脾」爲「陴」，可與此互證。考工記匠人「竇，其崇三尺」，鄭注云：「宮中水道。」幽隫，猶言闇溝也。廣三尺、高四尺者千。此爲數太多，疑非也，或當爲「一」之誤。

二百步一立樓，立，畢校改「大」，云：「『大』舊作『立』，據太平御覽改。」王云：「畢改非也。初學記居處部、鈔本御覽居處部四、玉海宮室部所引竝作『立樓』，刻本御覽譌作『大樓』，不足爲據。」城中廣二丈五尺二，下「二」字疑衍。此立樓在堞內者之度，其出堞外者，則五尺，下文云「出樞五尺」是也。內外合計之，則廣三丈也。上文說坐候樓，亦云「樓出於堞四尺」。畢云：「太平御覽引云『二百步一大樓，去城中二丈五尺』。」**長二丈，出樞五尺。**「樞」疑當作「拒」，謂立樓之横距，出堞外者五尺也。備高臨篇云「臺城左右，出巨各二十尺」，「拒」、「巨」並「距」之借字，詳備高臨篇。**城上廣三步到四步，乃可以爲使鬭。**三步者，一丈八尺。四步者，二丈四尺也。此言堞内地之廣度，必如此乃足容守卒行止及儲庤器用也。**俾倪，廣三尺，高二尺五寸。**畢云：「説文云：『陴，城上女牆，俾倪也。』杜預注左傳作『僻倪』。衆經音義云：『三倉云：俾倪，城上〔二〕小垣也。』一云：『三倉作頓堄，又作埤、敷。』」蘇云：「即睥睨。釋名云：『城上垣曰睥睨。言於孔中睥睨一切也。』」**陛高二尺五，**下文有「寸」字，此亦當有。説文皀部云：「陛，升高陛也。」**廣長各三尺，遠廣各六尺。**「遠廣」義不可通，疑「遠」當爲「道」，謂城上下當陛之道也。下文云「道陛高二尺五寸，長十步」。下「廣」字道藏本、吴鈔本竝作「唐」。文選甘泉賦李注引鄧展云：「唐，道也。」則「唐」義亦通。**城上四隅童異，高五尺，**「童異」疑當爲「重廙」。説文广部云：「廙，行屋也。」又疑當爲「重婁」，婁與樓通。備蛾傅篇云「隅爲樓」。**四尉舍焉。**尉，蓋即下文所謂「帛尉」。商子鏡内篇云「其縣有四尉」。北堂書鈔職官部引韋昭辨釋名云：「廷尉、郡尉、縣尉，皆古官也，以尉尉人心也。凡掌賊及司察之官，皆曰尉。尉，罰也，言以罪罰姦非也。」畢云：「已上候樓、井、櫳樅、木樓、井、褋秆、櫓、幽牘、立樓之法。」

**城上七尺一渠，長丈五尺，**舊本脱此字，王據襍守篇補。**貍三尺，**畢云：「貍，薶省文。」**去堞五寸，**

〔二〕「上」，原誤「土」，據上下文義改。

**夫長丈二尺，**畢云：「『夫』字俱未詳，疑即『扶』字，所以著手。」王云：「畢説非也。『夫』當爲『矢』，隸書『矢』字或作『𡗗』，見漢泰山都尉孔宙碑，又作『夭』，見成陽令唐扶頌，竝與『夫』相似，故譌作『夫』。襍守篇『渠長丈五尺，其埋者三尺，矢長丈二尺』，其字正作『矢』，故知此篇諸『夫』字，皆『矢』字之譌。」俞云：「畢、王二説皆非也。下文云『爲頡皋，必以堅杖爲夫』，畢云『夫同趺，如足兩分也』，此説得之。下云『臂長六尺』，是趺也、臂也皆取象於人身。畢得之後而失之前，偶不照耳。襍守篇作『矢』，乃字之誤，不當反據以改不誤者。後文『夫』字應讀『趺』者，視此。」案：俞説是也。**臂長六尺。半植一鑿，内後長五寸。**疑當作「内徑五寸」，此「徑」誤爲「後」，又衍「長」字，遂不可通。備高臨篇説連弩車「衡植左右皆圜内，内徑四寸」，足相比例。又上云「門關薄植，皆鑿半尺」，「半尺」即五寸之徑也。「内」、「枘」古今字，楚辭九辨云「圜鑿而方枘兮」。**夫兩鑿，**畢云：「『兩』舊作『雨』，以意改。」**渠夫前端下堞四寸而適。**謂適相當也。**貍〔一〕渠、鑿坎，覆以瓦，冬日以**畢云：「中脱一字，或是『息』字。」**馬夫寒，**「夫」當作「矢」，下説「城上之物有馬矢」，亦誤作「夫」。「寒」疑「塞」之譌。**皆待命，**言待命令而施之。下文作「水甬」，亦云「覆以瓦而待令」。**若以瓦爲坎。**此謂或即以瓦爲坎，亦可。

**城上千步一表，**「千」疑當作「十」。**長丈，棄水者操表搖之。**以告人，慮有體汙也。**五十步一廁，**畢云：「『五』下舊衍一『五』字。」**與下同圂。**畢云：「説文云：『圂，廁也。』」詒讓案：上廁爲城上之廁，圂則城

〔一〕「貍」，原誤「鑿」，據畢沅刻本改。

下積不潔之處，旗幟篇所謂民圂也。蓋城上下，厠異而圂同。之廁者，畢云：「之，往也，見爾雅。」不得操。畢云：「言不得有挾持。」詒讓案：下有脱文。

城上三十步一藉車，蘇云：「上作『五十步』。備穴篇作『二十步』，未詳孰是。」當隊者不用。以上文校之，此下當脱「此數」二字。

城上五十步一道陛，謂當道之階也。「陛」詳前。高二尺五寸，長十步。城上五十步一樓扤，「扤」疑當爲「撕」，草書相近而譌。上文云「樓撕揗」，即此。扤勇勇必重。蘇屬下「土」字讀，云：「『扤』義未詳，或誤衍，『勇』疑『樓』字之誤，『重土』即『重』字之誤也。當言『五十步一樓，樓必重』，重平聲，備穴篇言『再重樓』是也。」案：此當作「樓撕必再重」，即上文所云「屬城爲再重樓」也。今本「樓再」二字並誤爲「勇」，又到亂失次耳。「土」當屬下「樓」字讀，蘇説失之。備蛾傅篇云「隅爲樓，樓必曲裏」，亦再重之譌。

土樓百步一，畢云：「『土』舊作『士』，以意改。」外門發樓，疑亦爲縣門也。左傳孔疏云：「縣門，有寇則發機而下之。」後文縣梁又曰發梁，亦其比例。左右渠之。蘇云：「渠，塹也，所以防踰越者。」爲樓加藉幕，畢云：「舊作『慕』，以意改。」詒讓案：前作「藉莫」，即「幕」之省，制詳前。棧上出之以救外。

城上皆毋得有室，若也可依匿者，畢本「也」改「他」，云：「舊作『也』，以意改。」王云：「『他』古通作『也』，不煩改字。」盡除去之。

城下州道内，畢云：「疑周道。」詒讓案：周道見後備水篇，周禮量人云「營軍之壘舍，量其州涂」，鄭衆注云：

「州涂，還市朝而爲道也。」又考工記匠人云「環涂七軌」，杜子春注云：「環涂，環城之道。」此「州道」與「州涂」、「環涂」義並略同。**百步一積薪，毋下三千石以上，善塗之。**薪，舊本作「藉」。王引之云：「『積藉』不知何物，『藉』當爲『薪』，『薪』、『藉』字形相似，又涉上文兩『藉』字而誤也。積薪必善塗之者，所以防火也。上文云『五十步積薪，毋下三百石，善蒙塗，毋令外火能傷也』，與此文同一例，特彼以城上言之，此以城下言之耳。襍守篇亦曰『塗積薪者，厚五寸已上』。」案：王校是也，蘇説同，今據正。

**城上十人一什長，**迎敵祠篇云：「城上五步有伍長，十步有什長。」蓋城上步一人，十步則十人，有什長，二篇文異義同。畢云：「通典守拒法云：『城上五步有伍長，十步有什長，五十步、百步皆有將長。』」**屬一吏士，**疑「一」當爲「十」。**一帛尉。**有譌脱，疑當云「百人一百尉」。迎敵祠篇云：「城上百步有百長。」又疑「帛」或當作「亭」，篆文二字形近。畢云：「帛同伯。」

**百步一亭，高垣丈四尺，**蘇云：「『高垣』當作『垣高』。」詒讓案：疑當作「亭垣」。「高」即「亭」字之誤。**厚四尺，爲閨門兩扇，**此即亭垣之門，「閨門」見前。**令各可以自閉。**上文同。道藏本、吴鈔本「閉」作「閈」。案：後「行棧内閈」亦作此字，詳後。**亭一尉，**舊本脱「一」字，王據太平御覽職官部六十七補，今從之。此即上「帛尉」，城上百步一亭，故亭一帛尉矣。蘇云：「言亭有尉主之。」**尉必取有重厚忠信可任事者。**有重厚，舊本作「有序」二字。畢云：「言以資格。」王云：「『序』亦當爲『厚』，『厚』上當有『重』字。人必重厚忠信，然後可以任事，故曰『尉必取有重厚忠信可任事者』。號令篇曰『葆衛必取戍卒有重厚者，請擇吏之忠信者、無害可任事者令將衛』，是其證。

今本『厚』作『序』，『序』上又脱『重』字，則義不可通。」案：王説是也，今據補正，説詳非攻下篇。以上置什長亭尉之法。

**二舍共一井爨**，此即什長、百尉所居舍也。儀禮士虞禮鄭注云：「爨，竈也。」**灰、康、粃**、吴鈔本「康」作「糠」，俗字。畢云：「説文云：『穅，穀皮也。』『康』或省字。秕，不成粟也。此从米，非。」**杯**、畢云：「『麩』字假音。通典守拒法有灰、麩、糠、粃、馬矢。」案：畢説未塙。「杯」當爲「秠」之借字。「秠」即「稃」也，爾雅釋草云：「秬，黑黍。秠，一稃二米。」周禮春官敘官鄭注云：「秬如黑黍，一稃二米。」詩大雅生民孔疏引周禮注「稃」作「秠」，又引鄭志云：「秠即皮，其稃亦皮也。」是「秠」與「稃」字亦通。説文禾部云：「稃，穭也。」「穭，穅也。」故墨子亦以「秠」與「康粃」同舉也。通典不知「杯」即爲「稃」，故以「麩」易之，與此書字不合也。**馬矢**，畢云：「舊作『夫』，據太平御覽引云『備城皆收藏灰、糠、馬矢』，通典云『擲之以眯敵目也』。」**皆謹收藏也**。

**城上之備：渠譫**、畢云：「疑『渠荅』假音字。『譫』與『幨』同。淮南子氾論云『渠幨以守』，高誘注云：『渠，塹也。一曰甲名，國語曰「奉文渠之甲」是也。幨幰，所以禦矢也。』」王云：「『譫』非『荅』之假音字，『渠譫』與『渠荅』亦不同物，畢説非也。據高注前説，以渠爲塹，塹非幨類，不得與幨竝言之。後説以渠爲甲，引吴語『奉文渠之甲』，猶爲近之。今吴語作『奉文犀之渠』，韋注以渠爲盾，是也。盾與幨皆所以禦矢，故竝言之。『譫』蓋〔一〕『襜』字之誤。齊策曰

〔一〕「蓋」，原誤「與」，據活字本改。

『百姓理襜蔽，舉衝櫓』，『襜蔽』即高注所云『幨幰，所以禦矢也』。故廣雅曰：『幨謂之幰。』幨與襜字異而義同。」案：王說「譫」是也。此書載渠制甚詳，必非甲盾之名。高、韋說並非是。「襜」疑即所謂「藉幕」。**藉車**、見前。**行棧**、見後。**行樓**、疑即上文之「木樓」。**到**、「到」非守械，疑當爲「斲」，俗書或从刀，故耕柱篇誤作「劉」，後備穴篇又作「劒」，與「到」形並相似，詳耕柱篇。**頡皋**、蘇云：「即桔槔。」詒讓案：曲禮「奉席如橋衡」，鄭注云：「橋，井上㮮槔。」釋文作「挈皋」，云：「依字作『桔槔』。」莊子天地篇云「鑿木爲機，後重前輕，挈水若抽，數如泆湯，其名爲槔」，釋文云：「『槔』或作『皋』。司馬、李云：『桔槔也。』」吳越春秋句踐陰謀外傳作「頡橋」。**連梃、長斧、長椎**、並見前。**長兹**、畢云：「『兹』疑『鎌』字。通典守拒法有長斧、長椎、長鎌。」案：畢說非是。「長鎌」已見前。「兹」即鎡錤也。漢書樊噲傳贊「雖有兹基」，顏注引張晏云：「兹基，鉏也。」國語魯語韋注云：「耨，兹其也。」一切經音義引蒼頡篇云：「鉏，兹其也。」說文木部云：「欘，斫也，齊謂之鎡錤。」兹其即鎡錤之省。**距**、疑即備穴篇之「鐵鉤鉅」。**飛衝**、即衝車，韓非子八說篇有「距衝」，蓋二者攻守通用之。**縣□、批屈**。「縣」下疑闕「梁」字，「縣梁」見前。批，吳鈔本作「拙」，並未詳。顧校謂此下當接「此十四者具，則民亦不宜上矣」一段，今案彼乃上文錯簡，顧說未塙，今不從。

**樓五十步一**，句。**堞下爲爵穴**，畢云：「舊作『内』，以意改。」王引之云：「下文云『五步一爵穴』，則此亦當云『五步一堞』，不當云『五十步』，『十』字蓋涉下文『五十步一積竈』而衍。」蘇說同。案：王說非也。此當讀「樓五十步一」爲句，「堞下爲爵穴」又爲句。爵穴謂於城堞閒爲孔穴也。後文云「城上爲爵穴，下堞三尺」，與此「堞下爲爵穴」文足相證。**三尺而一**。**爲薪皋**，疑即前「頡皋」之「皋」。**二圍，長四尺半，必有潔**。畢云：「當爲『挈』。」

案：疑即前「頡皋」之「頡」，如畢説，則與後文「爲薪樵挈」義同。

**瓦石，重二升以上，**王云：「『升』當爲『斤』，隸書『斤』字或作『斤』，因譌而爲『升』。」**上。**畢云：「疑衍。」**城上，沙**畢云：「舊作『涉』，下同，俱以意改。」**五十步一積。**句。**竈置鐵鐕焉，**畢云：「舊作『錯』，據上文改，鐕同鬵。」**與沙同處。**上文説鐵鐕以爲湯及持沙，故與沙同處。

**木大二圍，長丈二尺以上，善耿亓本，**「耿」疑「聯」之誤。畢云：「言連其本。『亓』舊作『下』，以意改。」**名曰長從，**疑與上文「櫳樅」義同。**五十步三十。木橋長三丈，毋下五十。**此有脱誤，疑當作「毋下二十」。**復使卒急爲壘壁，以蓋瓦復之。**舊本「復」並譌「後」，「卒」譌「辛」。畢云：「『辛』疑『薪』字。」王引之云：「此當作『復使卒急爲壘壁，以蓋瓦復之』，『復之』即覆之，謂以蓋瓦覆壘壁也。今本兩『復』字皆譌作『後』，『卒』字又譌作『辛』，則義不可通。畢以『辛』爲『薪』字，失之。隸書『復』字作『復』，與『後』相似；隸書『卒』字或作『卆』，與『辛』相似。」案：王校是也，今據正。

**用瓦木罌容十升以上者，五十步而十，盛水，且用之。**方言云：「自關而西，晉之舊都，河汾之間，其大者謂之甀；自關而東，趙魏之郊，謂之瓮，或謂之甖。甖，其通語也。」甖、罌同。史記韓信傳「以木罌缻渡軍」，是罌或瓦或木，皆可以盛水也。諸篇説罌缶所容，並以斗計，此「升」疑亦「斗」之誤。「且用之」三字無義，疑當作「瓦罌大」三字，其讀當屬下，以「盛水瓦罌大五斗以上者」十字爲一句。「瓦」與「且」，「大」與「之」，形並相近。「罌」上从貝，與「用」亦略相類。備穴篇「瓦罌」譌作「月明」，與此亦可互證。但舊本並同，未敢輒改，姑仍之。**五十二者十步而**

二。蘇云：「『十二』字訛，當爲『五斗者』。」俞云：「上『二』字衍文，下『二』字當爲『四』，古人書『四』字作『二二』，傳寫誤分爲兩『二』字，遂移其一於上耳。上『十』字當爲『升』。上文云『容十升以上者，五十步而十』，此云『五升者，十步而四』，蓋言盛水之罌，大者容十升，小者半之，容五升，其大者則五步而一，故五十步而十；其小者則五步而二，故十步而四也。下文『五十步丈夫十人，丁女二十人』，又曰『廣五百步之隊，丈夫千人，丁女子二千人』，是丈夫五十步而十，丁女十步而四，與此數一律。」案：「五十二者十步而二」，當作「五斗以上者，十步而二」。大五斗以上者，與上文容十斗以上者，文例正同。「上」字古文作「二」，與「二」形近而譌，又脱「以」字，遂不可通。俞校以「二」爲衍文，非也。但十步而二，即五十步而十也，此容量止得上之半，則數不宜同，或當從俞校作「十步而四」爲是耳。又顧校以「樓十步一」至此一百二十六字，爲上文「夏蓋其上」之下脱文，云當與言「五十步」次。今案顧説可通，然無由定其當次何句，未敢輒移，姑仍舊本。又舊本此下有「城四面四隅，皆爲高磨㯕」云云，凡二百三十二字，顧、俞兩校定爲上文脱簡，並是也，今依分爲二段，移著於前。

**城下里中家人，各葆亓左右前後，如城上。**葆，吴鈔本作「保」，字通，此謂相保任也。**城小人衆，葆離鄉老弱國中及也大城。**也，畢校改「他」，云：「舊作『也』，以意改。」案：「也」即古「他」字，不必改，説詳前。『離鄉』謂別鄉，不與國邑相附者。説文𨛜部云：「鄉，國離邑，民所封鄉〔二〕也。」春秋繁露止雨篇云「書十七縣，八十離鄉及都官吏」。「葆」亦與「保」通，謂保守也。淮南子時則訓「四鄙入保」，高注云：「四竟之民入城郭自保守。」蘇

〔二〕「鄉」字原脱，據説文補。

云：「城小人衆，則不可守，宜遣其老弱葆於國中及他大城。」

**寇至，度必攻，主人先削城編，**此蓋言先除附城室廬，然有誤脱。**唯勿燒。**勿，吴鈔本作「毋」。**寇在城下，時換吏卒署，**畢云：「説文云：『署，部署，有所网屬。』」詒讓案：言吏卒時移易往來，不定在一署也。**而毋換亓養，**畢云：「糧也。」俞云：「畢説非是。『養』即廝養之養，宣十二年公羊傳『廝役扈養，死者數百人』，何休注曰：『炊亨者曰養。』」案：俞説是也。吴子治兵篇云「弱者給廝養」。此言吏卒署雖時換，而其廝養給使令者，則各有定署，不得移易也。亦見號令篇。**養毋得上城。寇在城下，收諸盆甕，**畢云：「『收』舊作『牧』，以意改。」詒讓案：説文皿部云：「盆，盎也。」又缶部云：「罋，汲缾也。」「甕」即「罋」之隸變。**耕積之城下，**畢云：「『耕』疑『茾』字。」**百步一積，積五百。**言五百箇爲一積也。

**城門内不得有室，爲周室桓吏，**畢云：「疑云『周宫桓吏』。」詒讓案：疑當作「爲周宫植吏」，言城門之内不得有室，惟築周宫，置吏守之。「植」即「置」之借字。「宫」、「官」，「植」、「桓」，並形近而誤。備穴篇云「爲置吏舍人各一人」。周宫者，回環築都宫中，蓋但有庌，而無室也。**四尺爲倪。**畢云：「陴倪也，古只作此，作埤者俗。」蘇云：「『倪』上當脱『俾』字。」案：畢蘇以此爲「俾倪」，非也。此『倪』當謂小兒，孟子梁惠王篇云「反其旄倪」，趙注云：「倪，弱小繄倪者也。」後襍守篇云「睨者，小五尺，不可卒者，爲署吏，令給事官府若舍」。此「倪」即彼「睨」，聲同字通。彼『五尺』，爲年十四以下，已任署吏，此『四尺』，又少於彼，或亦令給事周宫中與？此下尚有脱文，疑以上十六字或當在後「堂下周散道中應客」句上，四尺之童，足任應賓客也。**行棧内閇，**「閇」即「閉」字，疑當作「閈」，王羲之書黄庭經「閉」字如此作，與「閈閭」字異。二闗一堞。未詳。

除城場外，爾雅釋詁云：「塲，道也。」謂城下周道。旗幟篇云「道廣三十步，於城下夾階者各二」是也。去池百步，墻垣、樹木小大俱壞伐，俱，吴鈔本作「盡」。畢云：「『伐』舊作『代』，以意改。」除去之。寇所從來若昵道、傒近，當作「近傒」，「傒」與「蹊」字通。釋名釋道云：「步所用道曰蹊。蹊，傒也，言射疾則用之，故還傒於正道也。」蓋正道爲道，閒道爲傒。昵、近義同。畢云：「説文云：『尼，從後近之。』『傒』即『谿』假音字。」失之。若城場，皆爲扈樓。皆舊本譌「家」，今據道藏本、吴鈔本正。畢云：「禮記檀弓云『毋扈扈』，陸德明音義云：『音户，廣也，大也。』」立竹箭天中。畢云：「『天』疑『矢』字。」案：此「竹箭」當即後襍守篇墻外水中所設之竹箭，疑「天中」即「水中」之誤。

守堂下爲大樓，謂守宫堂下中門之上，爲大樓以候望也。此即臺門之制，但加高大耳。高臨城，堂下周散道，中應客，客待見。時召三老在葆宫中者，與計事得。漢書百官公卿表：「秦制，鄉有三老，掌教化。後號令篇云「三老守閭」，則邑中里閭亦置三老。管子水地篇云「與三老里有司伍長行里」。史記滑稽傳，西門豹治鄴，亦有三老。漢書高祖紀漢二年「舉民年五十以上，有脩行，能率衆爲善，置以爲三老，鄉一人。擇鄉三老一人爲縣三老，與縣令丞尉以事相教，復勿繇戍」，蓋亦放秦制爲之。舊本「在」譌「左」，「宫」譌「官」。王引之云：「『左』當爲『在』。襍守篇曰『父母昆弟妻子有在葆宫中者，乃得爲侍吏』，是其證。『得』下有脱文，不可考。各本『得』下有自『爲之柰何』至『以謹』，凡二十四字，乃備穴篇之錯簡。」蘇云「『官』當作『宫』」，王校同。案：王、蘇校是也，今據正。舊本此下有

「爲之柰何」云云五十四字，王、俞兩校定爲上文及備穴篇之錯簡，是也，今據分別移正。**先。**當爲「失」，屬上「與計事得失」爲句，言與客計事，審其得失也。**行德計謀合，乃入葆。**「德」當爲「得」，古通用。此冢上「計事得失」而言，謂所行既得，計謀又相合，乃聽其入葆城也。**葆入守，無行城，無離舍。**謂自外入葆者，不得行城離舍也。

**諸守者，審知卑城淺池而錯守焉。**論語包咸注云：「錯，置也。」錯守，猶言置守。或云楚辭國殤王逸注云：「錯，交也。」謂交錯相更代而守，亦通。**晨暮卒歌以爲度，用人少易守。**以上四十三字，舊本誤錯入襍守篇，今審定與此上下文正相承接，移著於此。卒歌，「歌」疑「鼓」之誤，兵法禁歌哭，不當使卒歌也。末句有誤。

**守法：五十步丈夫十人、丁女二十人、**釋名釋天云：「丁，壯也。」**老小十人，計之五十步四十人。**此城下不當隊者守備之卒，每十步則八人，與下文城上城下當隊者人數並異。四十，吳鈔本作「四百」，誤。畢云：「丈夫、丁女、老小共四十人。」**城下樓卒，率一步一人，**卒舊本譌「本」，王云：「『本』當爲『卒』，謂守樓之卒也。隸書『卒』字或作『卆』，因譌而爲『本』。淮南詮言篇『其作始簡者，其終卒必調』，漢書游俠傳『卒發於睚眦』，今本『卒』字竝譌作『本』。」案：王校是也，今據正。「城下」當爲「城上」，此言城上守樓及傳堞者，每步一人，與上下文城下卒數不同。上云「城上百步一樓」，則樓不得在城下明矣。城上地陜，故一步止一人。迎敵祠篇云「城上步一甲一戟，其贊三人，五步有五長，十步有十長，百步有百長」，亦城上每步一人之證。**二十步二十人。城小大以此率之，乃足以守圉。**舊本作「圍」，王云：「『守圍』二字義不可通，『圍』當爲『圉』，字之誤也。『守圉』即守禦，公輸篇『子墨子守圉有餘』，淮南主術篇『瘖者可使守圉』，漢書賈誼傳『守圉扞敵之臣』，竝與守禦同。」案：王校是也，今據正。

**客馮面而蛾傳之，**畢云：「『客』舊作『宕』，以意改。」蘇云：「『面』字衍。」案：宕，吳鈔本又作「蕩」，非。小爾雅廣言云：「馮，依也。」「面」，謂城四面，見上文，非衍也。**主人則先之知，**畢云：「二字疑倒。」**主人利，**畢云：「言主人先知，則主人利。」詒讓案：此上下文疑皆備蛾傅篇之文錯著於此。**客適。**以下文校之，疑當作「客病」。**客攻以遂，**畢云：「同隊。」**十萬物之衆，**「物」字疑衍。畢云：「衆，一本作『數』。」**攻無過四隊者。上術廣五百步，**術、隊一聲之轉，皆謂攻城之道。百，舊本譌「十」，今據吳鈔本正。蘇云：「下言中術三百步，下術五十步，則此『五十』當作『五百』。」案：蘇校是也，下云「廣五百步之隊」，可證。**中術三百步，下術五十步。**疑當作「下術百五十步」。**諸不盡百五步者，**此即承上「下術」言之，疑亦當作「百五十步」。**主人利而客病。廣五百步之隊，**即上文之「上術」也。**丈夫千人，**丈舊本譌「大」，今從王校改。**丁女子二千人，老小千人，**畢云：「『千』皆當作『十』。」案：畢校非。**凡四千人，**舊作「凡千人」。畢云：「當云『四十人』。」王引之云：「畢說非也。『丈夫千人，丁女子二千人，老小千人』，則下句當云『凡四千人』，不當改上三『千』字爲『十』，而云『凡四十人』也。上文『五十步丈夫十人、丁女子二十人、老小十人』，共四十人，此廣五百步，則人數不得與上文同矣。」案：王校是也，今據補。此城下當隊者備守之卒，十倍於前不當隊之數也。商子兵守篇說守城分三軍，壯男爲一軍，壯女爲一軍，男女之老弱者爲一軍，與此法略同。**而足以應之，此守術之數也。**顧校移上文「凡守圍城之法」至「不然則賞明可信，而罰嚴足畏也」一段，又「城下里中家人，各葆其左右前後，如城上」至「時召三老在葆宮中者，與計事得」一段，著此下，恐不塙，今不從。**使老小不事者，守於城上不當術者。**不當攻隊者守事不急，故使老小守之。

城持出必爲明填，「持」當作「將」，即千人之將也。見號令篇。「填」疑當爲「旗」，形近而誤。史記封禪書「填星出如瓜」，索隱云「填，本亦作『旗』」，是其證。下並同。令吏民皆智知之。王云：「此本作『令吏民皆智之』，『智』即『知』字也。今本作『智知之』者，後人旁記『知』字，而寫者因誤合之耳。墨子書『知』字多作『智』，說見天志中篇。」蘇云：「『智』當爲『習』之誤。」案：蘇說亦通。從一人百人以上，持出不操填章，「持」亦當爲「將」，「一人」不當有將，蓋「十人」之誤。從人非亓故人，言非其故所屬吏卒。乃亓積章也，畢云：「『乃』疑『及』字。積，上作『填』，是。『填章』疑印章之屬，言出城從人非故相識人及有印信者，止之。」案：畢以「乃」爲「及」，是也，餘皆失之。魏孝文帝弔比干文「旗」字作「棋」，故此譌作「積」，前又譌「填」，畢以「填」爲是，非也。此當云「及非亓旗章也」，言雖操旗章，而非其所當建之形式也。今本「及」譌「乃」，「旗」譌「積」，又脱「非」字，遂不可通。千人之將以上止之，勿令得行。行及吏卒從之，卒，舊本譌「率」，今據道藏本、吴鈔本正。皆斬，具以聞於上。此守城之重禁之，畢云：「當爲『也』。」夫姦之所生也，不可不審也。自「城下里中家人，各葆其左右前後，如城上」至此，並通論守法，與前後文論守備器物數度者不同，疑皆他篇文之錯誤。以「先行德計謀合」一段在雜守篇證之，或故書本皆在彼篇與？王云：「各本此下有『候望適人』至『穴土之攻敗矣』，凡三百四十五字，乃備穴篇之錯簡。」詒讓案：舊本此篇「穴土之攻敗矣」下，又有「斬艾與柴長尺」至「男女相半」，凡三百九十四字，亦備穴篇文，今並移正。

城上爲爵穴，謂於城堞閒爲空穴，小僅容爵也。顧云：「此以下是備高臨篇文，釋『技機藉之』也。」案：顧說是也，然未知截至何句止，姑仍其舊。下堞三尺，廣亓外，蘇云：「此言爵穴之法，廣外則狹內，令下毋見上，上見下也。」**五步一。爵穴大容苴，**王引之云：「『苴』字義不可通，『苴』當爲『苣』，字之誤也。說文：『苣，束葦燒之。』此云『爵穴大容苣』，下云『内苣爵穴中』，二文上下相應，故知『苴』爲『苣』之譌。」案：王校是也，蘇說同。**高者六尺，下者三尺，疏數自適爲之。**畢云：「言視敵而爲疏促。『自』，『視』字之誤。」王引之云：「『自』蓋『因』字之誤，言因敵之多少而爲疏數也。隸書『因』字或作『囙』，與『自』相似而誤。」案：「適」當讀如字，言自稱地形爲疏數，必調適也。備梯篇云「守爲行城雜樓，相見以環其中，以適廣陜爲度」，與此「適」字義同，畢、王說非。**塞外塹，去格七尺，爲縣梁。**「塞」當爲「穿」。此言穿城外爲塹，而縣木爲橋梁，乃發以圉敵也。若如今本作「塞外塹」，則下不當云「勿塹」矣。後文亦云「去城門五步大塹之，上爲發梁」，與此可互證。格，即備蛾傅篇之「杜格」，旗幟篇之「牲格」也。蓋於城外樹木爲之，以遏敵人之傅城者。或云格與落通，六韜軍用篇、漢書晁錯傳並有「虎落」，即此。**城笮陜不可塹者，勿塹。**舊本「笮」作「筵」，王引之云：「『筵』字義不可通，『筵』當爲『笮』。玉篇：『笮，狹也。』亦作『笮』，與『筵』相似而誤。」蘇云：「『筵』當與『埏』同，地際也。」案：王說是也，今據正。**城上三十步一聾竈，**詳前。畢云：「『聾』疑『壟』字。」**人擅苣，長五節，**舊本「人擅」作「入壇」。王引之云：「『入壇』二字義不可通，『入壇』當爲『人擅』。『擅』讀曰撣，說文：『撣，提持也。』古通作『擅』。『人擅苣』者，人持一苣也。備水篇曰『臨三十人，人擅弩』，又曰『三十人共船，亓二十人，人擅有方，劒甲鞮瞀；十人，人擅苗』，是凡言『人擅』者，皆謂人人手持之也。『人』、『入』，『擅』、『壇』，字之誤。」案：王校是也，今據正。六韜敵强篇云「人操炬火」，「炬」即「苣」之俗，擅、操義同。長五節，「節」非度名，疑當作「長五尺」。「節」當爲「即」，屬下讀，今本作「節」，或「尺即」二字合寫之誤。**寇在城**

下，聞鼓音，燔苣，復鼓，内苣爵穴中，照外。蘇云：「内讀如納。」諸藉車皆鐵什，畢云：「什與鍇音近。説文云：『鍇，以金有所冒也。』」詒讓案：上文云「藉車必爲鐵纂」，即此。藉車之柱長丈七尺，亓貍者四尺，柱長丈七尺而貍者四尺，則在上者丈三尺，較下「夫四分之三在上」爲微贏。或「長丈七尺」，「七」當爲「六」，則於率正同。下又云「桓長丈二尺半」。夫長三丈以上至三丈五尺，夫、趺字同。馬頰長二尺八寸，説文頁部云：「頰，面旁也。」馬頰，蓋象馬兩頰骨衺出之象。試藉車之力而爲之困，困，梱之借字。説文木部云：「梱，門橜也。」「橜，弋也，一曰門梱也。」口部：「困，古文作『𣎴』。」廣雅釋宮云：「橜、機、闑，𣎴也。」即以古文困爲梱。荀子大略篇云「和之璧〔一〕，井里之厥也」，晏子春秋襍上篇作「井里之困」，「困」亦即梱也。據荀、晏二書，則梱以木石爲之。此藉車以大車輪爲梱者，蓋亦於趺下爲之。失四分之三在上。「失」當爲「夫」，亦趺之借字。藉車夫長三尺，依上文，當作「丈」。四二三在上，當作「四之三在上」。此二句即釋上「夫四分之三在上」之義，疑舊注之錯入正文者。馬頰在三分中。馬頰横材旁出，邪夾趺外。在三分中，即在上三分内也。馬頰長二尺八寸、夫長二十四尺以下不用。言不及度，則不中用。治困以大車輪。藉車桓長丈二尺半。桓，即桓楹之桓，與柱義同。藉車蓋有四直木，其二薶者爲柱，二不薶者爲桓。上文「柱長丈七

〔一〕「璧」，原誤「壁」，據荀子改。

尺，䕌者四尺」，則不䕌者丈三尺也。此度朒五寸，未詳。如柱長當爲丈六尺，則不䕌者亦丈二尺，桓贏五寸，或爲枘以入夫與？**諸藉車皆鐵什，復車者在之。**「復」疑「後」之誤，「在」疑「左」之誤。左、佐古今字。備水篇云：「城上爲射撨，疾佐之。」

**寇闉池來，**畢云：「『闉』疑當爲『衝』或『闉』字。池，城池。」案：「闉」是也。備穴篇有救闉池之文，今移於前。**爲作水甬，**水甬，蓋漏水器。月令「角斗甬」，鄭注云：「甬，今斛也。」中空，可通水者。**深四尺，堅慕貍之。**畢本「慕」改「幕」，云：「舊作『慕』，以意改，下同。」案：「慕」當作「幂」，畢校未允，詳前。**十尺一，覆以瓦而待令。**瓦，舊本作「月」，畢以意改「穴」。王云：「『月』亦當爲『瓦』。上文云『鑿坎覆以瓦』，是其證。畢改『月』爲『穴』，非也。」案：王校是也，蘇說同。**以木大圍長二尺四分而早鑿之，**「早」疑「中」之誤，言鑿木中空之也。上文云「輼長二尺，中鑿夫之」，可證。**置炭火亓中而合慕之，**慕，畢本亦改「幕」。案：當爲「幂」，謂既置炭火，乃以物合而覆之。**而以藉車投之。爲疾犂投，長二尺五寸，大二圍以上。**備梯篇作「蒺藜投」，蓋亦爲機以投之。**涿弋，**涿，椓之借字，詳前。畢云：「弋，舊俱作『代』，以意改。」詒讓案：「代」疑「杙」之誤。**弋長七寸，弋閒六寸，**畢云：「『弋』舊作『我』，以意改。」案：亦當作「杙」。**剡亓末。**說文刀部云：「剡，銳刺也。」**狗走，**畢云：「疑穴之可以出狗者，曰『狗走』。」案：畢說甚誤。據下文有蚤，則非穴明矣。此當即上文之「狗屍」，惟尺度異耳。前「救闉池」章又作「狗犀」。竊疑此本名狗棲，猶詩王風云「雞棲」，棲、犀聲近字通。爾雅釋艸「瓠棲瓣」，詩衛風碩人作「瓠犀」，可證。「棲」或省作「妻」，與「走」形近，故譌。古蓋爲闌棧以棲狗，守城樹杙爲藩，似之，故亦謂之狗棲，猶鑿穴謂之鼠穴矣。廣七寸，長尺八寸，蚤長四寸，蚤、爪同，蓋剡鋭其末，詳前。犬耳施之。」犬，舊本誤「大」，今據道藏本、吴鈔本正。「耳」當爲「牙」。犬牙施之，謂錯互設之。上文云「靈丁，三丈一，犬牙施之」，「犬牙」亦譌作「火耳」，與此義同。以上並備闉池之法，與上文錯入備穴篇救闉池之文略同。

子墨子曰：守城之法，必數城中之木，十人之所舉爲十挈，五人之所舉爲五挈，凡輕重以挈爲人數。畢云：「言即以十挈、五挈名其物者，以人數也。」詒讓案：挈與契字同，「十挈」、「五挈」，謂刻契之齒，以記數也。列子説符篇云：「宋人有遊於道，得人遺契者，歸而藏之，密數其齒，曰：吾富可待矣。」爲薪蕉挈，蕉，樵之俗。集韻四宵云：「『樵』或作『蕉』。」壯者有挈，弱者有挈，皆稱亓任。凡挈輕重所爲，吏人各得亓任。蘇云：「『吏』當作『使』。」案：蘇校是也。吏、使古字亦通。此釋「皆稱其任」句義，疑亦舊注錯入正文。又雜守篇云「使人各得其所長，天下事當」，與此文例相似。疑此與彼數語當相屬，或有錯簡也。城中無食，則爲大殺。畢云：「殺，言減。」詒讓案：自「子墨子曰」至此一段，與上下文義不相屬，疑當在襍守篇「斗食終歲三十六石」之上，而誤錯著於此。

去城門五步大塹之，高地三丈，下地至，王引之云：「此本作『高地丈五尺，下地至泉三尺而止』，備穴篇曰『高地丈五尺，下地得泉三尺而止』，是其證。今本『丈五尺』譌作『三丈』，『至』下又脱『泉三尺』三字，則義不可通。」案：王説是也，上文亦云「塹中深丈五」。施賊亓中，王引之云：「『賊』字義不可通，『賊』當爲『棧』。上文城上之備有『行棧』、『行樓』，説文：『棧，棚也。』謂設棚於塹中，上爲發梁，而機巧之，以陷敵也。」詒讓案：「賊」疑亦「杙」之誤。上爲發梁，畢云：「梁，橋也。」詒讓案：此即上文所謂「縣梁」也，縣梁有機發，可設可去，故曰「發梁」。而機巧之，以下文校之，「巧」蓋「引」之誤。比傳薪土，顧云：「『傳』當作『傅』。」蘇校同，云：「傅義與敷同。」使可道行，謂塹上爲機梁，上布薪土如道，以誘敵也。旁有溝壘，毋可踰越，毋，吴鈔本作「無」。而出佻且比，且，畢改「旦」，云：「疑佻達字，旦、達，音之緩急。」王引之云：「當作『而出佻戰且北』。北，敗也。佻與挑同。言出而挑戰，且佯敗以誘敵也，故下文曰『適人遂入，引機發梁，適人可禽』。備穴篇曰『穴中與適人遇，則皆圉而毋逐，且戰北，以須鑪火之然』。彼言『且戰北』，猶此言『佻戰且北』也。今本脱『戰』字，『北』字又譌作『比』，則義不可通。畢改『且』爲『旦』，而以佻旦爲佻達，大誤。」案：王校是也。適人遂入，畢云：「舊作『人』，以意改。」引機發梁，適人可禽。適人恐懼而有疑心，因而離。畢云：「下脱簡。」

## 備高臨第五十三

吴鈔本作五十五。

禽子再拜再拜曰：敢問適人積土爲高，畢云：「適同敵。」以臨吾城，周書大明武篇云「高堙臨内，日夜不解」，又云「城高難上，湮之以土」。疑皆高臨攻城之法，與堙略同也。薪土俱上，以爲羊黔，畢云：「襍守作『羊坽』，未詳其器。」王云：「襍守作『羊坽』，非作『羊坽』也。『坽』與上下兩『城』字爲韻，則作『坽』者是。集韻：『坽，郎丁切，峻岸也。』」蒙櫓俱前，櫓，大盾，詳備城門篇。謂敵蒙大盾，以蔽矢石，而俱前攻城也。遂屬之城，國語晉語韋注云：「屬，會也。」猶襍守篇云「城會」。兵弩俱上，爲之柰何？

子墨子曰：子問羊黔之守邪？羊黔者，將之拙者也，舊本脱「之守邪羊黔」五字，畢注議補「羊黔」二字。王云：「當作『子問羊黔之守邪？羊黔者，將之拙者也』。備梯篇曰『問雲梯之守邪？雲梯者，重器也，亓動移甚難』，備蛾傳篇曰『子問蛾傳之守邪？蛾傳者，將之忿者也』，襍守篇曰『子問羊坽之守邪？羊坽者，攻之拙者也』，皆與此文同一例。今本脱『之守邪羊黔』五字，則文義不明。」案：王説是也，今據補。足以勞卒，「卒」舊譌「本」，王云「『本』當爲『卒』」，是也，今從之。説詳備城門篇。不足以害城。守爲臺城，以臨羊黔，左右出巨各二十尺，「臺城」即行城也，下備梯篇説行城亦云「左右出巨各二十尺」，與此制同。巨當爲距之叚字。説文足部云：「距，雞距也。」儀禮少牢饋食禮「俎拒」，鄭注云：「拒讀爲介距之距。俎距，脛中當横節也。」此行城編連大木，横出兩旁，故亦謂之距，蓋與「俎距」義略同。行城三十尺，强弩之，技機藉之，此有脱誤，當作「强弩射之，校機藉之」。備蛾傳篇云「守爲行臨射之，校機藉之」，是其證。校，此作「技」，備梯篇又作「披」，並形之誤。校機，疑即備穴篇之「鐵校」，然其形制未詳。藉當讀爲笮，聲近叚借。説文矛部「矠讀若笮」，即其例也。説文竹部云：「笮，迫也。」謂發機厭笮殺敵也。奇器□□之，畢以「奇」屬上讀，云「疑即藉車」，非也。然則羊黔之攻敗矣。

備臨以連弩之車，「備」下舊本有「矣」字。畢讀「備矣」句，云：「『備』同『備』。」王引之云：「畢説非也。『備矣』之『矣』，即因上『敗矣』而衍，『備臨以連弩之車』當作一句讀。『備臨』，即備高臨也。備蛾傳篇『然則蛾傳之攻敗矣』，下云『備蛾傳爲縣脾』，猶此云『備臨以連弩之車也』。若以『備矣』爲句，則下句『臨以連弩之車』文不成義矣。」案：王説是也，今據删。吴越春秋句踐陰謀外傳陳音説弩射云：「夫射之道，從分望敵，合以參連。」六韜軍用篇有絞車、連弩，又有大黄參連弩大扶胥三十六乘。淮南子氾論訓云「連弩以射，銷車以鬭」，高注云：「連車弩通一弦，以牛挽之，以刃〔二〕著左右，爲機關發之，曰銷車。」文選閒居賦李注引漢書音義：「張晏云：連弩三十絭共一臂。」**材大方一方一尺，**舊本「材」作「杖」。俞云：「『杖』當作『材』。」案：俞校是也，今據正。下文云「以材大圍五寸」。蘇云：「『方一』誤重。」**長稱城之薄厚。兩軸三輪，**俞云：「既爲兩軸，不得三輪，『三』當爲『四』」，古三、四字皆積畫，因而致誤。」**輪居筐中，**筐，疑謂車闌，亦即車箱。詩小雅鹿鳴毛傳云：「筐，篚屬。」車闌謂之筐，猶車笭謂之篚與？**重下上筐。左右旁二植，**旁二植，則左右通爲四植。猶備城門篇云「樓四植」。**左右有衡植，**衡，吴鈔本作「横」，下同。**衡植左右皆圜内，**内、枘同。**内徑四寸。左右縳弩皆於植，**「縳」當爲「縛」。**以弦鉤弦，**此義難通，上「弦」字疑當作「距」，即下文之「鉤距」。公輸篇「距」誤作「强」，與此相類。距即弩牙，釋名釋兵云：「弩，鉤弦者曰牙，似齒牙也。」**至於大弦。弩臂前後與筐齊，**即下文之「横臂」也。説文弓部云：「弩，弓有臂者也。」釋名釋兵云：「弩，其柄曰臂，似人臂也。」吴越春秋云「琴氏乃横弓著臂，施機設樞」，又云「臂爲道路，通所使也」。**筐高八尺，**爲上下筐之高度，上下分之，各四尺也。後襍守篇説軺車板箱，亦高四尺。**弩軸去下筐三尺五寸。連弩機郭同銅**「同」當爲「用」。釋名釋兵云：「牙外曰郭，爲牙之規郭也。含括之口曰機，言如機之巧也，亦言爲門

〔二〕「刃」，原誤「刀」，據淮南子高誘注改。

户之樞機，開闔有節也。」吳越春秋云：「郭爲方城，守臣子也。」一石三十斤〔一〕，説苑辨物篇云：「三十斤爲鈞，四鈞爲石。」然則弩機用銅凡五鈞，爲斤百五十也。引弦鹿長奴。吳鈔本無「長」字。畢云：「『奴』同『弩』。」案：畢説未塙，此疑當作「鹿盧收」，下云「以磿鹿卷收」。筐大三圍半，謂筐材圓圍之度。左右有鉤距，方三寸，輪厚尺二寸，鉤距臂博尺四寸，厚七寸，長六尺。鉤，舊本作「銅」。王云：「『銅距』當爲『鉤距』，字之誤也。『鉤距』見上文及備穴篇。」案：王校是也，蘇説同，今據正。橫臂齊筐外，蚤尺五寸，蚤、爪同，謂臂端剡細者，詳備城門篇。有距，亦謂橫出旁枝，如鷄距也，見上。博六寸，厚三寸，長如筐。有儀，管子禁藏篇尹注云：「儀猶表也。」謂爲表以發弩。有詘勝，畢云：「即通典屈勝梯。」詒讓案：亦見太白陰經守城具篇。漢書王莽傳服虔注云：「蓋杠皆有屈勝，可上下屈伸也。」屈、詘字通，勝、伸亦一聲之轉。通志氏族略「申屠氏」音轉作「勝屠氏」，是其例也。今俗本陰經、通典、漢書注「勝」或作「滕」，並非。可上下。爲武，重一石，武，疑「趺」之聲誤。以材大圍五寸。圍五寸，以圓周求徑率算之，止徑一寸五分有奇，材太小，似非也。上文云「筐大三圍半」，備城門篇云「積摶大二圍以上」，此疑亦當云「以材大五圍」，「寸」字衍。矢長十尺，以繩□□矢端，如如戈射，「如」不當重，疑衍。「戈」當爲「弋」，形近而誤。説文隹部云：「隿者，繁射飛鳥也。」詩鄭風「女曰鷄鳴」，孔疏云：「以繩繫矢而射鳥，謂之繳射。」周禮司弓矢云「矰矢茀矢，用諸弋射」，鄭注謂茀矢弩所用。此「矢」蓋即茀矢之屬。漢書司馬相如傳顏注

〔一〕「斤」，原誤「鈞」，據畢沅刻本改。

云：「以繳係矰，仰射高鳥，謂之弋射。」以磨鹿卷收。磨鹿，吴鈔本作「厝鹿」，不成字。道藏本「厝」字同。畢云：「『磨』疑『麻』；鹿，『麤』字之譌；『收』舊作『牧』，以意改。」王引之云：「畢説非也。『磨鹿』當爲『磿鹿』。上文云『備臨以連弩之車』，則此謂車上之磿鹿，轉之以收繩者也，故曰『以磿鹿卷收』。磿鹿猶鹿盧，語之轉耳。方言曰：『維車，趙魏之閒謂之轣轆。』廣雅曰：『維車謂之麻鹿。』並字異而義同。」案：王説是也。六韜軍用篇有轉關轆轤。此「卷收」，即冢上矢端著繩而言，古弋射蓋亦用此。國策楚策云「弋者修其莽盧，治其矰繳」，盧亦即鹿盧也。矢高弩臂三尺，用弩無數，出人六十枚，「出」，疑當作「矢」。此謂大矢也。用小矢無留。疑「數」之誤。十人主此車，遂具寇，「具」當作「見」，襍守篇云：「望見寇，舉一烽。」爲高樓以射道，疑當作「適」。城上以荅。畢云：「荅，即幨也，音之緩急，説文無幨字，疑古用荅爲之。」案：荅與幨不同，詳備城門篇，畢説失之。羅疑當作「絫」，絫、羅一聲之轉。絫即礧，詳備城門篇。矢。下有脱簡。畢云：「通典〔二〕守拒法云：『弩臺高下與城等，去城百步，每臺相去亦如之，下闊四丈，高五丈，上闊二丈，下建女牆。臺内通闇道，安屈勝梯，人上便卷收。中設氈幕，置弩手五人，備乾糧水火。』」詒讓案：通典本太白陰經守城具篇。

## 備梯第五十六

禽滑釐子事子墨子三年，手足胼胝，畢云：「『骿』省文，从月。」面目黧黑，畢云：「『黎』字俗寫从

〔二〕「典」字原重，徑刪。

黑。」役身給使，不敢問欲。子墨子其哀之，畢云：「其，『甚』字。」乃管酒塊脯，塊，道藏本、吴鈔本並作「槐」。畢云：「『乃』舊作『及』，以意改。『塊』當爲『魄』，饋字假音。」詒讓案：此疑當作「澄酒搏脯」。「澄」省作「登」，與「管」形近而誤。「搏」與「槐」、「塊」形亦相似。春秋繁露求雨篇云「清酒膊脯」，澄即清，搏即膊也。釋名釋飲食云：「膊，迫也。薄椓肉迫著物使燥也。」說文肉部云：「膊，薄脯，膊之屋上也。」寄于大山，非攻中篇大山即泰山，此疑亦同。時墨子或在齊魯也。昧棻坐之，畢云：「當爲『茅蒸』，昧音同茅。」案：畢説非也。「昧棻」當讀爲滅茅。晏子春秋諫下篇：「景公〔二〕獵休，坐地而食，晏子後至，滅葭而席。公不說，曰：寡人不席而坐地，二三子莫席，而子獨搴草而坐之，何也？」昧茅猶言滅葭，亦即搴茅而坐之也。「昧」當作「眛」，與「滅」古音相近。左氏隱元年經「公及邾儀父盟于蔑」，蔑，公羊作「眛」，即其比例。說文手部云：「搣，批也。」「批，捽也。」滅亦即搣之借字。若然，昧茅即是薙搣茅草。古書「矛」字或掍作「柔」。宋本淮南子氾論訓云「槽柔無擊」，說苑説叢篇云「言人之惡，痛於柔戟」，並以「柔」爲「矛」，故此「茅」字亦作「棻」矣。以樵禽子。畢云：「當云『以譙禽子』。」王引之云：「方言：『自關而西，秦晉之閒，凡言相責讓曰譙讓。』上文『子墨子甚哀之，乃管酒槐脯』云云，殊無譙讓之意。「樵」蓋「醮」之借字也。士冠禮注曰：『酌而無酬酢曰醮。』故上文言酒脯。」禽子再拜而嘆。吴鈔本作「歎」。子墨子曰：亦何欲乎？畢云：「『亦』當爲『尒』，字之誤。」案：「亦」字自通，不必改「尒」。禽子再拜再拜曰：敢問守道？子墨子曰：姑亡，姑

〔二〕「景公」，原誤「晏公」，據晏子春秋改。

亡。姑亡，言姑無問守道也，亦見公孟〔一〕篇。古有亓術者，内不親民，外不約治，呂氏春秋本味篇高注云：「約，飾也。」以少閒衆，以弱輕强，身死國亡，爲天下笑。子亓慎之，恐爲身薑。畢云：「同僵。『亡』、『强』、『薑』爲韻。」禽子再拜頓首，願遂問守道，曰：敢問客衆而勇，煙資吾池，王云：「『煙』當爲『堙』，堙，塞也。備穴篇『救闉池者』，闉與堙同。」蘇説同。王引之云：「『資』疑當爲『填』」。堙、填皆塞也。『堙』、『煙』、『填』、『資』，亦皆字之誤。」俞云：「王氏讀『煙』爲『堙』，是也。惟『資』字尚未得其義。資當讀爲茨。淮南子泰族篇『茨其所決而高之』，高注曰：『茨，積土填滿之也。』是茨與堙同義。古『茨』字或作『薋』。爾雅釋草篇『茨，蒺藜』，釋文：『茨，本作薋。』是也。墨子書作『資』者，即『薋』字而省艸耳。説文土部：『垐，以土增大道上。』茨與垐通。」案：俞説是也。梯、臨之攻，蓋皆兼用堙法。軍卒並進，雲梯既施，通典兵門云：「以大木爲床，下置六輪，上立雙牙，牙有檢梯，節長丈二尺，有四桄，桄相去有三尺，勢微曲，遞互相檢，飛於雲閒，以窺城中；有上城梯，首冠雙轆轤，枕城而上，謂之飛雲梯。」蓋其遺法。太白陰經攻城具篇同。攻備已具，武士又多，争上吾城，畢云：「『上』舊作『土』，據太平御覽改。」爲之柰何？畢云：「『池』、『施』、『多』、『何』爲韻。」子墨子曰：問雲梯之守邪？「守」舊本闕。王云：「此當作『問雲梯之守邪』？上文曰『敢問守道』，又曰『願遂問守道』。備城門篇曰『問穴土之守邪』，備蛾傅篇曰『子問蛾傅之守邪』，襍守篇曰『子問羊坽之守邪』，皆其證。今脱『守』字，則文不成義。」案：王校是也，

〔一〕「孟」，原誤「輸」，據本書改。

蘇説同，今據補。**雲梯者重器也，亓動移甚難。守爲行城，雜樓相見，以環亓中，**俞云：「『相見』即相閒也。備城門篇『見一寸』，畢云「『見』疑『閒』字」，是其例也。」**以適廣陜爲度，環中藉幕，**畢云：「舊作『慕』，以意改。」**毋廣亓處。**畢云：「『度』、『幕』、『處』爲韻。」**行城之法，高城二十尺，**謂高出於城上。備高臨篇云「行城三十尺」，此云「高城二十尺」，疑必有一誤。**上加堞，廣十尺，左右出巨各二十尺，**「巨」讀爲距，見備高臨篇。**高、廣如行城之法。**俞云：「上文皆言『行城』，而此即云『高、廣如行城之法』，義不可通。疑『高廣』上脱『襍樓』兩字。上文云『守爲行城，襍樓相見，以環其中，以適廣陜爲度』，然則行城也、襍樓也，本有二事，故云『相見』，相見即相閒也。上文既言『行城之法』，此繼言『襍樓』，故省其文曰『襍樓高廣如行城之法』。」**爲窬穴、煇⿰亻鼠，**窬，吴鈔本作「雀」，同。「窬穴」制見備城門篇。「煇」當讀爲熏。史記吕后紀「戚夫人去眼煇耳」，亦以煇爲熏。窬穴、煇⿰亻鼠，蓋亦城閒空穴之名，明其小僅容窬、鼠也。⿰亻鼠，畢本改「鼠」，云：「舊作『⿰亻鼠』，以意改。」案：「⿰亻鼠」即鼠之變體，不必改。詩豳風七月「穹窒熏鼠」，此與彼義同。蓋以火煙熏穴以去鼠，因之小空穴亦謂之熏鼠矣。備穴篇有「⿰亻鼠穴」，亦即此。**施荅亓外，**畢云：「言施幨蓋之。」案：荅與幨異，畢説非，詳後。**機、衝、錢、城，**王引之云：「『錢』字義不可通，當是『棧』字之誤。『衝』見襍守篇。備城門篇説城上之備，有行棧，即此所謂棧也。『城』即『行城』，見上文。」詒讓案：六韜發啟篇云「無衝機而攻」，蓋攻守通用此。**廣與隊等，雜亓閒以鐫、劒，**説文金部云：「鐫，破木鐫也。」釋名釋用器云：「鐫，鐏也，有所鐏入也。」廣雅釋言云：「鐫，鑿也。」劒與鐫異用，並舉殊不倫，疑當爲「斲」。斲，備穴篇亦譌「劒」，可證。斲、鐫，皆所以斫破敵之梯者。**持衝十人，**此城内之衝，以距攻城之梯者，使十人持之。

執劒五人，「劒」亦疑當爲「斵」。皆以有力者。令案目者視適，案、按同。爾雅釋詁云：「按，止也。」謂止目注視，欲其審也。淮南子泰族訓云「欲知遠近而不能，教之以金目，則射快」，許注云：「金目，深目，所以望遠近射準也。」此「案目」疑與「金目」義同。畢云：「適同敵。」以鼓發之，夾而射之，重而射，疑脱「之」字。披機藉之，披機，當從備蛾傅篇作「校機」。城上繁下矢石沙炭以雨之，畢云：「太平御覽引『繁』作『多』。」王引之云：「『炭』當爲『灰』，俗書『灰』字作『灰』，與『炭』相似而誤。『灰』見備城門篇。沙、灰皆細碎之物，炭則非其類矣。襍守篇亦誤作『炭』。太平御覽兵部五十五引此正作『灰』。」薪火、水湯以濟之。審賞行罰，以靜爲故，從之以急，毋使生慮。畢云：「『故』、『慮』爲韻。」蘇云：「言兵貴神速，久則變矣。」若此，則雲梯之攻敗矣。

守爲行堞，堞高六尺而一等，畢云：「等，級。」施劒亓面，「劒」亦疑當爲「斵」。以機發之，衝至則去之，不至則施之。行堞施斵，蓋可以破梯，而不能當衝。爵穴，三尺而一。備城門篇說同。蒺藜投畢云：「據備城門，當爲『疾犁』。」必遂而立，疑當作「必當隊而立」。以車推引之。

裾城外，「裾」上當有「置」字。畢云：「『裾城』未詳，文與備蛾傅同。彼『裾城外』作『置薄城外』四字，下『裾』字俱作『薄』。」詒讓案：「裾」當爲「椐」之譌，詳備城門篇，下並同。蓋於城外別植木爲薄，以爲藩柂也。去城十尺，裾厚十尺。伐裾，畢云：「備蛾傅此下有『之法』二字。」小大盡本斷之，畢云：「本，備蛾傅作『木』。」以十尺爲傳，畢云：「備蛾傅作『斷』，此『傳』字當爲『𠠧』之譌也。說文云：『𠠧，古文斷。㠯，古文叀字。』」雜而深埋

**之，堅築，**畢云：「備蛾傳作『堅築之』，『襍』作『離』。」**毋使可拔。二十步一殺，**殺，蓋擁裾左右横出爲之。置裾如城之廣袤，二十步則爲之殺，如備穴篇置穴，十步則擁穴左右爲殺也。**殺有一鬲，**鬲，備蛾傳篇作「壚」。案：當與隔通。號令篇有「隔部」，署隔蓋擁裾爲殺，於殺中爲隔，以藏守圉之人及器具，又爲門以備出擊敵也。**鬲厚十尺。**與裾厚同。**殺有兩門，**蓋内外兩重門。**門廣五尺。裾門一，施淺埋弗築，令易拔。**「施」下疑有脱字。**城希裾門而直桀。**畢云：「備蛾傳作『置搗』。」王引之云：「『城』下當有『上』字。希與睎同，直與置同，桀與楬同。言城上之人望裾門而置楬也。備蛾傳篇作『城上希薄門而置楬』，是其證。今本脱『上』字，則文不成義。」案：王説是也。望裾門而置楬者，所以爲識別，以便出擊敵也。

**縣火，四尺一鉤樴，**説文木部云：「樴，弋也。」鉤樴，蓋以弋著鉤而縣火。**五步一竈，竈門有鑪炭。**畢云：「舊脱一『竈』字，據備蛾傳增。」案：畢本脱「門」字，今據吴鈔本、道藏本補。備蛾傳篇亦有「門」字。**令適人盡入，煇火燒門，**畢云：「煇，備蛾傳作『車』。」詒讓案：「煇」亦讀爲熏。説文屮部云：「熏，火煙上出也。」「車」疑亦「熏」之譌。**縣火次之。出載而立，**説文車部云：「載，乘也。」似謂戰車。**亓廣終隊。兩載之閒一火，**畢云：「『閒』下舊有『載之門』三字，據備蛾傳去之，當是上三字重文之譌。」**皆立而待鼓而然火，**舊本「待」譌「持」，「然」作「撚」。畢云：「備蛾傳云『待鼓音而燃』。『待』、『持』，『燃』、『撚』，字相似，然此義較長，不必改從彼。説文云：『撚，執也。』」王云：「此當依備蛾傳篇作『皆立而待鼓而然火』，謂燒門之人皆待鼓音而然火也。畢謂『持』、『撚』二字不必改，又訓『撚』爲『執』，皆非也。既執火，則不能又持鼓矣。」案：王説是也，今據正。**即具發之。**「具」

與俱通，備蛾傳篇作「俱」。**適人除火而復攻，**王引之云：「『除』字義不可通，『除』當爲『辟』，辟與避同。言我然火以燒敵人，敵人避火而復攻城也。隸書『辟』字或作『辟』，見漢益州太守高眹脩周公禮殿記及益州太守高頤碑，與『除』相似而誤。備蛾傳篇正作『敵人辟火而復攻』。」案：除火，謂敵屏除城上所下之火。左昭十八年傳云「振除火災」。備蛾傳篇作「辟」，義同。王説未塙。**縣火復下，適人甚病，故引兵而去。則令我死士**畢云：「舊脱『士』字，據備蛾傳增。」**左右出穴門擊遺師，**畢云：「猶言餘師。」蘇云：「『遺』蓋『潰』之誤，備蛾傳篇同。」詒讓案：「遺」疑當爲「遁」之誤。**令賁士、主將皆聽城鼓之音而出，**王引之云：「『賁』字義不可通，『賁』當爲『者』，字之誤也。隸書『者』、『賁』二字相似，説見天志篇。者與諸同，秦詛楚文『者侯』即諸侯。泰山刻石『者產得宜』即『諸產得宜』。大戴記衞將軍文子篇『道者孝悌』，鹽鐵論散不足篇『者生無易由言』，漢書武五子傳『其者寡人之不及與』，竝以『者』爲『諸』。上文已令死士出擊矣，故諸士及主將皆聽城鼓之音而出，即可勝敵也。號令篇有『諸人士』，又云『諸吏卒民』。」案：「賁」字不誤，「賁」與「虎賁」義同。宋書百官志云「虎賁舊作虎奔，言如虎之奔走也」，風俗通義正失篇云「言猛怒如虎之奔赴也」，是其義也。**又聽城鼓之音而入。因素出兵施伏，**畢校改「素」爲「數」，云：「舊『數』作『素』，『伏』作『休』，據備蛾傳改。」王云：「鄭注喪服曰：『素猶故也。』因素出兵，猶言照舊出兵耳。畢改『素』爲『數』，則義不可通。備蛾傳篇正作『素』，不作『數』也。」**夜半城上四面鼓噪，**畢云：「説文云：『譟，擾也。』此省文。」**適人必或，**畢云：「同惑。」**有此必破軍殺將。以白衣爲服，以號相得，**謂口爲號也。號令篇云「夕有號」，六韜金鼓篇云「以號相命，勿令乏音」。**若此，**畢云：「舊作『也』，以意改。」**則雲**

**梯之攻敗矣。**

## 備水第五十八

**城内塹外周道，**詳備城門篇**廣八步。備水謹度四旁高下。城地中偏下，**此當作「城中地偏下」。**令耳亓内，**畢云：「『耳』疑『瓦』字。」蘇云：「令與瓴通，六書故曰：『瓴，牝瓦仰蓋者。仰瓦受覆瓦之流，所謂瓦溝。』」詒讓案：「耳」疑當爲「巨」，篆文相近，即「渠」之省，此與備城門篇「令耳」異。**及下地，地深穿之，令漏泉。**畢云：「通典守拒法云『如有洩水之處，即十步爲一井，井之内潛通，引洩漏』，即其遺法。」**置則瓦井中，**畢云：「則同側。」**視外水深丈以上，鑿城内水耳。**「耳」亦當爲「巨」，即水渠字。畢云疑「瓦」字，失之。

**並船以爲十臨，**畢云：「言方舟以爲臨高之具。」**臨三十人，**戰國策楚策云「舫船載卒，一舫載五十人」，此一船止三十人，與彼異。**人擅弩，計四有方。**方，畢本作「弓」，云：「舊作『方』，以意改。」王云：「擅與撣同，謂提持也，説見備城門篇。」詒讓案：備蛾傅篇云「令一人操二丈四矛」，「矛」誤作「方」，則此「方」亦「矛」之誤。「有」疑當爲「酋」，音近而誤。韓非子八説篇云「搢笏干戚，不適〔一〕有方鐵銛」，「有方」亦「酋矛」之誤，與此正同。此文疑當云「人

---

〔一〕「適」，原作「逮」，據韓非子改。顧廣圻云：「『適』，讀爲敵。」

擅弩，什四酋矛」，或作「什六人擅弩，四酋矛」。「什」、「計」艸書相近而誤。號令篇云：「諸男女有守於城上者，什六弩四兵。」蓋守法，通率十人之中，六人執弩主發，四人執兵主擊刺。此云「什四酋矛」，即四兵也。然則臨三十人，蓋擅弩者十八人，擅矛者十二人與？**必善**畢云：「善同繕，言勁也。」**以船爲轒轀，**疑當讀「必善以船爲轒轀」七字句，畢讀恐非。此與陸戰以車爲轒轀同，詳備城門篇。**二十船爲一隊，選材士有力者三十人共船。亓二十人，人擅有方，**方，畢本亦改「弓」。王云：「『有』字疑衍。」案：疑亦當作「亓十二人，人擅酋矛」，與上文「什四酋矛」文數正合。今本「十二」兩字誤到，「酋矛」亦誤作「有方」，遂不可通。畢、王兩校並未塙。**劍甲鞮瞀。**畢云：「說文云：『鞮，革履也。』瞀，鍪字假音，說文云：『鍑屬。』」王引之云：「畢分鞮、鍪爲二物，非也。『鞮鍪』即兜鍪也。兜鍪，胄也。故與『甲』連文。韓策曰『甲盾鞮鍪』，漢書揚雄傳『鞮鍪生蟣蝨，介胄被霑汗』，師古曰：『鞮鍪即兜鍪也。』字亦作『鞮鞪』，漢書韓延壽傳『被甲鞮鞪』，皆其證。」**十人，人擅苗。**下「人」字舊本脱，今據王校補。案：疑當作「十八人，人擅弩」。畢云：「苗同矛，猶苗山即茅山。」未塙。**先養材士，爲異舍食亓父母妻子，以爲質。視水可決，以臨轒轀決外隄。城上爲射㩘，**畢本改「檥」，云「說文云：『檥，榦也。』言矢榦。舊从手，非，今改。」案：「檥」即表儀之正字，爾雅釋詁云：「儀，榦也。」與說文義同。然此下云「疾佐之」，則不得立表檥以射。竊疑當爲「射機」。備城門篇有作射機之法，彼下文又云「二十步一，令善射者佐之」，與此文亦可互證，畢校未塙。**疾佐之。**畢云：「通典守拒法云：『城中速造船一二十隻，簡募解舟檝者，載以弓、弩、鍬、钁，每船載三十人，自暗門銜枚而出，潛往斫營，決隄堰。覺即急走，城上鼓噪，急出兵助之。』即其遺法。」

# 備突第六十一

此篇前後疑有脫文。

城百步畢云：「後漢書注引有『爲』字，一引無。」一突門，此城内所爲以備敵者。六韜突戰篇云：「百步一突門，門有行馬。」突門各爲窯竈，「窯竈」，詳後備穴篇。竇入門四五尺，爲亓門上瓦屋，「亓」字吴鈔本無。毋令水潦能入門中。吏主塞突門，用車兩輪，以木束之，塗亓〔一〕上，亓，舊本作「其」，吴鈔本作「亦」，今據校改「亓」。維置突門内，此即備城門篇之「鰛」也。凡鰛皆以車輪爲之，而維以繩，故備蛾傅篇云「斬維而下之」。蘇云：「維，繫也。」使度門廣狹，「狹」俗字，它篇並作「陜」，此疑亦當同。令之入門中四五尺。畢云：「之，後漢書注引作『人』。」置窯竈，畢云：「窯，後漢書注引作『窒』，非。」門旁爲橐，畢云：「舊作『槖』，下同，據後漢書注改。又韓非子云『干城拒衝，不若堙穴伏櫜』，『櫜』當爲『橐』。」充竈伏柴艾，畢云：「舊『伏』作『狀』，以意改。後漢書注作『又置艾』。」詒讓案：袁譚傳李注引「伏」亦作「狀」，則唐本已誤。寇即入，下輪而塞之，舊本「輪」誤「輔」。畢云：「後漢書注引作『輪』。」王云：「『輪』字是也。上文曰『吏主塞突門，用車兩輪』，是其證。」案：王校是也，蘇說同，今據正。鼓橐而熏之。

---

〔一〕「亓」，原作「其」，據活字本改，與注文一致。

# 備穴第六十二

備城門篇說攻具十二，穴在突前，此次與彼不同，疑亦傳寫移易，非其舊也。

禽子再拜再拜曰：敢問古人有善攻者，古，王校改「適」，云：「舊本『適』作『古』，『古』乃『適』之壞字，今改正。」案：備梯篇說守道云「古有其術者」，則「古」字似非誤。穴土而入，縛柱施火，縛，舊本作「縳」，依王校改。以壞吾城，商子境內篇云「穴通則積薪，積薪則燔柱」，通典兵門說距闉，謂「鑿地爲道，行於城下，攻城建柱，積薪於其柱，圜而燒之，柱折城摧」，即古穴攻法也。城壞，或中人此下舊本有「大鋋前長尺」云云七百餘字，今依顧校移前備城門篇。爲之柰何？子墨子曰：問穴土之守邪？備穴者，城内爲高樓，以謹王引之云：「自『爲之柰何』至『以謹』，凡二十四字，舊本誤入備城門篇，今移置於此。」案：王校是也，蘇說同，今據正。「以謹」屬下「候望適人」爲句。候望適人。適人爲變，築垣聚土非常者，畢云：「言以所穴之土築垣。」若彭有水濁非常者，畢云：「水濁者，穴土之驗。」王云：「若猶與也，彭與旁通。」此穴土也，急壍城内，畢云：「玉篇云：『壍同塹。』」穴亓土直之。畢云：「『亓』舊作『内』，亦以意改。直，當也。說文云：『直，正見也。』」穿井城内，五步一井，傅城足，畢云：「『傅』舊作『傳』，以意改。」高地，丈五尺，畢云：「言視城足之高於地丈五尺者，穿之。」案：此言高地則以深丈五尺爲度，畢說失之。下地，得泉三尺而止。舊本無「下」字，王引之云：「當作『下地，得泉三尺而止』。『下地』與『高地』對文，今本脫『下』字。」案：王校是也，今據補。令陶者爲罌，容四十斗以上，固順之以薄輅革，「固順」義難通，「順」當作「幎」。「冥」、「頁」、「巾」、「川」，隸書相近而誤。說文巾部云：「幎，幔也。」亦作幂，廣雅釋詁云：「幂，覆也。」固幎之以薄鞈革，謂以革堅覆罌口也。文選馬汧督誄李注引作「幕罌」，「幕」即「幂」之誤。李所舉雖非元文，然可推校得其沿誤之由也。畢云：「即通典所云『以新罌用薄皮裹口如鼓』也。」蘇云：「唐韻：『鞈，盧各切，音洛。』說文云：『生革可以爲縷束也。』」詒讓案：薄鞈革幎罌，蓋與冒鼓相似。呂氏春秋古樂篇云「帝堯命質爲樂，乃以麋鞈置缶而鼓之」，彼「置」當作「冥」，即幂之叚字，可證通典如鼓之說。**置井中，使聰耳者伏罌而聽之，審知穴之所在，鑿穴迎之。**舊本「鑿穴」之「穴」譌作「内」，王校改「穴」，云：「篆文『穴』字作『[illegible]』，因譌而爲『内』。」案：王校是也，今據正。畢云：「文選注引云『若城外穿地來攻者，宜於城内掘井以薄城，幕罌内井，使聰耳者伏罌而聽，審知穴處，鑿内迎之』，太平御覽引云『若城外穿地來攻者，宜城中掘井，以薄甕内井中，使聽聰者伏甕聽之，審知穴處，鑿内而迎之』，與此微異。通典守拒法云〔一〕『地聽，於城内八方穿井，各深二丈，以新罌用薄皮裹口如鼓，使聰耳者於井中託罌而聽，則去城五百步内悉知之，審知穴處，助鑿迎之』云云，即其法也。」

**令陶者爲月明，**王引之云：「『月明』當爲『瓦罌』。備城門篇『瓦木罌容十升以上』，是其證。隸書『瓦』字作『凡』，與『月』相似而誤。『明』者，『罌』之壞字耳。」案：王校是也，蘇校「月」字同。**長二尺五寸，六圍，**王引之云：「『六圍』上當有『大』字，備城門篇『木大二圍』，即其證。」**中判之，合而施之穴中，**穴，舊本譌「内」，今據王校正。**偃一，**畢云：「偃，仰。」**覆一。**下疑當接後「下迫地」句。**柱之外，善周塗亓傅柱者，勿燒。**畢云：「『亓傅』舊作『亦傅』，以意改。」**柱者勿燒。**畢云：「四字衍。」**柱善塗亓竇際，**畢云：「縫也。」**勿令泄。**即下

〔一〕「云」字原誤置下文「穿井」下，據畢沅刻本乙正。

文云「無令氣出也」。**兩旁皆如此，與穴俱前。**畢云：「『穴』舊作『内』，以意改。」詒讓案：言爲穴柱與鑿穴俱前，猶下云「令穴者與版俱前」也。自「柱之外」至此三十四字，並説穴柱，與上下文不相冡，疑當在後文「無柱與柱交者」下，然首尾文義亦不甚相接，未敢輒移，附識於此。**下迫地，**此文不屬，疑當接上「偃一，覆一」句。蓋謂施罌穴中，其下迫地也。**置康若灰亓中，**畢本「灰」作「矢」，云：「『康』即穅字，見説文。『矢』舊作『疾』，以意改，下同。」王引之云：「畢改非也。『疾』乃『灰』之誤，非『矢』之誤。備城門篇『爨灰康粃』，即其證。康灰皆細碎之物，故同置於穴中，矢則非其類矣。灰俗作灰，疾本作疾，二形相似，又涉下文『疾鼓橐』而誤耳。」案：王校是也，今據正。**勿滿。**句。**灰康長五竇，**「五」，疑「亙」之誤。説文木部云「桓〔二〕，竟也。」古文作「亙」。此言竟滿其竇，猶下云「户内有兩蒺蔾，皆長極其户」。**左右俱雜相如也。**襍猶帀也，詳經上篇。**穴内口爲竈，令如窯，**畢云：「説文云：『窯，燒瓦竈也。』即今『窰』字正文。」**令容七八員艾，**「員」即丸也，論衡順鼓篇云「一丸之艾」。**左右竇皆如此，竈用四橐。**淮南子本經訓云「鼓橐吹埵」，高注云：「橐，冶鑪排橐也。」**穴且遇，**畢云：「舊作『愚』，據下改。」**以頡皋衝之，疾鼓橐熏之，必令明習橐事者**畢云：「『習』舊作『翟』，以意改。」**勿令離竈口。**畢云：「通典守拒法云『審知穴處，助鑿迎之，與外相遇，即就以乾艾一石，燒令煙出。以板於外密覆穴口，勿令煙洩，仍用鞴袋鼓之』，即其遺法。所云『以板於外密覆穴口，勿令煙洩』，即下連版法也。」**連版以穴高下廣陜爲度，**陜，吴鈔本作「狹」。蘇

〔二〕「桓」，原誤「亙」，據説文改。

云：「陜與狹同。」案：陜正狹俗，詳備城門篇。**令穴者與版俱前，鑿亓版，令容矛，**畢云：「舊作『予』，以意改。」**參分亓疏數，**此言版上鑿空之數。蘇云：「參與三同，數讀爲促。」**令可以救竇。穴則遇，**蘇云：「則猶即也。」**以版當之，**畢云：「『版』舊作『攸』，以意改。」**以矛救竇，勿令塞竇。竇則塞，引版而郄，**畢云：「『引』舊作『弓』，以意改。郄，卻字俗寫。」案：王改「卻」。廣雅釋言云：「卻，退也。」**過一竇而塞之，**過，王校作「遇」。**鑿亓竇，通亓煙，煙通，疾鼓橐以熏之。從穴内聽穴之左右，**從，舊本作「徒」，畢以意改「從」。王引之云：「畢改非也。敵人穴土而來，我於城内鑿穴而迎之，此本無他穴可徙，不得言徙穴也。『徒』當爲『從』，謂從穴内聽之也。隸書『從』字作『從』，與『徒』相似而誤。漢書王莽傳『司恭司從司明司聰』，今本『從』譌作『徒』。」案：王校是也，今據正。「穴」下舊本脱「之」字，今據道藏本、吴鈔本補。**急絶亓前，勿令得行。若集客穴，塞之以柴塗，令無可燒版也。然則穴土之攻敗矣。**畢云：「『穴土』舊作『内土』，以意改」。王引之云：「自『侯望適人』至『穴土之攻敗矣』，凡三百四十五字，舊本亦誤入備城門篇，今移置於此。『以謹候望適人』六字，文義緊相承接，不可分屬他篇。且上文曰『備穴者城内爲高樓』，下文曰『然則穴土之攻敗矣』，則爲備穴篇之文甚明。」案：王校是也，蘇説同，今據移正。

**寇至吾城，急非常也，謹備穴。穴疑有應寇，**句。**急穴，**句。**穴未得，慎毋追。**似言未得敵穴所在，則勿出城追敵。畢云：「言己不〔二〕謹其備，且勿追寇。」

〔二〕按：「不」疑當作「必」。

**凡殺以穴攻者，二十步一置穴，穴高十尺，鑿十尺，**言穴廣與高等。**鑿如前，**如讀爲而，言穴向前鑿也。**步下三尺，**謂每步則下三尺，然所下太多，疑「步」上有脱字。**十步擁穴左右横行，高廣各十尺，殺。**舊本重「高」字。畢謂兩「高」字疑當爲「鬲」。蘇云：「『高』字疑誤重。」案：道藏本、吴鈔本竝無下「高」字，是也，今據删。「殺」上疑當有「爲」字。此言凡穴直前十步，則左右横行，别爲方十尺之穴，謂之殺，以備旁出也。備梯篇説「置裾城外」，亦云「二十步一殺」。

**俚兩罌，深平城，**畢云：「俚同埋。」詒讓案：備城門篇作「貍」，此作「俚」，並「薶」之叚字。**置板亓上，⿰貝冊板以井聽。**畢云：「『⿰貝冊』未詳。」案：「⿰貝冊」疑「聯」之誤。聯版，即上文之「連版」也。**五步一密。**即上文所謂「穿井城内，五步一井」也。蘇云：「『井聽』疑誤倒，當作『井五步一』。」**用抬若松爲穴户，**「抬」未詳，疑當爲「枱」。鐘鼎古文從台者，或兼從司省，今所見彝器款識公⿰女⿱㠯口敢「始」字作「⿱司女」，是其例也。此「抬」字亦當從木，説文木部：「枱，耒耑也。」此疑叚爲「梓」字，説文：「梓，楸也。從木，宰省〔二〕聲。」與「枱」古音同部，得相通借。墨書多古文，此亦其一也。蘇云「『抬』或『桐』字之訛」，非是。**户穴有兩蒺蔾，**「户穴」當作「户内」。蒺藜，「藜」作「蔾」，與六韜軍用篇同，詳備城門篇。吴鈔本作「藜」。**皆長極亓户，户爲環，**蓋著環以便開閉。**壘石外⿰土㫗，**吴鈔本作「厚」。畢云：「『⿰土㫗』即『厚』字。説文云：『垕，古文厚，从后、土。』此又俗加。」案：「外厚」義難通。「⿰土㫗」疑「埻」字之

---

〔二〕「省」字原脱，據説文補。

誤，玉篇土部及集韻十九鐸字並作「墎」，蓋即「郭」之異文，與「墎」字別。漢書尹賞傳云「致令辟爲郭」，顏注云：「『郭』謂四周之内也。」此云「壘石外埻」，亦謂壘石爲穴外周郭，即下文云「先壘窯壁」也。**高七尺，加堞亓上。勿爲陛與石，以縣陛上下出入。**此皆備敵人之集吾穴也。蘇云：「言穴中勿爲陛階，出入者縋而上下也。」**具鑪橐，**畢云：「舊俱作『槀』。」**橐以牛皮，鑪有兩缻，以橋鼓之百十，**畢云：「橋，桔皋也。」詒讓案：「百十〔二〕」似言橋之重，「百」上疑脱「重」字，「十」當爲「斤」，「斤」譌作「什」，又脱其偏旁耳，下文可證。**每亦熏四十什，**亦，畢本作「丌」，道藏本、吴鈔本作「亦」。以文義審之，此當作「毋下重四十斤」，「毋」、「每」，「下」、「亦」，「重」、「熏」，「斤」、「什」，並形近而誤。**然炭杜之，**畢云：「『然』即燃正文。」**滿鑪而蓋之，毋令氣出。適人疾近五百穴，**蘇云：「『五百』二字乃『吾』字之訛，下言『吾穴』是也。」**穴高若下不至吾穴，**言客穴與内穴不正相直也。**即以伯鑿而求通之。**伯，吴鈔本作「百」，疑當作「倚」。倚，邪也，詳備城門篇。言穴不正相直，則必邪鑿之乃可通也。後文云「内去竇尺，邪鑿之」。**穴中與適人遇，則皆圉而毋逐，**蘇云：「圉與禦同，言與敵相持，勿逐去之。」**且戰北，**疑當作「戰且北」，言戰而詳北以誘敵，使深入穴中也。**以須鑪火之然也，即去而入壅穴殺。**「壅」即擁之俗。壅穴殺，即上文所謂「十步擁穴左右横行，高廣各十尺」者也。**有𪕊𨼲，**畢云：「俱『鼠』字之誤。」案：疑即後「鼠穴」，然「鼠」字不當重，畢説未塙。下一字疑即「竄」之異文，變穴形爲皐耳。説文穴部云「竄，匿也，从鼠

---

〔二〕「百十」，原誤「百千」，據正文改。

在穴中。」鼠竄猶云鼠穴矣。**爲之户及關籥獨順，**此亦謂殺也。「關籥」當讀爲管籥。管即鎖，籥即匙也，與備城門篇「門植關」異，説詳彼。「獨順」義不可通鑿〔二〕，疑當爲「繩幎」二字，屬「關籥」爲句。「繩」从黽，「獨」从蜀，偏旁相似。史記倉公傳「肝氣濁而静」，集解：「徐廣云：濁，一作『黽』。」此「繩」譌作「獨」，與彼相類。「幎」、「順」二字，此書亦多互譌。前「幎羃」、「幎」字今本亦作「順」，是其證也。關籥繩幎，以爲門户啟閉繫蔽之用。備城門篇云「諸門户皆令鑿而冪孔孔之，各爲二冪，一鑿而繫繩，長四尺」，亦見襍守篇，是繫繩冪鑿乃守門户之恆制也。或讀「獨順」屬下句，失之。**得往來行亓中。穴壘之中各一狗，狗吠即有人也。**

**斬艾與柴，長尺，**畢云：「『柴』舊作『此』，以意改。」詒讓案：「此」疑即「柴」之省。此書多用省借字，如以「也」爲「他」，以「之」爲「志」，皆其例也。備突篇亦云「充竈伏柴艾」。自「斬艾與柴長尺」至「男女相半」，凡三百九十四字，舊本錯入備城門篇，畢本同。王云：「以下多言鑿穴之事，當移置於備穴篇，然未知截至何句爲止。」案：王校甚是，而未及移正。蘇謂此錯文當截至「諸作穴者五十人，男女相半」爲止，是也。本篇下文「五十人」三字，前後文義不相屬，即錯簡之輆迹未盡泯者也，今據移著於此。**乃置窯竈中，先壘窯壁，迎穴爲連。**王引之云：「『連』下當有『版』字，而今本脱之。上文曰『連版以穴高下廣陜爲度』，是其證。」

**鑿井傅城足，三丈一，**上云「五步一井」。六尺爲步，五步即三丈也。**視外之廣陜而爲鑿井，慎勿**

〔二〕「鑿」字疑衍。

失。句。城卑穴高從穴難。畢云：「二『穴』字舊俱作『内』，以意改。」蘇云：「言高下不相值也。」鑿井城上，俞云：「城上無鑿井之理，『城上』當作『城内』，即上文『穿井城内』之事。」詒讓案：疑當作「城下」。爲三四井，内新斬井中，「斬」當爲「甀」之誤。畢云：「當爲『新甀』。」伏而聽之，審之知穴之所在，以上文校之，「審」下「之」字疑衍。穴而迎之。穴且遇，爲頡皐，必以堅材爲夫，畢云：「同趺，如足兩分也。」舊本「材」作「杖」，俞云：「『技』乃『材』字之誤，言必以材之堅者爲頡皋之趺也。」案：俞校是也，今據正。以利斧施之，命有力者三人用頡皋衝之，灌以不潔十餘石。畢云：「若穅矢之類。」

趣伏此井中，畢云：「『伏』舊作『狀』，以意改。趣同促。」詒讓案：「此」當爲「柴」，上文「斬艾與柴」，「柴」亦作「此」。備突篇亦以柴艾並舉，故此下文云「置艾其上」，皆可證。置艾亓上，七分，「七分」義不可解，疑當作「七八員」三字。上文云「穴内口爲竈，令如窯，令容七八員艾」，是其證。盆蓋井口，毋令煙上泄，㫄亓橐口，疾鼓之。

以車輪轀。轀、輼同，上當有「爲」字。以車輪爲輼，猶備城門篇云「兩材合而爲之輼」，下文云「以車兩走爲蒕」也。轀即輼之別體文，省作「蒕」，正字當作「輓」，詳備城門篇。畢云：「下文作『蒕』，即『薀』省文，説文云：『薀，積也。』」失之。一束樵，染麻索塗中以束之。染，舊本作「梁」，畢云：「疑『粱』字。」蘇云：「『粱』爲『染』之誤，染麻索以塗者，所以避燒。」案：蘇説是也，備蛾傅篇云「染其索塗中」，今據正。鐵鎖，六韜軍用篇「鐵械鎖參連，百二十具」，又有「環利鐵鎖，長二丈以上，千二百枚」。此鐵鎖端亦有環，與彼制合。漢書王莽傳云「以鐵鎖琅當其頸」。畢云：「當爲『瑣』，説文無『鎖』字，據備蛾傅作『瑣』。」縣正當寇穴口。畢云：「『穴』舊作『内』，以意改。」鐵鎖長三丈，畢云：「通典守拒法云：『先爲桔槔，縣鐵鏁長三丈以上，束柴葦焦草而燃之，墜於城外所穴之孔，以煙燻之，敵立死。』已上罌聽、連版、伏艾、縣鎖，備穴土之法。」端環，一端鉤。言鐵鎖有兩端，一端爲環，一端爲鉤。據通典説鐵鎖，蓋以環繫於桔槔，而鉤則以束柴葦焦草而燃之者也。後文又有「鐵鉤」。

䆴穴高七尺，䆴，畢本改「鼠」，云：「舊作『䆴』，以意改。」案：前及備梯篇並作「䆴」，宜從舊本。「䆴穴」猶「鼢穴」，亦即備梯篇之「熏鼠」也。五寸廣，柱閒也尺，「也」疑亦「七」之誤，謂穴墻兩旁各爲柱，其閒七尺。二尺一柱，此謂穴墻一邊二尺則一柱也。柱下傅舄，一切經音義引許叔重云：「楚人謂柱碣曰礎。」畢云：「張衡西京賦云『雕楹玉碣』，李善注云：『廣雅云：碣，礩也。碣古字作舄。』」二柱共一員十一。「員十一」義不可通。下文兩言「員士」，疑「十一」即「士」字，傳寫誤分之。然「員士」亦無義，蓋當爲「負土」。周禮冢人賈疏云「隧道上有負土」，此爲穴亦爲隧道，故有負土。蓋以板横載而兩柱直榰之，故云「二柱共一負土」，下並同。兩柱同質，畢云：「『礩』古字如此。」詒讓案：此與備城門篇「樓四植，植皆爲通舄」制蓋略同。横員士。謂負土之版横者。柱大二圍半，必固亓員士，無柱與柱交者。似謂柱横直相交。然「無」字必誤。上文錯入備城門篇者，有「柱之外，善周塗其附柱者」云云三十四字，疑此下之錯簡，詳前。

穴二窯，皆爲穴月屋，王引之云：「『皆爲穴月屋』當作『皆爲穴門上瓦屋』，謂於穴門上爲瓦屋也。備突篇曰『突門各爲窯竇，竇入門四五尺，爲亓門上瓦屋』，是其證。隸書『瓦』字作『凡』，與『月』相似而誤，又脱『門上』二字，則義不可通。」案：王校是也，蘇説同。**爲置吏、舍人各一人，**漢書高帝紀顔注云：「舍人，親近左右之通稱也。」文穎云：「舍人，主廄内小吏〔一〕，官名也。」**必置水。**蓋以備飲。**塞穴門，以車兩走，**畢云：「即車輪。」詒讓案：備突篇作「車兩輪」，備蛾傅篇亦云「車兩走」，然車輪不當云「走」，義未詳。**爲䒼，**「䒼」亦即輼字，畢云：「薀省文」，失之。**塗亓上，以穴高下廣陜爲度，令入穴中四五尺，維置之。**入，舊本作「人」。蘇云：「『人』當作『入』。維，繫也。此亦見備突篇。」案：蘇校是也，今據正。**當穴者客爭伏門，**畢云：「舊『穴』作『内』，『客』作『容』，以意改。」案：道藏本「客」字不誤，「門」疑「鬥」之誤。**轉而塞之。爲窯容三員艾者，**畢云：「『容』舊作『客』，以意改。」**令亓突入伏尺，**畢云：「『亓突入』舊作『亦突人』，以意改。一本無『伏尺』二字。」詒讓案：「伏」疑即上文之「密」，二字音近，如宓羲「宓」或作「伏」，顔之推家訓書證篇謂俗作「密」，是其例。**伏傅突一旁，**畢云：「『傅』舊作『付』，以意改。」**以二橐守之，勿離。穴矛**畢云：「舊作『内予』，以意改。」**以鐵，長四尺半，**此疑即後文所謂「短矛」。**大如鐵服説，即刃之二矛。**未詳。畢云：「舊凡『矛』字作『予』，俱以意改。」**内去竇尺，**「内」亦當爲「穴」。**邪鑿之上，穴當心，亓矛長七尺。**謂穴高則用長矛。**穴中爲環利率，穴二。**

〔一〕「吏」，原誤「史」，據漢書改。

六韜軍用篇亦有環利鐵鎖，然其義未詳。

**鑿井城上，**疑亦當爲「下」，詳前。**俟亓身井且通，**王云：「『身』者，『穿』之壞字也。隸書『身』字或作『身』，見漢處士嚴發殘碑，與『穿』字下半相似而誤。」**居版上，**畢云：「居同倨。」案：疑當如字，畢説未塙。**而鑿亓一偏，**「偏」之借字，畢以意改「偏」，非，下同。**已而移版，鑿一偏。頡皐爲兩夫，**亦同趺。**而旁貍亓植，而數鉤亓兩端。**「數鉤」義難通，吳鈔本「數」作「敷」，疑當讀爲傅，謂傅著鉤於頡皋之兩端也。亓，舊本作「其」，吳本作「亦」，蓋當爲「亓」，今校正。**諸作穴者五十人，男女相半。**自「斬艾與柴長尺」至此三百九十四字，並從備城門篇移此。**五十人。**此三字上下文義不屬，蓋即上文「作穴者五十人」之賸字。今本上文錯入備城門篇，惟此三字尚未删去耳。**攻內爲傳士之口，受六參，**蘇云：「『士』當作『土』，『口』字誤，蓋言器之盛土者。」詒讓案：「內」亦當爲「穴」之誤。「傳」疑當爲「傅」，備城門篇云「比傅薪土」。又或當作「持」，此書凡言容儲物，多云持。備城門篇云「持水」、「持沙」，此下文云「持罌」、「持醯」，皆是也。備城門文舊本錯入此篇者，「持水」字又譌作「傳火」，竊疑此「傳士」亦當爲「持土」之譌。「參」疑當爲「絫」，形近而誤。備城門篇「參石」即「礧石」，可證。彼篇又云「五步一壘」，備蛾傅篇云「十五步一，毋下二十畾」。絫、畾、壘、藟並即虆之叚字。虆，盛土籠，亦詳備城門篇。**約枲繩以牛亓下，可提而與投。**蘇云：「『枲繩』，麻繩也。『牛』義未詳，疑『絆』字之誤。『與』當作『舉』。」**已則穴七人守退壘之中，爲大廡一，藏穴具亓中。**蘇云：「廡，古文『甒』。見儀禮注。方言云：『罌，周魏之閒謂之甒。』」**難穴，**「難」當爲「𩸞」，二字形近，古書多互譌，詳耕柱及經下篇，下竝同。**取城外池脣木月散之什，**疑當作「取城外池脣木瓦散之外」。「瓦」、「月」，「外」、「什」，形近而誤。**斬亓穴**，當作「塹亓内」，上文云「急塹城内」是也。「斬」即「塹」之省。「内」、「穴」亦形之誤。**深到泉**。泉，舊本誤作「界」，王引之云：「『界』字文義不明，『界』當爲『泉』。備城門篇『下地得泉三尺而止』，是其證。隸書『泉』字或作『杲』，見漢郃陽令曹全碑，『界』字作『𤰶』，見衛尉卿衡方碑，二形相似而誤。」案：王説是也，今據正。**難近穴，爲鐵鈇**，説文金部云：「鈇，莝斫刀也。」**金與扶林長四尺**，「扶林」疑當作「鈇枋」。枋、柄通。周禮太宰「八柄」，外史作「枋」。**財自足**。財，舊本誤「則」，據道藏本、吳鈔本正。史記孝文紀「見馬遺財足」，索隱云：「財字與纔同。」漢書揚雄傳「財足以奉郊廟」，顔注云：「財讀爲纔，同。」管子度地篇云「率部校長、官佐財足」。財自足，數適足不過多也。**客即穴**，漢書西南夷傳顔注云：「即，若也。」畢云「即，就也」，非。**亦穴而應之**。

**爲鐵鉤鉅長四尺者，財自足**，鉅與距通。荀子議兵篇所謂「宛鉅」。**穴徹**，蘇云：「徹，通也。」案：蘇説是也。畢讀「穴」上屬，云「纔與穴等也」，非。**以鉤客穴者**。蘇云：「此言鐵鉤之用。」**爲短矛**、短，道藏本作「距」，誤。**短戟、短弩、䖟矢**，䖟矢，蓋亦短矢也。方言云：「箭，其三鐮長尺六者，謂之飛䖟。」郭注云：「此謂今射箭也。」文選閒居賦「激矢䖟飛」，李注引東觀漢記「光武作飛䖟箭以攻赤眉」。廣雅釋器云：「飛蝱，箭也。」此「䖟矢」，疑亦即「飛䖟」也。**財自足，穴徹以鬭**。蘇云：「矛、戟、弩、矢，所以鬭。」**以金劒爲難**，此義難通，疑當作「斲以金爲蔪」。「斲」俗書或作「㔮」，前魯問篇又譌作「劉」。説文刃部「劒」籀文作「劍」，二形相近。「蔪」譌「難」，與前同。説文斤部云：「斲，斫也。」「斫，擊也。」爾雅釋器云：「斫，謂之鐯。」蔪即鐯之俗，詳經下篇。鐯、斫音義同，此云「斲以金爲斮」，即謂以銅爲斫也。斵，其器之名，斮即斫，指其刃之首，故以金爲之。後云「斧金爲斫」，與此文例同，惟脱「以」字耳。凡斧斤之刃，以擊伐爲用，故通謂之斫矣。**長五尺，**蓋并刃及杘之度。後斧長三尺，亦并杘計之，是其例。**爲䥡、**畢云：「説文云：『䥡，斤斧穿也。』案經典文凡以穿爲孔者，此字假音。」**木杘，**廣雅釋詁云：「杘，柄也。」畢云：「説文云：『杘，篗木柄也。』玉篇：『丑利切。』」**杘有慮枚，**「慮」疑鑢〔一〕之省。説文金部云「鑢〔二〕，錯銅鐵也」，謂於木柄爲齒，若鑢錯。「枚」未詳。又疑「慮枚」當作「鹿盧收」，見備高臨篇。**以左客穴。**左、佐古今字。「左」下疑脱一字。

**戒持罌，容三十斗以上，**畢云：「『容』舊作『客』，以意改。」詒讓案：上文錯入備城門篇者，云「令陶者爲罌，容四十斗以上」，「斗」舊本譌「斤」，王云：「『斤』當爲『斗』，隸書『斗』字或作『𣁬』，因譌而爲『斤』。」案：王校是也，今據正。**貍穴中，**畢云：「『貍』舊作『狸』，以意改。」**丈一，**上文説爲罌置井中，井五步一，又云「三丈一」。三丈即五步也。此云「丈一」，與彼不合，疑「丈」上當有「三」字，而傳寫脱之。**以聽穴者聲。**

**爲穴，高八尺，廣，**「廣」下疑脱尺數。**善爲傅置。**疑當作「善爲傅埴」，即上文云「善周塗其傅柱者」之義。**具全牛交槀，**畢云：「疑『茭槀』。」案：畢校非也。「具全牛交槀」，疑當作「具鑪牛皮槖」。上云「具鑪槖，槖以牛皮」，「槖」亦並誤作「槀」。此「全」即鑪字偏旁金形之誤。「皮」與「交」形亦相近。**皮及坫，**疑當作「及瓦缶」，

〔一〕「鑢」，原誤「鑪」，據文義改。
〔二〕「鑢」，原誤「鑪」，據説文及文義改。下同。

「缶」、「去」形近，俗書或增益偏旁作「⿰土缶」，又譌作「⿰土去」，遂不可通。上文云「鑪有兩甀」。**衛穴二，蓋陳靃及艾，**畢云：「鄭君注公食大夫禮云：『藿，豆葉也。』說文云：『藿，尗之少也。』少言始生之葉。『靃』省文。」詒讓案：「蓋」當爲「益」，此書「益」字多譌爲「蓋」，詳非命篇。「益陳靃及艾」，言多具此二物也。蘇云「蓋，當如上文『戒持罌』之『戒』，令也」，失之。**穴徹熏之以。**吴鈔本無「以」字。案：此當作「以熏之」，今本誤移「以」字著「熏」之下，校者遂疑爲衍文而刪之耳。上文說「鐵鉤鉅」云「穴徹，以鉤客穴者」，又說「短矛」等云「穴徹，以鬭」，並與此文例同，可以互證。**斧金爲斫，**「斧」下疑當有「以」字。「斫」亦即斧刃。**杘長三尺，**考工記：「車人爲車，柯長三尺，博三寸，厚一寸有半，五分其長，以其一爲之首。」鄭注云：「謂今剛關頭斧，柯其柄也。」案：此「杘」即柯，斫即首也。杘長三尺，與彼制同。六韜軍用篇亦云：「伐木大斧，重八斤，柄長三尺以上。」**衛穴四。爲壘，**疑當爲「壟」，見備城門篇。**衛穴四十，屬四。**屬，「劚」之省，即備城門篇之「居屬」。**爲斤、斧、鋸、鑿、鑺，**吴鈔本作「钁」。畢云：「說文云：『钁，大鉏也。』玉篇云：『居縛切。鉏钁。』」案：六韜軍用篇云：「棨钁刃廣六寸，柄長五尺以上，三百枚。」但鑺似與钁不同，畢說未塙。玉篇金部云：「鑺〔二〕，局虞切，軍器也。」說文新附亦有此字。鈕樹玉謂書顧命「一人冕執瞿」，孔傳「瞿，戟屬」，「瞿」即「鑺」。但此「鑺」與「鑿」類舉，似非顧命之「瞿」，疑即韓詩之「銶」。鑺、銶一聲之轉。詩豳風破斧毛詩傳云：「鑿屬曰錡，木屬曰銶。」釋文引韓詩云：「銶，鑿屬也。」**財自足。爲鐵校，衛穴四。**說文木部云：

---

〔二〕「鑺」，原誤「钁」，據玉篇及說文新附改。

「校，木囚也。」周易集解引虞翻云：「校者，以木絞校者也。」鐵校，蓋鑄鐵爲闌校以禦敵，備蛾傅篇有「校機」，疑即此。

**爲中櫓，高十丈半，廣四尺。**十丈半於度太高，疑「丈」當作「尺」。備城門篇云「百步爲櫓，櫓廣四尺，高八尺」，廣與此同，而高差二尺半，彼蓋小櫓與？**爲橫穴八櫓，**疑當作「大櫓」，六韜軍用篇有大櫓、小櫓。下疑有脱文。**蓋具稾枲，財自足，以燭穴中。**「蓋」當亦「益」之誤。道藏本作「葢」，則疑「葍」之譌，屬上「櫓葍」爲句，亦通。蘇云：「稾枲可然以爲燭。」

**蓋持醢，**蘇云：「據文義當作『戒持醢』，『醢』或『醯』字之訛。」俞云：「『醢』疑『醯』之壞字。」詒讓案：此亦當作「益持醯」，蘇改「蓋」爲「戒」，非。廣韻十二齊云：「醯，俗作『醘』。」此「醢」即「醘」之誤，下並同。醯蓋可以禦煙，春秋緐露郊語篇云「人之言醯去煙」，今本緐露「醯」作「醞」，亦字之誤。**客即熏，以救目。救目分方鏧穴，**畢云：「『鏧』即鼓。」蘇云：「疑『鑿』字之訛。」**以益盛醢，置穴中，**蘇云：「『益』疑『盆』字之訛。」**文盆毋少四斗。**文，道藏本、吴鈔本作「丈」，今案當作「大」。**即熏，以自臨醢上，**「自」當爲「目」。**及以洇目。**畢云：「玉篇云：『洇，大水也。』未詳。」俞云：「『洇』疑『油』之壞字。」詒讓案：「洇」當爲「洒」。説文水部云：「洒，滌也。」西部籀文「西」作「卤」，故譌作「田」形。「洒目」即以救目也。

# 備蛾傅第六十三

前備城門篇「蛾」作「蟻」，俗「螘」字。孫子謀攻篇作「蟻附」，曹注云：「使士卒緣城而上，如蟻之緣牆。」周書大明武篇云「俄傅器櫓」，「俄」亦「蛾」之誤。畢云：「蛾同螘。說文云：『螘，蚍蜉也。』『蛾，羅也。』又云：『𧖟，蠶化飛蟲也。』經典多借爲『螘』者，音相近耳。傅亦附字假音。」

**禽子再拜再拜曰：敢問適人强弱，遂以傅城，後上先斷，**王云：「斷，斬也。號令篇曰：『不從令者斷，擅出令者斷，失令者斷。』」**以爲淽程，**畢云：「『城』、『程』爲韻。」王云：「『淽』者，『法』之誤。言敵人蛾附登城，後上者則斷之，以此爲法程也。呂氏春秋愼行篇曰『後世以爲法程』，說苑至公篇曰『犯國法程』，漢書賈誼傳曰『後可以爲萬世法程』。篆書『去』字作『𠫓』，『缶』字作『𠙻』，二形相似；隸書『去』字作『厺』，『缶』字作『𠙻』，亦相似，故從去從缶之字，傳寫多誤。」案：王說是也。「淽」即俗「法」字。隋鄧州舍利塔銘「法」作「泏」，與「淽」略同。呂覽高注云：「程，度也。」**斬城爲基，**斬，「塹」之省，或云「鏨」之省。說文金部云：「鏨，小鑿也。」**掘下爲室，前上不止，**畢云：「『上』舊作『止』，以意改。」**後射既疾，**畢云：「『室』、『疾』爲韻。」**爲之柰何？子墨子曰：子問蛾傅之守邪？蛾傅者，將之忿者也。**「忿」舊本作「忽」。洪云：「孫子謀攻篇『將不勝其忿，而蟻附之』，『蛾傅』即『蟻附』。禮記『蛾子時術之』，釋文『本或作蟻』，古字通用。『忽』即『忿』字之譌。」案：洪校是也，今據正。**守爲行**

**臨射之，**即「高臨」，詳前。**校機藉之，**備穴篇有「鐵校」，亦詳備高臨篇。**擢之，**舊本「擢」作「攫」，今據道藏本、吴鈔本正。説文手部云：「擢，引也。」「攫，爪持也。」審校文義，當以作「擢」爲正。**太氾迫之，**「太氾」當爲「火湯」，備梯篇云「薪火水湯以濟之」。**燒荅覆之，沙石雨之，然則蛾傅之攻敗矣。**

**備蛾傅爲縣脾，**畢云：「疑『陴』字。」**以木板厚二寸，前後三尺，旁廣五尺，高五尺，而折爲下磨車，**「磨」當爲「磿」。周禮遂師鄭衆注云：「抱磿，磿下車也。」當即此「下磿車」，亦即備高臨篇之「磿鹿」。蓋縣重物爲機，以利其上下，皆用此車。故周禮王葬以下棺，此下縣陴亦用之。下云「爲之機」，亦即此也。**轉徑尺六寸。**蘇云：「『轉』當作『輪』。」詒讓案：圜徑尺六寸，則其周四尺八寸强。**令一人操二丈四方，**畢云：「疑『矛』字。」案：畢校是也。考工記廬人云「夷矛三尋」，鄭注云：「八尺曰尋。」此即夷矛也。**刃其兩端，居縣脾中，以鐵璅**吴鈔本作「瑣」。「鐵璅」見前。畢云：「説文無『鎖』字，此『璅』與『瑣』皆無鎖鑰之義，古字少，故借音用之。」**敷縣，二脾上衡，**敷、傅通。謂鐵璅傅著縣，繫縣脾之上衡也。「二」，疑當爲「縣」之重文。蘇云「『二』字誤衍」，未塙。**爲之機，令有力四人下上之，勿〔二〕離。**離，舊本作「難」。俞云：「『難』乃『離』字之誤。」備城門篇「突一旁以二

---

〔二〕「勿」，原作「弗」，據畢沅刻本改。按墨子舊本均作「勿」，無作「弗」者，此孫刻之誤。

槖守之，勿〔二〕離』，備穴篇『令一善射之者佐一人，皆勿〔三〕離』，並其證。」案：俞校是也，今據正。**施縣脾，大數二十步一，攻隊所在六步一。**蘇云：「此言設縣脾多寡之數，蓋疏數視敵爲之。」**爲纍，**畢云：「當爲『壘』。」**荅廣從丈各二尺，**王引之云：「從，音縱橫之縱。『廣從丈各二尺』義不可通，『丈各』當爲『各丈』，言荅之廣從各丈二尺也。」蘇說同。案：王校是也，下文云「荅廣丈二尺」。**以木爲上衡，以麻索大徧之，**疑當作「以大麻索編之」。**染其索塗中，爲鐵鏁，**畢云：「據上文當爲『璅』，玉篇云：『鏁俗。』」**鉤其兩端之縣。**六韜軍用篇云：「環利鐵鎖，長二丈以上，千二百枚。環利大通索，大四寸，長四寸以上，六百枚。」**客則蛾傅城，燒荅以覆之，連筳、**畢云：「義未詳。」**抄大皆救之。**「抄大」當作「沙火」。**以車兩走，**即備城門篇之「輼」也。「車兩走」即兩輪，此及前備穴篇並以車兩輪爲兩走。備突篇云：「吏主塞突門，用車兩輪，以木束之，塗其上。」**軸閒廣大以圉，**疑當作「圍」。**犯之。**有誤脱。**⿰鹵虫其兩端，**畢云：「『⿰鹵虫』未詳。廣雅有『⿰矛鹵』字，云『大也』。疑此即『矜』異文。」案：畢說非也。「⿰鹵虫」疑當爲「⿰矛虫」之變體，廣雅釋詁云：「⿰矛虫，刺也。」玉篇矛部云：「⿰矛虫，刺矛也。」經典从矛字或變从鹵。爾雅釋詁：「矜，苦也。」釋文「矜」作「鹶」，是其例也。「⿰鹵虫其兩端」，猶上云「二丈四矛，刃其兩端」矣。**以束輪，**以下疑脱「木」字。**偏偏塗其上。**蘇云：「『偏』字誤重。」詒讓案：下「偏」字疑當作

〔二〕「勿」，原作「弗」，據諸子平議卷十一改，與本書合。

〔三〕「勿」，原作「弗」，據諸子平議卷十一改，與本書合。

「編」，上云「以大〔二〕麻索編之，染其索塗中」。**室中以榆若蒸，**「室」讀爲窒。備城門篇云「窒以樵，可燒之以待敵」，「窒」亦作「室」。説文艸部云：「蒸，析麻中榦也。」周禮甸師鄭注云：「木大曰薪，小曰蒸。」**以棘爲旁，命曰火捽，一曰傳湯，以當隊。客則乘隊，燒傳湯，斬維而下之，**王引之云：「『燒傳湯』三字，義不相屬。『燒』下當有『荅』字，而今本脱之。上文兩言『燒荅』，是其證。備城門篇『城上二步一荅』。」案：「傳湯」即以車兩走所作械名，自可燒，不必增「荅」也，王校未塙。備突篇説輪轀並云「維置之」，故必斬維乃可下也。**令勇士隨而擊之，以爲勇士前行。**當作「以勇士爲前行」，號令篇云「以勇敢爲前行」，可證。**城上輒塞壞城。城下足爲下説鑱杙，長五尺，**「説」當作「鋭」，同聲叚借字。説文金部云：「鑱，鋭也。」「杙」舊本作「找」，王引之云：「『找』當爲『杙』。備城門篇曰『杙閒六寸，剡其末』，此亦云『剡其末爲五行，行閒廣三尺』，故知『找』爲『杙』之譌。」案：王校是也，蘇説同，今據正。**大圉半以上，**六韜軍用篇云：「委環鐵杙，長三尺以上，三百枚。」畢云：「『圉』疑『圍』。」**皆剡其末，爲五行，行閒廣三尺，貍三尺，大耳樹之。**「大耳」疑「犬牙」之誤，見備城門篇。

**爲連殳，長五尺，**説文殳部云：「殳，以杖殊人也。禮，殳以積竹，八觚，長丈二尺，建於兵車，旅賁以先驅。」**大十尺。**殳不得大至丈，必有誤，疑「大十」當作「大寸」，「十」即「寸」之譌。「尺」當爲「大」，屬下讀。備城門篇有

〔二〕「大」字原脱，按上文云「以麻索大偏之」，孫校作「以大麻索編之」，今據補「大」字。

「大梃」，即此。梃長二尺，畢云：「梃，舊俱从手，以意改。」大六寸，索長二尺。即備城門篇之「連梃」。凡連殳、連梃，蓋皆以索係連之。椎，柄長六尺，首長尺五寸。備城門篇「長椎柄長六尺，頭長尺」。斧，柄長六尺，御覽兵部引備衝法，用斧長六尺，亦與此同。備城門篇「長斧柄長八尺」，此短二尺，與彼異。刃必利，皆葬字書無「葬」字，疑當作「皆築」，見備城門篇。其一後。未詳。荅廣丈二尺，□□丈六尺，垂前衡四寸，兩端接尺相覆，勿令魚鱗三，蘇云：「雜守云『入柴勿積魚鱗簪』，畢注：『疑槮字叚音。』竊謂此處『三』字亦『槮』字叚音也。」案：蘇說是也。言爲荅之法，以木〔二〕兩端相銜接，以尺爲度，不可鱗次不相覆也。著其後行，前有「前衡」，此疑當作「後衡」。上下文有「前行」，與此義似不同。中央木繩一，「木」疑當作「大」。長二丈六尺。荅樓不會者以牒塞，蘇云：「會猶合也。『牒』當爲『堞』。」案：說文片部云：「牒，札也。」廣雅釋器云：「牒，版也。」謂以版塞壁隙，蘇說非。數暴乾，畢云：「說文云：『暴，晞也。』」荅爲格，令風上下。此亦未詳其義。堞惡疑壞者，疑壞，謂未壞而疑其將壞也。先貍木十尺一枚一，此字疑衍。節壞，當作「即壞」。斲植以押慮盧薄於木，畢云：「唐大周長安三年石刻云『爰雕爰斲』，即『斲』字。『慮』字衍文。」案：「押」未詳，「慮」即「盧」字之誤衍，畢校得之。盧薄漢書王莽傳「爲銅薄櫨」，顏注云：「柱上枅也。」畢云：「說文云：『櫨，柱上柎也。』『欂，壁柱。』」

〔二〕「木」，原誤「本」，據活字本改。

表八尺，「表」疑「袤」之誤。蘇云「『表』當作『長』」，非。廣七寸，經尺一，蘇云：「經、徑同。」詒讓案：疑當作「徑一尺」。數施一擊而下之，擊，疑即桔槔之「桔」，詳備城門篇。「下之」疑當作「上下之」，桔皋可上下也。爲上下釫而斲之。畢云：「説文云：『苿，兩刃臿也，或从金，从于〔一〕。』玉篇云：『釫同鏵。鏵，鍪也。胡瓜切。』」經一。疑當作「徑一尺」。釣、疑當作「鉤」。上疑有脱字。禾樓、「禾」疑當作「木」，備城門篇有「木樓」。羅石。「羅」疑當作「絫」，聲之轉。絫石即礧石，見備城門篇。縣荅植内，毋植外。謂縣於荅樓之内也。備城門篇云「樓四植」，植即柱也。

杜格，貍四尺，「杜格」義難通，疑當作「柞格」。國語魯語云「設穽鄂」，韋注云「穽，柞格也。」「柞」、「杜」形近而誤。周禮雍氏鄭注云：「擭，柞鄂也。」莊子胠篋篇〔二〕云「削格羅落罝罘之知多，則獸亂於澤矣」，釋文引李頤云「削格所以施羅網也。」柞格、柞鄂、削格，蓋皆穽擭之名。旗幟篇有「牲格」，疑即此。高者十尺〔三〕，木長短相雜，兑其上，蘇云：「兑同鋭。」而外内厚塗之。蘇云：「『外内』疑當作『内外』，或作『外向』。」案：「外内」無誤。爲前行棧、見備城門篇。縣荅。隅爲樓，樓必曲裏。吴鈔本作「禮」，蘇屬下「土」讀，云：「『曲裏

〔一〕「从于」，原誤「或從手」，據説文木部删改。
〔二〕「胠篋篇」，原誤「駢拇篇」，據莊子改。
〔三〕「尺」，原誤「丈」，據畢沅刻本改。

土』疑『再重』二字之誤。備穴云『爲再重樓』是也。」案：「曲裏」即「再重」之譌，說詳備城門篇。「土」當屬下讀。**土，五步一，毋其二十畾。**畢云：「『絫』字。」詒讓案：「土五步一」，蓋謂積土也。「毋其二十畾」，疑當作「毋下二十畾」。此書「其」字多作「亓」，與「下」形近，故互譌。「畾」讀爲孟子「虆梩」之「虆」，古字通用，盛土籠也。見備城門篇。**窬穴，十尺一，**窬穴，制詳備城門篇。**下堞三尺，廣其外。**堞，舊本譌「壤」，吴鈔本又譌「壞」。蘇云：「『壤』當作『堞』，見備城門篇。」案：蘇校是也，今據正。**轉⿰月甬城上，**畢云：「『⿰月甬』即傅字。」詒讓案：字書無「⿰月甬」字，與「傅」形聲並遠，未詳其說。**樓及散與池**「散」疑當作「殺」。**革盆。**見備城門篇。**若轉，**疑當作「若傅」，謂敵傅城也。**攻卒擊其後，煖失，治。**「煖」當爲「緩」，言不急擊敵，則以法治之。**車革火。**未詳。此數語與上下文義不相屬，疑有譌脱。

**凡殺蛾傅而攻者之法，置薄城外，**蓋於城外植木爲藩蔽。薄，備梯篇作「裾」，「裾」當爲「椐」之誤。畢云：「『薄』疑即『欂』字，所謂壁柱。」黄紹箕云：「説文艸部：『薄，林薄也，一曰蠶薄。』荀子禮論篇楊倞注云：『薄器，竹葦之器。』此書所云椐，蓋即編木爲藩杝。『椐』爲古聲孳生字，『薄』爲甫聲孳生字，二字同部，聲近義同。」案：黄説是也，亦詳前備城門篇，畢説失之。**去城十尺，薄厚十尺。伐操之法，**畢云：「『操』當爲『薄』。」**大小盡木斷之，以十尺爲斷，離而深貍堅築之，毋使可拔。**

**二十步一殺，有⿰土虞，**當作「鬲」。畢云：「方言云：『⿱夆火，虞望也。』郭璞注云：『今云烽火是也。』此从土，俗寫耳。說文、玉篇無此字。」案：畢說非是。厚十尺。畢云：「備梯云『殺有一鬲，鬲厚十尺』。」殺有兩門，門廣五步，畢云：「舊脫一『門』字，據備梯增。步，備梯作『尺』。」詒讓案：門不當有三丈之廣，當从「尺」爲是。薄門板梯貍之，勿築，畢云：「舊脫『勿』字，據備梯增。」令易拔。城上希薄門而置搗。王引之云：「『搗』字義不可通，『搗』當爲『楬』，字之誤也。楬，杙也。希與睎同，望也。言望薄門而立杙也。備梯篇『置楬』作『直桀』，置、直，楬、桀，並通。廣雅：『楬，杙也。』爾雅：『雞棲於弋爲桀。』」

縣火，四尺一椅，當作「檥」，畢云：「備梯作『鉤檥』。」五步一竈，竈門有爐炭。傳令敵人盡入，畢云：「舊作『人』，以意改。」車火燒門，車，備梯篇作「煇」，此疑「熏」之誤，詳備城門篇。縣火次之，出載而立，畢云：「舊脫『出』字，據備梯增。」其廣終隊，兩載之間一火，皆立而待鼓音而然，畢云：「『待』舊作『侍』，以意改。」詒讓案：舊本作「燃」，俗字，今據吴鈔本正。蘇讀「待」字句，云「『鼓音』上當有『聽』字」，非。即俱發之。敵人辟火而復攻，小爾雅廣言云：「辟，除也。」此謂敵人屏除所發之火，復從舊隧而來攻，故下云「縣火復下」也。備梯篇作「除火」，與此義正同。王引之讀「辟」爲「避」，蘇讀同，並非。縣火復下，敵人甚病。

敵引哭而榆，榆，畢本作「去」，云：「舊作『榆』，音之譌，據備梯改，備梯多有微異。」俞云：「『哭』當作『師』。說文帀部『師』古文作『𢀳』，形與『哭』相似，故『師』誤爲『哭』也。」案：俞說近是。「榆」、「去」音不甚近，疑當爲「逃」之借字，古兆聲、俞聲字多互通，如詩小雅鹿鳴「示民不恌」，毛傳云「恌，偷也」，可證。則令吾死士左右出穴門擊遺師，「遺」當作「遁」，蘇謂「潰」之誤，亦通。令賁士、主將皆聽城鼓之音而出，「賁士」即奔士也，王引之謂「賁」當作「者」，即「諸」之省，未塙，詳備梯篇。又聽城鼓之音而入。因素出兵將施伏，蘇云：「『素』當作『數』。」案：「素」不誤，詳備梯篇。夜半而城上四面鼓噪，敵人必或，畢云：「『人』舊作『之』，據備梯改。或與惑同。」破軍殺將。以白衣爲服，畢云：「舊脱『白』字，據備梯增。」以號相得。

# 墨子閒詁卷十五

## 迎敵祠第六十八

敵以東方來，迎之東壇，壇高八尺，月令鄭注云：「木生數三，成數八。」堂密八，蓋堂爲多角形。爾雅釋山云：「山如堂者，密。」郭注引尸子云「不知堂密之有美樅」。俞云：「『密』字無義，疑當作『宊』。說文穴部：『宊，深也。』謂堂深八尺也。不言尺者，蒙上而省。『宊』、『密』相似，因誤爲『密』矣，下竝同。」年八十者八人，主祭青旗，青神長八尺者八，弩八，八發而止，將服必青，其牲以雞。月令注云：「雞，木畜。」敵以南方來，迎之南壇，壇高七尺，月令注云：「火生數二，成數七。」堂密七，年七十者七人，主祭赤旗，赤神長七尺者七，弩七，七發而止，將服必赤，其牲以狗。賈子新書胎教篇：「青史氏記云：南方其牲以狗，狗者南方之牲也。」此與彼合。月令「犬屬秋」，注云：「犬，金畜。」與此異。敵以西方來，迎之西壇，壇高九尺，月令注云：「金生數四，成數九。」堂密九，年九十者九人，主祭白旗，素神長九尺者九，弩九，九發而止，將服必白，其牲以羊。賈子云：「西方其牲以羊，羊者西方之牲也。」此與彼合。月令「羊屬夏」，注云：「羊，火畜。」與此異。**敵以北方來，迎之北壇，壇高六尺，**月令注云：「水生數一，成數六。」**堂密六，年六十者六人，主祭黑旗，黑神長六尺者六，弩六，六發而止，將服必黑，其牲以彘。**月令注云：「彘，水畜。」畢云：「已上與黃帝兵法説同，見北堂書鈔。」詒讓案：孔叢子儒服篇孔子高對信陵君問祈勝之禮，云「先使之迎於適所從來之方爲壇，祈克於五帝，衣服隨其方色，執事人數從其方之數，牲則用其方之牲」，即本此。**從外宅諸名大祠，**「從」當作「徙」，形近而誤。謂城外居宅及大祠，寇至，則徙其人及神主入内也。**靈巫或禱焉，給禱牲。**

**凡望氣，有大將氣，**茅坤本有「有中將氣」四字。**有小將氣，有往氣，有來氣，有敗氣，**畢云：「今其法存通典兵風雲氣候雜占〔一〕也。」**能得明此者可知成敗吉凶。舉巫、醫、卜有所，**謂巫、醫、卜居各有所。或讀「有所長」句，亦通。**長具藥，**醫之長，掌具藥備用。**宮之，**疑當作「宮養之」，今本脱「養」字。號令篇云「守入城，先以候爲始，得輒宮養之」，可證。**善爲舍。巫必近公社，必敬神之。巫、卜以請守，**茅本「請」作「諸」。「守」上當依王校增「報」字。案：「巫卜」下亦當有「望氣」二字。**守獨智巫、卜望氣之請而已。**三略中略云：「禁巫祝不得爲吏士卜問軍之吉凶。」舊本「氣」誤在「之」字下。畢云：「智、知同。言望氣之請唯告守獨知之。」王云：「『請』皆讀爲情。墨子書通以請爲情，此文當作『巫卜以請報守，守獨智巫卜望氣之請而已』。智與知同，言巫卜以情報守，巫卜望氣之情唯守獨知之而已，勿令他人知也。號令篇曰『巫祝吏與望氣者必以善言告民，以請上報守，

〔一〕「占」，原誤「古」，據畢沅刻本改。

守獨知其請而已』，是其證。舊本脱『報』字，『氣之』二字又誤倒，則義不可通。」案：王校是也，蘇校同，今據乙。**其出人爲流言，驚駭恐吏民，謹微察之，**王云：「説文：『矀，司也。』『司』今作『伺』，『矀』字亦作『微』。史記廉頗藺相如傳曰『趙使人微捕，得李牧』，漢書游俠傳『使人微知賊處』，師古曰：『微，伺問之也。』」案：亦詳號令篇。**斷，罪不赦。**説文斤部云：「斷，截也。」車部云：「斬，截也。」又首部云：「𩠐，截也。」三字同訓。此「斷」蓋即「𩠐」字，亦即「斬」也。商子賞刑篇云「晉文公斷顛頡之脊以徇」。**望氣舍近守官。**官，謂守所治官府，茅本作「宮」。**牧賢大夫及有方技者若工，弟之。**「牧」當爲「收」之誤。「工」謂百工。**舉屠、酤者，**蘇云：「酤與沽通，賣酒也。」**置廚給事，弟之。**畢云：「言次第居之，古次第字只作弟。」案：「弟」疑當爲「豑」之省，豑與秩同，言廩食之，畢説未允。

**凡守城之法，縣師受事，**周禮地官有縣師，上士二人，若有軍旅之戒，則受灋于司馬，以作其衆庶及馬牛車輦，會其車人之卒伍，使皆備旗、鼓、兵器，以帥而至，侯國蓋亦有此官，戰國時猶沿其制也。**出葆循溝防，築薦通塗，**薦與荐通。左〔二〕哀八年傳「栫之以棘」，杜注云：「栫，雍也。」釋文云：「栫，一作『荐』。」築荐通塗，謂雍塞通達之塗也。**脩城。百官共財，**蘇云：「『共』讀如供。」**百工即事，司馬視城脩卒伍。**吳鈔本「視」作「施」，「脩」

〔二〕「左」下原衍「傳」字，據活字本删。

作「修」。**設守門，**蘇云：「『門』下疑脱一『閹』字。」案：蘇説非。**二人掌右閹，**舊本「二」誤「三」。俞云：「左右人數不應有異，疑『三人』是『二人』之誤。蓋門之啓閉，皆四人守之。啓則有左右之分，故曰『二人掌右閹，二人掌左閹』。及閉，則無左右之分，故止曰『四人掌閉』也。」案：俞説是也，茅本正作「二人」，今據正。**二人掌左閹，**閹，闔之借字，猶耕柱篇「商奄」作「商蓋」。説文門部云：「闔，門扇也。」左右闔，即謂門左右扉。蘇讀「掌右」、「掌左」句，誤。**四人掌閉，百甲坐之。**左文十二年傳云「裹糧坐甲」，荀子正論篇云「庶士介而坐道」。俞云：「『百』乃『皆』字之誤，言守門者皆甲而坐也。」案：『百』字不誤，城下門百甲，城上步一甲，文正相對。**城上步一甲、一戟，**備城門篇云「城上樓卒，率一步一人」。**其贊三人。**小爾雅廣詁云：「贊，佐也。」三人爲甲戟士之佐，合之五人而分守五步，非一步有五人也。**五步有五長，十步有什長，百步有百長，**即備城門篇之「帛尉」也。**旁有大率，**即旗幟篇四面四門及左右軍之將，分守四旁。**中有大將，**即旗幟篇中軍之將。**皆有司吏卒長。城上當階，有司守之。移中中處，**「移中」不可解，疑當爲「多卒」之誤。蓋城上每步一甲，城下每門百甲，此外多餘者爲多卒，猶言羨卒也。旗幟篇云「多卒爲雙兔之旗」，商子境内篇云「國尉分地，以中卒隨之」。**澤急而奏之。**畢云：「言居中者澤急事奏之，『澤』當爲『擇』。」俞云：「畢校是也，惟未解『奏』字之義。史記蕭相國世家索隱曰：『奏者，趨向之也。』擇急而奏之，謂有急則趨向也。」**士皆有職。城之外，矢之所遝，**遝，舊本作「還」，蘇云：「還猶至也。」王云：「『還』當爲『遝』，謂矢之所及也，下同。」案：王校是也，今據正，説詳非攻下篇。**壞其墻，無以爲客菌。**菌猶言翳也。周書王會篇有菌鶴，孔注云「菌鶴可用爲旌翳」，是菌有翳蔽之義。蘇云：「菌疑與梱義通，意言城外有墻，是令敵人得障蔽以避矢，宜急壞之。」三十里之内，薪、蒸、水皆入内。水無入内之理，當爲「木」，上又脱「材」字。薪蒸，細木；材木，大木也。襍守篇云「材木不能盡入者，燔之」，是其證。狗彘豚鷄食其宍，畢云：「宍，肉字異文。廣韻云：『肉，俗作宍。』」斂其骸以爲醢，説文酉部云：「醢，肉醬也。」爾雅釋器云：「肉謂之醢，有骨者謂之臡。」臡醢亦通偁。腹病者以起。吕氏春秋直諫篇高注云：「起，興也。」謂病瘉而興起。但審校文意，似謂肉醢等當以養病者，則「病者」當爲守圉受傷之人，不宜專舉腹病，此似有譌字。竊疑「腹」或當爲「腝」，即「臡」之正字，屬上「醢腝」爲句，於義較通也。城之内薪蒸廬室，矢之所還，舊本亦作「還」，今據王校改。皆爲之涂菌。蘇云：「涂菌所以避矢。涂、塗同。」令命昏緯狗纂馬掔緯。後漢書張衡傳李注云：「纂，繫也。」説文手部云：「掔，固也。」大戴禮記夏小正「農緯厥耒」，傳云：「緯，束也。」言緯纂必堅固。蘇云：「緯，束也。掔，苦閑切，音慳，固也，又牽去也，與牽通。言作必防閑狗馬，勿令驚逸。」詒讓案：掔、牽古通，然此「掔」當讀如字，似無牽義。靜夜聞鼓聲而譟，畢云：「『譟』字異文。」詒讓案：周禮大司馬云「鼓皆駴，車徒皆譟」，鄭注云：「譟，讙也。」所以閹客之氣也，畢云：「閹，遏也。」所以固民之意也，故時譟則民不疾矣。「凡守城之法」以下至此，疑他篇之文錯箸於此。

祝、史乃告於四望、山川、社稷，祝史，謂大祝、大史也。周禮大宗伯鄭注云：「四望，五嶽、四鎮、四瀆。」案：山川，蓋謂中小山川在竟内者。先於戎，「先於戎」未詳。疑當作「先以戒」，下文云「先以揮」，文例同。乃退。

公素服誓于太廟，曰：「其人爲不道，蘇云：「『其人』疑當作『某人』。」案：蘇校是也，孔叢子正作「某人不道」。**不脩義詳，**脩，吴鈔本作「修」。畢云：「詳、祥同。」**唯乃是王，**疑當作「唯力是正」。「力」、「乃」，「正」、「王」，形並相近。明鬼下篇云「諸矦力正」。**曰：『予必懷亡爾社稷，**蘇云：「『懷』疑當作『壞』。」案：懷猶言思也，似不誤。**滅爾百姓。』二參子尚夜自厦，**畢云：「當爲『厲』。」蘇云：「『參』即『三』，下『參發』義同。『尚』下當脱『夙』字，或『尚』即『夙』字之訛。」詒讓案：孔叢子云「二三子尚皆同心，比力死守」，與此略同。**以勤寡人，和心比力兼左右，各死而守。」**「兼」下疑脱一字。畢云：「左右，助也。」**既誓，公乃退食。舍於中太廟之右，**茅本「太」作「大」。中太廟，侯國太祖之廟也。儀禮聘禮賈疏説諸侯廟制云：「太祖之廟居中，二昭居東，二穆居西，廟皆别門。」**祝、史舍于社。百官具御，乃斗，**畢云：「疑『刀斗』字。」案：「斗」疑「升」之誤。下云「乃下，出俟，升望我郊，乃命鼓，俄升」，此「乃升」與「乃下」文正相對。公舍在太廟右，則升殆即格於廟與？**鼓于門，**畢云：「『門』舊作『問』，以意改。」詒讓案：孔叢子云「乃大鼓於廟門，詔將帥命卒，習射三發，擊刺三行，告廟用兵於敵也」，依彼文則上「斗」字當作「大」，未詳。**右置旂、左置旌于隅，練名，**謂門左右隅，一置旂，一置旌也。畢讀「右」屬上「鼓於門」爲句，誤。説文糸部云：「練，湅繒也。」名、銘古今字。謂以練爲旂旌之旒，而書名於上也。爾雅釋天説旌旂云：「纁帛縿，練旒九。」儀禮士喪禮云：「爲銘各以其物，亡則以緇，長半幅，赬末長終幅，廣三寸，書名于末。」鄭注云：「銘，明旌也。今文銘皆爲名。」周禮司勳云「銘書於王之大常」。是凡旌旗之屬通謂之銘。此作「名」，與禮今文正同。説文亦無「銘」字。**射參發，告勝，五兵咸備。**「五兵」，詳節用上篇。**乃下，出挨，**畢云：「當爲『俟』。」**升望我郊。**侯國宫廟有門臺，故可升望國郊。**乃命鼓，俄升，**公羊桓二年何注云：「俄者，謂須臾之間。」**役司馬射自門右，**「役司馬」，蓋官名，掌徒役者。**蓬矢射之，茅參發，**「茅」當爲「矛」。蘇屬上讀，云「似言束茅而射之」，誤。**弓弩繼之，校自門左，**校，蓋軍部曲吏。管子度地篇有部校長官。商子境内篇云：「軍爵，自一級以下至小夫，命曰校徒操士。」戰國策中山策云「五校大夫」，高注云：「五校，軍營也。」又秦策云「亡五校」。「校」下疑脱「射」字。**先以揮，**不箸其兵，疑有佚脱。**木石繼之。祝、史、宗人告社，**左傳哀二十四年杜注云：「宗人，禮官也。」案：即周禮大小宗伯，侯國及都家並有之。**覆之以甑。**說文瓦部云：「甑，甗也。」此蓋厭勝之術，未詳其義。

# 旗幟第六十九

畢云：「說文云：『旗，熊旗五游，以象罰星，士卒以爲期。』釋名云：『熊虎爲旗，軍將所建，象其猛如虎，與衆期其下也。』『幟』當爲『織』，詩『織文鳥章』，箋〔二〕云：『徽織也。』陸德明音義音『志』，云『又尺志反』，又作『識』。案漢書亦作「志」，而無从巾字。」王改「幟」並爲「職」，云「墨子書『旗識』字如此，舊本從俗作『幟』，篇内放此。」案：「幟」正字當作「識」，號令、襍守二篇「微職」字並作「職」者，叚借字也。王校甚是。但司馬貞、玄應所引並作「幟」，則唐本如是，以相承已久，未敢輒改。

**守城之法，木爲蒼旗，火爲赤旗，薪樵爲黄旗，石爲白旗，**畢云：「北堂書鈔引作『金爲白旗，土爲

---

〔二〕「箋」，畢注原作「傳」，按所引見詩小雅六月鄭玄箋，今據改正。

黄旗』。」案：畢據明陳禹謨改竄本書鈔，不足馮，景宋鈔本無。水爲黑旗，食爲菌旗，自倉英旗以上七旗，並以色別，「菌」非色名，疑當爲「茜」。說文艸部云：「茜，茅蒐也。」茅蒐可以染絳。字或作「蒨」，左定四年傳「綪茷」，襍記鄭注引作「蒨旆」。死士爲倉英之旗，蘇云：「『倉英』當即蒼鷹。」俞云：「倉英之旗乃青色旗，『倉英』即滄浪也。在水爲滄浪，在竹爲蒼筤，並是一義。此又作「倉英」者，英古音如央，故與浪同聲。」案：俞說是也。竟士竟，競之借字。逸周書度訓篇云「揚舉力竟」，亦以「竟」爲「競」。畢云：「猶云彊士。」蘇云：「猶言勁卒。」爲雩旗，畢云：「虎字假音。」王云：「『雩』即『虎』之譌，非其假音也。鈔本北堂書鈔武功部八引此爲『虎旗』，上脱二字，而『虎』字則不誤。通典兵五亦曰『須戰士鋭卒，舉熊虎旗』。隸書『虎』字或作『帍』，見漢殽阬君神祠碑陰，與『雩』字相似而誤。」多卒爲雙兔之旗，五尺男〔一〕子爲童旗，五尺，謂年十四以下，詳襍守篇。女子爲梯末之旗，蘇云：「『梯』未詳，疑當作枯楊生稊之『稊』。」弩爲狗旗，戟爲⿱艹⿰彳生旗，「⿱艹⿰彳生」，疑即「旌」字。月令「季秋載旌旐」，淮南子時則訓「旌」作「茬」。「茬」、「⿱艹⿰彳生」皆「旌」之譌。隸書「旌」或作「⿰扌生」，形相近。周禮司常九旗，「析羽爲旌」。畢云：「北堂書鈔引作『林旗』。」劍盾爲羽旗，蓋即司常九旗之「全羽爲旞」。車爲龍旗，畢云：「舊作『龏』，据北堂書鈔改。車，彼作『輿』。」詒讓案：舊鈔本書鈔仍作「車」，與今本同。騎爲鳥旗。「騎」謂單騎，亦見號令篇。左傳昭二十五年「左師展將以公乘馬而歸」，孔疏云：「古者服牛乘馬，馬以駕車，不單騎也。至六國之時始有單騎，蘇秦所云『車千乘、騎萬

〔一〕「男」，原誤「童」，據畢沅刻本改。

匹』是也。曲禮云『前有車騎』者，禮記漢世書耳，經典無『騎』字也。劉炫謂此左師展欲共公單騎而歸，此騎馬之漸也。」案：單騎蓋起於春秋之季，而盛於六國之初，故此書及吳子並有之。**凡所求索，旗名不在書者，皆以其形名爲旗。城上舉旗，備具之官致財物，**句。**之足而下旗。**俞云：「下『之』字衍，文本作『足而下旗』」，蓋城上舉旗，則備具之官各致其財物，既足而後下旗也。『之』字即『足』字之誤而複者，當刪。」詒讓案：「之」當作「二」，即「物」之重文。「物足而下旗」，言致財物既足其城上之用，則偃下其旗也。

**凡守城之法，石有積，樵薪有積，菅茅有積，**茅，吳鈔本作「茆」。說文艸部云：「菅，茅也。」陸璣毛詩艸木疏云：「菅似茅而滑澤無毛，柔韌宜爲索。」茆、茅古字亦通。**雚葦有積，**說文艸部云「𦽏，薍也」，「葦，大葭也」，雚部云「雚，小爵也」，音義並別。此「雚」當爲「𦽏」，經典省作「萑」，或掍作「雚」，非是。周禮司几筵「萑席」，唐石經初刻亦誤作「雚」。**木有積，炭有積，沙有積，松柏有積，蓬艾有積，麻脂有積，金鐵有積，粟米有積，**王云：「『金鐵』當爲『金錢』，字之誤也。金錢、粟米，皆守城之要物，故並言之。若鐵則非其類矣。號令篇曰『粟米、錢金、布帛』，又曰『粟米、布帛、錢金』，襍守篇曰『粟米、布帛、金錢』，皆其證。太平御覽居處部二十引此正作『金錢』。」**井竈有處，**畢云：「通典守拒法云『城上四隊之間，各置八旗。若須木櫄拯板，舉蒼旗；須灰炭稃鐵，舉赤旗；須檑木樵葦，舉黃旗；須沙石瓴瓦，舉白旗；須水湯不潔，舉黑旗；須戰士銳卒，舉熊虎旗；須戈戟弓矢刀劍，舉鷙旗；須皮氈麻鍱鍬钁斧鑿，舉雙兔。城上舉旗，主當之官隨色而供』，亦其遺法。」**重質有居，**畢云：「言居其妻子。」**五兵各有旗，節各有辨，**說文刀部云：「辨，判也。」凡符節判析其半，合之以爲信驗。荀子性惡篇云「辨合符驗」。周禮小宰「傅別〔二〕」，朝士「判書」，鄭注引故書「別」、「判」並作「辨」，聲義並相近。**法令各有貞，**廣雅釋詁云：「貞，正也。」又疑或爲「員」之譌。蘇云「『貞』爲『其』字之訛」，非。**輕重分數各有請，**請與誠通。**主慎道路者有經。**慎，循之叚字，謂循行道路也。周禮「體國經野」，鄭注云：「經，謂爲之里數。」

**亭尉各爲幟，竿長二丈五，**亭尉，即備城門篇之「帛尉」及迎敵祠篇之「百長」也。**帛長丈五，廣半幅者大。**畢云：「太平御覽引云『凡幟帛長五丈，廣半幅』。」案：史記高祖紀索隱引墨翟曰「幟帛長丈五，廣半幅」，一切經音義五云「墨子以爲長丈五尺、廣半幅曰幟也」，並即據此文，是唐本已如此，御覽不足據。後文城將幟五十尺，以次遞減至十五尺止，亭尉卑，自當丈五尺，不宜與城將等也。又「者大」，畢本據惠士奇禮說改爲「有大」，屬下「寇傅攻前池外廉」爲句。案：「者」字不誤，「大」當爲「六」，二字形近。下文「大城」，「大」又譌「六」，可互證。六即亭尉幟之數，蓋每亭爲六幟，以備寇警緩急舉踣之用。下文舉一幟至六幟，解如數踣之，並以六爲最多，故此先著其總數也。惠、畢並誤改其文，又失其句讀。**寇傅攻前池外廉，**廉，邊也，詳襍守篇。**城上當隊鼓三，舉一幟；到水中周，**周、州聲近通用，俗又作「洲」。說文川部云：「水中可居曰州，周遶其旁。」**鼓四，舉二幟；到藩，**吴鈔本作「蕃」。藩蓋池内厓岸，編樹竹木爲牆落。備城門篇云「馮垣外内，以柴爲藩」，即此。襍守篇云「牆外水中爲竹箭」，明水在外，牆在内矣。**鼓五，舉三幟；到馮垣，**蓋卑垣在外堞外者，詳備城門篇。**鼓六，舉四幟；到女垣，**「女垣」即

〔二〕「傅別」，原誤「傳別」，據周禮改。

堞，説文土部云：「堞，城上女垣也。」𨸏部云：「陴，城上女牆，俾倪也。」此女垣在馮垣内，大城外，蓋即號令篇之「女郭」，備城門篇之「外堞」也。備城門篇别有「内堞」。**鼓七，舉五幟；到大城，**畢云：「『大』舊作『六』，以意改，下同。」**鼓八，舉六幟；乘大城半以上，鼓無休。夜以火，如此數。寇卻解，輒部幟如進數，**畢云：「言數如此行之，寇去始解，輒部署幟如前也。」王引之云：「『部』讀爲踣，謂仆其識也。周官大司馬『弊旗』，鄭注曰：『弊，仆也。』仆、踣、部古字通。吕氏春秋行論篇引詩曰『將欲踣之，必高舉之』，踣與舉正相反。故寇來則舉識，寇去則踣識也。如進數者，如寇進之識數而遞減之。識之數以六爲最多，故寇進則自一而遞加之，寇退則自六而遞減之也。畢以『部』爲『部署』，失之，又誤解『如進數』三字。」案：王説是也。**而無鼓。**蘇云：「言夜以火代幟，鼓數同，寇退則無鼓也。」

**城爲隆，長五十尺，**「城爲隆」疑當作「城將爲絳幟」。「絳」、「降」、「隆」聲類並同。左成十八年傳「魏絳」，樂記孔疏引世本「絳」作「降」，是其證。此以「隆」爲「絳」，猶尚賢中篇以「隆」爲「降」也。「隆」下又脱「幟」字。周禮司常鄭注云：「凡九旗之帛皆用絳。」城將即大將，見號令篇，尊於四面四門之將，故幟高於彼十尺。**四面四門將長四十尺，**號令篇云「四面四門之將，必選擇之有功勞之臣及死事之後重者」。戴云「『將』疑『牆』字聲誤」，非。**其次三十尺，其次二十五尺，其次二十尺，其次十五尺，高無下四十五尺。**此「四」字衍。「高無下十五尺」，即冢上「長五十尺」以次遞減至此，爲極短也。

**城上吏卒置之背，**王引之云：「『卒』字涉下文『吏卒』而衍。下文卒置於頭上，則不得又置之背也。又案頭上也、肩也、背也、胷也，皆識之所置也。説文：『徽，識也。以絳帛，箸於背。』張衡東京賦『戎士介而揚揮』，揮同徽，薛綜曰：『揮謂肩上絳幟。』皆其證。今不言識者，『城上吏』之上又有脱文耳。」案：王説是也。此置背等並謂吏卒所著小徽識，與上將旗不相冢。下文「城中吏卒民男女皆辨異衣章微，令男女可知」十八字，疑即此節首之脱文，傳寫誤錯著於彼，而此小徽識遂與上旗識淆掍不分矣。尉繚子經卒令説卒五章：前一行蒼章，置於首；次二行赤章，置於項；次三行黄章，置於胷；次四行白章，置於腹；次五行墨章，置於要。又兵教篇云：「將異其旗，卒異其章。左軍章左肩，右軍章右肩，中軍章胷前，書其章曰某甲某士。」此上文「五十尺」至「十五尺」，即謂將異旗，以下乃言卒異章之事。二書可互證。**卒於頭上，城下吏卒置之肩，**畢云：「舊作『眉』，據禮説改，下同。」**左軍於左肩，**畢云：「『左軍』舊作『在他』，據禮説改。」王云：「下當有『右軍於右肩』五字，而今本脱之。」案：吴鈔本亦作「在他」，道藏本作「在也」。以字形審之，疑當作「左施於左肩，右施於右肩」。**中軍置之胷。**畢云：「此俗字，當爲『匈』或『𦙄』。」**各一鼓，中軍一三。**未詳，疑當作「中軍三」，言鼓多於左右軍。「一」衍文。**每鼓三、十擊之，**三、十擊之，謂或三擊，或十擊，多少之數不過此也。號令篇云「中軍疾擊鼓者三」，又云「昏鼓鼓十，諸門亭皆閉之」。**諸有鼓之吏謹以次應之，當應鼓而不應，不當應而應鼓，**舊本作「不當應而不應鼓」，王云：「此當作『當應鼓而不應鼓，不當應鼓而應鼓』，今本上下二句皆脱一『鼓』字。」蘇云：「下句當云『不當應而應』，『不』字衍。」案：蘇校是也。道藏本、吴鈔本「應鼓」上正無「不」字，今據刪。王校增字太多，未塙。末「鼓」字或當屬下讀。**主者斬。**畢云：「言罪其鼓主。」

**道廣三十步，於城下夾階者各二，其井置鐵𢐿。於道之外**畢云：「説文云：『𢐿，弓曲也。』」王引之云：「『弓曲』之義與『鐵』字不相屬，且井旁亦非置弓之處，竊謂『𢐿』乃『雍』字之譌。雍讀若甕，備城門篇云『百步一井，井十甕』，故曰『其井置鐵甕』。」**爲屏，**屏所以障圂。開元占經甘氏外官占：「甘氏云：天溷七星，在外屏南」，注云：「天溷，廁也。外屏所以障天溷也。」史游急就篇云：「屏廁清溷糞土壤。」**三十步而爲之圜，**亦當作「圂」。**高丈。爲民圂，垣高十二尺以上。巷術周道者，**説文行部云：「術，邑中道也。」「周道」詳備城門篇。言巷術通周道者。**必爲之門，**畢云：「『必』舊作『心』，以意改。」**門二人守之，非有信符，勿行，不從令者斬。**自「巷術周道者」至此，並與旗幟無涉，疑它篇之錯簡。

**城中吏卒民男女，皆葕異衣章微，**王引之云：「『葕』字義不可通，『葕』當爲『辨』，『辨異』二字連文。周官小行人曰『每國辨異之』。隸書『辨』字或作『㛹』，見漢李翕析里橋郙閣頌，因譌而爲『葕』。」王念孫云：「『衣章微』當作『衣章微職』。説文：『徽，識也。』墨子書『徽識』皆作『微職』，見號令、襍守二篇。章亦徽識之類也，故齊策云『變其徽章』，徽亦與微同。此言男女之衣章徽識皆有別也，故曰『皆辨異衣章微職，令男女可知』。且此篇以旗職爲名，則當有職字明矣。今本『辨』譌作『葕』，『微』下又脱『職』字，故義不可通。」案：王校是也。蘇引類篇曰「蔓，葕也」，非。**令男女可知。**此十八字疑當在上文「城上吏卒置之背」之首，錯簡在此。

**諸守牲格者，**牲格，蓋植木爲養牲闌格，守城藩落象之，因以爲名。備蛾傅篇云：「杜格貍四尺，高者十尺，木長短相雜，兑其上，而外内厚塗之。」疑亦即此。彼「杜格」當爲「柞格」，或此「牲」亦當作「柞」。「牲」、「杜」、「柞」形並相近。**三出卻適，**畢云：「却，玉篇云『卻字之俗』。」**守以令召賜食前，**「守」即號令篇之太守。「以令」亦屢見彼篇，言傳令來前賜食。**予大旗，**予，畢本以意改「矛」，屬上讀。蘇云：「予、與通用，畢誤。」**署百户邑若他人**

財物，建旗其署，令皆明白知之，曰某子旗。尉繚子兵教上篇云：「乃爲之賞法，自尉、吏而下盡有旗，戰勝得旗者，各視其所得之爵，以明賞勸之心。」左哀十三年傳云：「彌庸見姑蔑之旗，曰：『吾父之旗也。』」牲格内廣二十五步，外廣十步，表以地形爲度。俞云：「『表』乃『衺』字之誤。備穴篇『鑿廣三尺，表二尺』，王氏訂『表』爲『衺』之誤，正與此同。」

靳卒，中教解前後左右，「靳」疑當作「勒」。尉繚子有勒卒令，漢書晁錯傳云：「士不選練，卒不服習，起居不精，動静不集，趨利弗及，避難不畢，前擊後解，與金鼓之音相失，此不習勒卒之過也。」蓋謂部勒兵卒，將居中而教其前後左右。「解」字疑誤。卒勞者更休之。休，舊本作「修」，今據吴鈔本、茅本正。

## 號令第七十

蘇云：「墨子當春秋後，其時海内諸國自楚、越外，無稱王者，故迎敵祠篇言『公誓太廟』，可證其爲當時之言。若號令篇所言令丞尉、三老、五大夫、太守、關内侯、公乘，皆秦時官，其號令亦秦時法，而篇首稱王，更非戰國以前人語，此蓋出於商鞅輩所爲，而世之爲墨學者取以益其書也。倘以爲墨子之言，則誤矣。」案：蘇説未塙，令丞尉、三老、五大夫等制並在商鞅前，詳篇中。

安國之道，道任地始，禮記禮器鄭注云：「道猶從也。」地得其任則功成，地不得其任則勞而無功。人亦如此，備不先具者無以安主，吏卒民多心不一者皆在其將長。言責在將與長也。諸

**行賞罰及有治者，必出於公王**〔二〕。畢云：「『公』舊作『功』，一本如此。」案：茅本亦作「公」，道藏本、吴鈔本並作「功」。此對上「將長」爲文，疑當作「王公」。下文云「出粟米有期日，過期不出者，王公有之」，是其證，傳寫誤倒耳。畢讀以「王」字屬下句，亦通。**數使人行勞，賜守邊城關塞、備蠻夷之勞苦者，舉其守率之財用有餘、不足，**「率」疑「卒」之誤。**地形之當守邊者，其器備常多者。邊縣邑，視其樹木惡，則少用；**言材木不足其用。**田不辟，**畢云：「闢假音字。」**少食；**田荒農惰，則食不足。**無大屋、草蓋，少用桑；**畢云：「言無大屋之處當留桑以爲蔭。一本作『乘』，非。」案：桑，道藏本、茅本竝作「来」，俗「桑」字。説文艸部云：「蓋，苫也。」釋名釋宫室云：「屋以草蓋曰茨。茨，次也，次比草爲之也。」草蓋，謂以草蓋屋。「少用桑」當作「少車乘」。「乘」、「来」形相近，「車」、「用」涉上而譌。言室惡民貧，則不能畜車乘馬牛也。畢沿誤爲説，殊謬。**多財，民好食。**下有脱誤。**爲内牒，**「牒」疑「堞」之誤。「内堞」見備城門篇。畢引説文云「牒，札也」，非此義。**内行棧，**亦見備城門篇。**置器備其上。城上吏、卒、養，**「養」即厮養之養。公羊宣七年何注云：「炊亨曰養。」蘇云「『養』謂糧食」，誤。**皆爲舍道内，各當其隔部。**吴鈔本作「步」。太白陰經司馬穰苴云：「五人爲伍，二伍爲部。」部，隊也。隔部，即城上吏卒什人所守分地，皆有隔以别其疆界。下云「人自大書版，著之其署隔」，則凡署皆有隔。**養什二人。**十人爲什，言每卒十人則有養二人。吉天保孫子集注引曹操云：「一車駕四馬，養二人，主炊，步兵十人。」亦十步

〔二〕「公王」，原作「王公」，據活字本改。按宣統本誤倒。

卒二養，與此略同。**爲符者曰養吏一人，**養吏，吏掌養爲符信者。**辨護諸門。**辨護，猶言監治也，亦見周禮大祝、山虞鄭注。山虞賈疏引尚書中候握河紀云「堯受河圖，稷辨護」，注云：「辨護者，供時用，相禮儀。」案：「辨」即今辨治字。漢書李廣傳顏注云：「護謂監視之。」此「養吏」「辨護諸門」，亦謂辨治監視諸守門之事，與中候注義小異。畢云：「『辨』即今辨字正文。」**門者及有守禁者皆無令無事者得稽留止其旁，**舊本重「稽」字，又「止」作「心」，道藏本、吴鈔本、茅本「稽」字並不重。畢云：「『心』當爲『必』，或衍一『稽』字。」王引之亦删「稽」，又云：「改『心』爲『必』，義仍不可通。『心』當爲『止』，言勿令無事者得稽留而止其旁也。隸書『止』、『心』相似，故『止』譌爲『心』。」案：王校是也，蘇説同，今據删正。倭刻茅本校云「心，一作『止』」，正與王校同。**不從令者戮。敵人但至，**但，茅〔二〕本作「伹」，从且，疑「且」字之誤。**千丈之城，**千，茅本作「十」，下文仍作「千」。襍守篇云「率萬家而城方三里」，此云「千丈」，爲方五里有奇，蓋邑城之大者。尉繚子守權篇云「千丈之城，則萬人守之」，戰國策趙策云「今千丈之城、萬家之邑相望也」，齊策亦云「千丈之城，拔之尊俎之間」。畢云「『千』當爲『十』」，失之。**必郭迎之，**舊本「迎」作「近」，畢云：「當爲『迎之』。」案：畢校是也，今據正。**主人利。不盡千丈者勿迎也，視敵之居曲**畢云：「言所居曲隘。」詒讓案：曲，部曲。又疑「與」之誤。**衆少而應之，此守城之大體也。其不在此中**

〔二〕「茅」，原誤「舊」，據活字本改。按孫注凡言「舊本」，均指所據之底本即畢沅刻本；凡言「茅本」，指日本寶曆七年翻刻茅本。字作「伹」者實爲寶曆本，即孫所謂「茅本」。

者，皆心術與人事參之。「心」疑當作「以」。凡守城者，以亟傷敵爲上，亟，舊本譌「函」，今據王校正，說詳魯問及備城門篇。畢云：「言扞禦傷敵。」其延日持久以待救之至，明於守者也，倭本校云：「『至』下脫『不』。」不能此，蘇云：「『不』疑當作『必』。」乃能守城。

守城之法，敵去邑百里以上，城將如今畢云：「當爲『令』。」王引之云：「如猶乃也。言敵人將至，城將乃令召五官百長而命之也。下文曰『輔將如今賜上卿』，與此文同一例，則『今』非『令』之譌。」案：畢說是也。此書軍吏，有城將，即大將；有輔將，即四面四門之將。地治之吏，有守，有令，有丞，有尉，有五官。凡守城之事，皆城將及守令主之，並詳後。如令猶言若令，下文「如令」亦「如令」之譌，王說失之。盡召五官及百長，五官，蓋都邑之小吏。周制，侯國有五大夫，因之都邑亦有五官。韓非子十過篇云趙襄子至晉陽，「行其城郭及五官之藏」，此即都邑之五官，殆如後世吏有五曹之類。後文吏有比丞、比五官，則五官卑於丞也。又左傳成二年晉軍帥之下，有司馬、司空、輿師、候正、亞旅。成十八年及晉語，悼公命官，別立軍尉，而無亞旅。成二十五年傳又謂之「五吏」。淮南子兵略訓說在軍五官，有司馬、尉、候、司空、輿，與晉制同。竊疑此「五官」亦與彼相類。後文有尉都司空候，或即五官之名與？亦詳節葬〔二〕篇。以富人重室之親，舍之官府，府，舊本譌作「符」，王引之云：「『符』當爲『府』，言舍富人重室之親於官府也。下文云『其有符傳者，善舍官府』，是其證。篇內言『官府』者多矣，若云『舍之官符』，則義不可通。此涉上下文諸『符』字而

〔二〕「葬」，原誤「喪」，據本書改。

誤。」案：王校是也，蘇説同，今據正。**謹令信人守衛之，謹密爲故。**俞云：「故猶事也。言務以謹密爲事也。備梯篇『以靜爲故』，備穴篇『以急爲故』，義與此同。畢屬下讀，失之。」

**及傳城，**及傳，舊本譌作「乃傳」。畢云：「言守符謹密，必有故乃傳用也。」俞云：「『乃傳』當作『及傳』，字之誤也。上云『敵去邑百里以上』，此云『及傳城』，其事正相次。『傳』即『蛾傳』之『傳』，備蛾傳篇曰『遂以傳城』是也。畢不能訂正，而屬上『謹密爲故』讀之，殊不可通。」案：俞校是也，今據正。**守將營無下三百人，**「守」下道藏本、吳鈔本、茅本有「城」字。**四面四門之將，必選擇之有功勞之臣及死事之後重者，**蘇云：「重者，即重室子也。」**從卒各百人。門將并守他門，**謂他小門。**他門之上**畢云：「舊脱『門』字，以意增。」**必夾爲高樓，使善射者居焉。女郭、馮垣一人一人守之，**「女郭」即「女垣」，以其在大城之外，故謂之郭。釋名釋宮室云：「城上垣亦曰女牆，言其卑小，比之於城若女子之與丈夫也。」旗幟篇云：「到馮垣，鼓六，舉四幟；到女垣，鼓七，舉五幟。」蘇云：「『一人』疑誤重。」**使重室子。**室，舊本誤「字」。畢云：「言重家之字子，謂富家。」王云：「『重字子』即『重室子』之譌。」案：王校是也，蘇校同，今據正。「重室子」見備城門篇。**五十步一擊。**文選長楊賦李注引韋昭云：「古文隔爲擊。」此「擊」疑亦署隔之名。蘇云：「『擊』當作『樓』。」**因城中里爲八部，部一吏，**城内爲八部吏。**吏各從四人，以行衢術及里中。**畢云：「『衢』當爲『衝』，説文云：『通道也。』春秋傳曰：及衝以戈〔一〕

〔一〕「戈」字原脱，據説文補。

擊之。』」詒讓案：此術〔二〕與旗幟篇「巷術」及後「術衢」義同，與備城門篇「衝術」異。**里中父老小不舉守之事及會計者，**「老小」上下疑有脱字。王引之云：「『父老』下不當有『小』字，蓋涉下文『老小』而衍。「舉」讀爲「吾不與祭」之「與」，與、舉古字通，謂里中父老不與守城及會計之事者。」案：王説亦通。蘇云「『小』當作『少』，謂人少不敷用也」，非。**分里以爲四部，**此又於一里之中分之爲四部。**部一長，**每里四長。**以苛往來不以時行、**周禮射人鄭注云：「『苛』謂詰問之。」蘇云：「苛，譏訶也。」**行而有他異者，以得其姦。吏從卒四人以上有分者，**此即八部每部之吏也。王引之云：「『分』下當有『守』字，而今本脱之，則文義不明。分守，謂卒之分守者也。下文曰『男女老小先分守者，人賜錢千』，是其證。」**大將必與爲信符，大將使人行守，操信符，信不合及號不相應者，**蘇云：「號即夜間口號。」**伯長以上輒止之，**伯、百通，即上文「百長」。**以聞大將。**畢云：「告大將。」**當止不止及從吏卒縱之，皆斬。諸有罪自死罪以上，**舊本脱「以」字，今從王校補。**皆還父母、妻子、同産。**舊本「遝」作「還」。王云：「『還』當爲『遝』，謂罪及父母、妻子、同産也。下文云『歸敵者，父母、妻子、同産皆車裂』。」案：王校是也，今據正，説詳非攻下篇。

**諸男女有守於城上者，**疑當云「諸男子」，備城門篇云「守法：五十步，丈夫十人，丁女二十人，老小十人」，此「男子」即「丈夫」也。下文别云「丁女子」，則此不當兼有女，明矣。**什六弩、四兵。**蘇云：「十人爲什。兵，戎器

〔二〕按：「術」，據文義當作「衝術」。

也。言十人之中弩六而兵四之。」案：蘇説是也。六韜軍用篇云「甲士萬人，强弩六千，戟櫓二千，矛楯二千」，與此率正同。**丁女子、老少，人一矛。**蘇云：「丁女子，猶言丁女，見備城門篇。」

**卒有驚事，**驚讀爲警。文選歎逝賦李注云：「警猶驚也。」蘇云：「言猝有警急之報。」**中軍疾擊鼓者三，城上道路、里中巷街，**説文行部云：「街，四通道也。」**皆無得行，行者斬。女子到大軍，令行者男子行左，女子行右，無並行，皆就其守，不從令者斬，離守者三日而一徇，**畢云：「當爲『徇』。」衆經音義云：「三倉云：徇，偏也。」蘇云：「『而』字衍。」詒讓案：「而一」二字疑皆衍文，此二句皆冢上文而箸其刑，「不從令者斬」，即不從男行左女行右之令也。「離守者」，即不就其守者也，與下文「離守絶巷救火者斬」義同。但無故離守罪重於不從令者，故不惟斬之，且肆其尸三日，所謂「三日徇」也。義亦詳後。**而所以備姦也。**蘇云：「『而』字衍。」案：「而」乃「此」字之誤，非衍文。下文云「此所以勸吏民堅守勝圍也」，是其證。**里缶與皆守宿里門，**「里正」即上文「里長」，每里四人。「與皆守」疑當作「與有守者」，下文常見。畢云「當爲『與守皆』」，未塙。**吏行其部，至里門，缶與開門内吏，**蘇云：「『内』讀如納。」**與行父老之守及窮巷幽閒無人之處。**舊本無「幽」字。俞云：「『閒』上脱『幽』字，『幽閒』二字連文。明鬼篇作『幽澗毋人』，澗即閒之叚字。天志篇作『幽門無人』，『門』即『閒』之壞字。」案：俞説是也，今據增。**姦民之所謀爲外心，罪車裂。**畢云：「説文云『斬，截也。从車，从斤，斬法車裂也。』」案：周禮條狼氏「誓馭曰車轘」，鄭注云：「謂車裂也。」此刑與斬别，畢引説文未當。**缶與父老及吏主部者不得，皆斬；得之，除，**畢云：「舊脱『得』字，據下文增。」案：茅本『得』字不脱。**又賞之黄金，人二**

鎰。鎰，二十四兩也，詳貴義篇。蘇云：「此連坐之法，唯得罪人，則除其罪，且有賞也。」大將使使人行守，「使人」當作「信人」，上云「謹令信人守衛之」，下云「大將使信人將左右救之」，皆其證。長夜五循行，蘇云：「循、徇通用。」短夜三循行。四面之吏亦皆自行其守，如大將之行，不從令者斬。

諸竈必爲屏，畢云：「舊『必』作『火』，『屏』作『井』，據藝文類聚改。」火突高畢云：「火，藝文類聚引作『心』。『突』或『㷡』字，說文云：『㷡，竈突〔一〕。从穴，从火，从求省。』玉篇有『㶌』字，徒忽切，云：『竈㶌。魯仲連子：竈而五㶌也。』未詳㶌、突誰是。案：突、囪音相近，今人猶呼火窗爲煙囪，疑㷡義爲强。」案：說文本云：「㷡，竈突。」廣雅釋室云：「竈窻謂之㶌。」㶌、突字同，與㷡別。畢說非。出屋四尺，慎無敢失火，畢云：「今江浙人家有高墻出屋如屏，云以障火，是其遺制。」失火者斬其端，失火以爲事者畢云：「言因事端以害人，若今律故犯。」詒讓案：端，似言失火所始。「以爲事者」，據下文當作「以爲亂事者」，此脫「亂」字。車裂。伍人不得，斬；伍，吳鈔本、茅本作「五」，下並同。畢云：「言同伍不舉，罪之。」得之，除。救火者無敢讙譁，畢云：「說文云『讙』、『譁』轉注。」及離守絕巷救火者斬。畢云：「絕，言亂。」蘇云：「言守絕巷者毋得擅離，蓋防他變也。」案：蘇說非。其缶及父老有守此巷中部吏，皆得救之。「此」當作「者」，二字草書相似，因而致誤。部吏，即城中八部部一吏，官尊於里正。或有適居是巷者，亦得救之。部吏亟令人謁之大將，畢云：「『部吏』二

〔一〕「突」字原誤重，據說文刪。

字舊倒，據下移。」案：吴鈔本不倒。亟，舊本譌「函」，今據茅本正，王校同。蘇云：「『人』乃『入』之誤。」案：「人」字不誤。大將使信人將左右救之，部吏失不言者斬。諸女子有死罪及坐失火皆無有所失，逮其以火爲亂事者如法。漢書淮南厲王長傳顔注云：「逮，追捕之也。」圍城之重禁。以上備火之禁。

敵人卒而至，蘇云：「卒、猝同。」嚴令吏民無敢讙囂、三最並行、王引之云：「『最』當爲『冣』，冣與聚通，謂三人相聚，二人並行也。說文：『冣，積也。』徐鍇曰：『古以聚物之聚爲冣。』冣與最字相似，故諸書中『冣』字多譌作『最』。」案：王説是也。蘇云「『三最』乃『無敢』二字之訛」，失之。相視坐泣流涕、若視舉手相探、説文手部云：「探，遠取之也。」相指相呼、相麾道藏本、吴鈔本、茅本作「曆」。畢云：「舊作『歷』，以意改。」詒讓案：詩大雅無羊云「麾之以肱」，説文手部云：「麾，旌旗所以指麾也。」麾，俗摩字。然作「歷」義似亦可通，廣雅釋詁云：「歷，過也。」又莊子天地篇云「交臂歷指」，亦足備一義。相踵、説文止部云：「歱，跟也。」「踵」即「歱」借字。謂以足跟相躡也。相投説文手部云：「投，擿也。」相擊、相靡以身及衣、謂以身及衣相切靡。莊子馬蹄篇「喜則交頸相靡」，釋文：「李云：『靡，摩也。』」易繫辭「剛柔相摩」，韓注云：「相切摩也。」靡、摩字同。訟駮言語，畢云：「説文云：『駮，獸如馬。』『駁，馬色不純。』據此義當爲『駁』。」及非令也而視敵動移者，斬。伍人不得，斬；得之，除。尉繚子伍制令云：「伍有干令犯禁者，揭之，免於罪。知而弗揭，全伍有誅。」又云：「吏自什長以上至左右將，上下皆相保也，有干令犯禁者，揭之，免於罪。知而弗揭者，皆與同罪。」伍人踰城歸敵，伍人不得，斬；與伯歸敵，隊吏斬；伯，百人也。隊吏，即上文之「伯長」、「百長」。與吏歸敵，隊將斬。隊將，即四面四門之將。**歸敵者，父母、妻子、同産皆車裂；先覺之，除。**蘇云：「言先覺察者，除其罪也。」**當術**畢云：「説文云：『術，邑中道也。』」案：術、隧通作。「當〔一〕術」即備城門篇之「當隊」，謂當敵攻城之道也。下云「却敵於術」同，畢説非。**需敵，**需，吴鈔本作「舒」。「需」讀爲懦，考工記輈人「馬不契需」，鄭衆注云：「需讀爲畏需之需。」需敵，謂却〔二〕敵也。蘇云「需，待也」，非。**離地，斬。**畢云：「言離其所。」**伍人不得，斬；得之，除。**

**其疾鬬却敵於術，敵下終不能復上，疾鬬者隊二人賜上奉。**畢云：「玉篇云：『俸，房用切，俸禄也。』此作『奉』，古字。」**而勝圍，**戴云：「『而』讀爲如，『如勝圍』句。」**城周里以上，封城將三十里地爲關内矦，**畢云：「韓非子顯學云『關内之矦雖非吾行，吾必使執禽而朝』，史記春申君列傳黄歇上書云『韓必爲關内之矦』，又云『魏亦關内矦』，則戰國時有關内矦也。」詒讓案：戰國策魏策「王與竇屢關内矦」。漢書百官公卿表：秦制賞功勞爵二十級，十九關内矦，顔注云：「言有矦號而居京畿，無國邑。」**輔將如令賜上卿，**令，舊本誤「今」。蘇云：「輔將，城將之次者，猶裨將也。『今』當爲『令』。」案：蘇説是也，今據正。輔將，即上文四面四門之將也。漢書百官表：縣令長皆秦官，皆有丞尉。史記商君傳云「集小都鄉邑聚爲縣，置令丞」，秦本紀在孝公十二年。國策趙策載趙受

〔一〕「當」字原脱，據活字本補。

〔二〕按：正文「需敵」，孫注讀需爲懦，是「需敵」爲畏敵之意，注云「謂却敵」，「却」疑是「怯」之誤。却敵是退敵、抵敵之意，非畏敵之謂。

上黨千户，封縣令。則縣有令蓋七國之通制矣。**丞及吏比於丞者賜爵五大夫，**漢書百官表「秦爵：九，五大夫」，顏注云：「大夫之尊也。」呂氏春秋直諫篇，荆文王時有五大夫〔二〕。戰國策趙、魏、楚策亦並有之，則非秦制也。**官吏、豪傑與計堅守者，**畢云：「二字舊倒，以意改。」**十人及城上吏比五官者，**蘇云：「『十人』疑『士人』之訛。」案：蘇説是也。下文云「諸人士外使者來，必令有以執將」，「士人」即「人士」也。城上吏，蓋即百尉之屬，上云「盡召五官及百長」。**皆賜公乘。**漢書百官表「秦爵：八，公乘」，顏注云：「言其得乘公家之車也。」**男子有守者爵，人二級，**九章算術衰分篇劉注云「墨子號令篇以爵級爲賜」，蓋即指此文。**女子賜錢五千，**此亦謂有守者。**男女老小先分守者人賜錢千，**「先」當作「無」。説文「無」古文奇字作「无」，與「先」相似，因而致誤。「無分守者」，與上文「有守者」正相對。以其本無分守，故止人賜錢千，與上有守者男子賜爵、女子賜錢五千，輕重異也。**復之三歲，無有所與，不租税。**漢書高帝紀「蜀漢民給軍事勞苦，復勿租税二歲」，顏注云：「復者，除其賦役也。」紀又云「過沛，復其民，世世無有所與」，注云：「與讀曰豫。」**此所以勸吏民堅守勝圍也。**

**吏卒侍大門中者，**此謂城將所居大門。**曹無過二人。**襍守篇云「守大門者二人，夾門而立」。畢云：「説文云：『曹，獄之兩曹也。在廷東，从棘。治事者，从曰。』案即兩造，『造』、『曹』音近。而蜀志杜瓊曰『古者名官職不言曹，始自漢以來名官盡言曹，吏言屬曹，卒言侍曹』，非也。」**勇敢爲前行，伍坐，**蘇云：「謂五人並坐。」**令各**

〔二〕按：孫注舉荆文王事，見呂氏春秋長見篇，非直諫篇。

**知其左右前後。擅離署，戮。門尉晝三閱之，**說苑尊賢篇「宗衛相齊罷歸，召門尉田饒等二十有七人而問焉」，漢書高祖功臣侯表有「門尉彨跖」，蓋亦沿戰國之制。尉，吳鈔本作「衛」，誤。**莫，**畢云：「說文云：『莫，日且冥也。』」**鼓擊門閉一閱。守時令人參之，上逋者名。**蘇云：「參猶驗也。逋，謂離署者。」**鋪食皆於署，**畢云：「此『鋪食』字義當作『餔』，說文云：『餔，日加申時食也。』」**不得外食。**蘇云：「言不得離署而他食也。」**守必謹微察視謁者、**國策齊策「王斗見齊宣王，宣王使謁者延入」，漢書百官公卿表「謁者，掌賓贊受事」，應劭云：「謁，請也，白也。」孫子用閒篇云「必先知其守將、左右、謁者、門者、舍人之姓名」。**執盾、**漢書惠帝紀注：「應劭云：執楯，親近陛衛也。」高祖功臣侯表有執盾閻澤赤、繒賀、孔藂、某襄、張說。**中涓**史記高祖功臣侯表集解引漢儀注云：「天子有中涓，如黃門，皆中官者。」國語吳語「涓人疇」，韋注云：「涓人，今中涓也。」史記楚世家作「鋗人」，韋昭云：「今之中涓是。」說苑奉使篇云「緤北犬敬上涓人」，史記萬石君傳正義：「如淳云：中涓，主通書謁出入命也。」漢書陳勝傳「故涓人將軍呂臣爲蒼頭軍」，注：「應劭云：『涓人，如謁者。』」曹參傳顏注云：「中涓，親近之臣，若謁者、舍人之類。涓，潔也，主居中掃潔也。」**及婦人侍前者**侍，舊本譌「待」。蘇云：「『待』當作『侍』。」是也，今據正。**志意、顏色、使令、言語之請。**蘇云：「請讀如情。」**及上飲食，必令人嘗，皆非請也，擊而請故。**蘇云：「上句『請』讀如情，下句如字，謂詰問也。」詒讓案：「皆」疑「若」之誤。末句當作「繫而詰故」，謂囚繫而詰問其事故也。**守有所不說**吳鈔本、茅本作「悅」。**謁者、執盾、中涓及婦人侍前者，守曰斷之、**斷即斬也，詳迎敵祠篇。

**衝之、**衝與撞通，說文手部云：「撞，卂〔二〕擣也。」**若縛之，不如令及後縛者，皆斷。必時素誡之。**必，吴鈔本作「不」。**諸門下朝夕立若坐，各令以年少長相次，旦夕就位，先佑有功有能，**畢云：「『佑』舊作『估』，非。此『右』字，俗加人。」**其餘皆以次立。五日，官各上喜戲、居處不莊、好侵侮人者一。**此謂察諸門下侍從吏人之事，然五日既太疏闊，「喜戲、居處不莊、好侵侮人者」又不宜限以人數，於文義終難通。疑當作「日五閲之，各上喜戲、居處不莊、好侵侮人者名」。「閲」與「官」艸書相近，「日五」誤倒，下脱「之」字，「名」又譌作「一」。襍守篇說「守大門者二人」，「吏日五閲之，上逋者名」，是其證也。

**諸人士外使者來，必令有以執將。**謂旗章符節之屬。畢云：「『令』舊作『合』，以意改。」將，依義當爲『牂』。」**出而還。若行縣，必使信人先戒舍室，乃出迎，門守乃入舍。**「門」當爲「聞」，言先告守將乃入舍也。下文云「候以聞守」，是其證。**爲人下者常司上之，**畢云：「『司』即伺字。」王引之云：「司，古伺字也。之讀爲志。墨子書或以「之」爲「志」字，見天志中、下二篇。言爲人下者，常伺察上人之志，隨之而行也。」蘇云：「司上之，當言『伺上所之』。」**隨而行，松上不隨下。**王引之云：「『松』讀爲從。學記『待其從容』，鄭注『從或爲松』，是其例也。言從上不隨下也。」**必須□□隨。**

**客卒守主人，及以爲守衛，主人亦守客卒。**客卒，謂外卒來助守者。主人，謂內人爲守卒者。二者使

〔二〕「卂」原誤「凡」，據說文改。卂擣，猛擊，此處指笞撻之刑。

互相守察，防其爲姦謀也。城中戍卒，其邑或以下寇，謹備之，數録其署，漢書董仲舒傳顏注云：「録，謂存視之也。」蘇云：「此即『守客卒』之事。蓋戍卒之入衛者，或其鄉邑已爲敵人所取，則必謹防其卒，恐生内變也。以、已通用。」同邑者，弗令共所守。與階門吏爲符，階吏，即迎敵祠篇所云「城上當階有司守之」是也。符合入，勞；入，舊本作「人」，今據道藏本正。符不合，牧，守言。蘇云：「『牧』當作『收』，謂收治之。」案：蘇校是也，此當作「收，言守」，謂收而告之守也。後云「亟以疏傳言守」。若城上者，城上，吴鈔本、茅本作「上城」。衣服他不如令者。下有脱文。

宿鼓在守大門中，周禮脩閭氏鄭衆注云：「宿，謂宿衛也。」謂夜戒守之鼓。莫，令騎若使者、操節閉城者皆以執毚。此字誤，前耕柱篇「白若之龜」，「龜」舊本作「毚」。疑此亦當爲「龜」之譌。但「執龜」義亦難通，疑當作「執圭」。説文土部云：「楚爵有執圭。」「圭」、「龜」音相近而譌。此謂使操節閉城者，必以有爵者，亦慎重其事也。昏鼓鼓十，諸門亭皆閉之，蘇云：「上云『莫，鼓擊門閉』，即此。」行者斷，必擊問行故，「擊」亦「繫」之誤。乃行其罪。晨見，掌文鼓縱行者。諸城門吏各入請籥，開門已，輒復上籥。蘇云：「籥同鑰。」詒讓案：説文門部作「闟」。月令鄭注云：「管籥，搏鍵器也。」孔疏云：「管籥以鐵爲之，似樂器之管籥，措於鏁内以搏取其鍵也。」周禮司門「掌授管鍵，以啓閉國門」，鄭司農注云：「管，謂籥也；鍵，謂牡。」有符節，不用此令。寇至，樓鼓五，有周鼓，有讀爲又，言樓鼓五下，又周偏鼓以警衆也。雜小鼓乃應之。尉繚子勒卒令云：「商，將鼓也。角，帥鼓也。小鼓，伯鼓也。」小鼓五，後從軍，斷。命必足畏，賞必足利，令必行，令出

**輒人隨，省其可行、不行。**人，舊本譌「入」，今據道藏本、吴鈔本、茅本正。「可」字疑衍，言凡出令必以人隨，而省察其行不行也。**號，**句。**夕有號，**備梯篇云「以號相得」。倭本校云：「夕，一作『名』。」**失號，斷。**句。**爲守備程而署之曰某程，**蘇云：「程，式也。」**置署街街衢階若門，**當作「術街衢」，後文云「屯陳垣外術衢街皆樓」。蘇云「『街』字誤重」，非。**令往來者皆視而放。**蘇云：「放，依倣也。」詒讓案：「放」疑當爲「知」。**諸吏卒民有謀殺傷其將長者，與謀反同罪，有能捕告，賜黄金二十斤，謹罪。非其分職而擅取之，**「取之」舊本倒。王引之云：「『擅之取』當爲『擅取之』，與『擅治爲之』對文，今『取之』二字倒轉，則文不成義。」案：王校是也，蘇校同，今據乙正。**若非其所當治而擅治爲之，斷。諸吏卒民非其部界而擅入他部界，輒收，**畢云：「舊作『牧』，以意改。」**以屬都司空若候，**漢書百官公卿表「宗正屬官有都司空令丞」，如淳云：「都司空，主水及罪人。」説文㹜部云「獄，司空也，復説獄司空。」此候爲小吏，與後「候敵」之「候」異。都司空、候，疑即五官之二，説詳前。**候以聞守，不收而擅縱之，斷。能捕得謀反、賣城、踰城敵者一人，**畢云：「當作『歸敵』，脱『歸』字。」**以令爲除死罪二人，城旦四人。**漢書惠帝紀注：「應劭云：『城旦者，旦起行治城，四歲刑也。』」**反城事父母去者，**「事」疑當爲「弃」。**去者之父母妻子。**王云：「此下有脱文，不可考。」

**悉舉民室材木、瓦若藺石數，**瓦，舊本誤「凡」。王引之云：「『凡』字義不可通，『凡』當爲『瓦』，字之誤也。隸書『瓦』字作『凡』，與『凡』相似。若猶及也，與也。謂民室之材木、瓦及藺石也。『材木』、『瓦』、『藺石』，即備城門篇之『材木』、『瓦石』、『藺石』，又見褋守篇。漢書鼂錯傳曰『具藺石，布渠荅』。」案：王説是也，今據正。漢書鼂錯傳注：「服虔云：『藺石，可投人石。』如淳云：『藺石，城上雷石也。』」李廣傳作「壘石」。説文㫃部云：「旝，建大木，置石其上，發以機，以槌敵。」**署長短小大，當舉不舉，吏有罪。諸卒民居城上者，**卒，茅本作「卒」。案：上當有「吏」字。**各葆其左右，**葆，吴鈔本作「保」。**左右有罪而不智也，**畢云：「智同知。」**其次伍有罪。若能身捕罪人若告之吏，皆構之。**顧云：「『構』讀爲購，説文：『購，以財有所求也。』」蘇云：「構與購同，謂賞也。」**若非伍而先知他伍之罪，皆倍其構賞。**

**城外令任，城内守任。**言城外内，守與令分任之。「令」即縣令，「守」即太守也。**令、丞、尉，亡，得入當，**凡守人亡，其所司令、丞、尉當受譴罰者，使得別入當以自贖，即下云「必取寇虜」是也。尉繚子束伍令云：「亡伍而得伍，當之；得伍而不亡，有賞；亡伍不得伍，身死家殘。」又説「亡長得長，當之」，「亡將得將，當之」。彼法，本伍亡而得別伍之人，則相抵當免其罪。亡長、亡將亦然。與此入當之法小異而大同。**滿十人以上，令、丞、尉奪爵各二級；百人以上，令、丞、尉免，以卒戍。**蘇云：「言免官而遣戍。」**諸取當者，**蘇云：「當，謂其值足以相抵也。」**必取寇虜，乃聽之。**

**募民欲財物粟米以貿易凡器者，**「以」字疑當在「欲」字下。**卒以賈予。**蘇云：「賈，價同。言平其值也。」詒讓案：此當作「以平賈予」。褋守篇云「皆爲置平賈」，可證。「平」，與隸書「卒」或作「卆」相近而誤，今本又到其文，遂不可通。**邑人知識、昆弟有罪，雖不在縣中而欲爲贖，若以粟米、錢金、布帛、他財物免出者，令許之。**

**傳言者十步一人，稽留言及乏傳者，斷。**蘇云：「稽留，謂不以時上聞。乏傳，不爲通也。」**諸可以便事者，亟以疏傳言守。**亟，舊本誤「函」，下同，今並據茅本正，王校同。漢書蘇武傳顏注云：「疏，謂條録之。」蘇云「函，謂封進，防漏洩也」，非。**吏卒民欲言事者，亟爲傳言，請之吏，稽留不言諸者，斷。**畢云：「『諸』當爲『請』。」

**縣各上其縣中豪傑若謀士、居大夫**畢云：「其大夫之家居者。」俞云：「『居』乃『若』字之誤。若謀士、若大夫，猶言或謀士、或大夫也。秦爵有大夫，有官大夫，有公大夫，有五大夫，是民間賜爵至大夫者多矣，上不能悉知，故使縣各上其名也。上文『關内侯』、『五大夫』、『公乘』之名，悉如秦制，則此所謂『大夫』者，非必如周官之大夫也。」案：畢説近是。**重厚口數多少。**畢云：「重厚，言富厚。」

**官府城下吏卒民家，**家，吴鈔本、茅本作「皆」。**前後左右相傳保火。火發自燔，**説文火部云：「燔，爇也。」**燔曼延燔人，**謂延燒他人室。蘇云：「曼同蔓。」案：説文又部云：「曼，引也。」廴部云：「延，行也。」糸部云：「綂，絲曼延也。」是「曼延」字古止作「曼」，蘇説非。此「燔人」對「自燔」爲文，止謂延燒他人室廬。畢讀「燔曼延」爲句，「燔人」爲句，則似以「燔人」爲傷人，亦非是。**斷。**句。**諸以眾彊凌弱少及彊奸人婦女**畢云：「玉篇云：『奸同姦，俗。』」案：吴鈔本作「强奸」。**以讙譁者，皆斷。**

**諸城門若亭，謹候視往來行者符，符傳疑，**周禮司關有「節、傳」，鄭注云：「傳，如今移過所文書。」釋名釋書契云：「過所或曰傳。傳，轉也，轉移所在〔二〕，執以爲信也。」崔豹古今注云：「凡傳皆以木爲之，長五寸，書符信於上，又以一板封之，皆封以御史印章，所以爲信也。」未知周制同否。疑，謂疑其矯僞也。若無符，皆詣縣廷言，廷，舊本誤「延」，今據茅本正。説文廴部云：「廷，朝中也。」縣廷，令所治。後漢書郭太傳李注引風俗通云：「廷，正也，言縣廷、郡廷、朝廷皆取平均正直也。」請問其所使；「請」亦當爲「詰」。其有符傳者，善舍官府。其有知識、兄弟欲見之，爲召，勿令里巷中。蘇云：「『令』下脱『入』字。」三老、守閭「三老」詳備城門篇。令厲繕夫爲荅。當作「令繕厲矢爲荅」。襍守篇云「藺石、厲矢諸材」，可證。説文厂部云：「厲，旱石也。」書禹貢孔疏引鄭注云：「礪，磨刀刃石也。」若他以事者微者，不得入里中。蘇云：「此句有錯誤，當作『若以他事徵者，不得入里中』。」三老不得入家人。「家人」疑到，或作「入家」。入家，謂入平民家也。傳令里中有以羽，蘇云：「『有』當作『者』。」羽在三所差，家人各令其官中，倭本校云：「官，一作『家』。」蘇云：「『三』下當脱『老』字，而『差』字即『老』字之訛，誤倒也。『官』當作『宮』。」失令若稽留令者，斷。家有守者治食。吏卒民無符節而擅入里巷官府，吏、三老、守閭者失苛止，畢云：「言不訶止之。舊作『心』，以意改。」皆斷。

諸盗守器械、財物及相盗者，直一錢以上，皆斷。吏卒民各自大書於傑，傑，吴鈔本作「桀」。案：備蛾傳篇亦作「桀」。洪云：「傑，古通作楬字。周禮職幣『皆辨其物，而奠其録，以書楬之』，鄭注：『楬之，若今時爲書

〔二〕「在」，原誤「求」，據釋名釋書契改。按釋名原文次序與此引文稍異。

以著其幣。』傑、楬義同。」蘇云：「『傑』疑『隔』字之訛，下言『著之其署隔』是也。」案：洪説是也，「傑」即桀叚字。爾雅釋宮云「雞棲於弋爲傑」，傑即桀之俗。桀與楬通。詳備蛾傅篇。蘇説非。著之其署同，同，當從下文作「隔」。蘇云「『同』疑『伺』字之訛」，非。守案其署，擅入者，斷。城上日壹發席蓐，「日」上疑脱「三」字，後云「葆宮三日一發席蓐」。爾雅釋器云「蓐謂之兹」，郭注云：「蓐，席也。」令相錯發。蘇云：「言互相稽察。」有匿不言人所挾藏在禁中者，斷。

吏卒民死者，輒召其人與次司空葬之，「次司空」詳襍守篇。勿令得坐泣。傷甚者令歸治病，家善養，予醫給藥，賜酒日二升、肉二斤，令吏數行閭，視病有瘳，畢云：「説文云：『瘳，疾瘉也。』」輒造事上。謂病瘳即造守所共役也。詐爲自賊傷以辟事者，畢云：「辟同避，言詐爲廢疾以避事。」族之。謂夷三族。詳後。事已，守使吏身行死傷家，舊脱，今據道藏本、吴鈔本、茅本增。臨戶而悲哀之。寇去事已，塞禱。史記封禪書「冬塞禱祠」，索隱云：「塞與賽同。賽，今報神福也。」漢書郊祀志顔注云：「塞，謂報其所祈也。」管子禁藏篇云「塞久禱」。韓非子外儲説右上篇云：「秦襄王病，百姓爲之禱。病愈，殺牛塞禱。」畢云：「『塞』即賽正文。」守以令益邑中豪傑力鬭諸有功者，畢云：「『益』字疑衍。」蘇云：「『益』字誤，或當爲『賞』。」案：畢、蘇説非。益，猶言加賞也。商子境内篇云：「能得爵首一者〔二〕，賞爵一級，益田一頃，益宅九畝。」必

---

〔二〕按：「能得爵首一者」，清嚴萬里校本商君書（即通行二十二子本）如此。明范欽本（即四部叢刊本）等「爵首」均作「甲首」，是。又「者」字本書原引誤「首」，據商君書各本改。

身行死傷者家以弔哀之，身見死事之後。城圍罷，主亟發使者往勞，亟，舊本亦譌「函」，今據茅本正，王校同。蘇云：「『勞』讀去聲，謂慰問也。」舉有功及死傷者數，使爵禄，「使」下疑脱一字。守身尊寵，明白貴之，令其怨結於敵。

城上卒若吏各保其左右，保，上下文皆作「葆」，此當同。若欲以城爲外謀者，父母、妻子、同產皆斷。左右知，不捕告，皆與同罪。蘇移此二十六字著「城下里中家人皆相葆，若城上之數」二句下，今案不必移，蘇校非是。城下里中畢云：「『里』舊作『理』，以意改。」家人皆相葆，若城上之數。有能捕告之者，封之以千家之邑；若非其左右及他伍捕告者，及，道藏本、吳鈔本、茅本並作「乃」，亦通。封之二千家之邑。

城禁：使、卒、民不欲寇微職和旌者，斷。「使」當爲「吏」，「吏卒」上文常見。「不」當爲「下」。言吏卒民在城上者，不得擅下也。「欲」疑「效」之誤。「微職」即「徽識」之借字，詳後。和旌，謂軍門之旌。周禮大司馬職云「以旌爲左右和之門」，鄭注云：「軍門曰和，今謂之壘門，立兩旌以爲之。」孫子軍爭篇云「交和而舍」，曹注云「軍門曰和門」。不從令者，斷。非擅出令者，斷。蘇云：「『非擅』當作『擅非』。」失令者，斷。倚戟縣下城，下，舊本譌作「不」。蘇云：「『不』疑當作『下』。」案：蘇校是也，今據正。「倚戟縣下城」，言下城不由階陛，倚戟縣身以下也。上下不與衆等者，斷。無應而妄讙呼者，斷。而，茅本作「爲」。總失者，斷。「總」疑當爲「縱」。縱失，謂私縱罪人也。譽客内毀者，斷。畢云：「言稱敵而自毀，以其惑衆。」離署而聚語者，斷。聞城鼓聲而伍，後上署者，斷。人自大書版，著之其署隔，畢云：「舊作『鄗』，以意改。」詒讓案：說文自部云：「隔，障也。」署隔，蓋以分別署之界限者。守必自謀其先後，「謀」字誤，襍守篇又云「令掘外宅林，謀多少」，「謀」疑皆爲「課」之誤。非其署而妄入之者，斷。離署左右，共入他署，左右不捕，挾私書，行請謁及爲行書者，釋守事而治私家事，卒民相盜家室、嬰兒，皆斷無赦。人舉而藉之。藉與籍通。無符節而橫行軍中者，斷。客在城下，因數易其署而無易其養。謂廝養，詳備城門篇。譽敵少以爲衆，亂以爲治，敵攻拙以爲巧者，斷。客、主人無得相與言及相藉，蘇云：「藉猶借也。」客射以書，無得譽，無，吴鈔本作「毋」。俞云：「『譽』當作『舉』，字之誤也。下文曰『禁無得舉矢書』。」案：俞校是也。蘇云「『譽』即譽敵也」，非。外示內以善，無得應，不從令者，皆斷。禁無得舉矢書若以書射寇，犯令者父母、妻子皆斷，身梟城上。畢云：「說文云：『県，到𦣻也。賈侍中說，此斷首到縣県字。』今多用梟者，說文云『梟，从鳥頭在木上』，義亦通。」有能捕告之者，賞之黄金二十斤。非時而行者，唯守及摻太守之節而使者。漢書百官公卿表：「郡守，秦官，景帝中二年更名太守。」國策趙策說韓靳黈、趙馮亭，並云太守。吴師道謂當時已有此稱，以此書證之，信然。畢云：「史記趙世家云『孝成王令趙勝告馮亭曰：敝國君使勝〔二〕

〔二〕「勝」字畢引原脱，據史記趙世家補。

致命，以萬户都三封太守，千户都三封縣令』，正義云：『爾時未合言太守，至漢景帝始加太守。此言「太」，衍字。』沅案：此書亦云太守，則先秦時已有此官，張守節言衍字，非也。『摻』即『操』異文，廣雅云『摻，操也』，以爲二字，非。言行不以時，唯守者及操節人可，餘皆禁之。」

**守入臨城，**入，舊本作「人」，今據茅本正。下文云「守入城，先以候爲始」。**必謹問父老、吏大夫，請有怨仇讎不相解者，**「請」當爲「諸」。**召其人，明白爲之解之。**周禮地官調人鄭衆注云：「今二千石，以令解仇怨，後復相報，移徙之。」是漢以前有吏以令爲民解怨之法。**守必自異其人而藉之，**藉亦與籍通，即襍守篇所云「札書藏之」也。蘇云：「藉，謂記其姓名也。」**孤之。**畢云：「『孤』舊作『狐』，以意改。」詒讓案：謂不得與其曹伍相聚而處，皆防其爲亂。**有以私怨害城若吏事者，父母、妻子皆斷。其以城爲外謀者，三族。**畢云：「史記云『秦文公二十年，法初有三族之罪』，然家語云『宰予與田常之亂，夷三族』，楚世家云『鋗人曰：新王下〔二〕法，有敢饟王、從王者，罪及三族』，酷吏列傳云『光祿徐自爲曰：古有三族』，則知三族是古軍法，非始於秦。」**有能得若捕告者，以其所守邑小大封之，守還授其印，尊寵官之，令吏大夫及卒民皆明知之。豪傑之外多交諸侯者，常請之，**說文言部云：「請，謁也。」**令上通知之，善屬之，所居之吏上數選具之，**「選」讀爲饌。廣雅釋詁云：「饌，具也，食也。」蘇云：「具，謂供具。」**令無得擅出入，連質之。**謂質其親屬

〔二〕「下」字畢引原脱，據史記楚世家補。

也。**術鄉長者、父老、豪傑之親戚父母、妻子，**王引之云：「『父母』二字，皆後人所加也。古者謂父母爲親戚，故言親戚則不言父母，後人不達，故又加『父母』二字耳。篇內言父母妻子者多矣，皆不言親戚。下文有『親戚妻子』，則但言親戚而不言父母，是親戚即父母也。」案：王說是也。**必尊寵之。若貧人食**此字衍，或當爲「貧乏食」，亦通。**不能自給食者，上食之。及勇士父母親戚、妻子，**王亦以「父母」二字爲後人所加，是也。**皆時酒肉，**王云：「『酒肉』上當有『賜』字，而今本脱之，則文義不明。下文曰『父母、妻子皆同其宮，賜衣食酒肉』，是其證。」**必敬之，舍之必近太守。守樓臨質宮而善周，**「質宮」即下「葆宮」。畢云：「質宮，言質人妻子之處。守樓臨之，所以見遠，必周防之也。古者貴賤皆謂之宮。」**必密塗樓，令下無見上，上見下，下無知上有人無人。**

**守之所親，舉吏貞廉忠信、無害可任事者，**「舉」當讀爲與。史記蕭相國世家「以文無害，爲沛主史掾」，集解：「漢書音義云：文無害，有文無所枉害也。律有無害都吏，如今言公平吏。一曰無害者，如言無比，陳留閒語也。」索隱：「應劭云：雖爲文吏，而不刻害也。韋昭云：爲有文理無傷害也。」漢書蕭何傳作「文毋害」，顔注：「服虔云：爲人解通無嫉害也。蘇林云：無害，若言無比也。一曰：害，勝也，無能勝害之者。師古云：害，傷也，無人能傷害之者。」案：「無害」又見史記、漢書酷吏趙禹、張湯、減宣、杜周諸傳及續漢書郡國志，衆説舛異，通校諸文，當以漢書音義「公平吏」之義爲是，續漢書劉注説亦同。**其飲食酒肉勿禁。錢金、布帛、財物各自守之，慎勿相盜。葆宮之牆必三重，牆之垣，守者皆累瓦釜牆上。**茅本「釜」作「塗」。蘇云：「此防其踰越，使有聲聞於人。」門有吏，主者門里筦閉，者、諸通。蘇云：「『門里』當作『里門』。筦、關古通用。書中管叔亦作關叔。」必須太守之節。葆衛必取戍卒有重厚者，葆衛，謂葆宮之衛卒也。請擇吏之忠信者、「請」疑「謹」之誤。以上文校之，「者」字當衍。無害可任事者。

令將衛自築十尺之垣，周還牆。疑有脱誤。門、閨者，非令衛司馬門。吴鈔本無「門」字。門、閨者，謂守大門及閨門之人。備城門篇云「大城丈五爲閨門，廣四尺」，公羊宣六年傳云「入其大門，則無人門焉者。入其閨，則無人閨焉者」，孫子用閒篇亦有「門者」，詳前。「非」疑當爲「并」，言吏卒衛葆宮之門閨者，并令衛司馬門。猶上文云「門將并守他門」也。漢書元帝紀顔注云：「司馬門者，宫之外門也。」漢官儀云：「公車司馬，掌殿司馬門。」三輔黄圖云：「宫之外門爲司馬門。」史記索隱云：「天子門有兵欄，曰司馬門也。」列女傳辯通篇「鍾離春詣齊宣王，頓首司馬門外」，國策趙策云「武安君過司馬門，趨甚疾」，則戰國時國君之門已有司馬門之稱。此「司馬門」則似是守令官府之門，又非公門。賈子等齊篇云「天子宫門曰司馬門，諸侯宫門曰司馬門」，是漢初諸侯王宫門亦有是稱，蓋沿戰國制。

望氣者舍必近太守，巫舍必近公社，必敬神之。巫祝史與望氣者史，舊本作「吏」，今據吴鈔本、茅本改。迎敵祠篇有「祝史」。必以善言告民，以請上報守，舊本作「報守上」，今據王、蘇校乙。「請」讀爲情，並詳迎敵祠篇。守獨知其請而已。畢云：「言望氣縱有不善，而必以善告民，但私以實告守耳。」蘇云：「言以情上報守，故獨守知之也。」無與望氣妄爲不善言王引之云：「『無』即上文『巫』字，因聲同而誤。」蘇云：「『望氣』下當有『者』字。」**驚恐民，斷勿**〔二〕**赦。**

**度食不足，**句。**食民各自占家五種石升數，**倭本校云：「下『食』恐『令』譌。」案：所校是也。升，王校作「斗」。王云：「史記平準書『各以其物自占』，索隱引郭璞云：『占，自隱度也。』謂各自隱度其財物多少，爲文簿送之於官也。」蘇云：「五種，謂五穀。」詒讓案：周禮職方氏鄭注云：「五種：黍、稷、菽、麥、稻。」**爲期，其在蓴害，吏與雜訾，**茅本「期」、「其」二字互易。「蓴害」疑當作「薄者」。薄，古簿字。淮南子原道訓高注云：「貲，量也。」蘇云「訾，謂罰也」，誤。**期盡匿不占，占不悉，令吏卒皾得，**舊本「占不悉」作「占悉」，「皾」作「款」。王引之云：「『占悉』當作『占不悉』，『令吏卒款得』當作『令吏卒皾得』。皾與覹同，說文：『覹，司也。』覹字亦作微。上文云『守必謹微察』，迎敵祠篇曰『謹微察之』。言使民各自占其家穀，而爲之期，若期盡而匿不占，或占之不盡，令吏卒伺察而得者，皆斬也。史記平準書曰『各以其物自占，匿不自占，占不悉，戍邊一歲，没入緡錢』，即用墨子法也。今本脫『不』字，『皾』字又譌作『款』，則義不可通。」案：王說是也，今據補正。**皆斷。有能捕告，賜什三。**賜，吳鈔本作「賞」。案：下文亦作「賞」。**收粟米、布帛、錢金，**舊本「收」誤「牧」，又脫「帛」字。王云：「『牧』字義不可通，『牧』當爲『收』，字之誤也。『收粟米』即承上文令民自占五種數而言，布帛錢金則連類而及之耳。備城門篇『收諸盆罋』，備高臨篇『以磿鹿卷收』，今本『收』字並譌作『牧』。月令『農有不收藏積聚者』，正義：收，俗本作『牧』。」案：王校是也。

---

〔二〕「勿」，原作「弗」，據畢沅刻本改。按墨子舊本均作「勿」，此孫刻之誤。

「布」下王又增「帛」字，蘇校並同，與襍守篇合，今並據補正。**出内畜産，**蘇云：「『出内』，即出納。」**皆爲平直其賈，與主券人書之，**舊本「券人」二字倒。王引之云：「『主人券』當作『主券人』，謂與主券之人，使書其價也。」襍守篇曰『民獻粟米、布帛、金錢、牛馬、畜産，皆爲置平賈，與主券書之』，是其證。今本『券人』二字誤倒，則義不可通。」案：王説是也，今據乙。**事已，皆各以其賈倍償之。**畢云：「古『償』只作『賞』，此俗寫。」**又用其賈貴賤、多少賜爵，欲爲吏者許之，其不欲爲吏而欲以受賜賞爵禄，若贖出親戚、所知罪人者，**出，舊本誤「士」。王引之云：「『贖士』二字義不可通，『士』當爲『出』，謂以財物贖出其親戚、所知罪人也。上文云『知識昆弟有罪而欲爲贖，若以粟米、錢金、布帛、他財物免出者，許之』，是其證。隷書『出』、『士』二字相似，故諸書中『出』字多譌作『士』。」案：王説是也，今據正。**以令許之。其受構賞者，令葆宮見，**宮，舊本作「官」。蘇云「當作『宮』」，是也，今據正。**以與其親。**與，吴鈔本作「予」。**欲以復佐上者，皆倍其爵賞。某縣某里某子家食口二人，積粟六百石，某里某子家食口十人，積粟百石。**蘇云：「此即自占其石升之數也。」**出粟米有期日，過期不出者王公有之。有能得，若告之，賞之什三。愼無令民知吾粟米多少。**無，吴鈔本作「毋」。以上占收民食之法。

**守入城，先以候爲始，**蘇云：「候，謂訪知敵情者。」**得輒宮養之，勿令知吾守衞之備。候者爲異宮，**吴鈔本作「官」。**父母妻子皆同其宮，賜衣食酒肉，信吏善待之。候來若復，就閒。**小爾雅廣詁云：「閒，隙也。」**守宮三難，**「難」當爲「雜」。襍守篇云「塹再雜」，此「三雜」，猶言三帀也。上亦云「葆宮之牆必三重」。褋訓帀，詳經上篇。外環隅爲之樓，内環爲樓，樓入葆宫丈五尺爲復道。蘇云：「復與複通。上下有道，故曰復。」葆不得有室，備城門篇云「城門内不得有室，爲周宫」。若然，葆宫亦無室，唯爲周宫也。三日一發席蓐，略視之。布茅宫中，厚三尺以上。未詳其用。發候，必使鄉邑忠信善重士，有親戚、妻子，厚奉資之。必重發候，爲養其親若妻子，爲異舍，無與員同所，廣雅釋詁云：「員，衆也。」給食之酒肉。遣他候，奉資之如前候，反，相參審信，蘇云：「參猶驗也。信，謂其言不妄。」厚賜之。候三發三信，重賜之。不欲受賜而欲爲吏者，許之二百石之吏，商子境内篇有千石、八百石、七百石、六百石之令，此云「二百石之吏」，下又有「三百石之吏」，蓋秩視小吏。韓非子外儲説右篇云「燕王收吏璽，自三百石以上，皆效之子之」。守珮授之印。畢云：「佩字俗寫从玉。」其不欲爲吏而欲受構賞禄，皆如前。「禄」上疑當有「爵」字，上文云「其不欲爲吏而欲以受賜賞爵禄，以令許之」，下又云「其構賞爵禄罪人倍之」，皆可證。有能入深至主國者，主國，國都。問之審信，賞之倍他候。其不欲受賞而欲爲吏者，許之三百石之吏。「爲吏」，舊本作「爲利」。「三百石之吏」，舊本作「三百之侯」，道藏本、茅本侯又作「候」。王云：「『利』當爲『吏』，上文云『不欲受賜而欲爲吏者』，即其證。『吏』、『利』俗讀相亂，故『吏』譌作『利』。」王引之云：「『三石之侯』當作『三百石之吏』。上文『候三發三信，許之二百石之吏』，此文『能深入至主國者，賞之倍他候』，故許之三百石之吏。上文云『有能捕告之者，封之以千家之邑，若非其左右及他伍捕告者，封之二千家之邑』，是其例也。今本『石』上脱『百』字，『吏』字又譌作『侯』，則義不可通。」案：王校是也，蘇説同，茅本「利」正作「吏」，今並據補正。扞士受賞賜者，左傳桓二年杜注云「扞，衛也」，國策西周策高注云「扞，禦〔一〕也」。蘇云：「扞士，能却敵者。」守必身自致之其親之其親之所，見其見守之任。蘇云：「『其親之』三字誤重，上『見』字疑當作『令』」。即上所謂『守身尊寵，明白貴之』者也。」詒讓案：上文云「城外令任，城内守任」，故云「守之任」，但義仍難通。其欲復以佐上者，其構賞、爵禄、罪人倍之。王引之云：「『罪人』二字與上下文不相屬，蓋衍文。」案：「罪人」上當有「贖出」二字，王以爲衍文，非。

出候無過十里。出，舊本譌「士」。王引之云：「『士』亦當爲『出』，謂出候敵人無過十里也。下文曰『候者日暮出之』，是其證。」蘇云：「此『候』謂斥候。」詒讓案：說文人部云「候，伺望也。」斥與候不同，詳後及襍守篇。居高便所樹表，表三人守之，比至城者三表，舊本「比」譌「北」。王云：「『北』字義不可通，『北』當爲『比』」。比，及也。」顧、蘇說同。案：茅本正作「比」，不誤，今據正。王引之云：「『三表』當爲『五表』，說見後。」與城上熢燧相望，畢云：「說文云：『熢，燧候表〔二〕也。邊有警則舉火。』『𨺹，塞上亭守烽火者。隧，篆文省。』漢書注云：『孟康曰：烽如覆米䉛，縣著契臯頭，有寇則舉之。燧，積薪，有寇即燔然之也。』此二字省文。」晝則舉烽，夜則舉火。聞寇所從來，審知寇形必攻，論小城不自守通者，言城小不能自守，又不能自通於大城也。盡葆其老弱、

〔一〕「禦」，原誤「衛」，據活字本改，與西周策高注合。
〔二〕「候表」，原誤「表候」，據說文改。

**粟米、畜産。遣卒候者無過五十人，客至堞，去之，**至堞，謂傅城也。傅城則諜無所用，故去之。**愼無厭建。**「建」讀爲券，聲近字通。考工記輈人「左不楗」，杜子春云：「書『楗』或作『券』。」鄭康成云：「券，今倦字也。」又襍守篇作「唯弇逮」，則疑「建」即「逮」之形誤。「逮」與「怠」音近古通，非儒篇「立命而怠事」，晏子春秋外篇「怠」作「建」。二義並通，未知孰是。**候者曹無過三百人，**此人數與上不同，未詳其説。**日暮出之，**畢云：「據上文，『暮』當爲『莫』。」**爲微職。**畢云：「即徽織，『微』當爲『徽』。説文云：『徽，幟也，以絳帛箸於背。从巾，微省聲。春秋傳曰：揚徽者公徒。』東京賦云『戎士介而揚揮』，薛綜注云：『揮爲肩上絳幟，如燕尾。』亦即徽也。説文又無『幟』字，當借『織』爲之。」詒讓案：正字當作「徽識」，周禮司常鄭注作「徽識」。以「微」、「徽」爲「徽」，「職」爲「識」，皆同聲叚借字，詳前旗幟篇。**空隊、要塞之人所往來者，**蘇云：「『隊』當作『隧』。要塞，謂險隘之處也。『之』、『人』二字誤倒。」詒讓案：隊、隧字通。**令可□，迹者無下里三人，平而迹。**王引之云：「此當作『人所往來者，令可以迹，迹者無下里三人，平明而迹』。言人所往來之道，必令可以迹，其迹者之數，無下里三人，至平明時而迹之也。襍守篇云『距阜山林，皆令可以迹，平明而迹』，是其證。今本『可』下脱『以迹』二字，『平』下又脱『明』字，則義不可通。周官迹人注：『迹之言跡知禽獸處。』襍守篇曰『可以迹知往來者少多』。」**各立其表，城上應之。候出越陳表，**陳表，襍守篇作「田表」。「田」、「陳」古音相近，字通。田表，謂郭外之表也。**遮坐郭門之外内，**國語晉語「候遮扞衛不行」，韋注云：「遮，遮罔也。晝則候遮，夜則扞衛。」説文辵部云：「遮，遏也。」案：遮，襍守篇謂之「斥」。此「候」與「遮」二者不同，候出郭十里，迹知敵往來多少；遮則守郭門不遠出。候、遮各有表與城上相應。蓋郭外候者置表，郭内遮者置表與？**立其表，令卒之半居門内，令其少多無可知也。**舊本「半」作「少」，「無可知也」作「無知可也」。王引之云：「此當作『令卒之半居門内，令其少多無可知也』，言令其卒半在門外，半在門内，不令人知我卒之多少也。襍守篇云『卒半在内，令多少無可知』，是其證。上文云『慎無令民知吾粟米多少』，意與此同。今本『半』作『少』者，涉下句『少多』而誤，『可知』又誤作『知可』，則義不可通。」案：王校是也，蘇説同，茅本正作「無可知也」，不誤，今據正。**即有驚，**畢云：「『即』舊作『節』，以意改。」蘇云：「驚同警。」**見寇越陳表**〔一〕**，**畢云：「説文云：『越，度也。』言踰越而來。」詒讓案：陳表，即候所置表。**城上以麾指之，**畢云：「『麾』即摩字異文，『摩』即麾字省文。説文云：『摩，旌旗，所以指摩也。从手，靡聲。』玉篇云：『摩，呼爲切。』」**迹坐擊缶期，以戰備從麾所指。**畢云：「襍守篇云『斥步鼓整旗旗以備戰』，此作『坐擊正期』，即擊鼓正期也。」蘇云：「迹坐，當從上文作『遮坐』，『擊』下脱『鼓』字，謂坐而擊鼓也。『缶期以戰備』，當從襍守篇作『整旗以備戰』。」案：蘇校上句近是，「迹」當作「遮」，與上迹者爲候不同。擊缶，茅本作「繫垂」，疑誤。下文「五垂」，乃城上所置表，非遮者所用也。「以戰備從麾所指」，謂遮者既見寇，則具戰備，從城上旌麾所指，進退而迎敵。此遮者從戰，而候則敵至去之，不從戰，亦其異也。舊讀「以戰備」屬上句，非。蘇校從襍守篇改「戰備」爲「備戰」，尤誤。説互詳襍守篇。**望見寇，**舊本脱「見寇」二字。王云：「襍守篇『望見寇，舉一烽；入竟，舉二烽』，今據補。」**舉一垂；入竟，**蘇云：「竟同境。」**舉二垂；狎郭，**畢云：

〔一〕「表」，原誤「去」，據畢沅刻本改。

「狎，近。」俞云：「狎郭、狎城，兩『狎』字並當作『甲』，後人不達而加犬旁也。甲者，會也。詩大明篇『會朝清明』，毛傳曰：『會，甲也。』是甲與會聲近而義通。甲郭者，會于郭外也。甲城者，會于城外也。此言『甲郭』、『甲城』，襍守篇言『郭會』、『城會』，文異而義同。」案：俞説是也。但甲、狎字通，詩衛風芄蘭「能不我甲」，毛傳云：「甲，狎也。」釋文引韓詩「甲」作「狎」。則舊本作「狎」於義得通，不必定改作「甲」也。**舉三垂；入郭，**舊本脱「郭」字，王據上文補。**舉四垂；狎城，舉五垂。**王引之云：「『垂』字義不可通，『垂』當爲『表』。上文言候者各立其表，則此所舉者皆表也。又此文曰『望見寇，舉一垂；入竟，舉二垂；狎郭，舉三垂；入郭，舉四垂；狎城，舉五垂』，即上文所謂『比至城者五表』也，則『垂』字明是『表』字之譌。隸書『表』字作『𧘝』，『𠂹』字或作『媱』，見漢魯相韓勑造孔廟禮器碑，二形略相似，故『表』譌作『垂』。通典兵五曰：『城上立四表，以爲候視，若敵去城五六十步，即舉一表；橦梯逼城，舉二表；敵若登梯，舉三表；欲攀女墻，舉四表。夜即舉火如表。』此『舉表』二字之明證也。又案襍守篇『守表者三人，更立捶表而望』，當作『更立表而望』，蓋一本誤作『垂』，一本正作『表』，而校書者誤合之，淺人不知『垂』爲『表』之誤，又妄加手旁耳。」俞云：「王非也。『垂』者郵之壞字，郵即表也。禮記郊特牲篇有『郵表畷』，鄭君説此未明。『郵表畷』蓋一物也。古者於疆界之地立木爲表，綴物於上，若旌旗之旒，謂之『郵表畷』。郵與旒通，畷與綴通。鄭君引詩『爲下國畷郵』，今長發篇作『綴旒』，是知『郵畷』即『綴旒』也。以其用而言，所以表識也；以其制而言，若綴旒然，此『郵表畷』所以名也。墨子書多古言，襍守篇『捶表』即『郵表』也。『郵』誤爲『垂』，後人妄加手旁耳。重言之曰郵表，單言之則或曰表，或曰郵，皆古人之常語也。王氏竟改爲『表』，雖於義未失，而古語亡矣。」案：俞説是也。**夜以火，皆如此。**王云：「亦如五表之數。」**去郭百步，牆垣、樹木小大盡伐除之。外空井盡窒之，**王引之云：「『外空井』當作『外宅井』，謂城外人家之井也。恐寇取水，故塞之。故下文云『無令可得汲也』。襍守篇云『外宅溝井可窴塞』，是其證。若空井，則無庸塞矣。『外宅』二字，襍守篇屢見。」**無令可得汲也。**舊本脱「令」字。王云：「案下文曰『無令客得而用之』，襍守篇曰『無令寇得用之』，今據補。」**外空窒盡發之，**空窒，茅本作「室屋」。王引之云：「『外空窒』當作『外宅室』，謂城外人家之室也。發室伐木，皆恐寇得其材而用之也，故下文云『無令客得而用之』。襍守篇云『寇薄，發屋伐木』，是其證。今本『外宅』作『外空』，誤與上文同。『室』之作『窒』，則又涉上文『盡窒之』而誤。」案：王校是也，蘇校同。但「室」、「窒」聲類同，古多通用。備城門篇云「窒以樵」，彼以「窒」爲「室」，與此可互證，非誤字也。漢韓勅修孔廟碑「室」字亦作「窒」。**木盡伐之。諸可以攻城者盡内城中，**蘇云：「内讀如納。」**令其人各有以記之。事以，**蘇云：「當作『事已』。」案：蘇説是也，以與已同，言守事畢也。**各以其記取之。事爲之券，**舊本「各」下脱「以」字。畢云：「『各』當爲『名』。」蘇云：「『各』下脱『以』字。『事爲之券』當作『吏爲之券』。叓，古『事』字，與『吏』近也。」案：蘇校是也，今據補。**書其枚數。當遂材木不能盡内，即燒之，**畢云：「遂同術。」王云：「遂與隧同，道也。内與納同。舊本『材』誤『枚』，『即』誤『既』。」王引之云：「『枚木』文不成義，『枚』當爲『材』。『既燒之』當爲『即燒之』。言當道之材木不能盡納城中者，即燒之，無令寇得而用之也。襍守篇云『材木不能盡入者，燔〔二〕之，無令寇得用之』，是其證。今本『材』作『枚』，涉上文『枚數』而誤。『即』字又誤作『既』，則義不可通。」案：王校是

〔二〕「燔」，原誤「燒」，據襍守篇改。

也，蘇說亦同，今據正。「當遂」即備城門篇之「當隊」，畢說非。無令客得而用之。人自大書版，著之其署忠。有司出其所治，忠，疑當爲「中」之誤。則從淫之法，其罪射。畢云：「謂貫耳。」俞云：「古不名貫耳爲射，『射』疑『刵』字之誤。」案：說文耳部云：「聅，軍法以矢貫耳也。」「射」正字作「䠶」，與「聅」形近。畢隱據許書，義亦通。韓非子難言篇云「田明辜射」，舊注云：「射而殺之。」案：「射殺」不當云「辜」，彼注未塙。務色謾缶，蘇云：「此句有誤，疑當作『矜色謾言』。」案：「缶」即「正」字，茅本作「正」，謂欺謾正人，不必改爲「言」。淫囂不靜，當路尼衆，畢云：「尼，止。」舍事畢云：「言舍其事。」後就，舊本有「路」字，道藏本、茅本無，今據刪。言事急而後至。畢云：「言緩。」踰時不寧，謂不謁告也。漢書高帝紀注：「李斐云：休謁之名，吉日告凶曰寧。」其罪射。讙囂駴衆，畢云：「駴，『駭』字異文。周禮云『鼓皆駴』，陸德明音義云：『本亦作駭，胡楷反。李一音亥。』又大僕『戒鼓』，鄭君注云：『故書戒爲駭。』則『駴』本『戒』之俗加也。」其罪殺。非上不諫，次主凶言，蘇云：「『次』字有誤。」詒讓案：疑當爲「刺」。其罪殺。無敢有樂器、弊騏軍中，「弊騏」疑「弈棋」之誤。說文収部云：「弈，圍棋也。」有則其罪射。非有司之令，無敢有車馳、人趨，有則其罪射。無敢散牛馬軍中，有則其罪射。飲食不時，其罪射。無敢歌哭於軍中，有則其罪射。令各執罰盡殺，有司見有罪而不誅，同罰，若或逃之，亦殺。凡將率鬭其衆失法，殺。凡有司不使去卒、吏民聞誓令，俞云：「『去』乃『士』字之誤。」代之服罪。代，舊本誤「伐」。王引之云：「『伐』

字義不可通,『伐』當爲『代』。卒吏民不聽誓令者,其罪斬。若有司不使之聞誓令,則當代之服罪矣。」案:王説是也,蘇説同,今據正。**凡戮人於市,死上目行。**此句有誤,疑當作「死三日彴」,彴、徇古今字。死與尸聲近義通。謂陳尸於市三日,以徇衆也。周禮鄉士云「肆之三日」,左襄二十二年傳「楚殺觀起〔二〕,三日,棄疾請尸」,是戮於市者,皆陳尸三日也。上云「離守者三日而一徇」,亦足互證。「三」與古文「上」作「二」相似,「日」、「目」,「彴」、「行」,形並相近,傳寫譌舛,遂不可通。

**謁者侍令門外,爲二曹,夾門坐,鋪食更,無空。**「鋪」當爲「餔」,下並同,詳前。蘇云:「更,代也。言餔食則遣其曹更代,勿令空也。」**門下謁者一長,**王引之云:「『長』下當有『者』字,而今本脱之。下文曰『中涓一長者』,是其證。」**守數令人中視其亡者,以督門尉**文選藉田賦李注引字書云:「督,察也。」**與其官長,及亡者入中報。四人夾令門内坐,二人夾散門外坐,**「四人」、「二人」亦謂謁者。**客見,持兵立前,鋪食更,上侍者名。**舊本譌「民」,今依道藏本、茅本正。上文云「上逋者名」。**守室下高樓,**室下不得爲樓,「室」當爲「堂」之誤。「高」上疑當有「爲」字。備城門篇云「守堂下爲大樓,高臨城」,即此。**候者望見乘車若騎卒道外來者,**道亦從也,詳前。**及城中非常者,輒言之守。守以須城上候城門及邑吏來告其事者以**

〔二〕按:此引乃節文。又據傳文,楚殺子南、觀起二人,棄疾爲子南之子,所請乃其父子南之尸,孫引偶誤。

**驗之**，舊本「須」誤「順」，蘇云：「『順』爲『須』之訛。須，待也。襍守篇云『以〔一〕須告之至以參驗之』。」案：蘇校是也，今據正。**樓下人受候者言，以報守。**畢云：「言，傳其言。」**中涓二人，夾散門内坐，門常閉，鋪食更。中涓一長者。環守宮之術衢，**說文行部云：「四達謂之衢。」**置屯道，各垣其兩旁，高丈，爲埤院。**畢云：「『院』當爲『俔』。」**立初雞足置。**此上下文有脱誤。「初」疑「勿」之誤。公孟篇「搢忽」，「忽」作「怱」，與此相類。雞足置，謂立物如雞足之形。後襍守篇云「人柴勿積魚鱗簪」，又前備蛾傅篇云「相覆勿令魚鱗三」，此文例與彼正同。**夾挾視葆食。**此有脱誤，疑當作「卒夾視葆舍」。葆舍猶葆宮也。**而札書得，必謹案視參食者，**王云：「『參食』當爲『參驗』。襍守篇曰『吏所解，皆札書藏之，以須告之至以參驗之』，是其證。此『驗』譌爲『僉』，又譌爲『食』耳。」**節不法，**「節」當爲「即」。**正請之。**「正請」亦當爲「止詰」。**屯陳、垣外術衢街皆樓，**茅本無「街」字。屯陳，即上文之「屯道」。「樓」上疑脱「爲」字。**高臨里中，樓一鼓、聾竈。**聾，壟之叚字，詳備城門篇。樓有一竈者，夜以舉火。**即有物故，**句。**鼓，**物故猶言事故，言有事故則擊鼓也。**吏至而止，**止，舊本譌「正」，今據茅本正。言擊鼓以報吏，吏至鼓乃止也。**夜以火指鼓所。城下五十步一廁，廁與上同圂。**備城門篇云「城上五十步一廁，與下同圂」，與此略同。**請有罪過而可無斷者，**「請」亦當爲「諸」之誤。**令**

---

〔一〕「以」字原脱，據襍守篇補。

杼廁利之。畢云：「似言罰之守廁。」蘇云：「利，似謂除去不潔，使之通利。」詒讓案：「杼」當爲「抒」，左傳文六年杜注云：「抒，除也。」開元占經甘氏外官占引甘氏讚云：「天溷伏作，抒廁糞土。」利，疑譌。

# 裸守第七十一

禽子問曰：客衆而勇，輕意見威，「輕意」義難通，「意」疑當爲「竟」之譌，竟、競古字通，與旗幟篇「竟士」義同。輕竟，言輕鬭，猶下云「重下」、「輕去」矣。以駭主人。薪土俱上，以爲羊坽，茅本作「坽」，从今。積土爲高，以臨民，畢云：「句脱一字。」蒙櫓俱前，遂屬之城，畢云：「『民』、『城』爲韻。」詒讓案：「坽」亦合韻。兵弩俱上，爲之柰何？子墨子曰：子問羊坽之守邪？舊本脱「之」字，今據王校補。羊坽者攻之拙者也，足以勞卒，不足以害城。羊坽之政，蘇云：「『政』當作『攻』。」遠攻則遠害，近城則近害，「城」當作「攻」。「害」並當爲「圄」，圄與圉、禦字同，此涉上文而誤。言遠攻則遠禦之，近攻則近禦之也。公孟篇云「厚攻則厚吾，薄攻則薄吾」。彼「吾」亦「圄」之省，語意與此異而義同。不至城。畢云：「句脱一字。」詒讓案：此當作「害不至城」，即上云「不足以害城」也，因上文兩「圄」字並譌「害」，此句首「害」字轉涉彼而脱耳。矢石無休，左右趣射，蘭爲柱後，蘭，疑即備城門篇之「兵弩簡格」。柱，謂楮柱。畢云：「『休』、『後』爲韻。」望以固，畢云：「句脱一字。」厲吾鋭卒，慎無使顧，守者重下，攻者輕去。畢云：「舊作『云』，以意改。『固』、『顧』、

『去』爲韻。」養勇高奮，民心百倍，多執數少，王云：「『多執數少』義不可通，『少』當爲『賞』，『賞』字脱去大半，僅存『小』字，因譌而爲『少』。言我之卒能多執敵人者，數賞之，則卒乃不怠也。下文正作『多執數賞，卒乃不怠』。」蘇説同。卒乃不殆〔二〕。畢云：「舊脱『卒』字，据下文增。『倍』、『殆』爲韻。」王云：「怠、殆古字通。」

作士不休，「士」當作「土」，即上文之「積土」也。商子兵守篇云「客至而作土以爲險阻」。不能禁禦，遂屬之城，以禦雲梯之法應之。凡待煙、衝、雲梯、臨之法，畢云：「煙同垔。」詒讓案：當依備城門篇作「堙」。必應城以禦之，曰不足，則以木椁之。王引之云：「『椁』字義不可通。『椁』當爲『揨』，字之誤也。説文：『朾，撞也。』廣雅曰：『揨，撞刺也。』揨與朾同，謂以木撞其堙、衝、梯、臨也。」左百步，右百步，茅本「右」作「又」。繁下矢石、沙炭以雨之，薪火、水湯以濟之。選厲鋭卒，慎無使顧，審賞行罰，「審賞」舊本誤倒。王云：「當爲『審賞行罰』，今本『審賞』二字倒轉，則文義不順。備梯篇正作『審賞行罰』。」案：王校是也，茅本正作「審賞」，不倒，今據乙。以静爲故，從之以急，無使生慮，畢云：「『生』舊作『主』，以意改。」案：茅本正作「生」，不誤，備梯篇亦作「生」。恚𤸫高憤，茅本作「慎」，誤。畢云：「説文：『恚，恨也。』『恿，古文勇，从心。』則字當爲『恿』。」王引之云：「畢以『𤸫』爲『恿』之誤，是也。『恚』當爲『恙』，字之誤也。恙與養古字通。憤與奮同。上文云

〔二〕「殆」，原作「怠」，據畢沅刻本改。按：各本此處均作「殆」，下文則作「怠」。此「殆」乃「怠」之通假字，故王注云：「怠、殆古字通。」本書徑作「怠」，係梓誤。

「養勇高奮，民心百倍」，是其明證也。」**民心百倍，多執數賞，卒乃不怠。**畢云：「舊『乃不』二字倒，以意改。『顧』、『故』、『慮』，『倍』、『怠』爲韻。」**衝、臨、梯皆以衝衝之。**

**渠長丈五尺，其埋者三尺，**畢云：「『埋』舊作『理』，以意改。」**矢長丈二尺。**蘇云：「備城門篇『矢』作『夫』。」詒讓案：當爲「夫」，即「趺」之省，詳備城門篇。**渠廣丈六尺，其弟丈二尺，**蘇云：「『弟』與『梯』同，下文作『梯』是也。」**渠之垂者四尺，樹渠無傅葉五寸。**畢云：「『葉』即『堞』字。」蘇云：「備城門篇言『去堞五寸』，與此言合。」**梯渠十丈一梯。**渠之有梯者謂之「梯渠」，但渠廣丈六尺，則不得有十丈。若據設渠處言之，則城上二步一渠，其廣丈二尺，二十步而十渠，則十二丈也，與此數皆不相應，未詳。**渠荅大數，里二百五十八，渠荅百二十九。**蘇云：「備城門篇言『城上二步一渠』，又言『二步一荅』，此『里』字疑當作『步』。」詒讓案：此當作「里二百五十八步」，「里」字不誤，今本脱一「步」字耳。里法本三百步，而云「二百五十八步」者，蓋就設渠荅之處計之，所餘四十二步，或當門隅及樓圂，不能盡設渠荅，故不數。

**諸外道可要塞以難寇，其甚害者爲築三亭，**蘇云：「此言險隘宜守。害謂要害。築亭，備瞭望也。」**亭三隅，**「亭三」二字舊本倒，今據茅本乙。**織女之，**畢云：「當云『織如之』。織，古幟字。」陳奐云：「織女三星成三角，故築防禦之亭以象織女處隅之形。」案：陳說是也。上文不言「織」，則不當云「如之」，畢校未塙。此言亭爲三隅形，如織女三星之隅列，猶下文云「爲擊三隅之」也。六韜軍用篇云「兩鏃蒺藜，參連織女」，是古書多以織女擬三角形之證。**令能相救。諸距阜，**畢云：「『距』舊作『詎』，以意改。」蘇云：「距、鉅通用，大也。」**山林、溝瀆、丘陵、**

阡陌、畢云：「古只爲『仟伯』。」郭門若閻術，可要塞說文門部云：「閻，里中門也。」及爲微職，畢云：「同織。」案：詳號令篇。可以迹知往來者少多及所伏藏之處。

葆民，先舉城中官府、民宅、室署，大小調處。葆民，即外民入葆者。計度城内宮室之大小，分處之，必均調也。葆者或欲從兄弟、知識者，許之。「識」字舊本脱。王引之云：「『知』下當有『識』字，而今本脱之，則文義不完。號令篇曰『其有知識兄弟欲見之』，是其證。」外宅粟米、畜産、財物諸可以佐城者，送入城中，事即急，則使積門内。事急不及致所積之處，則令暫積門内，取易致也。此下舊本有「候無過五十」云云十四字，乃下文錯簡，今移於彼。民獻粟米、布帛、金錢、牛馬畜産，皆爲置平賈，號令篇作「皆爲平直其價」，疑「置平」亦「平直」之誤。與主券書之。

使人各得其所長，天下事當；畢云：「『長』、『當』爲韻。」鈞其分職，天下事得；畢云：「『職』、『得』爲韻。」皆其所喜，天下事備；畢云：「『喜』、『備』爲韻。」强弱有數，天下事具矣。畢云：「『數』、『具』爲韻。」蘇云：「此八句與前後文語意不倫，疑有錯簡。」

築郵亭者圜之，高三丈以上，令侍殺「侍」當爲「倚」，言邪殺爲梯也，備城門篇云「倚殺如城埶」，可證。蘇云「『侍』當作『特』；殺，減也」，非。爲辟梯。畢云：「『辟』即臂字。」梯兩臂，長三尺，亭高三丈以上，則梯長不得止三尺，疑「尺」當爲「丈」。連門三尺，報以繩連之。「連門」疑當作「連版」。塹再雜，爲縣梁。

「槧」當爲「塹」。塹縣梁見備城門篇。再褋，猶言再帀，詳經上篇。**聾竈**，當作「壟竈」，詳備城門篇。亦言每亭爲一壟竈。號令篇云「樓一鼓、壟竈」。**亭一鼓。寇烽、驚烽、亂烽**，言舉烽有此三等，以爲緩急之辨。**傳火以次應之，至主國止**，畢云：「舊作『正』，以意改。」**其事急者引而上下之。**謂引烽而上下之。烽著桔槔頭，故可引而上下，詳號令篇。**烽火以舉**，王云：「以、已同。」**輒五鼓傳，又以火屬之**，畢云：「『火』舊作『又』，以意改。」**言寇所從來者少多**，廣雅釋詁云：「言，問也。」**旦弃還。**旦，茅本作「且」。疑當爲「毋弃建」，即號令篇之「無厭建」。後文又作「唯弃逮」，則疑「還」或爲「遝」之誤，此書「遝」多誤「還」。遝、逮同，詳非攻下篇。**去來屬次烽勿罷。望見寇，舉一烽；入境**，畢云：「號令篇作『竟』，是。」**舉二烽；射妻**，「妻」疑「要」之譌。上文屢云「要塞」，下文又云「有要有害」，可證。射要，謂急趨要害。周禮野廬氏鄭注云：「徑踰射邪趨疾越渠隄也。」畢云：「當是『女垣』譌字。」案：此方入境，尚未郭會，安得至女垣？畢説非。**舉三烽一藍**；舊本脱「一」字，今據道藏本、茅本補。王校改「一」爲「三」。畢讀「藍郭」句，云：「藍、闌聲相近，言闌郭也，謂近之。」案：畢失其句讀，不可從。**郭會**，謂寇至郭。**舉四烽二藍**；二，王校改「四」。**城會，舉五烽五藍。**王引之云：「『藍』字義不可通，蓋『鼓』字之誤。『鼓』字篆文作『𡔷』，上屮誤爲廿，中叹誤爲臥，下䒑誤爲血，遂合而爲『藍』字。此文當云『望見寇，舉一烽一鼓；入境，舉二烽二鼓；射妻，舉三烽三鼓；郭會，舉四烽四鼓；城會，舉五烽五鼓』。上文曰『烽火以舉，輒五鼓傳』，正與此『舉五烽五鼓』相應。史記周本紀『幽王爲熢燧大鼓，有寇至則舉熢火』，是有熢即有鼓也。今本『舉一烽』、『舉二烽』下，脱『一鼓』、『二鼓』四字；『舉三烽三鼓』、『舉四烽四鼓』，『鼓』字既皆誤作『藍』；而上句『三』字又誤作『一』，下句『四』字誤作『二』；唯下文『舉五烽五藍』，『藍』字雖誤，而兩『五』字不誤，猶足見烽鼓相應之數。而自『一烽一鼓』以至『五烽五鼓』，皆可次第而正之矣。下文曰『夜以火，如此數』，正謂如五烽五鼓之數，則『藍』爲『鼓』字之誤甚明。畢以『藍郭』二字連讀，又謂『藍、闞聲相近』，而以爲蹂躪字，大誤。」案：王說以「藍」爲「鼓」，甚塙。惟依舊本，則前二烽皆無鼓，『三烽一鼓』，『四烽二鼓』，鼓數與烽亦不必盡相應。依王說，鼓數各如烽，則增改字太多，不知塙否？今未敢輒改。蘇謂「二」字及「五藍」二字並衍，失之。**夜以火，如此數。**王引之云：「號令篇『夜以火，皆如此』，亦謂如五表之數。」**守烽者事急。**此下疑有脱文。

**候無過五十，寇至葉，隨去之，唯弇逮。**「寇至葉隨去之」，舊本作「寇至隨葉去」五字，畢以意改「葉」爲「棄」。王云：「畢改非也。此當作『寇至葉隨去之』，言候無過五十人，及寇至堞時，即去之也。號令篇曰『遣卒候者無過五十人，客至堞，去之』，是其證。今本『去』下脱『之』字，又升『隨』字於『葉』字上，則義不可通。」又云：「葉與堞同，上文『樹渠無傅葉五寸』，亦以『葉』爲『堞』。」案：王校是也，今據乙增。又此十四字，舊本誤錯入上文「事即急，則使積門內」下，今移於此。號令篇云「遣卒候無過五十人，客至堞，去之，慎無厭建。候者曹無過三百人，日暮出之，爲微職」，與此上下文正同，則其爲錯簡無疑矣。「唯弇逮」亦當作「無厭逮」，逮、怠通，號令篇作「無厭建」。**日暮出之，令皆爲微職。距阜、山林皆令可以迹，平明而迹，**句。**無迹，各立其表，下城之應。**王引之云：「此本作『平明而迹，迹者無下里三人，各立其表，城上應之』。言迹者之數，每里無下三人，各立其表，而城上應之也。號令篇云『迹者無下里三人，平明而迹，各立其表，城上應之』，是其證。今本『迹者無下里三人』七字，祇存『無迹』二字，『城上應之』又譌作『下城之應』，則義不可通。」**候出置田表，**田表，候出郭外所置之表。郭外皆民田，下云「田者男子以戰備從斥」，即郭外耕田之民也。**斥坐郭内外，立旗幟，**蘇云：「號令篇云『候出越陳表，遮坐郭門之外内，立其表』，文校此爲優。田與陳通。」詒讓案：斥、遮義同，淮南子兵略訓「斥闉要遮」，高注云：「斥，候〔一〕也。」此斥爲遮，與候異。幟，俗字。上文「微職」並作「職」。**卒半在内，令多少無可知。即有驚，**驚，警同，詳號令篇。**舉孔表，**「孔」疑當作「外」，艸書相似而誤。**見寇，舉牧表。**「牧」疑當爲「次」，亦艸書之誤，若上文云「次烽」。**城上以麾指之，斥步鼓整旗旗，**蘇云：「『步』當作『坐』，下『旗』字衍。」**以備戰從麾所指。**備戰，當從旗幟篇作「戰備」，即兵械之屬。言斥各持戰備，從城上旌麾所指而迎敵也。下云「田者男子以戰備從斥」，義同。舊讀「以備戰」三字屬上句，誤。指，舊本譌「止」，今據道藏本、茅本正。蘇云：「號令篇作『指』。」**田者男子以戰備從斥，**謂從斥卒禦敵。**女子亟走入。**亟，舊本譌「函」，王校改「亟」，茅本正作「亟」，今據正。**即見放，**「放」當爲「寇」，下文可證。**到傳到城止。**止，舊本誤「正」。王引之云：「上『到』字當爲『鼓』，『正』當爲『止』。『鼓傳到城止』，見下文。上文又曰『烽火以舉，輒五鼓傳』。」蘇云：「上『到』字誤衍，『正』爲『止』字之譌。」案：王説近是，茅本「止」字不誤，今據正。**守表者三人，更立捶表而望。**蘇云：「號令篇言『表三人守之』，與此合。捶，號令篇作『垂』。」案：捶表，俞謂即「郵表」，是也。王校删「捶」字，非。詳號令篇。**守數令騎若吏行旁視，有以知爲所爲。**蘇云：「『旁』當作『訪』，上『爲』字當作『其』。」詒讓案：旁視，猶言偏視。又疑當作「行視旁」。「旁」謂城之四面也。**其**

〔一〕「候」，原誤「堠」，據高注改。

**曹一鼓，**言守表者，每曹有一鼓。**望見寇，鼓傳到城止。**

**斗食，**斗，舊本譌「升」。畢云：「疑『斗食』。」俞云：「以下文推之，則『升』爲『斗』字之誤無疑。」案：畢、俞說是也，蘇校同，今據正。**終歲三十六石；**蘇云：「據下言『斗食食五升』，又言『日再食』，是一食五升，再食則一斗，以終歲計之，當三十六石也。」**參食，終歲二十四石；四食，終歲十八石；**舊本「食」上脫「四」字，今據道藏本、茅本補。蘇云：「當作『參食，終歲二十石；四食，終歲十八石』。然『二十』下尚當有脫字。據下言『參食食參升』，日再食則六升，以終歲計之，當得二十一石六斗。『四食食二升半』，日再食則五升，以終歲計之，當得十八石也。」俞云：「此數不同者，上所說是常數，下所說是圍城之中，民食不足，減去其半之數也。『參食』者，參分斗而日食其二也。故終歲二十四石也。句下脫『四』字，當據下文補。『四食』者，四分斗而日食其二也，故終歲十八石也。」**五食，終歲十四石四斗；**舊本作「五食，終歲十四石升」。盧云：「疑『十四石五升』，否或『升』字衍。」俞云：「『五食』者，五分斗而食其二，則每日食四升，終歲當食十四石四斗。今作『終歲十四石升』，蓋誤『斗』爲『升』，又脫『四』字耳。盧說於數不合，非也。」案：俞校是也，蘇說同，今據補正。**六食，終歲十二石。**俞云：「六食者，六分斗而食其二也，故終歲十二石也。」蘇云：「下言『六食一升大半』，是每日食三升有奇，以終歲計之，當得十二石也。」**斗食食五升，**上「斗」字舊本亦譌「升」，今依畢、蘇校正。**參食食參升小半，四食食二升半，五食食二升，六食食一升大半，日再食。**此申析上文「斗食」以下「日再食」每食之升數也，故末又云「日再食」以總釋之。俞云：「此依前數而各減其半。斗食者每日一斗，今則爲五升矣。參食者每日六升大半，今爲參升小半矣，不言『小半』者，傳寫脫去也。下文言『六食食一升大半』，則此必言『食參升小半』可知。蓋參食本食六升大半，而減之爲三升小半，猶六食本食三升小半，而減之爲一升大半也。無『小半』二字，即於數不足矣。四食本食五升，故減爲二升半。五食本食四升，故減爲二升。其數甚明。」案：俞以此爲民食不足，依前數而各減其半，非墨子之指。而謂「參食食參升」下當有「小半」二字，則甚塙，今據增。**救死之時，日二升者二十日，日三升者三十日，日四升者四十日，**「日二升」者，再食每食一升也；「日三升」者，每食一升有半也；「日四升」者，每食二升也。**如是而民免於九十日之約矣。**「約」謂危約。

**寇近，亟收諸雜鄉金器若銅鐵**亟，舊本譌「函」，今據茅本正，王校同。「雜鄉」當作「離鄉」，言城外別鄉器物皆收入城內也。備城門篇云「城小人衆，葆離鄉老弱國中及他大城」。**及他可以左守事者。**顧云：「左，助也。」蘇云：「左、佐通用，下同。」**先舉縣官室居、官府不急者，材之大小長短及凡數，**蘇云：「『凡』字誤，當作『亓』，與其通，書中『其』多作『亓』。」案：凡數，猶言大總計數也。周禮外史云「凡數從政者」。蘇說非。**即急先發。**句。**寇薄，**蘇云：「薄，謂迫近。」**發屋伐木，雖有請謁，勿聽。**句。**入柴，**「入」讀爲內。**勿積魚鱗簪，**畢云：「疑椮字假音，讀若高誘注淮南子積柴之罧。」案：畢説是也。淮南子説林訓本作「罛」，高注云：「罛者，以柴積水中以取魚。罛讀沙椮，幽州名之爲涔也。」説文作「罧」，云：「積柴水中，以聚魚也。」備蛾傅篇説苔云「兩端接尺相覆，勿令魚鱗三」，三即參，亦即椮之省也。爾雅釋器云「椮謂之涔」，郭注以爲聚積柴木捕取魚之名。小爾雅廣獸云：「潛，椮也。」潛、涔字通。蓋通言之，凡積聚柴木並謂之椮。椮、潛、參、簪聲並相近。通典兵門説束柂云「皆去鑽刊以束爲魚鱗次，橫檢而縛之」，杜即依此書也。太玄經禮次六「魚鱗差之，乃矢施之」。魚鱗簪，猶言魚鱗次、魚鱗差也。細繹此與備蛾傅篇文，似並謂勿如魚鱗簪。而杜佑之意則謂束柭當爲魚鱗次。依其説，則此文「勿積」當略讀，與備蛾傅篇語意不同，未知是否？當隊，令易取也。「當隊」即當隧，詳備城門篇。材木不能盡入者，燔之，無令寇得用之。商子兵守篇云「客至，發梁徹屋，給徙徙之，不給而熯之，使客無得以助攻備」，與此同。積木，各以長短大小惡美形相從，大小，茅本作「小大」。城四面外各積其内，諸木大者皆以爲關鼻，畢云：「言爲之紐，令事急可曳。」乃積聚之。

城守司馬以上，父母、昆弟、妻子有質在主所，乃可以堅守。署都司空，都司空，蓋五官之一，詳號令篇。大城四人，候二人。候，亦五官之一，詳號令篇。「二」，茅本作「一」。縣候，面一。四面面各一候。亭尉、次司空，亭尉，即備城門篇之「帛尉」，號令篇之「百長」，其秩蓋次於縣尉。次司空，亦次於都司空也。亭一人。吏侍守所者財足，廉信，畢云：「言厚祿足以養其廉信。」案：「財足」疑當屬上讀。財、纔通。言吏侍守所者，纔足應用，無定數也。「財足」見備城門篇，它篇亦多云「財自足」。畢讀恐非是。父母昆弟妻子有在葆宮中者，乃得爲侍吏。諸吏必有質，乃得任事。守大門者二人，「守」疑當作「侍」。號令篇云「吏卒侍大門中者，曹無過二人」。夾門而立，令行者趣其外。蘇云：「趣，疾行也，所以防窺伺者。」各四戟，夾門立，此言夾門別有持戟者四人也。而其人坐其下。吏日五閱之，上逋者名。

池外廉外，舊本譌「水」。王云：「『水廉』當爲『外廉』。鄭注鄉飲酒禮曰：『側邊曰廉。』池外簾，謂池之外邊近敵者也。下文曰『前外廉三行』，旗幟篇曰『大寇傳攻前池外廉』，皆其證。隸書『外』字或作『外』，見漢司隸校尉魯峻碑，與『水』相似而譌。史記秦本紀『與韓襄王會臨晉外』，正義：『外字一作水。』」案：王校是也，今據正。蘇云：「廉猶察也」，非。有要有害，必爲疑人，令往來行夜者射之，謀其疏者。蘇云：「言要害之處必嚴密防守，至於人疏之處，亦不可不預爲謀也。」俞云：「疑人，蓋束草爲人形，望之如人，故曰『疑人』。『謀其疏者』，『謀』乃『誅』字之誤。」案：俞説是也。牆外水中即城外池也。「牆」疑即旗幟篇之「藩」。爲竹箭，畢云：「舊作『⿱竹剪』，今改，下同。」詒讓案：茅本並作「箭〔二〕」。蘇云：「『箭』當從舊作『⿱竹剪』，漢書有此字。竹⿱竹剪蓋竹籤也，削竹而布之水中，所以防盜涉者。」今案：「⿱竹剪」字古字書所無，俗字書引漢書王尊傳「⿱竹剪張禁」，字如此作。攷漢書各本皆作「箭」，不作「⿱竹剪」，蘇誤據之，非也。箭尺廣二步，言插竹箭之處廣二步也。箭下於水五寸，「下於」二字舊倒，今依蘇校乙。雜長短，前外廉三行，外外鄉，内亦内鄉。蘇云：「『於下』二字誤倒，當作『箭下於水五寸』，言藏之水中令人勿見也。雜長短，使之不齊也。『前』亦當作『⿱竹剪』。外廉者，廉其外令有鋒鋩也。行讀如杭，鄉讀如向。」案：旗幟篇云「前池外廉，前外廉三行」，謂前池之外廉，列竹箭三行也，蘇説非。三十步一弩廬，廬廣十尺，袤丈二尺。弩廬，即置連弩車之廬也。通典兵守拒法有弩臺，制與此略同，而步尺數異。詳備高臨篇。

〔二〕按：「並」，疑當作「亦」。又按：明茅坤刻本實作「⿱竹剪」，日本寶曆七年翻刻茅本乃作「箭」，凡孫校所謂「茅本」，實指寶曆本。

**隊有急，**「隊」亦謂當攻隊。**極發其近者往佐，**王引之云：「古字極與亟通，『極發』即亟發也。莊子盜跖篇『亟去走歸』，釋文：『極，急也，本或作極。』荀子賦篇『出入甚極』，又曰『反覆甚極』，楊注並云：『極讀爲亟，急也。』淮南子精神篇『隨其天貲，而安之不極』，高注云：『極〔二〕，急也。』」案：王說是也。「極」下道藏本有「急」字，疑衍。**其次襲其處。**漢書揚雄傳顏注云：「襲，繼也。」蘇云：「言軍有危急，則發其近者往助之，近者既發，則移其次者居之，以爲接應也。」

**守節，出入使，主節必疏書，**主節，小吏掌符節者，與號令篇「主券」相類。周官有掌節，屬地官，蓋都邑亦有之。**署其情，令若其事，**「若」疑「著」之誤。**而須其還報以劒驗之。**王云：「『劒驗』亦當爲『參驗』，謂參驗其事情也。此『參』譌爲『僉』，又譌爲『劒』耳。隸書『參』或作『叅』，『僉』或作『㑒』，二形相似而誤。」案：王校是也，蘇說同。「參驗」見後。**節出，使所出門者，輒言節出時摻者名。**畢云：「言操節人即出門者，當記其名。」

**百步一隊。**上疑有脫文。

**閤通守舍，**說文門部云：「閤，門旁戶也。」爾雅釋宮云：「小閨謂之閤。」茅本作「閣」，非。**相錯穿室。治復道，爲築墉，墉善其上。**蘇云：「善與繕通。」案：蘇說未塙，此「善」下有脫字，後文說軺車云「善蓋」，上備穴篇云「善塗亓竇際」，此疑亦當云「善蓋其上」，或云「善塗其上」。又此下舊本有「先行德」至「用人少易守」凡四十三字，當爲前備城門篇之錯簡，今審定移正。

---

〔二〕「極」，原誤「亟」，據活字本改，與高注合。

取疏，畢云：「此正字，下作『蔬』，俗。」令民家有三年畜蔬食，畜、蓄字通，下同。以備湛旱王云：「論衡明雩篇曰『久雨爲湛。』」畢云「言湛溺大水與旱」，非。歲不爲。王云：「畢以『歲』字絶句，『不爲』屬下讀。案：『不爲』二字與下文義不相屬，當以『歲不爲』連讀。湛旱，水旱也。言令民多畜蔬食，以備水旱歲不爲也。晉語注曰：『爲，成也。』歲不爲，猶玉藻言『年不順成』也。賈子孽産子篇曰『歲適不爲』，是其證。」常令邊縣豫種畜芫、芸、烏喙、袾葉，蘇云：「芫，魚毒也。漁者煮之以投水中，魚則死而浮出，故以爲名。芸，香草也，可以辟蠹。烏喙，烏頭别名。『袾葉』未詳。」詒讓案：説文艸部云：「芫，魚毒也。」太平御覽藥部引吴氏本艸云：「芫華根有毒，可用殺魚。」本艸經云：「烏頭，一名烏喙。」廣雅釋艸云：「蕪，奚毒，附子也。一歲爲萴子，二歲爲烏喙，三歲爲附子，四歲爲烏頭，五歲爲天雄。」「芸」非毒艸，當爲「芒」字之誤。爾雅釋艸云「葞春草」，郭注云：「一名芒草。」山海經中山經云：「葌山有木曰芒草，可以毒魚。」朝歌山作「莽草」，周禮翦氏及本艸經同。本艸字又作「莔」，並聲近字通。芒與芫皆毒魚之艸，蓋亦可以毒人。袾，茅本作「株」，疑當爲「𣐕」，與椒同。急就篇云「烏喙、附子、椒、芫華」，皇象本作「烏啄、付子、𣐕、元華」。「芒」、「芸」、「𣐕」、「株」，字形並相近。烏喙，茅本作「烏啄」，亦與皇同。𣐕與烏喙、芫華等皆藥之有毒者，故此書及史游並兼舉之。葉，不審何字之誤。通典兵守拒法云：「凡敵欲攻，即去城外五百步内井樹牆屋並填除之，井有填不盡者，投藥毒之。」外宅溝井可窴句〔二〕塞，窴，舊本作「寘」。畢云：「同填。」王校作「窴」，今據改。説文穴部云：「窴，塞也。」不可，句。置此其中。

〔二〕按：此當讀「外宅溝井可，窴塞」，下文孫注云「井可窴塞則窴塞」，是其讀以「窴塞」連文可證。此「句」字之注本應在上「可」字下，誤著於「窴」字下。下文「不可」，孫亦注「句」，可證。

畢云：「言此數物有毒，可置外宅，不可置中。」顧云：「左氏傳『秦人毒涇上流』。」案：顧説是也。「不可，置此其中」，言井溝可窴塞則窴塞之，不可窴塞者，以上所蓄毒艸置其中，毋使敵汲用也。畢説誤。

**安則示以危，危示以安。**

**寇至，諸門户令皆鑿而類竅之，**類，備城門篇作「慕」，畢校改「幕」。案：彼「慕」當作「幂」，此「類」當作「幎」，蓋「幎」隸書形近「類」，因又誤作「類」也。幎正字，幂變體，義並詳彼篇，下同。**各爲二類，一鑿而屬繩，繩長四尺，大如指。寇至，先殺牛、羊、雞、狗、烏、鴈，**畢云：「説文云：『鴈，鵝也。』此與鴻雁異。呂氏春秋云『莊子舍故人之家，故人令豎子爲殺鴈饗之』，亦見莊子。新序刺奢〔二〕云『鄒穆公有令，食鳧鴈必以粃，無得以粟』，皆即鵝也。今江東人呼鵝猶曰雁鵝。」王云：「畢説是也。『烏』非家畜，不得與『牛』、『羊』、『雞』、『狗』、『鵝』並言之。『烏』當爲『鳧』，此鳧謂鴨也，亦非『弋鳧與鴈』之『鳧』。廣雅：『鳧、鶩，䳱也。』䳱與鴨同。晏子春秋外篇『君之鳧鴈食以菽粟』是也。故曰『殺牛、羊、雞、狗、鳧、鴈』。」蘇説同。**收其皮革、筋、角、脂、蔄、羽。**畢云：「舊『收』作『牧』，『皮』作『支』，俱以意改。『蔄』即考工記『㔉』字，本『𡿺』字之譌也。」**彘皆剥之。**王引之云：「『彘』與『皮』、『革』、『筋』、『角』、『脂』、『羽』並言之，亦爲不倫。『彘』字當在上文『牛』、『羊』、『雞』、『狗』之閒，迎敵祠篇亦云『狗彘豚雞』。」**吏檀桐𠧪，**「吏」疑「使」之誤，下有脱字。「檀」，疑「櫝」之誤。説文木部云「櫝，楸也。」故與「桐」並舉。

---

〔二〕「刺奢」，原誤「束奢」，據新序改。

然文尚有脱誤。卣，茅本作「自」，畢云：「未詳。」**爲鐵錍，**方言云：「凡箭，其廣長而薄鎌謂之錍。」郭璞注云：「江東呼鈚箭。」蘇云：「錍，賓彌切，音卑。説文曰：『鎞錍，斧也。』」**厚簡爲衡枉。**「厚」疑當爲「后」，與「後」聲近字通。「簡」疑當爲「蘭」之誤。前備城門篇亦有「兵弩簡格」，即蘭格也。「枉」當爲「柱」。此疑即上文所謂「蘭爲柱後」也。**事急，卒不可遠，令掘外宅林。**疑當作「材」，下同。言事急，守城之卒不可令遠出。則令掘外宅材木，納城内以備用。又疑或當作「事急，卒不可遝」，卒、猝同，言倉猝不及致材木也。**謀多少，**「謀」疑當爲「課」，詳號令篇。**若治城□爲擊，**即號令篇所云「五十步一擊」也，「城」下疑缺「上」字。**三隅之。**言擊之形爲三隅，不方也。**重五斤已上諸林木，渥水中，無過一茷。**重五斤以上，謂材木之小者。畢云：「説文云：『橃，海中大船。』臣鉉等曰：『今俗別作筏。』案：唐隆闡禪師碑又作『栰』。此作『茷』，皆『橃』假音字。」蘇云：「『林』疑當作『材』。渥，漬也。」案：蘇校是也。論語公冶長集解引馬融云：「編竹木大者曰栰，小者曰桴。」方言云：「簰謂之筏。」通典兵門云：「槍十根爲一束，勝力一人，四千一百六十六根即成一栰。」此後世法，不知墨子所謂「一茷」數幾何也。**塗茅屋若積薪者，厚五寸已上。吏各舉其步界中財物可以左守備者，上。**王引之云：「『步界』二字義不可通，『步』當爲『部』，吏各有部，部各有界，故曰『部界』。號令篇云『因城中里爲八部，部一吏』，又云『諸吏卒民，非其部界而擅入』，皆其證也。俗讀部、步聲相亂，故『部』譌作『步』。『上』下當有『之』字，『上之』，謂上其財物也。備城門篇云『民室材木瓦石，可以益城之備者，盡上之』，與此文同一例。今本脱『之』字，則文義不明。」又云：「左與佐同。」蘇云：「上，謂聞之於上。」

**有讒人，有利人，有惡人，有善人，有長人，有謀士，有勇士，有巧士，有使士，**使士，謂可以奉使之士，又疑當作「信士」。號令篇屢言「信人」，亦或誤爲「使人」。有内人者，外人者，有善人者，有善門人者，蘇云：「上句『善』下疑脱一字。『善門』疑『善門』之訛。」守必察其所以然者，應名乃内之。蘇云：「應名，言名實相應也。『内』讀如納。」民相惡，若議吏，吏所解，吏所解，謂民相惡有讐怨，吏爲解之者，見上號令篇。皆札書藏之，札，舊本譌作「禮」。王引之云：「『禮書』當爲『札書』，古『禮』字作『礼』，與『札』相似，『札』譌爲『礼』，後人因改爲『禮』耳。『札書』見號令篇。莊子人閒世篇『名也者，相札也』，崔譔曰：『札或作禮。』淮南説林篇『烏力勝日，而服於鵻札』，今本『札』譌作『禮』。」蘇云：「『禮』當作『謹』。備城門篇言『皆謹收藏』也。」案：王校是也，今據正。周禮調人云「凡有鬬怒者成之，不可成者則書之，先動者誅之」，鄭注云：「不可成，不可平也。書之，記其姓名，辯本也。」此「札書」與彼義同。以須告之至以參驗之。「告」下疑當有「者」字。吴鈔本脱「至」字。睨者小五尺不可卒者，爲署吏，令給事官府若舍。蘇云：「『睨者』二字傳寫錯誤，或爲『兒童』之訛。意言弱小未堪爲卒，唯給使令而已。」詒讓案：孟子梁惠王篇趙注云：「倪，弱小繄倪者也。」説文女部云：「婗，嫛婗也。」廣雅釋親云：「婗，兒，子也。」此「睨」即「婗」之叚字。或云「睨者小」疑當作「諸小婗」，「者」即「諸」之省，亦通。孟子滕文公篇云「五尺之童」，管子乘馬篇云「童五尺」，荀子仲尼篇云「五尺豎子」。論語泰伯篇「可以託六尺之孤」，周禮鄉大夫賈疏引鄭注云：「六尺，年十五以下。」然則「五尺」者，蓋年十四以下也。「舍」謂守者之私舍，號令篇云「城上吏卒養皆爲舍道内」。藺石、見號令篇。厲矢、諸材畢云：「舊作『林』，以意改。」蘇云：「諸與儲同。」詒讓案：「諸」如字。器用皆謹部，各有積分數。號令篇云「輕重分數各有請」。爲解車以枱，城矣說文木部云：「枱，耒耑木也。」案：「枱」即考工記車人「耒庇」之正字，與此義不相當。此「枱」當爲木材，疑即「梓」之叚借字。「枱」籀文从辝作「辝」，與「梓」聲類相近也。備穴篇「用搖若松爲穴户」，「搖」疑亦即「枱」、「梓」之異文。蘇云：「此句錯誤不可讀。『解車』疑即『軺車』，據下文是言車之載矢者。『城矣』二字或即『載矢』之訛。下『以』字衍。」案：蘇説近是，但下「以」字非衍。**以軺車，**畢云：「漢書注：『服虔云：軺音瑶，立乘小車也。』」**輪軲**道藏本、茅本「軲」作「軲〔一〕」。「軲」亦見經説下。畢云：「此『轂』字異文無疑。廣雅云：『軲，車也。』曹憲音枯，又音姑。」案：畢説未塙。「軲」疑即車前胡，字形又與軸相近，詳經説下篇。輪與軲不得同度，疑亦有脱誤。**廣十尺，**轂廣度必無十尺，此亦足證畢説之非。但胡即軥前下垂柱地者，亦不得有廣度，疑指車前軓當胡處而言。下「箱」與「轅」等亦長丈，則軓長廣正方矣。若爲軸，則當云「長」，不當云「廣」。未能質定也。**轅長丈，**此蓋直轅，與考工記大車同。長丈〔二〕，當爲轅出箱前者之度。下云「箱長與轅等」，則并當箱與箱前二者計之，轅通長二丈也。車人「凡爲轅，三其輪崇」，此輪六尺，而轅二丈，贏於彼也。**爲三輻，**「三輻」疑當作「四輪」，備高臨篇「連弩車兩軸四輪」，亦誤作「三輪」。**廣六尺，**凡輪廣與崇等，考工記車人鄭注：「柏車，山車。輪高六尺。」此與彼度同。**爲板箱，長與轅等，**説文竹部云：「箱，大車牝服也。」考工記車人云「大車牝服二柯又參分柯之二」，鄭注云：「牝服長八尺，謂較也。」鄭司農云：「牝服謂車箱。」此車箱長丈，蓋長於

〔一〕「軲」，原誤「軲」，據道藏本、茅本改。
〔二〕「丈」，原誤「文」，據文義改。

大車二尺也。高四尺，舊本作「四高尺」。蘇云：「當作『高四尺』。」案：蘇校是也，今據乙正。善蓋上，治中〔二〕令可載矢。舊本脱「中」字，今據道藏本、吴鈔本、茅本補。

子墨子曰：凡不守者有五：城大人少，一不守也；畢云：「舊作『者』，以意改。」案：茅本正作「也」，不誤。城小人衆，二不守也；人衆食寡，三不守也；市去城遠，四不守也；畜積在外，富人在虚，蘇云：「虚同墟，言不在城邑也。」五不守也。率萬家而城方三里。尉繚子兵談篇云：「量地肥墝而立邑，建城稱地，以城稱人，以人稱粟，三相稱，則内可以固守，外可以戰勝。」畢云：「言大率萬家而城方三里，則可守。」詒讓案：方三里者，積九里，爲地八千一百畝也。以萬家分居之，蓋每宅不及一畝，貧富相補，足以容之矣。

---

〔二〕「中」字原脱，按孫注云「據道藏本、吴鈔本、茅本補」，是正文當有「中」字而漏刻，今補。

# 墨子目録一卷

道藏本及明鈔本、刻本並無目録，此畢氏所定，依意林爲第十六卷，今從隋志，別爲一卷。

卷之一

親士第一

脩身第二

所染第三魏徵羣書治要引篇目同。

法儀第四治要引篇目同。

七患第五治要引篇目同。

辭過第六治要引此篇文并入七患篇，疑唐以後人所分。

三辯第七黄震、宋濂所見別本，以上七篇題曰經，蓋宋人所加。

卷之二

尚賢上第八治要引篇目同。漢書藝文志顏師古注引作「上賢」。

尚賢中第九

尚賢下第十

卷之三

尚同上第十一漢書顏注引作「上同」。

尚同中第十二

尚同下第十三中興館閣書目云「一本自親士至上同十三篇」，即此。黄震、宋濂所見別本，以上六篇題曰論，亦宋人所加。

卷之四

兼愛上第十四漢書顏注引同。

兼愛中第十五

兼愛下第十六

卷之五道藏本六同卷。

非攻上第十七

非攻中第十八

非攻下第十九

卷之六

節用上第二十漢書顏注引同。

節用中第二十一

節用下第二十二闕

節葬上第二十三闕

節葬中第二十四闕

節葬下第二十五

卷之七

天志上第二十六

天志中第二十七

天志下第二十八

卷之八

明鬼上第二十九闕。漢書顏注引作「明鬼神」。

明鬼中第三十闕

明鬼下第三十一

大取第四十四
小取第四十五
耕柱第四十六
卷之十二畢云：「舊云『十三同卷』者，梵本分帙如此。」詒讓案：此明人編入道藏所合并，非古本也。畢謂梵本，亦非。
貴義第四十七治要引篇目同。
公孟第四十八
卷之十三
魯問第四十九
公輸第五十
□□第五十一
卷之十四
備城門第五十二明吴寬鈔本無目録，其當卷篇目，以備城門爲五十四，備高臨爲五十五。册末，吴氏手跋云：「本書七十一篇，其五十一之五十三、五十七、五十九之六十、六十四之六十七，篇目並闕，當訪求古本考入云。」是吴所據舊本實如此，則當闕五十二、五十三二篇。未知孰是。

## 備高臨第五十三

## □□第五十四

依備城門篇所列攻具十有二，臨第一，鉤第二，則此篇疑當爲備鉤。

## □□第五十五

備城門篇十二攻具，衝第三，則此篇疑當爲備衝。詩大雅皇矣孔疏引有備衝篇，蓋唐初尚未佚也。

## 備梯第五十六

## □□第五十七

十二攻具，梯第四，堙第五，則此篇疑當爲備堙。

## 備水第五十八

## □□第五十九

十二攻具〔一〕，水第六，穴第七，突第八，空洞第九，蟻傅第十，今唯闕備空洞一篇，其次又不當列水、突之閒，豈爲後人所貿亂與？

## □□第六十

## 備突第六十一

## 備穴第六十二

十二攻具，穴在突後〔二〕，此篇次與彼不合。

---

〔一〕「具」，原誤「其」，據文義改。

〔二〕按「後」疑當作「前」。據本書備城門篇十二攻具，「穴」列第七，「突」列第八。

備蛾傳第六十三

卷之十五

□□第六十四十二攻具，轒轀第十一，軒車第十二，則當有備轒轀、備軒車二篇，其次當在此。

□□第六十五

□□第六十六

□□第六十七

迎敵祠第六十八

旗幟第六十九「幟」俗字，王念孫校改「職」。

號令第七十九章筭術衰分篇劉徽注引篇目同。

襍守第七十一

畢沅云：案舊本皆無目，隋書經籍志云：「墨子十五卷，目一卷。」馬總意林云：「墨子十六卷。」詒讓案：馬本梁庾仲容子鈔，見高似孫子略。則是古本有目也。考漢書藝文志云「墨子七十一篇」，高誘注吕氏春秋云「七十二篇」，疑當時亦以目爲一篇耳。藏本云「闕」者八篇而有其目，節用下，節葬上、中，明鬼上、中，非樂中、下，非儒上是也。當是宋本如此。而館閣書目云「自親士至雜守爲六十一篇，亡九篇」，恐是「八」譌爲「九」。又七十一篇亡其九，當存六十二，而云「六十一」，亦「二」之譌也。其十篇者，藏本并無目，亦當是宋時亡之。然則宋時所存實止五十三篇耳。詒讓案：荀子修身篇楊注云「墨子著書三十五篇」，疑當作「五十三篇」。或唐中葉以後此書即有闕佚，篇數已與今本同也。然詩正義引備衝篇，則尚存其目，而不知列在第幾。太平御覽引有備衝法，正在此篇，則宋初尚多存與？詒讓案：御覽多本古類書，不足證北宋時此書尚有完本也。南宋人所見十三篇一本，樂臺曾注之，即自親士至上同是。而潛谿諸子辯云：「上卷七篇，號曰經，下卷六篇，號曰論，共十三篇。」詒讓案：此即中興館閣書目所載別本，書録解題亦箸録。黄氏日鈔諸子云「墨子之書凡二，其後以論稱者多衍復，其前以經稱者善文法。」又吴道師戰國策校注五引兼愛中篇「楚靈王好士細腰」數語，云：「今按墨子三卷中無此文。」三卷者，別本也，古墨子篇數不止此。是陳直齋、黄東發、吴正傳所見墨子皆止十三篇本也。又有可疑：夫墨子自有經上下、經説上下，在十三篇之後。此所謂經，乃親士、修身、所染、法儀、七患、辭過、三辯七篇，與下尚賢、尚同各三篇文例不異，似無經、論之別，未知此説何據？以意求之，或以經上下、經説上下及親士、修身六篇爲經。詒讓案：南宋別本不如是，畢説非。其説或近，以無子墨子云云故也。詒讓案：此説亦非，詳親士篇。然古人亦未言之。至樂臺所注，見鄭樵通志藝文略，而焦竑國史經籍考亦載之，似至明尚存，詒讓案：鄭、焦二志多存虚目，不足據。卒亦不傳，何也？若錢曾云「藏會稽鈕氏世學樓本，共十五卷七十一篇，内亡節用等九篇」者，實即今五十三篇之本，内著「闕」字者八篇，錢不深核耳。

洪頤煊云：墨子今本十五卷，自親士至雜守凡七十一篇，内闕有題八篇，無題十篇。據陳振孫書録解題稱漢志七十一篇，館閣書目有十五卷六十一篇者多訛脱不相聯屬。是無題十篇宋本已闕，有題八篇闕文在宋本已後。讀書叢録。詒讓案：道藏本即從宋本出，有題八篇宋本蓋已闕，洪説未塙。

# 墨子附録一卷



## 墨子篇目考 畢沅述，今重校補。

漢書藝文志：

墨子七十一篇。名翟，爲宋大夫，在孔子後。

隋書經籍志：

墨子十五卷，目一卷。宋大夫墨翟撰。

庾仲容子鈔：見高似孫子略，畢本無，今補。

墨子十六卷。

馬總意林：

墨子十六卷。案：墨子名翟，高誘曰魯人，一曰宋人，爲宋大夫，善守禦，務儉嗇。所著書，漢志七十一篇，隋、唐志十五卷、目一卷，宋志十五卷，楊倞荀子注云三十五篇，宋潛溪曰二卷、親士至經説十三篇。明堂策檻刊本十五卷、七十一篇，與舊志合，闕節用下、節葬上中、明鬼上中、非樂中下、非儒上，共八篇。蓋楊據篇名摠計之，宋則未見全書也。明刻文多重複，似亦非古本，但次第正與此同。

君子自難而易彼，「彼」字補，同下。衆人自易而難彼。親士篇。

靈龜先灼，神蛇先暴。「先」原作「近」。

君子雖有學，行爲本焉。戰雖有陳，勇爲本焉。喪雖有禮，哀爲本焉。修身篇。

墨子見染絲而嘆曰：「染於蒼則蒼，染於黄則黄。非獨染絲然也，國亦有染。詒讓案：張海鵬本「國」作「人固」二字。舜染許由，桀染干辛，「干」舊作「予」。説苑作「干莘」。原有「推哆」，韓非子曰「桀有侯侈〔二〕」。紂染崇侯也。」所染篇。

聖人爲舟車，完固輕利，可以任重致遠。辭過篇。

子自愛不愛父，欲虧父而自利；弟自愛不愛兄，欲虧兄而自利，非兼愛也。句非原文。

盜愛其室不愛異室，故竊異室以利其室，亦非舊訛「能」。詒讓案：張本不訛。兼愛。兼愛上篇。

〔二〕「侈」，原誤「哆」，據韓非子説疑篇改。

節葬之法：三領之衣原作「衣三領」。足以朽肉，節葬篇作「蔽形」。三寸之棺原作「棺三寸」。足以朽骸，深則通於泉。原作「堀穴深不通於泉，流不發洩則止。」節葬篇亦云「下無及泉，上無通臭」。節用中篇。

諸侯不得恣己爲政，有三公政之；「政之」之「政」原作「正」，下同。三公不得恣己爲政，有天子政之；天子不得恣己爲政，有天舊有「下」字。政之。天志下篇。案此文兩見，皆作「有天政之」。

斷指以存脛，原作「肕」。下云「利之中取大，害之中取小也。害之中取小，非取害也，取利也」。以免於身者利。原作「遇盜人，而斷指以免身，利也」。言雖受傷而身得免，即謂之利。大取篇。

君子如鐘，扣則鳴，不扣則不鳴。美原作「義」。女處不出，則爭求之；行而自衒，人莫之娶。公孟篇。

墨子勸弟子學曰：「汝速學，君原作「吾」。當仕汝。」弟子學朞年，就墨子責仕。二字補。責，求也。墨子曰：「汝聞魯人原作「語」。乎？有昆弟五人，父死，其長子嗜酒不肯預葬，其四弟曰：『兄若送葬，我當爲兄沽酒。』此下與原文小異。葬訖，就四弟求酒。四弟曰：『子葬父，豈獨吾父也？吾恐人笑，欺以酒耳！』今不學，人自笑子，故勸子也。」遂不復求仕。

墨子謂門人曰：「汝何不學？」對曰：「吾族無學者。」墨子曰：「不然。豈謂欲好美，而曰吾族無此，辭不欲耶？欲富貴，而曰吾族無此，辭不用耶？强自力矣！」

甘瓜苦蔕，天下物無全美。二句原書闕，見埤雅引。下二條亦原書所無。

古之學者得一善言，附於其身；今之學者得一善言，務以説人，言過而行不及。書鈔引新序「齊王問墨子曰：『古之學者爲己，今之學者爲人，何如？』對曰『古之學者云云説人』」，則爲墨子之言甚明。

君子服美則益敬，小人服美則益驕。詒讓案：今本公輸篇後，兵法諸篇之前，闕第五十一篇，以上數條疑皆此篇佚文。

案：史記：墨翟「或曰竝孔子時，或曰在其後」。張衡謂當子思時，出仲尼後也。抱朴子、小司馬皆言在七十子後。史鄒陽書曰「宋信子罕之計囚墨翟」，漢書「子罕」作「子冉」。意其生稍後孔子，而先於孟子者歟？竊謂儒與楊墨猶陰與陽，而墨較近理，故與楊同一塞路，同經孟子辭闢，而墨氏之書至今猶有傳者。甚至尸佼謂孔子貴公，墨子貴兼，其實則一。韓非子顯學篇孔墨竝尊。史傳以墨附孟，范書言墨孟之徒。韓昌黎謂孔子必用墨子，墨子必用孔子，是豈特秦越同舟已哉！荀卿書雖不醇，其禮論篇譏墨子薄葬，反覆數百言，大旨謂以倍叛之心事親，棺槨三寸、衣衾三領，爲刑餘罪人之喪，又謂刻死而附生，所見實出孔鮒詰墨子上，唐開元從祀孔庭，其以此歟？詒讓案：此條於墨子篇目及馬氏書均無涉，姑録之，以存畢考之舊。

唐書經籍志：

墨子十五卷。墨翟撰。

新唐書藝文志：

墨子十五卷。墨翟。

宋史藝文志：

墨子十五卷。宋墨翟撰。

崇文總目：畢本無，今補。

墨子十五卷。墨翟撰。

鄭樵通志藝文畧：

墨子十五卷。宋大夫墨翟撰。墨翟與孔子同時。漢志注「在孔子後」。又三卷。樂臺注。唐志不載，當考。

馬端臨文獻通考經籍考：

墨子十五卷。

王應麟玉海：

書目云：「墨子十五卷，自親士至雜守爲六十一篇。亡九篇。一本自親士至上同凡十三篇者。」詒讓案：此即中興館閣書目，王氏所引非全文。

晁公武郡齋讀書志：

墨子十五卷，宋墨翟撰，戰國時爲宋大夫，著書七十一篇，以貴儉、兼愛、尊賢、右鬼、非命、尚衢本作「上」。同爲説云。荀、孟皆非之，而韓愈獨謂辨生於末學，非二師之道本然也。

陳振孫直齋書録解題：

墨子三卷，宋大夫墨翟撰，孟子所謂邪説詖行，與楊朱同科者也。韓吏部推尊孟子，而讀墨一章，乃謂孔、墨相爲用，何哉？漢志七十一篇，館閣書目有十五卷、六十一篇者，多訛脱不相聯屬。又二本止存十三篇者，當是此本也。方楊、墨之盛，獨一孟子訟言非之，諄諄焉惟恐不勝。今楊朱書不傳，列子僅存其餘，墨氏書傳於世者亦止於此。孟子越百世益光明，遂能上配孔氏，與論語並行。異端之學，安能抗吾道哉！

焦竑國史經籍考：

墨子十五卷。又三卷。樂臺注。

四庫全書總目：畢本無，今補。

墨子十五卷。兩江總督採進本。舊本題宋墨翟撰。考漢書藝文志「墨子七十一篇」，注曰：「名翟，宋大夫。」隋書經籍志亦曰：「宋大夫墨翟撰。」然其書中多稱子墨子，則門人之言，非所自著。又諸書多稱墨子名翟，因樹屋書影則曰：「墨子姓翟，母夢烏而生，因名之曰烏，以墨爲道。今以姓爲名，以墨爲姓，是老子當姓老耶？」其説不著所出，未足爲據也。詒讓案：周亮工説本元伊世珍瑯嬛記。宋館閣書目稱墨子十五卷、六十一篇。此本篇數與漢志合，卷數與館閣書目合。惟七十一篇之中，僅佚節用下第二十二、節葬上第二十三、節葬中第二十四、明鬼上第二十九、明鬼中第三十、非樂中第三十三、非樂下第三十四、非儒上第三十八，凡八篇，尚存六十三篇者，詒讓案：此未數失目十篇也，今本實存五十三篇。與館閣書目不合。陳振孫書録解題又稱有一本止存十三篇者，今不可見。或後人以兩本相校互有存亡，增入二篇歟？抑傳寫者譌以六十三爲六十一也？墨家者流，史罕著録，蓋以孟子所闢，無人肎居其名。然佛氏之教，其清淨取諸老，其慈悲則取諸墨。韓愈送浮屠文暢序稱儒名墨行，墨名儒行，以佛爲墨，蓋得其真。而讀墨子一篇乃稱墨必用孔，孔必用墨，開後人三教歸一之説，未爲篤論。特在彼法之中，能自嗇其身，而時時利濟於物，亦有足以自立者，故其教得列於九流，而其書亦至今不泯耳。第五十二篇以下皆兵家言，其文古奥，或不可句讀，與全書爲不類。疑因五十一篇言公輸般九攻、墨子九拒之事，其徒因採摭其術，附記其末。觀其稱弟子禽滑釐等三百人已持守圉之器在宋城上，是能傳其術之徵矣。

錢曾讀書敏求記：詒讓案：畢本在焦竑國史經籍考前，今移此。

墨子十五卷，潛溪諸子辨云：「墨子三卷，戰國時宋大夫墨翟撰。上卷七篇號曰經，中卷、下卷六篇號曰論，共十三篇。考之漢志七十一篇，館閣書目則六十一篇，已亡節用、節葬、明鬼、非樂、非儒等九篇，今書則又亡多矣。」潛溪之言如此。予藏宏治己未舊抄本，卷篇之數恰與其言合；又藏會稽鈕氏世學樓本，共十五卷七十一篇，内亡節用等九篇，蓋所謂館閣書目本或即此歟？潛溪博覽典籍，其辨訂不肯聊且命筆，而止題爲三卷，豈猶未見完本歟？抑此書兩行於世而未及是正歟？姑識此，以詢藏書家。

詒讓案：墨子書七十一篇，即漢劉向校定本，箸於別録，而劉歆七畧、班固藝文志因之，舊本當亦有劉向進書奏録，宋以後已不傳。史記孟子荀卿傳索隱：「按別録云：今按墨子書有文子，文子即子夏之弟子，問於墨子，如此，則墨子者在七十子之後也。」此即劉録之佚文。攷文子今書未見，它書載子夏弟子亦無文子，唯史記儒林傳云「如田子方、段干木、吴起、禽滑釐之屬，皆受業於子夏之倫」，則疑文子當爲禽子。又耕柱篇「子夏之徒問於子墨子曰：君子有鬬乎」，子政或兼據彼文也。

又案：漢志兵技巧家注云「省，墨子重。」則七略墨子書，墨家與兵書蓋兩收，班志始省兵而專入墨，此亦足考劉、班箸録之異同。謹附記之。劉略入兵技巧家者，蓋即備城門以下二十篇也。

## 墨子佚文 畢沅述，今重校補。

樂者，聖王之所非也，而儒者爲之，過也。見荀子，當是非樂篇文。詒讓案：見樂論篇，然似約舉非樂篇大意，畢以爲佚文，未塙。

孔子「子」字皆鮒所更，墨本用孔子諱。見景公，公曰：「先生素不見晏子乎？」對曰：「晏子事三君而得順焉，是有三心，所以不見也。」公告晏子，晏子曰：「三君皆欲其國安，是以嬰得順也。聞君子獨立不慙于影，今孔子伐樹削迹，不自以爲辱，身窮陳、蔡，不自以爲約。始吾望儒貴之，今則疑之。」景公祭路寢，聞哭聲，問梁丘據。對曰：「魯孔子之徒也。其母死，服喪三年，哭泣甚哀。」公曰：「豈不可哉？」晏子曰：「古者聖人非不能也，而不爲者，知其無補於死者，而深害生事故也。」見孔叢詰墨篇。疑非儒上第三十八篇文。詒讓案：二條並見晏子春秋外篇，或墨子亦有是文。

堂高三尺，索隱云：「自此已下，韓子之文，故稱曰也。」詒讓案：後漢書趙典傳注首有「堯、舜」二字，韓非子十過篇亦有此文，即索隱所據也。土階三等，茅茨不翦，采椽不刮，詒讓案：後漢書、文選魏都賦注作「斲」，又文選東京賦注引作「刊」。食詒讓案：後漢書注作「飯」。土簋，啜土刑，詒讓案：後漢書注作「歠土鉶」。糲粱之食，詒讓案：後漢書注作「飯」。藜藿之羹，夏日葛衣，冬日鹿裘。其送死，桐棺三寸，舉音不盡其哀。見史記太史公自序，又見文選注、後漢書注，文皆微異，今韓非子雖有之，然疑節用中、下篇文。詒讓案：此司馬談約引墨子語，似未必即節用中、下篇佚文。羣書治要及藝文類聚十一、太平御覽八十引帝王世紀云：「墨子以爲堯堂高三尺，土階三等，茅茨不翦，採椽不斲，夏服葛衣，冬服鹿裘。」論衡是應篇云：「墨子稱堯、舜堂高三尺，儒家以爲卑下。」以上諸書及後漢書注、文選注，疑並據史記展轉援引，非唐本墨子書實有此文也。

年踰十五，則聰明心詒讓案：畢本作「思」，今據史記五帝本紀集解校正。慮無不徇通矣。見裴駰史記集解，索隱「十五」作「五十」，「無不」作「不」，云「作『十五』非是」。詒讓案：索隱云：「俗本作『十五』，非是。案謂年老踰五十不聰明，何得云『十五』？」蓋小司馬所見墨子猶是足本，故據以校正史注俗本之謬。

禽滑釐問於墨子曰：「錦繡絺紵，將安用之？」墨子曰：「惡，是非吾用務也。古有無文者得之矣，夏禹是也。卑小宮室，損薄飲食，土階三等，衣裳細布。當此之時，黼詒讓案：舊本脱，盧文弨據御覽八百二十校補，今從之。黻無所用，而務在於完堅。殷之盤庚，大其先王之室，而改遷於殷，茅茨不翦，采椽不斲，以變天下之視。當此之時，文采之帛將安所施？夫品庶非有心也，以人主爲心，苟上不爲，下惡用之？二王者，以詒讓案：舊衍「化」字，今從盧校删。身先于天下，故化隆於其時，成名於今世也。且夫錦繡絺紵，亂君之所造也。其本皆興於齊景公喜奢而忘儉，幸有晏子以儉鐫之，然猶幾不能勝。夫奢安可窮哉！紂爲鹿臺糟邱，酒池肉林，宮牆文畫，雕琢刻鏤，錦繡被堂，金玉珍瑋，婦女優倡，鐘鼓管絃，流漫不禁，而天下愈竭，故卒身死國亡，爲天下戮。非惟錦繡絺紵之用邪？今當凶年，有欲予子隨侯之珠者，不得賣也，珍寶而以爲飾，又欲予子一鍾粟者。得珠者不得粟，得粟者不得珠，子將何擇？」禽滑釐曰：「吾取粟耳，可以救窮。」墨子曰：「誠然，則惡在事夫奢也？長無用好末淫，非聖人之所急也。故食必常飽，然後求美；衣必常暖，然後求麗；居必常安，然後求樂。爲可長，行可久，先質而後文，此聖人之務。」禽滑釐曰：「善。」見説苑，疑節用下篇文。詒讓案：節用諸篇無與弟子問荅之語，畢説未塙。

吾見百國春秋。見隋李德林重答魏收書。詒讓案：見隋書本傳，亦見史通六家篇。「春秋」下，畢本有「史」字，今據史通刪。攷德林書云：「史者，編年也，故晉號紀年。墨子又云，吾見百國春秋。史又〔二〕有無事而書年者，是重年驗也。」審校文義，李書「史」字當屬下爲句，畢氏失其句讀，遂并「史」字録之，謬也。

禽子問：「天與地孰仁？」墨子曰：「翟以地爲仁。太山之上則封禪焉，培塿之側太平御覽作「沈」。則生松柏，下生黍苗莞蒲，水生黿鼉龜魚，民衣焉，食焉，死焉，地終不責德焉。故翟以地爲仁。」見藝文類聚，又見北堂書鈔、太平御覽、吴淑事類賦，文微異。

申徒狄曰：「周之靈珪，出於土石；楚之明月，出於蚌蜃。」見藝文類聚。詒讓案：此即後申徒狄謂周公章之文，當并爲一條。

畫衣冠，異章服，而民不犯。見文選注。

墨子獻書惠王，王受而讀之，曰：「良書也。」見文選注。詒讓案：本書貴義篇云「子墨子南游於楚，

〔二〕「又」下原有「無」字，據隋書李德林傳刪。

見楚獻惠王」，疑即「獻書惠王」之誤。又余知古渚宮舊事二亦云墨子至郢，獻書惠王，王受而讀之，曰「良書也」，與李所引正同。彼文甚詳，疑皆本墨子，但不箸所出書，今不據補録。詳貴義篇。

**時不可及，日不可留。**見文選注。

**備衝篇。**見詩正義。

**備衝法，絞善麻長八丈，内有大樹，則繫之，用斧長六尺，令有力者斬之。**見太平御覽。疑備衝篇文。詒讓案：通典兵守拒法云：「敵若推轒車，我作麤鐵鐶，并屈桑木爲之，用索相連。轒頭適到，速以鐶串轒頭，於其傍便處，分令壯士牽之翻倒，弓弩而射，自然敗走。」案杜蓋即本墨子遺法，而以後世名制易之。

**申徒狄謂周公曰：「賤人何可薄也！周之靈珪，出於土石；隋之明月，出於蚌蜃；少豪大豪，出於污澤，天下諸侯皆以爲寶。狄今請退也。」**見太平御覽。又一引云：「周公見申徒狄，曰：『賤人强氣則罰至。』申徒狄曰：『周之靈珪，出於土□；楚之明月，出□蚌蜃；五象出於漢澤，和氏之璧、夜光之珠、三棘六異，此諸侯之良寶也。』」疑今耕柱篇脱文。詒讓案：此文當在佚篇中，今書耕柱篇雖亦有和璧、隨珠、三棘六異之文，然非申徒狄對周公語，畢説非也。通志氏族略引風俗通云：「申徒狄，夏賢人也。」林寶元和姓纂説同。莊子外物篇云「湯與務光，務光怒，申徒狄因以踣河」，此即應説所本。淮南子説山訓高注則云：「申徒狄，殷末人也。」史記鄒陽傳集解：「服虔云：申徒狄，殷之末世人也。」索隱引韋昭又云「六國時人」，莊子大宗師釋文亦云「申徒狄，殷時人」。案依韋説，則此周公或爲東、西周君。御覽八百二引有和氏之璧語。又韓詩外傳一及新序士節篇並云：「申徒狄曰：吳殺子胥、陳殺泄治而滅其國。」則狄非夏、殷末人可知。疑韋説近是。

桀女樂三萬人，晨譟聞於衢。服文綉衣裳。見太平御覽。詒讓案：此管子輕重甲篇文。以後御覽所引諸條，似多誤以它子書語爲墨子，不甚足據也，今亦未及詳校。

秦穆王遺戎王以女樂二八，戎王沈於女樂，不顧國亡，政國之禍。見太平御覽。

良劍期乎利，不期乎莫邪。見太平御覽。

禹造粉。見太平御覽。

子禽問曰：詒讓案：疑當作「禽子」。「多言有益乎？」墨子曰：「蝦蟆蛙蠅詒讓案：當作「黽」。日夜而鳴，舌乾檘，然而不聽。一引作「口乾而人不聽之」。今鶴鷄時夜而鳴，天下振動。多言何益？唯其言之時也。」見太平御覽。

昔夏之衰也，有推侈、大戲；殷之衰也，有費仲、惡來，足走千里，手制兕虎。見太平御覽。詒讓案：此晏子春秋諫上篇文。

神機陰開，剞劂無迹，人巧之妙也，而治世不以爲民業。詒讓案：此淮南子齊俗訓文。劂，彼作「劂」，此誤。工人下漆而上丹則可，下丹而上漆則不可。萬事由此也。詒讓案：此淮南子説山訓文。神明鉤繩者，乃巧之具也，而非所以爲巧。詒讓案：此淮南子齊俗訓文，「神明」作「規矩」。神明之事不可以智巧爲也，不可以功力致也。天地所包，陰陽所嘔，雨露所濡，以生萬殊。翡翠瑇瑁碧玉珠，文采明朗，澤若濡，摩而不玩，久而不渝，奚仲不能放，魯般弗能造，此之大巧。詒讓案：此淮南子泰族訓文。夫至巧不用劒，大匠大不斲。詒讓案：此淮南子説林訓文，下「大」字衍。夫物有以自然，而後人事有治也。故大匠不能斲金，巧治不能鑠木，金之勢不可斲，而木之性不可鑠也。埏埴以爲器，刳木而爲舟，爍鐵而爲刃，鑄金而爲鐘，因其可也。見太平御覽，而文不似墨子，或恐誤引他書。詒讓案：末條淮南子泰族訓文。

右二十一條，今本所脱，由沅採摭書傳，附十五卷末。其意林所稱，已見篇目考中，不更入也。

金城湯池。水經河水二酈道元注。

釜丘。水經濟水注云：「陶丘，墨子以爲釜丘也。」

使造下疑脱「物」字。三年而成一葉，天下之葉少哉。廣弘明集朱世卿法性自然論。案：韓非子外儲説左上宋人爲玉楮葉章有此文，或本墨子語也。

舜葬於蒼梧之野，象爲之耕。劉賡稽瑞。

禹葬會稽，鳥爲之耘。稽瑞。以上二條疑節葬上、中二篇佚文，然説舜葬處與節葬下篇不合，未詳。

五星光明，苣豔如旗。稽瑞。

右六條，畢本無，今校增。

# 墨子舊敘

## 魯勝墨辯注敘 晉書隱逸傳

名者所以別同異、明是非，道義之門，政化之準繩也。孔子曰：「必也正名，名不正則事不成。」墨子著書，作辯經以立名本，惠施、公孫龍祖述其學，以正別孫星衍校改「刑」。名顯於世。孟子非墨子，其辯言正辭則與墨同。荀卿、莊周等皆非毀名家，而不能易其論也。名必有形，當作「名必有形」。察疑脱「形」字。莫如別色，故有堅白之辯。名必有分明，分明莫如有無，故有無序之辯。是有不是，可有不可，是名兩可。同而有異，異而有同，是之謂辯同異。至同無不同，至異無不異，是謂辯同辯異。同異生是非，是非生吉凶，取辯於一物，而原極天下之汙隆，名之至也。自鄧析至秦時，名家者世有篇籍，率頗難知，後學莫復傳習，於今五百餘歲，遂亡絶。墨辯有上下經，經各有説，凡四篇，與其書衆篇連第，故獨存。今引説就經，各附其章，疑者闕之。又采諸衆雜集爲刑名二篇，「刑」當作「形」。略解指歸，以俟君子。其或興微繼絶者，亦有樂乎此也。

## 畢沅墨子注敍經訓堂本

墨子七十一篇，見漢藝文志。隋以來爲十五卷、目一卷，見隋經籍志。宋亡九篇，爲六十一篇，見中興館閣書目。實六十三篇，後又亡十篇，爲五十三篇，即今本也。本存道藏中，缺宋諱字，知即宋本。又三卷一本，即親士至尚同十三篇，宋王應麟、陳振孫等僅見此本。有樂臺注，見鄭樵通志藝文略，今亡。案通典言兵有守拒法，而不引墨子備城門諸篇。玉海云後漢書注引墨子備突篇，詩正義引墨子備衝篇，似亦未見全書，疑其失墜久也。今上開四庫館，求天下遺書，有兩江總督採進本，謹案亦與此本同。自此本以外，有明刻本，其字少見，皆以意改，無經上下及備城門等篇。詒讓案：此即余有丁子彙本。蓋無足觀。墨書傳述甚少，得毋以孟子之言，轉多古言古字。先是，仁和盧學士文弨、陽湖孫明經星衍互校此書，略有端緒，沅始集其成。因徧覽唐宋類書、古今傳注所引，正其譌謬，又以知聞疏通其惑。自乾隆壬寅八月至癸卯十月，踰一歲而書成。世之譏墨子以其節葬、非儒説。墨者既以節葬爲夏法，特非周制，儒者弗用之。非儒，則由墨氏弟子尊其師之過，其稱孔子諱及諸毁詞，是非翟之言也。詒讓案：此論不塙，詳非儒篇。案他篇亦稱孔子，亦稱仲尼，又以爲孔子言亦當而不可易，是翟未嘗非孔。孔子之言多見論語、家語及他緯書傳注，亦無斥墨詞。詒讓案：墨子蓋生於哀、悼閒，較之七十子尚略後，孔子安得斥之？此論甚謬。至孟子始云能言距楊、墨者，聖人之徒。又云楊、墨之道不息，孔子之道不著。蓋必當時爲墨學者，流於橫議，或類非儒篇所説，孟子始嫉之。故韓非子顯學云：「墨離爲三，取舍相反不同，而皆自謂真孔、墨。」韓愈云「辯生于末學，各務售其師之説，非二師之道本然」，其知此也。今惟親士、脩身及經上、經下，疑翟自著，餘篇稱子墨子，耕柱篇并稱子禽子，則是門人小子記録所聞，以是古書不可忽也。且其魯問篇曰：「凡入國，必擇務而從事焉。國家昏亂，則語之尚賢、尚同；國家貧，則語之節用、節葬；國家憙音湛湎，則語之非樂、非命；國家淫僻無禮，則語之尊天、事鬼；國家務奪侵凌，則語之兼愛。」是亦通達經權，不可訾議。又其備城門諸篇，皆古兵家言，有寔用焉。書稱中山諸國亡於燕、代、胡、貊之間。詒讓案：此非攻中篇文，舊本作「且不著何」，當爲「柤、不屠何」，明人不解，妄改爲「中山諸國」，畢氏亦沿其謬。詳本篇。攷中山之滅在趙惠文王四年，當周赧王二十年，則翟寔六國時人，至周末猶存，故史記云「或曰並孔子時，或曰在其後」，班固亦云在孔子後。司馬貞「按別録云，墨子書有文子。文子，子夏之弟子，問於墨子。如此，則墨子者在七十子後」。李善引抱朴子，亦云孔子時人，或云在其後。今按其人在七十子後。詒讓案：文選長笛賦注。若史記鄒陽傳，鄒陽曰：「宋信子罕之計而囚墨翟。」司馬貞云：「漢書作子冉，不知子冉是何人。文穎曰：子冉，子罕也。荀卿傳云：

『墨翟，孔子時人，或云在孔子後。』又襄公二十九年左傳：『宋饑，子罕請出粟。』時孔子適八歲，則墨翟與子罕不得相輩。或以子冉爲是，不知如何也。」又文選亦作子冉，注云：「文子曰：子罕也。冉音任。善曰：未詳。」詒讓案：文選鄒陽獄中上書自明，注誤以文穎爲文子。「冉音任」亦有誤。沅亦不能定其時事。又司馬遷、班固以爲翟宋大夫，葛洪以爲宋人者，以公輸篇有爲宋守之事。高誘注呂氏春秋以爲魯人，則是楚魯陽，漢南陽縣，在魯山之陽，本書多有魯陽文君問答，又亟稱楚四竟，非魯衛之魯，不可不察也。先秦之書，字少假借，後乃偏旁相益。若本書，源流之字作「原」，一又作「源」；金以溢爲名之字作「益」，一又作「鎰」；四竟之字作「竟」，一又作「境」，皆傳寫者亂之，非舊文。乃若賊敓百姓之爲殺字古文，遂而不反，合於遂亡之訓，關叔之即管叔，寔足以證聲音文字訓詁之學，好古者幸存其舊云。如其疏略，以俟敏求君子。乾隆四十八年，歲在昭陽單閼涂月，敍於西安節署之環香閣。

## 孫星衍墨子注後敍 經訓堂本

乾隆四十八年癸卯十二月，弇山先生既刊所注墨子成，以星衍涉于諸子之學，命作後敍。星衍以固陋辭，不獲命，敍曰：

墨子與孔異者，其學出于夏禮。司馬遷稱其善守禦，爲節用。班固稱其貴儉、兼愛、上賢、明鬼、非命、上同。此其所長，而皆不知墨學之所出。淮南王知之，其作要略訓云：「墨子學儒者之業，受孔子之術，以爲其禮煩擾而不説，厚葬靡財而貧民，服傷生而害事，故背周道而用夏政。」其識過于遷、固。古人不虛作，諸子之教或本夏，或本殷，故韓非著書亦載棄灰之法。墨子有節用，節用，禹之教也。孔子曰：「禹菲飲食，惡衣服，卑宮室，吾無閒然。」又曰：「禮，與其奢寧儉。」又曰：「道千乘之國，節用。」是孔子未嘗非之。又有明鬼，是致孝鬼神之義；兼愛，是盡力溝洫之義。孟子稱墨子摩頂放踵，利天下爲之。而莊子稱禹親自操槖耜而𧝑天下之川，腓無胈，脛無毛，沐甚風，櫛甚雨。列子稱禹身體偏枯，手足胼胝。呂不韋稱禹憂其黔首，顔色黎墨，竅藏不通，步不相過。皆與書傳所云「予弗子，惟荒度土功」、「三過其門而不入，思天下有溺者猶己溺之」同。其節葬，亦禹法也。尸子稱禹之喪法「死於陵者葬於陵，死於澤者葬於澤，桐棺三寸，制喪三日」，當爲「月」。見後漢書注。淮南子要略稱禹之時，天下大水，死陵者葬陵，死澤者葬澤，故節財、薄葬、閑服生焉。又齊俗稱三月之服，是絶哀而迫切之性也，高誘注云「三月之服是夏后氏之禮」。韓非子顯學稱墨者之葬也，冬日冬服，夏日夏服，桐棺三寸，服喪三月。而此書公孟篇墨子謂公孟曰「子法周而未法夏也，子之古非古也」，又公孟謂子墨子曰「子以三年之喪爲非，子之三日當爲「月」。之喪亦非也」云云，然則三月之喪，夏有是制，墨始法之矣。詒讓案：孟子云：

「三年之喪，齊疏之服，飦粥之食，自天子達於庶人，三代共之。」則孟子謂夏禮亦三年喪，此說與孟子不合。孔子則曰：「吾說夏禮，杞不足徵；吾學周禮，今用之，吾從周。」又曰：「周監於二代，郁郁乎文哉，吾從周。」周之禮尚文，又貴賤有法，其事具周官、儀禮、春秋傳，則與墨書節用、兼愛、節葬之旨甚異。孔子生於周，故尊周禮而不用夏制。孟子亦周人而宗孔，故于墨非之，勢則然焉。

若覽其文，亦辨士也。親士、脩身、經上、經下及說凡六篇，皆翟自著。經上下略似爾雅釋詁文，而不解其意指。又怪漢唐以來，通人碩儒，博貫諸子，獨此數篇莫能引其字句，以至于今，傳寫譌錯，更難鉤乙。晉書魯勝傳云：「勝注墨辨，存其敘曰：墨子著書，作辯經以立名本，惠施、公孫龍祖其學，以正刑名顯於世。孟子非墨子，其辯言正詞則與墨同。荀卿、莊周等皆非毀名家，而不能易其論也。」又曰：「墨辯有上下經，經各有說，凡四篇，與其書衆篇連第，故獨存。今引說就經，各附其章，疑者闕之。又采諸衆襍集爲刑名二篇，略解指歸，以俟君子。」如所云，則勝曾引說就經各附其篇，恨其注不傳，無可徵也。

備城門諸篇具古兵家言，惜其脱誤難讀，而弇山先生于此書，悉能引據傳注類書，匡正其失。又其古字古言，通以聲音訓故之原，豁然解釋，是當與高誘注呂氏春秋、司馬彪注莊子、許君注淮南子、張湛注列子並傳於世，其視楊倞、盧辯空疏淺略，則倜然過之。

時則有仁和盧學士抱經、大興翁洗馬覃谿及星衍三人者，不謀同時共爲其學，皆折衷于先生。或此書當顯，幸其成帙，以惠來學，不覺僭而識其末也。陽湖孫星衍撰。

## 孫星衍經説篇跋 經訓堂本

乾隆癸卯三月，星衍方自秦北征，巡撫公將刻所注墨子，札訊星衍云：「經説上下四篇，有似堅白異同之辯，其文脱誤難曉，自魯勝所稱外，書傳頗有引之否？」星衍過晉問盧學士，又抵都問翁洗馬，俱未獲報。閱數月，重讀淮南齊俗訓，有云：「夫蝦蟇爲鶉，生非其類，唯聖人知其化。」因悟與經説上「化若鼃爲鶉」合。又讀列子湯問篇云「均，髮均縣，輕重而髮絶，髮不均也。均也，其絶也莫絶」，張湛注云：「髮甚微脃，而至不絶者，至均故也。今所以絶者，猶輕重相傾，有不均處也。若其均也，寧有絶理，言不絶也。」又云「人以爲不然，自有知其然也」，湛注云：「凡人不達理也，會自有知此理爲然者。」墨子亦有此説。」今按經説下有云：「均：髮均縣，輕而髮絶，不均也。均，其絶也莫絶。」「輕」下脱「重」字，「均其絶也」句。「均」下無「也」字。又列子仲尼篇云「影不移者，説在改也」，湛注云：「影改而更生，非向之影。墨子曰：影不移，説在改爲也。」今案經下云：「過件景不從，説在改爲。」詒讓案：「過件」不當屬此讀，孫亦襲舊讀之誤。詳經説下篇。其文微異而義亦同，是知子家多有若説，晉時尚能讀此書，唐人則不及此也。又楊朱篇，禽子曰「以吾言問大禹、墨翟，則吾言當矣」，湛注云：「禹、翟之教，忘己而濟物也。」亦星衍往言墨子夏教之證。比復公，而是卷已刊成，無容注處。公然其言，因據增「重」字，又命附其説于卷末。俟知十君子焉。甲辰上巳孫星衍記。

## 汪中墨子序 述學

墨子七十一篇，亡十八篇，今見五十三篇。明陸穩所敍刻，視它本爲完。其書多誤字，文義昧晦不可讀。今以意粗爲是正，闕所不知，又采古書之涉於墨子者，別爲表微一卷，而爲之敍曰：

周太史尹佚實爲文王所訪，晉語。克商營洛，祝筴遷鼎，有勞於王室。周書克殷解、書洛誥。成王聽朝，與周、召、太公同爲四輔，賈誼新書保傅篇。數有論諫，淮南子主術訓、史記晉世家。身没而言立。東遷以後，魯季文子、春秋傳成四年。惠伯、文十五年。晉荀偃、襄十四年。叔向、周語。秦子桑、僖十五年。后子昭元年。及左邱明，宣十二年。竝見引重。遺書二篇，詒讓案：原作「十二篇」，今據漢書藝文志校删「十」字。劉向校書，列諸墨六家之首。説苑政理篇亦載其文。莊周述墨家之學而原其始，曰：「不侈於後世，不靡於萬物，不暉於數度，以繩墨自矯而備世之急，古之道術有在於是者。」天下篇。可謂知言矣。古之史官，實秉禮經以成國典，其學皆有所受。魯惠公請郊廟之禮於天子，桓王使史角往，惠公止之，其後在於魯，墨子學焉。呂氏春秋當染篇。其淵源所漸，固可攷而知也。劉向以爲出於清廟之守。夫有事於廟者，非巫則史，史佚、史角皆其人也。史佚之書至漢具存，而夏之禮在周已不足徵，則莊周禽滑釐傳之禹者，莊子天下篇、列子楊朱篇。非也。

司馬遷云：「墨翟，宋大夫。或曰竝孔子時，或曰在其後。」今按耕柱、魯問二篇，墨子於魯陽文子多所陳說。楚語「惠王以梁與魯陽文子」，韋昭注「文子，平王之孫，司馬子期之子」，其言實出世本。故貴義篇墨子南游於楚，見獻惠王，獻惠王以老辭。獻惠王之爲惠王，猶頃襄王之爲襄王。由是言之，墨子實與楚惠王同時，其仕宋當景公、昭公之世。詒讓案：墨子仕宋當在昭公世，不得及景公，汪誤。其年於孔子差後，或猶及見孔子矣。詒讓案：墨子必不及見孔子，汪說誤。藝文志以爲在孔子後者，是也。非攻中篇言知伯以好戰亡，事在春秋後二十七年；又言蔡亡，則爲楚惠王四十二年，墨子竝當時及見其事。非攻下篇言今天下好戰之國齊、晉、楚、越，又言唐叔、呂尚邦齊、晉，今與楚、越四分天下。節葬下篇言諸侯力征，南有楚、越之王，北有齊、晉之君。明在句踐稱伯之後，魯問篇「越王請裂故吳地方五百里，以封墨子」，亦一證。秦獻公未得志之前，全晉之時，三家未分，齊未爲陳氏也。檀弓下「季康子之母死，公輸般請以機封」，此事不得其年。季康子之卒在哀公二十七年，楚惠王以哀公七年即位，般固逮事惠王。公輸篇「楚人與越人舟戰於江，公輸子自魯南游楚，作鉤强以備越」，亦吴亡後，楚與越爲鄰國事。惠王在位五十七年，本書既載其以老辭墨子，則墨子亦壽考人與？

親士、脩身二篇，其言淳實，與曾子立事相表裏，爲七十子後學者所述。經上至小取六篇，當時謂之墨經，莊周稱「相里勤之弟子五侯之徒，南方之墨者苦獲、己齒、鄧陵子之屬，以堅白異同之辨相訾，以觭偶不仵之辭相應」者也。公孫龍爲平原君客，當趙惠文、孝成二王之世；惠施相魏，當惠、襄二王之世，二子實始爲是學。是時墨子之没久矣，其徒誦之，竝非墨子本書。所染篇亦見吕氏春秋，其言宋康染於唐鞅、田不禮，宋康之滅在楚惠王卒後一百五十七年。墨子蓋嘗見染絲者而歎之，爲墨之學者增成其説耳。故本篇稱禽子，吕氏春秋并稱墨子。親士篇錯入道家言二條，與前後不類，今出而附之篇末。又言吴起之裂，起之裂以楚悼王二十一年，亦非墨子之所知也。詒讓案：吴起之亂，墨子似尚及見之。詳親士篇。今定其書爲内外二篇，又以其徒之所附著爲襍篇，倣劉向校晏子春秋例，輒於篇末述所以進退之意，覽者詳之。

墨子之學，其自言者曰：「國家昏亂，則語之尚賢、尚同；國家貧，則語之節用、節葬；國家憙音沈湎，則語之非樂、非命；國家淫僻無禮，則語之尊天、事鬼；國家務奪侵陵，則語之兼愛、非攻。」此其救世亦多術矣。備城門以下，臨敵應變纖悉周密，斯其所以爲才士與！傳曰：世之學老子者則絀儒學，儒學亦絀老子。惟儒墨則亦然，儒之絀墨子者，孟氏、荀氏。藝文志董無心一卷，非墨子，今亡。孔叢詰墨僞書，不數之。荀之禮論、樂論爲王者治定功成盛德之事，而墨之節葬、非樂所以救衰世之敝，其意相反而相成也。若夫兼愛，特墨之一端，然其所謂兼者，欲國家慎其封守，而無虐其鄰之人民畜産也。雖昔先王制爲聘問弔恤之禮，以睦諸侯之邦交者，豈有異哉！彼且以兼愛教天下之爲人子者，使以孝其親，而謂之無父，斯已枉矣。後之君子日習孟子之説，而未覩墨子之本書，其以耳食，無足怪也。世莫不以其誣孔子爲墨子辠。雖然，自今日言之，孔子之尊固生民以來所未有矣。自當日言之，則孔子魯之大夫也，而墨子宋之大夫也，其位相埒，其年又相近，其操術不同而立言務以求勝，雖欲平情覈實，其可得乎？是故墨子之誣孔子，猶孟子之誣墨子也，歸於不相爲謀而已矣。吾讀其書，惟以三年之喪爲敗男女之交，有悖於道。至其述堯舜，陳仁義，禁攻暴，止淫用，感王者之不作，而哀生人之長勤，百世之下如見其心焉，詩所謂「凡民有喪，匍匐救之」之仁人也！其在九流之中，惟儒足與之相抗，自餘諸子皆非其比。歷觀周、漢之書，凡百餘條，竝孔墨、儒墨對舉。楊朱之書惟貴放逸，當時亦莫之宗，躋之於墨，誠非其倫。

自墨子没，其學離而爲三，徒屬充滿天下，呂不韋再稱鉅子，去私篇，尚德篇。韓非謂之顯學，至楚、漢之際而微，淮南子氾論訓。孝武之世猶有傳者，見於司馬談所述，於後遂無聞焉。惜夫！以彼勤生薄死，而務急國家之事，後之從政者固宜假正議以惡之哉！乾隆上章困敦涂月，選拔貢生江都汪中述。詒讓案：汪氏所校墨子及表微一卷，今並未見。此敍揚州刻本爲後人竄改，文多駮異，今從阮刻本校正。

## 汪中墨子後序 述學

中既治墨子，牽於人事，且作且止。越六年，友人陽湖孫季仇星衍以刊本示余，則巡撫畢侍郎、盧學士咸有事焉。出入羣籍，以是正文字，博而能精。中不勞日力，於是書盡通其癥結。且舊文孤學，得二三好古君子與我同志，於是有三喜焉。既受而卒業，意有未盡，乃爲後敍，以復於季仇曰：季仇謂墨子之學出於禹，其論偉矣！非獨禽滑釐有是言也，莊周之書則亦道之曰：「不以自苦爲極者，非禹之道。」是皆謂墨之道與禹同耳，非謂其出於禹也。昔在成周，禮器大備，凡古之道術，皆設官以掌之。官失其業，九流以興，於是各執其一術以爲學。諱其所從出，而託於上古神聖，以爲名高，不曰神農，則曰黄帝。墨子質實，未嘗援人以自重。其則古昔，稱先王，言堯舜禹湯文武者六，言禹湯文武者四，言文王者三，而未嘗專及禹。墨子固非儒而不非周也，又不言其學之出於禹也。公孟謂君子必古言服然後仁，墨子既非之，而曰子法周而未法夏，則子之古非古也。此因其所好而激之，且屬之言服，甚明而易曉。然則謂墨子背周而從夏者，非也。惟夫墨離爲三，取舍相反，倍譎不同，自謂別墨，然後託於禹以尊其術，而淮南著之書爾。雖然，謂墨子之學出於禹，未害也。謂禹制三月之喪，則尸子之誤也，從而信之，非也。何以明其然也？古者喪期無數，黄帝堯舜垂衣裳而天下治，則五服精粗之制立矣。放勳殂落，百姓如喪考妣，其可見者也。夏后氏三年之喪，既殯而致事，則夏之爲父三年矣。禹崩，三年之喪畢，益避禹之子於箕山之陰，則夏之爲君三年矣。從是觀之，它服術可知也。士喪禮，自小斂奠，大斂奠，朔月半薦，遣奠，大遣奠，皆用夏祝。使夏后氏制喪三月，祝豈能習其禮以贊周人三年之喪哉？若夫陵死葬陵，澤死葬澤，此爲天下大水不能具禮者言之也。荒政殺哀，周何嘗不因於夏禮以聚萬民哉！行有死人，尚或殣之，此節葬也。斂首足形，還葬而無槨，此又節葬也。豈可執是以言周禮哉。若然，夏不節喪，史佚固節喪與？夫下殤墓遠，棺斂於宮中，召公爲言於周公，而後行之，若是其篤終也。先王制禮，其敢有不至者哉！墨子者蓋學焉而自爲其道者也，故其節葬曰「聖王制爲節葬之法」，又曰「墨子制爲節葬之法」。則謂墨子自制者是也。故曰「墨之治喪，以薄爲其道」，孟子滕文公篇。曰「墨子生不歌，死不服，桐棺三寸而無槨，以爲法式」，莊子天下篇。曰「墨者之葬也，冬日冬服，夏日夏服，桐棺三寸，服喪三月」。

韓非子顯學篇。使夏后氏有是制，三子者不以之蔽墨子矣。

## 王念孫墨子雜志敍 讀書雜志

墨子書舊無注釋，亦無校本，故脱誤不可讀。至近時，盧氏抱經、孫氏淵如始有校本，多所是正。乾隆癸卯，畢氏弇山重加校訂，所正復多於前。然尚未該備，且多誤改誤釋者。予不揣寡昧，復合各本及羣書治要諸書所引，詳爲校正。

是書傳刻之本，唯道藏本爲最優，其藏本未誤而他本皆誤，及盧、畢、孫三家已加訂正者，皆不復羅列。唯舊校所未及，及所校尚有未當者，復加考正。是書錯簡甚多，盧氏所已改者唯辭過篇一條，其尚賢下篇、尚同中篇、兼愛中篇、非樂上篇、非命中篇及備城門、備穴二篇，皆有錯簡，自十餘字至三百四十餘字不等，其他脱至數十字，誤字、衍字、顛倒字及後人妄改者尚多，皆一一詳辨之，以復其舊。此外脱誤不可讀者，尚復不少。蓋墨子非樂、非儒，久爲學者所黜，故至今迄無校本，而脱誤一至於是。

然是書以無校本而脱誤難讀，亦以無校本而古字未改，可與説文相證。如説文「亯」字，篆文作「亯」，隸作「享」，又省作「亨」，以爲「亨通」之「亨」，又轉爲普庚反，以爲「亨煑」之「亨」。今經典中「亨煑」字皆作「亨」，俗又作「烹」。「亨」行而「享」廢矣。唯非儒篇

「子路享普庚反。豚」，其字尚作「享」。説文：「茍，讀若「亟其乘屋」之「亟」。自急敕也。」今經典皆以「亟」代「茍」，「亟」行而「茍」廢矣。唯非儒篇「曩與女爲茍生，今與女爲茍義」，其字尚作「茍」。説文：「但，裼也。」今經典皆以「袒」代「但」，「袒」行而「但」廢矣。唯耕柱篇「羊牛犓豢，雍與饔同。今本「雍」譌作「維」。人但割而和之」，其字尚作「但」。

又有傳寫之譌，可以考見古字者。城郭之「郭」，説文本作「𩫏」，今經典皆以「郭」代「𩫏」，「郭」行而「𩫏」廢矣。唯所染篇云：「晉文染於舅犯、高偃。」案國語晉有郭偃無高偃，「郭」即「𩫏」之借字，知「高」爲「𩫏」之譌也。説文「𢼛，古文『殺』字」，今經典中有「殺」無「𢼛」，「殺」行而「𢼛」廢矣。唯尚賢中篇云：「率天下之民，以詬天侮鬼賤傲萬民。」案「賤傲」二字語意不倫，「賤」乃「賊」字之譌，「殺」字古文作「𢼛」，與「敖」相似，知「𢼛」譌作「敖」，又譌作「傲」也。説詳本篇。説文：「㑞，以證反。送也。呂不韋曰：有侁氏以伊尹㑞女。」今經典皆以「媵」代「㑞」，「媵」行而「㑞」廢矣。唯尚賢下篇云：「昔伊尹爲莘氏女師僕。」案有莘氏以伊尹㑞女，非以爲僕也。「㑞」、「僕」字形相似，知「僕」爲「㑞」之譌也。説文「衝突」字本作「𧗟」，今經典皆以「衝」代「𧗟」，「衝」行而「𧗟」廢矣。唯備城門篇云：「以射衕及櫳樅。」「衕」、「𧗟」形相似，知「衕」爲「𧗟」之譌也。衝謂衝車。是書最古，故假借之字亦最多，如「胡」作「故」，尚賢中篇「故不察尚賢爲政之本也」，「故」與「胡」

同。「降」作「隆」，尚賢中篇「稷隆播種」，非攻下篇「天命融隆火于夏之城」，隆竝與降同。「誠」作「情」，又作「請」，尚同下篇「今天下王公大人士君子，中情將欲爲仁義，求爲上士」，節葬下篇「今天下之士君子，中請將欲爲仁義，求爲上士」，情、請竝與誠同。「拂」作「費」，兼愛下篇「即此言行費也」，下文「費」作「拂」。「知」作「智」，節葬下篇「智不智」，下智字與知同。「志」作「之」，天志中篇「子墨子之有天之」，下之字與志同，「天之」即天志，本篇之名也。「宇」作「野」，非樂上篇「高臺厚榭，邃野之居」，野與宇同。「佗」作「也」，小取篇「辟也者，舉也物而以明之也」，「也物」即佗物，「佗」俗作「他」。「睎」作「欣」，耕柱篇「譬若築牆然，能築者築，能實壤者實壤，能欣者欣」，欣與睎同。「管」作「關」，耕柱篇「古者周公旦非關叔」，公孟篇「關叔爲天下之暴人」，關竝與管同。「悖」作「費」，魯問篇「豈不費哉」，上文「費」作「悖」。「從」作「松」，號令篇「松上不隨下」，松與從同。皆足以見古字之借、古音之通，他書所未有也。其脱誤不可知者，則槩從闕疑，以俟來哲。道光十一年九月十三日，高郵王念孫敘，旹年八十有八。

## 武億跋墨子 授堂文鈔

漢書藝文志「墨子七十一篇」，注云：「墨翟爲宋大夫，在孔子後。」而不著其地。惟呂氏春秋慎大覽高誘注：「墨子名翟，魯人也。」魯即魯陽，春秋時屬楚。古人于地名，兩字或單舉一字，是其例也。路史國名紀：魯，汝之魯山縣，非兖地。詒讓案：此説誤與畢同，詳前。翟見諸傳記，多稱爲宋大夫，以予考之，亦未盡舉其實。蓋墨子居于魯陽，疑嘗爲文子之臣。觀魯問一篇，首言吾願主君之上者尊天事鬼，下者愛利百姓，厚爲皮幣，卑辭令函，偏禮四鄰諸侯，歐國而以事齊，又言吾願主君之合其志功而觀焉。詒讓案：魯問篇魯君自是魯國君，非魯陽文君也。詳本篇。案春秋左氏傳「昭二十九年春，公至自乾侯，處于鄆，齊侯使高張來唁公，稱主君」，注：「比公于大夫。」周禮太宰「九兩：六曰主，以利得民」，注：「鄭司農謂公卿大夫。」謂人「主友之讎」，注：「主，大夫君也。」呂氏春秋愛士篇「陽城胥渠處廣門之官，夜款門而謁曰：主君之臣胥渠有疾」，注：「趙簡子，晉大夫也，大夫稱主者也。」然則翟之尊文子爲主君，意其屬于文子也。禮記禮運「仕於家爲僕」，方氏曰「僕者對主之稱」，故仕于家曰僕，而大夫稱主是也。詒讓案：此說亦誤，辯詳魯問篇。翟在魯，睠然知鄉邦之重，始勸文子屈禮事齊，詒讓案：文子楚臣，何必歐國事齊？此於事勢亦不合。繼止文子攻鄭，皆反覆言子，冀以誡人。其後文子卒能受聽，故于時魯陽之民身不致重困于兵役，以保恤其家室，皆翟之賜也。

史記荀卿列傳云：「翟，或曰並孔子時，或曰在其後。」索隱：「按別録云：墨子書有文子。文子，子夏之弟子，問於墨子。如此，則墨子者在七十子後也。」案外傳楚語「惠王以梁與魯陽文子」，注：「文子，平王之孫，司馬子期子，魯陽公也。」惠王十年爲魯哀公十六年，孔子方卒。又翟本書貴義篇「子墨子南遊于楚，見楚獻惠王」，楚世家無此名，是獻惠即惠王，誤衍一「獻」字。審是，則翟實當楚惠王時，上接孔子未卒。詒讓案：墨子之生必在孔子卒後，此説亦誤。故太史公云「並孔子時」，説非無據。自班志專謂在孔子後，後人益爲推衍。至如畢氏據本書稱中山諸國亡于燕、代、胡、貊之國，以中山之滅在趙惠文王四年，當周赧王二十年，則翟實六國時人，至周末猶存。愚竊以翟既與楚惠王接時，後必不能歷一百九十餘年尚未即化，此固不然也。中山諸國之亡，蓋墨子之徒續記而竄入其師之説，以貽此謬，何可依也？予故爲摭其時地始末如是，以附于篇，庶覽者得以詳焉。

## 張惠言書墨子經説解後 亦見茗柯文編

右墨子經上下及説，凡四篇。晉書魯勝傳云「勝注墨辯，引説就經，各附其章」，即此也。墨子書多奥言錯字，而此四篇爲甚。勝注既不傳世，莫得其讀。今正其句投，通其旨要，合爲二篇，略可指説，疑者闕之。

古者楊、墨塞路，孟子辭而闢之。自孟子之後至今千七百餘年，而楊氏遂亡，墨氏書雖存，讀者蓋鮮。大哉，聖賢之功若此盛矣！墨氏之言脩身、親士，多善言，其義託之堯禹。自韓愈氏以爲與聖賢同指，孔、墨必相爲用，向無孟子，則後之儒者習其説而好之者，豈少哉！老氏之言，其始也微，不得孟子之辨，而佛氏之出又絶在孟子後，是以蔓蔓延延，日熾月息，而楊、墨泯焉遂微。吾以悲老、佛之不遭孟子也。當孟子時，百家之説衆矣，而孟子獨距文編作「拒」。楊、墨。今觀墨子之書，經、説、大、小取盡同異堅白之術，蓋縱横、名、法家惠施、公孫龍、申、韓之屬皆出焉。然則當時諸子之説，楊、墨爲統宗，孟子以爲楊、墨息而百家之學將銷歇而不足售也。獨有告子者，與墨爲難，而自謂勝爲仁，故孟子之書亦辯斥之。嗚呼！豈知其後復有烈于是者哉！

墨子之言誖于理而逆于人心者，莫如非命、非樂、節葬。此三言者，偶識之士可以立折，而孟子不及者，非墨之本也。墨之本在兼愛，而兼愛者，墨之所以自固而不可破。兼愛之言曰，愛人者人亦愛之，利人者人亦利之，仁君使天下聰明耳目相爲視聽，股肱畢强相爲動宰，此其與聖人所以治天下者復何以異？故凡墨氏之所以自託于堯禹者，兼愛也。尊天、明鬼、尚同、節用者，其支流也。非命、非樂、節葬，激而不得不然者也。天下之人唯惑其兼愛之説，故雖文編有「他説之」三字。誖于理，不安于心，文編有「者」字。皆從而和文編作「則」。之，不以爲疑。孟子不攻其流而攻其本，不誅其説而誅其心，斷然文編無此二字。被之以無父之罪，而其説始無以自立。嗟夫！藉使墨子之書盡亡，至于今何以見孟子之辯嚴而審、簡而有要如是哉！孟子曰：「我知言。」嗚呼，此其驗矣。後之讀此書者，覽其義，則于孟子之道猶引弦以知矩乎。乾隆五十七年十二月一日，張惠言書。

案：孫志祖讀書脞録云「墨子經、説四篇，丁小疋與許周生互相闡繹，大有端緒。」是此四篇，又有丁、許二家校本，今未見，并志之，以竢訪録。小疋名杰，周生名宗彦，並德清人。

# 墨子後語上



## 墨子傳略第一

墨氏之學亡於秦季，故墨子遺事在西漢時已莫得其詳。太史公述其父談論六家之指，尊儒而宗道，墨蓋非其所憙。故史記攟采極博，於先秦諸子，自儒家外，老、莊、韓、呂、蘇、張、孫、吳之倫，皆論列言行爲傳，唯於墨子則僅於孟荀傳末附綴姓名，尚不能質定其時代，遑論行事？然則非徒世代緜邈，舊聞散佚，而墨子七十一篇其時具存，史公實未嘗詳事校覈，亦其疏也。今去史公又幾二千年，周秦故書雅記百無一存，而七十一篇亦復書闕有閒，徵討之難，不翅倍蓰。然就今存墨子書五十三篇鉤攷之，尚可得其較略。蓋生於魯而仕宋，其平生足跡所及，則嘗北之齊，西使衞，又屢游楚，前至郢，後客魯陽，復欲適越而未果。文子書偁墨子無煖席，自然篇。又見淮南子脩務訓。班固亦云「墨突不黔」，文選荅賓戲。又趙岐孟子章指云「墨突不及汙」。斯其譣矣。至其止魯陽文君之攻鄭，絀公輸般以存宋，而辭楚越書社之封，蓋其犖犖大者。勞者苦志以振世之急，權略足以持危應變，而脱屣利禄，不以累其心。所學尤該綜道藝，洞究象數之微。其於戰國諸子，有吴起商君之才而濟以仁厚，節操似魯連而質實亦過之，彼韓、吕、蘇、張輩復安足算哉！謹甄討羣書，次弟其先後，略攷始末，以裨史遷之闕。俾學者知墨家持論雖閒涉偏駁，而墨子立身應世具有本末，自非孟、荀大儒，不宜輕相排笮。彼竊耳食之論以爲詬病者，其亦可以少息乎！

墨子名翟，漢書藝文志、吕氏春秋當染愼大篇、淮南子脩務訓高注。姓墨氏。廣韻二十五德。通志氏族略引元和姓纂云：「墨氏，孤竹君之後，本墨台氏，後改爲墨氏，戰國時宋人。墨翟著書號墨子。」魯人，吕覽當染愼大篇注。或曰宋人。葛洪神仙傳、文選長笛賦李注引抱朴子、荀子脩身篇楊注、元和姓纂。

案：此蓋因墨子爲宋大夫，遂以爲宋人。以本書攷之，似當以魯人爲是。貴義篇云：「墨子自魯即齊。」又魯問篇云：「越王爲公尚過束車五十乘以迎子墨子於魯。」吕氏春秋愛類篇云：「公輸般爲雲梯欲以攻宋，墨子聞之，自魯往，見荆王曰：『臣北方之鄙人也。』」淮南子脩務訓亦云：「自魯趨而往，十日十夜至於郢。」並墨子爲魯人之塙證。畢沅、武億以魯爲魯陽，畢説見墨子注序，武説見授堂文鈔墨子跋。則是楚邑。攷古書無言墨子爲楚人者。渚宮舊事載魯陽文君説楚惠王曰「墨子，北方賢聖人」，則非楚人明矣。畢、武説殊謬。

蓋生於周定王時。

漢書藝文志云「墨子在孔子後」。案：詳年表。

魯惠公使宰讓請郊廟之禮於天子，桓王使史角往，惠公止之，其後在於魯，墨子學焉。呂氏春秋當染篇高注云：「其後，史角之後也。」

案：漢書藝文志墨家以尹佚二篇列首，是墨子之學出於史佚。史角疑即尹佚之後也。墨子學於史角之後，亦足爲是魯人之證。

其學務不侈於後世，不靡於萬物，不暉於數度，以繩墨自矯而備世之急。作爲非樂，命之曰節用，生不歌，死無服，汜愛兼利而非鬭，好學而博，不異。莊子天下篇。又曰兼愛、尚賢、右鬼、非命，淮南子汜論訓。以爲儒者禮煩擾而不説，厚葬靡財而貧民，久服傷生而害事，故背周道而用夏政。淮南子要略。其稱道曰：「昔者禹之湮洪水、決江河而通四夷九州也，名川三百，支川三千，小者無數。禹親自操橐耜而九襍天下之川，腓無胈，脛無毛，沐甚雨，櫛疾風，置萬國。禹大聖也，而形勞天下如此。」故使學者以裘褐爲衣，以跂屩爲服，日夜不休，以自苦爲極，曰：「不能如此，非禹之道也，不足謂墨。」莊子天下篇。亦道堯、舜，韓非子顯學篇。

又善守禦。史記孟荀傳。爲世顯學，韓非子顯學篇。徒屬弟子充滿天下。呂氏春秋尊師篇。

案：淮南王書謂孔、墨皆脩先聖之術，通六蓺之論。主術訓。今攷六蓺爲儒家之學，非墨氏所治也。墨子之學蓋長於詩書春秋，故本書引詩三百篇與孔子所删同，引尚書如甘誓、仲虺之誥、説命、大誓、洪範、呂刑，亦與百篇之書同。又曰「吾嘗見百國春秋」。隋書李德林傳。此與孔子所修春秋異。本書明鬼篇亦引周、燕、宋、齊諸國春秋。而於禮則法夏絀周，樂則又非之，與儒家六蓺之學不合。淮南所言非其事實也。淮南子要略又云「墨子學儒者之業，受孔子之術」，尤非。

其居魯也，魯君謂之曰：「吾恐齊之攻我也，可救乎？」墨子曰：「可。昔者三代之聖王禹湯文武，百里之諸侯也，説忠行義取天下；三代之暴王桀紂幽厲，讎怨行暴失天下。吾願主君之上者尊天事鬼，下者愛利百姓，厚爲皮幣，卑辭令，亟徧禮四鄰諸侯，毆國而以事齊，患可救也。非此，顧無可爲者。」本書魯問篇。案：魯君頗疑其即穆公，則當在楚惠王後，然無塙證。以墨子本魯人，故繫於前。魯君謂墨子曰：「我有二子，一人者好學，一人者好分人財，孰以爲太子而可？」墨子曰：「未可知也。或所爲賞譽爲是也，釣者之恭，非爲魚賜也；餌鼠以蟲，疑當作「蠱」。非愛之也。吾願主君之合其志功而觀焉。」同上。楚人常與越人舟戰於江，楚惠王時，渚宮舊事二。公輸般自魯南游楚焉，始爲舟戰之器，作爲鉤拒之備，楚人因此若勢，亟敗越人。公輸子善其巧，以語墨子曰：「我舟戰有鉤拒，不知子之義亦有鉤拒乎？」墨子曰：「我義之鉤拒，賢於子舟戰之鉤拒。我鉤拒，我鉤之以愛，揣之以恭；弗鉤以愛則不親，弗揣以恭則速狎，狎而不親則速離。故交相愛、交相恭，猶若相利也。今子鉤而止人，人亦鉤而止子，子拒而距人，人亦拒而距子，交相鉤、交相拒，猶若相害也。故我義之鉤拒，賢子舟戰之鉤拒。」本書魯問篇。渚宮舊事在止攻宋前，今故次於此。公輸般爲楚造雲梯之械，成，將以攻宋。墨子聞之，起於魯，本書作「齊」，今據呂氏春秋、淮南子改。行十日十夜而至於郢，見公輸般。公輸般曰：「夫子何命焉爲？」墨子曰：「北方有侮臣，願藉子殺之。」公輸般不說。墨子曰：「請獻十金。」公輸般曰：「吾義固不殺人。」墨子起，再拜，曰：「請説之。吾從北方聞子爲梯，將以攻宋，宋何罪之有？荆國有餘於地，而不足於民，殺所不足而爭所有餘，不可謂智；宋無罪而攻之，不可謂仁；知而不爭，不可謂忠；爭而不得，不可謂强；義不殺少而殺衆，不可謂知類。」公輸般服。墨子曰：「然，胡不已乎？」公輸般曰：「不可。吾既已言之王矣。」墨子曰：「胡不見我於王？」公輸般曰：「諾。」墨子見王，曰：「今有人於此，舍其文軒，鄰有敝轝而欲竊之；舍其錦繡，鄰有短褐而欲竊之；舍其粱肉，鄰有糟糠而欲竊之，此爲何若人？」王曰：「必爲竊疾矣。」墨子曰：「荆之地方五千里，宋之地方五百里，此猶文軒之與敝轝也；荆有雲夢，犀兕麋鹿滿之，江漢之魚鼈黿鼉爲天下富，宋所爲無雉兔鮒魚者也，此猶粱肉之與糟糠也；荆有長松文梓楩枏豫章，宋無長木，此猶錦繡之與短褐也。臣以王吏之攻宋也，爲與此同類。」王曰：「善哉！雖然，公輸般爲我爲雲梯，必取宋。」於是見公輸般。墨子解帶爲城，以褋爲械。公輸般九設攻城之機變，墨子九距之。公輸般之攻械盡，墨子之守圉有餘。公輸般詘，而曰：「吾知所以距子矣，吾不言。」墨子亦曰：「吾知子之所以距我，吾不言。」楚王問其故，墨子曰：「公輸子之意，不過欲殺臣。殺臣，宋莫能守，乃可攻也。然臣之弟子禽滑釐等三百人，已持臣守圉之器在宋城上，而待楚寇矣。雖殺臣，不能絶也。」楚王曰：「善哉！吾請無攻宋矣。」本書公輸篇。公輸子謂墨子曰：「吾未得見之時，我欲得宋。自我得見之後，予我宋而不義，我不爲。」墨子曰：「翟之未得見之時也，子欲得宋；自翟得見子之後，予子宋而不義，子弗爲，是我予子宋也。子務爲義，翟又將予子天下。」本書魯問篇。

案：墨子止楚攻宋，本書不云在何時，鮑彪戰國策注謂當宋景公時，至爲疏謬。詳年表。惟渚宮舊事載於惠王時，墨子獻書之前，最爲近之。蓋公輸子當生於魯昭、定之間，至惠王四十年以後、五十年以前，約六十歲左右，而是時墨子未及三十，正當壯歲，故百舍重繭而不以爲勞。惠王亦未甚老，故尚能見墨子。以情事揆之，無不符合。蘇時學謂即聲王五年圍宋時事，墨子刊誤。非徒與王曰「請無攻宋」之言不合，而公輸子至聲王時殆逾百歲，其必不可通明矣。詳公輸篇。

楚惠王五十年，墨子至郢獻書惠王。王受而讀之，曰：「良書也。寡人雖不得天下，而樂養賢人。」墨子辭曰：「翟聞賢人進，道不行不受其賞，義不聽不處其朝。今書未用，請遂行矣。」將辭王而歸，王使穆賀以老辭。渚宮舊事二。穆賀見墨子，墨子説穆賀，穆賀大説，謂墨子曰：「子之言則誠善矣。而君王，天下之大王也，毋乃曰賤人之所爲而不用乎？」墨子曰：「唯其可行。譬若藥然，一草之本，天子食之以順其疾，豈曰一草之本而不食哉？今農夫入其稅於大人，大人爲酒醴粢盛以祭上帝鬼神，豈曰賤人之所爲而不享哉？故雖賤人也，上比之農，下比之藥，曾不若一草之本乎？」本書貴義篇。魯陽文君言於王曰：「墨子，北方賢聖人，君王不見，又不爲禮，毋乃失士。」乃使文君追墨子，以書社五里疑當作「五百里」。封之，不受而去。渚宮舊事二。

案：楚惠王在位五十七年，墨子獻書在五十年，年齒已高，故以老辭。余知古之説蓋可信也。舊事一亦云「惠王之末，墨翟重繭趍郢，班子折謀」。以墨子生於定王初年計之，年蓋甫及三十，所學已成，故流北方賢聖之譽矣。

嘗游弟子公尚過於越。公尚過説越王，越王大悅，謂公尚過曰：「先生苟能使墨子至於越而教寡人，請裂故吳之地方五百里以封墨子。」公尚過許諾。遂爲公尚過束車五十乘以迎墨子於魯，曰：「吾以夫子之道説越王，越王大説，謂過曰：『苟能使墨子至於越而教寡人，請裂故吴之地方五百里以封子。』」本書魯問篇。墨子曰：「子之觀越王也，能聽吾言，用吾道乎？」公尚過曰：「殆未能也。」墨子曰：「不唯越王不知翟之意，雖子亦不知翟之意。吕氏春秋高義篇。意越王將聽吾言，用吾道，則翟將往，量腹而食，度身而衣，自比於羣臣，奚能以封爲哉？抑越不聽吾言，不用吾道，而吾往焉，則是我以義糶也。鈞之糶，亦於中國耳，何必於越哉？」本書魯問篇。案：疑王翁中晚年事。後又游楚，謂魯陽文君曰：「大國之攻小國，譬猶童子之爲馬也。童子之爲馬，足用而勞。今大國之攻小國也，攻者，農夫不得耕，婦人不得織，以守爲事；攻人者，亦農夫不得耕，婦人不得織，以攻爲事。故大國之攻小國也，譬猶童子之爲馬也。」又謂魯陽文君曰：「今有一人於此，羊牛犓豢，雍人但割而和之，食之不可勝食也，見人之作餅，則還然竊之，曰：『舍余食。』不知明安不足乎？其有竊疾乎？」魯陽文君曰：「有竊疾也。」墨子曰：「楚四竟之田，曠蕪而不可勝辟，呼虚數千，不可勝入，見宋、鄭之閒邑，則還然竊之。此與彼異乎？」魯陽文君曰：「是猶彼也，實有竊疾也！」本書耕柱篇。魯陽文君將攻鄭，墨子聞而止之，謂文君曰：「今使魯四竟之內，大都攻其小都，大家伐其小家，殺其人民，取其牛馬狗豕、布帛米粟貨財，則何若？」文君曰：「魯四竟之內，皆寡人之臣也。今大都攻其小都，大家伐其小家，奪之貨財，則寡人必將厚罰之。」墨子曰：「夫天之兼有天下也，亦猶君之有四竟之内也。今舉兵將以攻鄭，天誅其不至乎？」文君曰：「先生何止我攻鄭也？我攻鄭順於天之志。鄭人三世殺其父，天加誅焉，使三年不全，我將助天誅也。」墨子曰：「鄭人三世殺其父而天加誅焉，使三年不全，天誅足矣。今又舉兵將以攻鄭，曰：『吾攻鄭也，順於天之志。』譬有人於此，其子强梁不材，故其父笞之，其鄰家之父舉木而擊之，曰：『吾擊之也，順於其父之志。』則豈不悖哉！」本書魯問篇。

案：「三世殺其父」當作「二世殺其君」。此指鄭人弒哀公及韓武子殺幽公而言，蓋當在楚簡王九年以後，鄭繻公初年事也。或謂三世兼駟子陽弒繻公而言，蘇時學墨子刊誤、黄式三周季編略說。則當在楚悼王六年以後，與魯陽文君年代不相及，不足據。魯陽文君，即司馬子期之子公孫寬也。魯哀公十六年已嗣父爲司馬，事見左傳。逮鄭繻公被弒之歲，積八十四年，即令其爲司馬時年才及冠，亦已百餘歲，其不相及審矣。

宋昭公時，嘗爲大夫。史記孟荀列傳、漢書藝文志並不云何時，今攷定當在昭公時。

案：墨子仕宋，鮑彪謂當景公、昭公時，戰國策宋策注。非也。以墨子前後時事校之，其爲宋大夫當正在昭公時。景公卒於魯哀公以二十六年，見左傳，而史記宋世家及六國表謂景公卒於魯悼公十七年，殊謬。下距齊太公田和元年，凡八十三年，墨子晚年及見田和之爲諸侯，則必不能仕於景公時審矣。

嘗南遊使於衞，謂公良桓子曰：「衞，小國也，處於齊、晉之閒，猶貧家之處於富家之閒也。貧家而學富家之衣食多用，則速亡必矣。今簡子之家，飾車數百乘，馬食菽粟者數百匹，婦人衣文繡者數百人。吾取飾車食馬之費與繡衣之財以畜士，必千人有餘。若有患難，則使數百人處於前，數百人處於後，與婦人數百人處前後，孰安？吾以爲不若畜士之安也。」本書貴義篇。案：此不詳何年，據云「使於衞」，或仕宋時奉宋君之命而使衞也。昭公末年，司城皇喜專政劫君，

韓非子內儲說下篇云：「戴驩爲宋大宰，皇喜重於君，二人爭事而相害也。皇喜遂殺宋君而奪其政。」又外儲說右下篇云「司城子罕殺宋君而奪政」。說疑篇云「司城子罕取宋」，又二柄篇云「子罕劫宋君」，韓詩外傳七、史記李斯傳上二世書、淮南子道應訓說並同。說苑君道篇亦云「司城子罕相宋，逐其君而專其政」。司城子罕當即皇喜。本梁履繩左通說。春秋時名「喜」者多以「罕」爲字，見王引之春秋名字解詁。王應麟謂即左傳之樂喜，則非也。樂喜，宋賢臣，無劫君之事，且與墨子時不相直，史記索隱已辯之矣。呂氏春秋召類篇說前子罕相宋平、元、景三公，亦不逮昭公。梁玉繩史記志疑謂後子罕蓋子罕之後，以字爲氏，非是。其事史記宋世家不載。史記鄒陽傳稱子罕囚墨子。以墨子年代校之，前不逮景公，後不逮辟公，所相直者惟昭公、悼公、休公三君。呂氏春秋召類篇高注云：「春秋：子罕殺昭公。」攷宋有兩昭公，一在魯文公時，與墨子相去遠甚；一在春秋後魯悼公時，與墨子時代正相當。子罕所殺宜爲後之昭公。惟高云春秋時，則

誤并兩昭公爲一耳。宋世家雖不云昭公被弒，然秦漢古籍所紀匪一，高説不爲無徵。賈子新書先醒篇、韓詩外傳六並云昭公出亡而復國。而説苑云子罕逐君專政，或昭公實爲子罕所逐而失國，因誤傳爲被殺，李斯、韓嬰、淮南王書並云「劫君」，劫亦即謂逐也。亦未可知。宋世家於春秋後事頗多疏略，如宋辟公被弒，見索隱引紀年。而史亦不載，是其例矣。

而囚墨子。

史記鄒陽傳云「宋信子罕之計而囚墨翟」，索隱云：「漢書作子冄，不知子冄是何人。文穎云：子冄，子罕也。」文選鄒陽獄中上書自明，亦作子冄，注引文穎説同，又云：「冄音任，善云：未詳。」「冄」不得有任音，疑史記「信」字漢書、文選並作「任」，此或校異文云「信作任」，誤作「冄音任」也。新序三亦作子冄，蓋皆子罕之誤。

老而至齊，見太王田和，曰：「今有刀於此，試之人頭，倅然斷之，可謂利乎？」太王曰：「利。」墨子曰：「多試之人頭，倅然斷之，可謂利乎？」太王曰：「利。」墨子曰：「刀則利矣，孰將受其不祥？」太王曰：「刀受其利，試者受其不祥。」墨子曰：「并國覆軍，賊殺百姓，孰將受其不祥？」太王俯仰而思之曰：「我受其不祥。」本書魯問篇。北堂書鈔八十三引新序，有齊王問墨子語，蓋亦太公田和也。此皆追稱爲王，當在命爲諸侯以後事。齊將伐魯，墨子謂齊將項子牛曰：「伐魯，齊之大過也。昔者吴王東伐越，棲諸會稽；西伐楚，葆昭王於隨；北伐齊，取國子以歸於吳。諸侯報其讎，百姓苦其勞而弗爲用，是以國爲虚戾、身爲刑戮也。昔者智伯伐范氏與中行氏，兼三晉之地，諸侯報其讎，百姓苦其勞而弗爲用，是以國爲虚戾、身爲刑戮，用是也。故大國之攻小國也，是交相賊也，過必反於國。」同上。卒蓋在周安王末年，當八、九十歲。

案：墨子卒年無攷，以本書校之，親士篇説吳起車裂事，在安王二十一年；非樂篇説齊康公興樂，康公卒於安王二十三年，自是以後，更無所見。親士篇有孟賁，所染篇有宋康王，皆後人增益，非墨子所逮聞也。則墨子或即卒於安王末年。安王二十六年崩，距齊康公之卒僅三年。葛洪神仙傳載墨子年八十有二，入周狄山學道。其説虚誕不足論，然墨子年壽必逾八十，則近之耳。互詳年表。

所箸書，漢劉向校録之，爲七十一篇。漢書藝文志。

案：墨子書今存五十三篇，蓋多門弟子所述，不必其自箸也。神仙傳作十篇，荀子楊注作三十五篇，並非。

# 墨子年表第二

史遷云：「墨翟，或曰並孔子時，或曰在其後。」史記孟荀傳。劉向云：「在七十子之後。」史記索隱引别録。班固云：「在孔子後。」漢書藝文志，蓋本劉歆七略。張衡云：「當子思時。」後漢書本傳注引衡集，論圖緯虚妄疏云〔二〕：「公輸班與墨翟並當子思時，出仲尼後。」衆説舛啎，無可質定。近代治墨子書者，畢沅以爲六國時人，至周末猶存，既失之太後；汪中沿宋鮑彪之説，鮑説見戰國策宋策注。謂仕宋得當景公世，又失之太前，宋景公卒於魯哀公二十六年，見左傳。史記六國年表書景公卒於貞王十八年，即魯悼公十七年，遂滅昭公之年以益景公，與左氏不合，不可從也。據本書及新序，墨子嘗見田齊太公和，有問答語。田和元年上距宋景公卒年凡八十三年，即令墨子之仕適當景公卒年，年才弱冠，亦必逾百歲前後方能相及，其可信乎？殆皆不攷之過。竊以今五十三篇之書推校之，墨子前及與公輸般、魯陽文子相問答，見貴義、魯問、公輸諸篇。而後及見齊太公和見魯問篇。田和爲諸侯在安王十六年。與齊康公興樂、見非樂上篇。康公卒於安王二十三年。楚吴起之死，見親士篇，在安王二十一年。上距孔子之卒，敬王四十一年。幾及百年，則墨子之後孔子，蓋

---

〔二〕按：孫文顛倒，應作「後漢書本傳論圖緯虚妄疏注引衡集云」。

信。審覈前後，約略計之，墨子當與子思並時，而生年尚在其後，子思生於魯哀公二年，周敬王二十七年也，下及事魯穆公，年已八十餘，不能至安王也。史記孔子世家謂子思年止六十二，則不得及穆公。近代譜諜書或謂子思年百餘歲者，並不足據。當生於周定王之初年，而卒於安王之季，蓋八九十歲，亦壽考矣。其仕宋蓋當昭公之世。鄒陽書云「宋信子罕之計而囚墨翟」，史記本傳。其事他書不經見。秦漢諸子多言子罕逐君，高誘則云子罕殺昭公，呂氏春秋召類篇注。又韓子說皇喜殺宋君，內儲說上。子罕與喜當即一人。竊疑昭公實被放殺，而史失載。墨子之囚，殆即昭之末年事與？先秦遺聞，百不存一，儒家惟孔子生卒年月明箸於春秋經、傳，然尚不無差異。七十子之年，孔壁古文弟子籍所傳者亦不能備。外此，則孟、荀諸賢皆不能質言其年壽，元人所傳孟子生卒年月，臆撰不足據。豈徒墨子然哉？今取定王元年迄安王二十六年，凡九十有三年，表其年數，而以五十三篇書關涉諸國及古書說墨子佚事附箸之。史記六國年表魯哀悼、宋景昭年與左傳不合，今從左傳。本書貴義篇墨子嘗使衞，年代無攷，他無與衞事相涉者。又墨子當春秋後，非攻下篇、節葬下篇並以齊晉楚越爲四大國，時燕秦尚未大興，墨子亦未至彼國，今並不列於表。雖不能詳塙，猶瘉於馮虛臆測、舛繆不驗者爾。

| | | | | | | | | | | |
|---|---|---|---|---|---|---|---|---|---|---|
| 周 | 定王元 | 二 | 三 | 四 | 五 | 六 | 七 | 八 | 九 | 十 |
| 魯 | 哀公二七 | 悼公元 | 二 | 三 | 四 | 五 | 六 | 七 | 八 | 九 |
| 晉魏、韓、趙 | 出公七魏桓子、韓康子、趙襄子 | 八 | 九 | 十 | 十一 | 十二 | 十三 | 十四 | 十五 | 十六 |
| 齊田齊 | 平公十三田成子 | 十四 | 十五 | 十六 | 十七 | 十八 | 十九 | 二十 | 二一 | 二二 |
| 宋 | 昭公元 | 二 | 三 | 四 | 五 | 六 | 七 | 八 | 九 | 十 |
| 鄭 | 聲公三三 | 三四 | 三五 | 三六 | 三七 | 三八 | 哀公元 | 二 | 三 | 四 |
| 楚 | 惠王二十 | 二二 | 二三 | 二四 | 二五 | 二六 | 二七 | 二八 | 二九 | 三十 |
| 越 | 王句踐二八 | 二九 | 三十 | 三一 | 王鹿郢元 | 二 | 三 | 四 | 五 | 六 |
| 墨子時事 | 親士篇：越王句踐遇吳王之醜，而尚攝中國之賢君。亦見所染、兼愛、非攻、公孟諸篇。 | | | | | | | | | |

| | | | | | | | | |
|---|---|---|---|---|---|---|---|---|
| 十一 | 十 | 十七 | 二三 | 十一 | 五 | 三一 | 王不壽元 | |
| 十二 | 十一 | 哀公元 | 二四 | 十二 | 六 | 三二 | 二 | |
| 十三 | 十二 | 二 | 二五 | 十三 | 七 | 三三 | 三 | |
| 十四 | 十三 | 三 | 宣公元 | 十四 | 八鄭人弑哀公 | 三四 | 四 | 魯問篇：鄭人三世殺其君。哀公即其一也。 |
| 十五 | 十四 | 四魏、韓、趙與智伯分范中行地。 | 二田襄子 | 十五 | 共公元 | 三五 | 五 | 非攻中篇：智伯攻中行氏、范氏，并三家以爲一家。 |
| 十六 | 十五 | 五智伯與魏韓圍趙襄子於晉陽，魏、韓、趙反殺智伯。 | 三 | 十六 | 二 | 三六 | 六 | 非攻中篇：智伯圍趙襄子於晉陽，韓、魏、趙氏擊智伯，大敗之。亦見魯問篇。 |
| 十七 | 十六 | 六 | 四 | 十七 | 三 | 三七 | 七 | |
| 十八 | 十七 | 七 | 五 | 十八 | 四 | 三八 | 八 | |

| | | | | | | | | |
|---|---|---|---|---|---|---|---|---|
| 十九 | 十八 | 八 | 六 | 十九 | 五 | 三九 | 九 | |
| 二十 | 十九 | 九 | 七 | 二十 | 六 | 四十 | 十 | |
| 二一 | 二十 | 十 | 八 | 二一 | 七 | 三一 | 王翁元 | 魯問篇：公尚過説越王，越王使公尚過迎墨子於魯。疑爲王翁中晚年事。 |
| 二二 | 二一 | 十一 | 九 | 二二 | 八 | 四二滅蔡 | 二 | 非攻中篇：蔡亡於吳、越之間。 |
| 二三 | 二二 | 十二 | 十 | 二三 | 九 | 四三 | 三 | |
| 二四 | 二三 | 十三 | 十一 | 二四 | 十 | 四四 | 四 | |
| 二五 | 二四 | 十四 | 十二 | 二五 | 十一 | 四五 | 五 | |
| 二六 | 二五 | 十五 | 十三 | 二六 | 十二 | 四六 | 六 | |
| 二七 | 二六 | 十六 | 十四 | 二七 | 十三 | 四七 | 七 | |
| 二八 | 二七 | 十七 | 十五 | 二八 | 十四 | 四八 | 八 | |

| | | | | | | | | |
|---|---|---|---|---|---|---|---|---|
| 考王元 | 二八 | 十八 | 十六 | 二九 | 十五 | 四九 | 九 | 魯問篇：公輸般至楚，爲舟戰器，亟敗越人。墨子與論鉤拒。公輸篇：般爲雲梯將攻宋，墨子至郢，見楚王，乃不攻宋。渚宮舊事並在惠王五十年以前。附記於此。 |
| 二 | 二九 | 十九 | 十七 | 三十 | 十六 | 五十 | 十 | 貴義篇：墨子游楚，見惠王，王以老辭。渚宮舊事：惠王以書社封墨子，不受而歸。 |
| 三 | 三十 | 幽公元 | 十八 | 三一 | 十七 | 五一 | 十一 | |
| 四 | 三一 | 二 | 十九 | 三二 | 十八 | 五二 | 十二 | |
| 五 | 三二 | 三 | 二十 | 三三 | 十九 | 五三 | 十三 | |
| 六 | 三三 | 四 | 二一 | 三四 | 二十 | 五四 | 十四 | |
| 七 | 三四 | 五 | 二二 | 三五 | 二一 | 五五 | 十五 | |
| 八 | 三五 | 六 | 二三 | 三六 | 二二 | 五六 | 十六 | |

| | | | | | | | | |
|---|---|---|---|---|---|---|---|---|
| 九 | 三六 | 七 | 二四 | 三七 | 二三 | 五七 | 十七 | |
| 十 | 三七 | 八 | 二五 | 三八 | 二四 | 簡王元 滅莒 | 十八 | 非攻中篇：莒亡於齊、越之閒。 |
| 十一 | 元公元 | 九 | 二六 | 三九 | 二五 | 二 | 十九 | |
| 十二 | 二 | 十 | 二七 | 四十 | 二六 | 三 | 二十 | |
| 十三 | 三 | 十一 | 二八 | 四一 | 二七 | 四 | 二一 | |
| 十四 | 四 | 十二 | 二九 | 四二 | 二八 | 五 | 二二 | |
| 十五 | 五 | 十三 | 三十 | 四三 | 二九 | 六 | 二三 | |
| 威烈王元 | 六 | 十四 | 三一 | 四四 | 三十 | 七 | 二四 | |
| 二 | 七 | 十五 魏文侯、韓武子、趙桓子。 | 三二 | 四五 | 三一 | 八 | 二五 | |

| | | | | | | | | |
|---|---|---|---|---|---|---|---|---|
| 三 | 八 | 十六趙獻侯。 | 三三 | 四六 | 幽公元韓武子伐鄭，殺幽公。 | 九 | 二六 | 魯問篇：魯陽文君將攻鄭，曰：鄭人三世殺其父。疑當作二世殺其君，即指哀公、幽公被殺也。詳本篇。 |
| 四 | 九 | 十七 | 三四 | 四七 | 繻公元 | 十 | 二七 | |
| 五 | 十 | 十八 | 三五 | 四八 | 二 | 十一 | 二八 | |
| 六 | 十一 | 十九 | 三六 | 四九 | 三 | 十二 | 二九 | |
| 七 | 十二 | 烈公元 | 三七 | 五十 | 四 | 十三 | 三十 | |
| 八 | 十三 | 二 | 三八 | 五一 | 五 | 十四 | 三一 | |
| 九 | 十四 | 三 | 三九 | 五二 | 六 | 十五 | 三二 | |
| 十 | 十五 | 四 | 四十 | 五三 | 七 | 十六 | 三三 | |
| 十一 | 十六 | 五 | 四一 | 五四 | 八 | 十七 | 三四 | |

| | | | | | | | | |
|---|---|---|---|---|---|---|---|---|
| 十二 | 十七 | 六 | 四二 | 五五 | 九 | 十八 | 三五 | |
| 十三 | 十八 | 七 | 四三 | 五六 | 十 | 十九 | 三六 | |
| 十四 | 十九 | 八 | 四四田莊子伐魯，攻葛及安陵。 | 五七 | 十一 | 二十 | 三七 | 魯問篇：齊項子牛三侵魯地。此攻葛及安陵，或即三侵之一。 |
| 十五 | 二十 | 九 | 四五伐魯取都。田和。〔一〕 | 五八 | 十二 | 二一 | 王翳元 | 齊伐魯取都，或亦三侵之一。 |
| 十六 | 二一 | 十 | 四六 | 五九 | 十三 | 二二 | 二 | |
| 十七 | 穆公元 | 十一 | 四七 | 六十 | 十四 | 二三 | 三 | 魯問篇：魯君謂墨子曰：恐齊攻我。疑即穆公。 |

〔一〕按：齊宣公四十五年，伐魯，取魯之一城（見史記田敬仲完世家），即此「伐魯取都」事。其時相宣公者爲田莊子，田和尚未立。此文「伐魯」上當有「田莊子」三字，句末「田和」二字當誤衍。活字本無「田和」二字，是。

| | | | | | | | | |
|---|---|---|---|---|---|---|---|---|
| 十八 | 二 | 十二韓景侯、趙烈侯 | 四八田和伐魯取郕 | 六一 | 十五 | 二四 | 四 | 齊伐魯取郕，或亦三侵之一。 |
| 十九 | 三 | 十三 | 四九 | 六二 | 十六 | 聲王元 | 五 | |
| 二十 | 四 | 十四魏滅中山 | 五十 | 六三 | 十七 | 二 | 六 | 所染篇：中山尚染於魏義、偃長。案：中山尚疑即中山桓公，爲魏文侯所滅。 |
| 二一 | 五 | 十五 | 五一 | 六四 | 十八 | 三 | 七 | |
| 二二 | 六 | 十六 | 康公元 | 六五昭公薨。案：疑爲皇喜所弒。 | 十九 | 四 | 八 | 呂氏春秋召類篇注：子罕殺昭公。史記：宋信子罕之計而囚墨翟。疑昭公實被弒，因墨子即其季年事。 |

| | | | | | | | | |
|---|---|---|---|---|---|---|---|---|
| 二三 | 七 | 十七魏文侯二二年，韓景侯六年，趙烈侯六年，始命爲諸侯。 | 二 | 悼公元 | 二十 | 五圍宋十月 | 九 | 公輸篇：公輸般爲楚造雲梯，將攻宋。墨子至郢，說止之。當在惠王時。蘇時學謂即此年聲王圍宋時事，非是。 |
| 二四 | 八 | 十八魏二三、韓七、趙七。 | 三 | 二 | 二一 | 六 | 十 | |
| 安王元 | 九 | 十九魏二四、韓八、趙八。 | 四 | 三 | 二二 | 悼王元 | 十一 | |
| 二 | 十 | 二十魏二五、韓九、趙九。 | 五 | 四 | 二三 | 二 | 十二 | |
| 三 | 十一 | 二一魏二六、韓烈侯元、趙武侯元。 | 六 | 五 | 二四 | 三 | 十三 | |
| 四 | 十二 | 二二魏二七、韓二、趙二。 | 七 | 六 | 二五 | 四 | 十四 | |

| | | | | | | | | |
|---|---|---|---|---|---|---|---|---|
| 五 | 十三 | 二三魏二八、韓三、趙三。 | 八 | 七 | 二六 | 五 | 十五 | |
| 六 | 十四 | 二四魏二九、韓四、趙四。 | 九 | 八 | 二七鄭人弒繻公 | 六 | 十六 | 魯問篇：魯陽文君曰鄭人三世殺君，或謂指哀、幽、繻三君，然與文君年不合。 |
| 七 | 十五 | 二五魏三十、韓五、趙五。 | 十 | 休公元 | 康公元 | 七 | 十七 | |
| 八 | 十六 | 二六魏三一、韓六、趙六。 | 十一田和伐魯取最。 | 二 | 二 | 八 | 十八 | 黄式三謂魯陽文君將攻鄭在此年，未塙。齊伐魯或即魯問篇三侵魯地事。 |
| 九 | 十七 | 二七魏三二、韓七、趙七。 | 十二 | 三 | 三 | 九 | 十九 | |
| 十 | 十八 | 孝公元魏三三、韓八、趙八。 | 十三 | 四 | 四 | 十 | 二十 | |

| | | | | | | | | |
|---|---|---|---|---|---|---|---|---|
| 十一 | 十九 | 二魏三四、韓九、趙九。 | 十四 | 五 | 五 | 十一 | 二一 | |
| 十二 | 二十 | 三魏三五、韓十、趙十。 | 十五 | 六 | 六 | 十二 | 二二 | |
| 十三 | 二一 | 四魏三六、韓十一、趙十一。 | 十六 | 七 | 七 | 十三 | 二三 | |
| 十四 | 二二 | 五魏三七、韓十二、趙十二。 | 十七 | 八 | 八 | 十四 | 二四 | |
| 十五 | 二三 | 六魏三八、韓十三、趙十三。 | 十八 | 九 | 九 | 十五 | 二五 | |
| 十六 | 二四 | 七魏武侯元、韓文侯元、趙敬侯元。 | 十九田齊太公和元年，始命爲諸侯。 | 十 | 十 | 十六 | 二六 | 魯問篇：墨子見齊太王，即太公和。新序亦載齊王與墨子問答，即田和也。 |
| 十七 | 二五 | 八魏二、韓二、趙二。 | 二十田齊二，伐魯破之。 | 十一 | 十一 | 十七 | 二七 | 齊伐魯，或即魯問篇三侵魯地事。 |

| | | | | | | | | |
|---|---|---|---|---|---|---|---|---|
| 十八 | 二六 | 九魏三、韓三、趙三。 | 二一田齊桓公元。 | 十二 | 十二 | 十八 | 二八 | |
| 十九 | 二七 | 十魏四、韓四、趙四。 | 二二田齊二 | 十三 | 十三 | 十九 | 二九 | |
| 二十 | 二八 | 十一魏五、韓五、趙五。 | 二三田齊三 | 十四 | 十四 | 二十 | 三十 | |
| 二一 | 二九 | 十二魏六、韓六、趙六。 | 二四田齊四 | 十五 | 十五 | 二一悼王薨，羣臣殺吴起。 | 三一 | 親士篇：吴起之裂，其事也。 |
| 二二 | 三十 | 十三魏七、韓七、趙七。 | 二五田齊五 | 十六 | 十六 | 肅王元 | 三二 | |
| 二三 | 三一 | 十四魏八、韓八、趙八。 | 二六公薨，齊亡，田齊六 | 十七 | 十七 | 二 | 三三 | 非樂上篇：齊康公興樂萬。 |

| | | | | | | | | |
|---|---|---|---|---|---|---|---|---|
| 二四 | 三二 | 十五魏九、韓九、趙九。 | 田齊威王元 | 十八 | 十八 | 三 | 三四 | 以後時事，本書無所見，疑墨子之卒即在安王末年。 |
| 二五 | 三三 | 靜公元魏十、韓哀侯元、趙十。 | 二 | 十九 | 十九 | 四 | 三五 | |
| 二六 | 共公元 | 二魏十一、韓二、趙十一。 | 三 | 二十 | 二十 | 五 | 三六 | |

## 墨學傳授攷第三

呂不韋曰：「孔墨徒屬彌衆，弟子彌豐，充滿天下。」尊師篇。又曰：「孔墨之後學，顯榮於天下者衆矣，不可勝數。」當染篇。蓋墨學之昌幾埒洙泗，斯亦盛矣！公輸篇墨子之說楚王曰「臣之弟子禽滑釐等三百人」，淮南王書亦謂墨子服役者百八十人，「服役」即徒屬。韓非子五蠹篇云「仲尼爲服役者七十人」，即指七十子而言。皆可使赴火蹈刃，死不旋踵。新語思務篇云「墨子之門多勇士」。而荆吳起之亂，墨者鉅子孟勝以死爲陽城君守，弟子死者百八十五人。則不韋所述，信不誣也。獷秦隱儒，墨學亦微。至西漢儒復興，而墨竟絕。墨子既蒙世大詬，而徒屬名籍亦莫能紀述，惟本書及先秦諸子略紀其一二。今勼集之，凡得墨子弟子十五人，附存三人。再傳弟子三人，三傳弟子一人，治墨術而不詳其傳授系次者十三人，襍家四人，大都不逾三十餘人，傳記所載，盡於此矣。彼勤生薄死，以赴天下之急，而姓名澌滅，與艸木同盡者，殆不知凡幾。嗚呼悕已！

墨子弟子：

禽子名滑釐，本書公輸篇。案：司馬貞史記索隱、成玄英莊子疏並以滑釐爲字，非是。滑釐，呂氏春秋當染篇作「滑鼇」，尊師篇作「滑黎」，列子楊朱篇作「骨釐」，漢書古今人表及列子釋文並作「屈釐」，漢書儒林傳作「滑氂」，疑正字當作「屈氂」，詳公輸篇。與田子方、段干木、吴起受業於子夏。史記儒林傳。後學於墨子，呂氏春秋當染篇。盡傳其學，與墨子齊偁。莊子天下篇以墨翟、禽滑釐並傳。禽子事墨子三年，手足胼胝，面目黎黑，役身給使，不敢問欲，墨子甚哀之，乃具酒脯，寄於太山，搣茅坐之，以醮禽子。禽子再拜而嘆。墨子曰：「亦何欲乎？」禽子再拜再拜曰：「敢問守道。」本書備梯篇。又曰：「由聖人之道，鳳鳥之不出，諸侯畔殷周之國，甲兵方起於天下，大攻小，强執弱，吾欲守小國，爲之柰何？」墨子曰：「何攻之守？」禽子對曰：「今之世，常所以攻者，臨、鉤、衝、梯、堙、水、穴、突、空洞、蛾傅、轒輼、軒車，敢問守此十二者柰何？」本書備城門篇。墨子遂語以守城之具六十六事。李筌太白陰經守城具篇六十六事，一作「五十六事」，今本書備城門以下十餘篇皆其語也。楚惠王時，公輸般爲楚造雲梯之械成，將以攻宋。墨子自魯至郢止之，使禽子諸弟子三百人持守圉之器在宋城上而待楚寇，楚卒不攻宋。本書公輸篇。禽子問於墨子曰：「錦繡絺紵，將安用之？」墨子曰：「惡，是非吾用務也。古有無文者得之矣，夏禹是也。卑小宮室，損薄飲食，土階三等，衣裳細布。當此之時，黼黻無所用，而務在於完堅。殷之盤庚，大其先王之室，而改遷於殷，茅茨不翦，采椽不斲，以變天下之視。當此之時，文采之帛將安所施？夫品庶非有心也，以人主爲心，苟上不爲，下惡用之？二王者以身先於天下，故化隆於其時，成名於今世也。且夫錦繡絺紵，亂君之所造也，其本皆興於齊景公喜奢而忘儉，幸有晏子以儉鐫之，然猶幾不能勝。夫奢安可窮哉！紂爲鹿臺糟邱，酒池肉林，宮牆文畫，雕琢刻鏤，錦繡被堂，金玉珍瑋，婦女優倡，鍾鼓管絃，流漫不禁，而天下愈竭，故卒身死國亡，爲天下戮，非惟錦繡絺紵之用邪！今當凶年，有欲予子隨侯之珠者，不得賣也，珍寶而以爲飾。又欲予子一鍾粟者。得珠者不得粟，得粟者不得珠，子將何擇？」禽子曰：「吾取粟耳，可以救窮。」墨子曰：「誠然，則惡在事夫奢也。長無用，好末淫，非聖人之所急也。故食必常飽，然後求美；衣必常暖，然後求麗；居必常安，然後求樂。爲可長，行可久，先質而後文，此聖人之務。」禽子曰：「善。」說苑反質篇。禽子問：「天與地孰仁？」墨子曰：「翟以地爲仁。太山之上則封禪焉，培塿之側則生松柏，下生黍苗莞蒲，水生黿鼉龜魚，民衣焉，食焉，死焉，地終不責德焉。故翟以地爲仁。」藝文類聚地部引本書。禽子問曰：「多言有益乎？」墨子曰：「蝦蟆蛙黽日夜而鳴，舌乾擗，然而人不聽之。今鶴鷄時夜而鳴，天下振動。多言何益？唯其言之時也。」太平御覽言語部引本書。楊朱後於墨子，其說在愛己，不拔一毛以利天下，與墨子相反。荀子王霸篇楊注、殷敬順列子釋文。墨子兼愛、上同、右鬼、非命，而楊朱非之，淮南子氾論訓。禽子與之辯論。荀子注、列子釋文。禽子問楊朱曰：「去子體之一毛，以濟一世，汝爲之乎？」楊子曰：「世固非一毛之所濟。」禽子曰：「假濟，爲之乎？」楊子弗應。禽子出，語孟孫陽。孟孫陽曰：「子不達夫子之心，吾請言之。侵若肌膚獲萬金者，若爲之乎？」曰：「爲之。」孟孫陽曰：「有斷若一節得一國，子爲之乎？」禽子默然。有閒，孟孫陽曰：「一毛微於肌膚，肌膚微於一節，省矣。然則積一毛以成肌膚，積肌膚以成一節，一毛固一體萬分中之一物，柰何輕之乎？」禽子曰：「吾不能所以答子。然以子之言問老聃關尹，則子言當矣；以吾言問大禹墨翟，則吾言當矣。」列子楊朱篇。列子又云：「衛端木叔者，子貢之世也。藉其先貲，家累萬金，不治世故。及其死也，無瘞埋之資，一國之人受其施者，相與賦而藏之。禽骨釐聞之，曰：端木叔，狂人也，辱其祖矣。」此與墨學無與，附箸於此。

高石子，墨子弟子。墨子使管黔敖游高石子於衛，衛君致祿甚厚，設之於卿。高石子三朝必盡言，而言無行者。去而之齊，見墨子曰：「衛君以夫子之故，致祿甚厚，設我於卿。石三朝必盡言，而言無行，是以去之也。衛君無乃以石爲狂乎？」墨子曰：「去之苟道，受狂何傷？古者周公旦非關叔，關，管之借字。辭三公東處於商蓋，人皆謂之狂，後世稱其德，揚其名，至今不息。且翟聞之，爲義非避毀就譽，去之苟道，受狂何傷？」高石子曰：「石去之，焉敢不道也。昔者夫子有言曰：天下無道，仁士不處厚焉。今衛君無道，而貪其爵祿，則是我爲苟啗人食也。」墨子說，而召禽子曰：「姑聽之乎！夫倍義而鄉祿者，我常聞之矣，倍祿而鄉義者，於高石子焉見之也。」本書耕柱篇。

高何，齊人，學於墨子。呂氏春秋尊師篇。

縣子碩呂覽「碩」作「石」，字通。與高何皆齊國之暴者也，指於鄉曲，學於墨子，爲天下名士顯人。呂氏春秋尊師篇。治徒娛、縣子碩問於墨子曰：「爲義孰爲大務？」墨子曰：「譬若築牆然，能築者築，能實壤者實壤，能欣者欣，「欣」讀爲睎。然後牆成也。爲義猶是也，能談辯者談辯，能說書者說書，能從事者從事，然後義事成也。」本書耕柱篇。

公尚過，呂氏春秋高義篇「尚」作「上」。墨子弟子。呂覽高義篇。墨子南遊使於衛，關中載書甚多。弦唐子見而怪之，曰：「吾夫子教公尚過曰：揣曲直而已。今夫子載書甚多，何有也？」墨子曰：「昔者周公旦朝讀書百篇，夕見七十士，故周公旦佐相天子，其脩至於今。翟上無君上之事，下無耕農之難，吾安敢廢此？翟聞之，同歸之物，信有誤者，然而民聽不鈞，是以書多也。今若過之心者，數逆於精微，同歸之物，既已知其要矣，是以不教以書也。而子何怪焉？」本書貴義篇。墨子游公尚過於越。公尚過語墨子之義，越王說之，謂公尚過曰：「子之師苟肎至越而教寡人，請以故吳之地，陰江之浦，書社三百，以封夫子。」本書魯問篇作「請裂故吳之地方五百里以封子墨子」。公尚過許諾。遂爲公尚過束車五十乘以迎墨子於魯，曰：「吾以夫子之道說越王，越王大說，謂過曰：苟能使墨子至於越而教寡人，請裂故吳之地以封子。」據本書魯問篇補。呂氏春秋作「公上過往復於子墨子」。墨子曰：「子之觀越王也，能聽吾言，用吾道乎？」公尚過曰：「殆未能也。」墨子曰：「不唯越王不知翟之意，雖子亦不知翟之意。若越王聽吾言，用吾道，翟度身而衣，量腹而食，比於賓萌，未敢求仕。越不聽吾言，不用吾道，而受其國，是以義糶也。義糶何必越，雖於中國亦可。」呂氏春秋高義篇、本書魯問篇略同。

耕柱子，墨子弟子。墨子怒耕柱子，耕柱子曰：「我毋愈於人乎？」墨子曰：「我將上大行，駕驥與羊，子將誰敺？」耕柱子曰：「將敺驥也。」墨子曰：「何故敺驥也？」耕柱子曰：「驥足以責。」墨子曰：「我亦以子爲足以責。」墨子游耕柱子於楚，二三子過之，食之三升，客之不厚。二三子復於墨子，曰：「耕柱子處楚無益矣。二三子過之，食之三升，客之不厚。」墨子曰：「未可知也。」毋幾何而遺十金於墨子，曰：「後生不敢死，有十金於此，願夫子之用也。」墨子曰：「果未可知也。」本書耕柱篇。

魏越，墨子弟子。墨子使之游，越曰：「既得見四方之君子，則將孰先語？」墨子曰：「凡入國，必擇務而從事焉。國家昏亂，則語之尚賢、尚同；國家貧，則語之節用、節葬；國家憙音湛湎，則語之非樂、非命；國家淫僻無禮，則語之尊天、事鬼；國家務奪侵淩，則語之兼愛、非攻，故曰擇務而從事焉。」本書魯問篇。

隨巢子，墨子弟子，漢書藝文志。梁玉繩云：「隨巢當是氏，或謂氏隋名巢，無據。」詒讓案：隋經籍志隨巢子注云：「巢似墨翟弟子。」則以巢爲名。墨子之術尚儉，隨巢子傳其術。史記自序正義引韋昭說。箸書六篇。漢書藝文志。

胡非子，廣韻十一模云：「胡非，複姓，齊胡公之後有公子非，因以胡非爲氏。」梁玉繩云：「則胡非子齊人也。」詒讓案：隋經籍志胡非子注云：「非似墨翟弟子。」則亦以非爲名。墨子弟子，箸書三篇。漢書藝文志。

管黔滶，墨子弟子。本書耕柱篇，見前。

高孫子，墨子弟子。本書魯問篇，見後。

治徒娛，墨子弟子。本書耕柱篇，見前。

跌鼻，墨子弟子。墨子有疾，跌鼻進而問曰：「先生以鬼神爲明，能爲禍福，爲善者賞之，爲不善者罰之。今先生聖人也，何故有疾？意者先生之言有不善乎？鬼神不明知乎？」墨子曰：「雖使我有病，鬼神何遽不明？人之所得於病者多方，有得之寒暑，有得之勞苦，百門而閉一門焉，則盜何遽無從入？」本書公孟篇。

曹公子，墨子弟子。墨子仕曹公子於宋，三年而反，睹墨子曰：「始吾游於子之門，短褐之衣，藜藿之羹，朝得之則夕弗得，弗得祭祀鬼神。今而以夫子之故，家厚於始也。有家享，謹祭祀鬼神。然而人徒多死，六畜不蕃，身湛於病，吾未知夫子之道之可用也。」子墨子曰：「不然。夫鬼神之所欲於人者多，欲人之處高爵祿而以讓賢也，多財而以分貧也。夫鬼神豈唯擢黍拑肺之爲欲哉？今子處高爵祿而不以讓賢，一不祥也；多財而不以分貧，二不祥也。今子事鬼神唯祭而已矣，而曰病何自至哉，是猶百門而閉一門焉，曰『盜何從入』？若是而求福於百怪之鬼，豈可哉？」本書魯問篇。

勝綽，墨子弟子。墨子使勝綽事齊項子牛。項子牛三侵魯地，而勝綽三從。墨子聞之，使高孫子請而退之，曰：「我使綽也，將以濟驕而正嬖也。今綽也祿厚而譎夫子，夫子三侵魯而綽三從，是鼓鞭於馬靳也。翟聞之，言義而弗行，是犯明也，綽非弗之知也，祿勝義也。」本書魯問篇。

案：曹公子及勝綽二人，皆游墨子之門，而以違道見責，蓋未能傳其術者，今以附於諸弟子之末。

鼓輕生子問墨子曰：「往者可知，來者不可知。」墨子曰：「藉設而親在百里之外，則遇難焉，期以一日也，及之則生，不及則死。今有固車良馬於此，又有駑馬四隅之輪於此，使子擇焉，子將何乘？」對曰：「乘良馬固車可以速至。」墨子曰：「焉在不知來。」本書魯問篇。

孟山譽王子閭曰：「昔白公之禍，執王子閭，斧鉞鉤要，直兵當心，謂之曰：『爲王則生，不爲王則死。』王子閭曰：『何其侮我也！殺我親而喜我以楚國。我得天下而不義，不爲也，又況於楚國乎！』遂死而不爲。王子閭豈不仁哉？」墨子曰：「難則難矣！然而未仁也。若以王爲無道，則何故不受而治也？若以白公爲不義，何故不受王，誅白公然而反王？故曰難則難矣，然而未仁。」同上。

弦唐子。本書貴義篇，見前。

案：以上三人並見本書，是否墨子弟子，無可質證。謹附綴於此以備攷。

墨子再傳禽子弟子：

許犯學於禽滑釐。呂氏春秋當染篇。

索盧參，東方之鉅狡也，學於禽滑釐，爲天下名士顯人。呂氏春秋尊師篇。

墨子再傳胡非子弟子：

屈將子案屈爲楚公族箸姓，屈將子疑亦楚人。好勇，聞墨者非鬭，帶劍危冠往見胡非子，劫而問之曰：「將聞先生非鬭，而將好勇，有説則可，無説則死！」胡非子爲言五勇，屈將説，稱善，乃解長劍，釋危冠，而請爲弟子焉。太平御覽四百九十二、四百三十七引胡非子五勇之論甚詳。見後胡非子佚文，此不備録。

墨子三傳許子弟子：

田繫學於許犯，顯榮於天下。吕氏春秋當染篇。

墨氏名家：傳授不可攷者。附鉅子。

田俅子，漢書藝文志。「俅」一作「鳩」，鳩、俅音近，馬驌、梁玉繩並以爲一人，是也。齊人，學墨子之術。吕氏春秋首時篇、淮南子道應訓高注。田鳩欲見秦惠王，留秦三年而弗得見。客有言之於楚王者，往見楚王，楚王説之，與將軍之節以如秦。至，因見惠王。告人曰：「之秦之道乃之楚乎？」吕氏春秋首時篇、淮南子道應訓云：「出舍，喟然而嘆，告從者曰『吾留秦三年，不得見，不識道之可以從楚也』。」徐渠問田鳩曰：「臣聞智士不襲下而遇君，聖人不見功而接上。今陽城胥渠，今，韓子譌「令」。今據盧文弨、顧廣圻校正。明將也，而措於屯伯；屯，韓子譌「毛」。今據顧校正，下同。公孫亶回，聖相也，而關於州部，何哉？」田鳩曰：「此無他故異物，主有度，上有術之故也。且足下獨不聞楚將宋觚而失其政，魏相馮離而亡其國。二君者驅於聲詞，眩乎辯說，不試於屯伯，不關乎州部，故有失政亡國之患。由是觀之，夫無屯伯之試，州部之關，豈明主之備哉！」韓非子問田篇。楚王謂田鳩曰：「墨子者，顯學也。其身體則可，其言多而不辯，何也？」曰：「昔秦伯嫁其女於晉公子，令晉爲之飾裝，「晉」疑「魯」之譌。從文衣之媵七十人，至晉，晉人愛其妾而賤公女。此可謂善嫁妾，而未可謂善嫁女也。楚人有賣其珠於鄭者，爲木蘭之櫝，薰桂椒之櫝，綴以珠玉，飾以玫瑰，輯以羽翠。鄭人買其櫝而還其珠。此可謂善賣櫝矣，未可謂善鬻珠也。今世之談也，皆道辯説文辭之言，人主覽其文而忘其用。其，韓子作「有」，今以意改。墨子之説傳先王之道，論聖人之言，以宣告人。若辯其辭，則恐人懷其文忘其用，此字韓子無，據顧校增。直以文害用也。此與楚人鬻珠、秦伯嫁女同類，故其言多不辯。」韓非子外儲説左上篇。箸書三篇。漢書蓺文志墨家：田俅子三篇，本注云：「先韓子。」蓋班固亦謂即田鳩也。

相里子韓非子顯學篇、元和姓纂。名勤，莊子天下篇。釋文引司馬彪云：「墨師也，姓相里名勤。」姓纂云：「晉大夫里克爲惠公所滅，克妻司成氏攜少子李連逃居相城，因爲相里氏。李連玄孫相里勤，見莊子。」案：此疑唐時譜諜家之妄説，恐不足據。南方之墨師也。成玄英莊子疏。爲三墨之一，韓非子顯學篇。箸書七篇。姓纂引韓子云：「相里子，古賢也，箸書七篇。」案：韓子無此文。漢書蓺文志墨家亦無相里子書，姑存以備攷。

相夫氏，韓非子顯學篇。元和姓纂二十陌有伯夫氏，引韓子云：「伯夫氏，墨家流也。」則唐本「相」或作「伯」，或當作「柏」，與「相」形近。亦三墨之一。

鄧陵子，南方之墨者，誦墨經，莊子天下篇。案姓纂云：「楚公子，食邑鄧陵，因氏焉。」據此，則鄧陵子蓋楚人。亦三墨之一，韓非子顯學篇。有箸書。姓纂云：「鄧陵子箸書，見韓子。」案：韓子亦無此文。

韓非子顯學篇云：「自墨子之死也，有相里氏之墨，有相夫氏之墨，有鄧陵氏之墨，墨離爲三。」

苦獲，南方墨者。莊子天下篇。

已齒，南方墨者。莊子天下篇。釋文引李頤云：「苦獲、已齒，二人姓字也。」案：「姓字」當作「姓名」，疑並楚人。

相里氏弟子：

五侯子，莊子天下篇、陶潛集聖賢羣輔録。案：五侯蓋姓五。五與伍同，古書伍子胥姓多作五。非五人也。

相里勤弟子，與南方之墨者苦獲、已齒、鄧陵子之屬俱誦墨經，而倍譎不同，相謂別墨。莊子天下篇。

案：墨經即墨辯，今書經、説四篇及大取、小取二篇，蓋即相里子、鄧陵子之倫所傳誦而論説者也。

又案：陶潛集聖賢羣輔録末附載三墨云：「不累於俗，不飾於物，不尊於名，莊子天下篇作「不苟於人」。不忮於衆，此宋鉶、尹文之墨。鉶，當從莊子作「鈃」，即孟子之宋牼也。裘褐爲衣，跂蹻爲服，日夜不休，以自苦爲極者，相里勤、五侯子之墨。倶誦墨經而背譎不同，相爲別墨，以堅白，此亦本莊子而文義未全，豈僞託者失其句讀，抑傳寫有脱誤邪？此苦獲、已齒、鄧陵子之墨。」此別據莊子天下篇爲三墨，與韓非書殊異。北齊陽休之所編陶集即有此條。宋本陶集宋庠後記云：「八儒三墨二條，此似後人妄加，非陶公本意。」攷莊子本以宋鈃、尹文別爲一家，不云亦爲墨氏之學。以所舉二人學術大略攷之，其崇儉非鬬雖與墨氏相近，荀子非十二子篇以墨翟、宋鈃並偁。而師承實迥異，乃强以充三墨之數，而韓非所云相夫氏之墨者反置不取，不知果何據也？宋鈃書漢書藝文志在小説家，云黄老意。尹文書在名家，今具存，其大道上篇云：「大道治者，則名、法、儒、墨自廢。」又云：「是道治者，謂之善人；藉名、法、儒、墨者，謂之不善人。」則二人皆不治墨氏之術，有明證矣。近俞正燮癸巳類稿墨學論亦以宋牼爲墨徒，誤與羣輔録同。羣輔録本依託，不出淵明，而此條尤疏謬，今不據補録。

我子，六國時人，元和姓纂引風俗通。爲墨子之學，著書二篇。漢藝文志顔注引劉向別録。

纏子，廣韻二仙云：「纏，又姓。漢書藝文志有纏子，著書。」案：漢志無纏子，此誤。修墨子之業以教於世。儒有董無心者，其言修而謬，其行篤而庸，欲事纏子，纏子曰：「文言華世，不中利民，傾危繳繞之辭，並不爲墨子所修。勸善兼愛，則墨子重之。」意林引纏子。纏子與董無心相見講道，纏子稱墨家佑鬼神，引秦穆公有明德，上帝賜之十九年；董子難以堯舜不賜年，桀紂不夭死。論衡福虛篇。箸書一卷。意林。

墨家鉅子：

莊子天下篇説墨云「以巨子爲聖人，皆願爲之尸，冀得爲其後世」，郭象注云：「巨子最能辯其所是，以成其行。」釋文：「巨，向秀、崔譔本作『鉅』。向云：墨家號其道理成者爲鉅子，若儒家之碩儒。」吕氏春秋上德篇云「墨者以爲不聽鉅子不察」，又有墨者鉅子孟勝、田襄子、腹䵍三人，高誘以鉅子爲人姓名，非也。以莊、吕二子所言推之，墨家鉅子蓋若後世儒家大師，開門授徒，遠有端緒，非學行純卓者，固不足以當之矣。

孟勝爲墨者鉅子，善荆之陽城君。高注云「鉅子、孟勝二人學墨道者也」，非是。陽城君令守於國，毀璜以爲符，約曰：「符合聽之。」荆王薨，案即悼王。羣臣攻吴起兵於喪所，陽城君與焉。荆罪之，陽城君走，荆收其國。孟勝曰：「受人之國，與之有符。今不見符，而力不能禁，不能死，不可。」其弟子徐弱諫孟勝曰：「死而有益陽城君，死之可矣。無益也，而絶墨者於世，不可。」孟勝曰：「不然。吾於陽城君也，非師則友也，非友則臣也。不死，自今以來求嚴師必不於墨者矣，求賢友必不於墨者矣，求良臣必不於墨者矣。死之，所以行墨者之義，而繼其業者也。我將屬鉅子於宋之田襄子。田襄子，賢者也，何患墨者之絕世也？」徐弱曰：「若夫子之言，弱請先死以除路。」還歿頭前於孟勝。因使二人傳鉅子於田襄子。高注云：「二人，孟勝之弟子也。」孟勝死，弟子死之者八十三人。二人舊本無此二字，畢校補。以致令於田襄子，欲反死孟勝於荆，田襄子止之曰：「孟子已傳鉅子於我矣！」不聽，不，舊本譌「當」，畢校正。遂反死之。呂氏春秋上德篇。

案：吴起之死在周安王二十一年，時墨子當尚在，詳親士篇。則孟勝、田襄子或親受業於墨子亦未可知。其爲鉅子豈即墨子所命，爲南方墨者之大師者邪？孟勝之死也，必屬鉅子於田襄子，明以傳學爲重，亦若儒家之有師承宗派，佛氏之有傳授衣盋矣。

田襄子，宋之賢者。孟勝死荆陽城君之難，使弟子二人屬鉅子於田襄子。呂氏春秋上德篇。案：田襄子言行無攷。説苑尊賢篇有衛君問田讓語，疑即田襄子，附識以備攷。

腹䵍爲墨者鉅子，居秦。其子殺人，秦惠王曰：「先生之年長矣，非有它子也，寡人已令吏弗誅矣。先生之以此聽寡人也。」腹䵍對曰：「墨者之法：殺人者死，傷人者刑。此所以禁殺傷人也。夫禁殺傷人者，天下之大義也，王雖爲之賜而令吏弗誅，腹䵍不可不行墨子之法。」不許惠王，而遂殺之。呂不韋曰：「子，人之所私也。忍所私以行大義，鉅子可謂公矣。」呂氏春秋去私篇。高注云：「鉅姓，子通稱，腹䵍，字也。」畢沅云：「鉅子，猶鉅儒、鉅公之稱，腹乃其姓耳。」案：畢説是也。

孟勝弟子：

徐弱，孟勝弟子，與孟勝同死楚陽城君之難。見前。

墨氏襍家：凡治墨術而無從攷其學業優劣及傳授端緒者。

夷之，治墨家之道者，孟子滕文公上篇趙注。因徐辟而求見孟子。孟子曰：「吾固願見，今吾尚病，病愈，我且往見。」夷子不來。他日又求見孟子，孟子曰：「吾今則可以見矣。不直則道不見，我且直之。吾聞夷子墨者，墨之治喪也，以薄爲其道也。夷子思以易天下，豈以爲非是而不貴也？然而夷子葬其親厚，則是以所賤事親也。」徐子以告夷子。夷子曰：「儒者之道，古之人若保赤子，此言何謂也？之則以爲愛無差等，施由親始。」徐子以告孟子。孟子曰：「夫夷子信以爲人之親其兄之子爲若親其鄰之赤子乎？彼有取爾也。赤子匍匐將入井，非赤子之罪也。且天之生物也，使之一本，而夷子二本故也。蓋上世嘗有不葬其親者，其親死則舉而委之於壑。他日過之，狐狸食之，蠅蚋姑嘬之。其顙有泚，睨而不視。夫泚也，非爲人泚，中心達於面目，蓋歸反虆梩而掩之。掩之誠是也，則孝子仁人之掩其親，亦必有道矣。」徐子以告夷子。夷子憮然，爲閒，曰：「命之矣！」孟子滕文公上篇。

謝子，吕氏春秋去宥篇、淮南子脩務訓。高注云：「謝，姓也，子，通稱。」關東人也，學墨子之道。吕覽高注。説苑襍言篇作「祁射子」。梁玉繩吕子校補云「祁乃地名，祁屬太原，正是關東」，恐未塙。唐姑果，淮南子脩務訓作「唐姑梁」，高注云：「唐姓，名姑梁」。説苑襍言篇作「唐姑」。秦之墨者。淮南子高注云「秦大夫」，疑誤。東方墨者謝子將西見秦惠王。淮南子、説苑並云「惠王説之」。惠王問唐姑果，唐姑果恐王之親謝子賢於己也，對曰：「謝子東方之辯士也。淮南子作「山東辯士」。其爲人甚險，將奮於説以取少主也。」淮南子作「固權説以取少主」。王因藏怒以待之。謝子至，説王，王弗聽。淮南子云「後日復見，逆而弗聽」。謝子不説，遂辭而行。吕氏春秋去宥篇。

某翟，鄭人。兄緩呻吟裘氏之地。釋文云：「裘氏，地名。」祇三年，而緩爲儒，使其弟墨。儒墨相與辯，其父助翟。十年而緩自殺。莊子列禦寇篇郭注云：「翟，緩弟名。」案：未詳其姓氏。

案：唐姑果媢賢自營，違墨氏尚賢尚同之恉；鄭人翟爭論儒墨而殺其兄，則亦非悌弟也，故附於墨學襍家之末。又孟子告子篇趙注謂告子兼治儒墨之學，其人無可攷。本書公孟篇有告子，亦恐非一人。淮南子人閒訓云「代君爲墨而殘」，許注云：「代君，趙之别國，不詳其名及時代。」則疑是趙武靈王子代君章，見趙世家。此並無可質證。謹附識於此，以備攷。

# 墨子後語下



## 墨子緒聞第四

墨氏之學微矣！七國時，學者以孔墨並偁，孔子言滿天下，而墨子則遺文佚事自七十一篇外所見殊尠。非徒以其爲儒者所擯絀也，其爲道瘠薄而寡澤，言之垂於世者質而不華，務申其意而不馳騁其辭，故莊周謂其道大觳，使人憂，使人悲，其行難爲。而楚王之問田鳩，亦病其言多而不辯。田鳩答以墨子之說傳先王之道，論聖人之言，若辯其辭，則恐人懷其文忘其用。韓非子外儲說上左。蓋孟荀之議未興，世之好文者固已弗心慊矣！秦漢諸子，若呂不韋、淮南王書，所采摭至博，至其援舉墨子之言，亦多本書所已見，絶無異聞。然孔氏遺書自六蓺外，緯候之誣，家語、孔叢之僞，集語之襍，真贋糅莒，不易别擇。而墨氏之言行以誦述者少，轉無叚託傅益之弊。則其僅存者雖不多，或尚碻然可信與！今采本書之外，秦漢舊籍所紀墨子言論行事，無論與本書異同，咸爲甄緝。或一事而數書並見，亦悉附載之，以資讐勘。而七十一篇佚文，則畢氏所述略備，固不勞綴録也。

齊王問墨子曰：「古之學者爲己，今之學者爲人，何如？」對曰：「古之學者得一善言以附其身，今之學者得一善言務以悦人。」北堂書鈔八十三、太平御覽六百七引新序。案：齊王當即齊太王，此與意林引本書佚文略同，而文較詳，故録之。説苑反質篇又有禽滑釐問墨子語，畢氏已采入佚文，今不録。

景公外傲諸侯，内輕百姓，好勇力，崇樂以從嗜欲，諸侯不説，百姓不親。公患之，問於晏子曰：「古之聖王，其行若何？」晏子對曰：「其行公正而無邪，故讒人不得入；不阿黨，不私色，故羣徒之卒不得容；薄身厚民，故聚斂之人不得行；不侵大國之地，不耗小國之民，故諸侯皆欲其尊；不劫人以兵甲，不威人以衆彊，故天下皆欲其彊；德行教訓加於諸侯，慈愛利澤加於百姓，故海内歸之若流水。今衰世君人者，辟邪阿黨，故讒諂羣徒之卒繁；厚身養，薄視民，故聚斂之人行；侵大國之地，耗小國之民，故諸侯不欲其尊；劫人以甲兵，威人以衆彊，故天下不欲其彊；災害加於諸侯，勞苦施於百姓，故讐敵進伐，天下不救，貴戚離散，百姓不與。」元槧本譌「興」，據盧文弨校正。公曰：「然則何若？」對曰：「請卑辭重幣以説於諸侯，輕罪省功以謝於百姓，其可乎？」公曰：「諾。」於是卑辭重幣而諸侯附，輕罪省功而百姓親。故小國入朝，燕魯共貢。墨子聞之，曰：「晏子知道。道在爲人，而失在爲己。元本脱「在」字，據孫星衍校增。爲人者重，自爲者輕。景公自爲而小國不爲與，爲人而諸侯爲役，則道在爲人，而行在反己矣。黄以周云：「『行』蓋『得』之剥文。」故晏子知道矣！」晏子春秋内篇問上。

景公與晏子立于曲潢之上，晏子稱曰：「衣莫若新，人莫若故。」公曰：「衣之新也，信善矣。人之故，相知情。」有脱誤。晏子歸，負載，使人辭于公，曰：「嬰故老耄無能也，請毋服壯者之事。」公自治國，身弱于高、國，百姓大亂。公恐，復召晏子。諸侯忌其威，而高、國服其政。田疇墾辟，蠶桑豢牧之處不足，元本「牧」譌「收」，據盧文弨校正。絲蠶於燕，牧馬于魯，共貢入朝。墨子聞之曰：「晏子知道，晏公知窮矣。」晏子春秋内篇襍上。右墨子遺説。

公輸般爲蒙天之階，階成，將以攻宋。墨子聞之，赴於楚，行十日十夜而至於郢。見般，曰：「聞子爲階將以攻宋，宋何罪之有？無罪而攻之，不可謂仁。胡不已也？」公輸般曰：「不可。吾既以言之王矣。」墨子曰：「胡不見我於王？」公輸般曰：「諾。」墨子見楚王，曰：「今有人於此：舍其文軒，隣有敝輿而欲竊之；舍其錦繡，鄰有短褐而欲竊之；舍其粱肉，隣有糟糠而欲竊之。此爲何若人？」王曰：「此爲竊疾耳！」汪繼培云：「一作『必竊疾矣』。」墨子曰：「荆之地方五千里，宋之地方五百里，此猶文軒之與敝輿也；荆有雲夢，犀兕麋鹿盈溢，江漢之魚鼈黿鼉爲天下饒，宋所謂無雉兔鮒魚者也，猶粱肉之與糟糠也；荆有長松文梓楩枏豫章，宋無長木，此猶錦繡之與短褐也。臣以王之攻宋也，爲與此同類。」王曰：「善哉！請無攻宋。」藝文類聚八十八引尸子，又太平御覽三百三十六引尸子云：「般爲蒙天之階，階成，將以攻宋。墨子請獻十金，般曰『吾義固不殺人』，墨子再拜。」本書公輸篇文略同。

公輸般爲楚設機，將以攻宋。墨子聞之，百舍重繭往見公輸般，謂之曰：「吾自宋聞子，吾欲藉子殺人。」宋本作「王」，吳師道云：「一本作『生』」，唐武后『人』字。」黄丕烈云：「公輸篇文略同。」公輸般曰：「吾義固不殺人。」墨子曰：「聞公爲雲梯將以攻宋，宋何罪之有？義不殺王〔二〕而攻國，是不殺少而殺衆。敢問攻宋何義也？」公輸般服焉，請見之王。墨子見楚王，曰：「今有人於此：舍其文軒，隣有弊輿而欲竊之；舍其錦繡，鄰有短褐鮑彪本「短」作「裋」。而欲竊之；舍其粱肉，鄰有糟糠而欲竊之。此爲何若人也？」王曰：「必爲有竊疾矣！」墨子曰：「荆之地方五千里，宋方五百里，此猶文軒之與弊輿也；荆有雲夢，犀兕麋鹿盈之，江漢魚鼈黿鼉爲天下饒，宋所謂無雉兔鮒魚者也，此猶

---

〔二〕按：據上文，「王」字似應作「人」。吳師道曰：「一本三『殺王』並作『殺生』。」「生」即「人」字。

粱肉之與糟糠也；荆有長松文梓楩柟豫樟，鮑本作「章」。宋無長木，此猶錦繡之與短褐也。臣以王吏之攻宋，臣，宋本作「惡」，黄云：「即『悪』字。」案：悪，武后「臣」字。爲與此同類也。」王曰：「善哉！請無攻宋。」戰國策宋策。

公輸般爲高雲梯，欲以攻宋。墨子聞之，自魯往，裂裳裹足日夜不休，十日十夜而至於郢。見荆王，曰：「臣，北方之鄙人也，聞大王將攻宋，信有之乎？」王曰：「然。」墨子曰：「必得宋乃攻之乎？亡其不得宋，且不義，猶攻之乎？」王曰：「必不得宋，且有不義，則曷爲攻之？」墨子曰：「甚善。臣以宋必不可得。」王曰：「公輸般，天下之巧工也，已爲攻宋之械矣。」墨子曰：「請令公輸般試攻之，臣請試守之。」於是公輸般設攻宋之械，墨子設守宋之備，公輸般九攻之，舊本脱「公輸般」三字，畢沅據御覽三百二十校補。墨子九卻之，不能入。故荆輟不攻宋。墨子能以術禦荆免宋之難者，此之謂也。呂氏春秋愛類篇。案：呂氏春秋慎大覽高注云：「墨子曰：使公輸般攻宋之城，臣請爲宋守之備。公輸般九攻之，墨子九卻之。又令公輸般守備，墨子九下之。」諸書並止言輸攻墨守，惟此注更有輸守墨攻事，不知何據，謹附識於此。

昔者楚欲攻宋，墨子聞而悼之，自魯趨而往，舊本脱，王念孫據北堂書鈔補。十日十夜，足重繭而不休息，裂裳裹足，「裂」下舊本衍「衣」字，王據書鈔删。至於郢。見楚王，曰：「臣聞大王舉兵將宋攻，計必得宋而後攻之乎？亡其苦衆勞民，亡，宋本作「忘」。頓兵剉鋭，剉，舊本作「挫」，今從宋本正。負天下以不義之名，而不得咫尺之地，猶且攻之乎？」王曰：「必不得宋，又且爲不義，曷爲攻之？」墨子曰：「臣見大王之必傷義而不得宋。」王曰：「公輸，天下之巧士，作爲雲梯之械，「爲」字舊本脱，據宋本補。設以攻宋，曷爲弗取？」墨子曰：「令公輸設攻，臣請守之。」於是公輸般設攻宋之械，墨子設守宋之備，九攻而墨子九卻之，弗能入。於是乃偃兵，輟不攻宋。淮南子脩務訓。

公輸般爲雲梯之械，將攻宋。墨翟行自齊，行十日夜至郢。獻千金於般，曰：「北方有侮臣者，願子殺之。」般不悦，曰：「吾義固不殺人。」墨子再拜，曰：「吾聞子之梯以攻宋。楚有餘於地不足於民，殺所不足，爭所有餘，不可謂智；宋無罪而攻，不可謂仁；子義不殺少而殺衆，不可謂知類。」般子服。翟曰：「何不已乎？」曰：「既言之王矣。」曰：「何不見吾於王。」遂見之。墨解帶爲城，以褋爲械。般設九攻，而墨九卻之。般詘，而曰：「吾知所以距子矣。」問其故，墨曰：「般意不過欲殺臣，殺臣則宋莫能守。然臣弟子禽滑釐等三百人，持臣守器在宋城上以待楚矣。」王曰：「請無攻宋。」渚宮舊事二。

子墨子游公上過於越。公上過語墨子之義，越王説之，謂公上過曰：「子之師苟肯至越，請以故吴之地，陰江之浦，書社三百，以封夫子。」公上過往復於子墨子。子墨子曰：「子之觀越王也，能聽吾言，用吾道乎？」公上過曰：「殆未能也。」墨子曰：「不唯越王不知翟之意，雖子亦不知翟之意。若越王聽吾言，用吾道，翟度身而衣，量舊校云：「一作『裹』。」腹而食，比於賓萌，未敢求仕。高注云：「賓，客也。萌，民也。」越王不聽吾言，不用吾道，雖全越以與我，吾無所用之。越王不聽吾言，不用吾道，而受舊校云：「一作『愛』。」其國，是舊校云：「一作『退』。」以義翟也。義翟何必越？畢云：「兩『翟』字當是『糴』字之誤。」雖於中國亦可。」呂氏春秋高義篇。本書魯問篇文略同。

墨子至郢，獻書惠王。王受而讀之，曰：「良書也。是寡人雖不得天下，而樂養賢人。請過，此上下有脱文。進日百種，疑當作「進粟百鍾」。以待官舍人，不足須天下之賢君。」墨下脱「子」字。辭曰：「翟聞賢人進道不行，不受其賞，義不聽，不處其朝。今書未用，請遂行矣。」將辭王而歸，王使穆賀以老辭。余注云：「時惠王在位已五十年矣。」魯陽文君言於王曰：「墨子，北方賢聖人，君王不見，又不爲禮，毋乃失士。」乃使文君追墨子，以書社五里疑當作「五百里」。封之，不受而去。渚宫舊事二。案：首數語與貴義篇及文選注所引本書佚文略同，見附録。右墨子遺事。

墨子爲木鳶，三年而成，蜚一日而敗。弟子曰：「先生之巧，至能使木鳶飛。」墨子曰：「不如爲車輗者巧也，用咫尺之木，不費一朝之事，而引三十石之任，致遠力多，久於歲數。

今我爲鳶三年而成，蜚一日而敗。」惠子聞之，曰：「墨子大巧，巧爲輗，拙爲鳶。」韓非子外儲説左上。淮南子齊俗訓云：「魯般、墨子以木爲鳶，而飛之三日不集，而不可使爲工也。」論衡儒增篇云：「儒書稱魯般、墨子之巧，刻木爲鳶，飛之三日而不集。」案：本書魯問篇説公輸子削竹木以爲鵲，與此略同，疑傳聞之異。

夫班輸之雲梯，墨翟之飛鳶，張注云：「墨子作『木鳶』，飛三日不集。」自謂能之極也。弟子東門賈、禽滑釐聞偃師之巧，以告二子，二子終身不敢語藝，而時執規矩。列子湯問篇。案：東門賈蓋班輸弟子，故云「以告二子」。或謂亦墨子弟子，非是。

墨子服役百八十人，皆可使赴火蹈刃，死不旋踵，化之所致也。淮南子泰族訓。案：主術訓又云「孔丘墨翟脩先聖之術，通六藝之論，口道其言，身行其志，慕義從風而爲之服役者，不過數十人」，與此小異。

墨子見歧道而哭之。呂氏春秋疑似篇。高注云：「爲其可以南可以北，言乖别也。」賈子新書審微篇云：「故墨子見衢路而哭之，悲一跬而繆千里也。」案：荀子王霸篇又云「楊朱哭衢涂」，蓋傳聞之異。

墨子非樂，不入朝歌之邑。淮南子説山訓。史記鄒陽傳云：「邑號朝歌，而墨子迴車。」又説山訓高注云：「墨子尚儉不好樂，縣名朝歌，墨子不入。」

墨子見荆王，錦衣吹笙，因也。呂氏春秋貴因篇。高注云：「墨子好儉非樂，錦與笙非其所服也，而爲之，因荆王之所欲也。」藝文類聚四十四引尸子云：「墨子吹笙，墨子非樂，而於樂有是也。」

蓋聞孔丘、墨翟晝日諷誦習業，夜親見文王、周公旦而問焉。呂氏春秋博志篇。

繞梁之鳴，許史鼓之，非不樂也，墨子以爲傷義，故不聽也。文選七命李注引尸子。右墨子瑣事。

墨子者名翟，宋人也，仕宋爲大夫。外治經典，内修道術，著書十篇，號爲墨子。世多學者，與儒家分途，務尚儉約，頗毁孔子。有公輸般者，爲楚造雲梯之械，以攻宋。墨子聞之，往詣楚。脚壞，裂裳裹足，七日七夜到。見公輸般而説之，曰：「子爲雲梯以攻宋，宋何罪之有？有餘於地而不足於民，殺所不足而争所有餘，不可謂智；宋無罪而攻之，不可謂仁；知而不争，不可謂忠；争而不得，不可謂彊。」公輸般曰：「吾不可以已，言於王矣。」墨子見王，曰：「於今有人，捨其文軒，隣有一弊輿而欲竊之；舍其錦繡，隣有短褐而欲竊之；舍其粱肉，隣有糟糠而欲竊之。此爲何若人也？」王曰：「若然者，必有狂疾。」翟曰：「楚有雲夢之麋鹿，江漢之魚龜，爲天下富，宋無雉兔鮒魚，猶粱肉與糟糠也；楚有杞梓豫章，宋無數丈之木，此猶錦繡之與短褐也。臣聞大王更議攻宋，有與此同。」王曰：「善哉。然公輸般已爲雲梯，謂必取宋。」於是見公輸般。墨子解帶爲城，以幞爲械，公輸般乃設攻城之機，九變而墨子九拒之，公輸之攻城械盡，而墨子之守有餘也。公輸般曰：「吾知所以攻子矣，吾不言。」墨子曰：「吾知子所以攻我，我亦不言。」王問其故。墨子曰：「公輸之意，不過殺臣，謂宋莫能守耳。然臣弟子禽滑釐等三百人，早已操臣守禦之器，在宋城上而待楚寇矣！雖殺臣，不能絶也。」楚乃止，不復攻宋。

墨子年八十有二，乃歎曰：「世事已可知，榮位非常保，將委流俗以從赤松子游耳！」乃入周狄山，精思道法，想像神仙。於是數聞左右山閒有誦書聲者，墨子卧後，又有人來以衣覆足。墨子乃伺之，忽見一人，乃起問之曰：「君豈非山岳之靈氣乎？將度世之神仙乎？願且少留，誨以道要。」神人曰：「知子有志好道，故來相候。子欲何求？」墨子曰：「願得長生，與天地相畢耳。」於是神人授以素書、朱英丸方、道靈教戒、五行變化，凡二十五篇。告墨子曰：「子有仙骨，又聰明，得此便成，不復須師。」墨子拜受合作，遂得其驗。乃撰集其要，以爲五行記，乃得地仙，隱居以避戰國。至漢武帝時，遣使者楊違，束帛加璧以聘墨子。墨子不出，視其顔色常如五十許人。周游五嶽，不止一處。葛洪神仙傳。右附。

案：墨子法夏宗禹，與黄老不同術。晉宋以後，神仙家妄撰墨子爲地仙之説，於是墨與道乃合爲一。阮孝緒七録有墨子枕中五行要記一卷，五行變化墨子五卷，隋志並云：「梁有，今亡。」案：抱朴子内篇遐覽云：「變化之術大者，唯有墨子五行記，本有五卷。昔劉君安未仙去時，鈔取其要，以爲一卷。」葛氏所説甚詳。蓋五行變化即五卷之全書。要記即劉安所鈔一卷也。隋書經籍志醫方類有墨子枕内五行記要一卷，宋史藝文志神仙類有太上墨子枕中記二卷，皆即是書。抱朴子神仙金汋經又載墨子丹法，蓋皆道家僞託之書。五代史唐家人傳云「魏州民自言有墨子術，能役鬼神，化丹砂水銀」，即此術也。蓋即葛傳所謂五行記者。明鬼之論忽變爲服食練形，而七十一篇之外又增金丹變化之書，斯皆展轉依託，不可究詰。魏晉之閒，俗尚浮靡，嫁名僞册，榛薉編録，此亦其一矣。開元占經引墨子占，疑亦叚託。稚川之傳，惟與公輸般論攻守事見本書，餘皆肊造，不足論。以其晉人舊帙，姑録附於末，以識道家不經之談所由肇耑。至於年代彌遠，詭説日孳，生有夢烏之徵，伊世珍瑯嬛記引賈子説林，謂墨子姓翟名烏，其母夢日中赤烏入室，驚覺生烏，遂名之。其説謬妄，不足辯。説林古亦無是書，蓋即世珍所肊撰也。終以服丹而化，陶弘景真誥稽神樞篇云：「墨狄子服金丹而告終。」若兹之類，誣誕尤甚，今無取焉。

## 墨學通論第五

春秋之後，道術紛歧，倡異説以名家者十餘，然惟儒墨爲最盛，其相非亦最甚。墨書既非儒，儒家亦闢楊墨。楊氏晚出，復擯儒、墨而兼非之。然信從其學者少，固不能與墨抗行也。莊周曰：「兩怒必多溢惡之言。」人閒世篇。況夫樹一義以爲臻楬，而欲以易舉世之論，沿襲增益，務以相勝，則不得其平，豈非勢之所必至乎？今觀墨之非儒，固多誣妄，其於孔子，亦何傷於日月？而墨氏兼愛，固諄諄以孝慈爲本，其書具在，可以勘驗。班固論墨家亦云：「以孝視天下，是以尚同。」而孟子斥之，至同之無父之科，則亦少過矣。自漢以後，治教嫥一，學者咸宗孔孟，而墨氏大絀。然講學家剽竊孟荀之論，以自矜飾標識；綴文之士，習聞儒言，而莫之究察。其於墨也，多望而非之，以迄於今。學者童丱治舉業，至於皓首，習斥楊墨爲異端，而未有讀其書，深究其本者。是暖姝之説也，安足與論道術流別哉！今集七國以還於漢諸子之言涉墨氏者，而殿以唐昌黎韓子讀墨子之篇，條別其説，不加平議。雖復申駁襍陳，然否錯出，然視夫望而非之者，固較然其不同也。至後世文士衆講學家之論，則不復甄録。世之君子，有秉心敬恕，精究古今學業純駁之故者，讀墨氏之遺書，而以此篇證其離合，必有以持其是非之平矣。秦漢諸子及史傳，涉儒墨者甚夥，華文汜論，無所發明，及荀韓諸子，難節葬、兼愛之論，而未明斥墨子者，今並不録。

墨子之言，昭昭然爲天下憂不足。夫不足，非天下之公患也，特墨子之私憂過計也。今是土之生五穀也，人善治之，則畝數盆，一歲而再獲之，楊注云：「『獲』讀爲穫。」然後瓜桃棗李一本數以盆鼓，然後葷菜百疏以澤量，然後六畜禽獸一而剸車，楊云：「剸與專同，言一獸滿一車。」黿鼉魚鼈鰌鱣以時別，一而成羣，然後飛鳥鳧鴈若煙海，然後昆蟲萬物生其閒，可以相食養者不可勝數也。夫天地之生物也固有餘，足以食人矣；麻葛繭絲、鳥獸之羽毛齒革也，固有餘，足以衣人矣。夫有餘不足，非天下之公患也，特墨子之私憂過計也。天下之公患，亂傷之也。胡不嘗試相與求亂之者誰也？我以墨子之非樂也，則使天下亂；墨子之節用也，則使天下貧。非將墮之也，説不免焉。墨子大有天下，小有一國，將蹙然衣麤食惡，憂戚而非樂。若是則瘠，瘠則不足欲，不足欲則賞不行。墨子大有天下，小有一國，將少人徒，省官職，上功勞苦，與百姓均事業，齊功勞。若是則不威，不威則賞罰不行。賞不行，則賢者不可得而進也；罰不行，則不肖者不可得而退也。賢者不可得而進也，不肖者不可得而退也，則能不能不可得而官也。若是則萬物失宜，事變失應，上失天時，下失地利，中失人和，天下敖然，若燒若焦。楊云：「『敖』讀爲熬。」墨子雖爲之衣褐帶索，嚽菽飲水，惡能足之乎？楊云：「嚽與啜同。」既以伐其本，竭其原，而焦天下矣。故先王聖人爲之不然。知夫爲人主上者，不美不飾之不足以一民也，不富不厚之不足以管下，不威不强之不足以禁暴勝悍也，故必將撞大鐘、擊鳴鼓、吹笙竽、彈琴瑟以塞其耳；必將錭琢刻鏤、黼黻文章以塞其目；楊云：「錭與彫同。」必將芻豢稻粱、五味芬芳以塞其口，然後衆人徒、備官職、漸慶賞、嚴刑罰以戒其心。使天下生民之屬，皆知己之所願欲之舉在是于也，故其賞行；楊云：「是于，猶言于是。言生民所願欲皆在于是也。説苑亦作『是于也』。」皆知己之所畏恐之舉在是于也，故其罰威。賞行罰威，則賢者可得而進也，不肖者可得而退也，能不能可得而官也。若是則萬物得宜，事變得應，上得天時，下得地利，中得人和，則財貨渾渾如泉源，汸汸如河海，楊云：「『汸』讀爲滂，水多貌也。」暴暴如山丘，不時焚燒，無所臧之，夫天下何患乎不足也！故儒術誠行，則天下大而富使有功，楊云：「『大』讀爲泰，優泰也。」撞鐘擊鼓而和。詩曰「鐘鼓喤喤，管磬瑲瑲，降福穰穰，降福簡簡，威儀反反。既醉既飽，福祿來反」，此之謂也。謝墉云：「『管磬瑲瑲』，元刻作『磬筦將將』。」故墨術誠行，則天下尚儉而彌貧，非鬭而日爭，楊云：「墨子有非攻篇，非攻即非鬭也。」勞苦頓萃而愈無功，愀然憂戚，非樂而日不和。楊云：「萃與顇同。」詩曰「天方薦瘥，喪亂弘多。民言無嘉，憯莫懲嗟」，此之謂也。荀子富國篇。右難節用。

夫樂者樂也，人情之所必不免也。故人不能無樂，樂則必發於聲音，形於動靜，而人之道，聲音動靜，性術之變盡是矣。故人不能不樂，樂則不能無形，形而不爲道則不能無亂。先王惡其亂也，故制雅頌之聲以道之，使其聲足以樂而不流，使其文足以辨而不諰，謝墉云：「禮記樂記作『論而不息』，史記樂書作『綸而不息』，此作『諰』，乃『諰』之訛。莊子人閒世篇『氣息茀然』，向本作『諰』，崔本亦同。」使其曲直繁省、廉肉節奏足以感動人之善心，謝云：「繁省，史記同，禮記作『繁瘠』。」使夫邪汙之氣無由得接焉，是先王立樂之方也。而墨子非之，柰何？故樂在宗廟之中，君臣上下同聽之，則莫不和敬；閨門之內，父子兄弟同聽之，則莫不和親；鄉里族長之中，長少同聽之，則莫不和順。故樂者審一以定和者也，比物以飾節者也，合奏以成文者也，謝云：「禮記作『節奏合以成文』，史記同。」足以率一道，足以治萬變，是先王立樂之術也。而墨子非之，柰何？故聽其雅頌之聲，而志意得廣焉；執其干戚，習其俯仰屈伸，而容貌得莊焉；行其綴兆、要其節奏，而行列得正焉，進退得齊焉。故樂者，出所以征誅也，入所以揖讓也，征誅揖讓其義一也。出所以征誅，則莫不聽從；入所以揖讓，則莫不從服。故樂者天下之大齊也，中和之紀也，人情之所必不免也，是先王立樂之術也。而墨子非之，柰何？且樂者，先王之所以飾喜也；軍旅鈇鉞者，先王之所以飾怒也。先王喜怒皆得其齊焉，謝云：「禮記『齊』作『儕』。」是故喜而天下和之，怒而暴亂畏之。先王之道，禮樂正其盛者也，而墨子非之。故曰：墨子之於道也，猶瞽之於白黑也，猶聾之於清濁也，猶之楚而北求之也。夫聲樂之入人也深，其化人也速，故先王謹爲之文。樂中平則民和而不流，樂莊肅則民齊而不亂。民和齊則兵勁城固，敵國不敢嬰也，如是則百姓莫不安其處、樂其鄉，以至足其上矣。然後名聲於是白，光輝於是大，四海之民莫不願得以爲師，是王者之始也。樂姚冶以險，則民流僈鄙賤矣。流僈則亂，鄙賤則爭，亂爭則兵弱城犯，敵國危之。如是，則百姓不安其處，不樂其鄉，不足其上矣。故禮樂廢而邪音起者，危削侮辱之本也。故先王貴禮樂而賤邪音，其在序官也，曰修憲命，審誅賞，禁淫聲，以時順修，使夷俗邪音不敢亂雅，太師之事也。墨子曰：「樂者，聖王之所非也，而儒者爲之，過也。」君子以爲不然。樂者聖人之所樂也，而可以善民心，其感人深，其移風易俗，故先王導之以禮樂而民和睦。夫民有好惡之情，而無喜怒之應則亂，先王惡其亂也，故修其行，正其樂，而天下順焉。故齊衰之服，哭泣之聲，使人之心悲；帶甲嬰軸歌於行伍，使人之心傷；姚冶之容，鄭衛之音，使人之心淫；紳端章甫，舞韶歌武，使人之心莊。故君子耳不聽淫聲，目不視女色，口不出惡言，此三者君子慎之。凡姦聲感人而逆氣應之，逆氣成象而亂生焉。正聲感人而順氣應之，順氣成象而治生焉。唱和有應，善惡相象，故君子慎其所去就也。君子以鐘鼓道志，以琴瑟樂心，動以干戚，飾以羽旄，從以磬管，謝云：「元刻作『簫管』，與禮記同。」故其清明象天，其廣大象地，其俯仰周旋有似於四時。謝云：「元刻『周旋』作『隨還』。」故樂行而志清，禮修而行成，耳目聰明，血氣和平，移風易俗，天下皆寧，莫善於樂。謝云：「宋本作『美善相樂』。」故曰樂者樂也。君子樂得其道，小人樂得其欲。以道制欲則樂而不亂，以欲忘道則惑而不樂。故樂者所以道樂也，金石絲竹所以道德也，樂行而民鄉方矣。故樂者治人之盛者也，而墨子非之。且樂也者，和之不可變者也；禮也者，理之不可易者也。樂合同，禮別異，禮樂之統，管乎人心矣。窮本極變，樂之情也；著誠去僞，禮之經也。墨子非之，幾遇刑也。明王已没，莫之正也。愚者學之，危其身也。君子明樂，乃其德也。亂世惡善，不此聽也。於乎哀哉，不得成也。弟子勉學，無所營也。謝云：「勉，元刻作『免』，古通用。」荀子樂論篇。右難非樂。

墨子稱：景公問晏子以孔子而不對，又問，三皆不對。公曰：「以孔子語寡人者衆矣，俱以爲賢人，今問子而不對，何也？」晏子曰：「嬰聞孔子之荆，知白公謀而奉之以石乞。勸下亂上，教臣弑君，非聖賢之行也。」見非儒下篇。詰之曰：楚昭王之世，夫子應聘如荆，不用而反，周旋乎陳宋齊衞。楚昭王卒，惠王立，十年，令尹子西乃召王孫勝以爲白公。宋咸注云：「史云『二年』，此云『十年』。」是時魯哀公十五年也，夫子自衞反魯居五年矣。白公立一年，然後乃謀作亂。亂作在哀公十六年秋也，夫子已卒十旬矣。墨子雖欲謗毁聖人，虚造妄言，柰此年世不相值何？

墨子曰：「孔子至齊，見景公，公悦之，封之於尼谿。晏子曰：『不可。夫儒浩居而自順，浩，宋本作「法」，明刻本作「浩」，與非儒篇同，今從之。立命而怠事，崇喪遂哀，盛用繁禮，其道不可以治國，其學不可以導家。』非儒篇作「衆」，此疑誤。公曰：『善。』」見非儒下篇。詰之曰：即如此言，晏子爲非儒惡禮，不欲崇喪遂哀也。察傳記，晏子之所行，未有以異於儒焉。又景公問所以爲政，晏子荅以禮云，景公〔二〕曰：「禮其可以治乎？」晏子曰：「禮於政與天地並。」此則未有以惡於禮也。晏桓子卒，晏嬰斬衰枕草，苴絰帶杖，菅菲食粥，居於倚廬，遂哀三年。此又未有以異於儒也。若能以口非之，而躬行之，晏子所弗爲。

〔二〕「景公」，原誤「晏公」，據孔叢子詰墨篇改。

子皮審矣。

墨子曰：「孔子怒景公之不封己，乃樹鴟夷子皮於田常之門〔二〕。」見非儒下篇。詰之曰：夫樹人，爲信己也。記曰：「孔子適齊，惡陳常而終不見。常病之，亦惡孔子。」交相惡而又任事，其然矣。記又曰：「陳常弒其君，孔子齋戒沐浴而朝請討之。」觀其終，不樹子皮審矣。

墨子曰：「孔子爲魯司寇，舍公家而奉季孫。」見非儒下篇。詰之曰：若以季孫爲相，司寇統焉，奉之自法也。若附意季孫，季孫既受女樂，則孔子去之；季孫欲殺囚，則孔子赦之，非苟順之謂也。

墨子曰：「孔子厄於陳、蔡之閒，子路烹豚，孔子不問肉之所由來而食之；剥人之衣以沽酒，孔子不問酒之所由來而飲之。」見非儒下篇。詰之曰：所謂厄者，沽酒無處，藜羹不粒，乏食七日，若烹豚飲酒，則何言乎厄？斯不然矣。且子路爲人，勇於見義，縱有豚酒，不以義不取之可知也，又何問焉？

墨子曰：「孔子諸弟子，子貢、季路輔孔悝以亂衞，陽虎亂魯，佛肸以中牟叛，漆雕開形殘。」見非儒下篇。詰之曰：如此言，衞之亂，子貢、季路爲之耶？斯不待言而了矣。陽虎

〔二〕「門」，原誤「問」，據非儒下篇改。

欲見孔子，孔子不見，何弟子之有？佛肸以中牟叛，召孔子，則有之矣，爲孔子弟子，未之聞也。且漆雕開形殘，非行己之致，何傷於德哉！

墨子曰：「孔子相魯，齊景公患之，謂晏子曰：『鄰有聖人，國之憂也。今孔子相魯，爲之若何？』晏子對曰：『君其勿憂。彼魯君，弱主也，孔子，聖相也。不如陰重孔子，欲以相齊，則必强諫魯君，魯君不聽，將適齊，君勿受，則孔子困矣。』」今本書無。畢沅云：「疑非儒上篇佚文。」詰之曰：按如此辭，則景公、晏子畏孔子之聖也。上乃云乃，宋本作「而」。「非聖賢之行」，上下相反，若晏子悖，可也，否宋本作「不然」。則不然矣。

墨子曰：「孔子見景公，公曰：『先生素不見晏子乎？』對曰：『晏子事三君而得順焉，是有三心，所以不見也。』公告晏子。晏子曰：『三君皆欲其國安，是以嬰得順也。聞君子獨立不慙於影，今孔子伐樹削迹，不自以爲辱，自窮陳、蔡，不自以爲約。始吾望儒貴之，今則疑之。』」畢云：「疑非儒上篇佚文。」詰之曰：若是乎，孔子、晏子交相毀也？小人有之，君子則否。孔子曰：「靈公汙，而晏子事之以潔；莊公怯，而晏子事之以勇；景公侈，而晏子事之以儉。晏子，君子也。」梁丘據問曰：「晏子事三君而不同心，而俱順焉，仁人固多心乎？」晏子曰：「一心可以事百君，百心不可以事一君。故三君之心非一也，而嬰之心非三也。」孔子聞之曰：「小子記之！晏子以一心事三君，君子也。」如此，則孔子譽晏子，非所謂毀而不見也。景公問晏子曰：「若人之衆，則有孔子乎？」對曰：「孔子者，君子行有節者也。」晏子又曰：「盈成匡，晏子春秋外篇作「盆成适」，此疑誤。父之孝子，兄之弟弟也。其父尚爲孔子門人，尚，晏子春秋作「嘗」，古通。門人且以爲貴，則其師亦不賤矣。」是則晏子亦譽孔子，可知也。夫德之不修，己之罪也，不幸而屈於人，己之命也。伐樹削迹，絶糧七日，何約乎哉！明刻本作「故」，據宋本正。若晏子以此而疑儒，則晏子亦不足賢矣。

墨子曰：「景公祭路寢，聞哭聲，問梁丘據，對曰：『魯孔子之徒也。其母死，服喪三年，喪，宋本作「哀」。哭泣甚哀。』公曰：『豈不可哉？』晏子曰：『古者聖人非不能也，而不爲者，知其無補於死者，而深害生事故也。』」畢云「疑非儒上篇佚文。」詰之曰：墨子欲以親死不服，三日哭而已，於意安者，卒自行之，空用晏子爲引，而同乎己，適證其非耳。且晏子服父禮，則無緣非行禮者也。曹明問子魚曰：「觀子詰墨者之辭，事義相反，墨者妄矣。假使墨者復起，對之乎？」荅曰：「苟得其理，雖百墨，吾益明白焉。失其正，雖一人，猶不能當前也。墨子之所引者，矯晏子，晏子之善吾先君，先君之善晏子，其事庸盡乎？」曹明曰：「可得聞諸？」子魚曰：「昔齊景公問晏子曰：『吾欲善治，可以伯諸侯乎？』伯，明刻作「霸」，今從宋本。對曰：『官未具也。臣亟以聞，而君未肯然也。臣聞孔子聖人，然猶居處勌惰，廉隅不修，則原憲、季羔侍；氣鬱而疾，宋本作「一食血氣不休」，今從明刻本，與晏子春秋内篇問上合。志意不通，則仲由、卜商侍；德不盛，行不勤，則顏、閔、冉、雍侍。今君之朝臣萬人，立車千乘，不善之政加於下民者衆矣，未能以聞者。臣故曰：官未備也。』此又晏子之善孔子者也。子曰：『晏平仲善與人交，久而敬之。』此又孔子之貴晏子者也。」曹明曰：「吾始謂墨子可疑，今則決妄不疑矣。」孔叢子詰墨篇。右難非儒。

三年之喪，是强人所不及，而以僞輔情也。三月之服，是絶哀而迫切之性也。夫儒墨不原人情之終始，而務以行相反之制。淮南子齊俗訓。高注云：「三月之服，夏后氏之禮。」右難節葬。

聖賢之業，皆以薄葬省用爲務。然而世尚厚葬，有奢泰之失者，儒家論不明，墨家議之非故也。墨家之議右鬼，以爲人死輒爲神鬼，而有知能，形而害人，故引杜伯之類以爲效驗。儒家不從，以爲死人無知，不能爲鬼，然而賻祭備物者，示不負死以觀生也。陸賈依儒家而説，故其立語不肯明處。劉子政舉薄葬之奏，務欲省用，不能極論。是以世俗内持狐疑之議，外聞杜伯之類，又見病且終者，墓中死人來與相見，故遂信是。謂死如生，閔死獨葬，魂孤無副，丘墓閉藏，穀物乏匱，故作偶人以侍尸柩，多藏食物以歆精魂。積浸流至，或破家盡業以充死棺，殺人以殉葬，以快生意，非知其内無益，而奢侈之心外相慕也。以爲死人有知，與生人無以異。孔子非之，而亦無以定實。然而陸賈之論，兩無所處。劉子政奏亦不能明儒家無知之驗，墨家有知之故。事莫明於有效，論莫定於有證，空言虚語，雖得道心，人猶不信。是以世俗輕愚信禍福者，畏死不懼義，重死不顧生，竭財以事神，空家以送終。辯士文人有效驗，若墨家之以杜伯爲據。則死無知之實可明，薄葬省財之教可立也。今墨家非儒，儒家非墨，各有所持，故乖不合，業難齊同，故二家争論。世無祭祀復生之人，故死生之義未有所定。實者死人闇昧，與人殊途，其實荒忽，難得深知。有知無知之情不可定，爲鬼之實不可是。通人知士雖博覽古今，窺涉百家，條入葉貫，不能審知。唯聖心賢意，方比物類，爲能實之。夫論不留精澄意，苟以外效立事是非，信聞見於外，不詮訂於內，是用耳目論，不以心意議也。夫以耳目論，則以虛象爲言；虛象效，則以實事爲非。是故是非者，不徒耳目，必開心意。墨議不以心而原物，苟信聞見，則雖效驗章明，猶爲失實。失實之議難以教，雖得愚民之欲，不合知者之心。喪物索用無益於世，此蓋墨術所以不傳也。墨家之議，自違其術，其薄葬而又右鬼。右鬼引效，以杜伯爲驗。杜伯死人，如謂杜伯爲鬼，則夫死者審有知，如有知而薄葬之，是怒死人也。情欲厚而惡薄，以薄受死者之責，雖右鬼，其何益哉？如以鬼非死人，則其信杜伯非也；如以鬼是死人，則其薄葬非也。術用乖錯，首尾相違，故以爲非，非與是不明，皆不可行。王充論衡薄葬篇。右難明鬼、節葬。

儒家之宗孔子也，墨家之祖墨翟也。且案儒道傳而墨法廢者，儒之道義可爲，而墨之法議難從也。何以驗之？墨家薄葬右鬼，道乖相反，違其實，宜以難從也。乖違如何？使鬼非死人之精也，右之未可知；今墨家謂鬼審人之精也，厚其精而薄其屍，此於其神厚而於其體薄也，薄厚不相勝，華實不相副，則怒而降禍，雖有其鬼，終以死恨。人情欲厚惡薄，神心猶然，用墨子之法事鬼求福，福罕至而禍常來也。以一況百，而墨家爲法，皆若此類也。廢而不傳，蓋有以也。論衡案書篇。右難明鬼。

墨子貴兼，孔子貴公，皇子貴衷，田子貴均，列子貴虛，料子貴別，囿其學之相非也，數世矣而已，何焯校云：「『而』下疑脱『不』字。」皆弇於私也。爾雅釋詁邢昺疏引尸子廣澤篇。呂氏春秋不二篇云：「老耽貴柔，孔子貴仁，墨翟貴廉，關尹貴清，子列子貴虛，陳駢貴齊，陽生貴己，孫臏貴勢，王廖貴先，兒良貴後。」案：呂覽云「墨子貴廉」，「廉」疑即「兼」之借字。

孟子曰：「楊氏爲我，是無君也；墨氏兼愛，是無父也。無父無君，是禽獸也。」孟子滕文公上篇。孟子曰：「墨子兼愛，摩頂放踵，利天下爲之。」告子下篇。

不侈於後世，不靡於萬物，不暉於數度，釋文云：「暉，崔本作『渾』。」以繩墨自矯而備世之急，古之道術有在於是者。墨翟、禽滑釐聞其風而説之，説，成玄英本作「悦」。爲之大過，大，成本作「太」。已之大順。釋文云「『順』或作『循』。」案：成本作「循」。疏云「循，順也」。作爲非樂，命之曰節用；生不歌，死無服。墨子氾愛兼利而非鬭，其道不怒；又好學而博，不異，不與先王同，毀古之禮樂。黃帝有咸池，堯有大章，舜有大韶，禹有大夏，湯有大濩，文王有辟雍之樂，武王、周公作武。古之喪禮，貴賤有儀，上下有等，天子棺槨七重，諸侯五重，大夫三重，士再重。今墨子獨生不歌，死不服，桐棺三寸而無槨，以爲法式。以此教人，恐不愛人；以此自行，固不愛已。未敗墨子道，釋文云：「『敗』或作『毀』。」墨子是一家之正，故不可以爲敗也。崔云：未壞其道。」雖然，歌而非歌，哭而非哭，樂而非樂，是果類乎？其生也勤，其死也薄，其道大觳；郭注云：「觳，無潤也。」使人憂，使人悲，其行難爲也，恐其不可以爲聖人之道，反天下之心，天下不堪。墨子雖獨能任，柰天下何！離於天下，其去王也遠矣。墨子稱道曰：「昔者成本無「者」字。禹之湮洪水，決江河而通四夷九州也，名川三百，支川三千，釋文云：「支川，本或作『支流』。」小者無數。禹親自操橐耜而九雜天下之川，腓無胈，脛無毛，沐甚雨，櫛疾風，置萬國。禹大聖也，而形勞天下也如此。」釋文「橐」作「槀」，云：「槀，舊古考反。崔、郭音託，字則應作『橐』。崔云：『囊也。』司馬云：『盛土器也。』『九』音鳩，本亦作『鳩』，聚也。雜，本或作『杂』，音同。崔云：『所治非一，故曰雜也。』崔本『甚』作『湛』，音淫。」詒讓案：此當從「橐」爲是，釋文本非。成本亦作「橐」，疏同司馬義，又云：「舟檝往來，九州雜易。」又解：凡經九度，言九雜也。又本作『鳩』者，言鳩雜川谷以導江河也。」案：九雜，猶言九帀也，成引一解云「經九度」者是也。諸說並未得其指。使後世之墨者，多以裘褐爲衣，以跂蹻爲服，日夜不休，以自苦爲極，釋文云：「李云：『麻曰屩，木曰屐。』屐與跂同，屩與蹻同。」曰：「不能如此，非禹之道也，不足謂墨。」相里勤之弟子五侯之徒，南方之墨者苦獲、已齒、鄧陵子之屬，俱誦墨經，而倍譎不同，相謂別墨；以堅白同異之辯相訾，以觭偶不仵之辭相應；以巨子爲聖人，釋文云：「巨子，向、崔本作『鉅』。」皆願爲之尸，冀得爲其後世，至今不決。墨翟禽滑釐之意則是，其行則非也。將使後世之墨者，必自苦以腓無胈，脛無毛，相進而已矣。亂之上也，治之下也。雖然，墨子真天下之好也，將求之不得也，雖枯槁不舍也。才士也夫！莊子天下篇。駢於辯者，纍瓦結繩竄句，遊心於堅白同異之閒，而敝跬譽無用之言非乎？而楊墨是已。莊子駢拇篇。

不知壹天下、建國家之權稱，上功用、大儉約而僈差等，曾不足以容辨異、縣君臣。然而其持之有故，其言之成理，足以欺惑愚衆，是墨翟、宋銒也。荀子非十二子篇。

今以一人兼聽天下，日有餘而治不足者，使人爲之也。大有天下，小有一國，必自爲之然後可，則勞苦耗顇莫甚焉。如是，則雖臧獲不肯與天子易執業。以是縣天下，一四海，何故必自爲之？爲之者，役夫之道也，墨子之説也。論德使能而官施之者，聖王之道也，儒之所謹守也。荀子王霸篇。

墨子有見於齊，無見於畸；楊注云：「畸，謂不齊也。墨子著書有上同、兼愛，是見齊而不見畸也。」有齊而無畸，則政令不施。楊注云：「夫施政令所以治不齊者，若上同，則政令何施也？」荀子天論篇。

墨子蔽於用而不知文，楊注云：「欲使上下勤力，股無胈，脛無毛，而不知貴賤等級之文飾也。」宋子蔽於欲而不知得，慎子蔽於法而不知賢，申子蔽於埶而不知知，楊云：「下『知』音智。」惠子蔽於辭而不知實，莊子蔽於天而不知人。故由用謂之道盡利矣，楊云：「由，從也。若由於用，則天下之道無復仁義，皆盡於求利也。」由俗謂之道盡嗛矣，楊云：「『俗』當爲『欲』，『嗛』與『慊』同，快也。」由法謂之道盡數矣，由埶謂之道盡便矣，由辭謂之道盡論矣，由天謂之道盡因矣。此數具者，皆道之一隅也。夫道者，體常而盡變，一隅不足以舉之。曲知之人，觀於道之一隅而未之能識也，故以爲足而飾之，内以自亂，外以惑人，上以蔽下，下以蔽上，此蔽塞之禍也。荀子解蔽篇。

世之顯學，儒墨也。儒之所至，孔丘也；墨之所至，墨翟也。自孔子之死也，有子張之儒，有子思之儒，有顔氏之儒，有孟氏之儒，有漆雕氏之儒，有仲良氏之儒，道藏本「良」作「梁」，聖賢羣輔録同，今從宋本。良、梁字通。有孫氏之儒，顧廣圻云：「即荀卿。」案：顧説是也。羣輔録作「公孫氏」，疑不足據。有樂正氏之儒。自墨子之死也，有相里氏之墨，有相夫氏之墨，有鄧陵氏之墨。故孔墨之後，儒分爲八，墨離爲三，取舍相反不同，而皆自謂真孔墨。孔墨不可復生，將誰使定世之學乎？孔子、墨子俱道堯舜，而取舍不同，皆自謂真堯舜。堯舜不復生，將誰使定儒墨之誠乎？殷周七百餘歲，虞夏二千餘歲，而不能定儒墨之真，今乃欲審堯舜之道於三千歲之前，意者其不可必乎！無參驗而必之者，愚也；弗能必而據之者，誣也。故明據先王，必定堯舜者，非愚則誣也。愚誣之學，襍反之行，明主弗受也。墨者之葬也，冬日冬服，夏日夏服，桐棺三寸，服喪三月，世主以爲儉而禮之。「主」字舊本脱，今據盧文弨、顧廣圻校補。儒者破家而葬，服喪三年，大毁扶杖，世主以爲孝而禮之。夫是墨子之儉，將非孔子之侈也；是孔子之孝，將非墨子之戾也。今孝戾、侈儉俱在儒墨，而上兼禮之。韓非子顯學篇。

夫弦歌鼓舞以爲樂，盤旋揖讓以脩禮，厚葬久喪以送死，孔子之所立也，而墨子非之。兼愛、尚宋本作「上」。賢、右鬼、非命，墨子之所立也，而楊子非之。淮南子氾論訓。

墨子學儒者之業，受孔子之術，以爲其禮煩擾而不悦，許注云：「悦，易也。」王念孫云：「當爲『侻』。」厚葬靡財而貧民，服傷生而害事，王云：「當云『久服』，此脱『久』字。」故背周道而用夏政。禹之時，天下大水，禹身執虆臿，今本譌「垂」，據宋本正。以爲民先，剔河而道九岐，鑿江而通九路，辟五湖而定東海。當此之時，燒不暇撌，濡不給扢，死陵者葬陵，死澤者葬澤，故節財薄葬閑宋本作「閒」。服生焉。淮南子要略。

蓋墨翟宋之大夫，善守禦，爲節用。或曰並孔子時，或曰在其後。史記孟子荀卿傳。

墨者儉而難遵，是以其事不可偏循。然其彊本節用，不可廢也。墨者亦尚堯舜道，言其德行，曰：「堂高三尺，土階三等，茅茨不翦，采椽不刮；食土簋，集解：「徐廣曰：一作『塯』。」啜土刑，糲粱之食，藜藿之羹；夏日葛衣，冬日鹿裘。其送死，桐棺三寸，舉音不盡其哀，教喪禮，必以此爲萬民之率。使天下法若此，則尊卑無別也。夫世異時移，事業不必同，故曰儉而難遵。要曰彊本節用，則人給家足之道也，此墨子之所長，雖百家弗能廢也。史記自序司馬談論六家要指。

儒譏墨以上同、兼愛、上賢、明鬼，而孔子畏大人，居是邦不非其大夫，春秋譏專臣，不上同哉？孔子泛愛親仁，以博施濟衆爲聖，不兼愛哉？孔子賢賢，以四科進褒弟子，疾没世而名不稱，不上賢哉？孔子祭如在，譏祭如不祭者，曰「我祭則受福」，不明鬼哉？儒墨同是堯舜，同非桀紂，同修身正心以治天下國家，奚不相悦如是哉？余以爲辯生於末學，各務售其師之説，非二師之道本然也。孔子必用墨子，墨子必用孔子，不相用不足爲孔墨。韓愈昌黎集讀墨子。　右通論。

## 墨家諸子鉤沈第六

劉歆七略諸子十家，墨爲第六。漢志箸録六家，自墨子書外，史佚遠在周初，爲墨學所從出。史佚書漢以後不傳，近馬國翰輯本一卷，僅録左傳、周書所載史佚語及遺事數條，無由定其爲一篇之佚文，今不録。胡非隋巢二子，皆墨子弟子；田俅與秦惠王同時，似亦逮見墨子者；我子則六國時爲墨學者，我子書漢以後不傳，古書亦絶無援引。時代或稍後與？田俅書惟阮孝緒七録尚箸録，唐初已亡。見隋志。隋經籍志、唐經籍藝文志及梁庾仲容子鈔、見意林及高似孫子略。馬總意林，僅録胡非、隋巢二家，餘並不存。而別增纏子一家，則即漢志儒家董無心之書也。至宋崇文總目而盡亡。惟纏子爲董子，宋時尚存，崇文目及宋史藝文志並入儒家。使非墨子本書具存，則九流幾絶其一，甚足悕也。田俅以下四家之書，近世有馬國翰校輯本，田俅、隨巢書，別有仁和勞格輯本，不及馬本之詳。檢覈羣書，不無遺闕，今略爲校補，都爲一篇。孤文碎語，不足以攷其閎恉。然田俅盛陳符瑞，非墨氏徵實之學，與其自對楚王以文害用之論亦復乖牾，或出依託。隨巢、胡非則多主於明鬼、非鬭，與七十一篇之指若合符契。而隨巢之説兼愛曰「有疏而無絶，有後而無遺」，則尤純篤無疵。是知愛無差等之論，蓋墨家傳述之末失，後人抵巇蹈瑕，遂爲射者之的，其本意固不如是也。捊而録之，以見先秦墨家沿流之論，或亦網羅放失者所不廢乎？

## 墨家諸子箸録

漢書藝文志諸子：

尹佚二篇。周臣，在成、康時也。田俅子三篇。先韓子。我子一篇。顔注引劉向云：「爲墨子之學。」隨巢子六篇。墨翟弟子。胡非子三篇。墨翟弟子。墨子七十一篇。名翟，爲宋大夫，在孔子後。右墨六家八十六篇。墨家者流，蓋出於清廟之守。茅屋采椽，是以貴儉；養三老五更，是以兼愛；

選士大射，是以上賢；宗祀嚴父，是以右鬼；如淳曰：「右鬼，謂信鬼神，如杜伯射宣王，是親鬼而右之。」師古曰：「右猶尊尚也。」詒讓案：右鬼，即本書明鬼三篇。順四時而行，是以非命；蘇林曰：「非有命者，言儒者執有命，而反勸人修德積善，政教與行相反，故譏之也。」如淳曰：「言無吉凶之命，但有賢不肖善惡。」以孝視天下，是以上同；如淳曰：「言皆同可以治也。」師古曰：「墨子有節用、兼愛、上賢、明鬼神、非命、上同等諸篇，故志歷序其本意也。」此其所長也。及蔽者爲之，見儉之利，因以非禮；推兼愛之意，而不知別親疏。

阮孝緒七録子録：

墨部四種，四帙一十九卷。廣弘明集三。

案：阮録久佚，其細目弘明集未載。以隋志攷之，蓋墨子十五卷、目一卷，隋巢子一卷，胡非子一卷，田俅子一卷，隋志云「梁有」，即據阮録言之。通爲四帙一十九卷，與部數正合。

隋書經籍志子：

墨子十五卷、目一卷，宋大夫墨翟撰。隨巢子一卷，巢似墨翟弟子。胡非子一卷。非似墨翟弟子，梁有田俅子一卷，亡。右三部，合一十七卷。墨者，强本節用之術也，上述堯舜之道，夏禹之行，茅茨不翦，糲粱之食，桐棺三寸，貴儉兼愛，嚴父上德，以孝示天下，右鬼神而非命。漢書以爲本出清廟之守，然則周官宗伯「掌建邦之天神地祇人鬼」、肆師「掌立國祀及兆中廟中之禁令」，是其職也。愚者爲之，則守於節儉，不達時變，推心兼愛，而混於親疏也。

舊唐書經籍志丙部子録：

墨子十五卷。墨翟撰。胡非子一卷。右墨家二部，凡一十六卷。

唐書藝文志丙部子録：

墨子十五卷。墨翟。隨巢子一卷。胡非子一卷。右墨家類三家，三部一十七卷。

馬總意林：高似孫子略載梁庾仲容子鈔目同。

胡非子一卷。墨子十六卷。纏子一卷。隨巢子一卷。

案：宋史藝文志墨家唯存墨子一種，餘均不箸録，崇文總目以後諸家書録並同。並詳畢氏篇目考。鄭樵通志藝文略全録漢隋唐諸志，徒存虚目，無關攷證，今並不録。晁公武郡齋讀書志本列子楊朱篇張湛注及唐柳宗元説，以晏子春秋入墨家，與各史志並異，亦不足據。

## 隨巢子佚文

執無鬼者曰：越蘭問隨巢子曰：「鬼神之智何如聖人？」曰：「聖也。」疑當作「賢於聖也」。越蘭曰：「治亂由人，何謂鬼神邪？」隨巢子曰：「聖人生於天下，未有所資。鬼神爲四時八節，以紀育人，乘雲雨潤澤，以繁長之，皆鬼神所能也，豈不謂賢於聖人？」意林一。

有疏而無絶，有後而無遺。大聖之行，兼愛萬民，疏而不絶。賢者欣之，不肖者則憐之。賢而不欣，是賤德也；不肖不憐，是忍人也。同上。太平御覽四百一引「大聖之行」五句，「民」作「物」，末二句作「賢則欣之，不肖則矜之。」

有陰而遠者，有憚明而功者。杜伯射宣王於畝田，是憚明而功者。荀子王霸篇楊注。案：「功」疑並當爲「切」。「畝田」即圃田，見本書明鬼篇。

明君之德，察情爲上，察事次之。晉書石崇傳自理表。

史皇産而能書。北堂書鈔七。

禹産於磈石，啟生於石。藝文類聚六、太平御覽五十一。書鈔一引「啟生磈石」。案：淮南子脩務訓云「禹生於石，史皇産而能書」，疑並用隨巢子文。史記六國表集解引皇甫謐云「禹生石紐」，「磈石」疑即「石紐」也。

禹娶塗山，治鴻水，通轘轅山，化爲熊。塗山氏見之，慙而去，至嵩高山下，化爲石。禹曰：「歸我子。」石破北方而生啟。馬驌繹史十二。

昔三苗大亂，龍生于廟，犬哭于市。御覽九百五。案：此與本書非攻下篇文同。

三苗將亡，天雨血，夏有冰，地坼及泉，青龍生於廟，日夜出，晝日不出。劉恕通鑑外紀帝舜紀引隨巢子、汲冢紀年。疑兼用二書文。

昔三苗大亂，天命殛之。夏后受於玄宮，類聚無「殛之」及「后」字，「受」作「屬」。御覽八百八十二無

「於玄宮」三字。海録碎事引作「天命夏禹於玄宮」。有大神，人面鳥身，降而福御覽八十二作「輔」，八百八十二作「富」。之，案：此與非攻下篇文略同。司禄益食而民不飢，司金益富而國家實，御覽作「寶」。司命益年而民不夭，類聚、碎事並無「益食而民不飢司金」八字，御覽八十二無「司録益食」二句。四方歸之。禹乃克三苗，而神民不違，御覽無此句。闢土以王。類聚十引至「神民不違」。御覽八十二，又八百八十二引至「四方歸之」。海録碎事十節引五句。

三苗大亂，天命殛之，夏后受之。無方之澤出神馬，四方歸之。稽瑞。

夏桀德衰，岱淵沸。御覽七十。

夷羊在牧，史記周本紀集解。飛拾滿野，史記周本紀索隱。天鬼不顧，亦不賓滅。同上。案：史記周本紀：「武王曰：維天不饗殷，自發未生至於今六十年，麋鹿在牧，蜚鴻滿野，天不〔二〕享殷，乃今有成。維建殷，其登名民三百有六十夫，不顯亦不賓滅。」集解：「徐廣曰：此事出周書及隨巢子。」索隱亦云：「亦見周書及隨巢子，頗復脱錯。」是隨巢子蓋全用彼文而多錯異，今無可攷。

姬氏之興，河出緑圖。書鈔一百五十八。案：此與本書非攻篇文略同。

殷滅，周人受之，河出圓圖也。書鈔九十六。

〔二〕「不」字原脱，據史記補。

天賜武王黄鳥之旗以伐殷。書鈔一百二十，御覽三百四十。案：此與本書非攻篇文同。

幽、厲之時，天旱地坼。御覽八百七十九。

幽、厲之時，奚禄山壞。天賜玉玦於羿，遂以殘其身，以此爲福而禍。御覽八百五。

召人以環，絶人以玦。書鈔一百二十八、御覽六百九十二。

## 胡非子佚文

胡非子脩墨以教。有屈將子好勇，聞墨者非鬬，帶劒危冠往見胡非子，劫而問之曰：「將聞先生非鬬，而將好勇，有説則可，無説則死。」太平御覽四百九十六，下云：「胡非子爲言五勇，屈將子悦服。」蓋約引，意林引無此段。御覽四百三十七引無首句，作「屈將子好勇，見胡非，刻而問曰：聞先生非鬬士而好勇」，下二句同。「刻」即「劫」之譌。御覽「而」下無「將」字，馬本依繹史引補。胡非子曰：「吾聞勇有五等。夫意林無此七字。負長劒，赴榛薄，析御覽作「折」，文選注同。兕豹，搏熊羆，此御覽無「此」字，下並同。獵徒之勇也；負長劒，赴深泉，文選注引作「淵」，此唐人避諱改。斬御覽作「折」，文選注同。蛟龍，搏黿鼉，此漁人之勇也；登高陟危，御覽作「登高危之上」。鵠御覽作「鶴」。立四望，顔色不變，此陶缶之勇也；缶，御覽作「匠」。案：説苑善説篇：「林既對齊景公云：夫登高臨危，而目不眴，而足不陵者，此工匠之勇悍也。」以彼校此，則御覽是也。剽必刺，視必殺，御覽作「若迮視必殺」。此五刑之勇也。昔齊桓公以魯爲南境，魯公憂之，三日不食。御覽作「昔齊桓公伐魯」，無「魯公」二句。曹劌聞之，觸齊軍，見桓公曰：「臣聞君辱臣死，君退師則可，不退，則臣請擊頸以血濺君矣。」意林作「曹沫請擊頸以血濺桓公」，無「聞之」以下二十四字，御覽引有之，而無「請擊頸」三字，馬互參校補。桓意林無「桓」字。公懼，不知所措，御覽無此句。管仲乃勸御覽作「曰許」。與之盟而退。意林無「而退」二字。夫曹劌，匹夫徒步之士，布衣柔履之人也，「柔」疑當爲「臬」，形近而譌。唯無怒，一怒而劫萬乘之師，存千乘之國。此謂君子之勇，勇之貴者也。太平御覽別引云「夫曹劌疋夫，一怒而卻齊侯之師，此君子之勇」，意林引作「夫曹沫，匹夫之士，布衣柔履之人，一怒卻萬乘之師，千乘之國，此君子之勇也」。晏嬰匹夫，一怒而沮崔子之亂，亦君子之勇也。五勇不同，公子將何處？」屈將悦，稱善。乃解長劍，釋危冠，而請爲弟子焉。太平御覽四百三十七。意林一引無「晏嬰」以下四十五字。文選王子淵聖主得賢臣頌李注引「負長劍，赴榛薄，折兕豹，赴深淵，斷蛟龍」五句。

善爲吏者樹其德。北堂書鈔七十七。

目見百步之外，而不能見其眥。藝文類聚十七。

一人曰：「吾弓良，無所用矢。」一人曰：「吾矢善，無所用弓。」羿聞之曰：「非弓，何以往矢？非矢，何以中的？」令合弓矢而教之射。御覽三百四十七。

## 田俅子佚文

黄帝時，稽瑞有「常」字。有草生於帝稽瑞無此字。庭階。若佞臣入朝，則草稽瑞有「屈而」二字。指之。名曰「屈軼」。稽瑞下有「草」字。是以佞人不敢進也。文選王元長三月三日曲水詩序李注、稽瑞。

少皞生於稚華之渚，渚一旦化爲山澤，鬱鬱葱葱焉。太平御覽八百七十二。

少昊氏都于曲阜，鞬鞮毛人獻其羽裘。御覽六百九十。

少昊之時，赤燕一雙，御覽作「白鷰一銜羽」。而飛集少昊氏之户，遺其丹書。藝文類聚九十九、御覽九百二十二。

堯爲天子，蓂莢生于庭，爲帝成歷也。文選張平子東京賦注，又張景陽七命注，又王元長三月三日曲水詩序注，又陸佐公新刻漏銘注。

昔帝堯之爲天下平也，出庖厨，爲帝去惡。稽瑞「萐蒲」注引。「平也」二字有誤。

堯時有獬廌，緝其毛爲帝帳。白孔六帖九十八。御覽八百九十引「有」作「獲」，「毛」作「尾」，「爲」上有「以」字。稽瑞「獬豸」注引云「堯時獲之，緝其皮以爲帳」。

渠搜之人服夏禹德，獻其珍裘，毛出五彩，光曜五色。御覽六百九十四。

商湯爲天子，都于亳，有神手牽白狼，口銜金鉤，而入湯庭。類聚九十九。

殷湯爲天子，白狐九尾。稽瑞

周武王時，倉庭國獻文章騶。稽瑞「文犀駭雞」注引。「章騶」疑當作「犀駭」，末又脱「雞」字。

## 纏子佚文

纏子脩墨氏之業，以教于世。儒有董無心者，其言修而謬，其行篤而庸。言謬則難通，行庸則無主。欲事纏子，纏子曰：「文言華世，不中利民，傾危繳繞之辭者，並不爲墨子所修。勸善兼愛，則墨子重之。」意林一。

纏子曰：「墨家佑鬼神。秦穆有明德，上帝賜之九十年。」論衡福虚篇。案：秦穆公事見本書明鬼篇。秦，今本譌「鄭」，當據此校正。「九十」當作「十九」，本書不誤。

桀爲天下，酒濁而殺廚人。紂王天下，熊蹯不熟而殺庖人。太平御覽九百八。

董子曰：「子信鬼神，何異以踵解結，終無益也！」纏子不能應。意林。

董無心曰：「無心，鄙人也。罕得事君子，不識世情。」文選陶淵明雜詩李注。又陸士衡文賦注，又陶淵明辛丑歲七月赴假還江陵夜行塗口詩注引並無「無心鄙人也」句。

董無心曰：「離婁之目察秋毫之末於百步之外，可謂明矣。」文選班孟堅答賓戲注。案：以上三條並董子難語，今附於後。

馬國翰云：「纏子一卷，不詳何人。漢、隋、唐志皆不著此書之目，書亦佚。馬總意林始載纏子一卷，引其書二節，中言與儒者董無心論難。按漢志儒家董子一篇，名無心，難墨子。王充論衡亦載董無心難纏子天賜秦穆公以年之説。文選注引纏子，亦載董無心言，蓋本董子之書，取爲纏子，如孔穿與公孫龍論臧三耳，孔叢子、公孫龍兩書並載之類。」纏子輯本序。

案：漢書藝文志儒家董子一篇，名無心，難墨子。隋唐舊經籍、新藝文。宋諸史志並一卷。並入儒家。晁公武讀書志云「吴祕注」，玉海引中興館閣書目云：「董子一卷，與學墨者纏子辯上同、兼愛、上賢、明鬼之非，纏子屈焉。」是纏子與董子塙爲一帙，主墨言之則題纏子，鄭樵通志蓺文略以董子箸録，而入墨家，則非。主儒言之則題董子，無二書也。館閣書目謂纏子屈於董子，與意林纏子不能應之言合，則是書自是先秦儒家遺籍，入墨家爲非其實。其書明時尚有傳本，見陳第世善堂書目。今則不復可得，佚文僅存六事，不足徵其論難之指也。

# 黄跋

漢志墨子書列在爲墨學者我子及隨巢子、胡非子之後。其敘録偁：「墨家出於清廟之守，茅屋采椽，是以貴儉；養三老五更，是以兼愛；宗祀嚴父，是以右鬼；以孝視天下，是以上同。及蔽者爲之，見儉之利，因以非禮；推兼愛之意，而不知别親疏。」其文蓋出别録。然則詳劉向之意，七十一篇之書，多弟子所論篹。孟、荀、孔鮒諸所據以排斥墨氏者，抑亦有蔽者增坿之言，其本師之説不盡如是也。墨子生當春秋之後，戰國之初，憤文勝之極敝，欲一切反之質家，乃遂以儒爲詬病。其立論不能無偏宕失中，故傳其説者益倍譎不可訓。然其哀世變而恤民殷之心，宜可諒也。南皮張尚書嘗語紹箕曰：「荀卿有言，矯枉者必過其直。諸子志在救世，淺深純駁不同，其矯枉而過直一也。自非聖人，誰能無過？要在學者心知其意，斯可矣！」自太史公敘六家，劉向條九流，各以學術名其家，獨墨家乃繫以姓，豈非以其博學多方，周於世用，儒家之匹亞，異夫一曲不該、姝姝自悦者與？今觀其書，務崇儉約，又多名家及兵技巧家言。備城門以下二十□篇，今亡九篇。漢志兵技巧家注云「省墨子」，不言篇數。省者，别録有而志省也。西漢諸子多别行本，篇數多寡不一，觀管子、晏子、孫卿書録可見。任宏因楊僕兵録之舊，專輯兵書，與劉向所定箸未必一本。漢志兵家都數注云「省十家二百七十一篇」，以兵權謀家省九家二百五十九篇計之，則技巧家之墨子僅十二篇，疑字有脱誤。明鬼、非命，往復以申福善禍暴之義，與佛氏果報之説同。經上以下四篇，兼及幾何算學、光學、重學，則又今泰西之所以利民用而致富强者也。然西人覃思藝事，期於便己適用，爲閎侈以自娱樂而已。墨子備世之急，而勞苦其身，又善守禦而非攻，而西人逐逐焉惟兼并之是務，其宗旨蓋絶異。今西書，官私譯潤，掔覽日衆，況於中國二千年絶學、强本節用，百家不能廢之書，知言君子其惡可過而廢之乎？往讀鎮洋畢氏注本，申證頗多，而疑滯尚未盡釋。蓋墨書多引古書古事，或出孔子删修之外，其難通一也；奇字之古文，旁行之異讀，譌亂迻竄，自漢以來，殆已不免，加以誦習者稀，楮槧俗書重貤悂謬，無從理董，其難通二也；文體緐變，有專家習用之詞，有雅訓簡質之語，有名家奥衍之恉，有兵法藝術隱曲之文，其難通三也。江都汪氏中、武進張氏惠言，皆嘗爲此學，勒有成書，而傳本未覯。世丈孫仲頌先生，旁羅異本，博引古書，集畢氏及近代諸儒之説，從善匡違，增補扁略，取許叔重淮南閒詁之目，以署其書。太史公曰「書缺有閒，其軼乃時時見於他説」，鄭康成尚書大傳敘曰「音聲猶有譌誤，先後猶有差舛，重以篆隸之殊，不能無失。數子各論所聞，以己意彌縫其閒，别作章句」。所謂「閒」者，即指音聲之譌誤、先後之差舛、篆隸之殊失而言。「彌縫其閒」猶云彌縫其闕也。先生此書，援聲類以訂誤讀，寀文例以迻錯簡，推篆籀隸楷之遷變以刊正譌文，發故書雅記之晻昧以疏證軼事。其所變易，灼然如晦之見明；其所彌縫，奄然若合符復析。許注淮南全袠不可得見，以視高誘、張湛諸家之書，非但不愧之而已。紹箕幸與校字之役，既卒業，竊喜自此以後孤學舊文盡人通曉，亦淵如先生所云不覺僭而識其末也。黄紹箕謹跋。

# 修訂後記

我校點的墨子閒詁，二〇〇一年四月由中華書局出版。出版後一兩年，我看到一些讀者的文章，指出此書排印錯誤較多，我把書翻了一遍，果然錯誤不少。當時我打算謀之中華書局，把排印錯誤以及我自己的疏忽之處修訂一下，以備再版重印之需。但不久就參與了續修四庫全書提要史部整理稿的審稿工作，接下來又參與了多卷本中國家譜資料選編的文字審校工作，真的抽不出一點時間來修訂此書。直到現在我才有點時間，並得到中華書局同意，修訂此書。

修訂工作是這樣做的：

一、初版中發現有排錯的字和排錯的、不適當的標點，儘量改正。

二、原文極個別文字的校訂，我在初版中失校，現在發現的就糾正。

三、整理孫詒讓墨子閒詁，工作底本只有一種刻本，即宣統二年刻的定本墨子閒詁。但在宣統刻本之前還有一種光緒甲午（二十年）木活字印本，印量僅三百部，現在極難見到，已成「善本」。木活字本錯字比刻本多，但也有木活字本不錯而刻本反錯的。我當時整理，尚未見到木活字本墨子閒詁，乘這次修訂，我利用木活字本作參校本，糾正了刻本的個別錯字，雖僅二十餘條，但也是還墨子閒詁原面目。

四、標點體例前後不一致的地方儘量作了統一處理。關於標點體例問題，我在整理吴毓江墨子校注的點校説明和本書的前言中也提到過。雖然整體上要有個體例，但也不能過於拘泥體例而不顧古籍本身的特殊情況，例如正文中「子墨子言曰」後面的文字只加冒號，不加引號，文中明確引書或他人之言論，則加引號以標明起訖，所以「曰」後面並不一律加引號，前提是不會造成誤解文意。又例如某書某篇某人注曰、疏曰、傳曰，這個「注」、「疏」、「傳（即注）」可當作動詞「注解」處理，不加書名號，而也有人當作著作的名稱而加書名號。加與不加書名號，不影響對文意理解，但前後應該統一處理。我是主張不加的，不過限於整理者、編輯和校對者的精力，個別地方也會出現不統一的情況而被疏忽。至於泛稱李善文選注、服虔左傳注、酈道元水經注、楊倞荀子注之類，從整體上説可看作是一部著作，則宜加書名號。這次修訂，儘量在這方面分別情況，統一處理，但仍可能有疏漏而不一致之處，好在這類問題不會造成專業讀者對文意的誤解。

關於標點，有個問題可在這裏順便交待。就是在諸家校釋中，提到錯字，往往説：「『某』當爲『某』，字之誤（也）。」現在有人在「字之誤」或「字之誤也」前不加逗號，標點爲「『某』當爲『某』字之誤（也）」。這是不正確的。這裏「字之誤」本來是漢人校經的常用術語，比如鄭玄注三禮、詩就常用此語，它的意思是指兩個字因字形相近而誤，即後人説的「形訛」。與「字之誤」相對的，還有「聲之誤」，是指兩個字因字音相近而誤，即後人説的「音訛」。這兩個傳統校勘術語，爲清代以至近代的學者校勘古籍時常用，「字之誤」和「聲之誤」一樣，都不能連上文讀，應單獨爲句。假如我説「『士』爲『土』字之誤」，只是指出了錯字；但假如我説「『士』當爲『土』，字之誤也」，則不僅指出錯字，還説明了訛誤的原因。這其中的差别是明顯的。由於受到現代漢語的影響，往往不易看出這種差别，都作爲一句讀，所以校點的人要注意分清。

古人説，校書如掃落葉，旋掃旋生，所以這次雖然糾正、修飾、補充了近七百處，也不可能盡善盡美，但比起初版，質量應該有所提高，希望讀者繼續批評指正。對於初版的排印錯誤，造成讀者利用此書不方便，我也有責任，因爲校樣打出時，恰逢我臥病在床，没有自己審改校樣。在這裏，我向讀者道歉！

此書初版已經重印過了，這個修訂版恐怕一時還不能付印，我就交與中華書局保存，以備下次再版重印之用。古籍是没有時效的，像墨子閒詁這類清代學術名著，就過一百年仍然有人看，所以提高整理本質量的必要性，並不會因爲一時需求量的大小而改變，因此我這次願意盡義務修訂。

孫啟治

二〇〇八年九月十一日